Höhere Berufsfachschule NRW
Jahrgangsstufe 11

Ihr Zugang zum E-Book auf www.scook.de:

 5wxg5-ay5o2 Ihr Lizenzcode

Der Code beinhaltet nach Erstaktivierung eine 5-jährige Lizenz zur Nutzung des E-Books auf scook. Für die Nutzung ist die Zustimmung zu den AGB auf scook.de erforderlich.

9783064501508 W&V FOS/HBFS BWL 1 +EL

BWL mit ReWe

Hans-Peter von den Bergen
Christian Fritz
Claudia Lang
Susanne Lange
Ute Morgenstern
Michael Piek
Petra Walenciak
u. a.

in Zusammenarbeit mit der Verlagsredaktion

Dieses Buch wurde erstellt unter Verwendung von Materialien von Roland Budde, Roman Capaul, Wolfgang R. Diemer, Oliver Dillmann, Wolfgang Duschek, Peter Engelhardt, Silvia Faustmann, Markus Fleitmann, Bettina Glania, Marita Herrmann, Markus Hillebrand, Ulrike Hinrichs, Ariane Hoffmann, Hans-Peter Hrdina, Franz-Josef Kaiser, Ludger Katt, Hans-Peter Klein, Antje Kost, Elke Kuse, Antje Licht, Wolfgang Metzen, Klaus Otte, Roswitha Pütz, Katrin Rohde, Ekkard Schenkewitz, Josef Schnettler, Heike Scholz, Dieter Schütte, Alfons Steffes-lai, Daniel Steingruber, Gisbert Weleda, Insa Wenke, Ralf Wimmers, Carsten Zehm

---

Weitere Materialien in der Reihe W plus V – BWL mit ReWe

Jahrgangsstufe 11
- Lernsituationen
  ISBN 978-3-06-450156-0
- Handreichungen für den Unterricht
  ISBN 978-3-06-450151-5

Jahrgangsstufe 12
- Schülerbuch
  ISBN 978-3-06-450152-2
- Lernsituationen
  ISBN 978-3-06-450157-7
- Handreichungen für den Unterricht
  ISBN 978-3-06-450153-9

Verlagsredaktion:	Martina Wiese
Redaktionelle Mitarbeit:	Sebastian Buob
Bildredaktion:	Christina Fanselow
Layout und Umschlaggestaltung:	sign, Berlin
Technische Umsetzung:	vitaledesign, Berlin
Titelfoto:	Adpic/Yuri Arcurs
Illustrationen:	Joachim Gottwald, Berlin
Entwicklung Modellunternehmen:	Hans-Peter von den Bergen, Alfons Steffes-lai

www.cornelsen.de/cbb

Die Links zu externen Webseiten Dritter, die in diesem Lehrwerk angegeben sind, wurden vor Drucklegung auf ihre Aktualität geprüft. Der Verlag übernimmt keine Gewähr für die Aktualität und den Inhalt dieser Seiten oder solcher, die mit ihnen verlinkt sind.

Wir weisen darauf hin, dass die im Lehrwerk genannten Unternehmen und Geschäftsvorgänge frei erfunden sind. Ähnlichkeiten mit real existierenden Unternehmen lassen keine Rückschlüsse auf diese zu. Dies gilt auch für die im Lehrwerk genannten Kreditinstitute, Bankleitzahlen und Buchungsvorgänge. Ausschließlich zum Zwecke der Authentizität wurden insoweit existierende Kreditinstitute und Bankleitzahlen verwendet.

1. Auflage, 3. Druck 2014

Alle Drucke dieser Auflage sind inhaltlich unverändert und können im Unterricht nebeneinander verwendet werden.

© 2013 Cornelsen Schulverlag GmbH, Berlin

Das Werk und seine Teile sind urheberrechtlich geschützt. Jede Nutzung in anderen als den gesetzlich zugelassenen Fällen bedarf der vorherigen schriftlichen Einwilligung des Verlages.

Hinweis zu den §§ 46, 52a UrhG: Weder das Werk noch seine Teile dürfen ohne eine solche Einwilligung eingescannt und in ein Netzwerk eingestellt oder sonst öffentlich zugänglich gemacht werden. Dies gilt auch für Intranets von Schulen und sonstigen Bildungseinrichtungen.

Druck: Firmengruppe APPL, aprinta Druck, Wemding

ISBN 978-3-06-450150-8

Vorwort

Das vorliegende Lehrwerk W plus V – BWL mit Rechnungswesen – wurde für Schülerinnen und Schüler der zweijährigen Höheren Berufsfachschule in Nordrhein-Westfalen konzipiert. Es besteht aus zwei zusammenhängenden Teilen: einem Schülerbuch und einem Band Lernsituationen, jeweils pro Jahrgangsstufe 11 und 12. Beide Teile sind aufeinander abgestimmt und ergänzen sich hervorragend.

Das **Schülerbuch** beinhaltet die ersten vier Handlungsfelder des neuen kompetenzorientierten Bildungsplans, der zur Erprobung am 1.8.2013 in Kraft tritt. Alle Informationen sind klar strukturiert, übersichtlich dargestellt und in einer verständlichen Sprache verfasst, damit sie leichter aufgenommen werden können. Die einzelnen Kapitel schließen mit einer Zusammenfassung, die die wesentlichen Inhalte noch einmal in übersichtlicher Form darstellt.

In den **Lernsituationen** wird das industrielle Modellunternehmen Fly Bike Werke GmbH anhand eines umfassenden Datenkranzes ausführlich vorgestellt. Den einzelnen Kapiteln des Schülerbuches zugeordnet werden problem- und handlungsorientierte Lernsituationen. Handlungszusammenhänge werden durch Folgesituationen abgebildet. Aktivierende Arbeitsanweisungen zu den Lernsituationen sollen die Vermittlung von beruflicher und privater Entscheidungs- und Handlungskompetenz unterstützen. Die sich anschließenden Arbeitsblätter und vielfältigen Aufgaben unterschiedlichen Typs fördern das Einprägen der Lerninhalte und dienen der Lernerfolgssicherung.

Durch die **Kombination** aus problem- und handlungsorientierten Lernsituationen und der entsprechenden Fachsystematik im Schülerbuch wird eine enge Verzahnung von theoretischen Inhalten und ihrer praktischen Umsetzung erreicht. Die Konzeption dieser Verzahnung erschließt sich aus dem Inhaltsverzeichnis, wo die Lernsituationen den jeweiligen Kapiteln des Schülerbuches im Überblick zugeordnet sind (siehe Seite 4 ff.). Diese Zuordnung wird ergänzt um die Angabe der entsprechenden Zielformulierungen laut Bildungsplan.

Das Lehrwerk besitzt eine besonders lehr- und lernfreundliche Struktur und bietet vielfältige Einsatzmöglichkeiten in der „Höheren Handelsschule". Darüber hinaus ist es auch für vergleichbare Bildungsgänge des Schwerpunktes Wirtschaft und Verwaltung in anderen Bundesländern geeignet, in denen BWL mit Rechnungswesen unterrichtet wird.

Das Autorenteam hat gemeinsam mit der Verlagsredaktion durch kritisches Abwägen, Durchdenken und Diskutieren die Inhalte des Lehrwerkes ausgewählt und gestaltet. Wir halten das Lehrwerk für einen idealen Wegbegleiter auf dem Weg zur Fachhochschulreife und hoffen, dass Sie viel Freude damit haben.

Für konstruktive Kritik und Anregungen (bitte an *service@cornelsen-schulverlage.de*) sind wir immer dankbar.

Autorenteam und Verlagsredaktion

Inhaltsverzeichnis

Handlungsfeld 1
Unternehmensstrategien und Management

HF 1 — **ANFORDERUNGSSITUATION 1.1**

1	**Grundlegende Funktionsweisen von Unternehmen**	14
1.1	Unternehmen, Betrieb, Firma	14
1.2	Kriterien für Unternehmensvergleiche	15
1.3	Das Unternehmen im gesamtwirtschaftlichen Zusammenhang	19
1.4	Unternehmenstypen am Beispiel von Industrieunternehmen	24
2	**Von der Geschäftsidee zur Unternehmensgründung**	27
2.1	Persönliche Voraussetzungen	29
2.2	Wirtschaftliche Voraussetzungen	30
2.3	Rechtliche Voraussetzungen	33
2.3.1	Anmeldepflichten	33
2.3.2	Kaufmannsstatus und Kaufmannseigenschaften	33
2.3.3	Firma	35
2.3.4	Handelsregister	36
2.4	Franchising	37
3	**Rechtsformen des Unternehmens**	39
3.1	Einzelunternehmen	40
3.2	Personengesellschaften	41
3.2.1	Gesellschaft bürgerlichen Rechts (GbR)	41
3.2.2	Offene Handelsgesellschaft (OHG)	42
3.2.3	Kommanditgesellschaft (KG)	43
3.3	Kapitalgesellschaften	44
3.3.1	Gesellschaft mit beschränkter Haftung (GmbH)	45
3.3.2	Aktiengesellschaft (AG)	46
4	**Strukturen im Unternehmen**	47
4.1	Aufbauorganisation	47
4.1.1	Stellen- und Abteilungsbildung	47
4.1.2	Organisationsmodelle	50
4.2	Ablauforganisation	53
5	**Prozesse im Unternehmen**	55
5.1	Der Kundenauftrag als Geschäftsprozess	55
5.1.1	Informationsfluss	55
5.1.2	Materialfluss	56
5.1.3	Geldfluss	57
5.1.4	Wertschöpfung	57
5.2	Konzept der Geschäftsprozesse	59

LS

LS 1 — Ein Unternehmen untersuchen — ZF 1, 2, 3

LS 2 — Geschäftsideen nachvollziehen und beurteilen — ZF 4, 5, 6

LS 3 — Die Wahl der Rechtsform — ZF 7

LS 4 — Unternehmensorganisationen vergleichen — ZF 8

LS 5 — Geschäftsprozesse untersuchen — ZF 9, 10

Inhaltsverzeichnis

6	**Aufgaben und Bereiche des Rechnungswesens**	61
6.1	Buchführung als Basis des Rechnungswesens	64
6.2	Rechtliche Grundlagen der Finanzbuchhaltung	65
7	**Inventur, Inventar und Bilanz**	68
7.1	Inventur	68
7.1.1	Planung der Inventur	69
7.1.2	Durchführung der Inventur	69
7.1.3	Kontrolle der Inventur	70
7.1.4	Arten der Inventur	70
7.1.5	Bewertung von Inventurmengen	72
7.2	Inventar	73
7.3	Bilanz	76
8	**Grundlegende Buchungen auf Bestands- und Erfolgskonten**	78
8.1	Werteveränderungen durch Geschäftsprozesse	79
8.2	Bilanz als Wertebasis für Bestandskonten	81
8.2.1	Buchung auf Bestandskonten	82
8.2.2	Abschluss von Bestandskonten	83
8.2.3	Erstellen von Buchungssätzen	85
8.3	Belege, Grund- und Hauptbuch	87
8.3.1	Belege und Belegkontierung	87
8.3.2	Buchungen im Grund- und Hauptbuch	89
8.4	Vom Eröffnungsbilanzkonto zum Schlussbilanzkonto	90
8.5	Erfolgsvorgänge buchen	93
8.5.1	Auswirkung von Erfolgsvorgängen auf das Eigenkapital	93
8.5.2	Buchen auf Erfolgskonten	94
8.5.3	Abschluss von Erfolgskonten	96
8.6	Erfassen des Materialverbrauchs	98
8.6.1	Bestandsorientierte Verbrauchsermittlung	99
8.6.2	Aufwandsorientierte Verbrauchsermittlung	102
8.7	Erfolgsbuchungen mit Handelswaren	104
8.8	Bestandsveränderungen bei fertigen und unfertigen Erzeugnissen	106
9	**Organisation der Buchführung**	109
9.1	Der Industriekontenrahmen (IKR)	109
9.2	Der Kontenplan eines Unternehmens	112
9.3	Nebenbücher (Kreditoren- und Debitorenkonten)	115
10	**Umsatzsteuer**	118
10.1	Berechnung der Umsatzsteuer	119
10.2	Ermittlung der Umsatzsteuerschuld	120
	Exkurs: Warenverkehr innerhalb der EU	122

LS

- **LS 6** Bereiche des Rechnungswesens und rechtliche Grundlagen
  ZF 11, 12
- **LS 7** Wertermittlung bei der Inventur
- **LS 8** Inventar und Bilanz erstellen und vergleichen
  ZF 13, 14
- **LS 9** Die ersten Geschäftsvorfälle der Fly Bike Werke GmbH
- **LS 10** Buchen nach Belegen
- **LS 11** Bilanzen und Bilanzkonten
- **LS 12** Erfolge ermitteln
- **LS 13** Kontenplan
- **LS 14** Nebenbücher
- **LS 15** Das System der Umsatzsteuer
  ZF 15

Inhaltsverzeichnis

LS

Beleggeschäftsgang **LS 16**
ZF 15

10.3	Buchung der Umsatzsteuer beim Ein- und Verkauf von Waren	123
10.4	Umsatzsteuer bei Anlagen, weiteren Aufwendungen und Erträgen	125

HF 1   **ANFORDERUNGSSITUATION 1.2**

Unternehmensleitbild **LS 17**
ZF 1, 2

11	**Unternehmensleitbild und Unternehmensphilosophie**	126

Unternehmensziele analysieren **LS 18**
ZF 3, 4, 5

12	**Unternehmensziele**	129
12.1	Zieldimensionen	129
12.2	Zielbeziehungen	130
12.3	Interessengruppen und ihre Ziele	131

Führungsstile **LS 19**
ZF 6, 7

13	**Unternehmensführung**	133
13.1	Führungsstile	133
13.2	Führungstechniken (Managementtechniken)	135

Konfliktmanagement **LS 20**
ZF 8, 9

14	**Konfliktmanagement**	136
14.1	Konflikte erkennen	136
14.2	Konflikte untersuchen	137
14.3	Konflikte bewältigen	138

Aufgaben des Controllings **LS 21**
ZF 10, 11

15	**Controlling**	139
15.1	Begriff des Controllings	140
15.2	Aufgaben des Controllings	140

Handlungsfeld 2
Beschaffung

HF 2   **ANFORDERUNGSSITUATION 2.1**

1	**Beschaffungsprozesse organisieren**	146

Bezugsquellenermittlung und Angebotsvergleich **LS 22**
ZF 1, 2

2	**Bezugsquellen ermitteln und Angebote vergleichen**	147
2.1	Bezugsquellenermittlung	147
2.1.1	Interne Informationsquellen	147
2.1.2	Externe Informationsquellen	148
2.2	Angebotsvergleich	150
2.2.1	Quantitativer Angebotsvergleich	150
2.2.2	Qualitativer Angebotsvergleich	152

Inhaltsverzeichnis

3	**Ziele der Beschaffung**	154	LS 23 Ziele der Beschaffung — ZF 3, 4
3.1	Zielkategorien und Zielkonflikte	154	
3.2	Preisplanung	155	
3.3	Nachhaltigkeit und fairer Handel	156	
4	**Beschaffungsverfahren**	157	LS 24 Beschaffungsverfahren und Just in Time — ZF 5
4.1	Bestellpunktverfahren	157	
4.2	Bestellrhythmusverfahren	159	
4.3	Just-in-Time-Lieferung	161	
5	**Eigenfertigung oder Fremdbezug (Make or Buy)**	163	LS 25 Eigenfertigung oder Fremdbezug (Make or Buy) — ZF 6

HF 2 — ANFORDERUNGSSITUATION 2.2

6	**Beschaffungen durchführen**	165	LS 26 Optimale Bestellmenge und Beschaffungsvorgang — ZF 1, 2
6.1	Optimale Bestellmenge	165	
6.2	Beschaffungsvorgang	167	
6.2.1	Erstellen und Auslösen der Bestellung	167	
6.2.2	Bestellvorschlagssystem und automatisches Bestellsystem	168	
6.2.3	Terminüberwachung und Ermittlung von Bestellrückgängen	169	
6.2.4	Kontrolle und Erfassung des Wareneingangs	169	
6.2.5	Kontrolle und Erfassung der Eingangsrechnung	171	
7	**Lagerhaltung und Bereitstellungsfähigkeit**	173	LS 27 ABC-Analyse und Lagerhaltung — ZF 3, 5
7.1	Arbeiten im Lager	173	
7.2	Sicherheit und Umweltschutz im Lager	175	
7.3	ABC-Analyse	178	
7.4	Bestandsarten im Lager	180	LS 28 Alternative Beschaffungswege — ZF 4
7.5	Alternative Beschaffungswege	181	
8	**Buchungen bei Beschaffungsprozessen**	182	LS 29 Materialeinkauf mit Bezugskosten und Nachlässen — ZF 6, 7
8.1	Sofortrabatte bei Eingangsrechnungen	183	
8.2	Rücksendungen an Lieferanten	183	
8.3	Bezugskosten (Anschaffungsnebenkosten)	184	
8.4	Nachträgliche Anschaffungspreisminderungen	185	
8.4.1	Preisnachlässe nach Mängelrügen	186	
8.4.2	Lieferantenboni	187	
8.4.3	Lieferantenskonti	188	
9	**Wirtschaftlichkeit in der Beschaffung**	189	LS 30 Kosten der Lagerhaltung
9.1	Lagerkosten	189	
9.2	Lagerkennzahlen	190	LS 31 Lagerkennzahlen — ZF 8

Inhaltsverzeichnis

Handlungsfeld 3
Leistungserstellung

HF 3 — ANFORDERUNGSSITUATION 3.1

1	Aufgaben und Ziele der betrieblichen Leistungserstellung	194
2	**Leistungsentwicklung**	196
2.1	Produktentstehungs- und -entwicklungsprozess	196
2.2	Produktlebenszyklus	201
2.3	Rechtsschutz von Erzeugnissen und Fertigungsverfahren	202
3	**Produktionsprogramm- und Bedarfsplanung**	204
3.1	Absatz- und Produktionsprogramm	204
3.2	Bedarfs- und Mengenplanung	208
3.2.1	Primärbedarfsplanung	208
3.2.2	Sekundärbedarfsplanung	209
3.3	Erstellung von Dienstleistungen	213

HF 3 — ANFORDERUNGSSITUATION 3.2

4	**Fertigungstechnische Rahmenbedingungen**	215
4.1	Kapazitäten planen	215
4.2	Aufträge freigeben	217
4.3	Maschinen belegen	219
4.4	Betriebsdaten erfassen	220
5	**Fertigungsverfahren**	222
5.1	Organisationstypen der Fertigung	223
5.1.1	Werkstattfertigung	223
5.1.2	Fließfertigung	226
5.1.3	Gruppenfertigung	227
5.2	Produktionstypen der Fertigung	227
5.3	Umweltmanagement und Fertigungswirtschaft	229
5.4	Flexibilisierung von Fertigungsstrukturen	230
5.5	Optimale Losgröße	232

HF 3 — ANFORDERUNGSSITUATION 3.3

6	**Qualitätssicherung und Wirtschaftlichkeit**	236
6.1	Total Quality Management	236
6.2	Wirtschaftlichkeit der Leistungserstellung	238
6.2.1	Rationalisierung	239
6.2.2	Kosten und Kennzahlen	240

Seitenleiste:
- Produktentstehungs- und -entwicklungsprozess — LS 32 — ZF 1
- Ideen generieren und Leistungskonzepte entwerfen — LS 33 — ZF 2, 3
- Produktionsprogrammplanung — LS 34
- Erzeugnis- und Bedarfsplanung — LS 35 — ZF 4
- Kapazitätsplanung — LS 36 — ZF 1
- Industrielle Fertigungsverfahren — LS 37 — ZF 2, 3
- Qualitätsmanagement — LS 38 — ZF 1, 2
- Wirtschaftlichkeit der Leistungserstellung — LS 39 — ZF 3

Handlungsfeld 4
Absatz

HF 4 · ANFORDERUNGSSITUATION 4.1

1	Bedeutung von Absatzprozessen für das Unternehmen	246
1.1	Absatzprozesse und Marketing	246
1.2	Marketing-Ziele	247
1.2.1	Strategische Marketing-Ziele (qualitative Ziele)	247
1.2.2	Operative Marketing-Ziele (quantitative Ziele)	248
2	**Marktforschung**	249
2.1	Bereiche der Marktforschung	250
2.1.1	Bedarfs-, Konkurrenz- und Absatzforschung	250
2.1.2	Marktbeobachtung und Marktanalyse	251
2.1.3	Marktsegmentierung und Zielgruppe	251
2.2	Methoden und Träger der Marktforschung	252
2.3	Grundzüge einer Befragung mittels Fragebogen	253
2.4	Durchführung und Auswertung von Befragungen	254
3	**Produkt- und Sortimentspolitik**	255
3.1	Produktpolitik	255
3.1.1	Produktnutzen	255
3.1.2	Produktpolitische Maßnahmen	256
3.2	Sortimentspolitik	258
3.2.1	Sortimentsbreite und Sortimentstiefe	258
3.2.2	Sortimentspolitische Strategien	258
4	**Kontrahierungspolitik**	260
4.1	Preisgestaltung	260
4.2	Preisdifferenzierung	261
4.3	Preisstrategien	262
4.4	Konditionenpolitik	262
5	**Distributionspolitik**	264
5.1	Absatzorganisation	265
5.2	Absatzwege	265
5.3	Absatzmittler	267
5.4	Güterbeförderung	270
5.5	E-Commerce	270

LS 40 Marketing und Marktforschung
ZF 1, 2, 3

LS 41 Produkt- und Sortimentspolitik

LS 42 Preisstrategien

LS 43 Distributionspolitik
ZF 4, 5

Inhaltsverzeichnis

6		**Kommunikationspolitik**	271
6.1		Absatzwerbung	271
6.1.1		Werbearten	271
6.1.2		Werbebotschaft, Werbemittler, Werbeträger	272
6.1.3		Das Wirkungsprinzip von Werbung	273
6.1.4		Werbeplanung	273
6.1.5		Grundsätze der Werbung	275
6.2		Verkaufsförderung (Salespromotion)	276
6.3		Sonderformen der Kommunikationspolitik	277
6.4		Öffentlichkeitsarbeit (Public Relations)	278
7		**Absatzcontrolling**	279
7.1		Portfolio-Analyse	280
7.2		Preiselastizität der Nachfrage	282
7.3		Kennzahlen der Kommunikationspolitik	284
7.3.1		Werbeträger bestimmen	284
7.3.2		Werbeerfolgskontrolle	285
8		**Erstellung einer Marketing-Konzeption**	286
8.1		Positionierung	286
8.2		Copy-Strategie	289
8.3		Copy-Analyse	294
9		**Rechtliche Rahmenbedingungen der Werbung**	297
9.1		Gesetz gegen den unlauteren Wettbewerb (UWG)	297
9.2		Markenschutz	302
9.3		Datenschutz	304
9.4		Urheberrechtsschutz	306

HF 4 — ANFORDERUNGSSITUATION 4.2

10		**Von der Kundenanfrage bis zum Versand**	309
11		**Grundlagen von Rechtsgeschäften**	310
11.1		Rechtsfähigkeit	310
11.2		Geschäftsfähigkeit	311
11.2.1		Geschäftsunfähigkeit	311
11.2.2		Beschränkte Geschäftsfähigkeit	311
11.2.3		Volle Geschäftsfähigkeit	313
11.3		Besitz und Eigentum	313
11.4		Rechtsgeschäfte	315
11.4.1		Nichtige Rechtsgeschäfte	319
11.4.2		Anfechtbare Rechtsgeschäfte	321

Seitenleiste:

- Absatzwerbung — LS 44 — ZF 4, 5
- Werbeerfolgskontrolle — LS 45 — ZF 6, 7
- Erstellung einer Marketing-Konzeption — LS 46 — ZF 8, 9
- Details eines Kaufvertrags beschreiben — LS 47
- Nichtigkeit und Anfechtbarkeit von Rechtsgeschäften — LS 48

Inhaltsverzeichnis

12	**Zustandekommen von Kaufverträgen**	323
12.1	Anfrage	323
12.2	Angebot	326
12.3	Inhalte des Angebots	328
12.4	Allgemeine Geschäftsbedingungen	337
12.5	Bestellung und Bestellungsannahme	338
12.6	Verpflichtungs- und Erfüllungsgeschäft	340
12.7	Lieferung der Ware	340
12.8	Kaufvertragsarten	341

LS 49 Rechtsverbindliche Angebote verfassen und Aufträge bearbeiten
ZF 1, 2, 3

13	**Zahlungsverkehr**	343
13.1	Überblick über die verschiedenen Zahlungsarten	343
13.2	Barzahlung	344
13.3	Halbbare Zahlung	344
13.4	Bargeldlose Zahlung	346
13.4.1	Verrechnungsscheck	346
13.4.2	Überweisung	346
13.4.3	Sonderformen der Überweisung	347
13.4.4	Elektronische Zahlungsverfahren	347
13.4.5	Moderne Datenkommunikation im Zahlungsverkehr	350
13.4.6	Zahlungsverkehr im Internet	351

LS 50 Zahlungssysteme vergleichen und beurteilen
ZF 4, 5, 6

14	**Kaufvertragsstörungen**	353
14.1	Reklamationen	353
14.2	Mangelhafte Lieferung	354
14.2.1	Gewährleistungspflicht des Verkäufers	354
14.2.2	Gewährleistungsrechte des Käufers	356
14.3	Lieferungsverzug	358
14.3.1	Voraussetzungen des Lieferungsverzugs	358
14.3.2	Rechte des Käufers bei Lieferungsverzug	359
14.4	Zahlungsverzug	359
14.5	Mahnverfahren	360
14.5.1	Kaufmännisches (außergerichtliches) Mahnverfahren	360
14.5.2	Gerichtliches Mahnverfahren	361
14.6	Verjährung	362
14.6.1	Verjährungsfristen	362
14.6.2	Neubeginn der Verjährung	363
14.6.3	Hemmung der Verjährung	363
14.7	Annahmeverzug	364

LS 51 Mangelhafte Lieferung

LS 52 Lieferungsverzug

LS 53 Zahlungsverzug

LS 54 Annahmeverzug
ZF 7, 8, 9

Inhaltsverzeichnis

Verbraucherschutz **LS 55**

15	**Exkurs: Verbraucherschutz**		365
15.1	Verbraucherkreditverträge		365
15.2	Fernabsatzgeschäfte (Internetgeschäfte)		366
15.3	Haustürgeschäfte		367
15.4	Preis- und Mengenauszeichnung		367
15.5	Produkthaftung		367

Lagerorganisation **LS 56**

ZF 10, 11, 12

16	**Lagerhaltung**		368
16.1	Lagerfunktionen		368
16.2	Lagergrundsätze und Lagerrisiken		369
16.3	Lagerorganisation		371
16.4	Eigen- oder Fremdlager		373

Buchungen bei Absatzprozessen **LS 57**

ZF 13, 14

17	**Buchungen bei Absatzprozessen**		375
17.1	Sofortrabatte bei Ausgangsrechnungen		376
17.2	Weiterbelastungen von Aufwendungen an den Kunden		377
	Exkurs: Vertriebskosten		377
17.3	Rücksendungen durch Kunden		378
17.4	Nachträgliche Preisnachlässe		378
17.4.1	Preisnachlässe nach Mängelrügen von Kunden		378
17.4.2	Preisnachlässe durch Kundenboni		379
17.4.3	Preisnachlässe durch Kundenskonti		380

Kaufmännisches Rechnen		381
1	Dreisatz (Schlussrechnung)	382
2	Durchschnittsrechnen	387
3	Prozentrechnung	390
4	Verteilungsrechnen	398
5	Währungsrechnen	405
6	Zinsrechnen	411

Sachwortverzeichnis 426

Bildquellenverzeichnis 431

Heimtrainer 432

HANDLUNGSFELD 1
Unternehmensstrategien und Management

1 Grundlegende Funktionsweisen von Unternehmen

1.1 Unternehmen, Betrieb, Firma

Womit befasst sich die Betriebswirtschaftslehre (BWL)?

Die **Betriebswirtschaftslehre** befasst sich damit, Prozesse in einem Unternehmen zu erklären. Dabei wird einerseits das wirtschaftliche Handeln wie Beschaffung, Produktion, Absatz, Finanzierung usw. analysiert. Andererseits werden die Beziehungen, die zwischen dem Unternehmen und anderen Wirtschaftseinheiten bestehen (z. B. private Haushalte, Staat, Banken, Ausland usw.), untersucht.

*Rechtsformen des Unternehmens, vgl. **3**, S. 39*

Ein **Unternehmen** ist eine eigenständige, rechtliche und wirtschaftlich finanzielle Einheit, die Sachgüter und Dienstleistungen anbietet und dabei dauerhaft auf eine Erfolgserzielung ausgerichtet ist, um am Markt zu bestehen. Private Unternehmen verfolgen i. d. R. eine Gewinnmaximierung und gehören einem oder mehreren Eigentümern bzw. Kapitalgebern. Öffentliche Unternehmen (z. B. Krankenhäuser, Stadtwerke usw.) versorgen die Bürger mit **öffentlichen Gütern**.

***Öffentliche Güter**
Güter, die von allen Menschen genutzt werden können, vgl. **1.3**, S. 21*

In Abgrenzung dazu ist ein **Betrieb** die örtliche Produktionsstätte, d. h. eine technisch-organisatorische Wirtschaftseinheit, die dem Zweck der Güter- und Dienstleistungserstellung dient. Folglich kann ein Unternehmen aus einem oder mehreren Betrieben (Produktionsstätten) bestehen. Häufig werden die Begriffe Unternehmen und Betrieb vermischt.

*Kaufmann, vgl. **2.3.2**, S. 33*

*Firma, vgl. **2.3.3**, S. 35*

Die **Firma** ist ein Begriff aus dem Handelsrecht (HGB). Hierunter versteht man den Namen des Kaufmanns, unter dem er Geschäfte tätigt.

Begriffsabgrenzungen

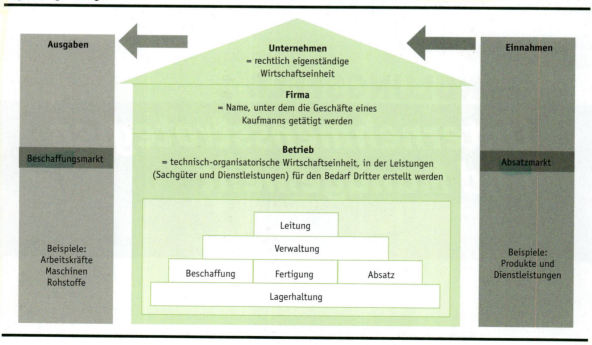

1.2 Kriterien für Unternehmensvergleiche

Beispiel An der Erstellung und dem Vertrieb von Gütern und Dienstleistungen sind in den meisten Fällen mehrere Unternehmen beteiligt. So werden die bei der Herstellung von Fahrradrahmen verwendeten Metalle als Erze im Bergwerk abgebaut und in der so genannten Grundstoffindustrie zu metallischen Produkten (z. B. Stahlrohr) weiterverarbeitet. Industriebetriebe wie die Fly Bike Werke GmbH kaufen solche Materialien ein und fertigen daraus Fahrräder, die dann über den Groß- und Einzelhandel an den Endverbraucher weiterverkauft werden.

LS ▶ LS 1
Ein Unternehmen untersuchen

Grundstoffindustrie, vgl. **1.4**, S. 24

Materialien im Industriebetrieb, vgl. betriebliche Leistungsfaktoren, vgl. **1.3**, S. 22

Wirtschaftssektoren

Die Gewinnung von Rohstoffen steht an erster Stelle der Wertschöpfungskette. Dieser Wirtschaftsbereich wird deshalb **primärer Wirtschaftssektor** genannt. Dazu gehören neben land- und forstwirtschaftlichen Betrieben auch Unternehmen der Fischerei, des Bergbaus sowie der Erdöl- und Erdgasgewinnung.

Die Weiterverarbeitung der Rohstoffe zu fertigen Produkten wird von den Unternehmen des **sekundären Wirtschaftssektors** übernommen. Sie werden auch produzierendes Gewerbe genannt. Zum sekundären Wirtschaftssektor gehören die Industrieunternehmen und Handwerksbetriebe.

Abgrenzung Industrie- und Handwerksbetriebe, vgl. **1.3**, S. 20

Zum dritten Bereich, dem **tertiären Wirtschaftssektor**, zählen die Dienstleistungsunternehmen. Dazu gehören Banken und Versicherungen ebenso wie Transportunternehmen, Gastronomie- und Tourismusbetriebe, Friseure, Schneider, Beratungsunternehmen, Ärzte, Architekten und viele andere. Auch der Handel ist dem Dienstleistungsbereich zuzuordnen, der über die Jahrzehnte an Bedeutung gewonnen hat. Heute sind über zwei Drittel aller Beschäftigten im Dienstleistungsbereich tätig, während es vor hundert Jahren nur etwa ein Viertel war. Man spricht deshalb auch von einem **Strukturwandel** der Wirtschaft hin zu einer Dienstleistungsgesellschaft.

Branchen

Die Wirtschaftssektoren können weiter in Wirtschaftszweige – so genannte Branchen – unterteilt werden.

Wirtschaftssektor	Branchen	Beispiel
Primärer	– Land-, Forstwirtschaft, Gartenbau und Jagd – Fischerei, Fischzucht – Bergbau	– Landwirt Fritz Müller – Ulrich Welz Forellenzucht – Kieswerk Milmersdorf GmbH
Sekundärer	– Verarbeitendes Gewerbe, Industrie, Handwerk – Energie- und Wasserversorgung – Baugewerbe	– Volkswagen AG – RWE AG – Schlüter Bau GmbH
Tertiärer	– Handel – Gastgewerbe – Verkehr – Nachrichtentechnik – Banken und Versicherungen – Gesundheits- und Sozialwesen	– Galeria Kaufhof GmbH – Pension Seeblick – Kölner Verkehrsbetriebe AG – Deutsche Telekom AG – Deutsche Bank AG – Helios Kliniken GmbH

Unternehmensgröße

Unternehmen werden häufig in Kleinstunternehmen, kleine Unternehmen, mittlere Unternehmen und Großunternehmen eingeteilt. Für diese Einteilung werden drei unterschiedliche Kriterien miteinander kombiniert. Sind die Kriterien für den Jahresumsatz oder die Jahresbilanzsumme sowie die Mitarbeiterzahl erfüllt, so kann ein Unternehmen einer Kategorie zugeordnet werden. In der EU werden folgende Zahlen verwendet:

Jahresumsatz
Gesamtheit aller Verkaufserlöse innerhalb eines Jahres

Jahresbilanzsumme
Gesamtheit aller Vermögenswerte innerhalb eines Jahres

	Kriterien				
Einteilung	Mitarbeiter-zahl[1]	Jahres-umsatz (in €)		Jahresbilanz-summe (in €)	Beispiel
Kleinst-unternehmen	< 10	≤ 2 Mio.	oder	≤ 2 Mio.	Pension Seeblick
Kleine Unternehmen	< 50	< 10 Mio.	oder	≤ 10 Mio.	Regionales Gartencenter
Mittlere Unternehmen	< 250	≤ 50 Mio.	oder	≤ 43 Mio.	Kieswerk Milmersdorf GmbH
Großunternehmen	≥ 250	> 50 Mio.	oder	> 43 Mio.	Deutsche Bank AG

[1] auf Vollzeitstellenbasis (z. B. zwei 50-%-Stellen ergeben eine Vollzeitstelle)

Institut für Mittelstandsforschung www.ifm-bonn.org

Kleinst-, kleine und mittlere Unternehmen werden mit der Abkürzung KMU zusammengefasst. 99,7 % aller deutschen Unternehmen sind KMU (Stand 2011) und 79,6 % aller sozialversicherungspflichtigen Beschäftigten waren bei KMU angestellt (Stand 2010).

Eigentumsverhältnisse

Je nachdem, wer Eigentümer eines Unternehmens ist, liegt eine andere Unternehmensart vor.

Unternehmensart	Eigentümer	Beispiele
Privatunternehmen	Privatpersonen oder private Unternehmen	Bayer AG
Öffentliche Unternehmen	Staat (Bund, Land, Gemeinde)	Stadtwerke Bielefeld, Deutsche Bahn
Gemischtwirtschaftliche Unternehmen	Sowohl Private als auch Staat	Deutsche Post, Deutsche Telekom AG

Unternehmensarten

Bei **Privatunternehmen** wird das unternehmerische Risiko alleine von den Eigentümern getragen. Wenn ein Unternehmen Verluste macht, müssen die privaten Eigentümer diese tragen. Der Staat kann nur über Gesetze Einfluss auf das Unternehmen und seine Aktivitäten nehmen. Im Rahmen der Gesetze sind die Unternehmen in ihrem Handeln frei und können nicht direkt durch den Staat beeinflusst werden.

Rechtsformen, vgl. **3**, S. 39

Damit auch Randregionen Strom- und Telefonanschlüsse erhalten oder abgelegene Dörfer durch den öffentlichen Verkehr erschlossen sind, tritt der Staat als Unternehmer auf (**öffentliche Unternehmen**). Diese Dienstleistungen zahlen sich oft nicht aus und kosten mehr, als sie einbringen. Darum sind diese Unternehmen im Eigentum der öffentlichen Hand, also des Staates, damit dieser entstehende Defizite mit Steuergeldern ausgleichen kann. Allerdings stehen öffentliche Unternehmen zunehmend im Mittelpunkt öffentlichen Interesses, da auch der Standpunkt vertreten wird, dass öffentliche Unternehmen möglichst Gewinn bringend wirtschaften sollten.

Gemischtwirtschaftliche Unternehmen wurden teilprivatisiert, um ihnen auf dem Markt eine flexiblere und damit stärkere Rolle zu ermöglichen. Der Staat besitzt eine Beteiligung am Unternehmen. Je nachdem, ob es sich dabei um eine Mehrheits- oder Minderheitsbeteiligung handelt, ist der Einfluss des Staates auf das Unternehmen unterschiedlich groß.

Gewinnorientierung

Es gibt sowohl Profit- als auch Nonprofit-Unternehmen, wobei sich die Begriffe **Profit-** und **Non-Profit-Organisation (NPO)** etabliert haben. Beide Unternehmensarten erbringen spezifische Leistungen zur Befriedigung eines bestimmten Bedürfnisses. Die Non-Profit-Organisation hat im Gegensatz zum Profit-Unternehmen keine Gewinnerfordernis.

profit
(engl.) Gewinn

> **Beispiel** NPO sind häufig in folgenden Bereichen tätig: Soziale Arbeit und Fürsorge (karitative Zwecke), Schutz und Rettung, Umwelt-, Natur-, Tierschutz, Entwicklungszusammenarbeit, Menschen- und Bürgerrechte, humanitäre Hilfe

Unternehmens- und Rechtsform

Rechtsformen werden in Kapitel 3 näher betrachtet. Als Vergleichskriterium werden an dieser Stelle vorab folgende Unternehmensformen vorgestellt:

ANFORDERUNGSSITUATION 1.1

HF 1
Unternehmensstrategien und Management

Rechtsformen,
vgl. **3**, S. 39

- Ein **Einzelunternehmen** gehört lediglich einer Person. Sie ist alleinige Eigentümerin und haftet bei Verlusten auch mit ihrem Privatvermögen. Man erkennt Einzelunternehmen an Firmennamen mit Zusätzen wie z. B. e.K. (eingetragener Kaufmann).
- **Personengesellschaften** haben mehrere Eigentümer. Je nach Rechtsform (z. B. Offene Handelsgesellschaft = OHG oder Kommanditgesellschaft = KG) haften alle oder nur besonders ausgewiesene Eigentümer auch mit ihrem Privatvermögen.
- **Kapitalgesellschaften** (z. B. Aktiengesellschaften = AG oder Gesellschaften mit beschränkter Haftung = GmbH) haben einen bis viele Eigentümer, die aber alle nicht mit ihrem Privatvermögen für entstandene Verluste haften. Die Haftung ist auf das Gesellschaftsvermögen beschränkt.

Unternehmenszweck und Aufwandsstruktur

Aufwand, auch Aufwendungen gesamter Werteverzehr eines Unternehmens[1], vgl. **8.5**, S. 93

Je nach Unternehmenszweck unterscheidet sich die **Aufwandsstruktur** von Unternehmen oft erheblich. Je nach der Bedeutung (Höhe) des Anteils einer bestimmten Aufwandsart am betrieblichen Gesamtaufwand des Unternehmens unterscheidet man Unternehmen. Kombinationen, z. B. material- und gleichzeitig lohnintensive Unternehmen, sind ebenfalls möglich (z. B. der Einzelhandel).

Aufwands- und Kostenstrukturen von Unternehmen

Anlage- bzw. kapitalintensive Unternehmen	Materialintensive Unternehmen	Lohn- bzw. arbeitsintensive Unternehmen	Energieintensive Unternehmen
\multicolumn{4}{c}{Hauptaufwandsarten/Hauptkostenarten}
Wertverlust von Anlagengegenständen (Aufwandsart Abschreibungen) und Zinskosten	Einkaufspreise der benötigten Materialien oder Waren	Löhne und Gehälter für die beschäftigten Arbeitnehmer	Einkaufspreise für die eingesetzte Energie (z. B. Strom, Öl, Kohle, Gas usw.)
\multicolumn{4}{c}{Unternehmensbeispiele}
Produktion von Atomstrom, Hochseefischerei usw.	(Groß-)Handelsunternehmen, Schmuckherstellung usw.	Bekleidungsherstellung, Software-Programmierung, (Einzel-)Handelsunternehmen usw.	Produktion von Aluminium, chemischen Produkten oder Glas usw.

Standorte

Kleinst- oder kleine Unternehmen haben oft nur einen Standort in einer Gemeinde oder einer Stadt und bieten ihre Leistung auch nur „vor Ort", also **lokal**, an, z. B. ein Kiosk oder ein Handwerksunternehmen. **Regional** tätige Unternehmen mit mehreren Standorten (z. B. Filialen) in einer oder mehreren Wirtschaftsregionen (z. B. im Rhein-Sieg-Kreis oder in ganz Nordrhein-Westfalen) sprechen einen größeren Abnehmerkreis an. Dies gilt z. B. für Energieanbieter oder Einzelhändler mit mehreren Verkaufsstellen unabhängig von der Unternehmensgröße. Mittlere oder größere Unternehmen sind **in ganz Deutschland** und darüber hinaus tätig und oft auch mit Zweigwerken oder Filialen präsent (z. B. Einzelhandelsketten). Großunternehmen sind **weltweit** vertreten, wie z. B. die deutsche Automobilindustrie mit Produktionsstätten auf mehreren Kontinenten.

[1] Entsprechend versteht man unter Kosten den sachzielbezogenen Werteverzehr, z. B. Materialverbrauch, Löhne, Gehälter usw.

ANFORDERUNGSSITUATION 1.1

1.3 Das Unternehmen im gesamtwirtschaftlichen Zusammenhang

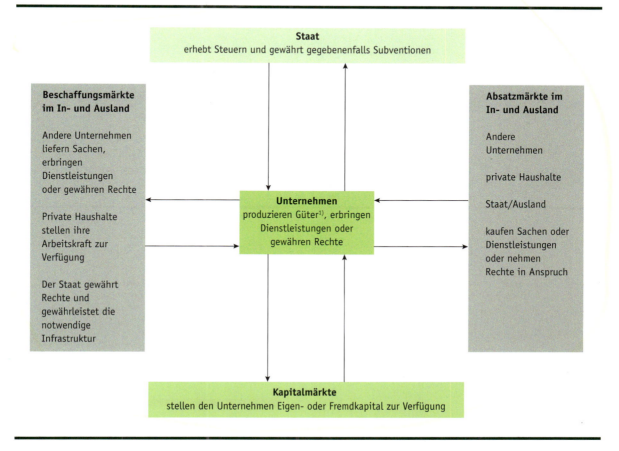

Stellt man die Unternehmen in den Mittelpunkt der Betrachtung, ergeben sich viele Zusammenhänge zur Gesamtwirtschaft. Die Einbindung eines Unternehmens in den gesamtwirtschaftlichen Zusammenhang ist in erster Linie von der **Leistungsart** abhängig, die das Unternehmen erbringt.

Dies gilt sowohl für den **Absatz-** als auch den **Beschaffungsmarkt**. Unterschiedliche Leistungsarten bedeuten unterschiedliche Beschaffungsaktivitäten, z. B. hinsichtlich der Art und der Anbieter der einzukaufenden Produkte bzw. Dienstleistungen oder auch der Anstellung von Mitarbeitern mit unterschiedlichen Kenntnissen und Fähigkeiten. Das gilt auch für die Absatzaktivitäten der Unternehmen, z. B. in Abhängigkeit von den Verwendungsmöglichkeiten der erstellten Produkte oder Dienstleistungen und den jeweiligen Kunden (Unternehmen, private Haushalte oder Staaten).

Der **Staat** ist Empfänger von Steuern. Er garantiert ferner einen verlässlichen rechtlichen Rahmen und stellt wichtige Infrastrukturen zur Verfügung. Nur in Ausnahmefällen erhalten Unternehmen direkte Subventionen, wenn die erbrachten Leistungen als „förderungswürdig" angesehen werden (z. B. für Windkraftanlagen oder Elektroautos usw.).

Beschaffung, vgl. **HF 2**, S. 146 ff.

Absatz, vgl. **HF 4**, S. 246 ff.

---

[1] Güter sind Sachen, Dienstleistungen und Rechte, vgl. S. 21

HF 1

Unternehmensstrategien und Management

Welche **Kapitalmärkte** einem Unternehmen zur Verfügung stehen, ist regelmäßig von deren Größe und der gewählten Rechtsform abhängig. Für einen Klein(st)betrieb ist im Normalfall z. B. die Sparkasse oder Volksbank mit ihrer Filiale „um die Ecke" der Ansprechpartner. Eine große, weltweit aktive Aktiengesellschaft kann auch weltweit Eigen- und Fremdkapital aufnehmen.

Leistungsart „Sachleistung"

Sachleistungsbetriebe produzieren materielle Güter (Sachgüter). Erfolgt diese Produktion in größeren Wirtschaftseinheiten in maschineller und weitgehend automatisierter Fertigung mit hohen Stückzahlen mit vielen Arbeitnehmern für verschiedene (anonyme) Märkte, so handelt es sich um **Industriebetriebe**. Beispiele: Automobilindustrie, chemische Industrie, Lebensmittelindustrie usw.

*Leistungserstellung, vgl. **HF 3**, S. 194 ff.*

Kleinere Betriebe „vor Ort" mit überwiegend personalintensiver manueller Produktion durch wenige, aber qualifizierte Facharbeiter und Meister, die ihre Leistung in der Regel erst nach einem Auftrag erstellen, nennt man **Handwerksbetriebe**. Beispiele: Autowerkstatt, Bäckerei, Schreinerei usw.

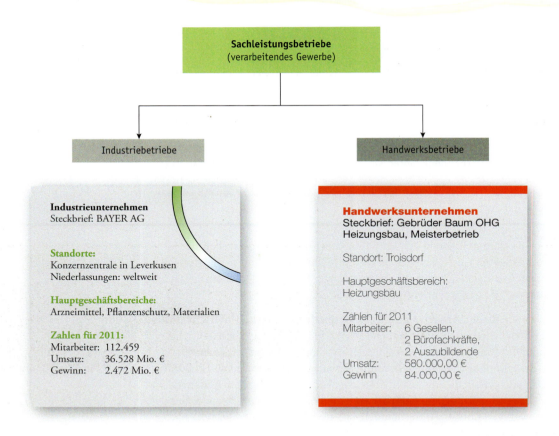

Neben dem verarbeitenden Gewerbe gehören das Baugewerbe, der Bergbau, die Land-, Forst- und Fischereiwirtschaft sowie die Energie- und Wasserwirtschaft zu den Sachleistungsbetrieben, da auch sie Sachgüter bereitstellen.

ANFORDERUNGSSITUATION 1.1

Dienstleistungsbetriebe erbringen völlig unterschiedliche Leistungsarten. Im täglichen Leben am „auffälligsten" ist hier der Handel, der Waren aller Art an Dritte verkauft.

Leistungsart „Dienstleistung"

Einzelhandel	Verkauft Waren an Endverbraucher
Großhandel	Verkauft Waren an Unternehmen im Inland
Außenhandel	Verkauft Waren an Unternehmen im Ausland

Natürlich gibt es hier Mischformen, also Handelsunternehmen, die ihre Waren sowohl an Endverbraucher als auch an andere Unternehmen verkaufen. Großhandelsunternehmen sind oft nicht nur im Inland, sondern auch im Ausland aktiv. Das gilt auch für andere wichtige Dienstleistungserbringer:

Banken	Abwicklung des Zahlungsverkehrs, Kreditvergabe, Kapitalanlage
Versicherungen	Übernahme von Risiken gegen Entgelt
Transportbetriebe	Transport von Sachen oder Personen zu Land, Wasser und in der Luft
Kommunikationsbetriebe	Übermittlung von Informationen auf Papier oder digital in Bildern und in Schriftform
Freie Berufe	Rechtsanwälte, Steuerberater, Architekten, Ärzte, usw.

Sachen, Dienstleistungen und Rechte können dem Oberbegriff **Güter** zugeordnet werden. Beschränkt vorhandene Güter werden Wirtschaftsgüter (knappe Güter) genannt. Weil sie knapp und begehrt sind, werden sie nachgefragt und erzielen einen Preis. Deshalb sind die Herstellung oder die Erbringung und der Handel damit für Unternehmen interessant.

Güterarten

Kategorisierung von Gütern

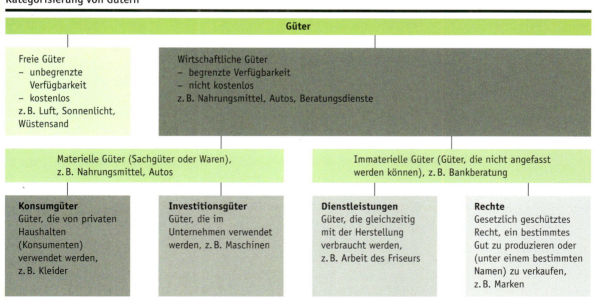

HF 1
Unternehmensstrategien und Management

Betriebliche Leistungsfaktoren

Elementarfaktoren
– Menschliche Arbeit
– Betriebsmittel
– Werkstoffe

Um Leistungen erbringen zu können, benötigen Unternehmen betriebliche Leistungsfaktoren, die mithilfe von Informationen kombiniert werden. Es lassen sich die so genannten **Elementarfaktoren** (menschliche Arbeit, Betriebsmittel und Werkstoffe) und der **dispositive Faktor** unterscheiden.

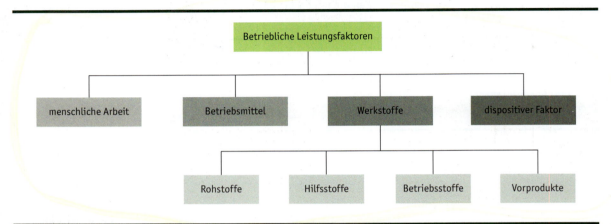

Menschliche Arbeit ist die geistig und körperlich ausgeführte Tätigkeit des Menschen zum Zwecke der Leistungserstellung. Im Zusammenhang mit der ständigen Weiterentwicklung der Technik ist allerdings eine Abnahme der körperlichen Arbeit (der reinen Muskelkraft) und eine Zunahme der geistigen Arbeit (z. B. Bedienung komplizierter Maschinen und Steuerung komplexer Prozesse) zu verzeichnen.

Bilanz, Anlage- und Umlaufvermögen, vgl. 7.3, S. 76

Betriebsmittel sind alle beweglichen und unbeweglichen Mittel, die der Leistungserstellung dienen und nicht in das Erzeugnis eingehen. Betriebsmittel werden in der Bilanz unter Anlagevermögen (Sachanlagen) auf der Aktivseite geführt. Zu den Betriebsmitteln gehören:
- Grundstücke und Bauten
- technische Anlagen und Maschinen, z. B. Transport- und Fördermittel und Verpackungsanlagen
- Betriebs- und Geschäftsausstattung (einschließlich Fuhrpark), z. B. Büromöbel, Büromaschinen

Werkstoffe sind Roh-, Hilfs-, Betriebsstoffe und Vorprodukte. Sie werden auf der Aktivseite der Bilanz unter Umlaufvermögen als Teil des Vorratsvermögens geführt.
- **Rohstoffe** sind wesentliche Bestandteile der zu fertigenden Produkte und gehen unmittelbar in die Fertigerzeugnisse ein (z. B. Stahlrohr für die Fertigung von Fahrradrahmen).
- **Hilfsstoffe** sind ebenfalls Bestandteil des Fertigerzeugnisses, allerdings zu einem wert- und mengenmäßig bedeutend geringeren Anteil als Rohstoffe (z. B. Schrauben).
- **Betriebsstoffe** gehen nicht in das Fertigerzeugnis ein, werden jedoch zum Betreiben der Fertigungsmaschinen benötigt (z. B. Schmieröl für Produktionsmaschinen).
- **Vorprodukte** (Fremdbauteile) sind Zukaufteile, die von anderen Unternehmen bezogen werden und ohne Veränderung in das Fertigerzeugnis eingehen (z. B. Griffe für die Lenker).

ANFORDERUNGSSITUATION 1.1

Objekte des Materialflusses im Unternehmen können auch **Handelswaren** sein. Handelswaren sind Güter, die gekauft und unverändert wieder verkauft werden (z. B. Fahrradanhänger in den Fly Bike Werken).

Rohstoffe (Stahlrohre)

Hilfsstoffe (Schrauben)

Vorprodukte (Griffe)

Handelsware (Fahrradanhänger)

Werkstoffe und Handelswaren in den Fly Bike Werken

Der **dispositive Faktor** umfasst die Faktoren Leitung, Planung, Organisation und Kontrolle und somit die Fähigkeit der Menschen, die Elementarfaktoren zum Zwecke der Leistungserstellung zu kombinieren.

Um das Zusammenwirken der Elementarfaktoren sinnvoll zu gestalten, muss geklärt werden, wer was, wann, wie, warum, wo, womit und mit welchem Ergebnis zu erledigen hat. Dementsprechend sind die notwendigen Elementarfaktoren (wer, womit) zur richtigen Zeit (wann) am richtigen Ort (wo) in der benötigten Qualität und Menge bereitzustellen. Diese Aufgaben übernimmt der dispositive Faktor, der i. d. R. vom **Management** verkörpert wird. Darüber hinaus müssen Pläne für die entsprechenden Bereiche existieren, damit diese genaue Informationen darüber besitzen, was von ihnen wie und warum erwartet wird.

Unternehmensführung, vgl. **13**, S. 133

Zu den immateriellen Leistungsfaktoren zählen ferner **gewerbliche Nutzungsrechte** (Schutzrechte, Lizenzen), die selbst entwickelten Erzeugnissen und Fertigungsverfahren Rechtsschutz verleihen.

Rechtsschutz von Erzeugnissen, vgl. **HF 3**, **2.3**, S. 202

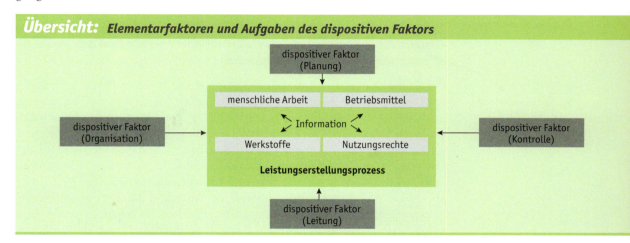
Übersicht: Elementarfaktoren und Aufgaben des dispositiven Faktors

HF 1 Unternehmensstrategien und Management

1.4 Unternehmenstypen am Beispiel von Industrieunternehmen

Sekundärer Sektor, vgl. 1.2, S. 15

Industrieunternehmen lassen sich zunächst in unterschiedliche Industrietypen einteilen. Diese Typen spiegeln gleichzeitig die einzelnen Produktionsstufen wider, die es innerhalb des sekundären Wirtschafssektors gibt. Den Industrietypen können unterschiedliche Branchen zugeordnet werden.

Industrietypen und Industriebranchen

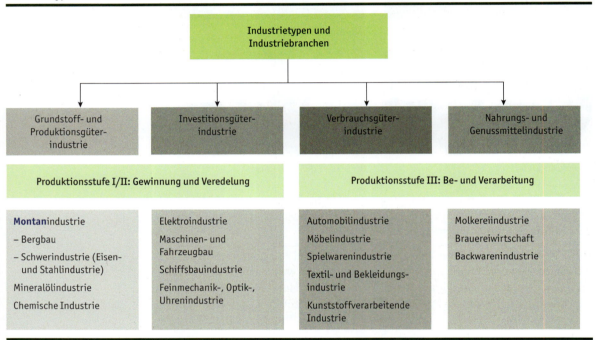

Montan von lat. mons: Berg

Die industrielle Produktion wird durch Arbeitsteilung, Anlageintensität und zunehmende Konzentration charakterisiert.

Arbeitsteilung

Merkmale von Industrieunternehmen

Arbeitsteilung liegt vor, wenn Arbeiten in einem Leistungsprozess auf verschiedene Träger verteilt werden. Somit bedeutet Arbeitsteilung Spezialisierung auf bestimmte Tätigkeiten. Die Arbeitsteilung innerhalb des Betriebs umfasst zwei Aspekte: die Arbeitszerlegung und die Aufgabengliederung.

Fertigungsverfahren, vgl. HF3, 5, S. 222

Die Art der Arbeitsteilung, die Ökonomen wie Adam Smith und Frederic W. Taylor beschrieben, ist die **Arbeitszerlegung**, deren Einrichtung dann sinnvoll ist, wenn die Arbeitskräfte ständig die gleichen Arbeitsgriffe wiederholen. Sie hatte deshalb stets ein großes Echo, weil sie zur Produktivitätserhöhung und Wirtschaftlichkeitsverbesserung führte. Lange Zeit waren diese Größen die entscheidende Seite der Medaille. Doch diese Form der Arbeitsteilung hat auch erhebliche Nachteile: Fließbandarbeit führt zu Arbeitsmonotonie und einseitiger Belastung des Arbeiters. Die Produkte erreichen nicht höchste Qualitätsstandards, oft verursacht durch nachlassende Aufmerksamkeit des Arbeiters. Aus Unternehmenssicht führt sie zu einem erhöhten Krankenstand und zur Fluktuation. Heute wird durch Änderung der Fertigungs-

ANFORDERUNGSSITUATION 1.1 24

organisation und verschiedene Humanisierungsstrategien in den Fabrikhallen versucht, die Nachteile so gering wie möglich zu halten, ohne jedoch die Vorteile der Arbeitsteilung aus dem Blick zu verlieren.

Arbeitszerlegung

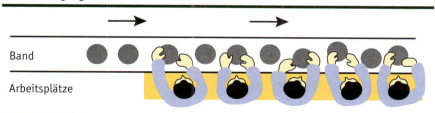

Wird die betriebliche Gesamtaufgabe nach Funktionen, also nach Teilaufgaben gegliedert, ist die **Aufgabengliederung** gemeint. Das Ergebnis sind die Abteilungen (Einkauf, Verkauf, Produktion, Lagerung, Verwaltung usw.) eines Betriebes. In den Abteilungen werden sie weiter aufgegliedert und Aufgabenträgern zugeordnet. Das Ergebnis einer Aufgabengliederung spiegelt sich in Organigrammen wider.

Funktionsorientierung und Organisation im Unternehmen, vgl. **4**, S. 48

Aufgabengliederung

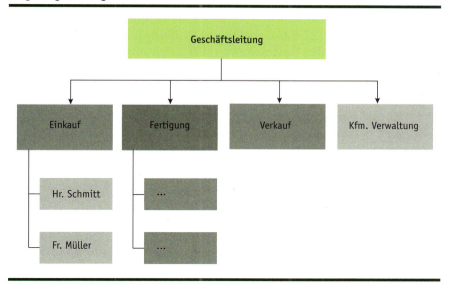

Anlageintensität

Industrielle Produktion ist oft gekennzeichnet durch eine hohe Ausstattung mit maschinellen Anlagen. Der Begriff Anlageintensität beschreibt den Anteil des Anlagevermögens am Gesamtvermögen eines Unternehmens. Sinkt die Kapazitätsauslastung eines Betriebs, z. B. aufgrund einer verschlechterten Auftragslage, dann laufen auch die Räder der Industrie insgesamt langsamer. Im Ernstfall werden vielleicht Maschinen stillgelegt und Kurzarbeit eingeführt.

Ein geringer Auslastungsgrad an maschinellen Anlagen hat auch ein Kostenproblem zur Folge. Produktionsanlagen

Industrieroboter bei Volkswagen

HF 1
Unternehmensstrategien und Management

müssen möglichst optimal ausgelastet sein, damit die Produktionskosten je Einheit möglichst gering bleiben. Bei rückläufigem Absatz und hoher Anlageintensität eines Industrieunternehmens verteilen sich die von der Produktionsmenge unabhängigen (= fixe) Kosten auf weniger Erzeugnisse, was zur Folge hat, dass die Kosten je Produkt steigen. Fixe Kosten sind solche Kosten, die das Unternehmen kurzfristig nicht vermeiden kann und die auch dann anfallen, wenn wenig oder gar nicht produziert wird. Für einen industriellen Betrieb sind dies vor allem der Wertverlust der Anlagegüter (Kostenart Abschreibungen), Mieten, Zinsen, aber auch Löhne und Gehälter, da Arbeitsverträge nicht ohne weiteres gekündigt werden können.

Fixkosten, vgl. HF 3, 6.2.2, S. 240

Konzentrationsprozesse

Viele Industrieunternehmen haben sich im Laufe der Zeit zu Großunternehmen entwickelt. Ausgehend von der Kostenexplosion in nahezu allen Bereichen eines Industrieunternehmens versuchen die wirtschaftlich stärkeren Unternehmen, schwächere zu übernehmen oder mit gleich starken Konkurrenten zusammenzuarbeiten bzw. sich zusammenzuschließen. Mit anderen Worten: Die Unternehmen konzentrieren sich.

Konzentration im Zeitalter der Globalisierung

Im Zeitalter der Globalisierung sind Konzentrationsprozesse nicht nur auf den nationalen Markt beschränkt. Unternehmenszusammenschlüsse finden zunehmend grenzüberschreitend statt, man spricht in diesem Zusammenhang auch von so genannten **multinationalen Unternehmen (MNU)**. Die Gründe für Unternehmenszusammenschlüsse auf nationaler wie auf internationaler Ebene sind offensichtlich: Sie konzentrieren sich, um

- die Lieferung von Rohstoffen sicherzustellen,
- in Wirtschaftskrisen abgefedert zu sein,
- eine gemeinsame Forschung und Entwicklung finanzieren zu können,
- Zugang zu fremden Märkten zu erhalten,
- kostenintensive Eigenfertigung in Billiglohnländer zu verlegen,
- neue Rohstoffquellen zu erschließen.

Durch Konzentrationsprozesse wird die wirtschaftliche Freiheit kleinerer Unternehmen eingeschränkt, Konsumenten haben kaum noch Wahlmöglichkeiten beim Kauf ihrer Produkte, der Einfluss von Unternehmen auf politische Organe wird negative Folgen für den freien Markt haben. Konzentrationsprozesse sind verstärkt in konjunkturell schwachen Zeiten zu beobachten. In der Industrie vor allem dann, wenn die Unternehmen aufgrund niedriger Kapazitätsauslastung und hoher Anlageintensität ihre Kosten nicht mehr decken können und in finanzielle Schwierigkeiten geraten.

Übersicht: Unternehmenstypen und Industrieunternehmen

Industrietypen	– Grundstoff-/Produktionsgüterindustrie – Investitionsgüterindustrie – Verbrauchsgüterindustrie – Nahrungs- und Genussmittelindustrie
Merkmale von Industrieunternehmen	– Arbeitsteilung (Arbeitszerlegung, Aufgabengliederung) – Anlageintensität – Konzentrationsprozesse

2 Von der Geschäftsidee zur Unternehmensgründung

LS ▸ LS 2
Geschäftsideen nachvollziehen und beurteilen

Die Gründung eines Unternehmens bedeutet für die Gründer den Schritt in die **berufliche Selbstständigkeit**. Berufliche Selbstständigkeit heißt, alle wichtigen Entscheidungen selbst treffen zu können, keine Vorgesetzten zu haben und bei Erfolg der Unternehmung ein gutes Einkommen erzielen zu können. Gleichzeitig trägt der Unternehmer das Risiko des wirtschaftlichen Scheiterns und verzichtet auf ein geregeltes Einkommen und einen Schutz durch die gesetzliche Sozialversicherung.

Die **Motive**, diesen Weg einzuschlagen, sind vielfältig. So sind die einen mit ihrem bisherigen beruflichen Umfeld unzufrieden und wollen lieber selbst bestimmen, was und wie viel sie arbeiten. Andere haben eine erfolgversprechende Geschäftsidee entwickelt und glauben, dass die Zeit für die Umsetzung reif ist. Für einige wiederum ist es eine Möglichkeit, der Arbeitslosigkeit zu entfliehen.

Um das beträchtliche **Risiko** des Scheiterns beim Start zu begrenzen, wählen einige Gründer den Weg des Teilzeitunternehmers, der neben seiner unternehmerischen Tätigkeit weiter einer abhängigen Beschäftigung nachgeht. Eine weitere Möglichkeit zur Minderung des unternehmerischen Risikos ist die Übernahme eines bereits bestehenden Unternehmens oder der Einstieg in ein bereits funktionierendes Geschäftskonzept. Hier bietet sich das so genannte Franchising an.

Franchising, vgl. **2.4**, S. 37

Die wichtigste Grundlage für eine Unternehmensgründung ist eine geeignete **Geschäftsidee**. Ideen können bei der beruflichen Tätigkeit oder durch ein Hobby entstehen. Bei vielen erfolgreichen Geschäftsideen handelt es sich um bereits bestehende Ideen, die weiterentwickelt, verbessert oder auf neue Märkte übertragen wurden. Im Internet beispielsweise findet man eine Fülle von Geschäftsideen aus der ganzen Welt.

Beispiel Holger Larsen, der seit 7 Jahren in der Produktion der Fly Bike Werke GmbH tätig ist, überlegt, sich selbstständig zu machen. Der ambitionierte Freizeitradler möchte endlich seine eigenen Ideen zur Konstruktion eines idealen Fahrrads in die Tat umsetzen. Beratung und Dienstleistungen rund ums Fahrrad könnten die Basis für seine Selbstständigkeit sein. Bekannte und Freunde suchen schon jetzt ständig seinen Rat und seine Hilfe. Die Planung eines neuen Streckenradwegs, der auch durch seine Heimatstadt verlaufen soll, hat ihn in seinem Vorhaben beflügelt. Er wendet sich mit seiner Idee an einen Gründungsberater, der ihn darüber informiert, dass das Erstellen eines Businessplans für die konkrete Realisierung seiner Idee unumgänglich ist.

Um aus einer Idee ein ausgereiftes **Geschäftskonzept** zu entwickeln, ist eine Vielzahl von konkreten Überlegungen und Recherchen anzustellen, die in einem **Businessplan** festgehalten werden können.

ANFORDERUNGSSITUATION 1.1

HF 1 — Unternehmensstrategien und Management

Der Businessplan

Was gehört in einen Businessplan?	
Geschäftsidee	Was genau ist die Geschäftsidee?
	Was ist das Besondere daran?
	Wo liegen die Risiken bei der Umsetzung der Idee?
	Gibt es eine günstige Gelegenheit zum Kauf oder zur Pacht eines Unternehmens?
Persönliche Voraussetzungen der Gründungsperson/en	Über welche fachliche Qualifikation verfügen die Gründer?
	Welche besonderen Stärken haben sie?
	Welche Schwächen gibt es? Wie werden diese ausgeglichen?
Wirtschaftliche Voraussetzungen	**Marketing-Konzept:**
	Gibt es bereits Konkurrenten und wie stark sind sie?
	Zu welchem Preis soll das Produkt angeboten werden?
	Wie und wo soll für das Produkt geworben werden?
	Standort:
	Welche Kriterien sollte ein geeigneter Standort für das Unternehmen erfüllen?
	Gibt es bereits einen möglichen Standort?
	Wie viel Raum benötigt das Unternehmen?
	Personalbedarf:
	Werden weitere Mitarbeiter benötigt?
	Welche Qualifikationen sollten diese Mitarbeiter haben?
	Finanzierung:
	Wie hoch ist der geplante Kapitalbedarf?
	Über wie viel Eigenmittel verfügen die Gründer?
	Welche Sicherheiten sind vorhanden?
Rechtliche Voraussetzungen	Wo muss das Unternehmen angemeldet werden?
	Was bedeutet es, Unternehmer zu sein?
	Welche Rechtsform ist für das Unternehmen geeignet?

Der Businessplan dokumentiert alle wichtigen Gedanken und Informationen über das zu gründende Unternehmen. Durch die Aufstellung eines Businessplans ist der Gründer gezwungen, alle Aspekte seiner Gründung intensiv zu durchdenken, um mögliche Schwachstellen in seinem Vorhaben zu erkennen.

Auch für einen staatlichen Gründungszuschuss oder für eine Finanzierung durch ein Kreditinstitut wird ein gut ausgearbeiteter Businessplan benötigt. Die potenziellen Kapitalgeber müssen von dem Erfolg des Unternehmens überzeugt werden.

2.1 Persönliche Voraussetzungen

Beispiel Holger Larsen hat eine Ausbildung als Zweiradmechaniker abgeschlossen und konnte bereits Erfahrungen in der Produktion der Fly Bike Werke GmbH sammeln. Auch in seiner Freizeit stehen Radfahren und Räder an erster Stelle. Er ist sich aber nicht sicher, ob diese Voraussetzungen ausreichen.

Eine gute Geschäftsidee ist wichtig, aber man muss auch davon überzeugt sein und andere davon überzeugen können, dass man selbst in der Lage ist, sie in die Praxis umzusetzen. Nicht jeder ist ein „Unternehmertyp".

Branchenbezogene Kenntnisse und Erfahrungen sind bei einem Schritt in die Selbstständigkeit natürlich sehr wichtig. Aber auch ein gewisses Maß an **kaufmännischen Kenntnissen** ist für eine dauerhafte und erfolgreiche Unternehmertätigkeit unabdingbar. Fehlen diese Kenntnisse, müssen sie erworben werden (z. B. in Existenzgründungsseminaren). Externe Beratung und Hilfe vor allem in steuerlichen und anderen rechtlichen Fragen sollten hinzugezogen werden.

Wer sich selbstständig macht, sollte **körperlich und psychisch fit** sein. Lange Arbeitszeiten und die häufig unsichere Situation belasten den Gründer. Eine längere Krankheit kann dazu führen, dass man kein Geld mehr verdient und das Unternehmen gefährdet ist. Ein Selbstständiger muss auf viele gesetzliche oder tarifliche Errungenschaften, die für einen Arbeitnehmer selbstverständlich sind, verzichten. Ihm steht kein festes Gehalt, kein fester Urlaubsanspruch und keine Lohnfortzahlung im Krankheitsfall zu. Unregelmäßiges Einkommen ist die Regel. In der Anlaufphase des Unternehmens ist sogar mit gar keinem Einkommen zu rechnen. Vor allem muss er sich um seine soziale Absicherung bei Krankheit, schlechter Auftragslage, Berufs- oder Erwerbsunfähigkeit selbst kümmern.

Durch die Unternehmensgründung sind auch das **persönliche Umfeld** und die Familie betroffen. Ein einplanbares Einkommen fällt weg und auch zeitlich kommen persönliche Beziehungen häufig zu kurz.

Um Kunden, Mitarbeiter und mögliche Geldgeber von seinen Ideen überzeugen zu können, bedarf es außerdem einer guten **Kommunikationsfähigkeit**. Darüber hinaus verfügen erfolgreiche Unternehmer beispielsweise über Eigenschaften wie Selbstdisziplin, Zielstrebigkeit, Kreativität und Risikobereitschaft sowie Freude an der Arbeit.

Industrie- und Handelskammern, Handwerkskammern, zuständige Ministerien usw. stellen kostenlos Materialien zur Verfügung, anhand derer man überprüfen kann, ob man persönlich zum Unternehmer geeignet ist.

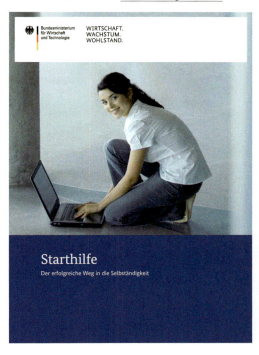

Existenzgründungsportal des Bundesministeriums für Wirtschaft und Technologie, www.existenzgruender.de

> **Auszüge aus einer Checkliste des Bundesministeriums für Wirtschaft und Technologie (BMWi) zur Gründerperson:**
> - Sind die Ziele, die Sie mit Ihrer beruflichen Selbstständigkeit erreichen wollen, realistisch?
> - Haben Sie Ihre Geschäftsidee gut durchdacht und sind Sie von Ihren Erfolgsaussichten überzeugt?
> - Sind Sie gesund und körperlich fit?
> - Hält Ihnen Ihre Familie den Rücken frei?
> - Sind Sie bereit, vor allem in den ersten Jahren überdurchschnittlich viel zu arbeiten (auch abends und am Wochenende)?
> - Sind Sie bereit, in den ersten Jahren auf Ihren Urlaub zu verzichten?
> - Können Sie sich von Stresssituationen schnell erholen?
> - Sehen Sie Rückschläge und Enttäuschungen als Herausforderungen an, es beim nächsten Mal besser zu machen?
> - Kennen Sie Ihre persönlichen Grenzen und Ihre Leistungsfähigkeit?
> - Verfügen Sie über persönliche Kontakte, die Sie auch für Ihre berufliche Selbstständigkeit nutzen können?
> - Können Sie ruhig schlafen, auch wenn Sie kein festes Einkommen haben?
> - Verfügen Sie über finanzielle Reserven, um eine erste Durststrecke (ca. 6 Monate) zu überbrücken?
> - Passt Ihre bisherige berufliche Tätigkeit zu dem Vorhaben und der Branche, in der Sie sich selbstständig machen wollen?
> - Wissen Sie, was Sie können, und vor allem, was Sie nicht können?
> - Verfügen Sie über kaufmännisches und betriebswirtschaftliches Know-how?
> - Haben Sie bereits Verkaufsverhandlungen geführt?
> - Wissen Sie, wo Sie sich Informationen und Rat holen können?
>
> Quelle: BMWi: Starthilfe. Der erfolgreiche Weg in die Selbstständigkeit

2.2 Wirtschaftliche Voraussetzungen

Marketing-Plan

> **Beispiel** Holger Larsen macht sich Gedanken darüber, ob es ihm gelingen kann, genügend Kunden für sein Unternehmen zu gewinnen, um davon auf Dauer leben zu können. Konkurrenz gibt es an seinem Wohnort noch keine. Aber wie kann er seine Kunden auf seinen Fahrradladen aufmerksam machen? Und woran soll er seine Preisgestaltung orientieren?

Markterkundung, -forschung, vgl. HF 4, 2, S. 249

Marketing-Konzeption, vgl. HF 4, 8, S. 286

Wer ein Unternehmen gründet, sollte über genaue **Kenntnisse des relevanten Marktes** verfügen. Bedürfnisse und Erwartungen der Kunden müssen möglichst genau in Erfahrung gebracht werden. Falls das Unternehmen keine Marktnische gefunden hat, ist auch die Konkurrenz zu analysieren. Welche Produkte werden dort zu welchen Preisen angeboten? Natürlich muss man sich auch überlegen, wie man die Kunden auf die Produkte oder Dienstleistung aufmerksam machen kann. All diese Überlegungen werden in einem **Marketing-Konzept** zusammengefasst.

Standortwahl

Beispiel Holger Larsen möchte sich in jedem Fall in seiner Heimatstadt selbstständig machen. Er begibt sich auf die Suche nach geeigneten Räumlichkeiten. Es muss Platz für eine kleine Werkstatt und einen Verkaufsraum vorhanden sein. Zu viele Kosten dürfen am Anfang nicht entstehen, es sollte aber die Möglichkeit einer späteren Geschäftsvergrößerung gegeben sein.

Der wirtschaftliche Erfolg eines Betriebes ist nicht nur von der unternehmerischen Leistungsfähigkeit abhängig. Man muss auch einen Standort finden, der das Geschäftskonzept und die Zielsetzungen des Unternehmens am besten unterstützt. Sowohl das Umfeld als auch die Größe und die besonderen Eigenschaften der Räumlichkeiten haben einen wichtigen Einfluss auf den Erfolg.

Der Standort entscheidet beispielsweise über
- die Nähe zu Kunden und zu Lieferanten,
- die Nähe zur Konkurrenz,
- die Höhe der Miete, Pacht oder Kaufsumme für ein Gebäude,
- die Höhe der zu entrichtenden Steuern,
- das Angebot an qualifizierten Fachkräften,
- die Höhe der Lohn- und Lohnnebenkosten,
- die Inanspruchnahme kommunaler Fördermittel,
- Verkehrswege und -anbindung,
- Umweltauflagen, die bei Produktion oder Transport zu berücksichtigen sind,
- die Möglichkeit einer späteren Unternehmenserweiterung.

Standortfaktoren

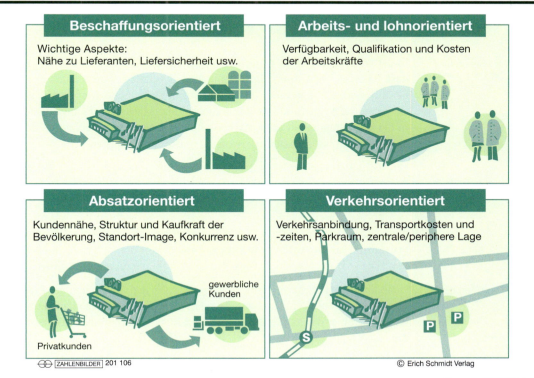

Personalbedarf

> **Beispiel** Holger Larsen überlegt, ob er die anfallenden Verwaltungs- und Reparaturarbeiten alleine erledigen kann oder ob es besser ist, einen zusätzlichen Mitarbeiter einzustellen. Er macht sich auch Gedanken darüber, was ist, wenn er einmal krank wird. Einen geschlossenen Laden kann er sich am Anfang sicher nicht erlauben.

<small>Personal, vgl. **HF5**, Band 2</small>

Bei der Verwirklichung einer Geschäftsidee sind Unternehmensgründer häufig auf die Unterstützung durch geeignetes Personal angewiesen. Auf der einen Seite muss ausreichend Personal vorhanden sein, um die anfallenden Aufgaben zu erledigen, auf der anderen Seite dürfen aber gerade in der Anfangsphase keine unnötigen Kosten durch eine Überbesetzung entstehen. Zur Festlegung der Anzahl der Mitarbeiter (**quantitativer Personalbedarf**) hilft das Erstellen einer **Personaleinsatzplanung**.

Ein Unternehmensgründer muss sich auch Gedanken über das gewünschte Qualifikationsprofil seiner zukünftigen Mitarbeiter (**qualitativer Personalbedarf**) machen. Zu beachten ist auch das sich daraus ergebende Gehaltsniveau und wie und wo er dieses Personal finden kann.

Wichtig: Mitarbeiter müssen beim Finanzamt und bei der Sozialversicherung angemeldet werden!

Finanzierungsplan

> **Beispiel** Holger Larsen schätzt den Kapitalbedarf für sein Unternehmen nicht besonders hoch ein. Er hat einiges an Ersparnissen. Damit kann er eine kurze Zeit überbrücken. Da er aber kein festes Einkommen mehr einplanen kann, wird er auf einen Kredit von seiner Bank angewiesen sein. Im Existenzgründerseminar hat er außerdem erfahren, dass er eventuell auf staatliche Unterstützung hoffen darf.

<small>Kapitalbedarf und Finanzierung, vgl. **HF6**, Band 2</small>

In der ersten Phase einer Unternehmensgründung entsteht der höchste **Kapitalbedarf**. So muss z. B. die Büroeinrichtung gekauft werden, Waren müssen bestellt und bezahlt werden, Miete und Versicherungen müssen überwiesen werden. Und dies alles, bevor nur ein Kunde die Produkte oder Dienstleistungen kauft. War der Schritt in die Selbstständigkeit erfolgreich, fließt später genügend Geld durch den Verkauf der Produkte und/oder Dienstleistungen in das Unternehmen zurück.

Um den entstehenden Kapitalbedarf decken zu können, muss der Gründer in der Regel **Kredite** bei einem Kreditinstitut beantragen. Es empfiehlt sich, die anstehenden Finanzierungsgespräche gut vorzubereiten und z. B. das Kreditinstitut durch einen durchdachten Businessplan von den Erfolgsaussichten des Unternehmens zu überzeugen. Außerdem muss er sich darum kümmern, welche **staatlichen Existenzgründungskredite und Förderprogramme** es gibt und ob sie für ihn infrage kommen. Die entsprechenden Anträge müssen anschließend gestellt werden.

<small>Eigenkapital, vgl. **7.2**, S. 75</small>

Unabdingbar ist aber vor allem, dass der Gründer über ausreichendes **Eigenkapital** verfügt. Nicht zuletzt davon hängt seine Kreditwürdigkeit ab. Ein zu geringes Eigenkapital ist einer der häufigsten Gründe für das Scheitern einer Unternehmensgründung.

2.3 Rechtliche Voraussetzungen

In Deutschland besteht **Gewerbefreiheit**. Danach hat jeder grundsätzlich das Recht, sich selbstständig zu machen und ein Gewerbe zu betreiben.

> **§ 1 Gewerbeordnung**
> Der Betrieb eines Gewerbes ist jedermann gestattet, soweit nicht durch dieses Gesetz Ausnahmen oder Beschränkungen vorgeschrieben oder zugelassen sind.

Zum Schutz der Öffentlichkeit sind bei einigen Gewerben für die Erlaubnis und Zulassung **besondere Nachweise** wie polizeiliches Führungszeugnis, besondere Fachkundenachweise oder Genehmigungen erforderlich.

Ausländische Staatsangehörige aus Nicht-EU-Mitgliedsstaaten dürfen eine selbstständige Gewerbetätigkeit nur dann ausüben, wenn dies nach ihrem Aufenthaltsstatus zulässig ist.

2.3.1 Anmeldepflichten

Bevor ein Existenzgründer sein Unternehmen starten kann, muss er seinen Betrieb unter anderem bei folgenden Behörden und Organisationen anmelden:

- Jeder Gewerbebetrieb muss beim zuständigen **Gewerbeamt** angemeldet werden.
- Mit der Anmeldung beim **Finanzamt** erhält der Unternehmer eine Steuernummer zugeteilt, unter der er in Zukunft seinen Steuerpflichten nachkommen muss.
- Selbstständige Handwerker müssen ihre Tätigkeit bei der **Handwerkskammer** anzeigen und sich in der Regel in die „Handwerksrolle" eintragen lassen.
- Alle anderen Unternehmer werden kraft Gesetzes Mitglied der örtlich zuständigen **Industrie- und Handelskammer (IHK)**. Die Gewerbeämter informieren die Kammern über die Gewerbeanmeldung.

2.3.2 Kaufmannsstatus und Kaufmannseigenschaften

> **Beispiel** Holger Larsen ist sich nicht sicher, ob er mit seinem neuen Unternehmen ein Kaufmann mit all seinen Rechten, aber auch Pflichten sein wird. Bei einem Existenzgründungsseminar hat er erfahren, dass Kaufleute viel strengeren Rechtsvorschriften unterliegen. Auf einen Kaufmann werde das Handelsgesetzbuch (HGB) angewendet und das sei viel strenger als das Bürgerliche Gesetzbuch (BGB).

Unter der Bezeichnung „Kaufmann" versteht man im täglichen Sprachgebrauch Menschen, die eine kaufmännische Ausbildung absolviert haben oder im Handel tätig sind. Im juristischen Sinne ist dieser Begriff jedoch anders definiert. Wer Kaufmann ist, legt das **Handelsgesetzbuch (HGB)** in seinem ersten Paragrafen fest.

Kaufmannsstatus

> **§ 1 HGB**
> (1) Kaufmann im Sinne dieses Gesetzbuchs ist, wer ein Handelsgewerbe betreibt.
> (2) Handelsgewerbe ist jeder Gewerbebetrieb, es sei denn, dass das Unternehmen nach Art oder Umfang einen in kaufmännischer Weise eingerichteten Geschäftsbetrieb nicht erfordert.

HF 1

Unternehmensstrategien und Management

Art, Größe und Rechtsform des neu zu gründenden Unternehmens entscheiden also, ob der Betreiber als „Kaufmann" im rechtlichen Sinne zu behandeln ist. Auf Kaufleute sind die Vorschriften des HGB voll anwendbar. Die Anwendung des HGB hat u.a. Auswirkungen auf die Namensgebung (Firma) des Unternehmens, die Buchführungspflicht und die Abwicklung von Kaufverträgen. Kaufleute sind grundsätzlich verpflichtet, sich ins Handelsregister eintragen zu lassen. Außerdem gelten für sie bestimmte anerkannte Handelsbräuche, z.B. müssen sie dafür sorgen, dass ihnen schriftliche Mitteilungen auch bei Abwesenheit vom Geschäft (durch Urlaub, Krankheit usw.) zugestellt werden.

*Firma, vgl. **2.3.3**, S. 35*

*Handelsregister, vgl. **2.3.4**, S. 36*

Kaufmannseigenschaften

Das HGB geht vom Begriff des **Handelsgewerbes** aus. Als Gewerbe bezeichnet man jede erlaubte und fortgesetzte selbstständige Tätigkeit, die auf die Erzielung von Gewinn ausgerichtet ist. Führt der Gewerbetreibende außerdem einen „in kaufmännischer Weise eingerichteten Geschäftsbetrieb", ist er **Istkaufmann** im Sinne des § 1 HGB. Ob ein solcher Geschäftsbetrieb vorliegt, muss im Einzelfall entschieden werden. Beurteilungskriterien sind u.a. die Höhe von Umsatz, Forderungen und Vermögen, die Mitarbeiterzahl sowie die Anzahl/Größe der Geschäftsräume. Für ein kleines Unternehmen mit geringer Umsatzhöhe und nur einem Mitarbeiter ist z.B. kein kaufmännischer Geschäftsbetrieb erforderlich. Ein solches Unternehmen fällt unter den Begriff **Kleingewerbe**. Aber auch der Betreiber eines Kleingewerbes kann den Status eines Kaufmannes erwerben, indem er sich freiwillig ins Handelsregister eintragen lässt. Er ist nach § 2 HGB ein so genannter **Kannkaufmann**.

*Der Begriff des **Handelsgewerbes** ist unabhängig von der Branche des Unternehmens. Auch ein Handwerker oder der Inhaber eines Hotels kann also Kaufmann sein.*

Für Handels- und Kapitalgesellschaften (z.B. OHG, GmbH) gelten ebenfalls die Bestimmungen des HGB. Sie sind gemäß § 6 HGB so genannte **Formkaufleute**.

*Rechtsformen, vgl. **3**, S. 39*

Übersicht: Kaufmannsstatus und Kaufmannseigenschaften

Istkaufmann	Kaufmann kraft kaufmännisch eingerichteten Geschäftsbetriebes HGB § 1
Kannkaufmann	Kaufmann kraft Eintragung ins Handelsregister HGB §§ 2, 3 Eintragung ist freiwillig!
Formkaufmann	Kaufmann kraft Rechtsform HGB § 6 Handels- und Kapitalgesellschaften, z.B. OHG, GmbH

ANFORDERUNGSSITUATION 1.1

2.3.3 Firma

> **§ 17 HGB**
> (1) Die Firma eines Kaufmannes ist der Name, unter dem er seine Geschäfte betreibt und die Unterschrift abgibt.
> (2) Ein Kaufmann kann unter seiner Firma klagen und verklagt werden.

Kaufleute müssen eine Firma führen. Die Firmenführung ist jedoch auf den Geschäftsbetrieb beschränkt, sie wird nicht in den Pass oder Personalausweis eingetragen. Dagegen kann der Kaufmann, der für sein Unternehmen einen Dienstwagen unterhält, einen Kraftfahrzeugschein auf seine Firma ausstellen lassen. Es werden folgende **Firmenarten** unterschieden:

- Personenfirma, bestehend aus einem oder mehreren Personennamen
- Sachfirma, abgeleitet vom Unternehmensgegenstand
- Fantasiefirma, häufig eine von Markennamen abgeleitete werbewirksame Bezeichnung
- gemischte Firma, die sowohl Personennamen als auch den Unternehmensgegenstand enthält

Die Wahl der Firma hängt von der Rechtsform des Unternehmens ab. Bei Einzelkaufleuten muss z. B. die Bezeichnung „eingetragener Kaufmann" bzw. „eingetragene Kauffrau" (e. K. oder e. Kfm. bzw. e. Kfr.) in der Firma enthalten sein. Dieser Zusatz ist auch auf Geschäftsbriefen, Visitenkarten, Katalogen usw. zu vermerken.

Die Firma ist an bestimmte rechtliche Grundsätze gebunden. Dazu gehören:

Firmenwahrheit: Die Firma darf nicht irreführend sein. Sie muss den tatsächlichen Rechtsverhältnissen entsprechen. Dieser Grundsatz schützt die Geschäftspartner, denn die Rechtsform gibt Auskunft über die Größe und die Finanzkraft des Unternehmens.

Firmenausschließlichkeit: Die Firma darf nicht die gleiche Bezeichnung tragen wie eine andere Firma am gleichen Ort. Bei der Eintragung ins Handelsregister wird dies geprüft. Auch dieser Grundsatz bedeutet eine Sicherheit für die Geschäftspartner, da er hilft, Verwechslungen zwischen den Firmen zu vermeiden.

Firmenbeständigkeit: Beim Wechsel des Inhabers darf die Firma weitergeführt werden. Hierbei muss jedoch im Zweifel die Firmenwahrheit beachtet werden.

Firmenklarheit: Die Firma muss so formuliert sein, dass sie Außenstehende nicht über wichtige geschäftliche Verhältnisse irreführt.

Firmenöffentlichkeit: Die Eintragung ins Handelsregister muss erfolgen, damit die Öffentlichkeit über die Gründung der Firma informiert wird.

Firmierung weiterer Rechtsformen, vgl. **3**, S. 39 ff.

2.3.4 Handelsregister

> **§ 29 HGB**
> Jeder Kaufmann ist verpflichtet, seine Firma und den Ort seiner Handelsniederlassung bei dem Gericht, in dessen Bezirk sich die Niederlassung befindet, zur Eintragung in das Handelsregister anzumelden; er hat seine Namensunterschrift unter Angabe der Firma zur Aufbewahrung bei dem Gericht zu zeichnen.

Kaufleute unterliegen in ihren Geschäften z. T. anderen (strengeren) Vorschriften als Nichtkaufleute. Deshalb muss allen, die mit ihnen Geschäfte abschließen, bekannt sein, dass sie es mit Kaufleuten zu tun haben. Alle Tatsachen, die für die Geschäftspartner eines Kaufmannes rechtlich bedeutsam sein können, werden deshalb durch die **Eintragung ins Handelsregister** öffentlich registriert.

Das Handelsregister ist ein beim Amtsgericht geführtes Verzeichnis aller Kaufleute eines Amtsgerichtsbezirks. Es dient dem Zweck, die Öffentlichkeit zu informieren und zu schützen. Jedermann hat das Recht, in das Register einzusehen. Die Eintragungen erfolgen auf Anmeldung des Kaufmannes mit notarieller Beglaubigung oder von Amts wegen (z. B. bei Eröffnung eines Insolvenzverfahrens). Das Gericht muss die Eintragungen veröffentlichen; das Handelsregister wird seit 2007 vollständig elektronisch geführt. Die Eintragungen können online im elektronischen Bundesanzeiger abgerufen werden.

www.bundesanzeiger.de

Das Handelsregister genießt **öffentlichen Glauben**. Das Vertrauen auf seinen Inhalt ist geschützt. Solange eine Tatsache, die ins Register eingetragen werden müsste, noch nicht eingetragen ist, kann sie einem Dritten gegenüber nicht geltend gemacht werden.

Übersicht: Rahmenbedingungen für eine Unternehmensgründung

Persönliche Voraussetzungen	Branchenbezogene und kaufmännische Kenntnisse Physische und psychische Belastbarkeit Kommunikationsfähigkeit Selbstdisziplin, Freude an der Arbeit, Risikofreudigkeit usw.
Wirtschaftliche Voraussetzungen	Aufstellung eines Marketing-Plans Wahl eines geeigneten Standorts Personalbedarfsplanung Aufstellung eines Finanzierungsplans
Rechtliche Voraussetzungen	
Anmeldepflichten	Anmeldung des Gewerbes beim Gewerbeamt, Finanzamt usw.
Kaufmann	Rechtsstatus eines Unternehmens, wonach es den Rechten und Pflichten des Handelsrechts (HGB) unterliegt. In der Regel ist es dann zu einem kaufmännisch eingerichteten Geschäftsbetrieb verpflichtet.
Firma	Name eines Kaufmanns, unter dem er seine Geschäfte betreibt
Handelsregister	Verzeichnis aller Kaufleute eines Amtsgerichtsbezirks

2.4 Franchising

Eine Möglichkeit, sich selbstständig zu machen, dabei aber auf bewährte Vermarktungsideen zu setzen, ist das Franchising. Diese Vertriebsform basiert auf der Kooperation zwischen Franchisegeber und Franchisenehmer. Beim Franchising nutzt der **Franchisenehmer** gegen Gebühr das bereits erfolgreich eingeführte Geschäfts- und Marketing-Konzept des Franchisegebers. Der **Franchisegeber** plant und koordiniert das Marketing. Rund 1.000 Franchisegeber sind derzeit am deutschen Markt tätig. Über Franchise-Konzepte informiert die jährlich in Dortmund stattfindende START+Franchise-Messe, die sich an Gründer und junge Unternehmer wendet.

Die Kooperation zwischen Franchisegeber und -nehmer zielt auf den erfolgreichen Vertrieb von Waren und Dienstleistungen. Beide Kooperationspartner sind selbstständige Kaufleute. Zu beachten ist, dass der Franchisenehmer als selbstständiger Unternehmer das wirtschaftliche Risiko auf sich nimmt, er jedoch vertraglich gebunden ist, das vorgeschriebene Geschäfts- und Marketing-Konzept umzusetzen. Im Extremfall heißt das, dass er auch für Fehler im Marketing wirtschaftlich „geradestehen" und Verluste tragen muss, ohne jedoch das Konzept selbst beeinflussen zu können.

Es gibt folgende Franchisingarten:

- Beim **Vollfranchising** übernimmt der Franchisenehmer in einem oder mehreren Geschäftsstandorten das Franchisepaket des Franchisegebers.
- Beim **Minifranchising** (Abteilungsfranchise) wird durch den Franchisenehmer nicht für das gesamte Unternehmen ein Franchisekonzept angewendet, sondern nur für eine bestimmte Abteilung.
- Beim **Produktfranchising** stellt der Franchisenehmer eine Ware her, die unter dem Namen des Franchisegebers verkauft wird. Produktfranchising ist eine Sonderform des Franchisings und enthält nicht alle Elemente des gesamten Franchisings.

Vor- und Nachteile für den Franchisenehmer

Durch das Franchisesystem nutzt der Franchisenehmer die Ideen, die Erfahrungen und das Managementwissen des Franchisegebers. Dadurch wird von Anfang an eine **rationelle Betriebsführung** ermöglicht, die schnell zum Erreichen der Gewinnzone führt. Mit allen Problemen des Unternehmensstarts steht der Franchisenehmer nicht alleine da. Der Marktauftritt ist den Kunden unter Umständen schon bekannt und die Systemzentrale kann bei auftretenden Problemen schnell helfen, da dort das entsprechende Know-how schon erworben worden ist.

Allerdings muss der Franchisenehmer akzeptieren, dass der Franchisegeber ein **Weisungs- und Kontrollrecht** hat, das den Franchisenehmer in seiner Kreativität und seiner Risikobereitschaft beeinträchtigen kann. Wenn in der Franchise-Zentrale Fehler gemacht werden, muss der Franchisenehmer mit seinem Geschäft diese Fehler mitverantworten. Insofern steht der Franchisenehmer immer in einer Schicksalsgemeinschaft mit dem Franchisegeber.

Vor- und Nachteile für den Franchisegeber

So wie von dem Franchisenehmer partnerschaftliches Verhalten erwartet wird, muss auch der Franchisegeber dieses partnerschaftliche Verhalten zeigen. Einige Franchisegeber machen deshalb in ihren Franchise-Verträgen **Mediation**sverfahren bei Streitfällen zur Pflicht. Der Franchisegeber gibt dadurch, dass er das Geschäft nicht selbst betreibt, die Möglichkeit aus der Hand, Einfluss auf die Gewinnspanne zu nehmen. Vom Franchisenehmer erhält er nur eine **Eintrittsgebühr** und dann laufende **Franchisegebühren**. Dafür braucht der Franchisegeber aber auch nicht das Risiko für das Geschäft zu übernehmen, denn das liegt beim selbstständigen Franchisenehmer.

Der Franchisegeber spart Expansionskosten und hat dadurch einen deutlich **niedrigeren Kapitalbedarf**, als wenn er seine Geschäfte als Filialen selbst betreiben würde. Die Spezialisten in der Franchisezentrale können, abgekoppelt vom Tagesgeschäft, das Franchisekonzept weiterentwickeln. Da sie mit ihren Franchisenehmern über ein Berichtssystem verbunden sind, haben die Zentralen einen genauen Überblick über die Marktentwicklung und die Verbrauchertrends. Dabei ist es allerdings sehr wichtig, dass es dem Franchisegeber wirklich gelungen ist, Franchisenehmer als Partner zu finden, die die zu ihm passenden persönlichen Eigenschaften, fachlichen Qualifikationen, Berufserfahrungen und finanziellen Voraussetzungen haben.

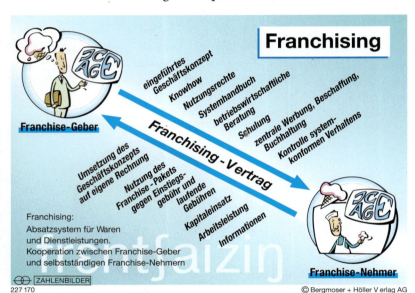

Die größten Franchisesysteme in Deutschland

Anzahl der Standorte			
1	TUI / First Reisebüro	Reisebüro	1.405
2	McDonald's	Systemgastronomie	1.334
3	Schülerhilfe	Nachhilfe	1.023
4	Studienkreis	Nachhilfe	1.008
5	Kamps	Bäckerei	930
6	Subway	Systemgastronomie	755
7	Fressnapf	Tiernahrung	723
8	Apollo Optik	Augenoptik	670
9	Burger King	Systemgastronomie	650
10	Foto Quelle	Fotohandel	560

Quelle: Deutscher Franchiseverband e.V., Stand 2008

3 Rechtsformen des Unternehmens

Für jeden Unternehmensgründer stellt sich die Frage, welche Rechtsform den Zielsetzungen seines Unternehmens am besten entspricht. Grundsätzlich hat er die Wahl zwischen verschiedenen gesetzlich festgeschriebenen Rechtsformen, neben denen in der Praxis weitere, vom Gesetzgeber zunächst gar nicht vorgesehene Mischformen entstanden sind. Für die Wahl der Rechtsform gibt es keine Patentlösung. Jede Form hat Vor- und Nachteile und wirkt sich auf wichtige betriebswirtschaftliche Grundfragen aus, wie z. B.:

- Möglichkeiten der Kapitalbeschaffung (Eigenkapital, Fremdkapital)
- Geschäftsführung (allein oder gemeinsam, selbst oder durch Dritte)
- Gewinn- und Verlustverteilung (nach Köpfen, nach Höhe der Einlage)
- Haftung (persönliche Haftung oder beschränkt auf Höhe der Einlage)
- Besteuerung (Einkommensteuer, Gewerbesteuer, Körperschaftssteuer, Kapitalertragsteuer)

LS ▶ **LS 3** Die Wahl der Rechtsform

Rechtsformen von Unternehmen

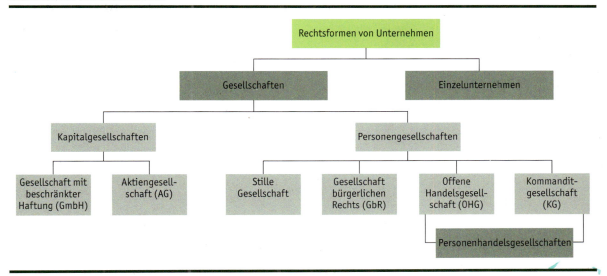

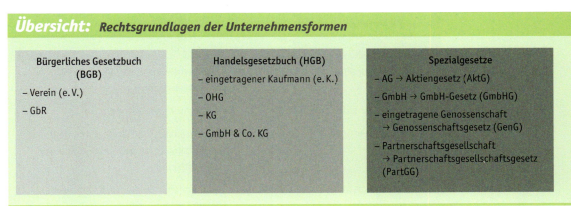

ANFORDERUNGSSITUATION 1.1

3.1 Einzelunternehmen

Beispiel Der angestellte Meister Erich Karl ist in einem Elektroinstallationsbetrieb beschäftigt und will sich selbstständig machen. Ein wesentlicher Grund dafür ist, dass er endlich sein „eigener Herr" sein will. Er rechnet zunächst mit Installations- und Reparaturaufträgen von Privatkunden, denen er durch seine Arbeit bereits bekannt ist. Die Verwaltungsarbeit wird seine Frau übernehmen; ein kleines Büro kann er im Haus einrichten, die Garage ist für den Anfang groß genug, um alle notwendigen Werkzeuge lagern zu können. Der Kapitalbedarf zur Gründung des Betriebes ist nicht sehr hoch, da er die meisten Werkzeuge bereits besitzt und ein gebrauchter Transporter als Dienstfahrzeug schon vorhanden ist. Einen Namen für sein Unternehmen hat er auch schon: „Elektro Erich Karl".

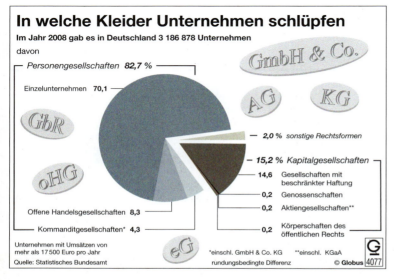

Handelsregister, vgl. **2.3.4**, S. 36

Das Einzelunternehmen ist eine besonders gängige Rechtsform. Die Gründung ist insoweit einfach, als das Einzelunternehmen nicht an eine bestimmte Form gebunden ist. Ist für das Unternehmen jedoch ein kaufmännischer Geschäftsbetrieb erforderlich, muss eine Eintragung ins Handelsregister vorgenommen werden.

Einerseits muss der Einzelunternehmer allein das Kapital zur Finanzierung des Unternehmens aufbringen, womit natürlich auch ein hohes finanzielles Risiko verbunden sein kann. Andererseits steht ihm dann auch der erzielte Gewinn allein zu. Die Führung des Betriebes liegt allein in seiner Hand. Er trägt allein die Verantwortung gegenüber Mitarbeitern, Lieferanten und Kunden. Als Einzelunternehmer haftet man für alle Schulden des Betriebes, und zwar unbegrenzt, also nicht nur mit dem Betriebsvermögen, sondern auch mit dem Privatvermögen.

Vor- und Nachteile des Einzelunternehmens

Vorteile	Nachteile
geringer Kapitalaufwand	unbeschränkte Haftung auch mit Privatvermögen
alleinige Entscheidungsbefugnis	hohe Arbeitsbelastung
erwirtschafteter Gewinn muss nicht geteilt werden	beschränktes Wachstum durch begrenzte Arbeitskraft und begrenzte Geldmittel (Kreditbasis)
einfache und kostengünstige Gründung	persönlicher Ausfall (z. B. Krankheit) führt leicht zur Krise des Unternehmens

3.2 Personengesellschaften

Mit Gesellschaft wird eine Vereinigung von Personen bezeichnet, die privatrechtsgeschäftlich ein gemeinsames Ziel verfolgen. Innerhalb der Gesellschaften unterscheidet man **Personengesellschaften**, bei denen die (natürlichen) Personen als Handelnde im Vordergrund stehen, und **Kapitalgesellschaften**, die als juristische Person agieren. Es gibt auch Personengesellschaften, die dem **öffentlichen Recht** unterliegen. Dies sind z. B. Anstalten des öffentlichen Rechts oder Stiftungen.

Kapitalgesellschaften, vgl. 3.3, S. 44

Natürliche und juristische Personen, vgl. HF4, 11.1, S. 310

3.2.1 Gesellschaft bürgerlichen Rechts (GbR)

Die Grundform der Personengesellschaft ist die **Gesellschaft bürgerlichen Rechts (GbR)**. Die GbR muss aus mindestens zwei Gesellschaftern bestehen, die auch formlos einen Gesellschaftervertrag schließen können, mit dem sie sich gegenseitig verpflichten, die Erreichung eines gemeinsamen Zieles zu fördern. Ziel kann z. B. ein gemeinsamer Geschäftsbetrieb – mit Ausnahme eines Handelsgewerbes – sein, d. h., die Gesellschafter einer GbR dürfen **keine Kaufleute** im Sinne des HGB sein. Daher erklärt sich auch der Name der Gesellschaft: Für sie gelten nur die Vorschriften des Bürgerlichen Gesetzbuches (BGB).

Jeder Gesellschafter muss einen Beitrag leisten. Das können Geld- oder Arbeitsleistungen, aber auch die Einbringung von Kunden oder Know-how sein. Falls nichts Abweichendes vereinbart wird, haben die Gesellschafter gleiche Beiträge zu leisten und deshalb auch gleichen Anteil an Gewinn und Verlust. Die Beiträge und die durch die Geschäftsführung erworbenen Gegenstände werden gemeinschaftliches Vermögen der Gesellschafter (Gesellschaftsvermögen). Haben die Gesellschafter vertraglich keine speziellen Abmachungen getroffen, dann steht ihnen die Geschäftsführung gemeinschaftlich zu (Grundsatz der Einstimmigkeit). Grundsätzlich haften die Gesellschafter auch mit ihrem Privatvermögen.

Übersicht: *Grundprinzipien der Personengesellschaften*

Geschäftsführung und Vertretung	Gesellschafter müssen sich mit ihrer Arbeitskraft persönlich für die Gesellschaft einsetzen (Prinzip der Selbstorganschaft). Die Möglichkeit der Drittorganschaft ist ausgeschlossen (Geschäftsführung und Vertretung nicht durch außen stehende Dritte).
Willensbildung	Die Willensbildung innerhalb der Gesellschaft folgt dem Prinzip der Einstimmigkeit.
Haftung	Die Gesellschafter müssen immer auch mit ihrem Privatvermögen für Verbindlichkeiten der Gesellschaft einstehen, und zwar unmittelbar, unbeschränkt und gesamtschuldnerisch.
Gesellschafterwechsel	Die Aufnahme neuer Gesellschafter bedarf der Zustimmung aller Mitgesellschafter. Kündigt ein Gesellschafter die Gesellschaft oder stirbt ein Gesellschafter, so wird die Gesellschaft aufgelöst.
Kaufmannseigenschaft	OHG und KG betreiben ein Handelsgewerbe und haben deshalb Kaufmannseigenschaft. Auf die gewerbetreibende GbR ist das Handelsgesetzbuch dagegen nur dann anwendbar, wenn sie sich ins Handelsregister eintragen lässt (Kannkaufmann).

3.2.2 Offene Handelsgesellschaft (OHG)

Beispiel Erich Karls Geschäft läuft glänzend – für ihn und seine Frau allein bald schon zu gut. Nun erhält er das Angebot, die Elektroinstallationen für ein Geschäftszentrum vorzunehmen. Für diesen Großauftrag ist eine Aufstockung des Personals und der Betriebs- und Geschäftsausstattung notwendig. Dies kann Herr Karl mit seinen bisherigen Möglichkeiten nicht realisieren. Anna Moser, eine ehemalige Kollegin, wäre bereit, als Teilhaberin in das Unternehmen einzusteigen. Herrn Karl ist das recht, zumal Frau Moser über einiges Kapital verfügt, das sie in das Unternehmen einbringen könnte.

Die OHG ist „offen", weil der Zugriff der Gläubiger auf das Vermögen der Gesellschafter offen ist.

Die offene Handelsgesellschaft ist eine Personengesellschaft, deren Zweck auf den Betrieb eines Handelsgewerbes unter gemeinschaftlicher Firma gerichtet ist. Charakteristisch an dieser Rechtsform ist, dass bei keinem der Gesellschafter die Haftung gegenüber den Gesellschaftsgläubigern beschränkt ist. Insofern besteht auch eine enge Bindung der Gesellschafter, denn alle haben für das Handeln der jeweils anderen einzustehen.

Die **Gründung der OHG** vollzieht sich in zwei Stufen: dem Abschluss eines Gesellschaftervertrages und der Anmeldung zum Handelsregister. Der Gesellschaftervertrag ist ohne Einhaltung einer bestimmten Form möglich, d. h., man muss ihn in der Regel nicht notariell beurkunden lassen. Zuständig für die Anmeldung zum Handelsregister ist das Gericht, in dessen Bezirk die Gesellschaft ihren Sitz hat.

Alle Gesellschafter sind zur Geschäftsführung berechtigt bzw. verpflichtet. Anders als bei der GbR geht das Gesetz bei der OHG von einer **Einzelgeschäftsführungsbefugnis** aus, d. h., jeder Gesellschafter ist berechtigt, allein zu handeln. Soll das anders sein, so können die Gesellschafter in ihren Vertrag aufnehmen, dass nur zusammen gehandelt werden kann. Bei dieser **Gesamtgeschäftsführungsbefugnis** bedarf es dann für jedes Geschäft der Zustimmung aller. Für die Verbindlichkeiten der OHG haften die Gesellschafter sowohl mit dem Gesellschaftsvermögen als auch persönlich. Selbst nach dem Ausscheiden eines Gesellschafters aus der OHG besteht später noch eine so genannte **Nachhaftung**. Vorteil dieser vollen Haftung ist jedoch, dass dadurch meist eine größere Kreditwürdigkeit bei Kreditinstituten besteht.

3.2.3 Kommanditgesellschaft (KG)

Bei der Kommanditgesellschaft ist die Haftung eines oder mehrerer Gesellschafter auf den Betrag ihrer Vermögenseinlage beschränkt (**Kommanditist**), während mindestens ein Gesellschafter unbeschränkt haftet (**Komplementär**). Die Höhe der Haftsumme der Kommanditisten ist ins Handelsregister einzutragen. Ist die Einlage vom Kommanditisten vollständig bezahlt, dann kann er auch nicht mehr unmittelbar für die Verbindlichkeiten der Gesellschaft haftbar gemacht werden.

Die **Gründung der KG** vollzieht sich nach den gleichen rechtlichen Schritten wie bei der OHG. Die Kommanditisten sind von der Geschäftsführung ausgeschlossen und grundsätzlich auch nicht zu einer Vertretung der Gesellschaft nach außen ermächtigt, es sei denn, es wird ihnen ausdrücklich Prokura erteilt. Vorteil dieser Gesellschaftsform ist also, dass man sich vorab entscheiden kann, ob man nur mit einer begrenzten Vermögensmasse Teilhaber wird, dafür aber von der Geschäftsführung ausgeschlossen ist, oder ob man voll haften will bzw. muss, dafür aber „die Zügel in der Hand hält".

Der Komplementär einer KG kann auch eine juristische Person, z. B. eine GmbH, sein. Die Rechtsform ist dann die **GmbH & Co. KG**. Bei dieser Rechtsform ist eine Vermischung zweier Grundtypen erfolgt. Wichtig ist, dass es sich dabei insgesamt um eine Personengesellschaft und nicht um eine Kapitalgesellschaft handelt. Motive für die Gründung einer GmbH & Co. KG sind die Umgehung einer persönlichen Haftung, die Möglichkeit einer Steuerersparnis durch Gewinnverlagerung auf die KG und die Möglichkeit der so genannten **Drittorganschaft**.

GmbH, vgl. **3.3.1**, S. 45

Drittorganschaft
Geschäftsführung und Vertretung durch außen stehende Dritte

3.3 Kapitalgesellschaften

Natürliche und juristische Personen, vgl. HF 4, 11.1, S. 310

Kapitalgesellschaften sind **juristische Personen** und damit rechtsfähig. Im Gegensatz zu den Personengesellschaften, wo Eigenkapitalgeber (Gesellschafter) und Geschäftsführer normalerweise identisch sind, liegen Eigentum und Unternehmensführung bei Kapitalgesellschaften grundsätzlich nicht beieinander.

Normalerweise beschränkt sich der Einfluss der **Gesellschafter** auf ihr Stimmrecht in der Gesellschafterversammlung, ihr Risiko auf die geleistete Kapitaleinlage. Das einzubringende Mindestkapital ist gesetzlich festgelegt. Gesellschafter einer Kapitalgesellschaft können sowohl natürliche als auch juristische Personen sein.

Jahresabschluss, vgl. HF 7, Band 2

Die **Geschäftsführung** sowie die Vertretung der Gesellschaft nach außen ist Aufgabe des Vorstands bzw. bei der GmbH der Geschäftsführung. Als Leitungsorgane erstellen sie außerdem den Jahresabschluss einschließlich eines für Kapitalgesellschaften vorgeschriebenen Anhangs und Lageberichts und sind gegenüber den anderen Gesellschaftsorganen berichtspflichtig.

Die **Kontrolle** der Unternehmensleitung sowie deren Bestellung und Abberufung ist einem Aufsichtsrat übertragen. Das Kontrollorgan Aufsichtsrat nimmt seine Aufgaben im Interesse der Anteilseigner wahr und bestimmt gemeinsam mit der Unternehmensleitung die Grundsätze der Geschäftspolitik.

Die **Gewinnbeteiligung** ist abhängig von der Höhe der Kapitaleinlage jedes einzelnen Gesellschafters. Verluste gehen zulasten der Kapitalkonten der Gesellschaft. Sie werden als Verlustvortrag in der Bilanz ausgewiesen. Eine persönliche Verlustbeteiligung ist wegen der Haftungsbeschränkung auf die Einlage ausgeschlossen.

Übersicht: Personen- und Kapitalgesellschaften im Vergleich

	Personengesellschaften	Kapitalgesellschaften
Rechtliche Organisationsform	Gesamthand	Juristische Person
Mindestkapital	nein	ja
Haftendes Vermögen	Gesellschaftsvermögen und Privatvermögen	Gesellschaftsvermögen
Geschäftsführung und Vertretung	durch Gesellschafter (Verbot der Drittorganschaft)	durch Organe (Drittorganschaft zulässig)
Gewinnverteilung	nach Köpfen oder „im angemessenen Verhältnis" bzw. nach vertraglicher Vereinbarung	nach Höhe der Kapitaleinlage bzw. nach vertraglicher Vereinbarung

3.3.1 Gesellschaft mit beschränkter Haftung (GmbH)

Die GmbH ist eine Kapitalgesellschaft, deren Gesellschafter sich an dem in Stammeinlagen zerlegten Stammkapital beteiligt haben, ohne persönlich für die Verbindlichkeiten der Gesellschaft zu haften. Die Gläubiger können sich mit ihren Forderungen nur an das Gesellschaftsvermögen, nicht aber an die Gesellschafter halten. Im Gesellschaftsvertrag kann jedoch eine beschränkte oder unbeschränkte Nachschusspflicht vereinbart werden.

Die **Gründung einer GmbH** ist schwieriger als die Gründung einer Personengesellschaft, weil der Gesellschaftervertrag der notariellen Form bedarf. Da die Zahl der Gesellschafter nicht vorgeschrieben ist, kann die GmbH auch von nur einer Person errichtet werden (**Einmann-GmbH**). Bei der Gründung wird ein Stammkapital in Höhe von mindestens 25.000 € vorausgesetzt. Auf dieses Kapital muss jeder Gesellschafter eine Stammeinlage zahlen (seit Einführung der „Mini-GmbH" mindestens 1 €). Die Einlagen können in Form von Geld- oder Sachleistungen erbracht werden. Bei Sachleistungen muss der Gegenstand (z. B. ein Fahrzeug oder ein Kopierer) und der hierfür veranschlagte Betrag im Gesellschaftsvertrag festgehalten werden. Um die GmbH beim Handelsregister anmelden zu können, muss auf jede Stammeinlage mindestens ein Viertel gezahlt und dabei insgesamt mindestens die Hälfte des Stammkapitals angesammelt worden sein (also mindestens 12.500 €). Sachleistungen müssen voll erbracht werden.

Um handeln zu können, bedarf es bei der GmbH verschiedener **Organe**. Das sind im Wesentlichen ein oder mehrere Geschäftsführer und die Gesellschafterversammlung. Letztere wird von der Geschäftsführung einberufen und entscheidet u. a. über die Verwendung des Gewinnes sowie die Bestellung und Abberufung von Geschäftsführern und Prokuristen. Hat die GmbH mehr als 500 Beschäftigte, ist die Einrichtung eines Aufsichtsrates gesetzlich vorgeschrieben. Der Aufsichtsrat setzt sich aus Vertretern der Gesellschafter und der Arbeitnehmer zusammen. Seine Aufgabe besteht hauptsächlich in der Überwachung der Geschäftsführung und der Prüfung von Jahresabschluss und Lagebericht.

Nachschusspflicht
Verpflichtung der Gesellschafter, unter bestimmten Voraussetzungen weitere Geldleistungen an die Gesellschaft zu erbringen

Seit 2008 gibt es die haftungsbeschränkte **Unternehmergesellschaft (UG)** als Sonderform der GmbH (auch **„Mini-GmbH"** genannt). Sie kann bereits mit einem Stammkapital ab 1 € gegründet werden und hat ein vereinfachtes Gründungsverfahren. Ist ein Stammkapital von 25.000 € erreicht, kann sie ins HR eingetragen werden und zur GmbH umfirmieren.

3.3.2 Aktiengesellschaft (AG)

Auch die Aktiengesellschaft ist eine Kapitalgesellschaft, also eine juristische Person. Das Grundkapital dieser Gesellschaft in Höhe von mindestens 50.000 € ist in **Aktien** zerlegt. Jeder Kapitalanteil ist damit als Wertpapier verbrieft und dem Kapitalmarkt zugänglich. Die Aktien von börsennotierten AGs können an der Börse gehandelt werden.

Die **Gründung** der AG erfolgt durch eine oder mehrere Personen. Bei der Feststellung des Gesellschaftsvertrages ist notarielle Beurkundung erforderlich. Die Gesellschafter (Aktionäre) übernehmen die Aktien gegen Zahlung einer Einlage. Sie werden am Gewinn der AG durch eine so genannte **Dividende** beteiligt. Die Haftung ist bei der AG auf das Gesellschaftsvermögen beschränkt.

Dividende
Anteil vom Bilanzgewinn (in Prozent) pro Aktie

Der Vorstand, der Aufsichtsrat und die Hauptversammlung bilden die **Organe** der AG. Die AG wird gerichtlich und außergerichtlich durch den **Vorstand** vertreten, der auch zur Geschäftsführung befugt ist. Dabei ist er an keinerlei Weisungen des Aufsichtsrates oder der Hauptversammlung gebunden. Der Vorstand wird vom Aufsichtsrat gewählt. Gibt es mehrere Vorstandsmitglieder, handeln diese in der Regel gemeinschaftlich (Gesamtgeschäftsführungsbefugnis).

Der **Aufsichtsrat** besteht aus mindestens drei Mitgliedern und wird von der Hauptversammlung alle vier Jahre zu zwei Dritteln gewählt. Wählbar sind nur natürliche Personen, die nicht dem Vorstand angehören und nicht leitende Angestellte der AG sind. Ein Teil des Aufsichtsrates wird gemäß Betriebsverfassungsgesetz von Arbeitnehmern gebildet. Seine Hauptaufgabe besteht in der Bestellung, Abberufung und Überwachung des Vorstandes.

Jahreshauptversammlung der RWE AG

Die **Hauptversammlung** wird regelmäßig einmal im Jahr vom Vorstand einberufen. Die Aktionäre beschließen u. a. über Bestellung und Entlastung des Vorstandes und des Aufsichtsrates. Bei der Beschlussfassung hat jeder Aktionär ein Stimmrecht pro Aktie. In der Regel gilt für Beschlüsse der Hauptversammlung die einfache Stimmenmehrheit, für Entscheidungen von besonderer Tragweite (z. B. Satzungsänderungen oder Kapitalbeschaffung) bedarf es jedoch einer qualifizierten Mehrheit von 75 % des bei der Beschlussfassung vertretenen Grundkapitals.

4 Strukturen im Unternehmen

Unter betrieblicher Organisation wird ein System verstanden, das die Art und Weise des Betriebsaufbaus und die betrieblichen Abläufe regelt. Die **Aufbauorganisation** legt den hierarchischen Aufbau des Unternehmens und die Regeln, nach denen die organisatorischen Einheiten gebildet werden, fest. Die **Ablauforganisation** legt fest, wie betriebliche Abläufe zeitlich und räumlich zusammenwirken.

LS 4
Unternehmensorganisationen vergleichen

Betriebliche Organisation – Aufbau- und Ablauforganisation

Ablauforganisation, vgl. **4.2**, S. 53

Betriebliche Organisationsstruktur

4.1 Aufbauorganisation

Zur Regelung der Aufgabenverteilung, der Zuständigkeit und der Verantwortlichkeiten im Unternehmen wird eine Aufbauorganisation benötigt. Die Aufbauorganisation beschreibt die Beschaffenheit der Kommunikationswege, die Hierarchie- und Machtverhältnisse. Wesentliches Merkmal der Aufbauorganisation ist die Kompetenzverteilung, d. h. Verteilung von Entscheidungsbefugnissen in der Hierarchie, auf eine oder mehrere Personen und von Weisungsbefugnissen.

Das wichtigste Darstellungsmittel der betrieblichen Aufbauorganisation ist das **Organigramm**, denn so werden Aufgabenverteilungen und Kommunikationsbeziehungen der organisatorischen Einheiten sichtbar. Mithilfe des Organigramms lässt sich die Aufbauorganisation grafisch darstellen.

Organigramm der Fly Bike Werke GmbH, vgl. S. 49

> **Beispiel** Die Mitarbeiter der Fly Bike Werke GmbH gehören verschiedenen Abteilungen an. Ferner nehmen die Mitarbeiter einen unterschiedlichen Rang in der Hierarchie des Unternehmens ein. So hat z. B. Frau Ganser eine Stelle als Sachbearbeiterin in der Abeilung Vertrieb. Sie betreut Kunden des Fachhandels. Ihr Vorgesetzter ist der Abteilungsleiter Vertrieb, Herr Gerland.

4.1.1 Stellen- und Abteilungsbildung

Eine Stelle beinhaltet verschiedene Tätigkeiten, die zum Arbeitsbereich eines Stelleninhabers gehören. Um welche Tätigkeiten es sich genau handelt, wird bei einer Aufgabenanalyse herausgefunden. Die Stelle ist die kleinste organisatorische Einheit im Unternehmen.

Es lassen sich folgende **Arten von Stellen** unterscheiden:
- Instanzen (Stellen mit Entscheidungs- und Weisungsbefugnis)
- Stabsstellen (Stellen mit Beratungsfunktion)
- Ausführende Stellen (Stellen zur Ausführung von Arbeitsaufgaben)

Arten von Stellen

ANFORDERUNGSSITUATION 1.1

HF 1

Unternehmensstrategien und Management

Stellenbeschreibung

Zweck einer Stellenbildung ist die Schaffung organisatorischer Regeln, die die Verhaltens- und Funktionserwartungen an die Stelleninhaber festlegen. In einer **Stellenbeschreibung** werden die Kompetenzen und der Grad der Verantwortung festgehalten. Eine Stellenbeschreibung ist eine personenneutrale, schriftliche Beschreibung einer Stelle hinsichtlich ihrer Ziele, Aufgaben, Kompetenzen und Beziehungen zu anderen Stellen.

Aufgabenanalyse als Grundlage der Stellenbildung

Beispiel Das folgende Schaubild zeigt eine Aufgabenanalyse für das Abwickeln von Kundenaufträgen. Nach dieser Aufgabenanalyse könnten z. B. die Aufgaben 1.1–1.5 einem Mitarbeiter im Verkauf übertragen werden, die Aufgabe 1.6 einem Mitarbeiter in der Buchhaltung, die Aufgabe 1.7 einem Mitarbeiter im Lager.

Objektprinzip: An welchem Gegenstand wird das getan?

Die Stellenbildung kann nach dem Objektprinzip erfolgen, wenn z. B. Mitarbeiter A die Aufgaben 1.1–1.5 für eine bestimmte Produktgruppe ausführt und der Mitarbeiter B dieselben Aufgaben für eine andere Produktgruppe übernimmt.

Funktionsprinzip (Verrichtungsprinzip): Was wird getan?

Die Stellenbildung kann aber auch nach dem Funktionsprinzip (auch: Verrichtungsprinzip) erfolgen, d. h. sich an den Tätigkeiten orientieren. Stellenbildung nach dem Funktionsprinzip liegt vor, wenn z. B. Mitarbeiter C im Einkauf ausschließlich Angebotsvergleiche durchführt und der Mitarbeiter D die Bestellungen aufgibt.

Aufgabenanalyse

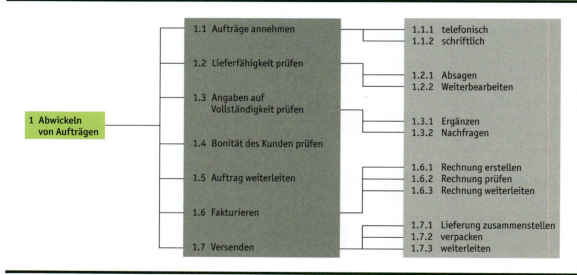

Arten von Abteilungen

Aufgrund von Zweckmäßigkeitsüberlegungen können Stellen zu **Abteilungen** zusammengefasst werden. Abteilungen entstehen durch die Zusammenfassung von Stellen unter einheitlicher Leitung. Bei der Abteilungsbildung wird unterschieden zwischen:

- **aufgabenorientierten Abteilungen**,
  d. h. Zusammenfassen von Stellen mit ähnlichen Tätigkeiten (**Funktionsorientierung**)
- **sachmittelorientierten Abteilungen**,
  d. h. Zusammenfassen von allem, was z. B. zu einer Maschine/einem Bearbeitungszentrum gehört (**Objektorientierung**)

4 Strukturen im Unternehmen

Organigramm der Fly Bike Werke GmbH

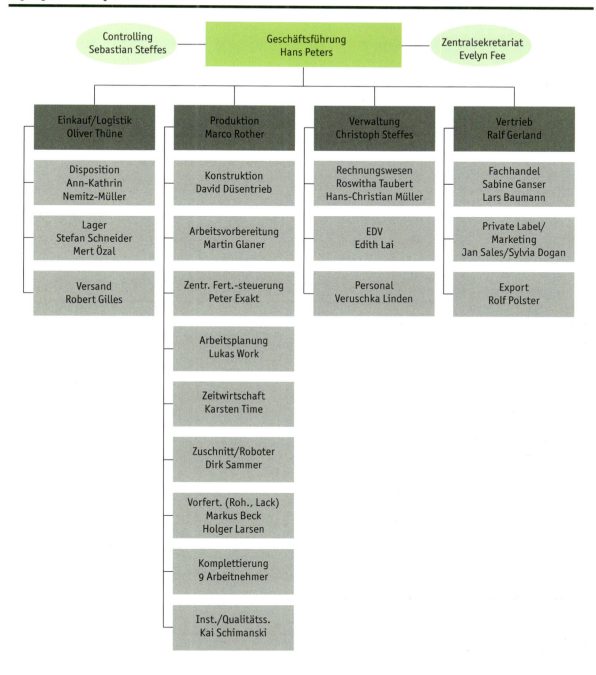

Sicherheitsbeauftragter: Peter Exakt
Umweltbeauftragter: Oliver Thüne
Qualitätsbeauftragter: Kai Schimanski
Datenschutzbeauftragter: Christoph Steffes
Betriebsratsmitglieder: Sabine Ganser, Thomas Preis, Saskia Engel
technischer Auszubildender: Ralf Schumacher
kaufmännische Auszubildende: Bettina Lotto

4.1.2 Organisationsmodelle

In Unternehmen kann es verschiedene Formen der Aufbauorganisation geben. Beim **Einliniensystem** untersteht jede Stelle jeweils nur einer einzigen Instanz. Die Organisation des Einliniensystems erfolgt nach dem Prinzip der Einheit der Auftragserteilung, d. h., ein Mitarbeiter hat nur einen direkten Vorgesetzten (*„one man, one boss"*). Das Prinzip gilt allerdings nicht umgekehrt, d. h., eine Instanz ist mehreren Stellen gegenüber weisungsbefugt.

Einliniensystem

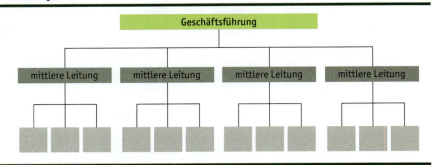

Vorteile des Einliniensystems:
- Klarheit und Übersichtlichkeit der Organisationsstruktur
- Einheitlichkeit der Leitung
- Anordnungs- und Kommunikationswege sind eindeutig definiert

Nachteile des Einliniensystems:
- potenzielle Überlastung der obersten Leitungsinstanz, alle Informationskanäle enden dort und alle Entscheidungen sind dort zu treffen
- große Anforderungen an die Führungsfertigkeiten der obersten Leitungsspitze, schwache Führungspersönlichkeiten führen zu schwachen Leistungen des gesamten Systems
- lange Informationswege und langsame Entscheidungen, Gefahr der Bürokratisierung

Das **Mehrliniensystem** weist im Gegensatz zum Einliniensystem Mehrfachunterstellungen auf, d. h., ein Stelleninhaber kann Anweisungen von mehreren Vorgesetzten erhalten. Im Mehrliniensystem sind die Instanzen mehreren Stellen gegenüber weisungsbefugt und müssen sich hinsichtlich ihrer Arbeitsanweisungen untereinander absprechen.

Mehrliniensystem

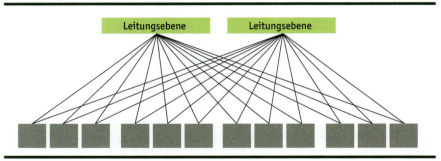

Vorteile des Mehrliniensystems:
- einfache und übersichtliche Struktur der Aufbauorganisation
- kurze Anordnungswege
- Mitarbeiternähe ermöglicht schnelles und unbürokratisches Handeln

Nachteile des Mehrliniensystems:
- Gefahr der Uneinheitlichkeit der Leitung: mangelnde Absprache der Vorgesetzten erschwert betriebliche Abläufe
- hohe Abhängigkeit von der Leitungsebene

Beim **Stabliniensystem** wird das Prinzip des Einliniensystems beibehalten, zusätzlich werden Stabsstellen geschaffen. Beim Stabliniensystem werden den Instanzen so genannte Stabsstellen zugeordnet, d.h. Stellen mit beratender Funktion, die keine Entscheidungs- und Weisungsbefugnisse besitzen. Das Stabliniensystem hat sich insbesondere in Situationen bewährt, in denen sich eine Informationsüberlastung der Instanzen bemerkbar macht. Stabsstellen verfügen häufig über Spezialwissen und verarbeiten Informationen zur Entscheidungsfindung durch die Instanzen. Beispiele sind Assistenten, Berater und wissenschaftliche Mitarbeiter.

Stabliniensystem

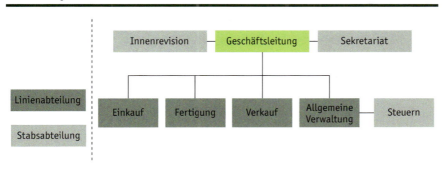

Vorteile des Stabliniensystems:
- siehe Einliniensystem
- verbesserte Informationsausnutzung und -verarbeitung gegenüber dem Einliniensystem

Nachteile des Stabliniensystems:
- siehe Einliniensystem
- Gefahr einer unscharfen Arbeitsteilung zwischen Instanz und Stab
- Gefahr der Informationsmanipulation seitens der Stäbe
- Gefahr des Missbrauchs der Stäbe als Sprachrohr von Instanzen kann zu stärkerer Bürokratisierung und Mitarbeiterferne führen

Das **Spartensystem** findet sich häufig in Unternehmen, deren Produktprogramm hinsichtlich Breite und Tiefe derart differenziert ist, dass unabhängige organisatorische Bereiche, so genannte Sparten, gebildet werden. Jede Sparte (z.B. Geschäftsbereich, Profit-Center) ist selbstständig für ihren Erfolg verantwortlich und besitzt die zur Leistungserstellung erforderlichen Abteilungen (z.B. Einkauf, Produktion). Abteilungen (z.B. Buchhaltung, Personalabteilung), die für alle Sparten wichtig sind, werden zentral organisiert. Beim Spartensystem werden die Sparten nach dem Objektprinzip gebildet.

HF 1 Unternehmensstrategien und Management

Spartenorganisation eines Automobilherstellers

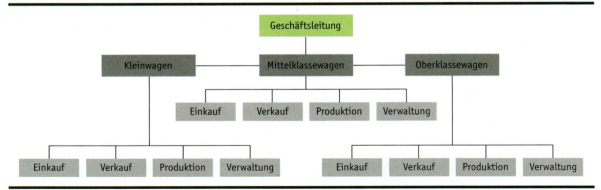

Vor- und Nachteile des Spartensystems

Vorteile des Spartensystems:
- bessere Ausnutzung betrieblicher Teilbereiche durch Spezialisierung
- bessere Anpassung an Marktgegebenheiten
- rechtliche (Teil-)Selbstständigkeit der Sparten möglich und damit auch bessere Risikoabschottung

Nachteile des Spartensystems:
- Gefahr der Unübersichtlichkeit und Größe des Gesamtsystems
- Gefahr der „Verselbstständigung" einzelner Sparten
- Gefahr der Bürokratisierung aufgrund langer Anweisungswege

Matrixsystem

Beim **Matrixsystem** hat jede ausführende Stelle zwei Instanzen: eine für die jeweilige Abteilung und eine für das jeweilige Produkt. Das Matrixsystem ist damit eine Sonderform des Mehrliniensystems, es verbindet das Spartensystem mit dem Stabliniensystem.

Matrixorganisation eines Softwareherstellers

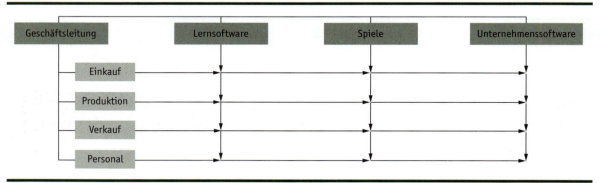

Vor- und Nachteile des Matrixsystems

Vorteile des Matrixsystems:
- Gefahr der „Verselbstständigung" der einzelnen Sparten (vgl. Spartensystem) wird vermindert
- zentrale Organisationsform
- gute Ausnutzung von Kreativität und Spezialkenntnissen der Mitarbeiter

Nachteile des Matrixsystems:
- Gefahr der Uneinheitlichkeit der Leitung (vgl. Mehrliniensystem)
- Gefahr der Bürokratisierung durch erforderliche Absprachen der Instanzen

ANFORDERUNGSSITUATION 1.1   52

4.2 Ablauforganisation

Nicht nur der Aufbau eines Unternehmens ist zu organisieren, auch die einzelnen Arbeitsabläufe müssen optimiert werden, um zeit- und somit Geldverschwendung innerhalb des Betriebes zu vermeiden. Je nach Tätigkeitsfeld und Branche eines Unternehmens fallen ganz unterschiedliche Arbeitsabläufe an. Die Ablauforganisation, d.h. die Organisation häufig wiederkehrender Arbeitsabläufe, wird daher in jedem Unternehmen individuell auf die eigenen Bedürfnisse zugeschnitten. Eine generelle Aussage zur Organisation von Arbeitsabläufen ist somit kaum möglich.

Die Ablauforganisation legt fest, wie Arbeitsabläufe über mehrere Stellen hinweg organisiert werden.

Bei der Ablauforganisation geht es vor allem darum,
- die Kommunikationswege und -zeiten zu minimieren,
- den Einsatz der Arbeitsmaterialien und Arbeitskräfte zu optimieren,
- Zeiten und Wege des innerbetrieblichen Transports zu minimieren.

Beispiel In die Prozesskette zur Abwicklung von Kundenaufträgen ist eine Vielzahl von Mitarbeitern eingebunden. Die Bearbeitung von Kundenaufträgen ist ein typischer Geschäftsprozess, der funktionsübergreifend abläuft, d. h. über mehrere Abteilungen und Stellen innerhalb des Unternehmens hinweg. In der Fly Bike Werke GmbH nimmt Frau Ganser, Sachbearbeiterin in der Abteilung Vertrieb, Kundenaufträge entgegen und prüft sie hinsichtlich ihrer Machbarkeit. Anschließend übergibt sie den Vorgang an Frau Nemitz-Müller aus der Abteilung Einkauf/Logistik. Sie übernimmt die Materialdisposition.

Der Kundenauftrag als Geschäftsprozess, vgl. 5.1, S. 55

Geschäftsprozess, vgl. 5.2, S. 59

Schnittstelle

Frau Ganser übergibt den Vorgang zur Weiterbearbeitung an Frau Nemitz-Müller.

Schnittstellen entstehen, wenn im Ablauf eines Geschäftsprozesses z. B. Informationen von einem Arbeitsplatz an den anderen übergeben werden.

Merkmale von Schnittstellen

Schnittstellen
- berühren mindestens zwei Stellen (unternehmensintern oder -extern),
- ermöglichen, dass eine Stelle den von einer anderen Stelle begonnenen Prozess fortsetzt,
- gewährleisten, dass aus den Teilleistungen mehrerer Stellen eine integrierte Leistung erstellt wird.

HF 1 Unternehmensstrategien und Management

Schnittstellenmanagement

Aufgabe eines Schnittstellenmanagements ist es, die Organisation betrieblicher Abläufe stärker an den Geschäftsprozessen zu orientieren, um Abstimmungsverluste zwischen unternehmensinternen und -externen Schnittstellen zu vermeiden bzw. zu verringern.

Dies kann erfolgen durch
- Verbesserungen ablauforganisatorischer Regelungen, z. B. innerhalb des Informations- und Kommunikationssystems,
- Anreize zum Ausbau der informalen Verständigung und Kooperation,
- Veränderungen in der Aufbauorganisation.

Prozessorientierte Organisation

Steht der reibungslose Ablauf der Geschäftsprozesse im Mittelpunkt der Unternehmensorganisation, bestimmt die Ablauforganisation zunehmend die Aufbauorganisation. Man spricht in diesem Fall auch von einer Prozess orientierten Organisation.

Prozessorientierte Organisation

Kern- und Unterstützungsprozesse, vgl. **5.2**, S. 59

Traditionelle Sichtweise: vertikal
Bereiche, Funktionen, Abteilungen, Stellen

Prozessorientierte Sichtweise: horizontal
Kern- und Unterstützungsprozesse

- Prozesse haben definierte Ergebnisse: Produkte, Dienstleistungen, Informationen
- Prozesse haben definierte Kunden: externe und interne Kunden
- Prozesse binden Ressourcen: Produktionsfaktoren
- Prozesse sind messbar: Durchlaufzeiten, Prozesskosten, Qualität
- Prozesse sind zu steuern: Prozessverantwortliche

Übersicht: Betriebliche Organisationsformen

Betriebliche Organisation

Aufbauorganisation
- Stellenbildung (Instanzen, Stabstellen, ausführende Stellen)
- Abteilungsbildung
- Organisationsmodelle:
  - Einliniensystem
  - Mehrliniensystem
  - Stabliniensystem
  - Spartensystem

Objekt- und/oder Funktionsprinzip

Ablauforganisation
- Schnittstellen und Schnittstellenmanagement

Prozessorganisation
- Ausrichtung der Aufbauorganisation an den Geschäftsprozessen
- Abläufe bestimmen den Aufbau
- Kern- und Supportprozesse stehen im Mittelpunkt
- horizontale statt vertikale Sichtweise

ANFORDERUNGSSITUATION 1.1

5 Prozesse im Unternehmen

5.1 Der Kundenauftrag als Geschäftsprozess

5.1.1 Informationsfluss

> **Beispiel** Ein langjähriger Kunde, die Zweiradhandelsgesellschaft mbH in Berlin, bestellt 170 Trekkingräder, Modell Light, bei der Fly Bike Werke GmbH in Oldenburg. Eine Mitarbeiterin im Vertrieb überprüft zunächst den eingegangenen Auftrag im Hinblick auf seine Machbarkeit. Zur Produktion der Fahrradrahmen muss Stahlrohr bei einem Lieferanten, der Stahlwerke Tissen AG in Düsseldorf, bestellt werden. Zeitgleich beginnt die Arbeitsvorbereitung mit der Fertigungsplanung.

Informationsfluss

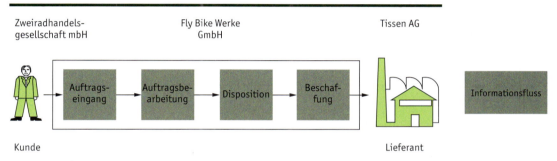

Mit dieser Situationsschilderung ist der erste Teil eines funktionsübergreifenden Geschäftsprozesses dargestellt: vom Kunden über das herstellende Unternehmen zum Lieferanten. Dieser Teil der Kundenauftragsbearbeitung ist typisch für den Informationsfluss im Unternehmen. Mithilfe von Informationsflüssen werden Material- und Geldflüsse eines Unternehmens geplant, gesteuert und kontrolliert. Unter Informationsflüssen werden sämtliche betriebliche Informationsverarbeitungsprozesse verstanden.

Arten von Informationsflüssen

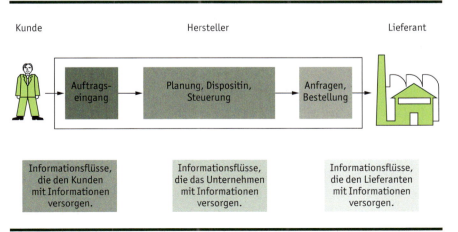

5.1.2 Materialfluss

> **Beispiel** Mit Eingang der bestellten Rohre von der Tissen AG beginnt die Produktion der Trekkingräder. Pünktlich zum zugesicherten Liefertermin kann die Fly Bike Werke GmbH die 170 Trekkingräder nach Berlin liefern.

Materialfluss

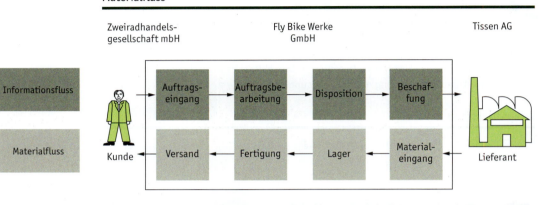

Definition Materialfluss

Der zweite Teil des unternehmensübergreifenden Geschäftsprozesses verläuft vom Lieferanten zurück zum herstellenden Unternehmen und schließlich wieder zum Kunden. Dies ist typisch für den Materialfluss: Materialien werden **beschafft** (Einkauf, Wareneingang, Lager), innerhalb des Betriebs **bewegt** (Fertigung, Lager, Transport) und **verteilt** (Lager, Warenausgang, Fakturierung, Entsorgung).

*Betriebliche Leistungsfaktoren, vgl. **1.3**, S. 22*

Objekte des Materialflusses sind die unmittelbar zur Leistungserstellung benötigten Werkstoffe (Roh-, Hilfs-, Betriebsstoffe und Vorprodukte), aber auch die Fertigerzeugnisse und Handelswaren.

Die **Logistik** stellt sicher, dass Materialien zur richtigen Zeit am richtigen Ort in der richtigen Menge und Qualität zur Verfügung stehen. Der Sammelbegriff „Unternehmenslogistik" umfasst folgende Bereiche:

- Die Beschaffungslogistik beschäftigt sich mit der Versorgung des Produktionsprozesses mit Werkstoffen vom Beschaffungsmarkt.
- Die Produktionslogistik steuert den Fluss der Güter durch den Produktionsprozess.
- Die Distributionslogistik steuert den Absatz der Produkte auf dem Absatzmarkt.
- Die Entsorgungslogistik befasst sich mit der Entsorgung des im Leistungserstellungsprozess entstandenen Ausschusses sowie der Abfälle.

Logistik muss sich aber nicht nur mit dem Materialfluss, sondern auch mit dem Informationsfluss befassen. Der Materialfluss setzt den Austausch von Informationen voraus. Planung, Steuerung und Auftragsabwicklung erfordern Informationen über den aktuellen Zustand der Logistik-Kette, insbesondere über Bestände, Auftragsfortschritt und verfügbare Kapazitäten. Eine elektronische Erfassung dieser Informationen am Ort der Entstehung erfolgt durch die betriebliche Datenerfassung (BDE). Für die laufende unternehmensweite Verfügbarkeit von Informationen sorgen Systeme des Enterprise Resource Planning (ERP).

5.1.3 Geldfluss

Beispiel Die Zweiradhandelsgesellschaft mbH nimmt die Räder entgegen und prüft die Lieferung. Innerhalb der Zahlungsfrist überweist sie den geforderten Betrag auf das Konto der Fly Bike Werke GmbH, die ihrerseits bei der Tissen AG den geschuldeten Betrag begleicht.

Zahlungsverkehr, vgl. **HF4**, **13**, S. 343

Geldfluss

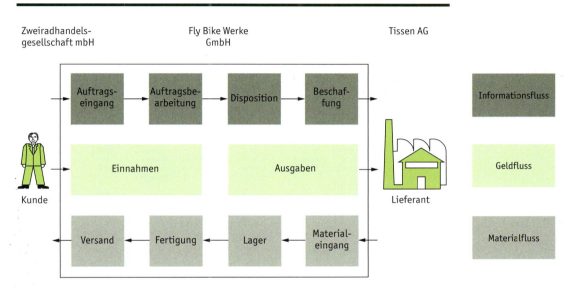

Der Geldfluss ist die dritte Ebene, auf der sich unternehmensübergreifende Geschäftsprozesse vollziehen. Beim Geldfluss erfolgt eine Gegenüberstellung der Einnahmen und Ausgaben. Der Zahlungseingang seitens der Zweiradhandelsgesellschaft stellt aus Sicht der Fly Bike Werke GmbH eine **Einnahme** dar. Die Fly Bike Werke GmbH wiederum tätigt eine **Ausgabe**, indem sie die Rechnung der Tissen AG für die gelieferten Stahlrohre begleichen. Bei der Abwicklung von Geschäftsprozessen muss darauf geachtet werden, dass die Zahlungsfähigkeit des Unternehmens (Liquidität) nicht gefährdet wird, d. h., dass die Einnahmen und Ausgaben aufeinander abgestimmt sind.

Definition Geldfluss

Einnahmen stellen einen Geldzufluss in das Unternehmen dar, Ausgaben einen Geldabfluss.

5.1.4 Wertschöpfung

Der Wert einer Ware, eines Erzeugnisses oder einer Dienstleistung wird von dem Nutzen bestimmt, den sich der potenzielle Käufer davon verspricht. Beginnend mit dem Ausgangsmaterial steigt der Wert des Erzeugnisses mit jedem Verarbeitungsschritt, der es näher an das gewünschte Ergebnis führt. So hat z. B. ein teilmontiertes Fahrrad schon einen höheren Wert als die losen Bauteile, aus denen es besteht. Aber auch das schon fertig gestellte Produkt kann noch eine weitere Wertsteigerung erfahren, indem es mit Serviceleistungen ausgestattet wird (z. B. Garantie), die den Nutzen des Gerätes für seinen Käufer weiter erhöhen.

Als **Wertschöpfung** bezeichnet man die Wertdifferenz zwischen dem Eingangszustand und dem Ausgangszustand.

HF 1
Unternehmensstrategien und Management

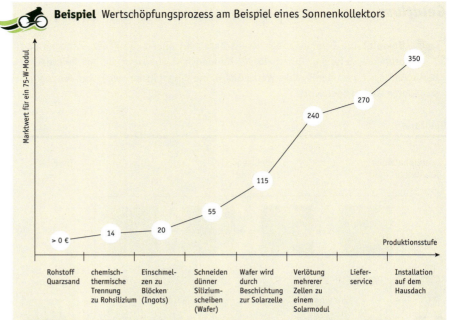

Beispiel Wertschöpfungsprozess am Beispiel eines Sonnenkollektors

Hier führen alle Fertigungsschritte zu einer Wertsteigerung des Erzeugnisses.

Beispiel Die Wertschöpfung im Beispiel beträgt für das Schneiden der Wafer 35,00 € (55,00 € − 20,00 €), die Wertschöpfung des Lieferservices beträgt 30,00 € (270,00 € − 240,00 €).

In der Praxis existieren aber auch viele Arbeitsschritte, die keine Wertschöpfung auslösen, da sie dem Kunden keinen höheren Nutzen bringen.

Beispiel für wertschöpfende Tätigkeiten	Beispiel für wertneutrale Tätigkeiten
− Rohstoffgewinnung (Abbau)	− Lieferantensuche
− Materialtransport	− Personalverwaltung
− Materialverarbeitung und -veredelung	− Buchführung
− Forschung und Entwicklung	− EDV-Betrieb
− Marketing und Vertrieb	− Reinigung und Entsorgung
− Beratung	− Betriebsführung und Organisation
− Lieferungs- und Einbauservice	− Terminüberwachung
− Finanzierungshilfen für den Kunden	− Kapitalbeschaffung

Eine der wichtigsten unternehmerischen Entscheidungen besteht nun darin, festzulegen, welche Fertigungsstufen im eigenen Unternehmen vollzogen und welche an Lieferanten oder Abnehmer abgegeben werden. Dies ist auf der einen Seite von der Wettbewerbsstärke möglicher Konkurrenten abhängig und auf der anderen Seite von der Überlegung, welche Stufen eine besonders hohe Wertschöpfung versprechen.

Beispiel Im obigen Beispiel könnte eine plausible unternehmerische Entscheidung darin bestehen, sich in Zukunft ganz auf die letzten vier oder fünf Stufen zu konzentrieren, weil diese 80 % der gesamten Wertschöpfung ausmachen.

ANFORDERUNGSSITUATION 1.1

5.2 Konzept der Geschäftsprozesse

Geschäftsprozesse lassen sich definieren als Transformation eines Objektes durch Tätigkeiten von Menschen oder Maschinen mit einem bestimmten Ziel.

- **Transformation** bedeutet die Veränderung von Material und Informationen.
- **Objekte** können Materialien, Teile und Informationen sein.
- **Ziel** ist die Erreichung einer Unternehmensleistung, z. B. das Erbringen einer Dienstleistung.

Unternehmensziele, vgl. **12**, S. 129

Geschäftsprozesse können auch als **Input-Output-Prozess** dargestellt werden: Einer messbaren Input-Leistung wird durch den Einsatz von betrieblichen Leistungsfaktoren (z. B. menschliche Arbeit, Software) Wert zugefügt (Wertschöpfung). Ergebnis des Transformationsprozesses ist eine messbare Output-Leistung. Der Input kommt von einem internen oder externen Lieferer, der Output geht an einen innerbetrieblichen Leistungsempfänger oder einen externen Kunden.

Geschäftsprozess als Input-Output-Prozess

interne/externe Lieferer   Transformationsprozess   interner/externer Kunde

Je nachdem, auf welcher Unternehmensebene, mit welcher Bedeutung für das Unternehmen und im Rahmen welcher Funktion Geschäftsprozesse abgewickelt werden, lassen sich folgende **Arten von Geschäftsprozessen** unterscheiden:

Arten von Geschäftsprozessen

Kernprozesse werden auch als Schlüsselprozesse bezeichnet, da sie direkt an den Kunden als Empfänger der Leistung gehen und sowohl einen großen Kundennutzen als auch einen hohen Unternehmensbeitrag liefern. Kernprozesse sind **Wertschöpfungsprozesse**, die für das Unternehmen strategische Bedeutung haben.

Kernprozesse

Wertschöpfung
Durch die Transformation im Unternehmen wird der Wert einer Leistung gesteigert, vgl. **5.1.4**, S. 57

Kernprozesse haben folgende Merkmale:
- Sie erzeugen einen wahrnehmbaren Kundennutzen.
- Sie sind durch die Nutzung unternehmensspezifischer Ressourcen einmalig (Unternehmensspezifikum).
- Die Eigenheiten von Kernprozessen sind durch andere Unternehmen nicht imitierbar (Nicht-Imitierbarkeit).
- Kein anderes Unternehmen bietet vergleichbare Problemlösungen an (Nicht-Substituierbarkeit).

Zu den **Kernprozessen** im Industriebetrieb zählen
- alle Prozesse im Bereich Absatz und Marketing,
- alle Beschaffungs- und Logistikprozesse sowie
- alle Prozesse der Leistungserstellung.

Absatz, vgl. **HF4**, S. 246 ff.

Beschaffung, vgl. **HF2**, S. 146 ff.

Leistungserstellung, vgl. **HF3**, S. 194 ff.

Unterstützungsprozesse (Supportprozesse) fördern die Kernprozesse. Sie erzeugen keinen direkten Kundennutzen. Hierunter fallen alle sekundären Aktivitäten, die z. B. Versorgungs- und Steuerleistungen für die Kernprozesse erbringen. Zu den Unterstützungsprozessen im Industriebetrieb zählen insbesondere die in der nachstehenden Abbildung aufgeführten.

Kern- und Unterstützungsprozesse im Industriebetrieb

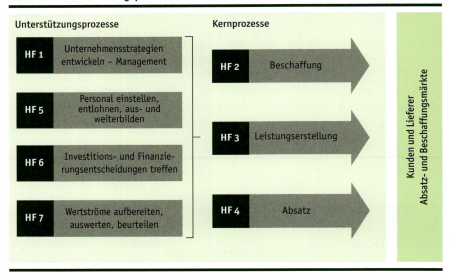

Beispiel Geschäftsprozesse lassen sich weiter untergliedern in Teilprozesse und in einzelne Aktivitäten. Der funktionsübergreifende Geschäftsprozess Kundenauftragsbearbeitung zählt zu den Absatzprozessen. Er ist ein Kernprozess, da er einen unmittelbaren Kundennutzen erzeugt. Die Bearbeitung von Kundenaufträgen umfasst verschiedene Teilprozesse: „Auftrag erfassen", „Machbarkeit prüfen" und „Angebot erstellen". Jeder dieser Teilprozesse kann weiter in einzelne Aktivitäten untergliedert werden. Die Prüfung der Machbarkeit bedeutet, dass die zeitliche Lieferfähigkeit geprüft wird, ebenso wie die materielle Lieferfähigkeit (Lagerbestände).

Übersicht: Prozesse im Unternehmen

Informationsfluss	– umfasst sämtliche betrieblichen Informationsverarbeitungsprozesse, die Kunden, Lieferanten und das Unternehmen selbst mit Informationen versorgen – plant, steuert und kontrolliert Material- und Geldflüsse im Unternehmen
Materialfluss	– Beschaffung (Einkauf, Wareneingang, Lager), – Bewegung (Fertigung, Lager, Transport) und – Verteilung (Lager, Warenausgang, Fakturierung, Entsorgung) von Materialien
Geldfluss	Gegenüberstellung von Einnahmen (Geldzufluss) und Ausgaben (Geldabfluss)
Kernprozesse	Wertschöpfungsprozess, der einen wahrnehmbaren Kundennutzen hat
Unterstützungsprozesse (Supportprozesse)	fördern und unterstützen die Kernprozesse
Wertschöpfung	Wertdifferenz zwischen dem Eingangs- und Ausgangszustand einer Ware, eines Erzeugnisses oder einer Dienstleistung

6 Aufgaben und Bereiche des Rechnungswesens

LS 6
Bereiche des Rechnungswesens und rechtliche Grundlagen

Das Rechnungswesen eines Industrieunternehmens erfasst und dokumentiert die zahlenmäßig darstellbaren Daten **aller betrieblichen Prozesse** und stellt sie zunächst dem Unternehmen selbst bzw. dem Management für Auswertungszwecke zur Verfügung. Von besonderer Bedeutung sind diejenigen Daten, die aus den **Kernprozessen** Beschaffung und Absatz gewonnen werden können.

Kern- und Unterstützungsprozesse, vgl. **5.2**, S. 59

Absatz- und Beschaffungsprozess im Industriebetrieb

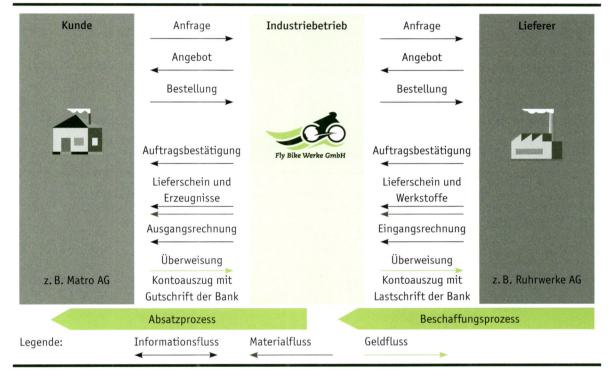

Die im Schaubild dargestellten Geschäftsprozesse verändern sowohl den Wert und die Menge der im Unternehmen vorhandenen Werkstoffe und Erzeugnisse (Materialfluss) als auch den Wert der Geldmittel (Geldfluss). Beide Veränderungen werden außerdem von vielfältigen Informationen (Informationsfluss) begleitet. Die zahlenmäßig erfassbaren Ergebnisse von Geschäftsprozessen nennt man **Werteströme**. Sie haben Auswirkungen auf das Vermögen und/oder auf das Kapital eines Unternehmens. Im Rechnungswesen spricht man von **Geschäftsvorfällen**.

Informations-, Material- und Geldfluss, vgl. **5**, S. 55

Geschäftsvorfälle
Prozessergebnisse, die den Wert des Vermögens und/oder des Kapitals im Unternehmen verändern

> **Beispiel** Geschäftsvorfälle und deren Ergebnisse
> – Einkauf von Waren gegen Barzahlung = mehr Waren, weniger Bargeld = Vermögensveränderung
> – Einkauf von Waren auf Kredit (auf Ziel) = mehr Waren, mehr Schulden = Vermögens- und Kapitalveränderung

Zahlenmäßig erfassbar sind aber nicht nur Absatz- und Beschaffungsprozesse, sondern auch andere Geschäftsvorfälle innerhalb und außerhalb des Unternehmens.

Funktionsmodell eines Industriebetriebs

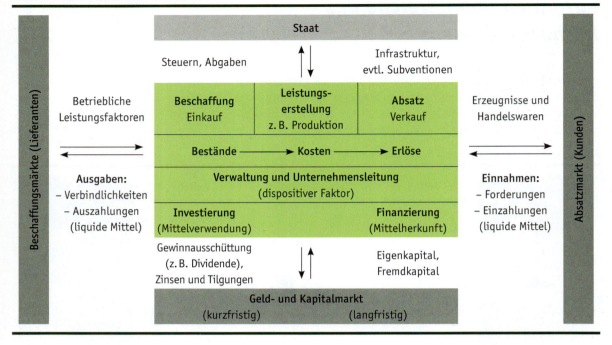

Eine wichtige Aufgabe des Rechnungswesens ist die **Dokumentation** der Werteströme. Dazu gehört die vollständige, richtige, zeitgerechte und geordnete Aufzeichnung aller Geschäftsvorfälle in der **Finanzbuchhaltung**.

Aufgaben des Rechnungswesens:
– Dokumentation
– Information
– Planung und Kontrolle

Unternehmensziele, vgl. 12, S. 129

Die Dokumentation der Geschäftsvorfälle ist die Basis für die Bereitstellung von **Informationen** an eine Vielzahl von inner- und außerbetrieblichen Interessenten. Auf der Grundlage dieser Informationen kann z. B. die Unternehmensleitung **kontrollieren**, ob und in welchem Maße Unternehmensziele erreicht worden sind. Neben der Kontrolle dienen diese Informationen der **Planung** betriebswirtschaftlicher Entscheidungen für die Zukunft. Lieferanten sind z. B. an Informationen zur Kreditwürdigkeit und Zahlungsfähigkeit des Unternehmens interessiert, der Staat benötigt Informationen zur Festlegung der Besteuerung.

Informationen	Beispiele	mögliche Interessenten
Wert des Vermögens	Vorräte, Bankguthaben	Geschäftsleitung
Höhe der Schulden	Darlehensschulden bei Banken, Verbindlichkeiten bei Lieferanten	Unternehmenseigner Staat (Finanzamt) Kreditgeber (Banken)
erzielte Umsätze	Erlöse für Erzeugnisverkauf	Kunden
entstandene Aufwendungen	Rohstoffverbrauch, Löhne, Gehälter, Mieten	Lieferanten Arbeitnehmer Mitbewerber
Art und Höhe des Erfolgs	Gewinn oder Verlust	Öffentlichkeit

6 Aufgaben und Bereiche des Rechnungswesens

Übersicht: Bereiche des Rechnungswesens

Finanzbuchhaltung

Auf Basis von Belegen werden alle Geschäftsvorfälle wertmäßig erfasst (gebucht) und zeitlich und sachlich geordnet dokumentiert.

Beispiele für Belege und Geschäftsvorfälle:
- Eingangsrechnung für Rohstoffeinkäufe
- Ausgangsrechnung für Erzeugnisverkäufe
- Kontoauszug der Bank für Überweisungen an Lieferanten
- Quittung des Verkäufers für einen Bareinkauf von Büromaterial

Jahresabschluss

Der Buchführungspflichtige hat zum Ende jedes Geschäftsjahres einen Jahresabschluss zu erstellen, in dem sein Vermögen und seine Schulden gegenübergestellt (Bilanz) sowie die Aufwendungen und Erträge (Gewinn- und Verlust-Rechnung) ausgewiesen werden müssen.

Datenbasis für den Jahresabschluss sind die jährliche Bestandsaufnahme (Inventur) und die Daten der Finanzbuchhaltung. Beispiele:
- Vermögen: Maschinen, Geschäftsausstattung, Materialvorräte
- Schulden: Bankverbindlichkeiten, Steuerschulden
- Aufwendungen: Materialverbrauch, Löhne, Gehälter
- Erträge: Umsatzerlöse aus dem Verkauf von Erzeugnissen
- Gewinn: Erträge > Aufwendungen

Kosten- und Leistungsrechnung

Hier werden nur Werte der Finanzbuchhaltung übernommen, die mit dem Sachziel des Unternehmens im Zusammenhang stehen. Dem Wertezuwachs wird der Werteverzehr gegenübergestellt, um den Betriebsgewinn zu ermitteln. Der Werteverzehr ist Basis für die Kalkulation.

- Sachziel: Betriebszweck, z. B. Produktion und Verkauf von bestimmten Produkten mit Gewinn
- Wertezuwachs: Leistungen, d. h. sachzielbezogene Erträge, z. B. Umsatzerlöse aus dem Produktverkauf
- Werteverzehr: Kosten, d. h. sachzielbezogene Aufwendungen, z. B. Verbrauch von Rohstoffen, Zahlung von Löhnen
- Betriebsgewinn: Leistungen > Kosten
- Kalkulation: Preisermittlung für eigene Erzeugnisse und Handelswaren

Planung

Unternehmerische Zielsetzungen werden in Planungen konkretisiert und als Soll-Werte vorgegeben

- Zielsetzung: z. B. Gewinnerhöhung um 5 %
- notwendige Planungen: z. B. Absatz-, Umsatz-, Produktions-, Beschaffungs-, Personal-, Investitions- und Finanzplan
- Soll-Werte: z. B. Absatzmengen, Verkaufspreise, Produktionsmengen, Einkaufsmengen und -preise

Controlling

Das Controlling ist bereits bei der Planung beteiligt. Die im Rechnungswesen erfassten Ist-Werte werden den geplanten Soll-Werten gegenübergestellt. Abweichungen und deren Ursachen müssen analysiert, Gegenmaßnahmen geplant und umgesetzt werden. Nicht erreichbare Ziele müssen ggf. neu definiert werden.

- Controlling (engl. to control) bedeutet steuern, regeln, kontrollieren
- Abweichungen: Soll-Werte > oder < Ist-Werte
- Abweichungsursachen: z. B. erhöhter Materialverbrauch durch Ausschussproduktion
- Gegenmaßnahmen: z. B. Wechsel des Materiallieferanten, erweiterte Qualitätskontrollen beim Materialeingang

Statistik

Empfängerbezogene Aufbereitung und Darstellung von Daten in aussagefähigen Tabellen und Diagrammen mit Vergleichsgrößen

- Datenempfänger: unternehmensintern (z. B. Geschäftsleitung) oder -extern (z. B. Jahresabschlussempfänger wie Staat, Gläubiger usw.)
- Tabellen und Diagramme: Zahlenübersichten oder grafische Darstellungen (z. B. Linien-, Balken- oder Kreisdiagramme)
- Vergleichsgrößen: Ist-Wert mit Ist-Wert (Zeitvergleich)
- Soll-Wert mit Ist-Wert = Soll-/Ist-Vergleich
- Ist-Wert eigenes Unternehmen mit Ist-Wert anderes Unternehmen (Betriebs- oder Branchenvergleich)

ANFORDERUNGSSITUATION 1.1

6.1 Buchführung als Basis des Rechnungswesens

> **Beispiel** Frau Ganser, Mitarbeiterin in der Verkaufsabteilung, hat eine Rechnung für den Kunden Matro AG erstellt, die noch heute verschickt werden soll. Frau Klein, die ein Betriebspraktikum bei der Fly Bike Werke GmbH absolviert, möchte wissen, auf welche Bereiche des Rechnungswesens sich diese Ausgangsrechnung eigentlich auswirkt.

FBW GmbH • Rostocker Str. 334 • 26121 Oldenburg

Matro AG
Altenessener Straße 661
45472 Essen Ruhr

Rechnung-Nr.: 312

Bearbeiter	Kundennr.	Ihre Bestellung Nr.	Ihre Bestellung vom	Rechnungsdatum
Frau Ganser	40022	5	03.01.20XX	16.01.20XX
Versandart/Freivermerk		Verpackungsart		Geliefert am
Per Lkw/frei Lager		Kartonage		16.01.20XX

Pos-Nr.	Artikel-Nr.	Artikelbezeichnung	Menge	Einzelpreis in €	Rabatt in %	Gesamtpreis in €
01	101	City *Glide*	300	245,00	32,00	49.980,00
02	102	City *Surf*	120	274,40	31,00	22.720,32
03	301	Mountain *Dispo*	200	393,75	31,00	54.337,50
					Nettorechnungsbetrag in €	127.037,82
					+ 19 % Umsatzsteuer in €	24.137,19
					Bruttorechnungsbetrag in €	151.175,01

Bitte überweisen Sie unter Angabe der Rechnungsnummer.

	Datum	Skonto	Skonto in €	Betrag in €
Innerhalb der Skontofrist bis:	24.01.20XX	2 %	3.023,50	148.151,51
Innerhalb der Zahlungsfrist bis:	15.02.20XX	–	–	151.175,01

Bereiche des Rechnungswesens	Auswirkungen von Umsatzerlösen (am Beispiel einer Ausgangsrechnung)
Finanzbuchhaltung	Umsatzerlöse sind Erträge in der Finanzbuchhaltung. Sie steigen, da hier Umsatzerlöse für eigene Erzeugnisse erzielt wurden (Erzeugnisverkauf).
Jahresabschluss	Wie jeder Ertrag steigern diese Umsatzerlöse den Gewinn.
Kosten- und Leistungsrechnung	Umsatzerlöse (Leistungen) erhöhen auch den Betriebsgewinn.
Planung	Der Verkauf von Erzeugnissen, der Umsatzerlöse erbracht hat, wird in der Planung bereits als Soll-Wert vorab berücksichtigt.
Controlling	Die erzielten Umsatzerlöse erhöhen den Ist-Wert für den Soll-Ist-Vergleich dieser Ertragsart am Ende einer Abrechnungsperiode.
Statistik	Tabellen und Diagramme, die Gewinne ausweisen, werden angepasst.

6.2 Rechtliche Grundlagen der Finanzbuchhaltung

Die Begriffe Buchhaltung und Buchführung werden hier synonym, d. h. mit gleicher Bedeutung, verwendet.

Merke: „Buchführung" wird immer im HGB und in der AO (Abgabenordnung) verwendet!

Jeder Kaufmann wird durch das HGB verpflichtet, Bücher nach den **Grundsätzen ordnungsmäßiger Buchführung** zu führen. Die Eintragungen in Büchern und die sonst erforderlichen Aufzeichnungen müssen vollständig, richtig, zeitgerecht und geordnet vorgenommen werden.

HGB (Handelsgesetzbuch), vgl. **2.3.2**, S. 33

Gemäß den steuerrechtlichen Vorschriften der AO (Abgabenordnung) wird der Kreis der Buchführungspflichtigen aus Gründen der gerechten Besteuerung erweitert. Wer unterhalb der festgelegten Grenzen liegt, muss beim Finanzamt lediglich eine Einnahmen-/Überschussrechnung einreichen.

Wer ist buchführungspflichtig?

Einnahmen-/ Überschussrechnung

Gesetzliche Vorschriften zu Buchführung und Jahresabschluss

Buchführungspflicht nach HGB § 238[1)	Buchführungspflicht nach AO §§ 140–141
Alle Kaufleute gem. HGB: – § 1 Istkaufmann – § 2 Kannkaufmann[2) – § 3 Land- und Forstwirtschaft; Kannkaufmann[2) – § 5 Kaufmann kraft Eintragung – § 6 Handelsgesellschaften; Formkaufmann	– Alle Kaufleute gem. HGB sowie – Gewerbliche Unternehmer und Land- und Forstwirte mit einem Jahresumsatz > 500.000,00 € oder Jahresgewinn > 50.000,00 € – Land- und Forstwirte mit einem Wirtschaftswert > 25.000,00 €

[1) Gilt ab 2010 nicht mehr für Einzelkaufleute, die unterhalb der Umsatz- und Gewinngrenze nach § 141 AO liegen (§ 241a HGB).

[2) Eintragung in das Handelsregister notwendig

Neben dem HGB sind in Abhängigkeit von der Rechtsform des Unternehmens auch das Aktiengesetz (AktG) und das GmbH-Gesetz (GmbHG) zu beachten.

Rechtsformen, vgl. **3**, S. 39

Weitere handelsrechtliche Vorschriften zu Buchführung und Jahresabschluss		
1. Abschnitt §§ 238–263 HGB	2. Abschnitt §§ 264–335 HGB	3. Abschnitt §§ 336–339 HGB
Grundsätzliche Vorschriften für alle Kaufleute	Ergänzende (spezielle) Vorschriften für Kapitalgesellschaften	Ergänzende (spezielle) Vorschriften für eingetragene Genossenschaften

HF 1
Unternehmensstrategien und Management

Weitere Steuergesetze

Für alle steuerrechtlich relevanten Vorgänge sind weitere Steuergesetze wie z. B. das Einkommensteuergesetz (EStG), Umsatzsteuergesetz (UStG), Körperschaftsteuergesetz (KStG) und die entsprechenden Durchführungsverordnungen und Richtlinien für diese Gesetze zu berücksichtigen.

Folgen einer nicht ordnungsmäßigen Buchführung:
- Buchführung verliert an Beweiskraft (§ 158 AO)
- Schätzung der Bemessungsgrundlagen für die Steuerberechnung, z. B. für den Gewinn (§ 162 AO)
- Bei Insolvenz evtl. Freiheits- oder Geldstrafe (§ 283 b StGB)

Ist ein Unternehmen verpflichtet, Bücher zu führen, so muss diese Buchführung so beschaffen sein, dass sie einem **sachverständigen Dritten** innerhalb angemessener Zeit einen Überblick über die **Geschäftsvorfälle** und über die **Lage des Unternehmens** vermitteln kann. Dabei müssen sich die Geschäftsvorfälle in ihrer Entstehung und Abwicklung verfolgen lassen (§§ 238 (1) HGB und 145 (1) AO).

Anforderungen (§ 238 HGB, § 145 AO)	Bedeutung
Sachverständiger Dritter	Steuerberater, Wirtschaftsprüfer, Betriebsprüfer des Finanzamtes usw.
Überblick über die Geschäftsvorfälle	vollständige, richtige, zeitgerechte und geordnete Aufzeichnungen und Aufbewahrung der den Aufzeichnungen zugrunde liegenden Belege
Überblick über die Lage des Unternehmens	Vermögenslage, Ertragslage, Finanzlage

Die Buchführungspraxis, Gesetze (insbesondere HGB und AO) und die fortlaufende Rechtsprechung (z. B. Bundesfinanzhof) haben in der Vergangenheit eine Vielzahl von Regelungen getroffen, die Einfluss auf die Buchführung und deren Organisation haben. Aus diesen „Grundsätzen ordnungsmäßiger Buchführung" ergibt sich allgemein, dass die Buchführung **wahr** und **klar** sein muss (§ 146 AO, § 239 HGB).

Grundsätze ordnungsmäßiger Buchführung (GOB) gemäß HGB/AO	
Vollständigkeit	Kein Geschäftsvorfall darf in der Buchführung unberücksichtigt bleiben.
Richtigkeit	Jede Buchung muss wahrheitsgemäß erfolgen.
zeitgerecht	Die Buchung muss in angemessener Zeit nach dem Geschäftsvorfall erfolgen; Kasseneinnahmen und -ausgaben sollen täglich erfasst werden.
geordnet	Geschäftsvorfälle sind zeitlich fortlaufend zu erfassen; sachliche Zuordnung auf Konten und geordnete Ablage der Belege.
Belegprinzip	Für jede Buchung muss ein Beleg vorhanden sein.
Sprache, Währung	Handelsbücher und Aufzeichnungen in lebender Sprache; Abkürzungen, Ziffern, Buchstaben oder Symbole nur mit eindeutig festgelegter Bedeutung; Jahresabschluss in deutscher Sprache und in Euro.
Berichtigungen	Eintragungen oder Aufzeichnungen dürfen nicht in einer Weise verändert werden, dass der ursprüngliche Inhalt nicht mehr feststellbar ist (keine Bleistifteintragungen, kein Tipp-Ex, Radieren, Überschreiben, Löschen von Datenträgern usw.).
Aufbewahrungspflicht	Unterlagen der Buchführung müssen aufbewahrt werden.

Die Aufbewahrungsfrist beginnt mit dem Ende des betreffenden Kalenderjahres, in dem die Aufzeichnung oder der Beleg entstand.

Gem. HGB und GoB können die Bücher geführt werden
- in gebundener Form (Seiten, als Bücher gebunden)
- als geordnete Loseblattsammlungen
- als geordnete Ablage von Belegen oder
- auf Datenträgern (EDV)

Aufbewahrungsfristen

Zehn Jahre	Sechs Jahre
– Handelsbücher (z. B. Grund- und Hauptbuch) – Inventare – Eröffnungsbilanzen – Jahresabschlüsse (z. B. GuV-Rechnung, Bilanz) – Arbeitsanweisungen und Organisationsunterlagen (z. B. Programme) – Buchungsbelege (z. B. Ausgangsrechnungen, Kontoauszüge)	– Empfangene Handelsbriefe (z. B. Angebote) – Wiedergaben abgesandter Handelsbriefe (z. B. Bestellungen) – Unterlagen, soweit sie für die Besteuerung von Bedeutung sind

Übersicht: Erfassung und Dokumentation von Werteströmen

- Die Werteströme von Geschäftsprozessen z. B. im Marketing, der Beschaffung und Logistik oder in der Leistungserstellung (Kernprozesse) verändern den Wert des Vermögens und/oder des Kapitals eines Industrieunternehmens. Diese Veränderungen haben ggf. auch Auswirkungen auf den Erfolg (Gewinn oder Verlust) des Unternehmens.
- Derartige Prozessergebnisse nennt man im Rechnungswesen Geschäftsvorfälle.
- Geschäftsvorfälle werden zuerst in der Finanzbuchhaltung erfasst (gebucht). Die Ergebnisse werden den anderen Bereichen des Rechnungswesens (Jahresabschluss, Kosten- und Leistungsrechnung, Planung, Controlling, Statistik) zur Verfügung gestellt.
- Buchführungspflichtig sind allerdings nur Kaufleute (§ 238 HGB) sowie gewerbliche Unternehmer und Land- und Forstwirte, die bestimmte Kriterien erfüllen (§§ 140, 141 AO).
- Buchführungspflichtige müssen die Grundsätze ordnungsmäßiger Buchführung beachten.

Übersicht: Aufgaben der Finanzbuchhaltung

– Ermittlung der Zusammensetzung und der Veränderung des Vermögens und des Kapitals	– Ermittlung der Erträge und Aufwendungen sowie des Erfolges (Gewinn- oder Verlust) der Geschäftstätigkeit
– Ermittlung von Basisdaten für die Kosten- und Leistungsrechnung, alle Planungsrechnungen, das Controlling, die Statistik und für viele unternehmerische Entscheidungen	– Bereitstellung von Daten für gesetzlich vorgeschriebene Veröffentlichungen (Rechenschaftslegung) wie den Jahresabschluss, z. B. Bilanz sowie Gewinn- und Verlustrechnung
– Ermittlung von Bemessungsgrundlagen, z. B. für die Besteuerung • Umsätze für die Umsatzsteuer oder • Gewinne für die Einkommen-, Körperschaft- oder Gewerbesteuer	– Bereitstellung von Beweismitteln bei Rechtsstreitigkeiten insbesondere durch die geordnete Aufbewahrung aller buchungsrelevanten Belege

HF 1
Unternehmensstrategien und Management

LS 7
Wertermittlung bei der Inventur

7 Inventur, Inventar und Bilanz
7.1 Inventur

Beispiel Im Absatzlager der Fly Bike Werke wird jeder Eingang fertiger Erzeugnisse aus der Produktion und jeder Erzeugnisverkauf an Kunden in einer Lagerdatei erfasst.

Inventur
Bestandsaufnahme aller Vermögensgegenstände und Schulden nach Art, Menge und Wert

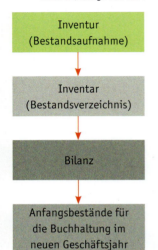

Lagerdatei – Fly Bike Werke GmbH

City-Räder — Jahr: 20XX Seite 3

Produkt	Produktbezeichnung				
102	City Fahrradmodell *Surf*				
Datum	Beleg	Vorgang	Zugang	Abgang	Bestand
30.11.	S. 2	Bestandsübertrag Seite 2			40
02.12.	HE 212	Eingang aus Produktion	300		340
14.12.	LS 566	Verkauf an Zweirad GmbH		100	240
28.12.	LS 789	Verkauf an Matro AG		150	90

Sollbestand
Bestand gemäß Aufzeichnungen

Istbestand
Bestand gemäß Inventur

Vermögenswerte
z. B. Grundstücke, Fahrzeuge, Bankguthaben

Schulden
(Verbindlichkeiten) z. B. Bankdarlehen, unbezahlte Lieferantenrechnungen

Anhand der Lagerdatei wäre es jederzeit möglich, die aktuellen Lagerbestände aller gelagerten Produkte mengenmäßig anzugeben. Aber auch Lagerdateien können irren! Falsche oder fehlende Eingaben, fehlerhafte Lagerung, nicht entdeckte Diebstähle, Schwund, Beschädigungen und Verderb können dazu führen, dass die Bestände laut Lagerdatei (**Sollbestände**) nicht den tatsächlichen Beständen verkaufsfähiger Erzeugnisse (**Istbestände**) entsprechen. Darüber hinaus muss auch der aktuelle Wert der Bestände festgestellt werden, denn Werte in Euro sind nicht auf einer Lagerkarteikarte erfasst.

Die Aufnahme der Bestände nach Art, Menge und Wert wird **Inventur** genannt. Dabei erstreckt sich die Inventur nicht nur auf die Lagerbestände, sondern auf alle **Vermögenswerte** und alle **Schulden** des Unternehmens, damit ein vollständiges Bestandsverzeichnis, das **Inventar**, erstellt werden kann. Dies ist dann die Grundlage für die **Bilanz**, auf die nicht nur die Geschäftsleitung gespannt wartet. Erst dann weiß man mit Sicherheit, ob das letzte Geschäftsjahr tatsächlich erfolgreich war. Mit den ermittelten Bestandswerten startet dann die Buchführung in das neue Geschäftsjahr.

Die Durchführung der Inventur ist gesetzlich vorgeschrieben (§ 240 HGB, §§ 140, 141 AO) und muss erfolgen:
- bei Aufnahme der Geschäftstätigkeit (Gründung, Übernahme)
- am Ende jedes Geschäftsjahres (meistens der 31.12.)
- bei Aufgabe der Geschäftstätigkeit (Auflösung, Verkauf)

7 Inventur, Inventar und Bilanz

7.1.1 Planung der Inventur

Je größer das Unternehmen, desto schwieriger und arbeitsintensiver ist die Inventur und desto besser muss sie organisiert sein. Eine Person, die die Inventur leitet, muss folgende Planungsschritte beachten:

In großen Unternehmen kann diese Planung mithilfe der Netzplantechnik vereinfacht werden.

Planungsschritte	
1. Zeitplanung	Zu welchen Zeitpunkten sollen Bestände erfasst werden?
2. Raumplanung	In welchen Gebäuden (Filialen, Lagerhallen, Büros) befinden sich die aufzunehmenden Bestände?
3. Personalplanung	Welche Personen sollen die Bestände aufnehmen?
4. Hilfsmittelplanung	Welche Hilfsmittel (Inventurlisten, Geräte) werden benötigt?

7.1.2 Durchführung der Inventur

Körperliche Inventur

Die Bestandsaufnahme der körperlichen Vermögensgegenstände erfolgt durch Zählen, Messen, Wiegen oder im Ausnahmefall durch Schätzen (geringer Wert, unangemessener Arbeitsaufwand des Zählens). Die ermittelten Bestände werden in Inventurlisten oder Inventurkarten eingetragen und anschließend in Euro bewertet. Zusammenfassungen mit Summenbildungen, z. B. Gesamtwerte für jede Warengruppe, sind notwendig.

Inventurliste — Fly Bike Werke GmbH

Vermögensgegenstand	Feststellung der Menge	Bewertung
Y-Rahmen, 1-Gelenker, Material Alu/CrMo	Zählen der Y-Rahmen	Anzahl der Y-Rahmen · Einkaufspreis (Wertminderungen, z. B. bei Mängeln, müssen erfasst werden)

Einkaufspreis (Bezugspreis): Verkaufspreis des Lieferanten abzüglich Preisnachlässe zuzüglich Kosten der Lieferung

Buchinventur

Die Bestandsaufnahme nicht körperlicher Gegenstände oder von Vermögensgegenständen, deren Bestand nach Art, Menge und Wert auch ohne körperliche Bestandsaufnahme festgestellt werden kann, erfolgt durch die Überprüfung von Aufzeichnungen, Belegen oder Dokumenten.

§ 241 (2) HGB

Vermögensgegenstände/Schulden	Unterlagen für die Inventur
Fuhrpark, Betriebs- und Geschäftsausstattung	Anlagenkartei, Anlagendatei (EDV)
Bankguthaben	Kontoauszug der Bank
Forderungen gegenüber Kunden	unbezahlte Ausgangsrechnungen an Kunden
Verbindlichkeiten gegenüber Lieferanten	unbezahlte Eingangsrechnungen von Lieferanten

7.1.3 Kontrolle der Inventur

Die Aufnahme der Bestände sollte von jeweils zwei Personen durchgeführt werden („Vier-Augen-Prinzip"). Für jeden Bereich ist ein Prüfer zu bestimmen, der nicht nur stichprobenweise überprüft, sondern eine Zweitaufnahme durchführt. Inventurlisten müssen von den Aufnehmenden und Prüfenden unterschrieben werden. Bei unerklärbaren Abweichungen der Aufnahmeergebnisse von der regelmäßigen Bestandsaufzeichnung (z. B. der Artikeldatei), die nicht im Rahmen üblicher **Inventurdifferenzen** liegen, müssen intensivere Nachforschungen eingeleitet werden. Die Buchinventur kann anhand von Saldenbestätigungen (schriftliche Bestätigung des Inventurwertes) von Banken, Kunden und Lieferern überprüft werden.

> **Inventurdifferenz**
> Sollbestand ≠ Istbestand

7.1.4 Arten der Inventur

Stichtagsinventur

Die Bestandsaufnahme bezogen auf den letzten Tag des Geschäftsjahres (meist der 31.12.) nennt man Stichtagsinventur. Das bedeutet jedoch nicht, dass alle bereits beschriebenen Tätigkeiten an diesem Tag ausgeführt werden müssen. Kaum ein Unternehmen kann mit dem vorhandenen Personal am letzten Tag des Geschäftsjahres die gesamte Inventur durchführen. Das HGB und die Einkommensteuerrichtlinien (EStR) ermöglichen deshalb eine Auswahl von Inventurvereinfachungsverfahren. Dazu gehört, dass Stichtagsinventur zeitnah, d. h. in der Regel in einen Zeitraum von 10 Tagen vor bis zu 10 Tagen nach dem Stichtag, erfolgen kann.

> Besonders wertvolle Wirtschaftsgüter (z. B. hochwertige Geräte) und Bestände, bei denen nicht annähernd abschätzbare Abgänge eintreten können, müssen immer als Stichtagsinventur erfasst werden.

Zeitraum für die Stichtagsinventur

Bei der zeitnahen Inventur ist sicherzustellen, dass alle Bestandsveränderungen, die sich zwischen dem Stichtag und dem Tag der tatsächlichen Bestandsaufnahme ergeben, anhand von Belegen oder Aufzeichnungen berücksichtigt werden.

Verlegte Inventur

Ist es nicht sinnvoll möglich, innerhalb der 20-Tage-Frist die gesamte Inventur durchzuführen, kann eine vor- oder nachverlegte Inventur durchgeführt werden. Dadurch wird der Zeitraum zur Durchführung der körperlichen Bestandsaufnahme vergrößert. Gesetzlich vorgegeben ist ein Zeitpunkt innerhalb von drei Monaten vor bis zu zwei Monaten nach dem Stichtag.

> § 241 (3) HGB,
> Abschnitt 30 Abs. 3 EStR

Zeitraum für die verlegte Inventur

Durch dieses für viele Unternehmen besonders geeignete Verfahren lässt sich der Personalaufwand erheblich vermindern und Betriebsschließungen können häufig vermieden werden. Die aufwendigen Inventurarbeiten können in eine Zeit verlegt werden, in der der Geschäftsbetrieb und die Menge der aufzunehmenden Bestände (z. B. Warenvorräte) vielleicht geringer sind als am Geschäftsjahresende.

Da jedoch auch bei diesem Verfahren der Wert des Bestandes am Stichtag ermittelt werden muss, ist der Bestand, der am Tag der tatsächlichen Bestandsaufnahme nach Art, Menge und Wert festgestellt wurde, wertmäßig (nicht mengenmäßig) auf den Stichtag fortzuschreiben oder zurückzurechnen.

Wertfortschreibung Stahlrohre	Wertrückrechnung Aluminiumrohre
Tatsächliche Bestandsaufnahme am 04.11. (altes Geschäftsjahr) Wert: 45.000,00 €	Tatsächliche Bestandsaufnahme am 20.01. (neues Geschäftsjahr) Wert: 22.500,00 €
+ Wert des Wareneinganges vom 05.11. bis 31.12. Wert: 7.500,00 €	– Wert des Wareneinganges vom 01.01. bis 20.01. Wert: 3.200,00 €
– Wert des Warenausganges vom 05.11. bis 31.12. Wert: 6.000,00 €	+ Wert des Warenausganges vom 01.01. bis 20.01. Wert: 6.200,00 €
= Wert des Bestandes am Stichtag 31.12. Wert: 46.500,00 €	= Wert des Bestandes am Stichtag 31.12. Wert 25.500,00 €

Permanente Inventur

Die permanente Inventur vergrößert den Zeitraum der körperlichen Bestandsaufnahme auf das gesamte Geschäftsjahr. Bei Anwendung dieses Verfahrens ist es möglich, die Aufnahme eines Vermögensgegenstandes nach Art, Menge und Wert zu einem Zeitpunkt anzusetzen, an dem die niedrigsten Bestände erwartet werden. Dies ermöglicht eine Minimierung des Arbeitsaufwandes und, bei überraschender Auswahl der Vermögenswerte, auch eine optimale Kontrolle der Bestandsführung. Zwischen den Aufnahmezeitpunkten einer Vermögensart müssen 12 Monate liegen.

Zeitraum für die permanente Inventur

Voraussetzung für die Anwendung dieses Verfahrens ist eine permanente Aufzeichnung aller Zu- und Abgänge (mengenmäßige Bestandsfortschreibung), die auch durch Belege (Lieferscheine, Rechnungen) nachzuweisen sein muss. Dies ist im Warenlager durch das Führen einer **Lagerdatei** (Lagerbuchführung) möglich. Die Bestandsführung laut Lagerdatei ist bei einem abweichenden Ergebnis der körperlichen Inventur zu korrigieren. Die Ergebnisse der körperlichen Inventur sind in die Lagerdatei aufzunehmen. Vom Prüfenden ist ein Protokoll anzufertigen und zu unterschreiben.

Eine Beschränkung der permanenten Inventur auf Stichproben ist nicht zulässig. Weitere Einschränkungen für bestimmte (z. B. besonders wertvolle) Wirtschaftsgüter sind zu beachten.

HF 1 Unternehmensstrategien und Management

Stichprobeninventur

§ 241 (1) Satz 1 HGB

Die Stichprobeninventur ist keine eigenständige Inventurart, sondern ein besonderes Verfahren der Bestandsaufnahme. Es ist erlaubt, Bestände auch mithilfe anerkannter mathematisch-statistischer Methoden aufgrund von Stichproben zu ermitteln, wenn das Verfahren den Grundsätzen ordnungsmäßiger Buchführung entspricht. Hier kann z. B. eine kleine Menge einer Mischung verschiedener Stoffe in seiner Zusammensetzung analysiert und auf den Gesamtbestand hochgerechnet werden. Dieses Verfahren dient damit in erster Linie der Wertermittlung.

Grundsätze ordnungsmäßiger Buchführung (GoB), vgl. **6.2**, S. 65

7.1.5 Bewertung von Inventurmengen

Bei der Bewertung der Vermögensgegenstände im Rahmen der Inventur ist § 253 HGB zu beachten. Inventurhöchstwerte sind die **Anschaffungskosten**. Es muss jedoch ein niedrigerer Wert angesetzt werden, wenn der Vermögensgegenstand seit der Anschaffung an Wert verloren hat (**Niederstwertprinzip**).

Anlagevermögen
Vermögensgegenstände, die bestimmt sind, dauernd dem Geschäftsbetrieb zu dienen (z. B. Maschinen, Betriebs- und Geschäftsausstattung, Fuhrpark)

Im **Anlagevermögen** müssen Wertminderungen in Form von Abschreibungen berücksichtigt werden. Der Inventurwert sinkt vom Tag des Kaufes an, wenn die Nutzung des Vermögensgegenstandes zeitlich begrenzt ist. Auch ungeplante, außerordentliche Wertminderungen (z. B. Schadensfälle) müssen berücksichtigt werden.

> **Beispiel** Wertminderungen bei Sachanlagen
> Ein Pkw mit Anschaffungskosten von 36.000,00 € und einer Nutzungsdauer von 6 Jahren verliert jedes Jahr 1/6 seines Wertes = 6.000,00 €. Der Inventurwert beträgt nach einem Nutzungsjahr also nur noch 30.000,00 €, wenn zusätzlich keine ungeplanten Wertminderungen (z. B. durch einen Unfall) zu berücksichtigen sind.

Umlaufvermögen
Vermögensgegenstände, die ständig umgesetzt werden (z. B. Warenvorräte)

Im **Umlaufvermögen** muss ein niedrigerer Wert als der tatsächlich bezahlte Einstandspreis (Anschaffungskosten) angesetzt werden, wenn der Börsen- oder Marktpreis (z. B. aktueller Bezugspreis des Lieferers) gesunken ist, ein beizulegender Wert niedriger ist (z. B. bei Beschädigungen) oder ein niedrigerer Wert nach vernünftiger kaufmännischer Beurteilung notwendig ist (z. B. Preisverfall auf dem Absatzmarkt).

> **Beispiel** Wertminderungen im Vorratsvermögen
> Ein Vorrat an Bremsanlagen (Fremdbauteile) mit einer Menge von 100 Stück und einem Einstandspreis von 17,50 € je Stück (Anschaffungskosten 1.705,00 €) kann am Inventurstichtag zu einem Preis von 15,50 € je Stück wiederbeschafft werden. Der Wert des Bremsanlagenvorrates sinkt damit um 1,55 € je Stück, der Inventurwert dieser Bremsanlagen beträgt damit insgesamt nur noch 1.550,00 €.

Übersicht: Inventur

Ermittlung der Inventurmengen	Ermittlung der Inventurwerte
Durch Zählen, Messen, Wiegen, Schätzen	Anschaffungskosten (z. B. Einstandspreise) abzüglich Wertminderungen
Inventurarten/Inventurverfahren	
Stichtagsinventur (zeitnahe Inventur)	Inventurvereinfachungsverfahren – Vor- oder nachverlegte Inventur – Permanente Inventur – Stichprobeninventur

ANFORDERUNGSSITUATION 1.1

7.2 Inventar

Die in der Inventur ermittelten Vermögensgegenstände und Schulden werden in einem ausführlichen **Bestandsverzeichnis**, dem Inventar, zusammengefasst.

Posten, die nur einen Einzelwert ausweisen, werden direkt in die Hauptspalte (Gesamtwerte) eingetragen. Besteht ein Posten aus mehreren Werten, so sind diese in die Vorspalte (Einzelwerte) einzutragen. Die Einzelwerte werden dann addiert und in die Hauptspalte übernommen. Umfangreiche Posten werden in einem separaten Bestandsverzeichnis aufgelistet, damit das Inventar übersichtlich bleibt. In dem Inventar selbst erscheint der Hinweis auf das entsprechende Bestandsverzeichnis.

LS 8 — Inventar und Bilanz erstellen und vergleichen

§ 240 HGB
§ 257 (4) HGB

Inventare sind 10 Jahre aufzubewahren.

Aufbewahrungsfristen, vgl. GoB, 6.2, S. 67

Bestandsverzeichnis — Fly Bike Werke GmbH

Anlage Nr. 11, Forderungsverzeichnis zum Inventar zum 31.12.20XX

Kunden-Nr.	Kunde	Ausgangsrechnungen Einzelforderungen in €		Gesamtforderungen in €
10001	Radbauer GmbH 80335 München	AR: 416 AR: 436	29.600,00 18.560,00	47.560,00
10002	Schöller & C. Fahrradhandel 60385 Frankfurt am Main	AR: 418	37.120,00	37.560,00
...	...	...	...	...
40021	Hofkauf AG 51065 Köln	AR: 412 AR: 422	71.920,00 58.000,00	129.920,00
40022	Matro AG 45472 Essen (Ruhr)	AR: 440	243.600,00	243.600,00
	Gesamtforderungsbestand			720.000,00
Aufgenommen: Taubert		Geprüft: C. Steffes		

AR = Ausgangsrechnung

Zum Aufbau eines Inventars gibt es keine verbindlichen Formvorschriften, die folgende Darstellung ist aber üblich. In der Praxis kann auf die Erweiterung des Inventars bis zur Ermittlung des Eigenkapitals verzichtet werden, da sich das Eigenkapital aus der Bilanz ergibt.

Die drei Bestandteile des Inventars:
A. Vermögen
B. Schulden
C. Ermittlung des Eigenkapitals

A. Vermögen

Zusammensetzung des Vermögens	
I. Anlagevermögen Gegenstände, die bestimmt sind, dauernd dem Geschäftsbetrieb zu dienen. Sie sind Voraussetzung für die Aufnahme der Geschäftstätigkeit.	– Immaterielle Vermögensgegenstände, z. B. Konzessionen, Lizenzen – Sachanlagen, z. B. Grundstücke, Gebäude, Maschinen, Geschäftsausstattung – Finanzanlagen, z. B. Wertpapiere zur langfristigen Geldanlage
II. Umlaufvermögen Gegenstände, die ständig umgesetzt werden, d. h., die sich in ihrer Zusammensetzung ständig ändern. Durch diese Umsetzungen will das Unternehmen einen Erfolg (Gewinn) erzielen.	– Vorräte, z. B. Werkstoffe – Forderungen, z. B. unbezahlte Ausgangsrechnungen – Wertpapiere, z. B. Aktien zur kurzfristigen Geldanlage – Flüssige Mittel, z. B. Kassenbestand (Bargeld), Schecks, Bankguthaben

Anlagevermögen
+ Umlaufvermögen
= Gesamtvermögen

ANFORDERUNGSSITUATION 1.1

Inventar der Fly Bike Werke GmbH, Oldenburg, zum 31.12.20XX

Fly Bike Werke GmbH

Vermögens- und Schuldenarten, Eigenkapital	Einzelwerte in €	Gesamtwerte in €
A. Vermögen		
I. Anlagevermögen		
1. Grundstücke und Bauten, Rostocker Str. 334		
Grundstück	135.000,00	129.920,00
Fabrik- und Verwaltungsgebäude	418.750,00	
Lagerhalle	59.100,00	612.850,00
2. Technische Anlagen und Maschinen lt. Anlagenverzeichnis, Anlage Nr. 1		131.870,00
3. Betriebs- und Geschäftsausstattung lt. Ausstattungsverzeichnissen (AV[1]) gemäß Anlagen		
Werkzeuge, AV Nr. 1, Anlage Nr. 2	5.400,00	
Lager- und Transporteinrichtungen, AV Nr. 2, Anlage Nr. 3	13.889,68	
Fuhrpark, AV Nr. 3, Anlage Nr. 4	3.750,00	
Betriebsausstattung, AV Nr. 4, Anlage Nr. 5	69.015,32	
Geschäftsausstattung, AV Nr. 5, Anlage Nr. 6	5.450,00	97.505,00
II. Umlaufvermögen		
1. Roh-, Hilfs- und Betriebsstoffe, VV[2] Nr. 1, Anlage Nr. 7		288.000,00
2. Unfertige Erzeugnisse, VV Nr. 2, Anlage Nr. 8		48.000,00
3. Fertige Erzeugnisse, VV Nr. 3, Anlage Nr. 9		140.000,00
4. Handelswaren, VV Nr. 4, Anlage Nr. 10		4.000,00
5. Forderungen aus Lieferungen und Leistungen lt. Forderungsverzeichnis, Anlage Nr. 11		720.000,00
6. Kassenbestand (Bargeld) lt. Kassenbericht, Anlage Nr. 12		2.400,00
7. Bankguthaben lt. Kontoauszügen, Anlage Nr. 13		
Deutsche Bank AG, Oldenburg	217.600,00	
Landessparkasse Oldenburg	140.000,00	357.600,00
Summe des Vermögens		**2.402.225,00**
B. Schulden (Fremdkapital, Verbindlichkeiten)		
I. Langfristige Schulden		
1. Langfristige Bankverbindlichkeiten lt. Kontoauszügen, Anlagen 14 und 15		
Hypothek der Deutschen Bank AG, Oldenburg	524.000,00	
Darlehen der Landessparkasse Oldenburg, Oldenburg	78.000,00	602.000,00
II. Kurzfristige Schulden		
1. Verbindlichkeiten aus Lieferungen und Leistungen lt. Verbindlichkeitenverzeichnis, Anlage Nr. 16		926.225,00
2. Sonstige Verbindlichkeiten lt. Steuer- und Abgabenverzeichnis, Anlage Nr. 17		24.000,00
Summe der Schulden		**1.552.225,00**
C. Ermittlung des Eigenkapitals		
Summe des Vermögens		2.402.225,00
− Summe der Schulden		1.552.225,00
= **Eigenkapital (Reinvermögen)**		**850.000,00**

[1] AV = Anlagenverzeichnis
[2] VV = Vorräteverzeichnisse gemäß Inventurlisten

Die **Anordnung** (Reihenfolge) der Vermögensposten in einem Inventar ist abhängig vom Zeitraum, in dem der Vermögensgegenstand üblicherweise im Unternehmen verbleibt. Im **Anlagevermögen** entscheidet die **Dauer der Nutzung**.

Vermögensposten	Nutzungsdauer
Grundstücke	unbegrenzt
Gebäude (je nach Bauweise)	10 bis 33 Jahre
Maschinen (zur Be- und Verarbeitung)	6 bis 16 Jahre
Betriebs- und Geschäftsausstattung, z. B.	3 bis 25 Jahre
– Büromöbel	13 Jahre
– Personalcomputer	3 Jahre

Gliederung des Anlagevermögens nach abnehmender Nutzungsdauer

Im **Umlaufvermögen** entscheidet die **Geldnähe** (Liquidität).

Vermögensposten	Geldnähe
fertige Erzeugnisse	Verkauf auf Kredit (Ziel)
Forderungen	Ausgleich durch Banküberweisung
Bankguthaben	sofort verfügbar

Gliederung des Umlaufvermögens nach zunehmender Geldnähe, d. h. der Zeitraum, in dem aus dem Vermögensposten flüssige Mittel geworden sind

B. Schulden

Die Schulden sind nach dem Zeitraum bis zur Rückzahlung zu gliedern.

Art der Schulden	Fälligkeit (Beispiele)	Fristen
Hypothekendarlehen	bis zu 30 Jahren	langfristig (Restlaufzeit über fünf Jahre)
Bankdarlehen	bis zu 10 Jahren	mittelfristig (Restlaufzeit zwischen einem und fünf Jahren)
Verbindlichkeiten gegenüber Lieferern	bis zu 45 Tagen	kurzfristig (Restlaufzeit bis zu einem Jahr)
Verbindlichkeiten gegenüber Finanzbehörden	bis zu 10 Tagen im Folgemonat	

Gliederung der Schulden nach abnehmender Laufzeit

```
  Langfristige Schulden
+ kurzfristige Schulden
= Gesamtschulden
```

C. Ermittlung des Eigenkapitals

Die **Differenz zwischen Vermögen und Schulden** ist das Eigenkapital des Unternehmens. Für die Unternehmenseigner ist das Eigenkapital der entscheidende Posten in einem Inventar, da sie über dessen Verwendung allein entscheiden.

```
  Gesamtvermögen
– Gesamtschulden
= Eigenkapital
```

Übersicht: Inventar

A. Vermögen I. Anlagevermögen II. Umlaufvermögen	Gliederung nach Nutzungsdauer (Kapitalbindung) bzw. nach Geldnähe (Liquidität)
B. Schulden (Verbindlichkeiten) I. Langfristige Schulden II. Kurzfristige Schulden	Gliederung nach Fälligkeit (Restlaufzeit)
C. Ermittlung des Eigenkapitals	Vermögen – Schulden

7.3 Bilanz

§ 242 HGB

Bilanz (ital.) bilancia = Waage

Neben dem Inventar ist zusätzlich eine Bilanz aufzustellen. In der Bilanz wird auf Mengenangaben verzichtet, es werden nur zusammengefasste Werte für bestimmte Posten angegeben. Damit ist die **Bilanz** eine kurz gefasste **Zusammenfassung** des Inventars auf der gleichen Wertebasis.

§ 247 HGB

Zur Steigerung der Übersichtlichkeit wird in einer Bilanz das Vermögen dem Eigenkapital und den Schulden gegenübergestellt. Man nennt diese Gegenüberstellung **Kontoform**. Die linke Kontoseite enthält das Vermögen und wird **Aktiva** genannt; die rechte Seite enthält das Kapital und wird als **Passiva** bezeichnet. Wertmäßig muss die Summe der Aktiva immer der Summe der Passiva entsprechen.

Struktur der Bilanz in Kontenform

Aktiva		Bilanz	Passiva
Anlagevermögen	in €	Eigenkapital	in €
Umlaufvermögen	in €	Fremdkapital	in €
= Summe Aktiva	in €	= Summe Passiva	in €

§§ 245, 257 HGB

Der Kaufmann, die persönlich haftenden Gesellschafter einer Personengesellschaft bzw. die Geschäftsführung bei Kapitalgesellschaften haben unter Angabe des Datums die Bilanz zu unterzeichnen. Wie das Inventar müssen auch Bilanzen zehn Jahre aufbewahrt werden.

Bilanzen einer Kapitalgesellschaft müssen gemäß § 266 HGB besonderen, detaillierten Gliederungsvorschriften entsprechen. Danach kann eine vereinfachte Bilanz auf Basis des Inventars der Fly Bike Werke GmbH wie folgt aufgestellt werden. Leerräume sind entwertet (Buchhalternase).

Bilanz der Fly Bike Werke GmbH, Oldenburg, zum 31.12.20XX (in €)

Aktiva		Passiva	
A. Anlagevermögen		A. Eigenkapital	850.000,00
1. Grundstücke und Bauten	612.850,00	B. Verbindlichkeiten	
2. Technische Anlagen und Maschinen	131.870,00	1. Langfristige Bankverbindlichkeiten	602.000,00
3. Betriebs- und Geschäftsausstattung	97.505,00	2. Verbindlichkeiten aus Lieferungen und Leistungen	926.225,00
B. Umlaufvermögen		3. Sonstige Verbindlichkeiten[1]	24.000,00
1. Roh-, Hilfs- und Betriebsstoffe	288.000,00		
2. Unfertige Erzeugnisse	48.000,00		
3. Fertige Erzeugnisse	140.000,00		
4. Handelswaren	4.000,00		
5. Forderungen aus Lieferungen und Leistungen	720.000,00		
6. Kasse	2.400,00		
7. Bankguthaben	357.600,00		
	2.402.225,00		2.402.225,00

Oldenburg, 28. März 20X1

Hans Peters

[1] Hier Steuern und Abgaben

Bei der Aufstellung einer Bilanz muss das Inventar vorliegen, da die Bilanz eine Zusammenfassung des Inventars darstellt. Damit ist der Wert des Eigenkapitals gegeben. Das Eigenkapital lässt sich aber auch durch Differenzbildung (Saldobildung) direkt aus den Bilanzwerten ermitteln, wenn die folgenden Gleichungen berücksichtigt werden.

Ermittlung des Eigenkapitals

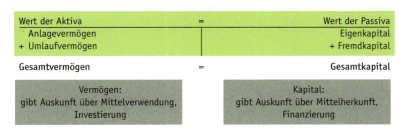

Berechnung des Eigenkapitals:
Eigenkapital = Gesamtvermögen – Fremdkapital oder
Eigenkapital = Gesamtkapital – Fremdkapital

Übersicht: Bilanz

Bilanzaufstellung	– Bei Gründung – Bei Übernahme – Am Ende jedes Geschäftsjahres – Bei Veräußerung – Bei Geschäftsaufgabe
Bilanzarten	– Eröffnungsbilanz – Schlussbilanz – Sonderbilanz
Aktiva	– Linke Bilanzseite – Vermögenswerte = Anlage- und Umlaufvermögen = Mittelverwendung = Investierung
Passiva	– Rechte Bilanzseite – Kapitalwerte = Eigen- und Fremdkapital = Mittelherkunft = Finanzierung
Aktiva und Passiva	Immer derselbe Gesamtwert (bilancia, ital. = Waage)

Erfassung und Aufzeichnung von Vermögen und Schulden

Vermögen – Schulden (Verbindlichkeiten) = Eigenkapital

Erfassung	Aufzeichnung	
1. Inventur: Bestandsaufnahme	2. Inventar: ausführliches Bestandsverzeichnis in Staffelform	3. Bilanz: kurz gefasste Gegenüberstellung in Kontenform

aller Vermögenswerte und aller Schulden und Ermittlung des Eigenkapitals

HF 1

Unternehmensstrategien und Management

LS 9
Die ersten Geschäftsvorfälle der Fly Bike Werke GmbH

8 Grundlegende Buchungen auf Bestands- und Erfolgskonten

Beispiel Sabrina Klein absolviert ihr Betriebspraktikum in der Fly Bike Werke GmbH. Zurzeit hat sie eine Station im Rechnungswesen. Eines Morgens zeigt Frau Taubert ihr die Bilanz aus dem Jahr 20XX mit den Vergleichswerten aus dem Vorjahr. Frau Klein stellt fest, dass im Berichtsjahr 20XX kein einziger Wert mehr so wie im Vorjahr ist. Alle Vermögens- und Kapitalposten haben sich verändert. Dabei sind die meisten Werte gestiegen, einige Werte sind allerdings auch gefallen. „Welche Bedeutung haben diese Wertveränderungen denn für das Unternehmen?", fragt Frau Klein. Frau Taubert erklärt es ihr: „In 20XX haben wir zum Beispiel unseren bisher größten Gewinn gemacht! Das Eigenkapital ist um 300.000 € gestiegen! Dass wir ein sehr gutes Geschäftsjahr beenden würden, wussten wir in der Buchhaltung und natürlich auch die Geschäftsführung schon beizeiten. Mit unserem Finanzbuchhaltungsprogramm haben wir immer alles im Blick."
„Und woher kam der Gewinn?", möchte Frau Klein wissen. „Tja", sagt Frau Taubert, „alles beginnt mit den Geschäftsprozessen und hört bei Bewertungsentscheidungen im Rahmen des Steuer- und Handelsrechts auf."

Bilanz der Fly Bike Werke GmbH, Oldenburg, zum 31.12.20XX (in €)

Aktiva	Vorjahr	Berichtsjahr	Passiva	Vorjahr	Berichtsjahr
A. Anlagevermögen			**A. Eigenkapital**	700.000,00	850.000,00
1. Grundstücke und Bauten	635.200,00	612.850,00	**B. Verbindlichkeiten**		
2. Technische Anlagen und Maschinen	224.904,00	131.870,00	1. Langfristige Bankverbindlichkeiten	639.000,00	602.000,00
3. Betriebs- und Geschäftsausstattung	138.371,00	97.505,00	2. Verbindlichkeiten aus Lieferungen und Leistungen	667.600,00	926.225,00
B. Umlaufvermögen			3. Sonstige Verbindlichkeiten	13.000,00	24.000,00
1. Roh-, Hilfs- und Betriebsstoffe	224.800,00	288.000,00			
2. Unfertige Erzeugnisse	36.000,00	48.000,00			
3. Fertige Erzeugnisse	72.900,00	140.000,00			
4. Handelswaren	0,00	4.000,00			
5. Forderungen aus Lieferungen und Leistungen	541.520,00	720.000,00			
6. Kasse	3.105,00	2.400,00			
7. Bankguthaben	172.800,00	357.600,00			
	2.049.600,00	2.402.225,00		2.049.600,00	2.402.225,00

ANFORDERUNGSSITUATION 1.1

8 Grundlegende Buchungen auf Bestands- und Erfolgskonten

8.1 Werteveränderungen durch Geschäftsprozesse

Geschäftsprozesse führen zu Werteveränderungen von Vermögens- und Kapitalposten. Diese Werteveränderungen werden in der Buchführung als **Geschäftsvorfälle** bezeichnet. Eine Bilanz wird immer für einen bestimmten Stichtag, das Geschäftsjahresende, aufgestellt. In einem Unternehmen fallen jedoch täglich eine Vielzahl von Geschäftsvorfällen an, die über das gesamte Jahr hinweg die Werte der einzelnen Bilanzposten verändern. Bei jedem Geschäftsvorfall sind mindestens zwei Bilanzposten betroffen. Je nachdem, welche Seiten der Bilanz betroffen sind, unterscheidet man vier Arten der Werteveränderungen von Bilanzposten.

> **Geschäftsvorfälle**
> Werteveränderungen von Vermögen und Kapital, die von Geschäftsprozessen ausgelöst werden
>
> Vier Arten der Werteveränderungen von Bilanzposten

Beispiel Bilanzposten in € (vor Werteveränderungen)

Aktiva		Passiva	
Maschinen	600.000,00	Eigenkapital	400.000,00
Geschäftsausstattung	200.000,00	Langfr. Bankverbindlichkeiten	300.000,00
Rohstoffe	150.000,00	Kurzfr. Bankverbindlichkeiten	150.000,00
Kasse	20.000,00	Verbindlichkeiten a.L.L.	150.000,00
Bankguthaben	30.000,00		
	1.000.000,00		1.000.000,00

> **a.L.L.**
> aus Lieferungen und Leistungen

① Aktivtausch

- Beide betroffenen Bilanzposten befinden sich auf der Aktiva-Seite der Bilanz (Vermögenswerte).
- Es erfolgt ein Werteaustausch zwischen den beiden Bilanzposten in derselben Höhe (Vermögenstausch).

Auswirkung: Die Bilanzsumme verändert sich nicht.

> **Aktivtausch**
> = Vermögenstausch; Gesamtvermögen bleibt gleich

Beispiel Einkauf von Rohstoffen gegen Banküberweisung in Höhe von 20.000,00 €.

Aktiva		Passiva	
Rohstoffe	+ 20.000,00	Keine Veränderungen	
Bankguthaben	– 20.000,00		

Die Bilanzsumme bleibt unverändert bei 1.000.000,00 €.

② Passivtausch

- Beide betroffenen Bilanzposten befinden sich auf der Passiva-Seite der Bilanz (Kapitalwerte).
- Es erfolgt ein Werteaustausch zwischen den beiden Bilanzposten in derselben Höhe (Kapitaltausch).

Auswirkung: Die Bilanzsumme verändert sich nicht.

> **Passivtausch**
> = Kapitaltausch; Gesamtkapital bleibt gleich

Beispiel Umwandlung einer kurzfristigen Bankverbindlichkeit in Höhe von 100.000,00 € in ein langfristiges Bankdarlehen.

Aktiva	Passiva	
Keine Veränderungen	Langfr. Bankverbindlichkeiten	+ 100.000,00
	Kurzfr. Bankverbindlichkeiten	– 100.000,00

Die Bilanzsumme bleibt unverändert bei 1.000.000,00 €.

ANFORDERUNGSSITUATION 1.1

HF 1 Unternehmensstrategien und Management

Aktiv-Passiv-Mehrung
= Vermögens- und Kapitalmehrung

③ Aktiv-Passiv-Mehrung
- Einer der betroffenen Bilanzposten befindet sich auf der Aktiva-Seite, der andere auf der Passiva-Seite der Bilanz (ein Vermögens- und ein Kapitalwert).
- Der Wert der beiden Bilanzposten steigt in derselben Höhe (Vermögens- und Kapitalmehrung).

Auswirkung: Die Bilanzsumme steigt.

Beispiel Kauf einer PC-Einheit für 3.500,00 € gegen Lieferantenkredit (auf Ziel).

Aktiva		Passiva	
Geschäftsausstattung	+ 3.500,00	Verbindlichkeiten a.L.L.	+ 3.500,00

Die Bilanzsumme steigt um 3.500,00 € auf 1.003.500,00 €.

Aktiv-Passiv-Minderung
= Vermögens- und Kapitalminderung

④ Aktiv-Passiv-Minderung
- Jeweils einer der betroffenen Bilanzposten befindet sich auf der Aktiva-Seite, der andere auf der Passiva-Seite der Bilanz (ein Vermögens- und ein Kapitalwert).
- Der Wert der beiden Bilanzposten sinkt in derselben Höhe (Vermögens- und Kapitalminderung).

Auswirkung: Die Bilanzsumme sinkt.

Beispiel Banküberweisung an einen Lieferanten in Höhe von 5.800,00 € zum Ausgleich einer fälligen Verbindlichkeit.

Aktiva		Passiva	
Bankguthaben	– 5.800,00	Verbindlichkeiten a.L.L.	– 5.800,00

Die Bilanzsumme sinkt um 5.800,00 € auf 997.700,00 €.

Beispiel Bilanzposten in € (nach Werteveränderung)

	Aktiva			Passiva	
	Maschinen	600.000,00	Eigenkapital	400.000,00	
+3.500,00 ③	Geschäftsausstattung	203.500,00	Langfr. Bankverbindlichkeiten	400.000,00	+100.000,00 ②
+20.000,00 ①	Rohstoffe	170.000,00			
	Kasse	20.000,00	Kurzfr. Bankverbindlichkeiten	50.000,00	–100.000,00 ②
–25.800,00 ①④	Bankguthaben	4.200,00	Verbindlichkeiten a.L.L.	147.700,00	–2.300,00 ③④
		997.700,00		997.700,00	

Werteveränderungen in €

Übersicht: Werteveränderungen in der Bilanz

Art der Werteveränderung	Vermögensveränderung	Kapitalveränderung
Aktivtausch	Vermögenstausch	Keine
Passivtausch	Keine	Kapitaltausch
Aktiv-Passiv-Mehrung	Vermögen steigt	Kapital steigt
Aktiv-Passiv-Minderung	Vermögen sinkt	Kapital sinkt

ANFORDERUNGSSITUATION 1.1

8.2 Bilanz als Wertebasis für Bestandskonten

Die Vielzahl von Geschäftsvorfällen, die täglich in der Buchführung eines Unternehmens erfasst werden müssen, verlangt nach einer übersichtlichen Darstellung der Werteveränderungen. Die Erstellung einer neuen Bilanz nach jedem Geschäftsvorfall genügt den Ansprüchen der Übersichtlichkeit nicht. Die Veränderungen jedes einzelnen Bilanzpostens sollen über das gesamte Geschäftsjahr verfolgt werden können. Für jeden Bilanzposten wird deshalb ein **eigenes Konto** eingerichtet, auf dem alle Werteveränderungen, die diesen Bilanzposten betreffen, erfasst (gebucht) werden. Man nennt diese Konten **Bestandskonten**, weil sie die Bestände der Vermögens- und Kapitalposten der Bilanz fortführen. Abgeleitet aus ihrer Anordnung in der Bilanz unterscheidet man **aktive und passive Bestandskonten**. Die Benennung der Kontenseiten erfolgt mit den Begriffen **Soll** (linke Seite, kurz: S) und **Haben** (rechte Seite, kurz: H).

Aktive Bestandskonten: Anlage- und Umlaufvermögen

Passive Bestandskonten: Eigen- und Fremdkapital

Alle Bestandskonten übernehmen am Geschäftsjahresbeginn ihren Anfangsbestand (kurz: AB) aus der Eröffnungsbilanz. Nach dem System der doppelten Buchführung stehen die Anfangsbestände bei Aktivkonten im Soll, bei Passivkonten im Haben, also immer auf der Seite, auf der sie auch in der Bilanz erscheinen.

Anfangsbestände auf Bestandskonten

S	Aktives Bestandskonto	H	S	Passives Bestandskonto	H
Anfangsbestand (AB) im Soll					Anfangsbestand (AB) im Haben

Aktiva	Eröffnungsbilanz (in €)		Passiva
Maschinen	60.000,00	Eigenkapital	140.000,00
Rohstoffe	110.000,00	langfr. Bankverbindlichkeiten	20.000,00
Bankguthaben	30.000,00	Verbindlichkeiten a.L.L.	40.000,00
	200.000,00		200.000,00

Auflösung der Eröffnungsbilanz in Bestandskonten

S	Maschinen	H	S	Eigenkapital	H
AB	60.000,00			AB	140.000,00

S	Rohstoffe	H	S	langfr. Bankverbindlichkeiten	H
AB	110.000,00			AB	20.000,00

S	Bankguthaben	H	S	Verbindlichkeiten a.L.L.	H
AB	30.000,00			AB	40.000,00

HF 1
Unternehmensstrategien und Management

8.2.1 Buchung auf Bestandskonten

Um Geschäftsvorfälle auf den Bestandskonten eindeutig erfassen (buchen) zu können, müssen weitere Buchungsregeln eingehalten werden. In der doppelten Buchführung werden die zu erfassenden Werteveränderungen nicht als Pluswert (+) oder Minuswert (−) gekennzeichnet. Eine Werteerhöhung oder eine Werteminderung wird durch die Eintragung auf einer vorgegebenen Kontenseite, im Soll oder im Haben, eindeutig festgelegt.

Buchungsregeln für Bestandskonten

S	Aktives Bestandskonto	H	S	Passives Bestandskonto	H
Anfangsbestand (AB) im Soll		Minderung im Haben	Minderung im Soll		Anfangsbestand (AB) im Haben
Mehrung im Soll		Endbestand (EB) im Haben	Endbestand (EB) im Soll		Mehrung im Haben

Beispiel Erfassung von Werteveränderungen auf zwei Bestandskonten

Aktives Bestandskonto: **Rohstoffe**
Passives Bestandskonto: **Verbindlichkeiten a.L.L.**

1) Anfangsbestand aus der Eröffnungsbilanz: 110.000,00 €
Buchungsregel: AB im Soll

1) Anfangsbestand aus der Eröffnungsbilanz: 40.000,00 €
Buchungsregel: AB im Haben

S	Rohstoffe	H
1) AB	110.000,00	

S	Verbindlichkeiten a.L.L.	H
		1) AB 40.000,00

2) Geschäftsvorfall: Einkauf von Rohstoffen auf Ziel für 40.000,00 € (Aktiv-Passiv-Mehrung)
Buchungsregel: Mehrung im Soll

Buchungsregel: Mehrung im Haben

S	Rohstoffe	H
1) AB	110.000,00	
2) Mehrung	40.000,00	

S	Verbindlichkeiten a.L.L.	H
		1) AB 40.000,00
		2) Mehrung 40.000,00

3) Ermittlung des Endbestandes (EB) für die Schlussbilanz
Buchungsregel: EB im Haben

Buchungsregel: EB im Soll

S	Rohstoffe	H
1) AB	110.000,00	3) EB 150.000,00
2) Mehrung	40.000,00	
	150.000,00	150.000,00

S	Verbindlichkeiten a.L.L.	H
3) EB	80.000,00	3) AB 40.000,00
		2) Mehrung 40.000,00
	80.000,00	80.000,00

Berechnung des Endbestandes	Beispiel: Bestandskonto Rohstoffe
1. Addition der wertmäßig größeren Kontenseite	Soll: 110.000,00 € + 40.000,00 € = 150.000,00 €
2. Eintragung der Summe auf der wertmäßig größeren Kontenseite	Kontosumme Soll: 150.000,00 €
3. Übertragung der Summe auf die wertmäßig kleinere Kontenseite	Kontosumme Haben: 150.000,00 €
4. Errechnung der Differenz (Saldo): Kontensumme − gebuchte Werte der wertmäßig kleineren Kontenseite = Endbestand	150.000,00 € − 0 = 150.000,00 € Endbestand

ANFORDERUNGSSITUATION 1.1

8.2.2 Abschluss von Bestandskonten

Sind am Geschäftsjahresende nach der Buchung aller Geschäftsvorfälle die Endbestände aller Bestandskonten (Soll-Werte) errechnet worden, werden diese mit den Ist-Werten der Inventur verglichen und ggf. korrigiert.

In der **Schlussbilanz** werden die Ist-Werte aller Vermögens- und Kapitalkonten gegenübergestellt. Die aktiven Bestandskonten erscheinen auf der Aktiva der Schlussbilanz, die passiven Bestandskonten erscheinen auf der Passiva. Die Summe der Aktiva muss der Summe der Passiva entsprechen.

Die **Erfassung eines Geschäftsganges** von der Eröffnungs- bis zur Schlussbilanz erfolgt in sieben Arbeitsschritten:
1. Erstellung einer Eröffnungsbilanz (Posten und Werte der Schlussbilanz des letzten Geschäftsjahres)
2. Auflösung der Eröffnungsbilanz in Bestandskonten
3. Buchung der Geschäftsvorfälle auf den Bestandskonten
4. Errechnung der Endbestände auf den Bestandskonten (Soll-Werte)
5. Abgleich der Soll-Werte mit den Ist-Werten der Inventur, ggf. Korrektur der Soll-Werte
6. Übernahme der Ist-Werte der Bestandskonten in die Schlussbilanz
7. Abschluss der Schlussbilanz (Die Summen der Aktiva und der Passiva müssen übereinstimmen.)

Nach der Berechnung des Endbestandes müssen auf jedem Bestandskonto **Abschlussstriche** eingetragen werden. Leerzeilen sind nach dem Kontoabschluss mit einer „Buchhalternase" zu entwerten.

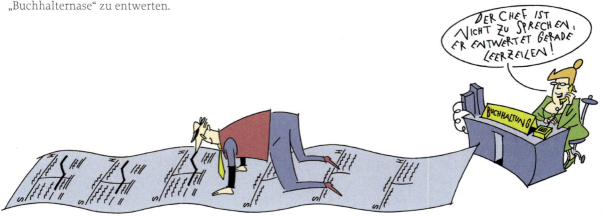

Übersicht: Berechnung der Endbestände (Soll-Werte)

	Anfangsbestand (AB) + Mehrungen – Minderungen = Endbestand (EB)	
aktive Bestandskonten Anfangsbestand (AB) + Sollbuchungen – Habenbuchungen = Endbestand (EB)		**passive Bestandskonten** Anfangsbestand (AB) + Habenbuchungen – Sollbuchungen = Endbestand (EB)

HF 1
Unternehmensstrategien und Management

Von der Eröffnungsbilanz zur Schlussbilanz

Geschäftsvorfälle	Konten (Bilanzposten)	Aktiva (A) Passiva (P)	Werteveränderungen	Buchung
1) Einkauf von Rohstoffen auf Ziel 4.000,00 €	Rohstoffe Verbindlichkeiten a.L.L.	(A) (P)	Mehrung (Me) Mehrung (Me)	Soll Haben
2) Darlehensauszahlung auf das Bankkonto 5.000,00 €	Bankguthaben langfr. Bankverbindlichkeiten	(A) (P)	Mehrung (Me) Mehrung (Me)	Soll Haben
3) Ausgleich einer Verbindlichkeit durch Banküberweisung 500,00 €	Verbindlichkeiten a.L.L. Bankguthaben	(P) (A)	Minderung (Mi) Minderung (Mi)	Soll Haben
4) Einkauf einer Maschine auf Ziel 1.000,00 €	Maschinen Verbindlichkeiten a.L.L.	(A) (P)	Mehrung (Me) Mehrung (Me)	Soll Haben
5) Verkauf einer gebrauchten Maschine gegen Banküberweisung 9.000,00 €	Bankguthaben Rohstoffe	(A) (A)	Mehrung (Me) Minderung (Mi)	Soll Haben

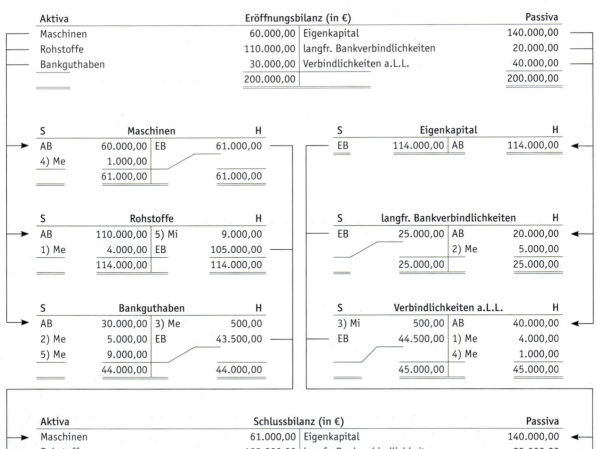

ANFORDERUNGSSITUATION 1.1

8.2.3 Erstellen von Buchungssätzen

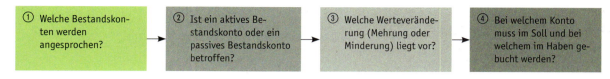

Der einfache Buchungssatz

 Beispiel Die Fly Bike Werke GmbH kauft einen neuen Dienstwagen zum Preis von 30.000,00 € auf Ziel (zahlbar innerhalb von 14 Tagen).

① Bei dem vorliegenden Geschäftsvorfall sind die Konten Fuhrpark und Verbindlichkeiten aus Lieferungen und Leistungen (Verb. a.L.L.) betroffen.
② Das Konto Fuhrpark zählt zu den aktiven Bestandskonten, das Konto Verb. a.L.L. zu passiven Bestandskonten.
③ ④ Der Bestand des Fuhrparks erhöht sich (Mehrung). Dies führt bei einem aktiven Bestandskonto zu einer Sollbuchung.
③ ④ Auch die Verb. a.L.L. erhöhen sich (Mehrung). Dies führt bei einem passiven Bestandskonto zu einer Habenbuchung.

Der einfache Buchungssatz betrifft immer zwei Konten und besteht aus jeweils einer Soll- und einer Habenbuchung.

Mithilfe eines Buchungssatzes kann dieser Geschäftsvorfall eindeutig beschrieben werden. Dabei wird immer eine bestimmte Reihenfolge der Angaben eingehalten:

Aufbau eines einfachen Buchungssatzes	Beispiel
Nennung des Kontos der Sollbuchung	Fuhrpark
Nennung des Betrages der Sollbuchung	30.000,00 €
Das Wort „an" trennt Soll- und Habenbuchung	an
Nennung des Kontos der Habenbuchung	Verbindlichkeiten a.L.L.
Nennung des Betrages der Habenbuchung	30.000,00 €

Fuhrpark 30.000,00 € an Verbindlichkeiten a.L.L. 30.000,00 €

Aussprache: Fuhrpark 30.000,00 € an Verbindlichkeiten a.L.L. 30.000,00 €

Bei der Übernahme des Buchungssatzes auf die Bestandskonten wird die Art der Werteveränderung (Mehrung oder Minderung) durch den Eintrag auf der Soll- oder Habenseite eindeutig festgelegt. Die Übersichtlichkeit kann gesteigert werden, wenn auf dem Konto Hinweise zur Begründung der Werteveränderung angegeben werden. Ein derartiger Hinweis ist die Angabe der **Gegenbuchung**.

Übernahme auf Bestandskonten

 Beispiel Übernahme des einfachen Buchungssatzes auf Bestandskonten (in €)

S	Fuhrpark		H
AB	70.000,00		
Verb. a.L.L.	30.000,00		

S	Verb. a.L.L.		H
		AB	60.000,00
		Fuhrpark	30.000,00

Die Angabe „Verbindlichkeiten" vor dem Buchungsbetrag sagt aus, dass ein Fahrzeug auf Ziel gekauft wurde. Die Gegenbuchung muss im Haben auf dem Konto Verbindlichkeiten eingetragen sein.

Die Angabe „Fuhrpark" vor dem Buchungsbetrag sagt aus, dass ein Fahrzeug auf Ziel gekauft wurde. Die Gegenbuchung muss im Soll auf dem Konto Fuhrpark eingetragen sein.

Der zusammengesetzte Buchungssatz

Beispiel Die Fly Bike Werke GmbH kauft Rohstoffe im Wert von 5.200,00 €. Sie bezahlt 1.200,00 € bar und zahlt den Restbetrag von 4.000,00 € durch sofortige Banküberweisung.

Dieser Geschäftsvorfall verändert die Werte von mehr als zwei Konten. Es erfolgt eine Sollbuchung auf dem Konto „Rohstoffe", und es müssen zwei Habenbuchungen auf den Konten „Kasse" und „Bankguthaben" erfasst werden. Dies wird durch einen zusammengesetzten Buchungssatz beschrieben. Die Reihenfolge der Angaben entspricht denen des einfachen Buchungssatzes.

Aufbau eines zusammengesetzten Buchungssatzes	Beispiel
Nennung von Konto und Betrag der Sollbuchung(en)	Rohstoffe 5.200,00 €
Das Wort „an" trennt Soll- und Habenbuchung(en)	an
Nennung von Konto und Betrag der Habenbuchungen	Kasse 1.200,00 € und Bankguthaben 4.000,00 €

Aussprache:
Rohstoffe 5.200,00 € an Kasse 1.200,00 € und Bankguthaben 4.000,00 €

| Rohstoffe | 5.200,00 € | an | Kasse | 1.200,00 € |
| | | | und Bankguthaben | 4.000,00 € |

Beispiel Übernahme des zusammengesetzten Buchungssatzes auf Bestandskonten (in €).

S	Rohstoffe		H
AB	20.000,00		
Kasse, Bankguthaben	5.200,00		

S	Kasse		H
AB	2.000,00	Rohstoffe	1.200,00

S	Bankguthaben		H
AB	9.000,00	Rohstoffe	4.000,00

Die Angaben „Kasse" und „Bankguthaben" vor dem Buchungsbetrag sagen aus, dass Rohstoffe in bar und per Überweisung gekauft wurden. Die Gegenbuchungen müssen im Haben auf den jeweiligen Konten eingetragen sein.

Die Angabe „Rohstoffe" vor den Buchungsbeträgen sagt aus, dass Rohstoffe eingekauft und zum Teil bar, zum Teil per Überweisung bezahlt wurden. Die Gegenbuchungen müssen im Soll auf dem Konto Rohstoffe eingetragen sein.

Übersicht: Buchungssätze

Einfacher Buchungssatz	Eine Sollbuchung und eine Habenbuchung			
Zusammengesetzter Buchungssatz	Mehr als eine Sollbuchung und/oder mehr als eine Habenbuchung			
Sollbuchungen(en)		an	Habenbuchungen	
Konto/Konten	€		Konto/Konten	€
Kontenbezeichnung	Betrag	an	Kontenbezeichnung	Betrag
Kontenbezeichnung	Betrag		Kontenbezeichnung	Betrag
usw.			usw.	
	Summe Soll	=		Summe Haben

8.3 Belege, Grund- und Hauptbuch

8.3.1 Belege und Belegkontierung

Die Grundsätze ordnungsmäßiger Buchführung (GoB) verlangen, dass für jede Buchung ein Beleg vorhanden sein muss. Diese Belege müssen aufbewahrt werden und dienen während der Aufbewahrungszeit für den Beweis der Richtigkeit der Buchführung. Jeder Geschäftsvorfall mit zahlenmäßig erfassbaren Auswirkungen auf das Vermögen und/oder das Kapital einer Unternehmung muss durch einen Beleg dokumentiert werden, durch den die Entstehung und die Abwicklung dieses Geschäftsvorfalls verfolgt werden kann. Belege entstehen im Ablauf der Unternehmenstätigkeit durch eigene und fremde Erstellung oder werden für den Zweck der Buchführung eigens erstellt.

> LS 10
> Buchen nach Belegen
>
> GoB, vgl. **6.2**, S. 65
>
> Keine Buchung ohne Beleg!

Geschäftsvorfall	Beleg
Wareneinkauf auf Ziel	Eingangsrechnung
Überweisung an einen Lieferer	Kontoauszug mit Lastschrift
Barkauf von Büromaterial	Quittung

Belegerstellung		
Unternehmenseigene Belegerstellung		Unternehmensfremde Belegerstellung
im Ablauf der Unternehmenstätigkeit:	zum Zwecke der Buchführung:	im Ablauf der Unternehmenstätigkeit:

– Ausgangsrechnungen und Gutschriften (Kopien) an Kunden
– eigene Zahlungsbelege
– Lohn- und Gehaltslisten
– Entnahmescheine
	– vorbereitende Abschlussbuchungen
	  – Korrekturbuchungen
	  – Notbelege
	  (Kein Beleg vorhanden, z. B. Gespräch aus einer Telefonzelle)
		– Eingangsrechnungen und Gutschriften von Lieferern (Werkstoffe, Anlagevermögen, Leistungen)
		– Kontoauszüge der Banken und Quittungen bei Barzahlungen
		– Spendenbescheinigungen
		  Steuerbescheide

Belege von Unternehmensfremden erhalten einen Eingangsstempel mit Tagesdatum (Belegdatum) und eine interne Belegnummer. Liefererbelege (z. B. Eingangsrechnungen) müssen mit der Liefernummer und Kundenbelege (z. B. Kontoauszüge mit Kundenüberweisungen) mit der Kundennummer versehen werden. Alle eingehenden Belege sollten abschließend sachlich und rechnerisch überprüft werden.

HF 1
Unternehmensstrategien und Management

Überprüfung einer Eingangsrechnung eines Handelswarenlieferers

Sachliche Prüfung:	Rechnerische Prüfung:
– Übereinstimmung aller Rechnungswerte (Menge, Artikelart, Einzelpreis in Euro, Rabatte und Skonto in Prozent, Zahlungsziel usw.) mit der Bestellung – Übereinstimmung aller Rechnungswerte mit der Wareneingangsmeldung (Menge, Artikelart, Güte und Beschaffenheit der Ware, ggf. Mängel)	Gesamtpreis je Artikel (Menge · Einzelpreis) Gesamtpreis für alle Artikel in € – Rabatt in € = Nettowarenwert ggf. zzgl. Bezugskosten + Umsatzsteuer* = Bruttorechnungsbetrag

*umsatzsteuerpflichtige Lieferung, vgl. **10**, S. 118

Zur Vorbereitung der Buchungen werden die Tagesbelege nach Art des Geschäftsvorfalles sortiert und an die Person weitergeleitet, die die Kontierung vornimmt. Die Kontierung ist eine **Buchungsanweisung** für den Beleg. Es werden die durch diesen Beleg betroffenen Konten mit den Beträgen für die Soll- und Habenbuchung angegeben (Buchungssatz). Die Kontierung eines Beleges kann zum Beispiel durch Eintragungen in einen **Kontierungsstempel** auf dem Beleg erfolgen oder auf einer an den Beleg gehefteten Kontierungsfahne oder in Form eines maschinellen Aufdrucks.

Nach der Buchung muss der Beleg **zehn Jahre** aufbewahrt werden. Eine Ablage in Ordnern, sortiert nach Geschäftsjahr, Lieferer, Datum und Beleg-Nr., oder die Mikroverfilmung (z. B. auf Rollfilmkassetten) sind die heute noch häufigsten Aufbewahrungsformen. Zukünftig wird die bildliche Speicherung auf Datenträgern der EDV eine größere Rolle spielen.

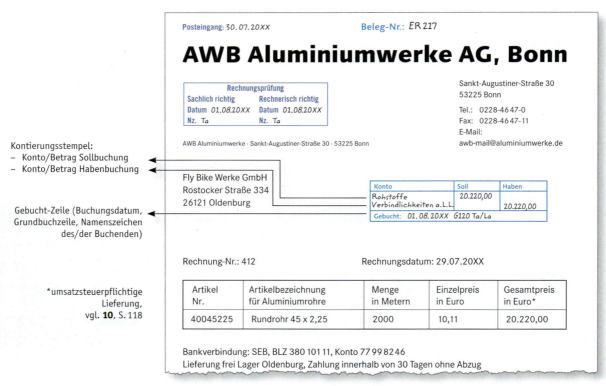

Kontierungsstempel:
– Konto/Betrag Sollbuchung
– Konto/Betrag Habenbuchung

Gebucht-Zeile (Buchungsdatum, Grundbuchzeile, Namenszeichen des/der Buchenden)

*umsatzsteuerpflichtige Lieferung, vgl. **10**, S. 118

8.3.2 Buchungen im Grund- und Hauptbuch

Sind die Belege vorkontiert, kann gebucht werden. Hierbei sind nach der Ordnung der Buchungen Grundbuch und Hauptbuch zu unterscheiden.

Grundbuch:

Im Grundbuch, auch Journal (franz. le jour = der Tag) oder Primanota (ital. Erstaufzeichnung) genannt, werden die Buchungssätze in zeitlicher (chronologischer) Reihenfolge festgehalten. Die Darstellung des Grundbuches ist nicht einheitlich geregelt, da Grundbücher nach Inhaltsbereichen oder Abteilungen gegliedert und somit arbeitsteilig eingesetzt werden (z.B. Kassenbuch, Eingangs-/Ausgangsrechnungen). Dementsprechend gibt es im Fachhandel die unterschiedlichsten Ausführungen. In der Regel werden zur besseren Kontrolle das Buchungsdatum, das Eingangs- bzw. Ausstellungsdatum des Beleges, die Belegnummer und der Buchungstext aufgezeichnet. Da im Grundbuch alle Geschäftsvorfälle lückenlos erfasst werden, bildet es die Grundlage bei Prüfungen durch Behörden wie z.B. das Finanzamt. Das Grundbuch wird in diesem Lehrwerk wie folgt dargestellt:

Nr.	Soll	€	Haben	€
1)	Kasse	500,00	Bankguthaben	500,00
2)	Fuhrpark	30.000,00	Verbindlichkeiten a.L.L.	30.000,00
usw.				

Geschäftsvorfälle:
1) Barabhebung vom Bankkonto der Fly Bike Werke
2) Kauf eines Firmenwagens auf Ziel

Hauptbuch:

Da die chronologischen Eintragungen im Grundbuch dem Unternehmen keinen Überblick über die laufenden Veränderungen der einzelnen Vermögens- und Kapitalposten ermöglicht, werden alle Geschäftsvorfälle entsprechend ihrer sachlichen Zusammengehörigkeit gegliedert und auf den entsprechenden Sachkonten gebucht. Die Sachkonten befinden sich im Hauptbuch. Das Hauptbuch ordnet die Buchungen in einer sachlichen Ordnung den einzelnen Konten zu.

S	Kasse		H		S	Bankguthaben		H
AB	300,00				AB	600,00	Kasse	500,00
Bankguthaben	500,00							

Neben dem Grund- und Hauptbuch unterscheidet man so genannte Nebenbücher. Dort werden Nebenbuchhaltungen geführt, die die Buchungen in Hauptbuch näher erläutern (z.B. Kreditoren-, Debitoren-, Anlagenbuchaltung).

Nebenbuchhaltungen, vgl. **9.3**, Nebenbücher, S. 115

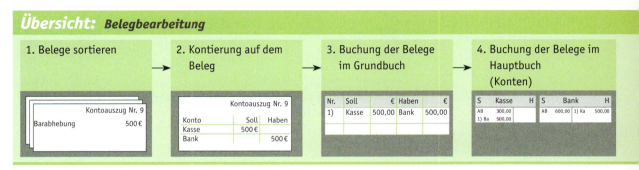

Übersicht: Belegbearbeitung

1. Belege sortieren → 2. Kontierung auf dem Beleg → 3. Buchung der Belege im Grundbuch → 4. Buchung der Belege im Hauptbuch (Konten)

8.4 Vom Eröffnungsbilanzkonto zum Schlussbilanzkonto

Eröffnungsbilanzkonto

Nach dem Grundsatz der Bilanzgleichheit, auch Bilanzidentität genannt, ist die Schlussbilanz am Ende eines Geschäftsjahres identisch mit der Eröffnungsbilanz des neuen Geschäftsjahres. Um die Geschäftsvorfälle des neuen Jahres buchen zu können, wird die Eröffnungsbilanz in Konten aufgelöst.

Bisher wurden die Anfangsbestände in folgender Weise auf die Bestandskonten übertragen:
- von der Aktivseite der Eröffnungsbilanz auf die Sollseite der Aktivkonten,
- von der Passivseite der Eröffnungsbilanz auf die Habenseite der Passivkonten.

Die Anfangsbestände in den Bestandskonten wurden somit auf der gleichen Seite eingetragen, auf der sie auch in der Bilanz stehen. Dieses Vorgehen widerspricht jedoch dem Grundsatz der doppelten Buchführung, der besagt, dass jeder Buchung im Soll eine Buchung im Haben gegenüberstehen muss. Deshalb wird ein zusätzliches Konto im Hauptbuch eingerichtet, das bei der Buchung der **Anfangsbestände** die Gegenbuchung aufnimmt. Diese Funktion übernimmt das Eröffnungsbilanzkonto (EBK).

S	EBK	H
AB aller passiven Bestandskonten		AB aller aktiven Bestandskonten

Wie alle Konten des Hauptbuches erhält das Eröffnungsbilanzkonto als Seitenbenennung die Begriffe Soll und Haben. Das EBK wird dabei zum Spiegelbild der Eröffnungsbilanz. Da alle aktiven Bestandskonten im Soll eröffnet werden müssen, erscheinen die Gegenbuchungen auf dem EBK im Haben, entsprechend erscheinen die Gegenbuchungen der passiven Bestandskonten auf dem EBK im Soll.

Die Buchungssätze bei der **Eröffnung der Bestandskonten** lauten also:

| aktive Bestandskonten | an | Eröffnungsbilanzkonto (EBK) |
| Eröffnungsbilanzkonto (EBK) | an | passive Bestandskonten |

Schlussbilanzkonto

S	SBK	H
EB aller aktiven Bestandskonten		EB aller passiven Bestandskonten

Am Ende eines Geschäftsjahres werden die Bestandskonten abgeschlossen. Der **Endbestand** (Saldo) wird errechnet und auf der kleineren Seite eines jeden Bestandskontos zum Ausgleich eingetragen. Für die Aufnahme der Gegenbuchung ist wiederum ein Konto erforderlich. Diese Aufgabe übernimmt das Schlussbilanzkonto (SBK).

Die Buchungssätze beim **Abschluss der Bestandskonten** lauten:

| Schlussbilanzkonto (SBK) | an | aktive Bestandskonten |
| passive Bestandskonten | an | Schlussbilanzkonto (SBK) |

Das Schlussbilanzkonto im Hauptbuch ist das Abschlusskonto für die Bestandskonten. Die Bestände im Schlussbilanzkonto werden auf Basis der Buchungen im Grund- und Hauptbuch ermittelt (Sollbestände). Die Aufstellung der Schlussbilanz erfolgt dagegen immer auf Basis des Inventarverzeichnisses (Istbestände).

8 Grundlegende Buchungen auf Bestands- und Erfolgskonten

Die durch Inventur ermittelten Istbestände werden mit den Sollwerten auf dem Schlussbilanzkonto verglichen. Stimmen die Inventurwerte nicht mit den Buchungen auf dem SBK überein, so müssen die Buchungen korrigiert bzw. ergänzt werden, bis die Werte des Schlussbilanzkontos denen der Schlussbilanz entsprechen.

Inventur, vgl. 7.1, S. 68

> **Beispiel** Geschäftsgang mit Bilanzen, Grund- und Hauptbuch

Eröffnungsbilanz 20XX mit den Werten der Inventur zum 31.12.20XW

Aktiva	Eröffnungsbilanz zum 01.01.20XX (in €)		Passiva
Maschinen	60.000,00	Eigenkapital	140.000,00
Rohstoffe	110.000,00	langfr. Bankverbindlichkeiten	20.000,00
Bankguthaben	30.000,00	Verbindlichkeiten a. L. L.	40.000,00
	200.000,00		200.000,00

Grundbuch:

Eröffnungsbuchungen: E1) bis E3) → Aktive Bestandskonten
E4) bis E6) → Passive Bestandskonten

Nr.	Soll	€	Haben	€
E1)	Maschinen	60.000,00	Eröffnungsbilanzkonto	60.000,00
E2)	Rohstoffe	110.000,00	Eröffnungsbilanzkonto	110.000,00
E3)	Bankguthaben	30.000,00	Eröffnungsbilanzkonto	30.000,00
E4)	Eröffnungsbilanzkonto	140.000,00	Eigenkapital	140.000,00
E5)	Eröffnungsbilanzkonto	20.000,00	langfr. Bankverbindlichkeiten	20.000,00
E6)	Eröffnungsbilanzkonto	40.000,00	Verbindlichkeiten a.L.L.	40.000,00

Buchungen der Geschäftsvorfälle Nr. 1 bis 5:

Nr.	Soll	€	Haben	€
1)	Rohstoffe	4.000,00	Verbindlichkeiten a.L.L.	4.000,00
2)	Bankguthaben	5.000,00	langfr. Bankverbindlichkeiten	5.000,00
3)	Verbindlichkeiten a.L.L.	500,00	Bankguthaben	500,00
4)	Maschinen	1.000,00	Verbindlichkeiten a.L.L.	1.000,00
5)	Bankguthaben	9.000,00	Rohstoffe	9.000,00

Abschlussbuchungen: A1) bis A3) → Aktive Bestandskonten
A4) bis A6) → Passive Bestandskonten

Nr.	Soll	€	Haben	€
A1)	Schlussbilanzkonto	61.000,00	Maschinen	61.000,00
A2)	Schlussbilanzkonto	105.000,00	Rohstoffe	105.000,00
A3)	Schlussbilanzkonto	43.500,00	Bankguthaben	43.500,00
A4)	Eigenkapital	140.000,00	Schlussbilanzkonto	140.000,00
A5)	langfr. Bankverbindlichkeiten	25.000,00	Schlussbilanzkonto	25.000,00
A6)	Verbindlichkeiten a.L.L.	44.500,00	Schlussbilanzkonto	44.500,00

Hauptbuch: Eröffnungsbuchungen, Geschäftsvorfälle und Abschlussbuchungen

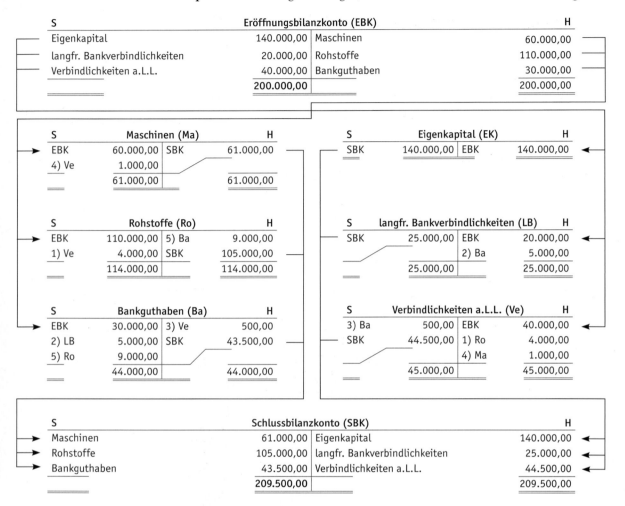

Die Inventurwerte stimmen mit den Werten des Schlussbilanzkontos überein. Es müssen keine Korrekturbuchungen vorgenommen werden.

Aktiva	Schlussbilanz zum 31.12.20XX		Passiva
Maschinen	61.000,00	Eigenkapital	140.000,00
Rohstoffe	105.000,00	langfr. Bankverbindlichkeiten	25.000,00
Bankguthaben	43.500,00	Verbindlichkeiten a.L.L.	44.500,00
	209.500,00		209.500,00

Ort, Datum und Unterschrift(en)

Hinweis: Die Angabe der Gegenbuchung erfolgt mit Abkürzungen. Es werden hier zumeist die ersten beiden Buchstaben des Gegenkontos angegeben. Die Auswahl der Abkürzungen ist beliebig, die Angaben müssen jedoch eindeutig sein.

8.5 Erfolgsvorgänge buchen

8.5.1 Auswirkung von Erfolgsvorgängen auf das Eigenkapital

Erfolgsvorgänge sind Ergebnisse der Geschäftsprozesse von Unternehmen. Der Erfolg eines Geschäftsjahres verändert das Eigenkapital.

Erfolgsvorgänge

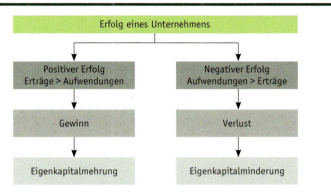

Veränderungen des Eigenkapitals durch Aufwendungen und Erträge

Das Eigenkapital wird durch **Aufwendungen** und **Erträge** verändert. Langfristig müssen die Erlöse aus den Absatzprozessen die Aufwendungen, die im Rahmen der Leistungs- und Beschaffungsprozesse entstehen, übersteigen, damit das Unternehmen Gewinne erzielt.

Allerdings ist die positive Differenz zwischen Umsatzerlösen und Materialaufwendungen nicht automatisch mit dem Gewinn eines Unternehmens gleichzusetzen. Der gesamte **Werteverzehr** von Produktionsfaktoren bei Beschaffung, Lagerung, Produktion und Absatz sowie die Verwaltung des Unternehmens mindern den Wert des Vermögens und damit das Eigenkapital. Diesem Werteverzehr können neben den Umsatzerlösen weitere Erträge als **Wertezufluss** gegenüberstehen, die den Wert des Vermögens und damit das Eigenkapital erhöhen.

Erträge (Wertezufluss) eines Unternehmens (Beispiele)	
Umsatzerlöse für Waren	Wert der verkauften Waren zu Verkaufspreisen
Umsatzerlöse für eigene Erzeugnisse	Wert der verkauften Erzeugnisse zu Verkaufspreisen
weitere Erträge	Mieterträge, Provisionserträge, Zinserträge

HF 1
Unternehmensstrategien und Management

Aufwendungen (Werteverzehr) eines Unternehmens (Beispiele)	
Materialaufwand	Aufwendungen für Roh-, Hilfs- und Betriebsstoffe, bezogene Waren und bezogene Leistungen (Frachten und Fremdlager, Vertriebsprovisionen, Fremdinstandhaltung wie z. B. Reparaturen)
Personalaufwand	Löhne, Gehälter, soziale Aufwendungen (z. B. Arbeitgeberanteile zur Sozialversicherung)
Abschreibungen	Wertminderungen von Vermögensgegenständen (z. B. durch Nutzung)
Aufwendungen für die Inanspruchnahme von Rechten und Diensten	Mieten, Pachten, Leasing, Gebühren, Rechts- und Beratungskosten, Kosten des Geldverkehrs
Aufwendungen für Kommunikation	Büromaterial, Zeitungen, Postgebühren, Reisekosten, Werbung
Aufwendungen für Beiträge	Versicherungsbeiträge, Beiträge zu Verbänden
weitere Aufwendungen	betriebliche Steuern (z. B. Grundsteuer, Kfz-Steuer usw.), Zinsaufwendungen

- Übersteigen die Erträge eines Unternehmens die Aufwendungen, erzielt das Unternehmen einen Gewinn. Das Eigenkapital steigt.
- Übersteigen die Aufwendungen eines Unternehmens die Erträge, macht das Unternehmen Verlust. Das Eigenkapital sinkt.

Eigenkapitalmehrung und Eigenkapitalminderung

Eigenkapitalmehrung durch Gewinn		Eigenkapitalminderung durch Verlust	
Aufwendungen 35.000,00 €	Erträge 40.000,00 €	Aufwendungen 40.000,00 €	Erträge 35.000,00 €
Gewinn 5.000,00 €		Verlust 5.000,00 €	

8.5.2 Buchen auf Erfolgskonten

Gemäß den Buchungsregeln für passive Bestandskonten könnten alle Aufwendungen (Eigenkapitalminderungen) und Erträge (Eigenkapitalmehrungen) direkt auf dem Konto Eigenkapital gebucht werden. Bei einer Vielzahl von erfolgswirksamen Geschäftsvorfällen würde man als Ergebnis allerdings ein sehr unübersichtliches Eigenkapitalkonto erhalten, aus dem die Höhe einzelner Aufwands- und Ertragsarten nicht ersichtlich wäre.

Aus diesem Grund werden so genannte **Erfolgskonten** als Unterkonten des Eigenkapitals eingerichtet. Alle erfolgswirksamen Geschäftsvorfälle werden darauf nach Aufwands- und Ertragsarten sachlich geordnet erfasst. Dabei müssen Erträge immer im Haben und Aufwendungen immer im Soll gebucht werden. Die Gegenbuchung verändert die Werte auf den Bestandskonten. Im Gegensatz zu Bestandskonten haben Erfolgskonten **keinen Anfangsbestand**.

Buchungsregel für Erfolgskonten: Erträge im Haben – Aufwendungen im Soll

8 Grundlegende Buchungen auf Bestands- und Erfolgskonten

Eigenkapitalkonto mit Unterkonten (Aufwands- und Ertragskonten)

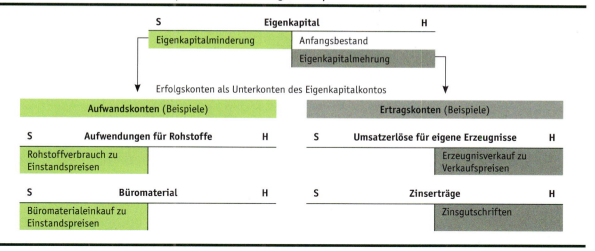

Geschäftsvorfälle:
1) Verbrauch von Rohstoffen in der Produktion 42.000,00 €
2) Verkauf von fertigen Erzeugnissen auf Ziel 36.000,00 €
3) Barkauf von Kugelschreibern für die Verwaltung 42,00 €
4) Die Bank schreibt 500,00 € Zinsen gut.

Grundbuch:

Nr.	Soll	€	Haben	€
1)	Aufwendungen für Rohstoffe	42.000,00	Rohstoffe	42.000,00
2)	Forderungen a.L.L	36.000,00	Umsatzlöse für eigene Erzeugnisse	36.000,00
3)	Büromaterial	42,00	Kasse	42,00
4)	Bankguthaben	500,00	Zinserträge	500,00

Hauptbuch:

Erfolgskonten

S	Aufwendungen für Rohstoffe (AfR)		H
1) Ro	42.000,00		

S	Umsatzlöse für eigene Erzeugnisse (UfE)		H
		2) Fo	36.000,00

S	Büromaterial (Bü)		H
3) Ka	42,00		

S	Zinserträge (Zi)		H
		4) Ba	500,00

Bestandskonten

S	Rohstoffe (Ro)		H
		EBK	25.500,00
		1) AfR	42.000,00

S	Forderungen a.L.L. (Fo)		H
EBK	10.900,00		
2) UfE	36.000,00		

S	Kasse (Ka)		H
EBK	5.500,00	3) Bü	42,00

S	Bankguthaben (Ba)		H
EBK	7.200,00		
4) Zi	500,00		

ANFORDERUNGSSITUATION 1.1

8.5.3 Abschluss von Erfolgskonten

Der Abschluss der Erfolgskonten am Geschäftsjahresende erfolgt nicht direkt über das Eigenkapitalkonto. Übersichtlicher ist es, wenn alle Aufwands- und Ertragskonten zunächst auf einem separaten Konto gegenübergestellt werden, um dort den Erfolg des Geschäftsjahres zu ermitteln. Diese Gegenüberstellung erfolgt auf dem **Gewinn- und Verlustkonto (GuV)**. Der dort ermittelte Erfolg (Gewinn oder Verlust) wird dann in einer Buchung auf das Eigenkapitalkonto übernommen.

Das GuV-Konto ist das Abschlusskonto der Erfolgskonten.

GuV-Konto als Abschlusskonto der Erfolgskonten

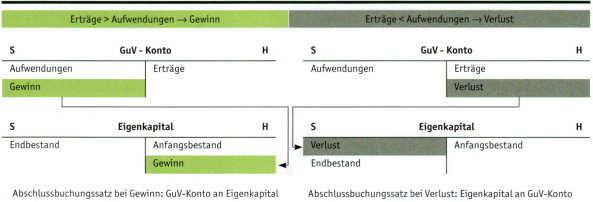

E = Eröffnungsbuchungen
A = Abschlussbuchungen
UE = Umsatzerlöse

Grundbuch:

E1)	Eröffnung Eigenkapital über EBK	
1)	Aufwandsbuchungen (Sammelbuchung über das Bankkonto)	
2)	Ertragsbuchungen (Sammelbuchung über das Bankkonto)	
A1) bis A6)	Abschluss der Erfolgskonten über GuV-Konto	
A7)	Abschluss GuV-Konto über Eigenkapital	
A8)	Abschluss Eigenkapital über SBK	

Nr.	Soll	€	Haben	€
E1)	EBK	50.000,00	Eigenkapital	50.000,00
1)	Aufwendungen für Rohstoffe	175.000,00		
	Löhne	85.000,00		
	Energie	40.000,00	Bankguthaben	300.000,00
2)	Bankguthaben	310.000,00	UE für eigene Erzeugnisse	290.000,00
			Mieterträge	12.000,00
			Zinserträge	8.000,00
A1)	GuV	175.000,00	Aufwendungen für Rohstoffe	175.000,00
A2)	GuV	85.000,00	Löhne	85.000,00
A3)	GuV	40.000,00	Energie	40.000,00
A4)	UE für eigene Erzeugnisse	290.000,00	GuV	290.000,00
A5)	Mieterträge	12.000,00	GuV	12.000,00
A6)	Zinserträge	8.000,00	GuV	8.000,00
A7)	GuV	10.000,00	Eigenkapital	10.000,00
A8)	Eigenkapital	60.000,00	SBK	60.000,00

8 Grundlegende Buchungen auf Bestands- und Erfolgskonten

Hauptbuch:

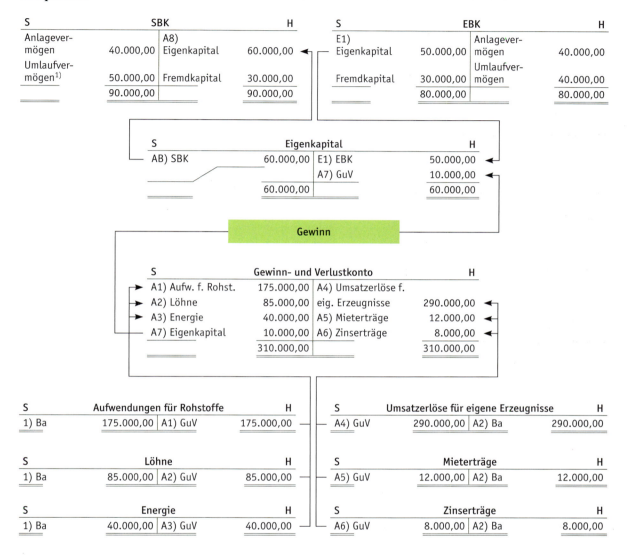

1) Die Erhöhung des Umlaufvermögens um 10.000,00 € entspricht der Steigerung des Bankguthabens (Konto nicht abgebildet).

Übersicht: *Vom EBK zum SBK einschließlich Erfolgsvorgängen*

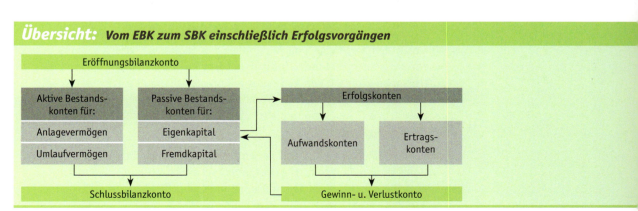

8.6 Erfassen des Materialverbrauchs

Beispiel Für die Produktion ihrer Fahrräder benötigen die Fly Bike Werke eine Vielzahl von Materialien. Für fast alle Fahrradmodelle werden die Rahmen und zumeist auch die Gabeln in Eigenfertigung produziert. Hierfür benötigen die Fly Bike Werke verschiedene Roh-, Hilfs- und Betriebsstoffe. Alle anderen Komponenten werden als Vorprodukte oder Fremdbauteile fremdbezogen. In der Finanzbuchhaltung werden für alle Materialien Bestands- und Aufwandskonten eingerichtet. Jeder Verbrauch kann so erfasst werden. Von besonderer Bedeutung sind die folgenden Materialkonten:

Betriebliche Leistungsfaktoren, vgl. **1.3**, S. 22

Bestandskonten	Aufwandskonten	Beispiel Fly Bike Werke
Rohstoffe/ Fertigungsmaterial	Aufwendungen für Rohstoffe/ Fertigungsmaterial	Stahlrohre, Aluminiumrohre
Vorprodukte/ Fremdbauteile	Aufwendungen für Vorprodukte/ Fremdbauteile	Schaltungen, Sättel, Lenker
Hilfsstoffe	Aufwendungen für Hilfsstoffe	Lacke, Schrauben
Betriebsstoffe	Aufwendungen für Betriebsstoffe/Verbrauchswerkzeuge	Schmiermittel, Treibstoffe, Reinigungsmittel

Komponentenliste Kinderräder
Komponentennummern und geplante Komponentenpreise

Fly Bike Werke GmbH

Fahrradtypen Set-Nr. FBW:	Jugendrad Twist	Preise in €	Jugendrad Cool	Preise in €
Rahmen	1100	7,47	1110	7,50
Gabel	1600	2,24	1600	2,24
Räder und Schaltung	2100	36,91	2110	40,79
Antrieb	2300	6,55	2310	7,00
Bremsen	2600	6,60	2600	6,60
Bereifung	3100	7,06	3100	7,06
Beleuchtung	4100	6,10	4100	6,10
Lenkung	5100	4,30	5100	4,30
Ausstattung 1	6100	2,65	6100	2,65

Will man den Verbrauch von Materialien buchhalterisch erfassen, unterscheidet man grundsätzlich **bestands- und aufwandsorientierte Verfahren**. Kein Industrieunternehmen ermittelt den Verbrauch aller Materialien nach nur einer Erfassungsmethode. Häufig werden mehrere Verfahren nebeneinander im selben Unternehmen angewendet. Welches Verfahren zur Anwendung kommt, unterliegt verschiedenen Kriterien. Hierzu zählen z. B.:

- Werden Materialien auf Lager genommen oder direkt verbraucht?
- Ist der Verbrauch regelmäßig oder unterliegt er Schwankungen?
- Müssen andere Abteilungen Informationen über den Materialverbrauch zur Verfügung gestellt werden (z. B. im Rahmen eines Kundenauftrags)?

8.6.1 Bestandsorientierte Verbrauchsermittlung

Bei der bestandsorientierten Buchungstechnik wird unterstellt, dass alle Einkäufe zuerst auf Lager genommen werden. In der Buchhaltung werden diese Einkäufe in einem ersten Schritt auf das entsprechende **Bestandskonto** gebucht. Erst nach der Ermittlung des jeweiligen Verbrauchs erfolgt in einem zweiten Schritt die Umbuchung auf das **Aufwandskonto**. Je nachdem, ob der Gesamtverbrauch eines Geschäftsjahres gebucht wird oder jeder einzelne Verbrauch, werden zwei unterschiedliche bestandsorientierte Ermittlungsverfahren unterschieden: die Inventurmethode und die Skontrationsmethode.

Bestandsorientierte Buchungen
Schritt 1: Bestandskonto
Schritt 2: Aufwandskonto

Bestandsorientierte Verbrauchsermittlung

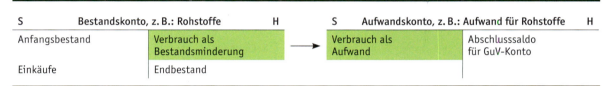

Inventurmethode (Bestandsvergleich)

Besonders arbeitssparend ist die Inventurmethode (auch: Verbrauchsermittlung durch Bestandsvergleich). Dabei wird der Anfangsbestand auf dem Bestandskonto im laufenden Geschäftsjahr um alle Einkäufe erhöht. Am Ende des Geschäftsjahres wird der Endbestand im Rahmen der Inventur festgestellt. Die **Differenz** zwischen Anfangsbestand zuzüglich Einkäufen (Soll) und Endbestand laut Inventur (Haben) wird als **Verbrauch** erfasst. Materialien, die am Geschäftsjahresende nicht mehr auf Lager sind, müssen also verbraucht worden sein. Dieser Verbrauch muss auf das entsprechende Aufwandskonto übernommen werden und in der GuV erscheinen.

Abschluss Bestandskonto nach Inventurmethode:

Anfangsbestand
+ Einkäufe
− Endbestand lt. Inventur
= Verbrauch (Saldo)

Diese Art der Verbrauchsermittlung mit einer **einmaligen Buchung** am Ende des Geschäftsjahres eignet sich für kleine Unternehmen oder für Material, das nur einen geringen Wert bei möglichst gleich bleibendem Einstandspreis und kontinuierlichem Verbrauch aufweist. Schwankt der Verbrauch, kann er auch monatlich ermittelt werden, was jedoch Inventuraufnahmen am Ende eines jeden Monats erforderlich macht.

Inventurmethode

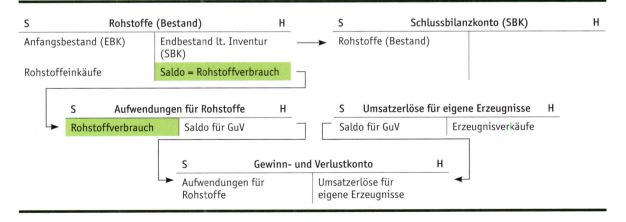

HF 1

Unternehmensstrategien und Management

Die Anfangs- und Endbestände auf den Bestandskonten sind bereits im Hauptbuch eingetragen.

Grundbuch:

1) Einkauf von Rohstoffen, bar		50.000,00 €
2) Einkauf von Hilfsstoffen, bar		21.000,00 €
3) Einkauf von Betriebsstoffen, bar		6.000,00 €
4) Verbrauch von Rohstoffen		48.000,00 €
5) Verbrauch von Hilfsstoffen		20.000,00 €
6) Verbrauch von Betriebsstoffen		6.000,00 €
7) Verkauf von fertigen Erzeugnissen, bar		98.000,00 €

Nr.	Soll	€	Haben	€
1)	Rohstoffe	50.000,00	Kasse	50.000,00
2)	Hilfsstoffe	21.000,00	Kasse	21.000,00
3)	Betriebsstoffe	6.000,00	Kasse	6.000,00
4)	Aufwendungen f. Rohstoffe	48.000,00	Rohstoffe	48.000,00
5)	Aufwendungen f. Hilfsstoffe	20.000,00	Hilfsstoffe	20.000,00
6)	Aufwendungen f. Betriebsstoffe	6.000,00	Betriebsstoffe	6.000,00
7)	Kasse	98.000,00	Umsatzerlöse f. eigene Erzeugnisse	98.000,00

Abschluss Werkstoffkonten: GuV an Werkstoffkonten (RHB-Stoffe)
Abschluss Konto Umsatzerlöse: Umsatzerlöse an GuV
Abschluss GuV-Konto: GuV-Konto an Eigenkapital

Hauptbuch:

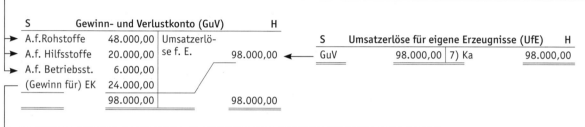

ANFORDERUNGSSITUATION 1.1

Skontrationsmethode (Bestandsfortschreibung)

> **Beispiel** In den Fly Bike Werken soll jeder Lagerabgang von Rohstoffen und Fremdbauteilen als Verbrauch ermittelt und in der Buchhaltung erfasst werden. Heute kann unter Verwendung von modernen EDV-Anlagen fast jeder Lagerabgang sofort erfasst werden. Wird der Lagerabgang nicht zeitgleich im EDV-Programm gekennzeichnet, kann der Materialverbrauch auch durch die Erstellung eines Materialentnahmescheins (MES) dokumentiert werden.

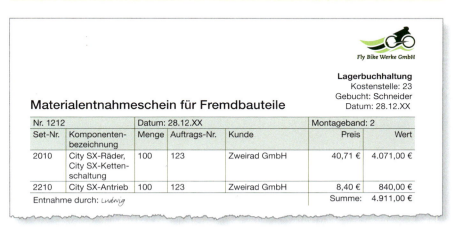

Materialentnahmeschein für Fremdbauteile

Fly Bike Werke GmbH
Lagerbuchhaltung
Kostenstelle: 23
Gebucht: Schneider
Datum: 28.12.XX

Nr. 1212		Datum: 28.12.XX			Montageband: 2	
Set-Nr.	Komponentenbezeichnung	Menge	Auftrags-Nr.	Kunde	Preis	Wert
2010	City SX-Räder, City SX-Kettenschaltung	100	123	Zweirad GmbH	40,71 €	4.071,00 €
2210	City SX-Antrieb	100	123	Zweirad GmbH	8,40 €	840,00 €
Entnahme durch: Ludwig					Summe:	4.911,00 €

Grundbuch:

1) Verbrauch von Fremdbauteilen gemäß MES Nr. 1212

MES = Materialentnahmeschein

Nr.	Soll	€	Haben	€
1)	Aufwendungen für Fremdbauteile	4.911,00	Fremdbauteile	4.911,00

Bei der Verbrauchsermittlung nach der Skontrationsmethode kann jeder einzelne **Lagerabgang** (Buchung Bestandskonto) nahezu zeitgleich zu einer entsprechenden **Verbrauchsbuchung** (Gegenbuchung Aufwandskonto) führen. Für die Kosten- und Leistungsrechnung ist außerdem die Zuordnung zu einem konkreten Lager- oder Kundenauftrag von wesentlicher Bedeutung.

Abschluss Bestandskonto nach Skontrationsmethode

Anfangsbestand
+ Einkäufe
− Entnahmen (Verbrauch)
= Endbestand (Saldo)

Skontrationsmethode

S	Fremdbauteile (Bestand)	H
Anfangsbestand (EBK)	Fremdbauteileverbrauch 1	
Fremdbauteileinkauf 1	Fremdbauteileverbrauch 2	
Fremdbauteileinkauf 2	Fremdbauteileverbrauch X	
Fremdbauteileinkauf X	Saldo = Endbestand (SBK)	

S	Schlussbilanzkonto (SBK)	H
Fremdbauteile (Bestand)		

S	Aufwendungen für Fremdbauteile	H
Fremdbauteileverbrauch 1	Saldo für GuV	
Fremdbauteileverbrauch 2		
Fremdbauteileverbrauch X		

S	Umsatzerlöse für eigene Erzeugnisse	H
Saldo für GuV	Erzeugnisverkäufe	

S	Gewinn- und Verlustkonto	H
Aufwendungen für Fremdbauteile	Umsatzerlöse für eigene Erzeugnisse	

8.6.2 Aufwandsorientierte Verbrauchsermittlung

Bei der modernen aufwandsorientierten Buchungstechnik wird unterstellt, dass das Material direkt in der Produktion angeliefert und umgehend dort verbraucht wird (Just-in-Time-Verfahren). Die Lagerhaltung spielt also nur eine untergeordnete Rolle zur Überbrückung von kurzzeitigen Lieferengpässen. Entsprechend wird dann in der Buchhaltung jeder Materialeinkauf bei Rechnungseingang sofort auf dem **Aufwandskonto** erfasst. Das wertmäßig untergeordnete Bestandskonto enthält dann nur noch die Inventurbestände und die Bestandsveränderungen zum Ende des Abrechnungszeitraumes.

engl. Just in Time: (gerade) zur rechten Zeit am rechten Ort, vgl. **HF2**, **4.3**, S. 161

> **Beispiel** Die Fly Bike Werke stellen nach entsprechenden Vereinbarungen mit ihren Lieferanten die gesamte Anlieferung von Aluminiumrohren auf das Just-in-Time-Verfahren um. Entsprechend wird in der Buchhaltung der Verbrauch bei Anlieferung und Rechnungsstellung als Aufwand erfasst.

Zusammengefasste Buchungen einer Abrechnungsperiode (Zielkäufe)

Grundbuch:
1) Anfangsbestand Rohstoffe   18.000,00 €
2) Einkäufe Rohstoffe auf Ziel   460.000,00 €

Nr.	Soll	€	Haben	€
1)	Rohstoffe	18.000,00	EBK	18.000,00
2)	Aufwendungen für Rohstoffe	460.000,00	Verbindlichkeiten a.L.L.	460.000,00

Abschluss Rohstoffkonto mit Bestandsminderungen
3) Endbestand Rohstoffe   12.000,00 €
4) Bestandsminderung Rohstoffe   6.000,00 €
5) Abschluss Konto, Aufwendungen für Rohstoffe 479.000,00 €

Nr.	Soll	€	Haben	€
3)	SBK	12.000,00	Rohstoffe	12.000,00
4)	Aufwendungen für Rohstoffe	6.000,00	Rohstoffe	6.000,00
5)	GuV-Konto	479.000,00	Aufwendungen für Rohstoffe	479.000,00

Hauptbuch:

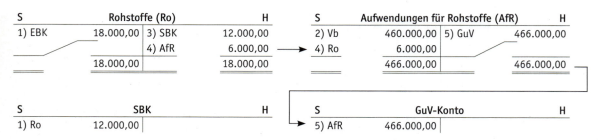

Auch bei der aufwandsorientierten Buchungstechnik muss letztlich der Endbestand durch eine Inventur am Jahresende erfolgen. Dabei wird es regelmäßig vorkommen, dass Anfangs- und Endbestand nicht übereinstimmen: Entweder haben sich die Bestände verringert oder erhöht.

Fall 1: Bei einer Bestandsminderung wurden zusätzlich zu den eingekauften Materialien noch vorhandene Lagerbestände verbraucht.

AB > EB
Bestandsminderung = Aufwandserhöhung

Grundbuch: 1) Buchung Bestandsminderung, z. B. bei Rohstoffen

| 1) Aufwendungen für Rohstoffe | an | Rohstoffe |

Fall 2: Bei einer **Bestandsmehrung** sind nicht alle in einer Abrechnungsperiode eingekauften Materialien auch tatsächlich in der Produktion verbraucht worden. Sie gelten dann buchungstechnisch als zusätzlicher Lagerbestand (Lagerzugang).

AB < EB
Bestandsmehrung = Aufwandsminderung

Grundbuch: 2) Buchung Bestandsmehrung, z. B. bei Rohstoffen

| 2) Rohstoffe | an | Aufwendungen für Rohstoffe |

Die Buchung der Bestandsveränderung kann vereinfacht werden, wenn als **alternative Buchungstechnik** der Anfangsbestand des Kontos Rohstoffe am Jahresanfang auf das Konto Aufwendungen für Rohstoffe umgebucht wird. Am Jahresende wird dann der Inventurbestand als Bestandsmehrung erfasst (Rohstoffe an Aufwendungen für Rohstoffe).

Aufwandsorientierte Verbrauchsermittlung

Ermittlung des Materialverbrauchs bei Just-in-Time-Anlieferung (fertigungssynchrone Anlieferung):

Fall 1: Bestandsminderung Rohstoffe
Bestandsminderungen im Rohstofflager erhöhen den Aufwand für Rohstoffe in der Erfolgsrechnung (zusätzlicher Verbrauch von Lagermaterial in einer Abrechnungsperiode).
Bestandsminderungen = Aufwandserhöhungen

Fall 2: Bestandsmehrung Rohstoffe
Bestandsmehrungen im Rohstofflager vermindern den Aufwand für Rohstoffe in der Erfolgsrechnung (unverbrauchte Rohstoffeinkäufe der Abrechnungsperiode).
Bestandsmehrungen = Aufwandsminderungen

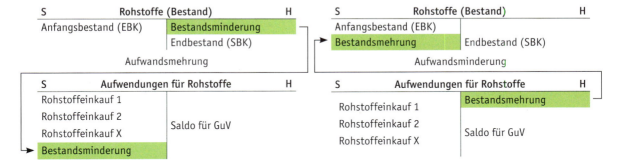

Übersicht: Methoden zur Erfassung des Materialverbrauchs

Bestandsorientierte Verbrauchsermittlung bei erheblicher Lagerhaltung	Aufwandsorientierte Verbrauchsermittlung bei fehlender oder unerheblicher Lagerhaltung
Kennzeichen: Alle Einkäufe werden zunächst auf Bestandskonten erfasst.	Kennzeichen: Alle Einkäufe werden direkt auf Aufwandskonten erfasst.
Inventurmethode: Anwendung bei Materialien mit geringem Wert	Anwendung: für alle Materialien, die Just in Time direkt in die Produktion geliefert werden
Skontrationsmethode: Anwendung bei Materialien mit erheblichen Werten	Anwendung in der Praxis nur bei mengen- und wertmäßig bedeutenden Rohstoffen, Vorprodukten und Fremdbauteilen

8.7 Erfolgsbuchungen mit Handelswaren

Beispiel Zum Absatzprogramm der Fly Bike Werke GmbH zählen auch Handelswaren, wie z. B. Radsportbekleidung oder Fahrradanhänger. Die Fly Bike Werke GmbH kauft die Waren ein, um sie mit Gewinn wieder zu verkaufen.

Auch aus dem Kauf und Verkauf von Handelswaren entstehen Aufwendungen und Erträge.
- Als Aufwand erfasst wird der **Wareneinsatz**. Hierunter versteht man den Wert der verkauften Waren, bewertet mit Einkaufspreisen.
- Als Erträge erfasst werden die **Umsatzerlöse für Waren** als Wert der verkauften Waren, bewertet mit Verkaufspreisen.

Die Erträge und Aufwendungen aus dem Warenverkauf werden am Ende eines Geschäftsjahres gegenübergestellt. Berücksichtigt man mengenmäßig dieselben Waren zu unterschiedlichen Preisen (Einkaufspreisen und Verkaufspreisen), ist das Ergebnis dieser Gegenüberstellung entweder ein **Rohgewinn** oder ein **Rohverlust**. Werden zusätzliche weitere Aufwendungen (z. B. Löhne) und weitere Erträge (z. B. Mieterträge) erfasst, ergibt sich ein so genannter **Reingewinn** oder ein **Reinverlust**.

Umsatzerlöse für Waren	>	Wareneinsatz	=	Rohgewinn
Wareneinsatz	>	Umsatzerlöse für Waren	=	Rohverlust
Summe der Erträge	>	Summe der Aufwendungen	=	Reingewinn
Summe der Aufwendungen	>	Summe der Erträge	=	Reinverlust

*Bestands- und aufwandsorientierte Verbrauchsermittlung bei Werkstoffen, vgl. **8.6**, S. 98*

Neben der Erfolgsermittlung ist auch bei Handelswaren die Ermittlung von **Bestandsveränderungen** am Ende eines Geschäftsjahres von Interesse. Hier können bestands- oder aufwandsorientierte Buchungstechniken angewandt werden.

 Beispiel Wareneinkauf und Warenverkauf von Fahrradzubehör

Bestandsorientierte Buchungstechnik

Berechnung des Wareneinsatzes:
Warenanfangsbestand
+ Wareneinkäufe
– Warenendbestand lt. Inventur
= Wareneinsatz

Der Anfangsbestand (1) auf dem „Warenkonto" wird um alle **Wareneinkäufe** erhöht (Lagerzugänge) (2). Am Ende des Geschäftsjahres wird der Warenendbestand in der Inventur festgestellt (4). Waren, die dann nicht mehr auf Lager sind, müssen verkauft worden sein (Saldo = Wareneinsatz). Der Wareneinsatz wird auf das Aufwandskonto „Aufwendungen für Waren" übernommen (Gegenbuchung) (5). Alle **Warenverkäufe** werden auf das Ertragskonto „Umsatzerlöse für Waren" gebucht (3). Nach Abschluss der Erfolgskonten am Ende des Geschäftsjahres stehen sich auf dem GuV-Konto die Erträge aus dem Warenverkauf (Umsatzerlöse) und die Aufwendungen für diese Waren (Wareneinsatz) gegenüber (6 und 7). Ergebnis dieser Gegenüberstellung ist entweder ein Rohgewinn oder ein Rohverlust (8).

Grundbuch:

		Anzahl	·	Preis in €	=	Wert in €
1)	Warenanfangsbestand	500		25,00		12.500,00
2)	Wareneinkäufe, bar	2.500		25,00		62.500,00
3)	Warenverkäufe, bar	2.750		35,00		96.250,00
4)	Warenendbestand	250		25,00		6.250,00
5)	Wareneinsatz	2.750		25,00		68.750,00

Nr.	Soll	€	Haben	€
1)	Waren (Bestand)	12.500,00	Eröffnungsbilanzkonto	12.500,00
2)	Waren (Bestand)	62.500,00	Kasse	62.500,00
3)	Kasse	96.250,00	Umsatzerlöse für Waren	96.250,00
4)	Schlussbilanzkonto	6.250,00	Waren (Bestand)	6.250,00
5)	Aufwendungen für Waren	68.750,00	Waren (Bestand)	68.750,00

6) Abschluss Konto Aufwendungen für Waren
7) Abschluss Konto Umsatzerlöse für Waren
8) Abschluss GuV-Konto

Nr.	Soll	€	Haben	€
6)	GuV	68.750,00	Aufwendungen für Waren	68.750,00
7)	Umsatzerlöse für Waren	96.250,00	GuV	96.250,00
8)	GuV-Konto	27.500,00	Eigenkapital	27.500,00

Aufwandsorientierte Buchungstechnik

Bei der aufwandsorientierten Buchungstechnik werden alle eingekauften Waren sofort auf dem Konto „Aufwendungen für Waren" erfasst (2). Am Ende des Geschäftsjahres wird über die Erfassung der Bestandsveränderung im Lager (4) das Aufwandskonto korrigiert (5).

(1) und (3) wie bei bestandsorientierter Buchungstechnik

Grundbuch:

Nr.	Soll	€	Haben	€
1)	Waren (Bestand)	12.500,00	EBK	12.500,00
2)	Aufwendungen für Waren	62.500,00	Kasse	62.500,00
3)	Kasse	96.250,00	Umsatzerlöse für Waren	96.250,00
4)	SBK	6.250,00	Waren (Bestand)	6.250,00
5)	Aufwendungen für Waren	6.250,00	Waren (Bestand)	6.250,00

6)–8) Abschlussbuchungen wie bei bestandsorientierter Buchungstechnik (siehe oben).

8.8 Bestandsveränderungen bei fertigen und unfertigen Erzeugnissen

Beispiel Wieder einmal ist ein Geschäftsjahr der Fly Bike Werke zu Ende gegangen. Frau Klein studiert die Inventurlisten. Auf einer fällt ihr auf, dass von dem Modell Free noch 180 Stück auf Lager sind. „Wieso haben wir von dem Modell Free so viele auf Lager?", fragt sie Frau Taubert. „Läuft das Modell nicht mehr so gut?" „Nein, nein", antwortet Frau Taubert, „das Modell ist erst im Dezember in großer Stückzahl produziert und noch nicht vollständig ausgeliefert worden. Das ist eine ganz normale Bestandserhöhung bei einem fertigen Erzeugnis."

Inventur 20X1
Fly Bike Werke GmbH

Inventurliste: Nr. 212　　Aufnahmeort: Absatzlager
Vermögensart: Fertigerzeugnisse

Artikel-Nr.	Modell	Anzahl
201	Light	40
202	Free	180
203	Nature	20

Mängelbeschreibung: keine sichtbaren Mängel
Aufnahmedatum　　10.01.20X2　　Aufnehmende/r　 *Klein*
Geprüft:　　　　　　10.01.20X2　　　　　　　　　　 *Gammer*

Der Erfolg eines Unternehmens wird durch Gegenüberstellung von Aufwendungen und Erträgen bzw. Kosten und Leistungen am Ende eines Geschäftsjahres ermittelt. Betrachtet wird dabei auf der einen Seite der **Gesamtaufwand**, der im Rahmen der Leistungserstellung angefallen ist. Hierzu zählen u. a. die Aufwendungen für Roh-, Hilfs- und Betriebsstoffe sowie für Fremdbauteile, aber auch für Löhne und Gehälter von Mitarbeitern.

Betrachtet man auf der anderen Seite die **Gesamtleistung**, die ein Unternehmen aus eigener Produktion erbringt, beschränkt sich diese nicht nur auf die Absatzleistung, sondern wird auch durch die Lagerleistung sowie die so genannte Eigenleistung beeinflusst.

Gesamtleistung eines Unternehmens aus eigener Produktion	
Absatzleistung	Verkaufserlöse aller verkauften eigenen Erzeugnisse
Lagerleistung	Wert der noch nicht verkauften unfertigen und fertigen Erzeugnisse (bewertet zu Herstellungskosten)
Eigenleistung	Wert von z. B. selbst erstellten Anlagen (bewertet zu Herstellungskosten)

Beispiel Erfolgsermittlung anhand von Gesamtaufwand und Gesamtleistung

Absatzleistung 1.000 Erzeugnisse zu je 100,00 €　　=　　100.000,00 €
Lagerleistung 500 Erzeugnisse zu je 80,00 €　　　　=　　 40.000,00 €
Gesamtleistung (Absatzleistung + Lagerleistung)　　=　　140.000,00 €
Gesamtaufwand: 1.500 Erzeugnisse zu je 80,00 €　　=　　120.000,00 €
Gewinn (Gesamtleistung – Gesamtaufwand)　　　　=　　 20.000,00 €

Soll	Gewinn- und Verlustkonto	Haben
• Gesamtaufwand für 1.500 Erzeugnisse, bewertet zu Herstellungskosten = 120.000,00 € • Gewinn (Gesamtleistung – Gesamtaufwand) = 20.000,00 €		• Absatzleistung für 1.000 verkaufte Erzeugnisse, bewertet zu Nettoverkaufserlösen = 100.000,00 € • Lagerleistung für 500 nicht verkaufte Erzeugnisse, bewertet zu Herstellungskosten = 40.000,00 €

Alle Industrieunternehmen müssen zum Ende eines Geschäftsjahres auch ihre Bestände an unfertigen und fertigen Erzeugnissen mengen- und wertmäßig erfassen. So kann festgestellt werden, ob sich der jeweilige Lagerbestand erhöht oder vermindert hat. Per Saldo führt nur eine **Bestandserhöhung** in der GuV zu einem Ertrag, **Bestandsminderungen** vermindern den Ertrag des Geschäftsjahres.

Die Ermittlung der **Bestandsveränderungen** in der Buchführung erfolgt durch den Vergleich der Anfangsbestände (AB) und der Endbestände (EB) auf den Bestandskonten unfertige und fertige Erzeugnisse, die im Hauptbuch bereits vorgegeben sind.

Grundbuch:
1) Buchung der Bestandsminderung an unfertigen Erzeugnissen
2) Buchung der Bestandserhöhung an fertigen Erzeugnissen
3) Abschluss Konto Bestandsveränderungen

Nr.	Soll	€	Haben	€
1)	Bestandsveränderungen	9.900,00	Unfertige Erzeugnisse	9.900,00
2)	Fertige Erzeugnisse	273.900,00	Bestandsveränderungen	273.900,00
3)	Bestandsveränderungen	264.000,00	GuV-Konto	264.000,00

Hauptbuch:

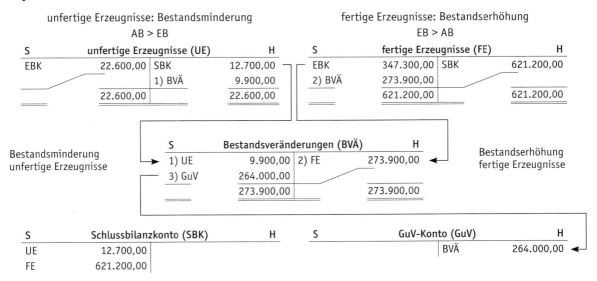

In diesem Beispiel überwiegt die Bestandserhöhung und führt zu einer Ertragserhöhung. Die Bestandsminderung an unfertigen Erzeugnissen wird von der Bestandserhöhung an fertigen Erzeugnissen übertroffen. Sollten die Bestandsminderungen überwiegen, so erscheint der Saldo des Kontos Bestandsveränderung im Soll des GuV-Kontos als Ertragsminderung.

HF 1
Unternehmensstrategien und Management

Beispiel Auswirkungen von Bestandsveränderungen auf das GuV-Konto eines kleinen Fahrradherstellers

Soll	Gewinn- und Verlustkonto		Haben
Aufw. für Rohstoffe	52.500,00	Umsatzerlöse für eigene Erzeugnisse	1.048.000,00
Aufw. für Fremdbauteile	152.000,00		
Aufw. für Hilfsstoffe	25.000,00	Bestandsveränderung	75.000,00
Aufw. für Betriebsstoffe	48.000,00		
Löhne	222.500,00		
Gehälter	90.000,00		
weitere Aufwendungen	140.000,00		
Eigenkapital (Gewinn)	393.000,00		
	1.123.000,00		1.123.000,00

Unternehmensdaten und Buchungen zum GuV-Konto des Fahrradherstellers

	Stück	€
gesamte Produktion	1.460	
gesamte Aufwendungen (Kosten)		730.000,00
Kosten je Stück		500,00
gesamter Absatz	1.310	
gesamte Umsatzerlöse		1.048.000,00
Umsatzerlös (Verkaufspreis) je Stück		800,00
Bestandserhöhung in Stück	150	
Bestandserhöhung in €		75.000,00
Gewinnzuschlag 60 % Prozent, bezogen auf die Kosten		300,00
Gesamtgewinn für 1.310 verkaufte Fahrräder		393.000,00

Umsatzerlöse	1.310 · 800,00	=	1.048.000,00 €
+ Bestandserhöhung	150 · 500,00	=	75.000,00 €
– Kosten	1.460 · 500,00	=	730.000,00 €
= Gewinn	1.310 · 300,00	=	393.000,00 €

Übersicht: Bestandsveränderungen bei fertigen und unfertigen Erzeugnissen

Bestandserhöhung an unfertigen und fertigen Erzeugnissen	Produktion > Absatz Endbestand > Anfangsbestand = Lageraufbau (Ertragserhöhung)
Bestandsminderung an unfertigen und fertigen Erzeugnissen	Absatz > Produktion Anfangsbestand > Endbestand = Lagerabbau (Ertragsminderung)

9 Organisation der Buchführung

Die Buchführung eines Unternehmens muss so aufgebaut sein, dass für alle Vermögens-, Kapital-, Ertrags- und Aufwandspositionen systematisch gegliedert Konten eingerichtet werden können. Dabei wird in der Regel ein System angestrebt, das innerhalb einer Branche eine schnelle Vergleichbarkeit ermöglicht. Notwendige Eröffnungs- und Abschlusskonten sowie die Möglichkeit, die Kosten- und Leistungsrechnung in dieses System zu integrieren, sind Bestandteil dieses Ordnungssystems.

*Kosten- und Leistungsrechnung, vgl. **HF 7**, Band 2*

Die Übersichtlichkeit der Buchführung wird wesentlich gesteigert, wenn eine **Systematisierung der Konten** erfolgt. Basis für diese Systematisierung ist ein Kontenrahmen, der eine Übersicht über die möglichen Konten einer Unternehmung gibt. Damit nicht jede Unternehmung die Anzahl, Bezifferung und Bezeichnung seiner Konten willkürlich gestaltet und weil in jedem Wirtschaftsbereich buchhalterische Besonderheiten zu berücksichtigen sind, wurden von den verschiedenen Spitzenverbänden der Wirtschaft Kontenrahmen erarbeitet, die den speziellen Gegebenheiten der jeweiligen Branche (z. B. Industrie, Großhandel) angepasst sind.

Verschiedene Branchen haben eigene Kontenrahmen.

Kontenrahmen und Kontenplan ordnen jedem Konto eine Zahl **(Kontonummer)** zu, die dieses Konto eindeutig bestimmt. Die EDV-Buchführung ist immer mit der Eingabe von Kontonummern verbunden. Erstellt ein Dritter die Buchführung, so müssen zumeist dessen Vorgaben hinsichtlich der Kontonummern und Kontenbezeichnungen eingehalten werden (z. B. DATEV-Kontenrahmen der Steuerberater).

*Kontenplan, vgl. **9.2**, S. 112*

9.1 Der Industriekontenrahmen (IKR)

Der **Industriekontenrahmen** ist wie alle Kontenrahmen nach dem Zehnersystem (dekadisches System) aufgebaut. Aufgrund der Ziffern von 0 bis 9 werden 10 Kontenklassen eingerichtet. Je Kontenklasse können bis zu 10 Kontengruppen eingerichtet werden. Jede Kontengruppe kann wiederum in 10 Kontenarten unterteilt werden. Im Bedarfsfall nimmt schließlich jede Kontenart 10 Kontenunterarten auf.

Beispiel Aufbau einer Kontonummer (Konto Fuhrpark)

1. Stelle	0			Kontenklasse	Kontenklasse 0 Immaterielle Vermögensgegenstände und Sachanlagen
+ 2. Stelle	0	8		Kontengruppe	Kontengruppe 08 Betriebs- und Geschäftsausstattung
+ 3. Stelle	0	8	4	Kontenart	Kontenart 084 Fuhrpark
+ 4. Stelle	0	8	4	0	Kontenunterart	Die Kontenart 084 Fuhrpark wird im IKR nicht weiter unterteilt. Damit erhält die 4. Stelle eine 0.
=	0840				Kontonummer für das Konto Fuhrpark

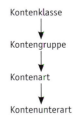

Die Kontenklassen sind nach dem **Abschlussgliederungsprinzip** gegliedert, d. h., anhand der ersten Stelle der Kontonummer kann jede Kontenart direkt der richtigen Seite (Soll oder Haben) eines Abschlusskontos zugeordnet werden.

HF 1
Unternehmensstrategien und Management

Rechnungskreis I: Finanzbuchhaltung, Bestandskonten					
Kontenklasse 0	Kontenklasse 1	Kontenklasse 2	Kontenklasse 3	Kontenklasse 4
immaterielle Vermögensgegenstände und Sachanlagen	Finanzanlagen	Umlaufvermögen und aktive Rechnungsabgrenzungsposten	Eigenkapital und Rückstellungen	Verbindlichkeiten und passive Rechnungsabgrenzungsposten
Beispiele:	Beispiele:	Beispiele:	Beispiele:	Beispiele:
0500 unbebaute Grundstücke	1300 Beteiligungen	2000 Rohstoffe	3000 gezeichnetes Kapital (Eigenkapital)	4200 kurzfristige Verbindlichkeiten gegenüber Banken
0840 Fuhrpark	1500 Wertpapiere des Anlagevermögens	2400 Forderungen aus Lieferungen und Leistungen	3400 Jahresüberschuss	4400 Verbindlichkeiten aus Lieferungen und Leistungen
0860 Büromaschinen	1600 sonstige Finanzanlagen	2880 Kasse	3800 Steuerrückstellungen	4800 Umsatzsteuer

aktive Bestandskonten — **passive Bestandskonten**

Soll — Anlagevermögen Kontenklasse 0; Anlagevermögen Kontenklasse 1; Umlaufvermögen Kontenklasse 2

Soll	8010 Schlussbilanzkonto (SBK)	Haben
0500 unbebaute Grundstücke	3000 gezeichnetes Kapital	
0840 Fuhrpark	3400 Jahresüberschuss	
0860 Büromaschinen	3800 Steuerrückstellungen	
1300 Beteiligungen		
1500 Wertpapiere des Anlagevermögens	4200 kurzfristige Verbindlichkeiten gegenüber Banken	
1600 sonstige Finanzanlagen		
2000 Rohstoffe	4400 Verbindlichkeiten aus Lieferungen und Leistungen	
2400 Forderungen aus Lieferungen und Leistungen		
2880 Kasse	4800 Umsatzsteuer	

Haben — Eigenkapital Kontenklasse 3; Rückstellungen Kontenklasse 3; Verbindlichkeiten Kontenklasse 4

Abschluss der Bestandskonten:
1) aktive Bestandskonten
2) passive Bestandskonten

Nr.	Soll	Haben
1)	8010 Schlussbilanzkonto	Konten der Kontenklassen 0, 1 und 2 aktive Bestandskonten
2)	Konten der Kontenklassen 3 und 4 passive Bestandskonten	8010 Schlussbilanzkonto

ANFORDERUNGSSITUATION 1.1

9 Organisation der Buchführung

Rechnungskreis I: Finanzbuchhaltung, Erfolgskonten			Eröffnungs- und Abschlusskonten	Rechnungskreis II KLR-Rechnung
Kontenklasse 5	Kontenklasse 6	Kontenklasse 7	Kontenklasse 8	Kontenklasse 9
Erträge	betriebliche Aufwendungen	weitere Aufwendungen	Ergebnisrechnung	Kosten- und Leistungsrechnung (KLR)
Beispiele:	Beispiele:	Beispiele:	Beispiele:	In der Praxis wird die KLR gewöhnlich tabellarisch ohne Konten durchgeführt.
5000 Umsatzerlöse für eigene Erzeugnisse	6000 Aufwendungen für Rohstoffe	7020 Grundsteuer	8000 Eröffnungsbilanzkonto	
5400 Nebenerlöse	6300 Gehälter	7030 Kfz-Steuer	8010 Schlussbilanzkonto	
5710 Zinserträge	6870 Werbung	7510 Zinsaufwendungen	8020 GuV-Konto	

Abschluss der Erfolgskonten*:
1) Ertragskonten
2) Aufwandskonten

* Ausnahmen: Unterkonten der Werkstoff- und Erlöskonten

Nr.	Soll	Haben
1)	Konten der Kontenklasse 5 Erträge	8020 GuV-Konto
2)	8020 GuV-Konto	Konten der Kontenklassen 6 und 7 Aufwendungen

Abschluss des GuV-Kontos einer Kapitalgesellschaft:
1) bei Gewinn (Ausweis als Jahresüberschuss in der Bilanz)
2) bei Verlust (Ausweis als Jahresfehlbetrag in der Bilanz)

Nr.	Soll	Haben
1)	8020 GuV-Konto	3400 Jahresüberschuss
2)	3400 Jahresfehlbetrag	8020 GuV-Konto

Kontenklassen für die Industrie	
Kontenklasse	Wesentliche Inhalte
0	zeigt das Anlagevermögen, das für die Aufnahme und Aufrechterhaltung der Unternehmenstätigkeiten eingesetzt wird.
1	zeigt langfristige Finanzanlagen des Unternehmens, mit denen Finanzerfolge erzielt werden sollen und/oder die eine Einflussnahme auf andere Unternehmen ermöglichen.
2	zeigt das Umlaufvermögen mit den Vorräten als Basis für die zukünftige Gewinnerzielung und die Bestände an finanziellen Werten, die für Beschaffungs- und Finanzierungsvorgänge vorhanden sind.
3	zeigt das Eigenkapital der Unternehmung, wobei Konten für die Darstellung des Eigenkapitals verschiedener Unternehmensformen alternativ zur Verfügung stehen. Die hier ebenfalls auszuweisenden Rückstellungen sind Verbindlichkeiten, deren Höhe oder Fälligkeit am Bilanzstichtag noch nicht feststeht. Bei zu hoher Schätzung dieser Werte können diese auch Eigenkapitalanteile enthalten.
4	zeigt die Verbindlichkeiten, die zur Finanzierung des Vermögens eingesetzt werden.
5	zeigt die Erträge, mit denen das Unternehmen seine Aufwendungen decken will und mit denen ein Gewinn erwirtschaftet werden soll.
6	zeigen die Aufwendungen, die durch die Unternehmenstätigkeit anfallen, sowie die Steuern von Einkommen und Ertrag.
7	
8	beinhaltet die Eröffnungs- und Abschlusskonten der Buchführung.
9	reserviert für eine kontenmäßige Durchführung der Kosten- und Leistungsrechnung.

Aufgrund des dekadischen Systems ist eine ausgesprochen tief gehende Aufteilung denkbar. Der IKR enthält Empfehlungen bis zu den vierstelligen Kontenarten. Die weitere Einteilung bleibt den Unternehmen überlassen, die je nach Bedarf, jedoch insbesondere dann, wenn die Buchführung EDV-unterstützt abgewickelt wird, oft eine tiefer gegliederte Bezifferung wählen.

LS 13
Kontenplan

9.2 Der Kontenplan eines Unternehmens

Der Kontenplan ist das **betriebsindividuelle Ordnungsschema** auf Basis eines Kontenrahmens. Dabei können Kontenarten oder auch Kontengruppen, die im Kontenrahmen vorgesehen sind, im Kontenplan möglicherweise gar nicht vorkommen, weil die Unternehmung derartige Posten nicht benötigt.

Eine Möglichkeit ist auch die **individuelle Erweiterung** des Kontenrahmens im Kontenplan, d. h., es werden im Kontenplan Kontenarten (evtl. mit weiteren Unterteilungen) eingerichtet, die im Kontenrahmen so nicht vorgegeben sind. Dabei kann es vorkommen, dass Kontennummern mit vier Stellen nicht ausreichen, so dass fünfstellige oder sogar sechsstellige Kontennummern vergeben werden müssen.

Bei **EDV-Buchführung** wird immer die Anzahl der Stellen je Kontonummer vom Finanzbuchhaltungsprogramm vorgegeben. Sind dort fünf Stellen vorgegeben, so ist einer vierstelligen Kontonummer eine „0" an der letzten Stelle hinzuzufügen.

Vom Kontenrahmen zum Kontenplan

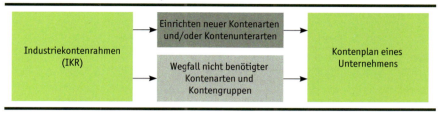

Beispiel Erweiterung des Kontenrahmens in einem Kontenplan im Bereich der Kontengruppe Betriebs- und Geschäftsausstattung

```
0860      Büromaschinen, Organisationsmittel und Kommunikationsmittel
   0862      Büromaschinen
      08621      Personalcomputer
      08622      Monitore
      08623      Drucker
      08624      ...
```

Eine grundsätzliche Erweiterung im Kontenplan ergibt sich durch die Einrichtung von **Personenkonten**, die kein Kontenrahmen vorgeben kann. Hier ist insbesondere die Einrichtung der Liefererkonten (Kreditoren) und Kundenkonten (Debitoren) zu nennen. Durch die Einrichtung dieser Konten können in der Buchführung die Forderungen bestimmten Kunden und die Verbindlichkeiten bestimmten Lieferern zugeordnet werden.

Kreditoren- und Debitorenkonten der Fly Bike Werke GmbH, vgl. Kontenplan S. 114

Der Austausch von Kontenbezeichnungen durch **Kontennummern** führt zu einer Vereinheitlichung und Vereinfachung der Buchungen und erleichtert die Auswertung der Buchführungsergebnisse (Zeit- und Betriebsvergleiche).

Beispiel Geschäftsvorfall Barabhebung 750,00 € vom Bankkonto

Buchungssatz mit Kontenbezeichnungen

Kasse	750,00	an	Bankguthaben	750,00

Buchungssatz mit Kontennummern

2880	750,00	an	2800	750,00

Auf den Konten ergibt sich durch die Verwendung von Kontennummern die folgende Darstellung:

S	2800 Bankguthaben		H	S	2880 Kasse	H
8000	20.000,00	2880	750,00	2800	750,00	

Kontenplan der Fly Bike Werke GmbH (Auszug)

Kontenklasse 0
Anlagevermögen
0000 Ausstehende Einlagen
0200 Konzessionen und Lizenzen
0300 Geschäfts- oder Firmenwert
0500 Grundstücke und Bauten (Sammelkonto)
0700 Technische Anlagen und Maschinen (Sammelkonto)
0800 Betriebs- und Geschäftsausstattung (Sammelkonto)

Kontenklasse 1
Anlagevermögen
1300 Beteiligungen
1500 Wertpapiere des Anlagevermögens
1600 Sonstige Finanzanlagen

Kontenklasse 2
Umlaufvermögen und aktive Rechnungsabgrenzung
2000 Rohstoffe/Fertigungsmaterial
　　2001 Bezugskosten
　　2002 Nachlässe
2010 Vorprodukte/Fremdbauteile
2020 Hilfsstoffe
2030 Betriebsstoffe
2070 sonstiges Material
2100 Unfertige Erzeugnisse
2190 Unfertige Leistungen
2200 Fertige Erzeugnisse
2280 Waren (Handelswaren)
　　2281 Bezugskosten
　　2282 Nachlässe
2300 Geleistete Anzahlungen
2400 Forderungen a.L.L.
2470 Zweifelhafte Forderungen

Debitorenkonten (Auszug):
24001 Radbauer GmbH
24002 Schöller & Co. OHG
24003 Fahrradhandel Uwe Klein e.K.
24004 Zweirad GmbH
24005 Fahrrad & Motorrad GmbH
24006 Bike GmbH
24007 Zweiradhandelsgesellschaft mbH
24008 Nordrad GmbH
24009 Sachsenrad GmbH
(...)
24099 Sonstige Debitoren

2600 Vorsteuer
2630 Forderungen an Finanzbehörden
2650 Forderungen an Mitarbeiter
2700 Wertpapiere des Umlaufvermögens
2800 Bankguthaben
2880 Kasse
2900 Aktive Jahresabgrenzung

Kontenklasse 3
Eigenkapital und Rückstellungen
3000 Gezeichnetes Kapital
3240 Gewinnrücklagen
3300 Ergebnisverwendung
3310 Gewinnvortrag/Verlustvortrag
3320 Bilanzgewinn/Bilanzverlust
3400 Jahresüberschuss/Jahresfehlbetrag
3800 Steuerrückstellungen
3900 Sonstige Rückstellungen

Kontenklasse 4
Verbindlichkeiten und passive Rechnungsabgrenzung
4200 Kurzfristige Verbindlichkeiten ggü. Kreditinstituten
4250 Langfristige Verbindlichkeiten ggü. Kreditinstituten
4400 Verbindlichkeiten a.L.L.

Kreditorenkonten (Auszug):
44001 Stahlwerke Tissen AG
44002 Mannes AG
44003 AWB Aluminiumwerke AG
44004 Shokk Ltd.
44005 Hans Köller Spezialrahmen e.K.
44007 Farbenfabriken Beyer AG
44008 Color GmbH
44009 Tamino Deutschland GmbH
44010 Tamino INC
(...)
44099 Sonstige Kreditoren

4800 Umsatzsteuer
4830 Sonstige Verbindlichkeiten ggü. Finanzbehörden
4840 Verbindlichkeiten ggü. Sozialversicherungsträgern
4890 Übrige sonstige Verbindlichkeiten
4900 Passive Rechnungsabgrenzung

Kontenklasse 5
Erträge
5000 Umsatzerlöse für eigene Erzeugnisse
5001 Erlösberichtigungen
5050 Umsatzerlöse für andere eigene Leistungen
5051 Erlösberichtigungen
5100 Umsatzerlöse für Waren
5101 Erlösberichtigungen
5200 Bestandsveränderungen
5300 Aktivierte Eigenleistungen
5400 Nebenerlöse (z. B. Mieterträge)
5410 Sonstige Erlöse
5420 Entnahme von Gegenständen und Leistungen
5430 Andere sonstige betriebliche Erträge
5800 Außerordentliche Erträge

Kontenklasse 6
Betriebliche Aufwendungen
6000 Aufwendungen für Rohstoffe
　　6001 Bezugskosten
　　6002 Nachlässe
6010 Aufwendungen für Vorprodukte
6020 Aufwendungen für Hilfsstoffe
6030 Aufwendungen für Betriebsstoffe
6040 Aufwendungen für Verpackungsmaterial
6050 Aufwendungen für Energie
6060 Aufwendungen für Reparaturmaterial
6070 Aufwendungen für sonstiges Material
6080 Aufwendungen für Waren
6100 Fremdleistungen für Erzeugnisse und andere Umsatzleistungen
6140 Frachten und Nebenkosten
6150 Vertriebsprovisionen
(...)
6200 Löhne
6250 Sachbezüge
6300 Gehälter
6350 Sachbezüge
6400 Arbeitgeberanteil zur Sozialversicherung (Lohnbereich)
6410 Arbeitgeberanteil zur Sozialversicherung (Gehaltsbereich)
6420 Beiträge zur Berufsgenossenschaft
(...)
6520 Abschreibungen auf Sachanlagen
6540 Abschreibungen auf geringwertige Wirtschaftsgüter
6550 Außerplanmäßige Abschreibungen auf Sachanlagen
(...)
6700 Mieten/Pachten
6800 Büromaterial
(...)
6900 Versicherungsbeiträge
(...)

Kontenklasse 7
Weitere Aufwendungen
7020 Grundsteuer
7030 KFZ-Steuer
7070 Ausfuhrzölle
7400 Abschreibungen auf Finanzanlagen
(...)
7510 Zinsaufwendungen
7530 Diskontaufwendungen
7600 Außerordentliche Aufwendungen

Kontenklasse 8
Ergebnisrechnungen
8000 Eröffnungsbilanzkonto
8010 Schlussbilanzkonto
8020 GuV-Konto

Kontenklasse 9
Kosten- und Leistungsrechnung (KLR)
Die KLR der Fly Bike Werke wird tabellarisch durchgeführt. Keine Konten!

9.3 Nebenbücher (Kreditoren- und Debitorenkonten)

LS 14 Nebenbücher

Nach dem HGB ist jeder Kaufmann zur ordnungsmäßigen Buchführung verpflichtet. Der gesetzlichen Buchführungspflicht unterliegen neben Grund- und Hauptbuch auch die Nebenbücher des Unternehmens. **Nebenbücher** werden eingerichtet, um die Buchungen auf den Hauptbuchkonten (Sachkonten) näher zu erläutern. Die Art und der Umfang der Nebenbücher sind nicht vorgeschrieben.

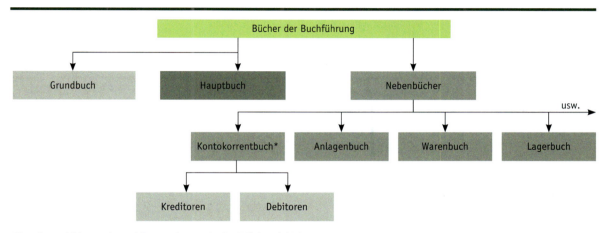

*Kontokorrentbücher werden auch Personenkonten oder Geschäftsfreundebücher genannt.

Die **Kontokorrentbuchhaltung** erfasst alle Geschäftsvorfälle, die im Zusammenhang mit Kunden oder Lieferern entstehen. Zur Erläuterung des Sachkontos „Forderungen aus Lieferungen und Leistungen" wird für jeden Kunden ein eigenes **Debitorenkonto** geführt. Entsprechend wird für das Sachkonto „Verbindlichkeiten aus Lieferungen und Leistungen" für jeden Lieferanten ein eigenes **Kreditorenkonto** eingerichtet.

Debitor (lat.) Schuldner

Kreditor (lat.) Gläubiger

Zusätzlich zur Buchung auf dem Sachkonto wird bei manueller Buchführung in einem weiteren Arbeitsschritt die Forderung einem bestimmten Kunden oder die Verbindlichkeit einem bestimmten Lieferanten zugeordnet. Entsprechend müssen auch Zahlungsein- und Zahlungsausgänge, Gutschriften usw. einem dieser Konten zugeordnet werden.

Sachkonto Verbindlichkeiten a.L.L.

Konto-Nr.			Bezeichnung des Sachkontos			Seite	
4	4	0	Verbindlichkeiten aus Lieferungen und Leistungen			92	
Nr.	Buchungs-datum	Buchungs-beleg Nr.	Buchungstext	Betrag in €		Gegenbuchungskonten	
				Soll	Haben	Soll	Haben
1	01.08.20XX	ER: 534	Rohstoffeinkauf bei Mannes AG auf Ziel		22.999,66	2000	
2	01.08.20XX	ER: 535	Rohstoffeinkauf bei Stahlwerke Tissen AG		4.760,00	2000	

ANFORDERUNGSSITUATION 1.1

In der Praxis, insbesondere bei EDV-Buchführung, kann die Darstellung der Konten von diesem Muster abweichen.

Dieses Sachkonto wird durch nachfolgende Kreditorenkonten mit 5-stelliger Kontennummer erläutert, wobei die ersten drei Stellen (Kontenart) dem Hauptbuchkonto entsprechen sollten.

Nebenbuch Kreditoren: Mannes AG

Konto-Nr.				Bezeichnung des Kreditorenkontos			Seite	
4	4	0	0	2	Kreditor: Mannes AG, Bochum			5
Nr.	Buchungs-datum		Buchungs-beleg Nr.	Buchungstext	Betrag in €		Saldo	
					Soll	Haben	Soll	Haben
1	01.08.20XX		ER: 534	Rohstoffeinkauf		22.999,66		22.999,66

Nebenbuch Kreditoren: Stahlwerke Tissen AG

Konto-Nr.				Bezeichnung des Kreditorenkontos			Seite	
4	4	0	0	1	Kreditor: Stahlwerke Tissen AG, Düsseldorf			3
Nr.	Buchungs-datum		Buchungs-beleg Nr.	Buchungstext	Betrag in €		Saldo	
					Soll	Haben	Soll	Haben
1	01.08.20XX		ER: 535	Rohstoffeinkauf		4.760,00		4.760,00

Nebenbücher enthalten bei manueller Buchführung **keine Gegenbuchungen**, da sie aus dem jeweiligen Sachkonto abgeleitet werden. Es empfiehlt sich, nach jeder Eintragung auf einem Kreditoren- oder Debitorenkonto einen Saldo zu bilden, der den aktuellen Stand der Verbindlichkeit oder der Forderung gegenüber dem Geschäftspartner zeigt. Dies erleichtert die Überwachung der Zahlungsaus- und Zahlungseingänge.

Zwischen den Sachkonten und den Nebenbüchern für Debitoren und Kreditoren muss eine regelmäßige Abstimmung (z. B. täglich oder wöchentlich) erfolgen. Diese Abstimmung wird wesentlich erleichtert, wenn regelmäßig **Offene-Posten-Listen** als Zusammenfassung der Nebenbücher erstellt werden.

Bei EDV-Buchführung werden grundsätzlich das Sachkonto Forderungen oder Verbindlichkeiten und das Debitoren- bzw. Kreditorenkonto gleichzeitig gebucht. Voraussetzung ist, dass für jede Buchung die Nummer des Kreditoren- oder Debitorenkontos eingegeben wird, wobei die direkte Buchung auf den Konten Forderungen und Verbindlichkeiten entfällt.

Die Sachkonten Forderungen und Verbindlichkeiten werden im Abschluss automatisch erstellt und für die neue Abrechnungsperiode vorgetragen. Es empfiehlt sich, die Sammelkonten 44099 „Sonstige Kreditoren" und 24099 „Sonstige Debitoren" einzurichten. Diese Konten finden dann Verwendung, wenn Lieferanten (z.B. für eine Reparatur) oder Kunden einmalig oder selten Kreditgeschäfte tätigen. Die Einrichtung separater Kreditoren- und Debitorenkonten ist dann nicht notwendig.

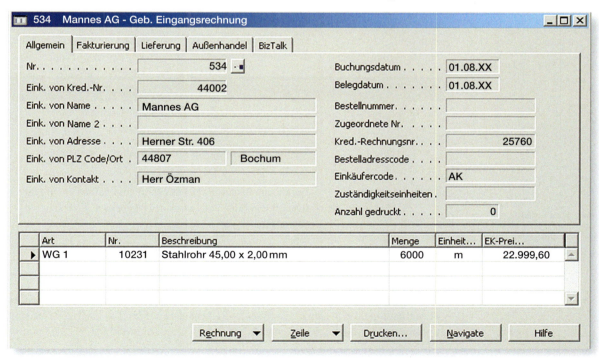

10 Umsatzsteuer

Haupteinnahmequelle des Staates sind die Steuern. Die Umsatzsteuer, die aufgrund ihrer Erhebungsart auch Mehrwertsteuer genannt wird, ist in Deutschland die wichtigste Einnahmequelle für den Staat. Seit ihrer Einführung wurde sie mehrfach erhöht, zuletzt 2007. Trotzdem hat Deutschland niedrigere Steuersätze als viele andere EU-Staaten.

Der Begriff **„Mehrwertsteuer"** existiert steuerrechtlich nicht mehr, wird aber noch vielfach verwendet. Die Bezeichnung ist auch auf Buchungsbelegen erlaubt. Die Umsatzsteuer besteuert den gesamten privaten und öffentlichen steuerpflichtigen Endverbrauch (Konsum). Die **Steuerlast** trägt also immer der Endverbraucher. **Steuerschuldner** gegenüber dem Finanzamt ist jedoch das Unternehmen, das die Steuer aufgrund seiner Umsätze berechnet und an das Finanzamt abführt.

Steuerschuldner ist der Unternehmer, Steuerträger der Endverbraucher.

Beim Verkauf von Waren wird die abzuführende Umsatzsteuer dem Käufer zuzüglich zum Verkaufspreis in Rechnung gestellt. Für das Unternehmen ist die Umsatzsteuer ein „durchlaufender Posten" und hat keinen Einfluss auf den Unternehmenserfolg.

Steuerbare Umsätze	Beispiele
1. Lieferungen	Verkauf von Erzeugnissen und Waren, Maschinen, Fahrzeugen, Büromaterial, Geschäftsausstattung
2. sonstige Leistungen	Reparaturen, Provisionen, Warentransport und Lagerung
3. innergemeinschaftlicher Erwerb	Einfuhr von Gegenständen aus Mitgliedsstaaten der Europäischen Union (EU): Vorsteuer aus ig-Erwerb, Erwerbsteuer (Umsatzsteuer aus ig-Erwerb)
4. Einfuhr von Gegenständen	Einfuhr von Gegenständen aus Drittländern (Nicht-EU-Staaten): Einfuhrumsatzsteuer

ig-Erwerb
innergemeinschaftlicher Erwerb, vgl. Exkurs: Warenverkehr innerhalb der EU, S. 122

§ 12 UStG

Der **allgemeine Steuersatz** beträgt seit dem 1. Januar 2007 19 %. Der **ermäßigte Steuersatz** beträgt 7 % und gilt für fast alle Lebensmittel (nicht jedoch für Gaststättenumsätze) sowie u. a. für Bücher, Zeitschriften, Blumen und Kunstgegenstände.

§§ 10, 11 UStG

Für Lieferungen und sonstige Leistungen ist die **Bemessungsgrundlage** das Entgelt. Entgelt ist alles, was der Leistungsempfänger (ohne Umsatzsteuer) aufwendet, um die Leistung zu erhalten. Bei der Einfuhr von Waren gilt z. B. der Zollwert (Warenwert + Zoll + Beförderungskosten) als Bemessungsgrundlage.

Wichtige **nicht steuerpflichtige Umsätze** sind
- Briefmarken der Deutschen Post AG,.
- Entgelte (Zinsen) für Kreditgewährung (Ausnahme: Warenkredite),
- Umsätze aus heilberuflichen Tätigkeiten von Ärzten, Zahnärzten und Hebammen,
- Versicherungstätigkeiten,
- innergemeinschaftliche Lieferungen,
- Ausfuhr in ein Drittland,
- private Geschäfte.

10.1 Berechnung der Umsatzsteuer

Ein Unternehmen muss auf Verlangen des Kunden Rechnungen ausstellen, in denen die Umsatzsteuer gesondert ausgewiesen ist. Bei Rechnungen über Kleinbeträge bis zu 150,00 € einschließlich Umsatzsteuer genügt die Angabe des Umsatzsteuersatzes (§ 33 UstDV).

Die Ermittlung der Umsatzsteuer ist eine Anwendung der Prozentrechnung. Ist die Bemessungsgrundlage (Entgelt = Nettorechnungsbetrag) gegeben und der Steuersatz bekannt, errechnet sich der Umsatzsteuerbetrag wie folgt:

Prozentrechnung, vgl. Kaufmännisches Rechnen, S. 390

$$\text{Umsatzsteuer in €} = \frac{\text{Nettorechnungsbetrag} \cdot \text{Steuersatz}}{100\,\%} = \frac{9.400{,}00\,€ \cdot 19\,\%}{100\,\%} = 1.786{,}00\,€$$

Sind der Bruttorechnungsbetrag und der Umsatzsteuersatz bekannt, so ist die Prozentrechnung vom vermehrten Grundwert anzuwenden:

$$\text{Umsatzsteuer in €} = \frac{\text{Bruttorechnungsbetrag} \cdot \text{Steuersatz}}{(100\,\% + \text{Steuersatz})} = \frac{11.186{,}00\,€ \cdot 19\,\%}{119\,\%} = 1.786{,}00\,€$$

10.2 Ermittlung der Umsatzsteuerschuld

Wirtschaftssektoren und Industriebranchen, vgl. 1.2, S. 15 und 1.4, S. 24

Durch das System der Umsatzsteuer wird eine Verteilung des Umsatzsteuereinzugsverfahrens auf alle beteiligten Wirtschaftsstufen erreicht. Waren, die von der Herstellung bis zum Verbrauch mehrere Unternehmen durchlaufen, werden auf jeder Stufe nur auf der Basis ihres Mehrwertes (Wertschöpfung) versteuert. Damit wird verhindert, dass ein und dieselbe Ware mehrfach besteuert wird, und es werden alle Unternehmen verpflichtet, die Steuer einzuziehen. Dieses Verfahren verhindert, dass nur eine Unternehmensgruppe wie z. B. der Einzelhandel als letzte Stufe des Produktions- und Verteilungsprozesses mit dem Besteuerungsverfahren belastet wird.

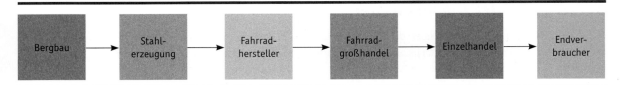

Auf jeder Produktions- oder Handelsstufe steigt der Wert der Ware. Der Fahrradhersteller befindet sich gesamtwirtschaftlich gesehen auf einer mittleren Stufe dieses Wertschöpfungsprozesses. Er kann nur dann Waren vertreiben, wenn er dazu die Waren anderer, vorgelagerter Unternehmen einsetzt.

Umsatzsteuer
– Vorsteuer
= Zahllast

Verkaufspreis
– Einkaufspreis
= Mehrwert

In den Eingangsrechnungen der vorgelagerten Unternehmen ist neben dem Warenpreis die vom Lieferanten abzuführende Umsatzsteuer enthalten. Somit sind die dem eigenen Umsatz vorgelagerten Umsätze innerhalb der eigenen Beschaffung Vorumsätze. Deshalb wird die darauf lastende Umsatzsteuer als **Vorsteuer** bezeichnet.

Einkaufspreis in €	Vorsteuer in €	Verkaufspreis in €	Umsatzsteuer in €	Mehrwert in €	Zahllast in €	
			10,00	1,90	10,00	1,90	Bergbau und Stahlerzeugung
10,00	1,90	150,00	28,50	+ 140,00	+ 26,60	Fahrradhersteller
150,00	28,50	220,00	41,80	+ 70,00	+ 13,30	Fahrradgroßhandel
220,00	41,80	300,00	57,00	+ 80,00	+ 15,20	Einzelhandel
				= 300,00	= 57,00	Endverbraucher

Der Endverbraucher zahlt 357,00 € für das Fahrrad (Mehrwert + Umsatzsteuer aller Produktions- und Handelsstufen), da er die Umsatzsteuer nicht als Vorsteuer geltend machen kann. Für die Unternehmen ist die Erhebung der Umsatzsteuer ein „durchlaufender Posten" ohne Auswirkungen auf den Erfolg des Unternehmens.

Ein Unternehmen hat bis zum 10. Tag nach Ablauf eines jeden Kalendermonats seine Umsatzsteuerschuld in Form einer Vorauszahlung an das Finanzamt abzuführen. Grundlage für die Berechnung der monatlichen **Vorauszahlung** ist die gesamte Umsatzsteuerschuld des Vorjahres. Beträgt die Vorjahresumsatzsteuer nicht mehr als insgesamt 7.500,00 €, gilt als Vorauszahlungszeitraum nicht der Kalendermonat, sondern das Kalendervierteljahr.

Von der Umsatzsteuer, die der Unternehmer seinen Kunden in Rechnung stellt, kann er die Vorsteuerbeträge abziehen, die er an seine Lieferanten zu zahlen hat. Nur die Differenz zwischen Umsatzsteuer und Vorsteuer muss abgeführt werden (**Zahllast**).

Vorsteuerabzug § 15 UStG

Beispiel

Einkauf		Verkauf	
Nettoeinkaufspreis	1.500,00 €	Nettoverkaufspreis	2.200,00 €
+ 19 % Umsatzsteuer	285,00 €	+ 19 % Umsatzsteuer	418,00 €
= Bruttoeinkaufspreis	1.785,00 €	= Bruttoverkaufspreis	2.618,00 €

Umsatzsteuer beim Einkauf	Umsatzsteuer beim Verkauf	
= Forderung an das Finanzamt (Vorsteuer)	= Verbindlichkeit gegenüber dem Finanzamt	
Umsatzsteuer beim Verkauf (Ausgangsrechnungen)	Umsatzsteuer	418,00 €
– Umsatzsteuer beim Einkauf (Eingangsrechnungen)	– Vorsteuer	285,00 €
= Umsatzsteuerschuld gegenüber dem Finanzamt	= Zahllast	133,00 €

Bei der Gegenüberstellung von Umsatzsteuer und Vorsteuer ist darauf zu achten, dass grundsätzlich die Ausführung der Lieferung oder Leistung für die Fälligkeit der Umsatzsteuer entscheidend ist. Wenn in einem Abrechnungsmonat die Vorsteuer größer ist als die Umsatzsteuer, entsteht ein Vorsteuerüberhang. Der **Vorsteuerüberhang** ist eine Forderung des Unternehmens an das Finanzamt, der im Folgemonat erstattet oder gegebenenfalls mit Steuerschulden verrechnet wird.

Zahllast: Umsatzsteuer > Vorsteuer

Vorsteuerüberhang: Umsatzsteuer < Vorsteuer

Beispiel Die Fly Bike Werke GmbH übermittelt – wie vorgeschrieben – ihre monatliche Umsatzsteuer-Voranmeldung auf elektronischem Weg an das Finanzamt. Jedes Finanzbuchhaltungsprogramm ermöglicht diese Art der Übermittlung.

ANFORDERUNGSSITUATION 1.1

Exkurs: Warenverkehr innerhalb der EU

Innerhalb der EU gibt es durch den Wegfall der Zollgrenzen keine unmittelbare Überprüfung des grenzüberschreitenden Warenverkehrs. Man benötigt daher ein **Kontrollsystem**, das gewährleistet, dass keine Umsatzsteuer hinterzogen wird. Es soll z. B. verhindert werden, dass Privatpersonen in anderen EU-Staaten umsatzsteuerfrei Waren kaufen und diese im Inland nicht versteuern. Hierzu wurde das System der **Umsatzsteuer-Identifikationsnummern** eingeführt. Wer aus einem anderen EU-Land umsatzsteuerfrei Waren beziehen möchte, benötigt dafür eine Umsatzsteuer-Identifikationsnummer (USt.-Id.-Nr.), die auf Antrag vom Bundeszentralamt für Steuern vergeben wird. Diese Nummer gilt als Nachweis der Unternehmereigenschaft, Privatpersonen erhalten keine solche Nummer.

USt.-Id.-Nr.

Im Zusammenhang mit dem Warenverkehr innerhalb der EU gibt es im Umsatzsteuergesetz zwei zentrale Begriffe:
- innergemeinschaftlicher Erwerb (ig-Erwerb)
- innergemeinschaftliche Lieferung (ig-Lieferung)

ig-Erwerb unterliegt der Umsatzsteuerpflicht.

Ein **innergemeinschaftlicher Erwerb** liegt vereinfacht dann vor, wenn Waren von einem Mitgliedsstaat in einen anderen Mitgliedsstaat gegen Entgelt geliefert werden, der Erwerber ein Unternehmer ist, der die Waren für sein Unternehmen erwirbt und der Lieferer ein Unternehmer ist, der die Lieferung im Rahmen seines Unternehmens gegen Entgelt ausführt. Bei einem innergemeinschaftlichen Erwerb ist der **Erwerber** (Importeur) **umsatzsteuerpflichtig**. Der ig-Erwerb beeinflusst die Zahllast eines Unternehmens allerdings nicht.

ig-Lieferung ist umsatzsteuerfrei.

Das Gegenstück zum innergemeinschaftlichen Erwerb ist die **innergemeinschaftliche Lieferung**. Bei der innergemeinschaftlichen Lieferung werden die Waren **nicht** mit Umsatzsteuer belastet. Eine Rechnung, die im Rahmen einer innergemeinschaftlichen Lieferung ausgestellt wird, muss die Umsatzsteuer-Identifikationsnummern des Lieferers und des Erwerbers enthalten. Ferner muss auf der Rechnung darauf hingewiesen werden, dass die Lieferung umsatzsteuerfrei erfolgt.

10.3 Buchung der Umsatzsteuer beim Ein- und Verkauf von Waren

Die Umsatzsteuer muss in der Buchführung auf mindestens zwei verschiedenen Konten erfasst werden. Die Salden der Konten Vor- und Umsatzsteuer sind am Monatsende zu verrechnen. Die Zahllast oder der Vorsteuerüberhang werden über Zahlungsvorgänge mit dem Finanzamt ausgeglichen.

Vorsteuer beim Einkauf: Sollbuchung auf Konto Vorsteuer (aktives Bestandskonto)

Umsatzsteuer beim Verkauf: Habenbuchung auf Konto Umsatzsteuer (passives Bestandskonto)

Beim Einkauf: Konto Vorsteuer (aktives Bestandskonto)

S	Vorsteuer	H
Forderung an das Finanzamt	← Verrechnung →	

Beim Verkauf: Konto Umsatzsteuer (passives Bestandskonto)

S	Umsatzsteuer	H
		Verbindlichkeit an das Finanzamt

Verrechnung: Der Saldo des wertmäßig kleineren Steuerkontos (2600 oder 4800) wird auf das wertmäßig größere Steuerkonto umgebucht.

Am **Geschäftsjahresende** ist eine Zahllast des Monats Dezember zu passivieren (Umsatzsteuerverbindlichkeit im Haben auf dem SBK), ein Vorsteuerüberhang entsprechend zu aktivieren (Vorsteuerforderung im Soll auf dem SBK). Die Aktivierung bzw. Passivierung auf dem SBK im Dezember ist notwendig, da eine Zahlung erst im nächsten Geschäftsjahr erfolgt.

1. Umsatzsteuer > Vorsteuer

Verrechnung	4800	Umsatzsteuer	an	2600	Vorsteuer
Zahlungsausgang oder	4800	Umsatzsteuer	an	2800	Bankguthaben
Passivierung	4800	Umsatzsteuer	an	8010	SBK

2. Umsatzsteuer < Vorsteuer

Verrechnung	4800	Umsatzsteuer	an	2600	Vorsteuer
Zahlungsausgang oder	2800	Bankguthaben	an	2600	Vorsteuer
Aktivierung	8010	SBK	an	2600	Vorsteuer

Beispiel Die Fly Bike Werke GmbH kauft und verkauft zehn Fahrradanhänger Modell Kids gegen sofortige Banküberweisung. Der Einstandspreis beträgt 110,00 € pro Stück, der Verkaufspreis 145,20 € pro Stück. Die Preise verstehen sich jeweils zuzüglich 19 % Umsatzsteuer.

Einkauf		Verkauf	
Warenwert	1.100,00 €	Warenwert	1.452,00 €
+ 19 % USt	209,00 €	+ 19 % USt	275,88 €
= Rechnungsbetrag	1.309,00 €	= Rechnungsbetrag	1.727,88 €

Rechnerische Ermittlung des Mehrwertes und der Zahllast

Warenwert beim Verkauf	1.452,00 €		
– Warenwert beim Einkauf	1.100,00 €	davon Umsatzsteuer 19 %	Zahllast 66,88 €
= Mehrwert	352,00 €		

ANFORDERUNGSSITUATION 1.1

HF 1
Unternehmensstrategien und Management

Grundbuch:
1) Wareneinkauf gegen Banküberweisung 1.309,00 € brutto
2) Warenverkauf gegen Banküberweisung 1.727,88 € brutto
3) Umbuchung (Verrechnung) des Kontos Vorsteuer auf das Konto Umsatzsteuer
4) Ausgleich des Kontos Umsatzsteuer durch Überweisung an das Finanzamt

Nr.	Soll	€	Haben	€
1)	2280 Waren 2600 Vorsteuer	1.100,00 209,00	2800 Bankguthaben	1.309,00
2)	2800 Bankguthaben	1.727,88	5100 Umsatzerlöse f. Waren 4800 Umsatzsteuer	1.452,00 275,88
3)	4800 Umsatzsteuer	209,00	2600 Vorsteuer	209,00
4)	4800 Umsatzsteuer	66,88	2800 Bankguthaben	66,88

Hauptbuch:

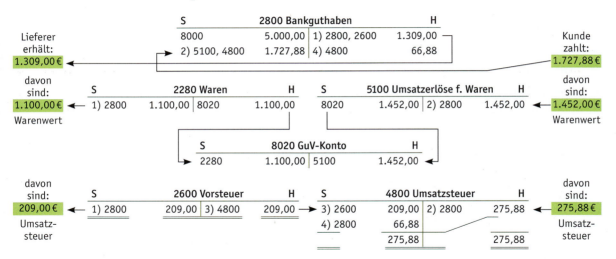

ANFORDERUNGSSITUATION 1.1

10.4 Umsatzsteuer bei Anlagen, weiteren Aufwendungen und Erträgen

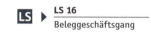
LS 16
Beleggeschäftsgang

Die Umsatzsteuerpflicht beschränkt sich nicht nur auf den Handel mit Waren. Auch die Erweiterung des Anlagevermögens oder der Verkauf gebrauchter Anlagen führen häufig zu umsatzsteuerpflichtigen Geschäftsvorfällen. Einkäufe von Gegenständen und Dienstleistungen, die in der Buchführung als Aufwand erfasst werden, können ebenfalls der Umsatzsteuer unterliegen. Erbringt ein Unternehmen Dienstleistungen, ist auch zu prüfen, ob diese umsatzsteuerpflichtig sind.

Geschäftsvorfall	umsatzsteuerpflichtig	nicht umsatzsteuerpflichtig
Anlagevermögen: Vorsteuer (Kauf) oder Umsatzsteuer (Verkauf)	Kauf und Verkauf neuer und gebrauchter Fahrzeuge, Maschinen, Geschäftsausstattungen, Werkzeuge	Kauf und Verkauf von Grundstücken, Gebäuden, Wertpapieren
Aufwendungen: Vorsteuer	Energie, Werbung, Instandhaltung, Provisionen, Ausgangsfrachten, Leasing, Büromaterial, Telefonrechnungen	Mieten, Pachten, Löhne und Gehälter an das eigene Personal, Briefmarken der Deutschen Post AG, Zinsaufwendungen
Erträge: Umsatzsteuer	Provisionserträge, Kunden in Rechnung gestellte Transport- und Verpackungskosten	Mieterträge, Zinserträge

1. **Kauf einer Maschine gegen Banküberweisung**

Nettorechnungsbetrag	30.000,00 €
+ 19 % Umsatzsteuer	5.700,00 €
= **Bruttorechnungsbetrag**	**35.700,00 €**

   Vorsteuer beim Einkauf von Anlagen (keine private oder unternehmensfremde Verwendung)

2. **Eingangsrechnung für Reparaturarbeiten an einem Lkw**

Nettorechnungsbetrag	650,00 €
+ 19 % Umsatzsteuer	123,50 €
= **Bruttorechnungsbetrag**	**773,50 €**

   Vorsteuer beim Einkauf von Dienstleistungen

3. **Ausgangsrechnung für die Vermittlung von Verkäufen**

Nettorechnungsbetrag	2.500,00 €
+ 19 % Umsatzsteuer	475,00 €
= **Bruttorechnungsbetrag**	**2.975,00 €**

   Umsatzsteuer beim Verkauf von Dienstleistungen

Grundbuch:

Nr.	Soll	€	Haben	€
1)	0720 Maschinen	30.000,00		
	2600 Vorsteuer	5.700,00	2800 Bankguthaben	35.700,00
2)	6160 Fremdinstandhaltung	650,00		
	2600 Vorsteuer	123,50	4400 Verbindlichkeiten a.L.L.	773,50
3)	2400 Forderungen a.L.L.	2.975,00	5410 sonstige Erlöse (Provision)	2.500,00
			4800 Umsatzsteuer	475,00

HF 1
Unternehmensstrategien und Management

LS 17
Unternehmens-
leitbild

11 Unternehmensleitbild und Unternehmensphilosophie

Beispiel Der Geschäftsführer, Herr Peters, möchte das Image der Fly Bike Werke GmbH positiv ausbauen und ein Unternehmensleitbild für die Fly Bike Werke entwickeln. Im Rahmen eines Brainstormings mit seinen Abteilungsleitern hat er folgende Fragen an das Whiteboard des Beratungsraumes geschrieben:

Abteilungsleitersitzung
TOP 1: Unternehmensleitbild

1) Wissen unsere Mitarbeiter, warum sie sich für ihr Unternehmen engagieren sollen?

2) Wissen unsere Kunden, was für ein Unternehmen wir sind und was wir leisten?

3) Welches Erscheinungsbild geben wir in der Öffentlichkeit ab?

4) Welche Bedeutung hat unser „Image" im Wettbewerb mit unseren Konkurrenten?

Jedes Unternehmen gleicht einem Organismus. Täglich werden zwischen den Beschäftigten unzählige Botschaften ausgetauscht und viele verschiedene Verhaltensweisen sind zu beobachten. Dabei entwickelt das Unternehmen im Laufe der Zeit eigene ungeschriebene Standards und Gesetzmäßigkeiten, z. B. für Führungsstile, Arbeitsweisen, Kommunikationsformen oder typische „Hauskleidung".

Führungsstile, vgl. 13.1, S. 133

Diese rein traditionellen Normen machen die **Unternehmenskultur** aus, sie äußern sich gelegentlich in Formulierungen wie „Bei uns wird keiner entlassen" oder „Führungskräfte kommen immer aus dem eigenen Haus". Basieren diese Aussagen jedoch nicht allein auf dem gemeinsamen subjektiven Empfinden der Beschäftigten, sondern werden sie von der Geschäftsleitung als Prinzipien unternehmerischen Handelns formuliert, so reifen sie je nach Verbindlichkeit zur **Unternehmensphilosophie** oder zum **Unternehmensleitbild**.

Vorteile eines Unternehmensleitbildes:
- Das „Wir"-Gefühl der Mitarbeiter wird gestärkt, ihre Identifikation mit dem Unternehmen gefördert. Damit steigen Arbeitsmotivation und Leistung, während die Fluktuationsquote sinkt.
- Durch einheitliche Entscheidungsgrundsätze wird die Führung des Unternehmens vereinfacht, das Setzen verbindlicher Prioritäten vermeidet langwierige Interessenkonflikte.
- Durch das Leitbild und die damit einhergehende Selbstverpflichtung werden die Handlungen des Unternehmens in der Öffentlichkeit besser legitimiert, das Unternehmen erzeugt so Sympathien, seine Produkte gewinnen an Attraktivität.

- Das Leitbild fördert die Unterscheidbarkeit der Anbieter auf Massenmärkten.
- Ein gut formuliertes und verbreitetes Leitbild kann die Rekrutierung neuer Mitarbeiter wesentlich erleichtern, es kann auch ideell weniger geeignete Stellensuchende von einer Bewerbung abhalten.
- Die Kenntnis der Entscheidungsgrundlagen macht das Unternehmen bei Lieferanten und Kunden berechenbarer, ein Leitbild ist deshalb auch ein Instrument zur Vertrauensbildung.

Der größte **Nachteil** ist, dass das Leitbild in unvorhergesehenen Situationen das Feld möglicher Entscheidungen und Maßnahmen stark einengen kann.

Beispiel aus der Industrie Leitbild eines internationalen Industrieunternehmens aus der Grundstoffindustrie (hier Zementindustrie)

Unser Unternehmensleitbild
Unsere Unternehmenskultur und unsere Werte
- Wir bauen auf die drei Pfeiler einer nachhaltigen Entwicklung: Ökonomie, Ökologie und gesellschaftliche Verantwortung.
- Unser wirtschaftliches Ziel ist eine kontinuierliche Steigerung der Ergebnisse durch Kostenführerschaft und langfristiges, am Ergebnis orientiertes Wachstum.
- Wir streben eine langfristige, von Verlässlichkeit und Integrität geprägte Kundenbeziehung an.
- Unser Erfolg basiert auf kompetenten, engagierten Mitarbeitern und einer exzellenten Führungsmannschaft.
- Klimaschutz und Ressourcenschonung sind unsere vorrangigen Ziele im Umweltschutz.
- Unsere Informationspolitik ist transparent, wahrheitsgetreu und verantwortungsbewusst.
- Aktive und offene Kommunikation prägt unseren Umgang miteinander.

Quelle: http://www.heidelbergcement.com/global/de/company/about_us/our_mission.htm, Stand 12.11.2012

Ein Leitbild besteht in der Regel aus drei Elementen:

Insbesondere dem Aspekt eines einheitlichen, unverwechselbaren Auftritts des Unternehmens in der Öffentlichkeit widmet sich das Konzept der „**Corporate Identity**". Ziel ist es, bei allen Mitarbeitern und Außenstehenden, insbesondere aber bei den Konsumenten, ein klares Bild des Unternehmens zu verankern. Dies kann nur gelingen, wenn sich alle Unternehmensaktivitäten aus dem Blickwinkel des Kunden harmonisch zusammenfügen.

Im Einzelnen wird das Erscheinungsbild von folgenden Faktoren geprägt:

Im Zusammenhang mit dem „Corporate Behaviour" wird vielfach auch der Begriff **„Corporate Governance"** erwähnt. Dieser spielt insbesondere für die Vertrauensbildung der Anleger in internationalen börsenorientierten Unternehmen eine wichtige Rolle. Dahinter steht eine Selbstverpflichtung des Managements, die gültigen Handels- und Steuergesetze des jeweiligen Wirtschaftsraums genauestens zu beachten und die Standards verantwortungsvoller, nachhaltiger und transparenter Unternehmensführung nicht zu verletzen (z. B. Verzicht auf Bestechung zur Erlangung von Aufträgen). Damit sollen insbesondere die Aktionäre vor einem unerwarteten Wertverlust ihrer Anteile durch schwebende Verfahren, staatliche Sanktionen (z. B. Bußgelder) oder Imageschädigung geschützt werden.

Übersicht: Unternehmensleitbild und Unternehmensphilosophie

Unternehmensleitbild/ Unternehmensphilosophie	– Explizit von der Unternehmensleitung formulierte Grundsätze und Prioritäten – Darstellung des Unternehmens in der Öffentlichkeit und gegenüber Mitarbeitern – Elemente: Mission, Vision, Werte – Unternehmenskultur: mögliche Basis für Unternehmensleitbild; subjektives Empfinden der Mitarbeiter, eigene, ungeschriebene Standards und Gesetzmäßigkeiten
Corporate Identity	– Erscheinungsbild des Unternehmens nach außen – Corporate Behaviour – Corporate Design – Corporate Communications

12 Unternehmensziele

12.1 Zieldimensionen

Ziele werden als zukünftig anzustrebende Zustände oder Prozesse bezeichnet. Die meisten Ziele lassen sich direkt oder indirekt aus dem Unternehmensleitbild ableiten. Oberstes Ziel ist immer die Existenzsicherung. Alle Unterziele können durch Zielinhalt, Zielausmaß und zeitlichen Bezug beschrieben werden.

Hinsichtlich des Zielinhalts wird allgemein zwischen Formal- und Sachzielen unterschieden. **Formalziele** beziehen sich auf den zu erreichenden Erfolg eines Unternehmens. Mithilfe von verschiedenen Kennzahlen wird gemessen, wie erfolgreich ein Unternehmen innerhalb einer Periode war. **Sachziele** sind bereichs- oder produktbezogene Ziele, um die übergeordneten Formalziele zu erreichen (z. B. Kapazitätserhöhung auf 500 Stück pro Tag).

> LS 18
> Unternehmensziele analysieren
>
> Unternehmensleitbild, vgl. **11**, S. 126
>
> Zielinhalte
>
> Kennzahlen zur Analyse von Formalzielen

Ökonomische Kennzahlen zur Analyse von Formalzielen

Kennzahl	Aussage	Berechnung
Gesamtgewinn	Erfolg (Gewinn oder Verlust) des Unternehmens. Das Ergebnis sollte positiv sein.	Erträge – Aufwendungen
Wirtschaftlichkeit	Verhältnis von Mitteleinsatz und dem erzielten Ergebnis. Das Ergebnis sollte > 1 sein.	$\dfrac{\text{Leistung}}{\text{Kosten}}$
Eigenkapital-rentabilität	zeigt, wie viel Euro Gewinn pro 100 € Eigenkapital gemacht wird	$\dfrac{\text{Gewinn} \cdot 100}{\text{Eigenkapital}}$
Produktivität	zeigt Verhältnis von Produktionsergebnis (Output) zur eingesetzten Menge an Produktionsmitteln (Input)	$\dfrac{\text{Output (Ausbringungsmenge)}}{\text{Input (Einsatzmenge)}}$

Zielinhalte lassen sich ferner in ökonomische, ökologische und soziale Ziele unterteilen.

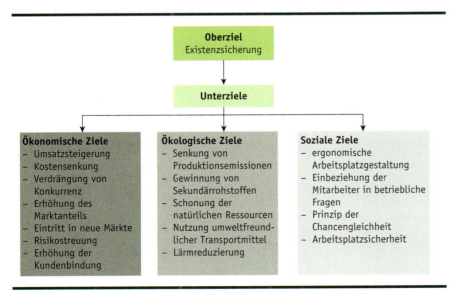

Neben den ökonomischen Zielen gibt es noch **soziale Ziele**, die von einem Unternehmen verfolgt werden sollten. Ein gutes Betriebsklima, die mitarbeitergerechte Gestaltung von Arbeitsplätzen oder freiwillige Sozialleistungen sind Beispiele für soziale Ziele, die ein Unternehmen verfolgen kann. **Ökologische Ziele** beinhalten Vorgaben, die auf die Schonung der natürlichen Umwelt und ihrer Ressourcen im Rahmen des Leistungserstellungsprozesses abzielen.

Die Zielvorgabe kann hinsichtlich des **Zielausmaßes** begrenzt bzw. unbegrenzt sein. So kann z. B. versucht werden, den Gewinn innerhalb eines Jahres um 10 % zu steigern oder mit einem vorgegebenen Einsatz an Mitteln den höchstmöglichen Gewinn zu erzielen.

Der **zeitliche Bezug** kann kurzfristig (operative Ziele, bis zu einem Jahr), mittelfristig (taktische Ziele, ein bis fünf Jahre) oder langfristig (strategische Ziele, über fünf Jahre) sein.

12.2 Zielbeziehungen

Zwischen verschiedenen anzustrebenden Zielen können unterschiedliche Zielbeziehungen bestehen: Man unterscheidet zwischen konkurrierenden, komplementären und indifferenten Zielbeziehungen.

Zielkonflikt

Konkurrierende Zielbeziehungen (Zielkonflikte) bestehen dann, wenn innerhalb eines Zielsystems ein Ziel nur dann erreicht werden kann, wenn es zulasten eines anderen Zieles geht. So kann z. B. das Ziel der Kostenminimierung mit dem Ziel der Schonung der Umwelt in Konflikt geraten. Hinsichtlich der Frage, ob zwischen wirtschaftlichen und ökologischen Zielen ein grundsätzlicher Konflikt besteht, gehen die Meinungen in Theorie und Praxis jedoch auseinander.

Komplementäre und indifferente Zielbeziehungen

Komplementäre Ziele sind einander ergänzende Ziele. So kann z. B. die Erhöhung der Produktivität auch zu einer gleichzeitigen Erhöhung der Rentabilität führen.

Es gibt aber auch Fälle, in denen kein sinnvoller Zusammenhang zwischen zwei Zielen hergestellt werden kann, es handelt sich dann um eine **indifferente Zielbeziehung**. So hat z. B. die Aufnahme von Fremdkapital zur Finanzierung eines Investitionsvorhabens keinen Einfluss auf das Betriebsklima.

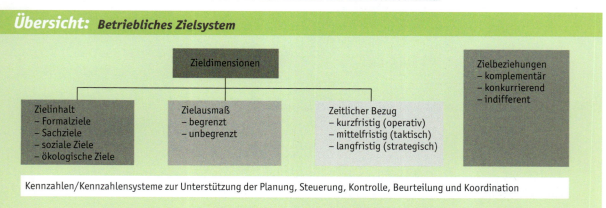

Übersicht: Betriebliches Zielsystem

12.3 Interessengruppen und ihre Ziele

Auf jedes Unternehmen wirken verschiedene Rahmenbedingungen, die sein Handeln durchgehend beeinflussen. Für das wirtschaftliche Überleben eines Unternehmens ist es entscheidend, diese Rahmenbedingungen zu erkennen und für das eigene Handeln zu nutzen.

Von besonderer Bedeutung sind dabei die **Interessengruppen** (auch: Bezugsgruppen) des Unternehmens (**stakeholder**), die wiederum individuelle Ziele verfolgen. Interessengruppen, mit denen jedes Unternehmen interagiert, sind sowohl innerhalb als auch außerhalb des Unternehmens zu finden.

Stakeholder (engl.) Interessengruppe, Bezugsgruppe

Äußere Einflüsse und Interessengruppen des Unternehmens

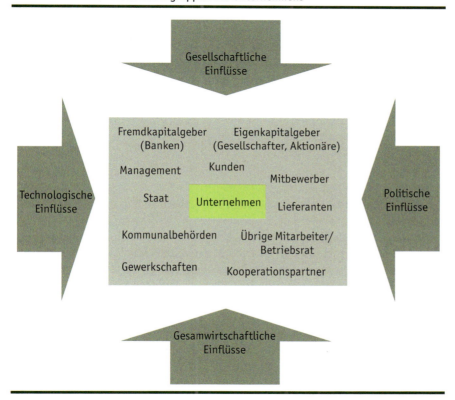

Interne Interessengruppen und ihre Ziele

- **Management** (Führungskräfte): Interesse der persönlichen Einflussnahme auf das Unternehmen bzw. auf den eigenen Verantwortungsbereich mit dem Ziel des wirtschaftlichen Erfolgs. Auch: Streben nach individueller Wertschätzung/ Ansehen in Verbindung mit hohem Einkommen.

- **Übrige Mitarbeiter**: Individuelle Wertschätzung, soziale Sicherheit (Arbeitsplatz, Einkommen), zufrieden stellende Arbeitsinhalte und Arbeitsbedingungen. Interesse des **Betriebsrates** ist es, die Ziele der Mitarbeiter zu erreichen und zu erhalten.

Management, vgl. **13**, S. 133

Externe Interessengruppen und ihre Ziele

- **Eigenkapitalgeber** (Gesellschafter, Aktionäre, **shareholder**) haben Kapital in das Unternehmen eingebracht und damit eine Investition getätigt. Folglich sind sie an einer möglichst hohen Rendite bzw. Gewinnausschüttung interessiert. Weitere Ziele: Einflussnahme auf Entscheidungen des Managements (z. B. bei Hauptversammlungen), Wahrnehmung günstiger Angebote bei Kapitalerhöhungen.

  Shareholder (engl.) Anteilseigner, Aktionär

  Gesellschafter, Aktionäre, Hauptversammlung, vgl. **3**, S. 46

- **Fremdkapitalgeber** (z. B. Banken) haben dem Unternehmen Kredite zur Verfügung gestellt. Interesse an einer möglichst hohen Verzinsung, pünktlicher Rückzahlung der Kredite, hinreichenden Sicherheiten für das zur Verfügung gestellte Kapital.
- **Kooperationspartner** treten zusammen mit dem Unternehmen Dritten gegenüber (z. B. Lieferanten) mit dem Ziel der Verfolgung gemeinsamer Interessen und zur Erlangung von (Verhandlungs-)Vorteilen. Interesse an Aufbau, Aufrechterhaltung und Ausbau der Zusammenarbeit.
- **Lieferanten**: Interesse an verlässlichen und längerfristigen Geschäftsbeziehungen, Zahlungsfähigkeit und pünktlicher Zahlung des Unternehmens.
- **Kunden**: Die Ziele und Erwartungen der Kunden an das Unternehmen stehen im Mittelpunkt aller unternehmerischen Aktivitäten. Kundenbezogene Interessen sind qualitativ hochwertige Produkte, möglichst günstige Preise, Erbringen von Nebenleistungen wie Konsumentenkredite, Beratung und sonstige Serviceleistungen. Die angemessene Berücksichtigung der Kundeninteressen ist schon allein deshalb zentral, da sie in Konflikt zu den unternehmenseigenen Interessen, wie z. B. der Gewinnmaximierung, stehen können.
- **Mitbewerber** verfolgen das Ziel, sich besser auf dem Markt zu positionieren, andere Unternehmen zu verdrängen und Kunden abzuwerben.
- **Kommunalbehörden** und **Staat** haben ein Interesse an der Schaffung von Arbeitsplätzen durch Unternehmen, an der Leistung von Beiträgen zur regionalen Infrastruktur, an der Einhaltung rechtlicher Rahmenbedingungen und natürlich an Steuereinnahmen.
- **Gewerkschaften** sind als Tarifpartner vor allem in Tarifverhandlungen daran interessiert, sich für die Interessen der Arbeitnehmer einzusetzen. Weitere Ziele: Gewinnung von Mitgliedern und Thematisierung von Gewerkschaftsanliegen im Unternehmen.

Ein Blick auf die komplexen Interessenlagen eines Unternehmens und seiner Bezugsgruppen verdeutlicht, dass kein Unternehmen im luftleeren Raum agiert: Jede strategische Entscheidung eines Unternehmens berührt die Interessen mindestens einer Bezugsgruppe. Aus unternehmerischer Sicht besteht die Herausforderung darin, die unterschiedlichen Interessenlagen bei der Verfolgung eigener strategischer Ziele im Blick zu behalten. Der Umgang mit möglichen **Zielkonflikten** und die Entwicklung geeigneter Lösungen sind für den wirtschaftlichen Erfolg unabdingbar.

Zielkonflikte, vgl. **12.2**, S. 130

13 Unternehmensführung

Unternehmensführung ist die Steuerung eines Unternehmens insgesamt. Führung beinhaltet einerseits **sachbezogene Aufgaben** wie die Festlegung von Zielen und Grundsätzen und die Bestimmung von Maßnahmen zur Zielerreichung. Diese Aufgaben zählen zur strategischen Unternehmensführung. Andererseits beinhaltet Führung **personenbezogene Aufgaben** wie die Führung von Mitarbeitern.

Führungsaufgaben

Unternehmensführung wird vom dispositiven Faktor übernommen – dem Management. Sie erfolgt auf mehreren **hierarchischen Ebenen**.

Elementarfaktoren und dispositiver Faktor, vgl. 1.3, S. 22

Führungsebenen und ihre Aufgaben		
Strategische Führungsebene	Top Management (Spitzenmanagement) z. B. Geschäftsführung	Legt Normen, Strategien und Ziele für das Unternehmen fest
Taktische Führungsebene	Middle Management (mittleres Managemnt) z. B. Abteilungsleitung	Verbindet strategische mit operativer Ebene, Konkretisierung von Zielen
Operative Führungsebene	Lower Management (unteres Management) z. B. Gruppenleitung	Setzt Vorgaben in konkrete Maßnahmen um

13.1 Führungsstile

LS 19 Führungsstile

> **Beispiel** Der Geschäftsführer, Herr Peters, ist ein enger Freund der Firmengründer und hat den Betrieb schon souverän durch verschiedene Krisen manövriert. Probleme werden von ihm systematisch analysiert und rational gelöst. Seinen Mitarbeitern gegenüber verhält er sich überwiegend distanziert, wird jedoch aufgrund seiner fachlichen Kompetenz und seines charismatischen Auftretens geschätzt und respektiert. Bei Sitzungen mit den Abteilungsleitern gibt Herr Peters den Ton an.
>
> Der Produktionsleiter, Herr Rother, ist als Ausbilder im Betrieb immer der erste Ansprechpartner für seine Auszubildenden und deren Belange. Herr Rother kennt die betrieblichen Abläufe in- und auswendig und hat in kritischen Situationen schon oft pragmatische Lösungen gefunden. Für das Verständnis komplexer betrieblicher Zusammenhänge hat er immer anschauliche Erklärungen parat und steht allen Fragen offen gegenüber. Herr Rother ist Initiator der jährlich im Sommer stattfindenden Fly Bike Radtour mit anschließendem Betriebsfest.

Der Betrieb ist nicht nur ein formelles, sondern auch ein soziales Gebilde, in dem die zwischenmenschlichen Beziehungen für den Arbeitsablauf eine entscheidende Rolle spielen. Die Art und Weise, wie sich Vorgesetzte ihren Mitarbeitern gegenüber verhalten, bezeichnet man als Führungsverhalten. So wie jeder Mitarbeiter seine Arbeitsleistung individuell gestaltet, nehmen auch Vorgesetzte ihre Führungsaufgaben unterschiedlich wahr. **Führungsstile** sind typische Verhaltensmuster, nach denen sich das Verhalten von Vorgesetzten kategorisieren, bewerten und im Sinne eines harmonischeren Arbeitsklimas optimieren lässt.

Der Betrieb als soziales Gebilde

Grundlegend kann ein Führungsstil zwei extreme Ausprägungen annehmen:

Als **autoritärer Führungsstil** wird ein Führungsverhalten bezeichnet, bei dem der Vorgesetzte seine Entscheidungen allein ohne Beratung mit seinen Mitarbeitern trifft. Er macht Gebrauch von seiner uneingeschränkten Entscheidungs- und Anweisungskompetenz, die Mitarbeiter sind lediglich ausführende Kräfte. Der Informationsaustausch erfolgt weisungsgebunden auf dem Dienstweg und konzentriert sich ausschließlich auf die Informationen zur Aufgabenerfüllung. Damit verbunden ist ein hoher Formalisierungsgrad. Eine Vielzahl organisatorischer Regeln ist erforderlich. Der Vorgesetzte verhält sich gegenüber den Mitarbeitern weitgehend distanziert. Sein Hauptaufgabengebiet liegt auf der Überwachung der Leistungsziele und der Pflichterfüllung sowie auf umfassenden Kontrollen.

Der **demokratische Führungsstil** ist gekennzeichnet durch gemeinsam mit den Mitarbeitern getroffene Entscheidungen als Ergebnis einer vorangegangenen Diskussion, wobei der Vorgesetzte diesen Entscheidungsprozess moderiert. In bestimmtem Rahmen kann jeder Mitarbeiter selbstständig entscheiden. Voraussetzung ist, dass allen Beteiligten ausreichende Informationen zur Verfügung stehen und leicht zugänglich gemacht werden. Die Mitarbeiter besitzen einen hohen Sachverstand und der Vorgesetzte achtet darauf, dass sowohl Leistungsziele als auch Gruppen- und Individualziele erreicht werden können. Mitarbeiter werden durch Mitverantwortung geleitet.

Ausgehend von dieser grundlegenden Einteilung, kann der Führungsstil eines Vorgesetzten von „autoritär" bis „demokratisch" eingestuft werden. Die Zuordnung erfolgt danach, ob die Willensbildung eher beim Vorgesetzten oder beim Mitarbeiter liegt. Da sich die jeweiligen Ausprägungen auf einer **Skala** bewegen, zählt das dargestellte Modell zu den so genannten eindimensionalen Führungsstiltypologien.

Führungsstile

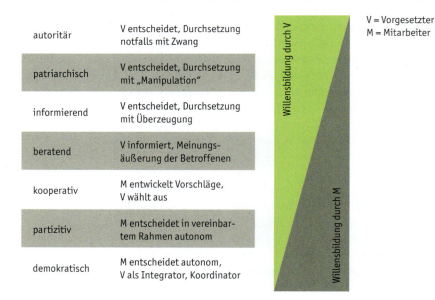

Nach: Schierenbeck, Henner; Grundzüge der BWL, München und Wien 2000.

13.2 Führungstechniken (Managementtechniken)

Managementtechniken sind dazu da, die Führungsspitze von Routinearbeiten, die auch ihre Mitarbeiter erledigen können, zu entlasten, damit sie Zeit haben für echte Führungsaufgaben. Auf die Mitarbeiter wiederum wirkt es in der Regel motivierend, wenn sie ihre Aufgaben selbstständig und mit gewissen Entscheidungsspielräumen erfüllen können.

Grundsätzlich muss die Führungskraft allerdings in der Lage und gewillt sein, Aufgabengebiete und Entscheidungskompetenz abzugeben und Verantwortung auf die Mitarbeiter zu übertragen. Eine Ausrichtung zum demokratischen Führungsstil muss also gewährleistet sein. Die Managementtechniken geben dabei eine Richtlinie vor, wie die Delegation von Verantwortung umgesetzt werden kann.

Management by Delegation
(Führen durch Aufgabenübertragung):
Dem Mitarbeiter wird ein festgelegter Aufgabenbereich zugeordnet, für den er alle Entscheidungen und Handlungen eigenverantwortlich durchführt. Diese Führungstechnik setzt eine klare Abgrenzung von Aufgaben und Kompetenzen voraus.

Delegation, delegieren – auf einen anderen übertragen

Beispiel In der Fly Bike Werke GmbH ist Frau Ganser für die Betreuung der Fachhändler zuständig. Sie übernimmt selbstständig alle anfallenden Routineaufgaben wie z. B. die Auftragsannahme. Ihr Kollege Herr Sales betreut alle Kunden im Bereich Private-Label-Räder, d. h. überwiegend die großen Kaufhausketten.

Management by Exception (Führen nach dem Ausnahmeprinzip):
Grundsätzlich trifft der Mitarbeiter die Entscheidungen, die im Rahmen seines Aufgabengebietes anfallen, allein. In festgelegten Ausnahmefällen ist er jedoch auf Genehmigungen des Vorgesetzten angewiesen.

Beispiel Frau Ganser führt im Regelfall auch die Verhandlungen mit den Kunden über Preisnachlässe. Geht das Auftragsvolumen weit über das übliche Maß hinaus, muss sie jedoch mit ihrem Abteilungsleiter, Herrn Gerland, über die möglichen Mengenrabatte sprechen.

Management by Objectives (Führen durch Zielvereinbarung):
Mitarbeiter und Führungskräfte erarbeiten in der Regel gemeinsam eine Zielvereinbarung. Zur Erreichung dieser Ziele werden Aufgabenbereich und Handlungsspielraum der Mitarbeiter festgelegt. Innerhalb dieses festgelegten Bereiches können die Mitarbeiter freie Entscheidungen treffen.

Beispiel Mit ihrem Vorgesetzten hat Frau Ganser die innerhalb ihres Kundenstammes zu erreichenden Verkaufszahlen während des Geschäftsjahres festgelegt. In diesem Spielraum ist sie dazu ermächtigt, eigenständig Angebote mit besonderen Konditionen an die Kunden zu verschicken.

HF 1
Unternehmensstrategien und Management

LS 20 Konfliktmanagement

14 Konfliktmanagement

> **Beispiel** Frau Taubert, eine Mitarbeiterin der Fly Bike Werke aus dem Rechnungswesen, ist sauer: Bei der letzten Beförderung wurde sie übergangen. Der Chef der Verwaltung, Herr Steffes, suchte einen geeigneten Stellvertreter für die große Abteilung. Frau Taubert musste nun erfahren, dass ihr Kollege, Herr Müller, diesen Job bekommen hat. Frau Taubert ärgert sich, schließlich ist sie viel länger im Unternehmen und arbeitet sehr effektiv sowie fachlich kompetent. „Sollte Herr Steffes mal wieder einen terminlichen Engpass bei seinen eigenen Aufgaben haben, werde ich ihn sicher nicht über die normale Arbeitszeit hinaus unterstützen", denkt sie verbittert.

14.1 Konflikte erkennen

Was ist ein Konflikt?
Ein Konflikt liegt vor, wenn zwischen zwei oder mehreren Beteiligten eine Unvereinbarkeit von Zielen, Interessen oder Bedürfnissen wahrgenommen wird und die Beteiligten ein verschärftes Verhalten (z. B. Konkurrenzdenken, Aggressivität, Gewalt) zeigen. Dabei stellt sich bei den Konfliktparteien eine rechtfertigende Haltung zu dem Konflikt ein, gleichzeitig wird die andere Partei bewertet (z. B. Feindbild). Nicht jede Auseinandersetzung ist also mit einem Konflikt gleichzusetzen!

Konflikte gehören zum Alltag.
Überall dort, wo Menschen aufeinandertreffen, können Konflikte auftreten. Sie sind nicht grundsätzlich negativ zu bewerten, denn sie fördern die Kommunikation, machen auf Probleme aufmerksam und können die Standpunkte der Beteiligten klären. Konflikte können die soziale Ordnung stören, wenn sie unterdrückt, verdrängt oder unnachgiebig ausgetragen werden; sie können sogar in Drohungen und Gewalt gipfeln. Daher kann es nicht Ziel sein, Konflikte abzuschaffen, sondern es gilt, Möglichkeiten zu finden, sie gewaltfrei auszutragen.

Ähnlich wie bei einem Eisberg ist bei einem Konflikt zunächst nur ein kleiner Teil direkt offen wahrnehmbar, während der wesentlich größere Teil verborgen ist. Dieser verborgene Teil bestimmt jedoch maßgeblich den Verlauf eines Konfliktes.

Eisbergmodell nach Sigmund Freud

Der kleine sichtbare Teil des Eisbergs dient der Veranschaulichung der **Sachebene**. Hier werden Daten, Fakten oder Zahlen kommuniziert und die Körpersprache und das Verhalten der Beteiligten direkt wahrgenommen.

Nicht wahrnehmbar, „unter der Wasseroberfläche", sind vielfältige Informationen auf der **Beziehungsebene**. Diesem nicht sichtbaren Teil des Eisbergs sind die Botschaften zugeordnet, die Gefühle, Bedürfnisse, Werte und Erfahrungen transportieren. Sie bleiben häufig unausgesprochen. Störungen auf der Beziehungsebene wirken sich fast immer auch auf der Sachebene aus. Je stärker ein Konflikt eskaliert, desto mehr gewinnt in der Regel die Beziehungsebene an Gewicht.

ANFORDERUNGSSITUATION 1.2

14.2 Konflikte untersuchen

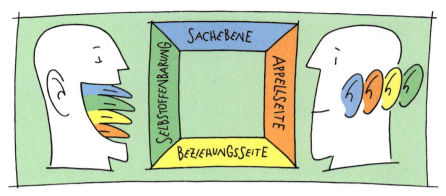

Vier-Ohren-Modell nach Schulz von Thun

Häufige Ursache von Konflikten sind Störungen in der Kommunikation. Der Grundvorgang der Kommunikation besteht darin, dass ein **Sender** einem **Empfänger** eine Nachricht übermittelt. Dabei können vielfältige Störungen auftreten. Wenn wir eine Nachricht genau betrachten, erkennen wir, dass sie gleichzeitig verschiedene Botschaften enthalten kann.

> **Beispiel** Als Frau Taubert eines Morgens ins Büro von Herrn Steffes kommt, sagt dieser: „Ich bin wirklich begeistert, wie motiviert Herr Müller seine neue Position angeht!" Was verbirgt sich hinter dieser Nachricht, was hat der Vorgesetzte bewusst oder unbewusst ausgedrückt und was kann Frau Taubert dieser Nachricht entnehmen?

Beispiel: Eine Nachricht – vier Botschaften	
Sachebene (worüber der Sender informiert)	Zunächst enthält die Nachricht die Sachinformation, dass der Vorgesetzte zufrieden mit der Arbeit von Herrn Müller ist.
Selbstoffenbarung (was der Sender von sich selbst offenbart)	In fast jeder Nachricht stecken auch Informationen über die Person des Senders. Wir erfahren, dass der Vorgesetzte von Frau Taubert froh darüber ist, den vermutlich passenden Mitarbeiter befördert zu haben.
Beziehungsseite (was der Sender und der Empfänger voneinander halten und wie die beiden zueinander stehen)	Hier fühlt sich der Empfänger als Person angesprochen, evtl. auch kritisiert. In dem gewählten Beispiel gibt der Vorgesetzte unter Umständen zu erkennen, dass er Frau Taubert diese Position nicht zugetraut hat.
Appellseite (was der Sender von dem Empfänger erwartet und was der Empfänger hört)	Viele Nachrichten beinhalten eine Aufforderung (Appell). Der Sender versucht, auf den Empfänger Einfluss zu nehmen. Dieser Versuch kann mehr oder minder versteckt sein. Auf das Beispiel bezogen kann das bedeuten, dass der Vorgesetzte möchte, dass Herr Müller akzeptiert und unterstützt wird.

Jede an eine andere Person gerichtete Äußerung kann diese vier Botschaften enthalten. Dadurch wird zwischenmenschliche Kommunikation spannend, aber auch spannungsreich und störanfällig, wenn es zu Missverständnissen oder Kommunikationsproblemen zwischen Sender und Empfänger kommt.

14.3 Konflikte bewältigen

Konflikte durchlaufen i. d. R. verschiedene Entwicklungsstufen und **verschärfen sich zunehmend**. Gerade in den ersten Phasen eines Konfliktes kann aber zu jedem Zeitpunkt Einfluss auf den Konfliktverlauf genommen werden. Dies setzt voraus, dass der Konflikt von den Beteiligten erkannt und zum Anlass genommen wird, eine **konstruktive** Lösung herbeizuführen.

konstruktiv
(lat.) fördernd, entwickelnd

Gelingt es den Beteiligten nicht, die Konfliktsituation eigenständig zu lösen, können sie sich an **entsprechende Gremien** in Schule und Betrieb wenden und dort um Hilfe bitten.

Konfliktfähig zu sein bedeutet, einen Konflikt gewaltfrei auszutragen, mehrere Lösungsmöglichkeiten zu entwickeln und die für die Beteiligten beste auszuwählen. Im Idealfall gibt es keine Verlierer, sondern alle Parteien gewinnen.

Regeln für eine gelungene Kommunikation in Konfliktsituationen
Signalisieren Sie Ihrem Konfliktpartner Gesprächsbereitschaft und versuchen Sie, eine anspannungsfreie Atmosphäre zu schaffen!
Bewahren Sie eine wertschätzende Grundhaltung gegenüber Ihrem Gesprächspartner (keine Abwertung, Drohung, Gegenaggression).
Hören Sie Ihrem Gesprächspartner aktiv zu. Schenken Sie ihm volle Aufmerksamkeit und halten Sie Blickkontakt!
Lassen Sie Ihren Gesprächspartner ausreden!
Beschreiben Sie mit eigenen Worten, was Sie verstanden haben. Fragen Sie nach, ob das so richtig ist.
Versuchen Sie, sich auch in die Situation des Gesprächspartners hineinzuversetzen!
Verwenden Sie „Ich"-Formulierungen, wenn Sie Ihre Meinung, Ihren Standpunkt, Ihr Gefühl formulieren.

Beispiel Da Frau Taubert das Thema klären möchte, bittet sie Herrn Steffes um ein Gespräch. Es zeigt sich, dass Herr Steffes sie gerne als Stellvertreterin gesehen hätte, sie aber nicht in Betracht gezogen hat, da sie zwei schulpflichtige Kinder hat. Frau Taubert kann nun erklären, dass sie sich eine solche Beförderung durchaus zutraut und flexibler arbeiten könnte, wenn Herr Steffes ihr entgegenkommt. Da das Aufgabenspektrum der Abteilungsleitung groß ist, beschließt Herr Steffes, Frau Taubert bei der nächsten Beförderungsrunde zu berücksichtigen.

Übersicht: Konflikte bewältigen

Konflikte gehören zum Alltag.
Ziel ist es, sie zu erkennen und für möglichst alle Konfliktparteien gewinnbringend zu lösen.
Kommunikation verhindert die Eskalation von Konflikten und verhilft zu einem angenehmen und konstruktiven Miteinander in Beruf und Schule sowie im privaten Umfeld.

15 Controlling

> **Beispiel** In der Fly Bike Werke GmbH werden mehrere Mitarbeiter im Rechnungswesen beschäftigt. Sie verbuchen die laufenden Geschäftsvorfälle, bereiten den Jahresabschluss vor und ermitteln den Gewinn. In der **Finanzbuchhaltung** (Rechnungskreis 1) folgen die Mitarbeiter den gesetzlichen Vorgaben, da der Jahresabschluss nicht nur zur Eigeninformation des Unternehmers dient, sondern auch dazu, die fälligen Steuern zu ermitteln und abzuführen. Daneben führen die Mitarbeiter auch eine genaue **Kosten- und Leistungsrechnung** (Rechnungskreis 2) durch. Hier werden Kosten- und Leistungen ermittelt, d. h. betriebsbedingte Aufwendungen und Erträge von neutralen Aufwendungen und Erträgen getrennt und einzelnen Kostenstellen zugerechnet. Grundsätzliche Ziele hierbei sind die genaue Ermittlung der Leistungen und Kosten der Fly Bike Werke GmbH und deren Umlegung auf die Verkaufspreise. Obwohl mit der Finanzbuchhaltung und der Kosten- und Leistungsrechnung zwei wichtige Instrumente zur Unternehmenssteuerung zur Verfügung stehen, hat die Fly Bike Werke GmbH vor einigen Jahren eine Stabsstelle geschaffen, um ein wirksames **Controlling** aufzubauen.

LS 21
Aufgaben des Controllings

Finanzbuchhaltung, vgl. **6–10**, S. 61 ff.

Jahresabschluss, Kosten- und Leistungsrechnung, vgl. **HF7**, Band 2

Stabsstelle Controlling, vgl. Organigramm der Fly Bike Werke, S. 49

Die Finanzbuchhaltung bildet betriebliche Wertströme ab und zeigt beim Jahresabschluss an, ob bzw. wie erfolgreich in einem Unternehmen gewirtschaftet wurde. Sie ist im Wesentlichen gegenwartsbezogen. Auch die Kosten- und Leistungsrechnung gibt Aufschluss über den tatsächlichen Unternehmenserfolg des einzelnen Unternehmens. Vertiefte Informationen über beispielsweise künftige Entwicklungen, Mitbewerber und **Stakeholder** kann das herkömmliche Rechnungswesen aber nur bedingt bieten. Außerdem wird das intellektuelle Kapital eines Unternehmens hier nicht berücksichtigt. Zu diesem Kapital gehören nach dem **Modell der Wissensbilanz** Humankapital (Wissen der Mitarbeiter), Strukturkapital (Organisations- und Kommunikationsstruktur eines Unternehmens) und Beziehungskapital (Bindung zu Kunden und Geschäftspartnern).

Stakeholder
Personen oder Institutionen, die am Jahresabschluss eines Unternehmens interessiert sind, vgl. **12.3**, S. 131

Controlling, oft zu stark verkürzt auf den Begriff „Kontrolle", hat in der Unternehmenslandschaft stark an Bedeutung gewonnen. Auch hier geht es, wie in der Finanzbuchhaltung und der Kosten- und Leistungsrechnung, um die Versorgung des Unternehmens mit Informationen, aber Controlling berücksichtigt auch das intellektuelle Kapital eines Unternehmens und geht weit über die Abbildung betrieblicher Wertströme hinaus.

Ziel des Controlling ist es, das langfristige Überleben des Unternehmens zu sichern, indem es die Zielfindung des Unternehmens unterstützt, zur Planung und Steuerung der Unternehmensprozesse beiträgt und über die Wirtschaftlichkeit des Unternehmens in den verschiedenen Bereichen wacht.

15.1 Begriff des Controllings

Controlling ist ein integratives Konzept zur Informationsbereitstellung, Planung, Umsetzung und Kontrolle von Unternehmensaktivitäten. Es unterstützt die Geschäftsleitung bei der erfolgreichen **Steuerung des Unternehmens**. Mit dem Controlling werden mehrere Ziele verfolgt. Oberstes Ziel ist die Absicherung der Geschäftsaktivitäten, um die Zukunft des Unternehmens zu sichern. Dies geschieht u. a. durch die Sicherung von Gewinn und Liquidität. Kundenorientierung, Effizienzsteigerung, optimale Auslastung und Risikominimierung bilden weitere Ziele.

Um ein erfolgreiches Controllingsystem aufzubauen, ist es notwendig, verschiedene **Entscheidungen** zu treffen. So muss im Vorfeld festgelegt werden, welche Ziele mit dem Controlling verfolgt werden sollen und mit welchen Kenngrößen die Zielerreichung gemessen wird. Weiterhin ist festzulegen, welcher Mitarbeiter welche Informationen erhalten muss und wer diese Informationen bereitzustellen hat. Schließlich ist eine zeitliche Planung vorzunehmen, d. h., es ist zu klären, in welchen Abständen und zu welchen Zeitpunkten Informationen bereitgestellt werden müssen.

15.2 Aufgaben des Controllings

Identifizierung von Unternehmenszielen

Wesentliche Aufgabe des Controllings ist es, **Ziele** für das Unternehmen festzulegen. Diese Ziele können das Gesamtunternehmen betreffen, z. B. den Betriebsgewinn um einen bestimmten Prozentsatz zu steigern, oder auch einzelne Funktionsbereiche oder Abteilungen, z. B. die Auslastungsrate von Maschinen in der Produktion, zu optimieren.

Zielsetzungen unternehmerischen Handelns, vgl. 12, S. 129

Folgende Zieldimensionen werden unterschieden:
- Sach- und Formalziele, soziale Ziele, ökologische Ziele (hinsichtlich des **Zielinhalts**)
- Begrenzte und unbegrenzte Zielvorgaben (hinsichtlich des **Zielausmaßes**)
- Kurzfristige, mittelfristige und langfristige Ziele (hinsichtlich des **zeitlichen Bezugs**)

Situationsanalyse

Um Unternehmensziele angemessen formulieren zu können, ist es notwendig, die gegenwärtige Situation des Unternehmens genau zu analysieren. Übergeht das Unternehmen bei der Zielidentifizierung die tatsächliche Situation, so läuft es Gefahr, sich unrealistische Ziele zu setzen, die nicht erfüllt werden können. Beispielsweise ist eine drastische Umsatzsteigerung auf einem schrumpfenden Markt ein unrealistisches Ziel.

Hierbei sind sowohl das Unternehmen selbst als auch die äußeren Bedingungen zu berücksichtigen. Zu den unternehmensinternen Aspekten gehören z. B. die Umsatz- und Gewinnermittlung, Personalfluktuation, Termintreue bei Kundenaufträgen u. Ä.

Die entsprechenden Daten können entweder vom Rechnungswesen bereitgestellt oder, falls das nicht möglich ist, in besonderen Statistiken erhoben werden. Äußere Bedingungen sind Änderungen bei Mitbewerbern (z. B. Fusionen), Marktwachstum, Kundenbedürfnisse, allgemeine wirtschaftliche Lage und dergleichen.

> **Beispiel** Aufgrund von Marktanalysen hat Herr S. Steffes herausgefunden, dass sich in den mittel- und osteuropäischen Ländern, insbesondere in Polen, ein Trend zu hochwertigen Rennrädern entwickelt. Ziel ist es, den schon vorhandenen, aber kleinen Marktanteil in Polen in diesem Segment mittelfristig auf 10 % zu steigern.

Maßnahmenplanung

Entsprechend den identifizierten Zielen sind Maßnahmen zu planen, um diese Ziele zu erreichen. Ist als Ziel beispielsweise eine Produktverbesserung geplant, so kommen als Maßnahmen die Anschaffung neuer Produktionsmaschinen und die Schulung der Mitarbeiter infrage. Besteht die Zielsetzung in einer Gewinnsteigerung, können entweder Maßnahmen ergriffen werden, um die Umsätze zu steigern (z. B. das Verstärken von Werbemaßnahmen), oder solche, um die Kosten zu senken.

Planungsfunktion des Controllings

Im nachfolgenden Beispiel werden für ein Ziel (Ausweitung des Umsatzanteils in Polen) mögliche zielführende Maßnahmen angegeben.

Aus unternehmerischen Zielen konkrete Maßnahmen ableiten

> **Beispiel** Um auf dem polnischen Markt Fuß zu fassen und den Marktanteil auszuweiten, müssen die Rennräder zielgruppengerecht beworben werden, ein entsprechendes Budget ist also bereitzustellen. Eventuell bietet sich auch die Kooperation mit einem polnischen Vertriebspartner an.

```
          Zielsetzung: Marktanteil in Polen erhöhen
                              |
                mögliche Maßnahmen zur Zielerreichung
                    |                       |
      Umsatzerlöse in Polen steigern   Bekanntheitsgrad in Polen steigern
```

Konkrete Maßnahmen, die die Zielerreichung unterstützen sollen, müssen in den Planwerten berücksichtigt werden. Mögliche Maßnahmen können z. B. sein:
- Werbemaßnahmen einleiten
- geeignete Distributionskanäle einschalten
- geeignete Preispolitik für den neuen Markt festlegen
- Einstellung von Personal, das sprachlich geschult und mit dem neuen Markt vertraut ist

Begleitung bei der Umsetzung

Steuerungsfunktion des Controllings

Umsetzung der Maßnahmen begleiten und Maßnahmen gegebenenfalls anpassen

Die geplanten Maßnahmen werden dann in den betreffenden Funktionsbereichen ausgeführt und vom Controlling begleitet. Dabei können die Maßnahmen im Zeitablauf angepasst, d. h. je nach Erfolg oder Misserfolg verändert werden.
- Der Absatz oder das Marketing entwickelt eine Werbemaßnahme.
- Der Absatz oder das Marketing wählen geeignete Distributionskanäle aus.
- Der Verkauf und die Kosten- und Leistungsrechnung kalkulieren neue Preise.
- Die Personalabteilung stellt einen neuen Personalbedarfsplan auf.

Wird der Ziel- und Planungszeitraum auf Quartale, das Halbjahr oder ein Geschäftsjahr erweitert, vervielfachen sich die notwendigen Planwerte. Lohn- und Gehaltserhöhungen, Personalanpassungen, Mietsteigerungen, saisonale Absatzschwankungen usw. müssen zukunftsorientiert in die Planung einbezogen werden. Außerdem muss eine Abstimmung mit anderen Plänen (z. B. Personalplan, Werbeplan) erfolgen.

Soll-/Ist-Vergleich

Nachdem die geplanten Maßnahmen umgesetzt worden sind, ist zu prüfen, ob sie auch zum gewünschten Erfolg geführt haben. An dieser Stelle wird klar, warum eine genaue Formulierung der Ziele unabdingbar ist.

Eine Zielvorgabe „Umsatzsteigerung um 3 % im 3. Quartal" kann nach dem 3. Quartal überprüft werden und zeigen, ob das Ziel erreicht wurde oder nicht. Eine Zielvorgabe „Umsatzsteigerung" ist kaum zu überprüfen, da der zeitliche Bezug und eine konkrete Größenordnung fehlen. Die Überprüfung ist aber notwendig, um Abweichungen zu analysieren und Gegenmaßnahmen zu ergreifen.

Kontrollfunktion des Controllings

Überprüfung der Ergebnisse anhand der Zielvorgaben und ggf. Analyse der Abweichungen

 Beispiel Trotz intensiver Werbung konnte in Polen bisher nur ein Marktanteil von 7 % bei hochwertigen Rennrädern erreicht werden.

Abweichungsanalyse und Maßnahmen zur Gegensteuerung

Wurde ein Unternehmensziel nicht erreicht, so sind die Ursachen zu analysieren. Hierbei sind Ursachen zu unterscheiden, die von einem Unternehmen nicht zu beeinflussen sind, und solche, gegen die Maßnahmen ergriffen werden können. Sollte ein Ziel nicht erreicht worden sein, so kann eine Ursache sein, dass man bei der Zielsetzung von fehlerhaften Prämissen ausgegangen ist. Eventuell wurde ein Trend ausgemacht, der dann doch nicht zu Umsatzsteigerungen geführt hat. Auch die Umweltbedingungen zwischen Zielformulierung und Zielüberprüfung können sich geändert haben, indem es z. B. zu einem Schwund der Nachfrage durch einen konjunkturellen Abschwung gekommen ist. Oder aber die fehlende Zielerreichung hat ihre Ursache in den Maßnahmen zur Umsetzung des Zieles.

Sind die Ursachen für den Erfolg oder Misserfolg festgestellt, muss das Ergebnis der Abweichungsanalyse die Aufstellung eines neuen Maßnahmenkatalogs sein, der zur Zielerreichung führt. Sind die Korrekturmaßnahmen nicht umsetzbar, müssen die Ziele entsprechend angepasst werden. Unrealistische und damit unerreichbare Zielsetzungen wirken demotivierend auf die Mitarbeiter. Auch hochgesteckte Ziele müssen – wenn auch mit Anstrengungen – erreichbar bleiben.

Ziele und Maßnahmen müssen realistisch, d.h. erreichbar bzw. umsetzbar sein

Beispiel In Polen wurde ein geringerer Marktanteil erreicht als geplant. Bei Analyse der Sachlage stellt sich heraus, dass die von einer lokalen Agentur geplante Werbekampagne die Zielgruppe nicht deutlich genug umworben hat. Außerdem haben die eingesetzten Handelsvertreter, die alle ausschließlich Mehrunternehmensvertreter waren, gleichzeitig Konkurrenzerzeugnisse vertrieben. Eine gezieltere Werbekampagne sowie der Einsatz alternativer Vertriebskanäle sind also geeignete Maßnahmen, um die ursprüngliche Zielsetzung zu erreichen.

Marketing, vgl. HF4, 1.1, S. 246

Dokumentation und Information

Bereichsübergreifend ist das Controlling für ein empfängerbezogenes Berichtswesen verantwortlich, das die Ergebnisse der Planung und der Realisierung regelmäßig und übersichtlich für die jeweilige Empfängergruppe aufbereitet.

Informationsfunktion des Controllings

Kostenstellenverantwortliche müssen „ihre" Planzahlen genau kennen. Sie erhalten detaillierte, aber i.d.R. nur die für ihre Kostenstelle relevanten Daten. Hinsichtlich der Kosten sind sie zumeist für die Einhaltung eines bestimmten Budgets verantwortlich. Für die Leitungsebene sind die Informationen stark zu komprimieren und grafisch aufzubereiten.

Dokumentation der Zielvorgaben, Abweichungen und Gegensteuerungsmaßnahmen und Information der Verantwortlichen

Beispiel Ein Diagramm zur Entwicklung des Betriebsergebnisses im Soll-Ist-Vergleich zeigt ein mögliches Problemfeld des Unternehmens schneller als lange Tabellen und Zahlenreihen.

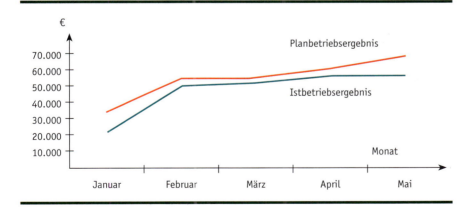

Regelkreis des Controlling

Im Idealfall ist der Controllingprozess als ein sich selbst steuernder **Regelkreis** angelegt, der den einmal gegebenen Anfangsimpuls (die Zielvorgabe) so lange in Schleifen abarbeitet, bis alle Ziele erfüllt sind. Man spricht in dem Zusammenhang auch von einem **kybernetischen** Prozess.

Kybernetik = Wissenschaft von der Steuerung und Regelung

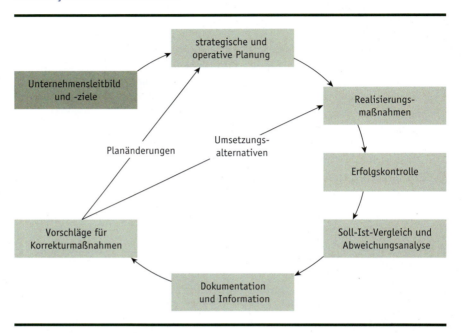

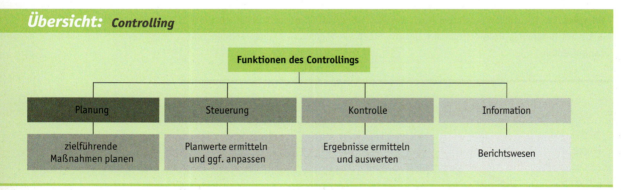

Übersicht: *Controlling*

HANDLUNGSFELD 2
Beschaffung

1 Beschaffungsprozesse organisieren

Der Begriff Beschaffung umfasst **im weiteren Sinne** die kostenoptimale Bereitstellung der benötigten Einsatzfaktoren, die für die betrieblichen Leistungsprozesse notwendig sind. Einsatzfaktoren sind dabei in erster Linie Materialien, Güter des Sachvermögens, Rechte, Dienstleistungen, Finanzmittel sowie das benötigte Personal.

Betriebliche Leistungsfaktoren, vgl. HF 1, 1.3, S. 23

Beschaffung **im Sinne der Materialwirtschaft** umfasst die Bereitstellung der zur Produktion erforderlichen Einsatzfaktoren, d.h. Materialien, Teile und Baugruppen.

Im Rahmen des Geschäftsprozessmodells handelt es sich bei Beschaffungsprozessen um Kernprozesse. Ihre vorrangige Aufgabe ist die **Bereitstellung der erforderlichen Ressourcen**. Für Leistungserstellungsprozesse werden beispielsweise verschiedene Einsatzfaktoren benötigt, die in einem Transformationsprozess zu verkaufsfähigen Produkten führen. Der Industriebetrieb ist damit ein Ort der Kombination von Einsatzfaktoren zur betrieblichen Leistungserstellung.

Konzept der Geschäftsprozesse, vgl. HF 1, 5.2, S. 59

Leistungserstellung, vgl. HF 3, S. 194 ff.

Beschaffung als Kernprozess

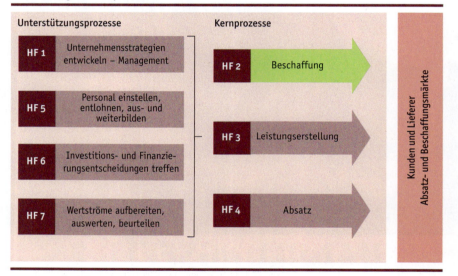

Beschaffungsprozesse beinhalten die folgenden Teilprozesse:
- Geeignete Bezugsquellen ermitteln
- Angebote einholen und vergleichen
- Beschaffungsvorgänge planen (Zielsetzungen beachten, Beschaffungsverfahren auswählen)
- Beschaffungsvorgänge durchführen
- Waren lagern
- Beschaffungsprozesse buchen (Kreditorenbuchhaltung)
- Wirtschaftlichkeit in der Beschaffung beurteilen

2 Bezugsquellen ermitteln und Angebote vergleichen

2.1 Bezugsquellenermittlung

LS 22
Bezugsquellenermittlung und Angebotsvergleich

Beispiel Die Fly Bike Werke GmbH bezieht regelmäßig Stahlrohr in unterschiedlichen Maßen und Legierungen für die Fertigung ihrer Fahrradrahmen. Von Zeit zu Zeit will sich die Einkaufsabteilung einen Überblick über die Situation am Markt verschaffen. Frau Nemitz-Müller aus der Abteilung Einkauf ist zuständig für die Disposition. Sie wird damit beauftragt, die bestehenden Konditionen zu überprüfen und mögliche neue Bezugsquellen für Stahlrohre zu ermitteln.

Ein Industrieunternehmen agiert in einer sich ständig verändernden Umwelt, wobei vielfältige Beziehungen zu Kunden, Lieferanten und anderen Gruppen aufgebaut und gepflegt werden müssen. Kunden entwickeln neue Bedürfnisse, neue Produkte erscheinen auf dem Markt, geeignete Lieferanten müssen gefunden und Neukunden überprüft werden, um nur einige Aufgaben zu nennen, mit denen sich das Industrieunternehmen auseinandersetzen muss. Um am Markt erfolgreich auftreten zu können, ist es deshalb notwendig, ständig Informationen über Absatz- und Beschaffungsmärkte, Mitbewerber und die gesamtwirtschaftliche Lage zu sammeln, zu aktualisieren und auszuwerten. Hierzu stehen verschiedene Quellen zur Verfügung.

2.1.1 Interne Informationsquellen

Interne Informationsquellen greifen auf Informationen zurück, die bereits im eigenen Unternehmen existieren. Hierzu gehören z. B. Lieferanten-, Artikel- und Kundendatei, die in vielen Unternehmen in einem **ERP-System** zusammengefasst sind.

ERP
(Enterprise Resource Planning) bezeichnet Software-Lösungen, die Geschäftsprozesse im Unternehmen einheitlich miteinander verknüpfen, steuern und auswerten.

Lieferantendatei
Lieferantendateien geben Auskunft über den bestehenden Lieferantenstamm. Neben Anschrift, Telefonnummer und Ansprechpartner kann man der Lieferantendatei auch einen Überblick über das Sortiment sowie die Liefer- und Zahlungsbedingungen der Lieferanten entnehmen. Besonderer Vorteil von Lieferantendateien ist die Möglichkeit, Bemerkungen über die Zuverlässigkeit des entsprechenden Lieferanten festzuhalten.

Artikeldatei
In der Artikeldatei findet sich das gesamte Sortiment des Industrieunternehmens, üblicherweise unterteilt nach Warengruppen. Die Artikeldatei gibt Auskunft über Lieferanten, Bestellnummer, Listeneinkaufspreis und Listenverkaufspreis des jeweiligen Artikels.

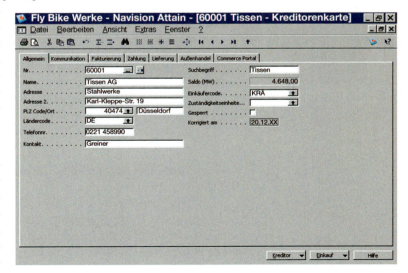

Kundendatei

Neben allgemeinen Angaben wie Anschrift, Telefonnummer und Ansprechpartner bieten Kundendateien einen Überblick über Umsätze, bevorzugtes Sortiment und Zahlungsmoral vorhandener Kunden. Diese Informationen sind wichtige Entscheidungshilfen z. B. für die Frage, ob und in welcher Höhe Rabatte eingeräumt und welche Zahlungsbedingungen gewährt werden. Außerdem können Kunden gezielt auf neue Sortimente und Sonderangebote hingewiesen werden.

> **Beispiel** Frau Nemitz-Müller informiert sich zunächst über die betriebsinternen Bezugsquellen über bestehende Lieferanten von Stahlrohren. Aus der Artikeldatei erfährt sie, dass Stahlrohre z. B. für das Modell Trekking Light von der Mannes AG in Bochum angeboten werden. Da ihr die Einstandspreise dort recht hoch erscheinen, beschließt sie, auch bei neuen Lieferanten die Konditionen für den Kauf einer größeren Menge an Stahlrohr anzufragen. Die betriebsintern gewonnenen Informationen ergänzt Frau Nemitz-Müller mit außerbetrieblichen (betriebsexternen) Informationen über mögliche Bezugsquellen.

2.1.2 Externe Informationsquellen

Nicht alle notwendigen Informationen lassen sich mithilfe der internen Informationsquellen ermitteln. Möglicherweise könnte es zum Beispiel günstiger sein, einen neuen Lieferanten zu beauftragen, oder ein neuer Kunde stellt einen Auftrag in Aussicht. Um Informationen über Konkurrenten oder die Entwicklung des Marktes zu erhalten, ist es notwendig, Informationsquellen außerhalb des eigenen Unternehmens in Anspruch zu nehmen. Auch hierzu stehen verschiedene Quellen zur Verfügung.

Informationen über den Markt und die Konkurrenz

Viele Informationen kann man in Katalogen und Prospekten anderer Unternehmen finden. Diese geben sowohl einen Überblick über deren Sortiment als auch über deren Preispolitik. In diesem Zusammenhang nehmen Fachmessen und Ausstellungen eine herausgehobene Stellung ein. In kurzer Zeit und auf einem begrenzten Raum treffen sich hier die Anbieter einer bestimmten Branche, präsentieren ihr Sortiment und nutzen die Gelegenheit dazu, Neuerungen zu testen. Allerdings kostet der Besuch einer Messe zumeist Eintritt. Wichtige Messeplätze in Deutschland sind z. B. Köln, Frankfurt/Main, Hannover, Leipzig und Berlin.

Zu den bekanntesten Messen gehören z. B. die Computermesse CeBit in Hannover oder die Buchmessen in Frankfurt/Main und Leipzig, die auch der Öffentlichkeit zugänglich sind.

Informationen über ein einzelnes Unternehmen

Benötigt man spezifische Informationen über ein anderes Unternehmen, so kann man sich einen grundsätzlichen Überblick durch einen Auszug des Handelsregisters verschaffen, das von dem Amtsgericht am Geschäftssitz des entsprechenden Unternehmens geführt wird. Das Handelsregister ist für alle öffentlich zugänglich und informiert über Geschäftssitz, Geschäftsgegenstand, Firma, Inhaber, Geschäftsführung und Prokura. Werden weitergehende Informationen benötigt, so kann eine Auskunftei beauftragt werden, die entgeltlich Informationen zur Verfügung stellt.

Handelsregister, vgl. **HF 1**, **2.3.4**, S. 36

2 Bezugsquellen ermitteln und Angebote vergleichen

Allgemeine Informationen

Eine wichtige Quelle für Informationen jeder Art ist das **Internet**. Es bietet über Suchmaschinen eine Vielzahl von Informationen, setzt jedoch voraus, dass die Suche durch genaue und treffende Suchbegriffe eingegrenzt wird, da ansonsten eine unüberschaubare Menge an Informationen geliefert wird.

www.wlw.de
Wer liefert was?

Branchenbücher wie das „ABC der deutschen Wirtschaft" und die „Gelben Seiten" bieten einen Überblick über Unternehmen der unterschiedlichen Wirtschaftszweige. Auch aus Fachzeitschriften können Adressen und Tätigkeitsfelder anderer Unternehmen entnommen werden. Weitere Informationsquellen sind Berichte von Kreditinstituten, statistische Berichte und Jahrbücher. Behörden wie das Statistische Bundesamt, Wirtschaftsinstitute und Verbände, Industrie- und Handelskammern stellen ebenfalls Informationen zur Verfügung.

*Wirtschaftssektoren, Branchen, vgl. **HF 1**, **1.2**, S. 15*

Für die Industrie ist es von großer Bedeutung, stets über eine Vielzahl von möglichen Bezugsquellen zu verfügen. Die schnelle Entwicklung in fast allen Branchen der Industrie erfordert eine konsequente Nutzung aller grundsätzlich vorhandenen Bezugsmöglichkeiten. So können durch die zunehmende Globalisierung und den Abbau von Handelsschranken (z. B. Zöllen) Lieferanten interessant werden, die in der Vergangenheit erst gar nicht in die nähere Auswahl für eine Bestellung gekommen wären.

*alternative Beschaffungswege, vgl. **7.5**, S. 181*

Auch der unvorhergesehene Ausfall eines Lieferanten kann durch das Vorhandensein von Alternativen im Bereich der Bezugsquellen besser aufgefangen werden.

Übersicht: Bezugsquellen ermitteln

betriebsinterne Informationsquellen	– Artikeldatei – Lieferantendatei – Berichte von Reisenden – Preis-, Einkaufs- und Absatzstatistiken
betriebsexterne Informationsquellen	– Adress- und Branchenbücher (z. B. Gelbe Seiten) – Besuch von Fachmessen – Vertreterbesuche – Berichte und Annoncen in Fachzeitschriften – Online-Recherche: Fachzeitschriften, Branchenverzeichnisse und Homepages von Anbietern – usw.

ANFORDERUNGSSITUATION 2.1

HF 2 — Beschaffung

2.2 Angebotsvergleich

Beispiel Frau Nemitz-Müller hat auf Basis der betriebsintern und -extern gewonnenen Informationen insgesamt vier Unternehmen ermittelt, die als Lieferanten für Stahlrohr in Frage kommen. Anschließend hat sie entsprechende Anfragen an diese Unternehmen verschickt. Kurz darauf erhält sie die gewünschten Angebote.

Anfrage, Angebot, vgl. HF 4, 12.1, S. 323 ff.

Immer wenn das Industrieunternehmen neue bzw. bisher noch nicht gelistete Materialien beziehen will, sollte es einen Angebotsvergleich durchführen. Da die Lieferanten eventuell neu oder ihre Konditionen für das Produkt andere als bisher bekannte sind, schafft sich der Industriebetrieb durch einen Angebotsvergleich die Möglichkeit, das für ihn beste Angebot zu ermitteln.

2.2.1 Quantitativer Angebotsvergleich

Beim quantitativen Angebotsvergleich richtet sich die Kaufentscheidung nach **messbaren Größen** wie dem Listeneinkaufspreis der Materialien, der Höhe der Preisnachlässe, den Beförderungs- und Verpackungskosten (Bezugskosten).

Beispiel Aus den vorliegenden Angeboten werden Preise und weitere Konditionen für die geplante Bestellmenge entnommen und zum Vergleich tabellarisch gegenübergestellt.

Artikel 1034020 – Stahlrohre, Außendurchmesser 34 mm, Wandstärke 2,00 mm für Eigenfertigung

Lieferant	Frankenstahl GmbH & Co. KG	Metallwerke GmbH	Mannes AG	Stahlwerke Tissen AG
Lieferanten-Nr.	–	–	60002	60001
Listeneinkaufspreis	3,70 €/m	3,90 €/m	3,80 €/m	4,00 €/m
Menge	4.000 m	4.000 m	4.000 m	4.000 m
Lieferantenrabatt	ab 1.000 m 12 %	ab 1.000 m 8 %, ab 2.000 m 11 %	ab 1.000 m 5 %, ab 2.000 m 10 %	ab 2.000 m 15 %
Zahlungskonditionen	innerhalb von 10 Tagen 3 % Skonto, Ziel 30 Tage	innerhalb von 14 Tagen 2,5 % Skonto, rein netto 30 Tage	innerhalb von 10 Tagen 3 % Skonto, Ziel 30 Tage	Zahlungsziel 8 Tage, kein Skonto
Bezugskosten	Transportkostenpauschale für FBW 1.200,00 €	Transportkostenanteil der FBW 5 % vom Zieleinkaufspreis	Anlieferungspauschale für FBW 1.000,00 €	ab 5.000,00 € Auftragswert Lieferung frei Lager FBW
Lieferfrist	7 Tage	4 Tage	6 Tage	4 Tage
weitere Kriterien aus den internen Dispositionsunterlagen	keine Erfahrungswerte	keine Erfahrungswerte	hohe Qualität, sehr zuverlässig	hohe Qualität, sehr zuverlässig

Bei einem Angebotsvergleich sind verschiedene vorliegende Angebote von den Disponenten oder Einkäufern nach festgelegten Bewertungskriterien zu vergleichen. Grundsätzlich ist der Bezugspreis als quantitatives Kriterium ein zentraler Entscheidungsfaktor für oder gegen ein Angebot. Hierbei ist eine exakte **Bezugskalkulation** durchzuführen. Mithilfe der Bezugskalkulation werden die verschiedenen Angebote nach einem bestimmten Kalkulationsschema miteinander verglichen.

Lieferant	Frankenstahl GmbH & Co. KG	Metallwerke GmbH	Mannes AG	Stahlwerke Tissen AG
① Listeneinkaufspreis	14.800,00 €	15.600,00 €	15.200,00 €	16.000,00 €
− Lieferantenrabatt	1.776,00 €	1.716,00 €	1.520,00 €	2.400,00 €
② = Zieleinkaufspreis	13.024,00 €	13.884,00 €	13.680,00 €	13.600,00 €
− Lieferantenskonto/ Lieferantenbonus	390,72 €	347,10 €	410,40 €	kein Skonto
③ = Bareinkaufspreis	12.633,28 €	13.536,90 €	13.269,60 €	13.600,00 €
④ + Bezugskosten	1.200,00 €	694,20 €	1.000,00 €	keine Bezugskosten
⑤ = Bezugspreis/ Einstandspreis	13.833,28 €	14.231,10 €	14.269,60 €	13.600,00 €
Lieferzeit	7 Tage	4 Tage	6 Tage	4 Tage

Erläuterungen

① Der Listeneinkaufspreis ist ein Nettobetrag ohne Umsatzsteuer.
② Enthält das Angebot sowohl Rabatt als auch Skonto, wird zunächst der Rabatt vom Listeneinkaufspreis abgezogen, da er vertraglich vereinbart ist. Das Ergebnis ist der Zieleinkaufspreis.
③ Danach wird der Skonto vom Zieleinkaufspreis abgezogen. Das Ergebnis ist der Bareinkaufspreis.
④ Die Bezugskosten werden zum Bareinkaufspreis hinzugerechnet. Dabei ist die Berechnung der Bezugskosten immer abhängig von den Kaufvertragsbedingungen. Bezugskosten können als prozentualer Zuschlag auf den Listeneinkaufspreis oder auf den Zieleinkaufspreis vereinbart werden. Häufig werden Verpackungskosten als Bestandteil der Bezugskosten, aber auch als Pauschalbeträge in Abhängigkeit von der Einkaufsmenge angegeben.
Versandkosten sind häufig nicht nur vom Einkaufswert und der Einkaufsmenge (Volumen, Gewicht), sondern auch von der Transportentfernung abhängig. Grundsätzlich ist zu prüfen, wer diese Kosten übernehmen muss (Lieferbedingungen beachten). Eventuell werden Verpackungskosten und Transportkosten vom Lieferanten übernommen, wenn die Bestellung mengen- oder wertmäßig bestimmte Grenzen überschreitet. Hinsichtlich der Skontoabzugsfähigkeit von in Rechnung gestellten Transport- oder Verpackungskosten sind ebenfalls die Vereinbarungen im Kaufvertrag zu beachten. Oft ist der Rechnungsbetrag einschließlich Transport- und Verpackungskosten skontierfähig. In diesem Fall ist das Kalkulationsschema für die Bezugskalkulation entsprechend abzuändern (Zieleinkaufspreis + Bezugskosten − Skonto).
⑤ Die Summe aus dem Bareinkaufspreis und den Bezugskosten ergibt den Bezugs- oder Einstandspreis.

Ergebnis:
Der preisgünstigste Anbieter ist die Stahlwerke Tissen AG.

Preisnachlässe, Bezugskosten, vgl. **HF 4**, **12.3**, S. 334 ff.

2.2.2 Qualitativer Angebotsvergleich

> **Beispiel** Die Fly Bike Werke GmbH erhält ein Angebot von zwei Lieferanten, die sich hinsichtlich des Bezugspreises nur um wenige Euro unterscheiden. Frau Nemitz-Müller überlegt nun: Nach welchen anderen Kriterien neben dem Bezugspreis sollte sie eine Entscheidung für oder gegen eines dieser Angebote treffen?

Das Angebot mit dem günstigsten Bezugspreis muss nicht unbedingt gleichzeitig das beste sein. Wenn z. B. der Lieferant mit dem günstigsten Bezugspreis nur minderwertige oder mangelhafte Qualität liefert, können dem Industriebetrieb hohe Kosten durch Produktionsstockungen, **Restanten** und Kundenreklamationen entstehen. Der Industriebetrieb muss also bei seiner Kaufentscheidung neben dem Preis weitere Aspekte berücksichtigen.

Restanten: nicht verkaufte Ware

Qualität des Materials
Ein Produkt ist nur verkäuflich, wenn es den Qualitätsansprüchen der Kunden entspricht. Ist der Kunde von der Qualität des Produktes enttäuscht, bleibt es liegen oder wird beanstandet. Dem Industriebetrieb entstehen dadurch hohe Lager- und Verwaltungskosten. Außerdem wird das Image seines Unternehmens unter häufigen Reklamationen leiden. Sollte das Material den Qualitätsansprüchen nicht genügen, kann es außerdem passieren, dass die anderen im Produktionsprozess verwendeten Materialien in Mitleidenschaft gezogen werden und im schlimmsten Fall die Produktion gestoppt werden muss, was in der Regel zu hohen Kosten führt.

nachhaltige und fair gehandelte Güter, vgl. 3.3, S. 156

Umweltverträglichkeit der Produkte
Kein Industriebetrieb kann sich heute der Verantwortung für die Umwelt verschließen. Je nach Unternehmensziel und Sortiment erhält die Umweltverträglichkeit der zu beschaffenden Materialien und deren Verpackung unterschiedliche Gewichtung.

Lieferbedingungen
Die Verkaufsbereitschaft des Industriebetriebes ist davon abhängig, ob die Produkte pünktlich und mangelfrei geliefert werden. Dies wiederum ist davon abhängig, ob der Produktionsprozess reibungslos ablaufen kann. Fehlendes Material kann die Produktion verlangsamen, dies führt zu Lieferungsverzögerungen und damit zu Kunden- und Umsatzverlusten sowie Gewinneinbußen. Muss der Industriebetrieb aufgrund der Unzuverlässigkeit seines Lieferanten größere Materialbestände bevorraten oder zu früheren Zeitpunkten bestellen, um das Risiko einer Fehlmenge zu minimieren, führt dies zu unnötig hohen Lagerkosten.

Von Interesse bei der Lieferantenauswahl ist auch,
- innerhalb welcher Frist der Lieferant liefern kann,
- welche Mengen er liefern kann,
- ob Mindestbestellmengen vom Lieferanten vorgegeben werden und
- wie flexibel er auf Sonderwünsche reagiert.

Zahlungsbedingungen
Neben den Preisnachlässen, die im quantitativen Angebotsvergleich berücksichtigt werden, ist der Zahlungszeitpunkt wesentlich für die Kaufentscheidung. Bietet ein Lieferant ein Zahlungsziel an, kann es für den Industriebetrieb vorteilhaft sein, dieses auszunutzen, um seine Liquidität zu erhalten.

Serviceleistungen des Lieferanten

Wichtige Entscheidungskriterien sind das kulante Verhalten eines Lieferanten in Reklamationsfällen und der Umfang der gewährten Garantieleistungen. Ausschlaggebend können auch Zusatzleistungen des Lieferanten sein, wie z.B. Beratung, Depot-/Warenkundeschulungen des Verkaufspersonals, der Einsatz von Werbefilmen, Flyern und anderen Werbemitteln.

Um die qualitativen Aspekte verschiedener Angebote miteinander vergleichen zu können, ist es sinnvoll, eine Nutzwertanalyse durchzuführen. Hierbei werden ausgewählte Leistungen der Anbieter mit einem Punktesystem bewertet. Diese Bewertung erfolgt mithilfe einer Entscheidungstabelle. Zur besseren Übersichtlichkeit sollen nur beispielhaft einige Kriterien zum Vergleich herangezogen werden.

Vorgehensweise/Ablauf der Nutzwertanalyse

1. Die ausgewählten Leistungskriterien der verschiedenen Lieferanten, wie z.B. Qualität, Lieferfrist und Umweltverträglichkeit, haben für jedes Unternehmen unterschiedliche Bedeutung. Die Qualität der Ware wird hier mit dem Faktor 5 als wichtiger eingestuft als die Lieferfrist (Faktor 3) und die Umweltverträglichkeit, die mit dem Faktor 2 gewichtet wird.
2. Die Leistungen der verschiedenen Lieferanten werden nach einer Punkteskala von 1 bis 9 bewertet. So erhält der Lieferant 1 für die Qualität der Waren 5 Punkte, für die Lieferfrist 7 Punkte und für die Umweltverträglichkeit 4 von jeweils 9 möglichen Punkten.
3. Die Bewertungspunkte werden mit dem Gewichtungsfaktor multipliziert.
4. Das Gesamtergebnis für die einzelnen Lieferanten ergibt sich aus der Addition der gewichteten Bewertungen.
5. Das beste Gesamtergebnis hat der Lieferant mit der höchsten Punktzahl.

Kriterien	Gewichtungsfaktor	Leistungen Lieferant 1		Leistungen Lieferant 2		Leistungen Lieferant 3	
		Punkte	Punkte · Faktor	Punkte	Punkte · Faktor	Punkte	Punkte · Faktor
Qualität der Ware	5	5	25	7	35	6	30
Lieferfrist	3	7	21	8	24	5	15
Umweltverträglichkeit	2	4	8	4	8	2	4
Gesamtwert	10		54		67		49

Ergebnis: Das beste Gesamtergebnis unter qualitativen Gesichtspunkten hat der Lieferant 2 mit 67 Punkten.

Übersicht: Angebotsvergleich

Quantitativer Angebotsvergleich	– Ziel: Ermittlung des preisgünstigsten Angebots – Kriterien: Bezugspreis/Einstandspreis – Vorgehen: Bezugskalkulation
Qualitativer Angebotsvergleich	– Ziel: Entscheidung für ein Angebot aufgrund zusätzlicher Kriterien – das günstigste Angebot muss nicht das beste sein! – Kriterien: z.B. Qualität, Umweltverträglichkeit, Serviceleistungen – Vorgehen: Nutzwertanalyse

3 Ziele der Beschaffung

3.1 Zielkategorien und Zielkonflikte

Sach- und Formalziele, vgl. HF 1, 12.1, S. 129

Das **Formalziel** der Beschaffung besteht darin, die Materialversorgung möglichst kostengünstig und die Entsorgung des Materialabfalls unter Beachtung ökologischer Gesichtspunkte durchzuführen. Das **Sachziel** der Beschaffung ist es, das Unternehmen sicher mit Material zu versorgen. Damit sind drei Zielkategorien angesprochen:

Just in Time, vgl. 4.3, S. 161

Zielkategorien in der Beschaffung	
Kostenreduzierungsziele	– niedrige Bezugskosten – niedrige Lagerkosten (geringe Lagerbestände) – niedrige Fehlmengenkosten – kurze Durchlaufzeiten (Just in Time)
Qualitätsverbesserungsziele	– lieferseitige Qualität der Materialien – hohe Umweltverträglichkeit
Versorgungsziele	– kurze Lieferzeiten – hohe Termintreue – sichere Bezugsquellen – Flexibilität

Qualitätssicherung, vgl. HF 3, 6.1, S. 236

Beispiel Um sich gegen die Konkurrenz aus Osteuropa und Fernost durchsetzen zu können, achtet die Einkaufsabteilung auf günstige Einstandspreise. Um sicherzustellen, dass die Produkte der gewünschten Qualität entsprechen, hat die Fly Bike Werke GmbH von allen Lieferanten eine Zertifizierung nach den Qualitätsnormen der ISO 9000 gefordert. Um die Versorgungsziele zu erreichen, müssen der Produktion die benötigten Materialien zum gewünschten Termin und zu möglichst kurzen Lieferzeiten zur Verfügung stehen (operative Bereitschaft). Langfristig geht es darum, die Sicherheit der Lieferquellen zu gewährleisten (strategische Lieferbereitschaft).

Es ist wichtig, dass sowohl eine Abstimmung zwischen den einzelnen Unternehmensbereichen und Abteilungen als auch zwischen den Zielen selbst erfolgt. Geschieht dies nicht, kann es zu **Zielkonflikten** kommen. Zielkonflikte entstehen immer dann, wenn innerhalb eines Zielsystems ein Ziel nur zulasten eines anderen Ziels erreicht werden kann.

Zielkonflikte in der Beschaffung	
Hohe Lieferbereitschaft gegen niedrige Lagerkosten	Eine hohe Lieferbereitschaft erfordert hohe Sicherheitsbestände, um stets lieferfähig zu sein. Dies führt zu einer Erhöhung der Lagerkosten in Form von Personalkosten oder Zinskosten (durch eine steigende Kapitalbindung).
Günstige Einstandspreise gegen niedrige Materialbestände	Günstige Einstandspreise setzen häufig hohe Bestellmengen voraus (z. B. Ausnutzung von Rabatten). Dadurch erhöhen sich allerdings die Materialbestände und auch die Kapitalbindungskosten. Außerdem besteht die Gefahr von Materialverlusten in Form von Diebstahl oder Verringerung der Materialqualität durch zu lange Lagerzeiten.
Günstige Einstandspreise gegen hohe Umweltverträglichkeit	Die Beschaffung umweltverträglicher Materialien erfordert eine aufwendigere Beschaffungsmarktforschung. Zudem sind umweltfreundliche Materialien häufig teurer als herkömmliche Materialien.

3.2 Preisplanung

3 Ziele der Beschaffung

LS 23
Ziele der Beschaffung

Die Preisplanung im Rahmen von Beschaffungsprozessen ermittelt Preisobergrenzen für zu beschaffende Materialien. **Bezugspreise** sind ein wesentlicher Kostenfaktor, der sich letztlich in der Kalkulation der **Absatzpreise** niederschlägt. Für die am Markt abzusetzenden Enderzeugnisse müssen Absatzpreise kalkuliert werden, die einerseits die entstandenen Kosten, z. B. der Beschaffung und Produktion, abdecken. Außerdem wird in der Regel ein Gewinnzuschlag in die Preise einkalkuliert. Andererseits müssen die kalkulierten Preise auch am Markt realisiert werden können, d. h., die Nachfrager müssen bereit sein, den Preis für das Produkt auch zu bezahlen.

Preisplanung im Spannungsfeld von Kosten- und Nachfrageorientierung

Insbesondere auf **Käufermärkten** ist die Zahlungsbereitschaft der potenziellen Kunden die Preisobergrenze, die nicht überschritten werden darf. Die Zahlungsbereitschaft der Kunden hängt zum einen von den Preisen der Konkurrenten ab. Aber auch für Produkte, die nicht von Konkurrenten angeboten werden, ist die Zahlungsbereitschaft nicht unendlich hoch. Wird das Produkt zu teuer angeboten, so wird der Kunde im Zweifel auf den Kauf verzichten.

Preisgestaltung im Rahmen der Kontrahierungspolitik, vgl. **HF4**, **4.1**, S. 260

Welche Obergrenze für einen Bezugspreis gilt, kann mithilfe der **Rückwärtskalkulation** ermittelt werden. Im Extremfall kann die Preisplanung zu der Entscheidung führen, dass ein geplantes Produkt nicht ins Produktionsprogramm aufgenommen wird. Dies ist der Fall, wenn alle potenziellen Lieferanten oberhalb der ermittelten Preisobergrenze anbieten, d. h., wenn ein Produkt nur zu einem höheren Bezugspreis bezogen werden kann.

Beispiel Durch eine Innovationsstiftung ist man in der Fly Bike Werke GmbH auf die Idee eines cleveren Erfinders gestoßen. Dieser hat einen Fahrradanhänger entwickelt, der eine große Transportfläche bietet und durch sein integriertes Zelt auch für Campingausflüge genutzt werden kann. Der Erfinder bietet der Fly Bike Werke GmbH die Exklusivnutzung seiner Idee an. Die Marktforschung hat ergeben, dass seitens der Kunden für diesen Anhänger ein Absatzpreis von 150 € akzeptiert würde. Ausgehend von diesem Verkaufspreis muss nun rückwärts kalkuliert werden, wie hoch der Bezugspreis maximal sein darf, um den Fahrradanhänger ins Programm aufnehmen zu können.

Marktforschung, vgl. **HF4**, **2**, S. 249

	Bezugspreis in €	94,04		100 %
+	Handlungskostenzuschlagsatz (45 %)	42,32		45 %
	Selbstkostenpreis in €	136,36	100 %	145 %
+	Gewinnzuschlag (10 %)	13,64	10 %	
	Nettoverkaufspreis in €	150,00	110 %	

Anmerkung: Aus Vereinfachungsgründen wurde angenommen, dass keine Skonti und Rabatte gewährt werden.

Bei einem angenommenen Handlungskostenzuschlagsatz von 45 % und einem Gewinnzuschlagsatz von 10 % darf der Bezugspreis maximal 94,04 € betragen.

Zahlungsbedingungen, vgl. **HF4**, **12.3**, S. 332

HF 2 Beschaffung

3.3 Nachhaltigkeit und fairer Handel

Wertschöpfung,
vgl. **HF 1**, **5.1.4**, S. 57

www.blauer-engel.de

„Euroblume"
www.eu-ecolabel.de

www.fairtrade-deutschland.de

www.label-online.de

Aus unternehmerischer Verantwortung gegenüber Umwelt und Mitmenschen ist es geboten, Beschaffungsentscheidungen auch unter Umweltaspekten zu fällen und entsprechende Beschaffungsziele zu formulieren. Auch immer mehr Verbraucher legen Wert auf Waren, die nicht nur von hoher Qualität, sondern auch unter Umweltgesichtspunkten verträglich sind.

Um dieses Ziel zu erreichen, muss die komplette Wertschöpfungskette möglichst umweltverträglich gestaltet sein. Nachhaltigkeit nimmt hierbei einen besonderen Stellenwert ein. **Nachhaltigkeit** in ihrer ursprünglichen Bedeutung erfordert, dass Ressourcen nur in dem Maße der Umwelt entnommen werden, wie sie auch wieder nachwachsen. Ein klassisches Beispiel hierfür ist der Regenwald. Hier wurde und wird noch immer mehr Wald gerodet als gleichzeitig nachwachsen kann, so dass hier der Grundsatz der Nachhaltigkeit verletzt ist.

Neben dem Aspekt der Nachhaltigkeit gewinnt **fairer Handel** auch für Beschaffungsentscheidungen immer mehr an Bedeutung und hat Eingang in die Zielsetzung vieler Unternehmen gefunden. Das Konzept des fairen Handels betrifft vor allem den Handel zwischen Industrie- und Entwicklungsländern. Es sieht vor, dass Erzeuger weltweit garantierte Mindestpreise für ihre Rohstoffe (z. B. Kaffee, Kakaobohnen, Tee, Blumen u. Ä.) erhalten, um sicherzustellen, dass die Erzeuger ein verlässliches Einkommen erhalten, von dem sie unabhängig von Schwankungen des Weltmarktpreises sicher leben können.

In beiden Fällen garantieren Zertifikate unabhängiger Dritter, dass die gehandelte Ware auch tatsächlich nachhaltig erzeugt bzw. fair gehandelt wurde. „Der Blaue Engel" in Deutschland sowie die „Euroblume" auf europäischer Ebene zählen zu den bekanntesten Umwelt-Siegeln. Mit dem Fairtrade-Siegel werden Produkte ausgezeichnet, die den Standards des TransFair e.V. entsprechen. TransFair setzt sich dafür ein, dass sich die Lebens- und Arbeitsbedingungen von Produzenten aus Entwicklungsländern nachhaltig verbessern.

Sowohl nachhaltig erzeugte als auch fair gehandelte Waren sind in der Regel teurer als konventionelle Rohstoffe und Waren. Hier kann sich also ein Zielkonflikt ergeben zwischen Einkauf zu günstigen Preisen einerseits und der Beschaffung von nachhaltig erzeugten und/oder fair gehandelten Waren andererseits.

Übersicht: Ziele der Beschaffung

Zielkategorien	– Kosten reduzieren – Qualität verbessern – Versorgung sichern
Beschaffung kostengünstiger Güter	– Preisplanung orientiert sich an der Zahlungsbereitschaft potenzieller Kunden – Hilfsmittel: Rückwärtskalkulation
Beschaffung nachhaltiger Güter	– der Umwelt nicht mehr Ressourcen entnehmen als gleichzeitig nachwachsen können – unternehmerische Verantwortung wahrnehmen – Zertifizierung möglich
Beschaffung fair gehandelter Güter	– Mindestpreise für Erzeuger in Drittweltländern, um deren Einkommen zu sichern – unternehmerische Verantwortung – Zertifizierung möglich

4 Beschaffungsverfahren

4.1 Bestellpunktverfahren

LS 24
Beschaffungsverfahren und Just in Time

Zur Ermittlung des optimalen Bestellzeitpunktes sind die Begriffe Mindestbestand, Meldebestand und Höchstbestand zu klären.

Der **Mindestbestand** ist ein vom Unternehmen festgelegter Bestand, der die Lieferbereitschaft auch bei unvorhergesehenen Zwischenfällen sichern soll. Dieser Bestand darf nur mit ausdrücklicher Genehmigung bzw. Anweisung der Geschäftsleitung angetastet werden.

Bestandsarten im Lager, vgl. **7.4**, S. 180

> **Beispiel** Die Fahrradteile International GmbH ist aufgrund eines Wasserschadens nicht in der Lage, die bereits von der Fly Bike Werke GmbH georderte Menge Fahrradreifen zu liefern. Daraufhin gibt der Geschäftsführer der Fly Bike Werke GmbH, Herr Peters, seinen Mitarbeitern die Anweisung, den Mindestbestand zu unterschreiten, damit die Produktion nicht ins Stocken gerät.

Der **Meldebestand** legt den genauen Bestellzeitpunkt fest. Bei Erreichen des Meldebestandes muss eine bestimmte Menge der Ware bestellt werden bzw. die Bestellung wird automatisch ausgelöst. Die folgende Formel zur Errechnung des Meldebestandes gewährleistet, dass in der Zeitspanne zwischen Bestellung und Lieferung der Ware der Mindestbestand nicht unterschritten wird.

Meldebestand = Mindestbestand + Verbrauch pro Periode · Beschaffungszeit

> **Beispiel** Der Mindestbestand von Scheibenbremsen liegt bei 700 Stück. Der Lieferant, die DAX AG, benötigt eine Lieferzeit von sechs Tagen. Pro Tag werden etwa 300 Bremsen in Fahrräder eingebaut.
>
> Ermittlung des Meldebestandes: 700 + 6 · 300 = 2.500 Stück

Der **Höchstbestand** ist ein ebenfalls vom Unternehmen festgelegter Bestand, der die Höchstlagerungsmenge der Ware bestimmt. Er ist abhängig von der räumlichen Lagerungskapazität, von der täglich verbrauchten Menge und den durch die Lagerung entstehenden Kosten.

HF 2 Beschaffung

> **Beispiel** Von Fahrradklingeln werden in der Produktion durchschnittlich 40 Kartons pro Tag benötigt. Der Mindestbestand beträgt 200 Kartons. Der Lieferer ist in der Regel in der Lage, innerhalb von zwei Tagen die gewünschte Menge zu liefern. Da die Bestellung und die Lieferung sowohl Personal als auch Transportkosten verursachen, ist es wichtig, einerseits nicht zu oft zu bestellen, andererseits aber auch nicht zu hohe Mengen auf Lager zu halten. Aus diesem Grunde wurde der Höchstbestand auf 1.200 Kartons festgesetzt. So muss nur einmal im Monat bestellt werden. Der Höchstbestand reicht 25 Arbeitstage, ohne den Mindestbestand von 200 Kartons anzurühren.
>
> $$\frac{\text{Höchstbestand} - \text{Mindestbestand}}{\text{Verbrauch pro Periode}} = \frac{1.200 - 200}{40} = 25 \text{ Arbeitstage}$$

Bestellpunktverfahren

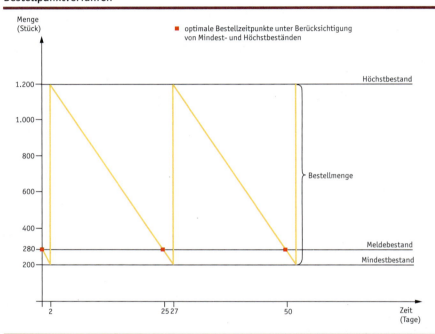

> **Beispiel** Bei den Fahrradklingeln liegt der Bestellzeitpunkt bei 280 Kartons (Meldebestand). Alle 25 Arbeitstage werden 1.000 Kartons bestellt, das ist die Menge, die bei Eintreffen der Lieferung zum Höchstbestand führt. Der Höchstbestand baut sich in den folgenden 25 Tagen bis zum Mindestbestand ab (z. B. von Tag 2 bis Tag 27).

Strategien beim Bestellpunktverfahren	
Prinzip: konstante Menge	Wenn der verfügbare Bestand den Bestellpunkt erreicht, wird eine konstante Menge nachbestellt.
Prinzip: Minimum – Maximum	Wenn der verfügbare Bestand den Bestellpunkt erreicht, wird dieser bis zu einer Obergrenze (Höchstbestand) aufgefüllt. Durch die Festlegung dieser Obergrenze werden unnötige hohe Materialvorräte verhindert (siehe Beispiel).

4.2 Bestellrhythmusverfahren

Beim Bestellrhythmusverfahren (Terminsteuerung) erfolgt eine Bestandskontrolle oder Nachbestellung **in zyklischen Intervallen**. Das Bestellrhythmusverfahren ermöglicht so koordinierte Bestellungen (verschiedene Lagerartikel vom gleichen Lieferanten) und orientiert sich am Lieferanten- oder Produktionsrhythmus.

Das Bestellrhythmusverfahren hat gegenüber dem Bestellpunktverfahren den Vorteil, dass sehr schnell erkannt wird, ob z. B. ein bestimmtes Material schon längere Zeit keine Bewegungen aufweist und damit eventuell als so genannter „Lagerhüter" aus dem Lager herausgenommen werden muss.

Komponentenliste Modell Light

Set-Nr. Fly Bike	Komponentengruppe	Damen Trek TR	Teile	Anbieter	Einstandspreis geplant in €
9520	Verpackung 2	Verpackung	PE-Strechfolie/Rolle, 300 m	Kunststoffwerke	68,95

 Beispiel Bestellrhythmusverfahren in der Fly Bike Werke GmbH
Für die Verpackung Klarsichtfolie ergibt sich ein jährlicher Verbrauch in Höhe von 48.000 Rollen.

- Unter Berücksichtigung des Betriebskalenders wird von 250 Arbeitstagen ausgegangen.
- Der durchschnittliche Verbrauch je Arbeitstag beträgt 192 Rollen
  (48.000 Rollen/250 Arbeitstage).
- Die Beschaffungszeit beträgt acht Tage.
- Der Mindestbestand liegt bei 576 Rollen.
- Der Höchstbestand wird mit 10.000 Rollen angesetzt.
- Der aktuelle Lagerbestand beträgt 5.000 Rollen.

Meldebestand = Mindestbestand +
   Verbrauch pro Periode · Beschaffungszeit
 = 576 + 192 · 8
 = 2.112 Rollen

Der Bestand wird in konstanten Intervallen von zehn Tagen überprüft. Bei Erreichen des Meldebestandes bzw. bei seiner Unterschreitung wird der Bestand bis zum Höchstbestand aufgefüllt. Bei strikter Anwendung des Bestellrhythmusverfahrens würde am 10. Tag keine Bestellung erfolgen, denn der Lagerbestand liegt noch über dem Meldebestand. Erst bei Erreichen des Meldebestandes würde eine Bestellung ausgelöst werden. Dadurch wäre nicht mehr sichergestellt, dass der vorhandene Lagerbestand (einschließlich des Sicherheitsbestandes) ausreicht, den Verbrauch während der Beschaffungszeit abzudecken.

HF 2 Beschaffung

> **Beispiel** Für die Verpackung Klarsichtfolie erfolgt eine Bestellung am 10. Tag, die Lieferung erfolgt am 18. Tag, so dass der Sicherheitsbestand nicht „angegriffen" werden muss. In derselben Weise wird am 40. Tag verfahren. Sollte für die Überprüfung der Lagerbestände eine Zeitspanne anfallen, die ins Gewicht fällt, so müsste sie für die Berechnung des Bestellpunktes zur Beschaffungszeit hinzugerechnet werden.

Bestellrhythmusverfahren

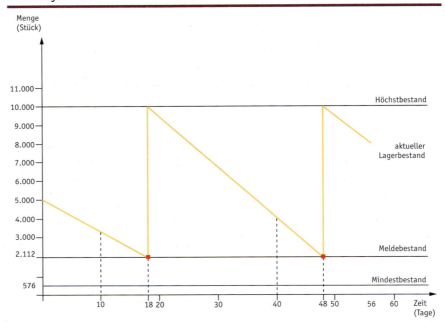

Strategien beim Bestellrhythmusverfahren	
Prinzip: konstante Intervalle	Wenn Lagerbewegungen stattgefunden haben, wird in konstanten Intervallen nachbestellt und bis zum Höchststand aufgefüllt.
Prinzip: konstante Intervalle/ konstante Menge	Der Bestand wird in konstanten Intervallen überprüft. Wird der Bestellpunkt erreicht, wird eine konstante Menge nachbestellt.
Prinzip: konstante Intervalle/ Minimum – Maximum	Der Bestand wird in konstanten Intervallen überprüft. Wird der Bestellpunkt erreicht, wird bis zum Höchstbestand aufgefüllt.

4.3 Just-in-Time-Lieferung

Just in Time (JIT) bedeutet, dass Materialien; Teile, Baugruppen, halbfertige und fertige Erzeugnisse von vorgelagerten Stufen dann bereitgestellt werden, wenn die nachfolgenden Stufen sie benötigen. Bei der Abwicklung von Beschaffungs- und Produktionsprozessen müssen Materialien, Güter und Informationen ohne Störungen fließen. Hier hat das Just-in-Time-Prinzip eingefahrene Strukturen grundlegend verändert. Der Aufbau von Sicherheitslagern entlang der Versorgungskette lässt sich durch Informationen und flexible Logistik ersetzen. JIT, d. h. „gerade zur rechten Zeit am richtigen Ort", soll sowohl Geschäftsprozesse vom Lieferanten zum produzierenden Unternehmen als auch unternehmensintern und zum Kunden optimieren

Materialfluss früher und heute

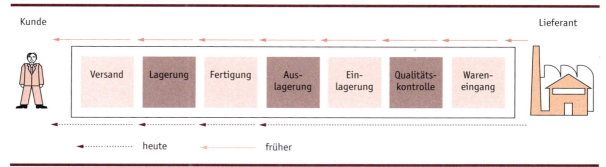

Durch JIT wird Verschwendung in Form von Kapital, Raum und Handling vermieden. Bei der erfolgreichen Verwirklichung der JIT-Idee sind aber bestimmte Voraussetzungen zu beachten, die sowohl auf der Seite des Lieferanten als auch des Herstellers bzw. seiner Kunden erfüllt sein müssen. Sie betreffen organisatorische sowie technische Aspekte der Zusammenarbeit.

JIT-Voraussetzungen	
organisatorisch	– ganzheitliche Betrachtungsweise (nicht einfach die „Lasten" von einem zum anderen schieben) – Lieferant und Hersteller müssen aufeinander abgestimmte Planungsverfahren einführen. – Der Informationsaustausch zwischen Lieferant und Hersteller muss durch EDV-Einsatz verbessert werden. – Maximale Disziplin und Zuverlässigkeit aller am „Fluss" Beteiligten. Der Warenempfänger kann unter JIT-Verhältnissen Fehler nicht mehr auffangen, da steuernde Eingriffe nicht mehr möglich sind: Terminabweichungen würden zu chaotischen Zuständen führen.
technisch	– hohes Qualitätsniveau (Tendenz zum Null-Fehler-Standard) – Schaffung JIT-fähiger Arbeitspläne und Produktionsverfahren, JIT ist bereits bei der Produktentwicklung einzuplanen – kleinere Fertigungslose – Minimierung der Rüstzeiten, indem Konzepte und Layouts mit einfachen Übergängen geschaffen werden

HF 2
Beschaffung

Unter JIT-Verhältnissen darf weder „zu früh" noch „zu spät" geliefert werden, beides bedeutet Ressourcenverschwendung. JIT führt zu einem Leistungsverbund zwischen allen am unternehmensübergreifenden Geschäftsprozess Beteiligten: Lieferanten, herstellendem Unternehmen und Kunden. Sie sind Glieder einer Wertschöpfungskette, deren Stärke von der Qualität der betriebsübergreifenden Logistik und Informatik bestimmt wird.

Unternehmen, die nach JIT-Grundsätzen fertigen, müssen sich JIT-fähige Lieferanten suchen. Dies können auch Lieferanten sein, die selbst nicht nach JIT-Grundsätzen produzieren. Sie müssen sich jedoch der negativen Folgen bewusst sein, die durch eine mangelhafte Abstimmung zwischen Lieferanten und Abnehmer entstehen. Der Lieferant ist gezwungen, umfangreiche Lagerhaltung für seine Kunden zu betreiben. Den größten Nutzen zieht der Lieferant aus dem JIT-Prinzip, wenn er das Sytem auch in seiner eigenen Produktion gemeinsam mit den zusätzlichen Informationen verwirklicht, die ihm der Abnehmer im Rahmen der JIT-Zuammenarbeit geben muss.

Fixgeschäfte, vgl. HF4, 12.3, S. 332

Bei der Formulierung der entsprechenden Verträge ist zu beachten, dass JIT-Verträge „Fixgeschäfte" sind, d. h., das Geschäft „steht und fällt" mit der exakten Einhaltung der Lieferfrist. Die rechtlichen Konsequenzen müssen vorab ausgehandelt werden und können hier nur angedeutet werden, z. B. unter welchen Bedingungen ein Rücktritt vom Vertrag erfolgen kann und welche Schadensersatzansprüche gestellt werden können, wenn der Lieferant die vereinbarte Frist nicht einhält.

Übersicht: Beschaffungsverfahren

Bestellpunktverfahren	– Basiert auf Höchst-, Mindest- und Meldebestand – Bestellung wird bei Erreichen des Meldebestandes ausgelöst – Lieferung erfolgt mit Erreichen des Mindestbestandes – Liefermenge ist so geplant, dass mit Lieferung der Höchstbestand wieder erreicht wird – geeignet für Waren/Materialiem mit stetigem, gleichmäßigem Verbrauch
Bestellrhythmusverfahren	– Bestandskontrolle erfolgt in zyklischen Intervallen – orientiert sich am Lieferanten- oder Produktionszyklus – Bestände werden in konstanten Intervallen überprüft. Bei Unterschreiten des Meldebestands wird der Bestand bis zum Höchstbestand aufgefüllt.
Just-in-Time-Lieferung	– Just in Time: Zur rechten Zeit am richtigen Ort – Leistungsverbund von Lieferanten, Herstellern und Kunden – Aufeinander abgestimmte Planungsverfahren – Einhaltung exakter Lieferfristen – Möglichst präzise Prognose über den Verbrauch bzw. Absatz – Minimierung der Lagerhaltung

5 Eigenfertigung oder Fremdbezug (Make or Buy)

> **LS** ▶ LS 25
> Eigenfertigung oder Fremdbezug (Make or Buy)

Die Entwicklung zu einer verstärkten Arbeitsteilung und Spezialisierung hat bei der Fly Bike Werke GmbH zu der Erkenntnis geführt, dass der Zukauf (Fremdbezug) bestimmter Teile vorteilhafter sein kann als die Eigenfertigung. Die Entscheidung für den Zukauf ist auf lange Sicht eine unternehmenspolitische Entscheidung. Auf kurze Sicht jedoch ist sie abhängig von dem möglichst exakten **Kostenvergleich** zwischen diesen beiden Alternativen. Entscheidend ist auch, ob die bisher mit der Eigenfertigung beschäftigten Stellen für andere Arbeiten eingesetzt werden können. Können die Arbeitskräfte und Maschinen mit anderen Arbeiten beschäftigt werden, das heißt, sind freie Kapazitäten vorhanden, ist durch einen Vergleich festzustellen, ob die Kosten des Fremdbezugs niedriger sind als die der Eigenfertigung.

Dabei sind mit den Anschaffungskosten (Bezugspreis oder Einstandspreis) alle Kosten zu vergleichen, die durch die Eigenfertigung entstehen. Einen wesentlichen Anteil machen dabei die **variablen Herstellkosten** der Eigenfertigung aus. Das sind vor allem die Kostenarten Fertigungsmaterial, Fertigungslöhne, Energiekosten und Abschreibungen auf die mit der Fertigung beschäftigten Maschinen. Sind zur Eigenfertigung Neuinvestitionen erforderlich, dann müssen die dadurch zusätzlich entstehenden Kapitalkosten sowie die Kosten für Wartung und Instandhaltung berücksichtigt werden.

> Variable Kosten sind veränderliche Kosten, deren Höhe vom Beschäftigungsgrad (Kapazitätsauslastung) abhängt. Fixkosten entstehen unabhängig vom Beschäftigungsgrad, d. h. auch dann, wenn die Produktion ruht.
> Vgl. **HF 3**, **6.2.2**, S. 241

Beispiel Soll die Fly Bike Werke GmbH die Komponente Sattel in Zukunft selbst fertigen oder weiterhin zukaufen?

Fremdbezug			Eigenfertigung (variable Kosten)		
Listeneinkaufspreis	8,00 €		Fertigungsmaterial	2,50 €	
– Lieferantenrabatt	2,00 €	25 %	+ Materialgemeinkosten	0,35 €	14 %
= Zieleinkaufspreis	6,00 €		= Materialkosten	2,85 €	
– Lieferantenskonto	0,18 €	3 %	Fertigungslöhne	0,80 €	
= Bareinkaufspreis	5,82 €		+ Fertigungsgemeinkosten	0,96 €	120 %
+ Bezugskosten (bezogen auf den ZEP)	0,30 €	5 %	= Fertigungskosten	1,76 €	
= Bezugspreis	6,12 €		= Herstellkosten	4,61 €	

kurzfristige Entscheidung: Eigenfertigung ist 1,51 € (= 6,12 € – 4,61 €) günstiger.
Fixkostenblock Eigenfertigung: 81.540,00 €

strategische Entscheidung		
bei genau	54.000 Stück	Fremdbezug = Eigenfertigung
bis	53.999 Stück	Fremdbezug
ab	54.001 Stück	Eigenfertigung

> Kritische Menge: Gesamtkosten der Eigenfertigung = Gesamtkosten des Fremdbezugs
>
> Siehe rechnerische Lösung auf der nächsten Seite

Beschaffung

Beispiel Die Fly Bike Werke GmbH prognostiziert den Bedarf im kommenden Geschäftsjahr mit 45.000 Stück. Die kostenrechnerische Entscheidung lautet:

Fremdbezug: Bezugspreis je Stück k_{var} · Stückzahl x
45.000 Stück · 6,12 € = 275.400,00 €

Eigenfertigung: fixe Kosten k_{fix} + variable Herstellkosten je Stück k_{var} · Stückzahl x
81.540,00 € + 4,61 € · 45.000 Stück = 288.990,00 €

Kostenvergleich:
$$K_{fix} + k_{var} \cdot x = k_{var} \cdot x$$
$$81.540 + 4{,}61 \cdot x = 6{,}12$$
$$81.540 = 1{,}51\, x$$
$$54.000 = x$$

Die kritische Menge, ab der Eigenfertigung kostengünstiger ist, liegt bei 54.000 Stück. Da nur 45.000 Stück pro Jahr benötigt werden, fällt die Entscheidung für Fremdbezug, da dies um 13.590,00 € kostengünstiger ist.

Betriebswirtschaftliche Argumente, die gegen die kostenrechnerische Entscheidung sprechen, sind:
- Arbeitsplatzsicherung
- Wahrung von Betriebsgeheimnissen und Know-how
- Wahrung der Unabhängigkeit

Eigenfertigung oder Fremdbezug

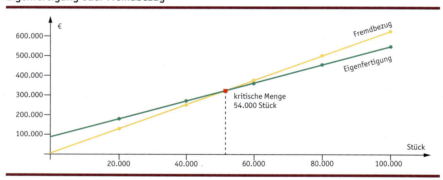

Übersicht: Eigenfertigung oder Fremdbezug

Eigenfertigung (make)		Zukauf (buy)	
oder (or)			
Vorteile	Nachteile	Vorteile	Nachteile
– Unabhängigkeit von Zulieferern – Ausnutzen eigener Kapazitäten – Eigene Vorstellungen können besser berücksichtigt werden. – Qualitätssicherung – usw.	– evtl. Investitionen sowie Kosten für Wartung und Instandhaltung – Abschreibungen – kalkulatorische Zinsen – Liquidität	– evtl. geringere Kosten (siehe Nachteile „Eigenfertigung") – Teilnahme am/Nutzung des Know-how des Lieferanten – Flexibilität bei großer Stückzahl	Abhängigkeit aufgrund von – Lieferzeitschwankungen – Qualitätsschwankungen – Preisschwankungen – langfristigen Lieferverträgen

6 Beschaffungen durchführen

6.1 Optimale Bestellmenge

LS 26
Optimale Bestellmenge und Beschaffungsvorgang

Beispiel In einer Sitzung der Abteilung Einkauf/Logistik wird über Möglichkeiten diskutiert, die Kosten für Bestellungen und Lagerhaltung zu senken. Frau Nemitz-Müller weist darauf hin, dass die Bestellkosten sehr viel geringer wären, wenn grundsätzlich größere Mengen bestellt würden. Herr Schneider protestiert energisch und meint, dass unter diesen Umständen die Lagerkosten explodieren würden.

Größere Bestellmengen verursachen geringere **Bestellkosten**, weil die Bestellhäufigkeit sinkt, gleichzeitig aber hohe **Lagerkosten**. Entscheidend können daher nur die **Gesamtkosten** sein. Die optimale Bestellmenge liegt dort, wo die Gesamtkosten, d. h. die Summe aus Bestell- und Lagerkosten, minimal sind.

Bestellkosten
Kosten für Transport, Verpackung, Versicherung sowie die relevanten Personalkosten

Beispiel Die Fly Bike Werke GmbH bezieht von der Tamino Deutschland GmbH für verschiedene Fahrradmodelle Bremsen als fertige Baugruppe. Der jährliche Verbrauch beträgt 12.000 Stück. Der Einstandspreis pro Stück beträgt 9,60 €. Das Controlling der Fly Bike Werke GmbH hat als bestellfixe Kosten einen Betrag in Höhe von 300 € pro Bestellung ermittelt sowie einen Lagerkostensatz von 20 % bezogen auf den durchschnittlichen Lagerbestandswert.

$$\text{Optimale Bestellmenge} = \sqrt{\frac{200 \cdot \text{bestellfixe Kosten} \cdot \text{Jahresverbrauchsmenge}}{\text{Einstandspreis/Stück} \cdot \text{Lagerkostensatz}}} = \sqrt{\frac{200 \cdot 300 \cdot 12.000}{9{,}60 \cdot 20}} = 1.936{,}49 \text{ Stück}$$

$$\text{Anzahl der Bestellungen} = \frac{12.000 \text{ Stück}}{1.936{,}49 \text{ Stück}} = 6{,}1968 \text{ Bestellungen}$$

1	2	3	4	5	6	7	8
Anzahl der Bestellungen	Bestellmenge in Stück	Bestellkosten in €	Ø Lagerbestand in Stück	Ø Lagerbestandswert in €	Lagerkosten in €	Gesamtkosten in €	Kosten/Stück (aufgerundet) in €
	12.000/ Spalte 1	300 · Spalte 1	Spalte 2/2	Spalte 4 · 9,60 €	20 % von Spalte 5	Spalte 3 + Spalte 6	Spalte 7/ 12.000
1	12.000	300,00	6.000,00	57.600,00	11.520,00	11.820,00	0,99
2	6.000	600,00	3.000,00	28.800,00	5.760,00	6.360,00	0,53
3	4.000	900,00	2.000,00	19.200,00	3.840,00	4.740,00	0,40
4	3.000	1.200,00	1.500,00	14.400,00	2.880,00	4.080,00	0,34
5	2.400	1.500,00	1.200,00	11.520,00	2.304,00	3.804,00	0,32
6	2.000	1.800,00	1.000,00	9.600,00	1.920,00	3.720,00	0,31
7	1.714	2.100,00	857,00	8.227,20	1.645,44	3.745,44	0,31
8	1.500	2.400,00	750,00	7.200,00	1.440,00	3.840,00	0,32
9	1.333	2.700,00	667,00	6.403,20	1.280,64	3.980,64	0,33

Beschaffung

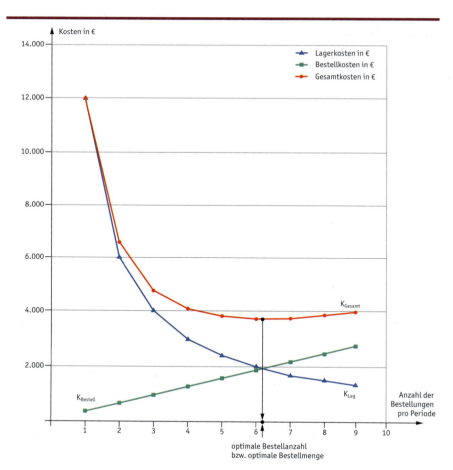

Ergebnis: Die optimale Bestellmenge liegt also, rechnerisch ermittelt, bei ca. 1.937 Stück. Es sollten danach pro Jahr zwischen sechs und sieben Bestellungen aufgegeben werden, um die benötigte Anzahl an Bremsen einzukaufen.

Von großer Wichtigkeit ist jedoch die Erkenntnis, dass die optimale Bestellmenge nicht nur von den Bestell- und Lagerkosten abhängig ist. Tabellen und grafische Darstellungen zur Berechnung der optimalen Bestellmenge können lediglich Anhaltspunkte geben. Darüber hinaus sollte beachtet werden, dass

- Preisschwankungen auszunutzen sind (große Bestellmengen bei niedrigen Preisen),
- die eingekaufte Menge auch abgesetzt werden kann und
- ein größerer Vorrat beschafft werden muss, wenn eine Knappheit an Gütern droht.

Darüber hinaus bereitet in der Praxis häufig schon die **Ermittlung der Kostengrößen** große Schwierigkeiten. Die Ermittlung der Bestellkosten setzt voraus, dass der Betrieb über das geeignete Instrumentarium der Logistikkosten- und -leistungsrechnung verfügt. Der Lagerkostensatz wiederum entspricht nicht nur dem Kapitalzinssatz, sondern er wird in seiner Höhe u. a. durch die Lagerungs-, Qualitätskontroll-, Verpackungs- und Wareneingangskosten bestimmt.

6.2 Beschaffungsvorgang

Beispiel Frau Nemitz-Müller ist Sachbearbeiterin in der Einkaufsabteilung der Fly Bike Werke GmbH. Ihre Kollegin, Frau Ganser aus dem Vertrieb, ruft sie am Morgen des 20. März an und teilt ihr mit, dass bei ihr eine größere Bestellung über Fahrradanhänger der Modells „Kelly" eingegangen ist. Bei der Verfügbarkeitsprüfung hat sie festgestellt, dass die Bestände nicht ausreichen, um den Auftrag über 200 Anhänger auszuführen. Frau Nemitz-Müller verspricht ihr, sich um die dringende Nachbestellung des Artikels zu kümmern.

6.2.1 Erstellen und Auslösen der Bestellung

Mithilfe ihres PC lässt Frau Nemitz-Müller automatisch einen Bestellvorschlag erstellen. Das ERP-System greift dabei auf Lagerdaten, die Artikeldatei und die Lieferantendatei zurück.

1. Das ERP-System berechnet automatisch die Bestellmenge für den Bestellvorschlag:

Höchstbestand	300 Stück
Istbestand/tatsächlicher Lagerbestand	50 Stück
– Auftragsbestand (Kundenreservierung)	200 Stück
– Sicherheitsbestand	20 Stück
– erwarteter kurzfristiger Bestelleingang der nächsten Tage	30 Stück
= vorgeschlagene Bestellmenge zur Erreichung des Höchstbestandes	500 Stück

2. Das Programm übernimmt die vorgeschlagene Bestellmenge, die Artikel- und Lieferantendaten automatisch aus den entsprechenden Dateien und erstellt daraus den Bestellvorschlag.

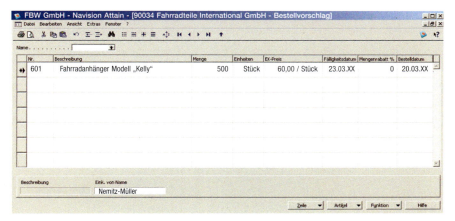

3. Das Programm ermöglicht Frau Nemitz-Müller, manuell Änderungen durchzuführen. Zum Beispiel kann sie die vorgeschlagene Bestellmenge ändern oder einen anderen Liefertermin eingeben. Die endgültige Bestellentscheidung liegt also beim Einkäufer. Das Programm überprüft in einem solchen Fall automatisch die Mindestbestellmenge, Verpackungseinheit und Lieferantenkonditionen und stellt ggf. Unstimmigkeiten heraus.

4. Nach der Bestätigung durch den Einkäufer wird der Bestellvorschlag in eine Bestellung umgewandelt. Es werden alle Artikel angezeigt, die bei demselben Lieferanten zur Bestellung anstehen. In einer Sammeldisposition könnten ggf. alle Artikel für einen Lieferanten zusammengefasst werden, um durch den höheren Bestellwert bessere Vertragskonditionen zu realisieren.
5. Frau Nemitz-Müller druckt die Bestellung aus und sendet sie dem Lieferanten zu.

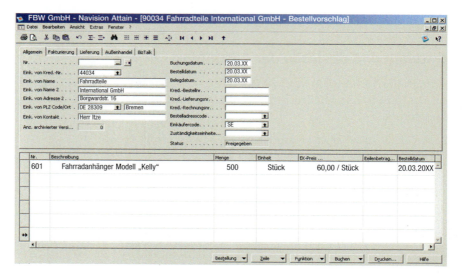

6.2.2 Bestellvorschlagssystem und automatisches Bestellsystem

Die Fly Bike Werke GmbH verfügt über ein EDV-gestütztes Bestellvorschlagssystem, d. h., der Bestellvorschlag wird automatisch erstellt, muss aber, wie im obigen Beispiel, durch den Einkäufer bestätigt werden. Die Tankstelle, an der die Lkw der Fly Bike Werke GmbH aufgetankt werden, verfügt dagegen über ein automatisches Bestellsystem. Ohne menschliches Eingreifen wird bei einem bestimmten Pegelstand eine Bestellung beim Benzinlieferanten ausgelöst.

	Bestellvorschlagssystem	Automatisches Bestellsystem
Merkmale	Automatische Erstellung von Bestellvorschlägen, die durch den Einkäufer bestätigt werden müssen	Auslösen eines Bestellvorgangs ohne menschliches Eingreifen
Vor- und Nachteile	Manuelle Bearbeitung bei unvorhergesehenen Ereignissen (Nachfrageänderung) möglich. Individuelle Erfahrungen des Einkäufers fließen in die Bestellentscheidung ein.	Bestellung kann nicht vergessen werden. Zeit- und Kostenersparnis unflexibel bei unvorhergesehenen Ereignissen

6.2.3 Terminüberwachung und Ermittlung von Bestellrückgängen

Der Bestellung von Frau Nemitz-Müller ging kein Angebot voran. Der Lieferant muss daher die Bestellung annehmen, damit ein Kaufvertrag zustande kommt. Sie kann dies tun, indem sie der Fly Bike Werke GmbH eine Auftragsbestätigung zuschickt oder den Auftrag mündlich, telefonisch oder per E-Mail bestätigt. Darüber hinaus besteht die Möglichkeit, die Ware sofort zu liefern.

Bestellungsannahme, vgl. **HF4**, **12.5**, S. 339

Der in der Bestellung angegebene Liefertermin wird mithilfe des ERP-Systems überwacht. Frau Nemitz-Müller ruft dazu die Bestellrückstandsliste auf, in der alle Bestellungen der Fly Bike Werke GmbH aufgeführt sind, die zu dem angegebenen Liefertermin nicht eingegangen sind. Die Liste kann nach Lieferanten oder nach Artikeln geordnet sein. Der Liefertermin für die 500 Fahrradanhänger beispielsweise war der 23. März. Am 24. März wird die bestellte Menge in der Bestellrückstandsliste weiterhin als offene Liefermenge geführt. Frau Nemitz-Müller druckt die Rückstandsmeldung als Lieferungserinnerung aus, die sie, da die Bestellung sehr dringend ist, sofort dem Lieferanten zufaxt.

6.2.4 Kontrolle und Erfassung des Wareneingangs

> **Beispiel** Am 26. März werden die bestellten Fahrradanhänger geliefert. Der Lagerist, Herr Özal, überprüft zunächst, ob es sich bei der Lieferung tatsächlich um die bestellten Fahrradanhänger handelt, wie auf dem Lieferschein angegeben ist, und ob die Kartons unversehrt und trocken sind.

Noch in Anwesenheit des Überbringers (Spediteurs) ist zu prüfen, ob die Sendung mit den Angaben auf dem Lieferschein übereinstimmt. Die Annahme von Irrläufern oder unverlangten Sendungen wird so vermieden. Außerdem wird die äußere Verpackung auf Schäden kontrolliert. Abweichungen und Mängel müssen vom Überbringer schriftlich auf dem Lieferschein oder in einer Tatbestandsmeldung bestätigt werden. In diesen Fällen kann die Annahme der Ware verweigert werden.

HF 2
Beschaffung

Fahrradteile International GmbH

Fahrradteile International GmbH, Borgwardstr. 16, 28309 Bremen

Fly Bike Werke GmbH
Rostocker Str. 334
26121 Oldenburg

Lieferschein Nr. 1688

Kundennummer:	Bestellung Nr.:	Bestelldatum:	Auftragsbestätigung:	Lieferdatum
7666	66	20.03.20XX	1688	26.03.20XX

Artikel-Nr.	Warenbezeichnung	Menge	Preis/Einheit
404400	Fahrradanhänger Modell „Kelly"	500	60,00 €/Stück

Versand	Wir bestätigen die ordnungsgemäße Lieferung	**Name:**
Spedition	26.03.20XX	Balz

Beispiel Herr Özal stellt fest, dass 500 Fahrradanhänger, Modell „Kelly", geliefert wurden. Dies entspricht der Bestellung. Er öffnet einige Pakete und kontrolliert so stichprobenartig die Qualität der Anhänger.

Unverzüglich nach Annahme der Ware werden Warenart, Menge und Qualität geprüft und mit der Bestellung verglichen. Die Ware wird mit einer Sicht-, Funktions- oder chemischen Kontrolle auf Mängel untersucht.

Zweiseitiger Handelskauf, vgl. HF 4, 12.8, S. 341

Bei zweiseitigen Handelskäufen besteht für den Käufer die Pflicht, die Ware unverzüglich, d. h. ohne schuldhaftes Verzögern, zu prüfen und dem Lieferer eventuelle Mängel anzuzeigen. Nur dann können Gewährleistungsrechte in Anspruch genommen werden. Versteckte Mängel, die nicht sofort, sondern erst bei Verwendung der Ware erkennbar werden, müssen unverzüglich nach Entdecken gerügt werden.

Rügepflicht, vgl. HF 4, 14.2.1, S. 354

Erfassung des Wareneingangs	
Manuell	1. Eingabe der Bestellnummer und Übernahme der Daten aus der Bestelldatei in das Wareneingangsprotokoll
	2. Bei Abweichungen der Lieferscheindaten von der Bestellung: manuelle Eingabe der Daten aus dem Lieferschein
Automatisch	1. Automatische Erhöhung des Lagerbestandes
	2. Druck des Wareneingangsscheins
	3. Die Warenlieferung wird auf dem Wareneinkaufsverrechnungskonto gebucht[1].
	4. Aktualisierung der Liste offener Bestellungen

[1] Die Buchung im Haben des Wareneingangsverrechnungskontos teilt der Buchhaltung mit, dass die Ware geliefert wurde, die Rechnung jedoch noch fehlt.

6.2.5 Kontrolle und Erfassung der Eingangsrechnung

Mit der Warenlieferung hat Frau Nemitz-Müller gleichzeitig die Rechnung des Lieferanten erhalten. Zunächst kontrolliert sie, ob die Eingangsrechnung sachlich und rechnerisch richtig ist.

Nach der Kontrolle durch die Sachbearbeiterin wird die Rechnung per Hauspost an die Finanzbuchhaltung weitergeleitet. Dort wird die Verbindlichkeit der Fly Bike Werke GmbH gegenüber dem Lieferanten gebucht. Zweimal wöchentlich druckt der Buchhalter eine Zahlungsvorschlagsliste mit den fälligen Verbindlichkeiten aus, die er dem Rechnungsleiter vorlegt. Wenn dieser die Zahlungen freigegeben hat, werden sie per Überweisung beglichen.

Buchung der Eingangsrechnung, vgl. **8**, S. 182 ff.

Fahrradteile International GmbH

Fahrradteile International GmbH, Borgwardstr. 16, 28309 Bremen

Posteingang: 26.03.20XX

Fly Bike Werke GmbH
Rostocker Str. 334
26121 Oldenburg

Rechnung Nr. 799

Kundennummer: 7666	Rechnungs-Nr.: 799	Bei Zahlung bitte angeben!	Rechnungsdatum 26.03.20XX
Ihre Bestellung Nr.: 66	vom 20.03.20XX	Lieferschein: 1688	Lieferdatum: 26.03.20XX

Pos.-Nr.	Artikel-Nr.	Warenbezeichnung	Menge	Preis/Einheit	Mengeneinheit	Rabatt	Gesamtbetrag
1	404400	Fahrradanhänger Modell „Kelly"	500	60,00 €	Stück	0 %	30.000,00 €

RECHNUNGSPRÜFUNG
Sachlich richtig   Rechnerisch richtig
Datum 26.03.XX   Datum 26.03.XX
Nz *Nemitz-Müller* Nz *Nemitz-Müller*

Versand	Zahlungsziel	Warenwert	MwSt-Satz	MwSt-Betrag	Rechnungsbetrag
Spedition	30 Tage netto	30.000,00 €	19 %	5.700,00 €	35.700,00 €

HF 2

Beschaffung

Übersicht: Beschaffungsvorgang

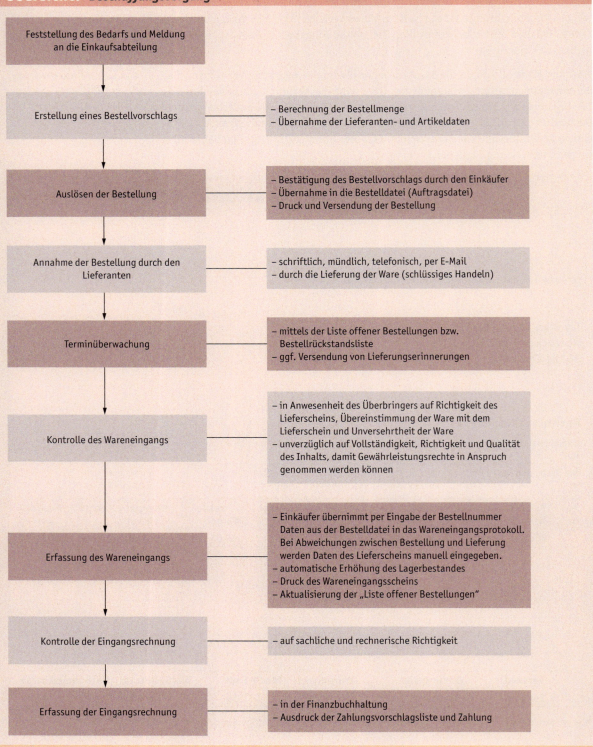

7 Lagerhaltung und Bereitstellungsfähigkeit

7.1 Arbeiten im Lager

Eingangskontrolle
Bei der Eingangskontrolle handelt es sich um eine Schnittstelle zwischen den Unternehmensbereichen Beschaffung und Lager. Nachdem das Material als einwandfrei befunden und angenommen wurde, wird es eingelagert.

Einlagerung der Ware
Bei der Einlagerung sind verschiedene Eigenschaften des Materials zu berücksichtigen. Dazu gehören Art, Wert, Gewicht und Gängigkeit des einzulagernden Gutes. Ähnliche Materialgruppen werden in unmittelbarer Nähe eingelagert. Wertvolles Material muss so gelagert werden, dass es in Sichtweite bleibt, um das Diebstahlsrisiko zu verringern. Unter Umständen muss es sogar verschlossen werden. Gleiches gilt übrigens per Gesetz auch für bestimmte Arzneimittel. Schwere Materialien werden in Bodennähe gelagert, leichtere Materialien höher. Material, das im Produktionsprozess oft benötigt wird, sollte im vorderen Lagerbereich platziert sein, seltener benötigtes weiter hinten.

Um die Materialausgabe zu erleichtern, können je nach Bedarf schon bei der Einlagerung verschiedene Systeme berücksichtigt werden:

- **Fifo** (First in – first out): Älteres Material steht vorn im Regal, so dass es auch zuerst ausgelagert werden kann. Diese Methode dient insbesondere dem Schutz vor Verderb des Materials.
- **Lifo** (Last in – first out): Neu eingelagertes Material wird zuerst entnommen. Dies ist möglich bei Gütern, deren Qualität sich durch Alterungsprozesse nicht verändert (z. B. Kohle).
- **Hifo** (Highest in – first out): Die Materialien mit den höchsten Anschaffungskosten werden buchhalterisch zuerst für die Produktion entnommen. Ziel dieser Methode ist es, den Endbestand mit den niedrigsten Wertansätzen zu versehen.

Pflege und Manipulation
Sowohl im Werkstofflager als auch im Fertigwarenlager sind, abhängig vom eingelagerten Lagergut, während der Lagerung verschiedene Arbeiten notwendig, um seinen Wert zu erhalten oder noch zu steigern. Generell gilt, dass das Lager sauber zu halten ist und die Lagergüter regelmäßig zu reinigen sind. Manche Güter müssen darüber hinaus behandelt werden: Silber muss z. B. regelmäßig poliert und Pflanzen müssen gewässert werden. Im Fertigwarenlager werden die fertigen Erzeugnisse weiterhin sortiert, gemischt, evt. zu Sortimenten zusammengefasst und für den Verkauf vorverpackt.

LS 27
ABC-Analyse und Lagerhaltung

Kontrolle und Erfassung des Wareneingangs, vgl. **6.2.4**, S. 169

Pflege der Lagergüter – Pflanzenlager in den Niederlanden

Manuelle Kommissionierung

Automatische Kommissionierung

Kommissionierung

Kommissionierung bedeutet die Zusammenstellung von fertigen Erzeugnissen entsprechend eines Kundenauftrages. Dies kann entweder manuell oder automatisch vorgenommen werden. Bei der manuellen Kommissionierung lassen sich zwei verschiedene Kommissionierungssysteme unterscheiden, nämlich die parallele und die serielle Kommissionierung.

Bei der **seriellen Kommissionierung** bearbeitet ein Lagerarbeiter einen Kundenauftrag alleine. Er folgt dabei den einzelnen Posten auf dem Auftrag und durchläuft dabei möglicherweise das komplette Lager. Um Um- und Mehrfachwege des Kommissionierers zu vermeiden, müssen die einzelnen Posten auf dem Auftrag entsprechend der Warenverteilung im Lager sortiert sein.

Bei der **parallelen Kommissionierung** arbeiten mehrere Kommissionierer an demselben Auftrag, wobei jeder von ihnen die Auftragsposten eines anderen festgelegten Lagerbereiches zusammenpackt.

Auch bei der **automatischen Kommissionierung** gibt es unterschiedliche Varianten. Bei der Roboterkommissionierung werden die zu kommissionierenden Erzeugnisse von zu diesem Zweck entwickelten Maschinen, die sich durch das Lager bewegen, mit Greifarmen aus dem Lager entnommen.

Beim **Schachtkommissionieren** ist die Ware übereinander in Schächten angeordnet, die mit Barcodes versehen sind. Ein Kommissionierbehälter fährt auf einem Förderband durch das Lager und sobald er einen Schacht erreicht hat, dessen Barcode mit dem eingespeisten Auftragsformular übereinstimmt, fällt das Erzeugnis automatisch in den Behälter.

Eine weitere Variante der Kommissionierung ist das **RFID**-Kommissionieren, bei dem die Erzeugnisse mit einem Chip versehen sind, auf dem alle notwendigen Informationen gespeichert sind. Dieser Chip signalisiert, wo das Erzeugnis sich derzeit befindet. Durch Scannerschleusen oder mobile Lesegeräte werden die Erzeugnisse erfasst und die Versandpapiere automatisch erstellt.

Auslagerung

Bevor ein Auftrag an den Kunden verschickt wird, durchläuft er die Ausgangskontrolle. Dabei ist zu überprüfen, ob die gepackten Erzeugnisse in Art und Menge mit dem Auftrag des Kunden übereinstimmen und den Qualitätsanforderungen genügen. Mit einer gut durchgeführten Ausgangskontrolle lässt sich die Reklamationshäufigkeit gering halten und die Kundenzufriedenheit deutlich steigern. Zuletzt wird der Kundenauftrag sachgerecht für den Versand verpackt und zum Kunden geschickt.

7.2 Sicherheit und Umweltschutz im Lager

Die Sicherheit spielt bei der Lagerhaltung wie auch in anderen Unternehmensbereichen eine wichtige Rolle. Dazu existiert eine Vielzahl von Gesetzen und Verordnungen, deren Inhalte zum Teil ineinandergreifen, aber sich auch überschneiden. Die Übersicht zeigt eine Auswahl von Gesetzen, Verordnungen, Richtlinien, Sicherheitsregeln und Merkblättern, die u. a. für die Arbeit im Lager von Bedeutung sind.

Um allen **Sicherheitsanforderungen** gerecht zu werden, sollte sich ein Betrieb an allgemein anerkannte sicherheitstechnische oder arbeitswissenschaftlich anerkannte Regeln halten, die auch in DIN-Normen und VDE-Bestimmungen festgelegt sind. Des Weiteren sollten technische Einrichtungen immer ein sicherheitstechnisches Prüfsiegel enthalten, z. B. das GS-Siegel (Gütesiegel für Sicherheit) und das CE-Zeichen (Kennzeichen europäischer Sicherheitsanforderungen).

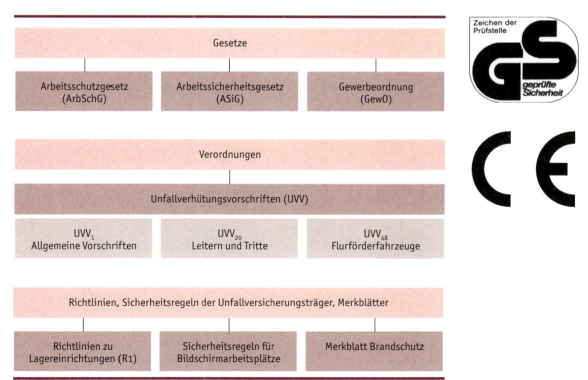

Brandschutz

> **Beispiel** Herr Peters hat an einer Veranstaltung des Bundesverbandes der Fahrradproduzenten in Celle teilgenommen. In einer Pause erfährt er von einem Kollegen, dass dieser in seinem Betrieb regelmäßig Schulungen zum Brandschutz durchführen lässt. Als Herr Peters wieder in Oldenburg ist, lässt er sich von seiner Sekretärin die Unterlagen über die letzte Brandschutzschulung von 2010 aushändigen und stellt fest, dass eine neuerliche Schulung dringend anzuraten ist.

Ein besonderer Sicherheitsaspekt gilt dem Brandschutz. Ein ausbrechendes Feuer kann sehr viele Menschen verletzen und einen Großteil bzw. alle eingelagerten Güter sowie die Lagerräume vernichten. So gibt es besondere Vorschriften z. B. über die Anzahl und das Anbringen von Feuerlöschern, die regelmäßig überprüft werden müssen, über den Einbau von feuerfesten Türen, besondere Vorschriften zum Umgang mit leicht entzündlichen und brennbaren Stoffen usw. Dabei versteht es sich von selbst, dass auf das Rauchen in Lagern verzichtet werden sollte. Es gilt aber nicht nur für den Arbeitgeber, Maßnahmen zum vorbeugenden Brandschutz einzuhalten, sondern jeder Mitarbeiter kann durch sein Verhalten Brände verhindern, Gefahren bei bestehenden Bränden eindämmen und entsprechende Maßnahmen zur Brandbekämpfung ergreifen.

Vor allem ist bei Bränden Ruhe zu bewahren, es ist wichtig, jetzt nicht in Panik zu geraten. Vorsichtshalber sollte bei Bränden immer die Feuerwehr, Telefon 112, alarmiert werden. Dabei ist wichtig, dass Name und vollständige Adresse angegeben werden. Ferner ist festzustellen, welche Materialien brennen, um zu entscheiden, mit welchem Löschmittel gelöscht werden kann.

Zum wirklichen Brandschutz ist es aber auch notwendig, die Mitarbeiter für einen Brandfall zu schulen sowie Notausgänge und Feuerlöscher erreichbar und zugänglich zu halten. Ausführliche Materialien sind bei der zuständigen Berufsgenossenschaft zu bekommen.

Brandklassen	
A	Klasse A: Brände fester Stoffe hauptsächlich organischer Natur, die normalerweise unter Flammen- und Glutbildung verbrennen (z. B. Holz, Papier, Stroh, Textilien, Kohle)
B	Klasse B: Brände von flüssigen oder flüssig werdenden Stoffen (z. B. Benzin, Öle, Fette, Lacke, Teer, Alkohol, Paraffin)
C	Klasse C: Brände von Gasen (z. B. Methan, Propan, Wasserstoff, Acetylen)
D	Klasse D: Brände von Metallen (insbesondere brennbare Leichtmetalle wie Magnesium und Aluminium sowie Natrium und Kalium)

Diebstahlschutz

Eine besondere Bedeutung zum Schutz der Erzeugnisse kommt auch dem Diebstahlschutz zu. Vielen Unternehmen entstehen immense Kosten durch so genannten Schwund. So ist es Aufgabe des Unternehmers, geeignete Maßnahmen gegen den Diebstahl zu ergreifen.

In Industriebetrieben ist der den Erzeugnissen direkt zugängliche Kunde sehr selten. So kommen für Diebstähle nur Lieferanten, eigene Mitarbeiter sowie Handwerker in Frage. Welche Möglichkeiten hat der Unternehmer, Diebstahl zu verhindern? Zunächst ist eine zeitnahe Erfassung von Warenein- und -ausgängen anzuraten. So lassen sich Zeitpunkt und Ort der Diebstähle leichter feststellen. Des Weiteren ist es möglich, hochwertige Erzeugnisse nur ausgewählten Mitarbeitern zugänglich zu machen.

Umweltschutz

Beispiel Herr Groß, Kraftfahrer bei einer von der Fly Bike Werke GmbH beauftragten Spedition, lässt beim Beladen seines Fahrzeuges den Motor laufen, weil er den Lkw im Innenraum schon vorheizen will. Als der Umweltbeauftragte Herr Thüne vorbeikommt und dies bemerkt, bekommt Herr Groß großen Ärger. Herr Thüne ist der Meinung, dass Herr Groß Umweltauflagen verletzt und die Gesundheit seiner Kollegen gefährdet.

Der Beachtung der **Umweltschutzauflagen** ist neben dem eigentlichen Ziel, die Umwelt zu schützen, auch ein bedeutender Sicherheitsaspekt zuzuschreiben. So ist es enorm wichtig, dass bestimmte, z.B. explosionsgefährliche Stoffe sachgerecht gelagert werden. Gleichzeitig ist es wichtig, dass Chemikalien umweltgerecht entsorgt werden und Personen, die mit diesen Waren in Berührung kommen, auch die dementsprechenden Sicherheitsbestimmungen beachten, z.B. die vorgeschriebene Schutzausrüstung tragen.

Abgesehen von konkreten Umweltschutz- und Sicherheitsbestimmungen, die eingehalten werden müssen, z.B. Gefahrstoffverordnung, Chemikaliengesetz, Abfallgesetze usw. gehört der Umweltschutz natürlich zu einer primären gesellschaftlichen Aufgabe, der sich auch die Betriebe als Teil der Gesellschaft nicht entziehen dürfen. So ist es betriebliche Aufgabe und Aufgabe eines jeden Mitarbeiters, nicht nur Gesetze und Regeln zu beachten, sondern in seinem eigenen betrieblichen Umfeld umweltrelevante Belange zu berücksichtigen und umzusetzen. Dazu gehören einfache Regeln des Umweltschutzes wie Müllvermeidung, umweltgerechte Entsorgung u. Ä.

7.3 ABC-Analyse

Mithilfe der ABC-Analyse kann ein Unternehmen bedeutende, durchschnittlich bedeutende und weniger bedeutende Artikel seines Lagerbestands voneinander abgrenzen. Dies geschieht durch eine Aufteilung aller Artikel nach dem Gesamtwert in A-, B- und C-Güter. Die ABC-Analyse geht von dem Grundgedanken aus, dass mengenmäßig wenige Güter einen wertmäßig hohen Anteil am Gesamtwert haben (A-Güter). Dem gegenüber stehen mengenmäßig viele Güter mit einem nur geringen Anteil am Gesamtwert (C-Güter). B-Güter nehmen sowohl mengen- als auch wertmäßig eine Zwischenstellung ein.

Kategorie	Anteil am Gesamtwert	Anteil an der Gesamtmenge
A-Güter	65%–80%	geringer Anteil
B-Güter	15%–20%	30%–50%
C-Güter	5%–15%	40%–50%

Bei der obigen Zuordnung der Mengen- und Wertanteile zu den drei Kategorien handelt es sich um Anhaltspunkte, die betriebsindividuell präzisiert werden müssen.

Eine ABC-Analyse erfolgt in fünf Schritten:
① Erfassen der Bestandsmengen und Preise je Artikel
② Ermittlung der Bestandswerte je Artikel (Menge · Preis) *Verbrauchswert*
③ Ermittlung der prozentualen Anteile an der Gesamtmenge und am Gesamtwert für jeden Artikel
④ Sortieren der Artikel vom höchsten bis zum niedrigsten prozentualen Anteil am Gesamtwert
⑤ Klassifizierung der Rangfolge A, B, C und Auswertung der Ergebnisse

Ein Industrieunternehmen ermittelt für sein Sortiment folgende Jahreswerte:

Artikel Nr.	Menge in Stück ①	Einzelpreis in €	Wert in € ② *verbrauchswert*	Anteil an der Gesamtmenge in % ③	Anteil am Gesamtwert in %	Rang ④
1.000	100.000	1,53	153.000,00	9,71	2,75	6
2.000	37.500	9,19	344.625,00	3,64	6,20	5
3.000	180.000	0,51	91.800,00	17,48	1,65	10
4.000	105.000	18,41	1.933.050,00	10,19	34,77	1
5.000	250.000	1,43	357.500,00	24,27	6,43	4
6.000	10.000	10,23	102.300,00	0,97	1,84	9
7.000	20.000	20,45	409.000,00	1,94	7,36	3
8.000	55.000	2,56	140.800,00	5,34	2,53	7
9.000	175.000	0,72	126.000,00	16,99	2,27	8
9.500	97.500	19,50	1.901.250,00	9,47	34,20	2
Summe	1.030.500	–	5.559.325,00	100,00	100,00	

⑤ Klassifizierung und Auswertung

Rang	Kategorie	Art.-Nr.	Anteile am Gesamtwert in %	Kumulierte Anteile am Gesamtwert in % (x-Achse)	Anteil an der Gesamtmenge in %	Kumulierte Anteile an der Gesamtmenge in % (y-Achse)
1	A	4000	34,77	34,77	10,19	10,19
2	A	9500	34,20	68,97	9,47	19,66
3	B	7000	7,36	76,33	1,94	21,60
4	B	5000	6,43	82,76	24,27	45,87
5	B	2000	6,20	88,96	3,64	49,58
6	C	1000	2,75	91,71	9,71	59,22
7	C	8000	2,53	94,24	5,34	64,56
8	C	9000	2,27	96,51	16,99	81,55
9	C	6000	1,84	98,35	0,97	82,52
10	C	3000	1,65	100,00	17,48	100,00

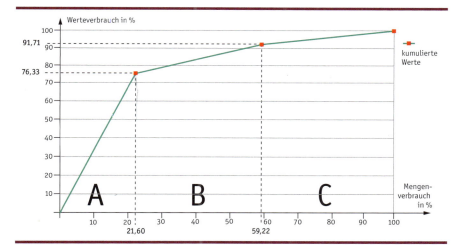

Kategorie	Handlungsweise
A-Güter	– intensive Beschaffungsmarktanalysen – gründliche Kostenanalysen – exakte Bedarfsermittlung – durchdachte Bestellvorbereitung – intensive Bestandsrechnung – genaue Bestandsüberwachung – strenge Handhabung der Sicherheits- und Meldebestände – geringe Bestellhäufigkeit
C-Güter	– vereinfachte Bestellabwicklung – einfache Bestandsüberwachung – einfache Lagerbuchführung – verstärkte Automatisierung bei allen Vorgängen

7.4 Bestandsarten im Lager

Um die Bereitstellungsfähigkeit im Lager analysieren zu können, ist es sinnvoll, die verschiedenen Bestandsarten, die im Lager vorzufinden sind, zu analysieren.

Mindest-, Melde-, Höchstbestand, vgl. 4.1, S. 157

Der **Mindestbestand** ist der Bestand, der nur in Notfällen (z. B. ausgefallene Lieferung, Lieferverzögerung) unterschritten werden darf; er wird auch als eiserner Bestand bezeichnet. Er gewährleistet, dass der Produktionsprozess auch bei „Störungen" ständig mit Rohstoffen versorgt wird.

Der **Meldebestand** ist der Bestand, bei dem neue Waren bestellt werden müssen, um das Lager wieder aufzufüllen, sobald der Mindestbestand erreicht ist. Er wird mit folgender Formel berechnet:

Meldebestand = Mindestbestand + Verbrauch pro Periode · Beschaffungszeit

Der **Höchstbestand** gibt an, welche Warenmenge maximal eingelagert werden kann oder aus wirtschaftlichen Gründen eingelagert werden soll.

Höchstbestand = Mindestbestand + Bestellmenge

Die **Bestellmenge** ist die Menge, die bestellt werden muss, um das Lager, sobald der eiserne Bestand erreicht ist, wieder bis zu seinem Höchstbestand aufzufüllen. Zur Berechnung dient folgende Formel:

Bestellmenge = Höchstbestand − Mindestbestand

Der **dispositive Bestand** stellt den Lagerbestand dar, über den tatsächlich verfügt werden kann. Er ergibt sich dadurch, dass vom tatsächlichen Lagerbestand geplante Abgänge (z. B. für die Produktion oder zur Erfüllung von Kundenaufträgen) abgezogen werden und andererseits geplante Zugänge durch Bestellungen addiert werden.

Dispositiver Bestand =
tatsächl. Lagerbestand − gepl. Abgänge + avisierte Zugänge − Mindestbestand

Beispiel Der tatsächliche Bestand an Fahrradanhängern des Modells „Sven" beträgt 200 Stück. Die Lieferung von 40 Stück aufgrund einer offenen Bestellung ist für die kommende Kalenderwoche avisiert. Ein großer Kunde hat gestern eine Bestellung über 30 Stück getätigt. Der Mindestbestand für diesen Artikel beträgt 50 Stück.

Ermittlung des dispositiven Lagerbestandes	
tatsächlicher Lagerbestand	200 Stück
− geplante Abgänge/Entnahmen	30 Stück
+ avisierte Zugänge	40 Stück
− Mindestbestand/eiserner Bestand	50 Stück
dispositiver Lagerbestand	160 Stück

7.5 Alternative Beschaffungswege

> **LS 28**
> Alternative Beschaffungswege

Beispiel Frau Nemitz-Müller hat heute ein Schreiben der Color GmbH in Ludwigshafen erhalten. Aufgrund eines Unfalls im Werk und der notwendigen Reparaturarbeiten können in den nächsten zwei Wochen keine Aufträge bearbeitet werden. Auch danach kann es zu Lieferungsverzögerungen kommen.

Die Versorgung des Unternehmens mit den notwendigen Materialien muss zu jeder Zeit gesichert sein, damit es nicht zu Produktionsausfällen kommt. Um die Bereitstellung aller notwendigen Roh-, Hilfs- und Betriebsstoffe zu gewährleisten, ist es über die Bestandsplanung hinaus erforderlich, alternative Beschaffungswege zu planen. Dazu gehört die Ermittlung **alternativer Anbieter**, falls von dieser Seite Ausfälle einkalkuliert werden müssen, oder auch **alternativer Transportwege**, sollte an dieser Stelle mit Engpässen gerechnet werden, z.B. durch Streiks oder gestörte Fahrwege.

In die Überlegungen sollten entsprechend der Unternehmensziele auch **ökologische Aspekte** mit einfließen. Je nachdem, wie stark Umweltaspekte berücksichtigt werden sollen, kann dies bei der Wahl des Alternativanbieters selbst geschehen. Ein weiterer Ansatzpunkt ist die Wahl alternativer und eventuell umweltfreundlicherer Materialien. Schließlich sind die Emissionen zu bedenken, die der Transport der Materialien vom Lieferanten zum eigenen Unternehmen verursacht. Ein naher Lieferant wäre dann einem weiter entfernten vorzuziehen. Außerdem sind wenige größere Bestellmengen umweltfreundlicher als viele kleine.

Nachhaltigkeit, vgl. **3.3**, S. 156

Optimale Bestellmenge, vgl. **6.1**, S. 165

Übersicht: Lagerhaltung und Bereitstellungsfähigkeit

Lagerhaltung	
Arbeiten im Lager	**Sicherheit und Umweltschutz im Lager**
– Eingangskontrolle – Einlagerung – Pflege und Manipulation – Kommissionierung – Auslagerung	– Arbeitsschutz (Unfallverhütung durch geeignete Maßnahmen, z. B. Beschilderung) – Brandschutz – Diebstahlschutz – Umweltschutz

Bereitstellungsfähigkeit		
ABC-Analyse	**Bestandsarten**	**Alternative Beschaffungswege**
– Analyse des Lagerbestands. – Welche Materialien haben einen hohen Anteil am Gesamtwert bei mengenmäßig geringem Anteil am Gesamtbestand? (A-Güter)	– Mindest-, Melde- Höchstbestand – Wann muss welche Menge bestellt werden, um weder den Höchstbestand zu überschreiten noch den Mindestbestand zu unterschreiten?	– Sicherung der Bereitstellung auch im Sonderfall – Alternative Anbieter – Alternative Transportwege – Wie kann die Versorgung auch unter ökologischen Gesichtspunkten gesichert werden?

HF 2 Beschaffung

LS 29
Materialeinkauf mit Bezugskosten und Nachlässen

8 Buchungen bei Beschaffungsprozessen

Beschaffungsprozesse lösen in der Finanzbuchhaltung unterstützende Prozesse der Dokumentation aus, die im Rahmen der Kreditorenbuchhaltung ausgeführt werden.

Aufgaben und Bereiche des Rechnungswesens, vgl. **HF 1**, **6**, S. 61

Kern- und Unterstützungsprozesse, vgl. **HF 1**, **5.2**, S. 59

Gemäß §§ 255 HGB und 6 EStG sind eingekaufte Vermögenswerte mit ihren **Anschaffungskosten** in der Buchhaltung zu erfassen.

Ermittlung der Anschaffungskosten

Begriffe gemäß HGB und EStG	Begriffe der Buchführung/Kalkulation
Anschaffungspreis	Listeneinkaufspreis
− Anschaffungspreisminderungen	− Rabatt (= Zieleinkaufspreis) − Skonto (= Bareinkaufspreis)
+ Anschaffungsnebenkosten	+ Bezugskosten
= Anschaffungskosten	= Bezugs- oder Einstandspreis
Alle Preise verstehen sich ohne Umsatzsteuer.	

Bestands- und aufwandsorientierte Buchungen, vgl. **HF 1**, **8.6**, S. 98 ff.

Gewährt der Verkäufer **Preisnachlässe**, reduzieren sich die Anschaffungskosten entsprechend. Dabei ist es ohne Bedeutung, ob die Preisnachlässe direkt gewährt werden (z. B. Sofortrabatte) oder erst nachträglich entstehen (z. B. Skonti, Boni). Beschaffte Materialien können auf Bestandskonten oder auf Aufwandskonten erfasst werden. Statt auf dem Konto Verbindlichkeiten a.L.L. wird in der Kreditorenbuchhaltung auf das Konto des jeweiligen Lieferanten gebucht.

ANFORDERUNGSSITUATION 2.2

8 Buchungen bei Beschaffungsprozessen

8.1 Sofortrabatte bei Eingangsrechnungen

Eingangsrechnung Nr. 612 (Auszug)

Artikel-Nr.	Artikelbezeichnung	Menge in Meter	Preis je lfm	Gesamtpreis
1034020	Stahlrohr, Rundrohre 34,0 x 2,0 mm CrMoB	4 000	4,00 €	16.000,00 €

− 15 % Rabatt	2.400,00 €
+ Transportkosten	0,00 €
= Nettorechnungsbetrag	13.600,00 €
+ 19 % Umsatzsteuer	2.584,00 €
= Bruttorechnungsbetrag	16.184,00 €

Sofortrabatte sind in Eingangsrechnungen bereits ausgewiesen und verringern den Listeneinkaufspreis für den Kunden. Ein Sofortrabatt, der in einer Eingangsrechnung bereits zum Abzug gebracht wurde, wird in der Buchführung nicht extra erfasst. Auf den Materialkonten wird in diesem Fall nur der Nettorechnungsbetrag – nach Abzug des Rabattes – gebucht.

Sofortrabatte, z. B.
- Mengenrabatte
- Wiederverkäuferrabatte
- Kundenrabatte
- Jubiläumsrabatte

Preisnachlässe,
vgl. auch **HF 4**, **12.3**, S. 334

1) Eingangsrechnung der Stahlwerke Tissen AG

Grundbuch (bestandsorientierte Buchungstechnik):

Nr.	Soll	€	Haben	€
1)	2000 Rohstoffe	13.600,00		
	2600 Vorsteuer	2.584,00	4400 Verbindlichkeiten a.L.L.	16.184,00

Grundbuch (aufwandsorientierte Buchungstechnik):

Nr.	Soll	€	Haben	€
1)	6000 Aufwendungen f. Rohstoffe	13.600,00		
	2600 Vorsteuer	2.584,00	4400 Verbindlichkeiten a.L.L.	16.184,00

8.2 Rücksendungen an Lieferanten

Beispiel Die Fly Bike Werke GmbH hat bei der Color GmbH Lacke im Wert von 3.000,00 € zzgl. 19 % USt auf Ziel gekauft. 10 % dieser Lacke entsprechen nicht den Farbvorgaben. Die Fly Bike Werke senden einen Teil der Lieferung wieder zurück, da sie hierfür keine Verwendung finden. Die Color GmbH stellt der Fly Bike Werke GmbH eine Gutschrift über zurückgenommene Lacke in Höhe von 357,00 € aus. In diesem Betrag sind 19 % Umsatzsteuer enthalten.

Gutschrift Nr. 212 (Auszug)

Artikel-Nr.	Lack/Farbbezeichnung	Einzelpreis je Liter	Liter	Gesamtpreis
702011	lemon squash	6,00 €	50 l	300,00 €

+ 19 % Umsatzsteuer	57,00 €
= Bruttogutschrift	357,00 €

ANFORDERUNGSSITUATION 2.2

HF 2 Beschaffung

Rücksendung von Hilfsstoffen	Nettorechnungs-betrag = 100 %	Vorsteuer = 19 %	Bruttorechnungs-betrag = 119 %
Eingangsrechnung	3.000,00 €	570,00 €	3.570,00 €
Gutschrift (10 %)	300,00 €	57,00 €	357,00 €
Zahlung (90 %)	2.700,00 €	513,00 €	3.213,00 €

Nachträgliche Anschaffungs-preisminderungen, vgl. 8.4, S. 185

Rücksendungen vermindern den **Wert und die Menge des bezogenen Materials**. Gleichzeitig sinkt die darauf entfallende Vorsteuer. Verlangt der Käufer eine Neulieferung, erstellt der Lieferant eine **Gutschrift**. Rücksendungen ergeben somit eine Wertminderung des Materialeinkaufs in Höhe des Nettogutschriftbetrages.

1) Eingangsrechnung der Color GmbH
2) Gutschrift der Color GmbH
3) Zahlung an die Color GmbH

Grundbuch (bestandsorientierte Buchungstechnik):

Nr.	Soll	€	Haben	€
1)	2020 Hilfsstoffe 2600 Vorsteuer	3.000,00 570,00	4400 Verbindlichkeiten a.L.L.	3.570,00
2)	4400 Verbindlichkeiten a.L.L.	357,00	2020 Hilfsstoffe 2600 Vorsteuer	300,00 57,00
3)	4400 Verbindlichkeiten a.L.L.	3.213,00	2800 Bankguthaben	3.213,00

Grundbuch (aufwandsorientierte Buchungstechnik):

Nr.	Soll	€	Haben	€
1)	6020 Aufwendungen f. Hilfsstoffe 2600 Vorsteuer	3.000,00 570,00	4400 Verbindlichkeiten a.L.L.	3.570,00
2)	4400 Verbindlichkeiten a.L.L.	357,00	6020 Aufwendungen f. Hilfsstoffe 2600 Vorsteuer	300,00 57,00
3)	4400 Verbindlichkeiten a.L.L.	3.213,00	2800 Bankguthaben	3.213,00

8.3 Bezugskosten (Anschaffungsnebenkosten)

Beförderungs- und Verpackungskosten, vgl. HF 4, 12.3, S. 334 f.

Beispiel Die AWB Aluminiumwerke AG berechnet eine Transportkostenpauschale von 200,00 €. Der Rechnungsbetrag einschließlich 19 % Umsatzsteuer beträgt 4.248,30 €.

Eingangsrechnung Nr. 684 (Auszug)

Artikel-Nr.	Artikelbezeichnung	Menge in Meter	Preis je lfm	Gesamtpreis
40030025	Aluminiumrohr 30,0 x 2,5 mm	500	6,74 €	3.370,00 €
			+ Transportkostenanteil	200,00 €
			= Nettorechnungsbetrag	3.570,00 €
			+ 19 % Umsatzsteuer	678,30 €
			= Bruttorechnungsbetrag	4.248,30 €

ANFORDERUNGSSITUATION 2.2

Bezugskosten, die der Käufer in Abhängigkeit von den Kaufvertragsvereinbarungen bezahlen muss, erhöhen die Anschaffungskosten des gekauften Materials. Dabei spielt es keine Rolle, ob der Lieferant selbst oder Dritte (z. B. Spedition) derartige Leistungen ausführen und in Rechnung stellen. Bezugskosten werden auf einem **Unterkonto** des jeweiligen Materialkontos erfasst. Das erleichtert die Kontrolle der Höhe, der Entwicklung und der Zusammensetzung der Bezugskosten, die einen erheblichen Anteil am Gesamtwert des Materials haben können. Die Unterkonten werden am Ende des Geschäftsjahres auf das entsprechende Materialkonto umgebucht.

Bezugskosten, z. B. Transportkosten wie
- Paketgebühren
- Fracht
- Rollgeld
- Transportversicherung
- Ladekosten und Verpackungskosten
- Zölle
- Zwischenlagerungskosten

1) Eingangsrechnung der AWB Aluminiumwerke AG
2) Umbuchung der Bezugskosten am Ende des Geschäftsjahres

Grundbuch (bestandsorientierte Buchungstechnik):

Nr.	Soll	€	Haben	€
1)	2000 Rohstoffe 2001 Bezugskosten f. Rohstoffe 2600 Vorsteuer	3.370,00 200,00 678,30	4400 Verbindlichkeiten a.L.L.	4.248,30
2)	2000 Rohstoffe	200,00	2001 Bezugskosten f. Rohstoffe	200,00

Grundbuch (aufwandsorientierte Buchungstechnik):

Nr.	Soll	€	Haben	€
1)	6000 Aufwendungen f. Rohstoffe 6001 Bezugskosten f. Rohstoffe 2600 Vorsteuer	3.370,00 200,00 678,30	4400 Verbindlichkeiten a.L.L.	4.248,30
2)	6000 Aufwendungen f. Rohstoffe	200,00	6001 Bezugskosten f. Rohstoffe	200,00

8.4 Nachträgliche Anschaffungspreisminderungen

Nachträgliche Anschaffungspreisminderungen vermindern **nur den Wert** – nicht die Menge – vorhandenen Materials. Diese Preisnachlässe werden ebenfalls auf Unterkonten der jeweiligen Materialkonten erfasst. Auch hier wird der ursprüngliche Nettorechnungsbetrag durch die Preisminderung nachträglich gesenkt. Die Vorsteuer ist durch eine Habenbuchung auf dem Konto 2600 Vorsteuer zu vermindern.

8.4.1 Preisnachlässe nach Mängelrügen

Mangelhafte Lieferung, vgl. **HF4**, **14.2**, S. 354

Gutschrift und Rücksendungen an Lieferanten, vgl. **8.2**, S. 183

Beispiel Die Firma Hans Köller erteilt den Fly Bike Werken eine Gutschrift in Höhe von 20% des vereinbarten Kaufpreises aufgrund von Lackschäden.

Gutschrift Nr. 218 (Auszug)

Artikel	Menge	Einzelpreis	Gesamtpreis
Y-Rahmen	200	47,00 €	9.400,00 €
		Gutschrift wg. Lackschäden 20%	1.880,00 €
		+ 19% Umsatzsteuer	357,20 €
		= Bruttogutschrift	2.237,20 €

Mängel an Fremdbauteilen	Nettorechnungsbetrag = 100%	Vorsteuer = 19%	Bruttorechnungsbetrag = 119%
Eingangsrechnung	9.400,00 €	1.786,00 €	11.186,00 €
Gutschrift (20%)	1.880,00 €	357,20 €	2.237,20 €
Zahlung (80%)	7.520,00 €	1.428,80 €	8.948,80 €

1) Eingangsrechnung der Hans Köller Spezialrahmenbau e. K.
2) Gutschrift der Hans Köller Spezialrahmenbau e. K.
3) Umbuchung des Kontos Nachlässe am Ende des Abrechnungszeitraumes
4) Zahlung an Hans Köller Spezialrahmenbau e. K.

Grundbuch (bestandsorientierte Buchungstechnik):

Nr.	Soll	€	Haben	€
1)	2010 Fremdbauteile 2600 Vorsteuer	9.400,00 1.786,00	4400 Verbindlichkeiten a.L.L.	11.186,00
2)	4400 Verbindlichkeiten a.L.L.	2.237,20	2012 Nachlässe f. Fremdbauteile 2600 Vorsteuer	1.880,00 357,20
3)	2012 Nachlässe f. Fremdbauteile	1.880,00	2010 Fremdbauteile	1.880,00
4)	4400 Verbindlichkeiten a.L.L.	8.948,80	2800 Bankguthaben	8.948,80

Grundbuch (aufwandsorientierte Buchungstechnik):

Nr.	Soll	€	Haben	€
1)	6010 Aufwendungen f. Fremdbauteile 2600 Vorsteuer	9.400,00 1.786,00	4400 Verbindlichkeiten a.L.L.	11.186,00
2)	4400 Verbindlichkeiten a.L.L.	2.237,20	6012 Nachlässe f. Fremdbauteile 2600 Vorsteuer	1.880,00 357,20
3)	6012 Nachlässe f. Fremdbauteile	1.880,00	6010 Aufwendungen f. Fremdbauteile	1.880,00
4)	4400 Verbindlichkeiten a.L.L.	8.948,80	2800 Bankguthaben	8.948,80

8.4.2 Lieferantenboni

Boni sind Umsatzrückvergütungen für das Erreichen bestimmter Umsatzziele. Der Zeitraum (Monat, Quartal, Jahr), die Höhe (Bonussatz in Prozent) und die Berechnung (Bezugsbasis z. B. Nettoumsätze) von Lieferantenboni müssen in Rahmenvereinbarungen zum Kaufvertrag mit dem Lieferer vereinbart werden.

 Beispiel Die Mannes AG gewährt den Fly Bike Werken einen Quartalsbonus in Höhe von 1 %, da der Quartalsumsatz den Betrag von 50.000,00 € übersteigt.

Bonusabrechnung (Auszug)

```
Bonus 1. Quartal 20XX
Nettoumsätze vom 01.01.20XX bis zum 31.03.20XX       52.600,00 €
                       Bonussatz 1 %                    526,00 €
                       + 19 % Umsatzsteuer               99,94 €
                       = Bruttogutschrift              625,94 €
```

Gewährung eines Quartalsbonus	Nettorechnungs-betrag = 100 %	Vorsteuer = 19 %	Bruttorechnungs-betrag = 119 %
Umsätze vor Bonus	52.600,00 €	9.994,00 €	62.594,00 €
Bonus (1 %)	526,00 €	99,94 €	625,94 €
Werte nach Bonus (99 %)	52.074,00 €	9.894,06 €	61.968,06 €

1) Gutschrift für den Quartalsbonus der Mannes AG
2) Umbuchung des Kontos Nachlässe am Ende des Abrechnungszeitraumes

Grundbuch (bestandsorientierte Buchungstechnik):

Nr.	Soll	€	Haben	€
1)	4400 Verbindlichkeiten a.L.L.	625,94	2002 Nachlässe f. Rohstoffe 2600 Vorsteuer	526,00 99,94
2)	2002 Nachlässe f. Rohstoffe	526,00	2000 Rohstoffe	526,00

Grundbuch (aufwandsorientierte Buchungstechnik):

Nr.	Soll	€	Haben	€
1)	4400 Verbindlichkeiten a.L.L.	625,94	6002 Nachlässe f. Rohstoffe 2600 Vorsteuer	526,00 99,94
2)	6002 Nachlässe f. Rohstoffe	526,00	6000 Aufwendungen f. Rohstoffe	526,00

8.4.3 Lieferantenkonti

Beispiel Die Fly Bike Werke GmbH kauft Rohstoffe auf Ziel bei der AWB Aluminiumwerke AG in Bonn. Den Rechnungsbetrag in Höhe von 5.950,00 € überweist sie innerhalb der gewährten Frist unter Abzug von 2 % Skonto.

Zahlungsbedingungen, vgl. **HF 4**, **12.3**, S. 332

Bruttoskonto 119,00 €
− Vorsteuer 19,00 €
= Nettoskonto 100,00 €

$$\frac{BS \cdot 100}{119} = \text{Nettoskonto}$$

$$\frac{BS \cdot 19}{119} = \text{Vorsteuer-berichtigung}$$

BS = Bruttoskonto

Zahlung unter Abzug von Skonto	Nettorechnungs- betrag = 100 %	Vorsteuer = 19 %	Bruttorechnungs- betrag = 119 %
Rechnungsbetrag vor Skonto	5.000,00 €	950,00 €	5.950,00 €
Skonto (2 %)	100,00 €	19,00 €	119,00 €
Zahlungsbetrag nach Skonto (98 %)	4.900,00 €	931,00 €	5.831,00 €

1) Eingangsrechnung der AWB Aluminiumwerke, Bonn
2) Zahlung unter Abzug von Skonto an die AWB Aluminiumwerke, Bonn
3) Umbuchung des Kontos Nachlässe am Ende des Abrechnungszeitraumes

Grundbuch (bestandsorientierte Buchungstechnik):

Nr.	Soll	€	Haben	€
1)	2000 Rohstoffe 2600 Vorsteuer	5.000,00 950,00	4400 Verbindlichkeiten a.L.L.	5.950,00
2)	4400 Verbindlichkeiten a.L.L.	5.950,00	2800 Bankguthaben 2002 Nachlässe f. Rohstoffe 2600 Vorsteuer	5.831,00 100,00 19,00
3)	2002 Nachlässe f. Rohstoffe	100,00	2000 Rohstoffe	100,00

Grundbuch (aufwandsorientierte Buchungstechnik):

Nr.	Soll	€	Haben	€
1)	6000 Aufwendungen f. Rohstoffe 2600 Vorsteuer	5.000,00 950,00	4400 Verbindlichkeiten a.L.L.	5.950,00
2)	4400 Verbindlichkeiten a.L.L.	5.950,00	2800 Bankguthaben 6002 Nachlässe f. Rohstoffe 2600 Vorsteuer	5.831,00 100,00 19,00
3)	6002 Nachlässe f. Rohstoffe	100,00	6000 Aufwendungen f. Rohstoffe	100,00

9 Wirtschaftlichkeit in der Beschaffung

9.1 Lagerkosten

Ausgangspunkt für fast alle Überlegungen im Lagerbereich ist die Frage, wie es der Unternehmer bewerkstelligen kann, den Zielkonflikt zwischen möglichst geringen Lagerkosten und ausreichender Lieferbereitschaft optimal zu lösen. Um diesen Konflikt quantifizierbar (mengenmäßig erfassbar) zu machen, stehen dem Unternehmer einige Möglichkeiten zur Verfügung. Zunächst ist es für ihn von Bedeutung, genau zu analysieren, welche Kosten ihm durch die Lagerhaltung entstehen.

Durch die Lagerhaltung entstehen vielfältige Kosten, davon sind einige Kosten immer gleich bleibend, unabhängig von der Menge oder dem Wert der eingelagerten Waren. Diese nennt man **fixe Kosten**. Andere ergeben sich aus der Menge bzw. dem Wert der Waren, die gelagert werden. Diese werden **variable Kosten** genannt.

LS 30
Kosten der Lagerhaltung

Zielkonflikte in der Beschaffung
vgl. **3.1**, S. 154

Durch eine optimal geplante und durchgeführte Lagerorganisation der Lagerhaltung (warengerechte Lagerung bei Optimierung der Arbeitsabläufe) lassen sich die Kosten der Lagerhaltung möglichst gering halten.

Lagerkosten	Beispiele
Betriebsmittel	– Zinsen – Abschreibungen – Instandhaltung – Transport – Energie – Versicherung
Personal und Verwaltung	– Löhne – Gehälter – Sozialaufwendungen – Büromaterial – EDV – Kommunikation
Lagergüter	– Zinsen für das gebundene Kapital – Kosten des Bestandsrisikos (z. B. Diebstahl, Verderb und Schwund) – Warenpflege

HF 2 Beschaffung

LS 31 Lagerkennzahlen

9.2 Lagerkennzahlen

Mithilfe von Lagerkennzahlen stehen dem Industrieunternehmen weitere Möglichkeiten zur Verfügung, seine Lagerkosten zu überblicken und zu minimieren.

In der Praxis werden die folgenden Lagerkennzahlen verwendet:
- durchschnittlicher Lagerbestand
- durchschnittliche Lagerdauer
- Umschlagshäufigkeit
- Lagerzinssatz und Lagerzinsen
- Lagerreichweite

Ausgangsgröße für alle weiteren Berechnungen ist der **durchschnittliche Lagerbestand (Ø LB)**. Hier finden sich verschiedene Varianten.

Variante	Formel	Erläuterungen
Jahresanfangsbestand (AB) Jahresendbestand (EB)	$\dfrac{AB + EB}{2}$	ungenau
Jahresanfangsbestand (AB) 12 Monatsendbestände (EB)	$\dfrac{AB + 12 \cdot EB}{13}$	genauer als erste Variante, aber Mindestbestand wird nicht berücksichtigt
Bestellmenge (BeM) Mindestbestand (MiB)	$\dfrac{BeM}{2} + MiB$	am besten geeignet bei konstantem Lagerabgang, berücksichtigt Mindestbestand

Die **Umschlagshäufigkeit** (UH) gibt an, wie oft der durchschnittliche Lagerbestand in einem Jahr umgesetzt wurde. Die Berechnung kann sowohl auf Mengenbasis als auch auf Wertbasis (d. h. als Produkt aus Menge und Stückpreis) erfolgen. Sie wird ermittelt, indem man den Jahresverbrauch durch den durchschnittlichen Lagerbestand teilt. Je niedriger der durchschnittliche Lagerbestand ist, desto höher ist die Umschlagshäufigkeit.

Versandlager der Fly Bike Werke GmbH

$$\text{Umschlagshäufigkeit} = \frac{\text{Jahresverbrauch (Wareneinsatz)}}{\text{Ø Lagerbestand}}$$

Bei der Interpretation ist der Zusammenhang zur Kapitalbindung zu berücksichtigen: Je höher die Umschlagshäufigkeit, desto niedriger das im Lager gebundene Kapital. Und dieses gebundene Kapital könnte bei einer Anlage auf der Bank Zinsen erbringen. Aus der Umschlagshäufigkeit lässt sich die **durchschnittliche Lagerdauer** (Ø LD in Tagen) errechnen, indem man 360 (Tage) durch die Umschlagshäufigkeit teilt. Die durchschnittliche Lagerdauer gibt an, wie lange die Materialien im Durchschnitt im Lager verbleiben, bevor sie verbraucht werden.

Je kürzer dieser Zeitraum ist, desto besser, denn desto kürzer ist auch die Kapitalbindungsdauer. Die durchschnittliche Lagerdauer ist umso geringer, je höher die Umschlagshäufigkeit ist.

$$\varnothing \text{ Lagerdauer} = \frac{360}{UH}$$

Die Kosten (in Form von entgangenen Zinsen), die für das in den Lagergütern gebundene Material entstehen, werden mithilfe des **Lagerzinssatzes (LZS)** ermittelt. Dazu dividiert man den Jahreszinssatz durch die Umschlagshäufigkeit. Je höher die Umschlagshäufigkeit, desto niedriger ist der Lagerzinssatz.

$$\text{Lagerzinssatz} = \frac{\text{Jahreszinssatz}}{UH} \quad \text{oder} \quad \frac{\text{Jahreszinssatz} \cdot \varnothing \text{ Lagerdauer}}{360}$$

Aus dem Lagerzinssatz lassen sich mithilfe der Zinsformel und des Wertes des durchschnittlichen Lagerbestandes die **Lagerzinsen (LZ)** berechnen.

$$\text{Lagerzinsen} = \frac{\text{Wert des } \varnothing \text{ Lagerbestandes} \cdot \text{Lagerzinssatz}}{100}$$

Die **Lagerreichweite** zeigt an, wie lange der durchschnittliche Lagerbestand bei einem durchschnittlichen Materialverbrauch ausreicht. Mit ihr lassen sich Aussagen über die Versorgungssicherheit in einem Unternehmen treffen. Es gibt mehrere Möglichkeiten, die Lagerreichweite zu ermitteln. Die einfachste, aber auch ungenaueste Variante ist beschränkt auf den tatsächlichen durchschnittlichen Lagerbestand und den durchschnittlichen Verbrauch.

$$\text{Lagerreichweite} = \frac{\text{durchschnittlicher Lagerbestand pro Zeiteinheit}}{\text{durchschnittlicher Verbrauch pro Zeiteinheit}}$$

Soll die Lagerreichweite die geplanten Bestellungen mit einbeziehen, so wird folgende Formel genutzt:

$$\text{Lagerreichweite} = \frac{\text{durchschnittlicher Lagerbestand pro Zeiteinheit} + \text{offene Bestellungen}}{\text{geplanter Verbrauch pro Zeiteinheit}}$$

HF 2
Beschaffung

Der **durchschnittliche Lagerbestand** zählt zu den zentralen Kennzahlen einer wirtschaftlichen Lagerhaltung. Gelingt es, den durchschnittlichen Lagerbestand zu verringern, hat das folgende Konsequenzen:
- Umschlagshäufigkeit steigt
- durchschnittliche Lagerdauer verringert sich
- Kapitalbindungsdauer und Kapitalbedarf vermindern sich
- Lagerzinssatz und Lagerzinsen werden geringer
- Gefahr von Lagerrisiken (z. B. durch Schwund, Diebstahl etc.) sinkt
- sonstige Lagerkosten (z. B. für Warenpflege, Warenversicherung) fallen

JIT, vgl. 4.3, S. 161

Im Extremfall wäre dem Unternehmen mit einer **JIT-Strategie** am besten gedient, da dann ein Lagerbestand kaum noch vonnöten ist. Dies setzt voraus, dass die Lieferungen pünktlich eintreffen.

Beispiel Lagerkennzahlen der Fly Bike Werke GmbH für Artikel 7060 (Sattel für Mountainbike Constitution)

- Anschaffungskosten je Stück 25,015 €
- Jahresverbrauch 1.350 Stück
- Höchstbestand für Artikel 450 Stück
- Bestellmenge je Bestellung 342 Stück
- Mindestbestand 108 Stück
- Jahreszinssatz 10 %

Ø Lagerbestand	$\text{Ø LB} = \dfrac{342 + 108}{2}$	279 Stück
Umschlagshäufigkeit	$\text{UH} = \dfrac{1.350}{279}$	4,838
Ø Lagerdauer	$\text{Ø LD} = \dfrac{360 \text{ (Tage)}}{4,838}$	74,411 (Tage)
Lagerzinssatz	$\text{LZS} = \dfrac{10}{4,838}$	2,067 %
Lagerzinsen	$\text{LZ} = \dfrac{279 \cdot 25,015 \cdot 2,067}{4,838}$	144,26 €

Übersicht: *Wirtschaftlichkeit in der Beschaffung*

Lagerkosten	Zum Beispiel – Instandhaltung, Abschreibungen, Energie, Versicherung – Löhne/Gehälter, Verwaltungskosten – Bestandsrisiko, Warenpflege
Lagerkennzahlen	– Durchschnittlicher Lagerbestand – Durchschnittliche Lagerdauer – Umschlagshäufigkeit – Lagerzinssatz – Lagerzinsen – Lagerreichweite

ANFORDERUNGSSITUATION 2.2

HANDLUNGSFELD 3
Leistungserstellung

1 Aufgaben und Ziele der betrieblichen Leistungserstellung

In betrieblichen Leistungserstellungsprozessen werden Waren (z. B. Fahrräder) und Dienstleistungen (z. B. Fahrradtouren) bereitgestellt. Leistungserstellungsprozesse zählen zu den **Kernprozessen** eines Unternehmens. Anstelle von betrieblicher Leistungserstellung spricht man häufig auch von betrieblicher Produktion.

Leistungserstellungsprozesse als Kernprozesse

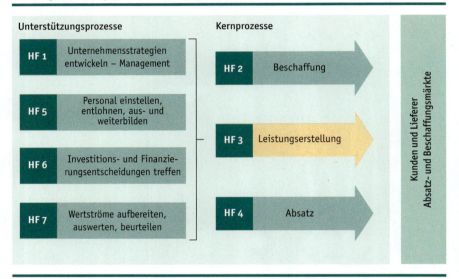

Produktionsbegriff

Der Begriff der Produktion kann unterschiedlich definiert werden. **Produktion (weit gefasst)** ist die Transformation (Umwandlung) von Sachgütern und Dienstleistungen in andere Sachgüter und Dienstleistungen. In diesem Sinne zählt auch die Erstellung einer Steuererklärung zur Produktion: Betriebsmittel (wie PC) und menschliche Arbeit (in Form eines Steuerberaters) werden so kombiniert, dass eine Steuererklärung erstellt wird, die für den Auftraggeber zu einer möglichst niedrigen Steuerbelastung führt.

Produktion (eng gefasst) ist die Transformation von Sachgütern in andere Sachgüter. Diese Definition liegt den weiteren Ausführungen zugrunde, denn durch dieses Merkmal unterscheidet sich ein Industriebetrieb von Unternehmen anderer Wirtschaftsbranchen. In Industriebetrieben ist der Produktionsprozess – im Unterschied zu Handwerksbetrieben – weitgehend mechanisiert und basiert auf hoher Arbeitsteilung.

Betriebliche Leistungsfaktoren, vgl. HF 1, 1.3, S. 22

Die betriebliche Produktion im engen Sinne stellt sich als ein **Transformationsprozess** dar, bei dem betriebliche Leistungsfaktoren (Input) in Sachgüter (Output) verwandelt werden.

Mögliche Konflikte zwischen technischen und betriebswirtschaftlichen Zielen

Gerade im Produktionsbereich eines Unternehmens wird deutlich, dass technische und betriebswirtschaftliche Überlegungen häufig zu Meinungsverschiedenheiten darüber führen, was ein erfolgreiches Produkt ausmacht. Aus technischer Sicht gilt es häufig, ein technisch hochwertiges Produkt zu fertigen.

Vom Kunden nachgefragt wird häufig jedoch ein Produkt, das nicht nur die gewünschten Eigenschaften hat, sondern auch möglichst kostengünstig angeboten wird. Daraus ergibt sich, dass die Produktion von Sachgütern unter dem betriebswirtschaftlichen Nebenziel der **Minimierung von Produktionskosten** erfolgen muss.

Zielkonflikte,
vgl. **HF 1**, **12.2**, S. 130

> **Beispiel** So kann z. B. ein DVD-Player, der nur die Grundfunktionen bietet, kommerziell gesehen wesentlich erfolgreicher sein als ein ähnliches Gerät, das eine Menge von Zusatzfunktionen liefert, die aber vom Kunden als überflüssig angesehen und somit nicht bezahlt werden.

Produktionsprogrammplanung,
vgl. **3.1**, S. 204

Produktnutzen,
vgl. **HF 4**, **3.1.1**, S. 255

Die wesentliche Aufgabe der Produktion ist die Planung, Durchführung und Kontrolle der Herstellung von Sachgütern. Sie wird durch die „**sechs R der Produktion**" näher beschrieben. Dabei gilt es, die folgenden Ziele zu berücksichtigen.

Die „sechs R" der Produktion

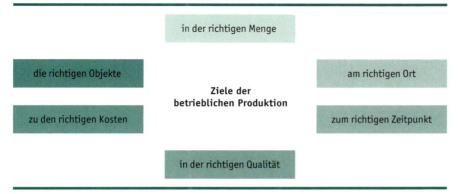

Die Vorgabe: „Produziere möglichst effektiv und effizient" muss für alle Geschäftsprozesse eines Unternehmens detailliert werden. Im Produktionsbereich führt dies zu folgenden **Planungs- und Kontrollaufgaben**:

- Leistungsentwicklung (Produkte planen und entwickeln, technische und wirtschaftliche Machbarkeit prüfen)
- Primärbedarfsplanung (Planung des Produktionsprogramms nach Art, Menge und Qualität)
- Sekundärbedarfs- bzw. Teilebedarfsplanung (Ermittlung des Materialbedarfs)
- Terminplanung (Planung der Fertigungstermine unter Berücksichtigung eventueller Kundenwunschtermine)
- Kapazitätsplanung (Planung des Betriebsmittel- und Personalbedarfs)
- Planung des Fertigungsverfahrens
- Prozessoptimierung und Produktionscontrolling
- Produktionsbegleitende Durchführung von Qualitätssicherungsmaßnahmen

Primär- und Sekundärbedarfsplanung,
vgl. **3.2**, S. 208

Kapazitätsplanung,
vgl. **4.1**, S. 215

Fertigungsverfahren,
vgl. **5**, S. 222 ff.

Prozessoptimierung und Produktionscontrolling,
vgl. **6.2.2**, S. 243

Qualitätssicherung,
vgl. **6**, S. 236

2 Leistungsentwicklung

2.1 Produktentstehungs- und -entwicklungsprozess

LS 32 Produktentstehungs- und -entwicklungsprozess

Der Produktentstehungs- und -entwicklungsprozess samt seiner Teilprozesse ist ein unternehmensübergreifender Geschäftsprozess.

Produktlebenszyklus, vgl. **2.2**, S. 201

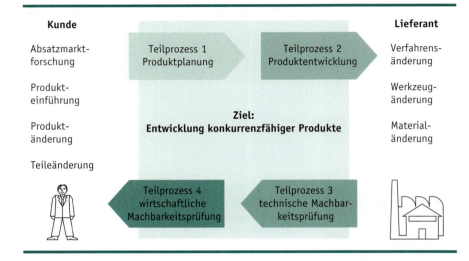

Teilprozess Produktplanung

Die **Produktplanung** hat in einer frühen Phase die Aufgabe, die vom Kunden geforderten Produkt- und Qualitätsmerkmale festzulegen. Hierfür erfolgt ein Abgleich zwischen Markterfordernissen (z. B. Verfügbarkeit eines Produktes in spätestens zwei Jahren) und grundlegender technischer sowie wirtschaftlicher Machbarkeit.

Teilprozess Produktentwicklung

An die Produktplanung schließt sich die Phase der **Produktentwicklung** an. Sie ist die Domäne der Techniker und Wissenschaftler aus Forschung und Entwicklung. Schrittweise werden die technischen Spezifikationen definiert, Problemlösungen gesucht und in einem fortlaufenden Prozess von Konzept- und Ideenentwicklung, Vorentwicklung, Grobentwicklung, Detailentwicklung, Konstruktion und Versuchsplanung schrittweise und immer mehr in die Einzelheiten gehend die Produkte entwickelt. Damit verbunden ist ein hohes Maß an Kreativität, denn hier wird die Basis für innovative Produkte und Produktionsverfahren gelegt. Forschungs- und Entwicklungsmaßnahmen sind Investitionen in die Zukunft, vor allem in rohstoffarmen Ländern wie Deutschland.

LS 33 Ideen generieren und Leistungskonzepte entwerfen

Die Produktentwicklung selbst beinhaltet die Phasen der Produktkonzipierung und Produktkonstruktion.

- In der Phase der **Produktkonzipierung** geht es zunächst darum, die Leistungsmerkmale weiter zu spezifizieren sowie Lösungsmöglichkeiten für die Umsetzung der Leistungsmerkmale zu finden. Anschließend werden beide Komponenten miteinander kombiniert. Hierfür eignen sich verschiedene Kreativitätstechniken. Als Hilfsmittel für die Produktkonzipierung ist die so genannte Osborn-Checkliste besonders bekannt geworden. Hierbei handelt es sich um Leitfragen zur Sammlung von Ideen.

Osborn-Checkliste, vgl. S. 198–199

- In der **Produktkonstruktion** wird das Produkt mithilfe von **CAD**-Systemen entworfen und ausgearbeitet. Zunächst muss dabei sichergestellt werden, dass alle Anforderungen an das Produkt technisch umgesetzt werden können, diese Umsetzung wirtschaftlich tragbar ist und bestehende Sicherheitsanforderungen (z. B. in Form von DIN-Normen usw.) beachtet werden. Ferner erfolgt die Festlegung genauer Maße, Oberflächenstrukturen usw.

CAD
Computer Aided Design (Herstellung technischer Zeichnungen mit Computerunterstützung)

Konstruktion und anschließende Fertigung stehen in einem engen Verhältnis zueinander. Zum einen bestimmen die konstruktionstechnischen Merkmale die anzuwendenden Fertigungsverfahren, zum anderen müssen die Herstellungsverfahren geeignet sein, die Konstruktionsanforderungen umzusetzen.

Die Ergebnisse der Produktentwicklung spiegeln sich in folgenden Dokumenten wider, die als Ausgangsbasis für die Fertigung dienen:

- **Konstruktionszeichnung** (enthält alle technischen Spezifikationen)
- **Stückliste** (beinhaltet alle Einzelteile und Baugruppen, aus denen ein Erzeugnis zusammengesetzt ist)
- **Erzeugnisstruktur** (zeigt an, welche Erzeugnisbestandteile mit welchen Mengen in andere Erzeugnisbestandteile eingehen)
- **Arbeitsplan** (bestimmt u. a. die zu beschaffenden Rohmaterialien, die einzusetzenden Betriebsmittel, die vorzunehmenden Arbeitsgänge, die einzuhaltenden Produktionszeiten)

Stücklisten, Erzeugnisstruktur, vgl. **3.2**, S. 209–210

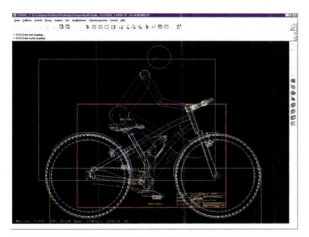

Produktkonstruktion mithilfe von CAD (Computer Aided Design)

HF 3 — Leistungserstellung

Die Osborn-Checkliste

1. Andere Anwendungen?	Beispiele
Gibt es eine neue Anwendung?	Farbstoffhersteller: Korrekturflüssigkeit für Schreibfehler. Ölpipeline – Milchpipeline. Taucheranzüge – Surferanzüge
Gibt es nach kleinen Abänderungen eine neue Anwendung?	Carving Ski: Taillierte Bauweise – neue Fahrtechnik. Rollschuhe – Inline-Skates
Was kann man noch daraus machen?	Waschbrett: Musikinstrument. Wagenräder – Deckenlampen
Kann man etwas retten? (Wenn etwas verbraucht ist, kann man es anders verwenden?)	Wiederverwendbare Produktbehälter, z. B. Eis, Joghurt
Welche Anwendung kann man hinzufügen?	Radio: Nach dem Wetter- und dem Strassen- nun noch der Pollenbericht. Quartz-Uhr mit Höhenangabe und Angabe der Herzfrequenz (für Wanderer)

2. Borgen oder anpassen?	
Was ist so ähnlich?	Vogelflügel – Flugzeugflügel. Kutschenformen – frühe Automobile. Surfbrett – Snowboard
Welche Parallelen hat es in der Vergangenheit gegeben?	Moderne Sportstadien – römische Arenen. Tankstellen mit Shop – Pferdewechselstationen mit Herberge
Können andere Prozesse kopiert werden?	Pflanzenabbau – Kompostierung. Glas gießen – Metall gießen – Kunststoff gießen
Welche anderen Ideen sind brauchbar?	Kaugummi, ein Fehlprodukt bei der Gummiproduktion. Kohle verflüssigen: Kohlepipeline

3. Modifizieren / verändern?	
Andere Gestalt?	Wecker in Form von Dinosauriern usw. Automobilmode: runde Formen. Skischuhe zum vorne Schließen / zum hinten Schließen
Andere Form?	Streudünger – Flüssigdünger. Milch – Kondensmilch – Pulvermilch
Farbe?	Haushaltsgeräte („Weiße Ware") auch in anderen Farben (Kühlschränke, Mikrowelle)
Bewegung?	Fahrrad-Schaltungen: Drehgriffe statt Schalthebel. Rollos – Vorhänge

4. Vergrößern / mehr?	
Längere Zeit?	Longlife-Batterien. Ladenöffnungszeiten rund um die Uhr
Häufiger?	Häufigere Kontrollen von Räumen mit Video-Überwachungssystemen als mit Wachmännern. Kurzurlaube und Städteflüge
Stärker?	Kaffee, Klebstoff, Hustenbonbons
Höher?	Modisch hohe Schuhabsätze. Sitzposition in Kleinautomobilen und Vans
Länger?	Büchsenöffner mit besonders langem Stiel (mehr Kraft). Stretched Cars. Extra lange Zigaretten
Etwas zusätzlich?	Fluor im Salz. Surfbretter mit Segel = Windsurfer. Fahrräder: 3 Gänge – 5 Gänge – 7 Gänge – 21 Gänge

ANFORDERUNGSSITUATION 3.1

5. Verkleinern / weniger?	
Kompakter?	PC-Entwicklung: Trend zur Verkleinerung. Ochsner-Abfallkübel – Abfallbehälter auf Wirtshaustischen
Leichter?	Fahrräder: Alurahmen statt Stahlrahmen, Schulranzen
Verdichten?	Klappbare Schirme. Zeltanhänger. Sackmesser. Paperback-Taschenbücher
Etwas entfernen?	Schlauchlose Reifen. Rahmenlose Bilderrahmen. Entrahmte Milch. Autos ohne Karosserie: Gokarts
Enger?	Bautrend bei Reihenhäusern. Verdichtetes Bauen. Kajütenbetten. Stretchhose
6. Ersetzen?	
Andere Teile?	Automatische Getriebe statt Gangschaltungen. Reißverschlüsse statt Knöpfe?
Anderes Material?	Skibekleidungen aus Goretex. Uhren mit Holzgehäuse. Zeltstangen aus biegsamen Kohlefasern statt aus Aluminium
Anderes Verfahren?	Neon- statt Glühampen. Elektronische Fotoapparate ohne Film. Mikrowelle statt Hitze
Anderer Antrieb?	Fahrräder: E-Bikes
Andere Wege?	Zugeschneite Gebiete aus der Luft versorgen. Fährschiffe statt Umwegfahrten. Satelliten statt Transatlantikkabel
7. Umformen / Umstellen?	
Richtung ändern?	Stadtverkehr. Fahrspuren je nach Verkehrsaufkommen in der Gegenrichtung öffnen. Strom in Leitungen je nach Bedarf umherschicken
Aussehen verändern?	Produktverpackungen
Reihenfolge ändern?	Lineare Erzählungen – mit dem Schluss beginnen und dann zurückblenden
Ursache und Wirkung umkehren?	Elektromotor: Aus Strom Bewegung erzeugen. Fahrraddynamo: Aus Bewegung Licht erzeugen
Anders verpacken?	Milch in Flaschen – Tetrapack – Schlauchbeutel. Pralinés in Schachteln oder in Tüten
Umgruppieren?	Umstrukturierung in Firmen. Spieleraufstellung beim Sport
8. Umkehren?	
Vertauschen?	Rollentausch bei Mann und Frau. Schüler als Lehrer – Lehrer als Schüler
Spiegelschrift?	Logos (Markenzeichen, z. B. Modelabel „Deʒigual")
Aufwärts statt abwärts?	In Speicherkraftwerken: Wasser nachts durch die Druckwasserröhre hochpumpen, damit es tagsüber wieder durch die Röhre abwärtsschießen kann
Das Gegenteil tun?	In Tiefkühltruhen aufbewahren, statt mit Hitze sterilisieren. Ferien zu Hause statt im Ausland
9. Kombinieren?	
Legierungen?	Bruchsichere, farbechte, biegsame, durchsichtige, schlagfeste, aufquellende, schaumstoffartige, isolierende usw. Kunststoffe
Alte Ideen aufwerten?	Retro-Look (z. B. Mode)
Ensembles?	Badezimmer: Einheitliches Design und Farbe, vom Lavabo über die Armaturen bis zu den Handtüchern. Damenbekleidung: Deux-pièces und weitere Stücke zum Kombinieren.
Kombipack?	Fahrrad-Ersatzteile: Komplette Schaltungen statt einzelne Zahnräder, Drähte und Schalter anbieten. Ferien-Packages: Flug, Hotel, Mietwagen, Ausflüge
Doppelnutzen?	Laserdrucker und Faxgerät in einem. Brillen: Sehhilfen und modische Accessoires in einem

Quelle: Stephan Wottreng, Handbuch Handlungskompetenz, 6. Aufl., Oberentfelden 2007.

HF 3
Leistungserstellung

Teilprozess technische Machbarkeitsprüfung

Im Rahmen einer **technischen Machbarkeitsprüfung** muss getestet werden, ob sich das zu entwickelnde Produkt mit den betrieblichen Fertigungsverfahren verwirklichen lässt. Jetzt schlägt die Stunde der Versuchsabteilung. Sie plant Versuche, führt sie anschließend durch, baut Prototypen und entscheidet, ob ein Produkt unter den gegebenen Bedingungen gefertigt werden kann oder nicht. An die technische schließt sich die **wirtschaftliche Machbarkeitsprüfung** an. Nun wird analysiert, ob die technisch machbaren Produkte auch innerhalb eines absehbaren Zeitraums am Markt einführbar sind und letztlich zu Gewinnen führen.

Teilprozess wirtschaftliche Machbarkeitsprüfung

Querschnittsaufgaben: Qualitätssicherung und Änderungsmanagement

Als Querschnittsaufgaben fallen Qualitätssicherung und Änderungsmanagement an. Die Sicherstellung der Produkt- und Prozessqualität wird mit dem Begriff **Qualitätssicherung** (Quality Engineering) umschrieben. Das **Änderungsmanagement** managt die fertigungsbegleitende Verwaltung aller benötigten Teile und Komponenten sowie Verfahrens- und Werkzeugänderungen. Zu diesem Zweck werden Normen, Arbeitspläne, technische Spezifikationen, Stücklisten usw. zentral gespeichert und allen beteiligten Stellen zur Verfügung gestellt.

Übersicht: Leistungsentwicklung

Forschungs- und Entwicklungsmaßnahmen

Grundlagenforschung	Ziel: Gewinnung neuer wissenschaftlicher Erkenntnisse, die zunächst nicht für den praktischen Einsatz gedacht sind. Träger: Forschungsinstitutionen (z. B. Fraunhofer-Gesellschaft), technisch-wissenschaftliche Hochschulen (z. B. RWTH Aachen)
Angewandte Forschung	Ziel: Nutzung bereits vorhandener wissenschaftlicher Erkenntnisse, um neue Lösungen für technische Problemstellungen zu finden (z. B. Erhöhung der Wirksamkeit von Medikamenten durch schrittweise Abgabe der Wirkstoffe in den Blutkreislauf). Träger: unternehmenseigene Forschungsabteilungen (z. B. bei der Bayer AG), überbetriebliche Forschungsabteilungen (z. B. Forschungslabors der Baustoffindustrie)
Neuentwicklung	Ziel: Nutzung neuer Erkenntnisse aus Grundlagenforschung und angewandter Forschung, um neue Produkte oder Prozesse herzustellen (z. B. Entwicklung eines neuen Verbrennungsmotors mit der Vorgabe, nicht mehr als 2,5 Liter auf 100 km zu verbrauchen). Träger: unternehmenseigene Entwicklungslabors (z. B. Motorenentwicklung bei der Ford AG)
Weiterentwicklung	Ziel: Nutzung bereits eingesetzter Erkenntnisse, um Produkte bzw. Prozesse zu verbessern (z. B. Verbesserung der Windschlüpfrigkeit von Autokarosserien durch Testen von Rundungen im Windkanal). Träger: siehe Neuentwicklung

Produktentstehungs- und -entwicklungsprozess

Produktplanung	Welche neuen Produkte wünscht der Kunde?
Produktentwicklung	Welche Forschungs- und Entwicklungsarbeiten sind notwendig, um die Kundenwünsche in ein neues Produkt umzusetzen?
Technische Machbarkeitsprüfung	Lassen sich alle Lösungsalternativen technisch realisieren?
Wirtschaftliche Machbarkeitsprüfung	Sind die technisch machbaren Lösungen wirtschaftlich zu vertreten?
Qualitätssicherung	Wie kann ich die Produkt- und Prozessqualität laufend überwachen?
Änderungsmanagement	Welche Anforderungen stellen Änderungen bei Teilen, Komponenten, Verfahren und Werkzeugen?

ANFORDERUNGSSITUATION 3.1

2.2 Produktlebenszyklus

Nach der Entwicklung wird das Produkt am Markt eingeführt. Jedoch hält sich kein Produkt für unbegrenzte Zeit am Markt. Nach Monaten oder Jahren veraltet die Leistung und wird weniger nachgefragt. Letztlich müssen Unternehmen das Produkt aufgrund mangelnder Nachfrage vom Markt nehmen. Ein Produkt durchläuft damit einen Lebenszyklus: Der **Produktlebenszyklus** stellt die Umsatz- und Erfolgsentwicklung eines Produktes grafisch in idealtypischer Form dar. Die Verkaufs- und Umsatzzahlen gehen einher mit einer bestimmten Erfolgsentwicklung (Gewinn oder Verlust).

Produktentwicklung, vgl. **2.1**, S. 196

Phasen des Produktlebenszyklus

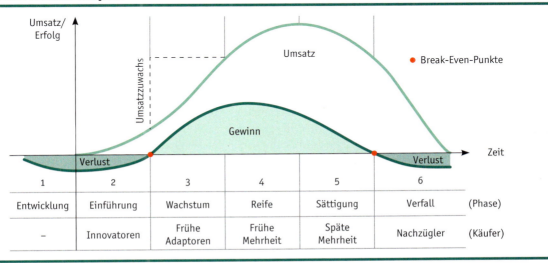

1. **Entwicklungsphase**: Mit zunehmendem Entwicklungsstand steigen die Kosten. Umsatz wird noch nicht erzielt.
2. **Einführungsphase**: Das Produkt ist noch relativ unbekannt und Kunden verhalten sich abwartend, die Umsätze steigen nur langsam.
3. **Wachstumsphase**: Die Umsatzzuwächse sind enorm. Das Produkt überschreitet den **Break-Even-Punkt** in Richtung Gewinnzone.
4. **Reifephase**: Das Produkt hat einen guten Stand am Markt erreicht. Der Umsatz steigt nur noch langsam.
5. **Sättigungsphase**: Viele Kunden haben bereits das Produkt gekauft, es drängen massiv Konkurrenten mit ähnlichen Produkten auf den Markt. Der Gewinn geht stetig zurück.
6. **Rückgangsphase**: Der Umsatz sinkt deutlich, der Break-Even-Punkt wird erneut in Richtung Verlustzone überschritten. Das Produkt wirkt immer stärker erfolgsmindernd.

Break-Even-Punkt
Gewinnschwelle, an der die Erlöse und die Kosten eines Produktes gleich hoch sind; d. h., ab diesem Zeitpunkt entsteht Gewinn,
vgl. **HF7**, Band 2

Jede Produktphase erfordert individuelle Maßnahmen, um den Erfolgsbeitrag der Produkte zu optimieren. In der Realität lassen sich die verschiedenen Phasen selten eindeutig bestimmen. Eine grobe Einschätzung reicht jedoch, um situativ sinnvolle produktpolitische Maßnahmen auszuwählen.

Produktpolitik, vgl. **HF4**, **3.1**, S. 255

2.3 Rechtsschutz von Erzeugnissen und Fertigungsverfahren

Forschung und Entwicklung lohnen sich nur dann für ein Unternehmen, wenn sichergestellt werden kann, dass die daraus resultierenden Produkte und Produktionsverfahren von anderen Unternehmen nicht unrechtmäßig genutzt werden.

*Markenschsutz, vgl. **HF4**, 9.2, S. 302*

Gewerbliche Nutzungsrechte	
Patente	geregelt im Patentgesetz (PatG)
Gebrauchsmuster	geregelt im Gebrauchsmustergesetz (GebrMG)
Geschmacksmuster	geregelt im Geschmacksmustergesetz (GeschmMG)
Markenzeichen	geregelt im Markengesetz (MarkenG)
Gütezeichen	geregelt durch DIN-Normen, ISO-Normen usw.

Patent

Ein **Patent** gewährt seinem Erfinder das alleinige Recht zur Nutzung seiner Erfindung (Produkt oder Herstellungsverfahren). Mit der Patenterteilung wird es Dritten verboten, die Erfindung gewerblich zu verwerten. Sie dürfen das patentierte Erzeugnis weder herstellen, anbieten, in den Verkehr bringen, gebrauchen oder einführen. Bei Missbrauch droht eine Freiheitsstrafe bis zu drei Jahren oder eine Geldstrafe. Die Schutzdauer eines Patents beträgt 20 Jahre; für die Anmeldung, die Prüfung und die Gewährung des Patentrechtsschutzes sind Gebühren fällig.

Voraussetzungen für die Erteilung eines Patents sind:
- Neuheit, d. h. etwas, was noch nicht zum derzeitigen Stand der Technik zählt
- erfinderische Tätigkeit
- gewerbliche Verwertbarkeit

Gebrauchsmuster

Bei einem **Gebrauchsmuster** („Minipatent") erhält der Erfinder die alleinige Befugnis zur Nutzung einer nicht patentfähigen Erfindung. Bei einem Gebrauchsmuster werden geringere Anforderungen an die erfinderische Tätigkeit als beim Patent gestellt. Die Schutzdauer ist zunächst auf drei Jahre beschränkt (mit einer Verlängerungsoption für eine Gesamtdauer von zehn Jahren). Einzutragen ist das Gebrauchsmuster in die Gebrauchsmusterrolle beim Europäischen Patent- und Markenamt.

Geschmacksmuster

Ein **Geschmacksmuster** schützt die ästhetische Form sowie die Farbgebung eines Musters (zweidimensional) oder eines Modells (dreidimensional). Man erkennt das Geschmacksmuster am typischen Copyright-Vermerk. Im Vergleich zum Patent sind bei einem Geschmacksmuster die Kosten geringer, das Prüfverfahren und der Rechtsschutz einfacher erreichbar. Das Geschmacksmuster wird für fünf Jahre geschützt (verlängerbar auf eine Gesamtdauer von 20 Jahren).

*Markenzeichen, vgl. **HF4**, 9.2, S. 302*

Unter einer **Marke** versteht man ein Kennzeichen, das gewerblich genutzt wird, um Produkte oder Dienstleistungen voneinander unterscheiden zu können (z. B. Logo des Betriebssystems Windows). Auch das Markenzeichen ist beim Patent- und Markenamt vor unberechtigter Nutzung durch andere einzutragen (Markenregister). Die Schutzwirkung beträgt zunächst zehn Jahre und kann im Anschluss daran für jeweils zehn weitere Jahre verlängert werden.

2 Leistungsentwicklung

Gütezeichen (i. d. R. Branchen- oder Verbandszeichen) werden von Lieferanten gleichartiger Waren geschaffen; sie beruhen auf freiwilligen Vereinbarungen. Gütezeichen sichern dem Konsumenten zu, dass eine bestimmte Mindestqualität der Erzeugnisse sichergestellt wird, und spielen vor allem bei der Gemeinschaftswerbung eine wichtige Rolle.

Gütezeichen

Bei allen gewerblichen Schutzrechten besteht die Gefahr der unberechtigten Nutzung durch Dritte. Bei Fälschungen hilft auch die strenge Gesetzeslage nicht immer weiter. Denn zum einen muss das betroffene Unternehmen erst einmal von der Verletzung seines Rechts Kenntnis erhalten und zum anderen ist die Rechtsdurchsetzung mit hohen Kosten verbunden.

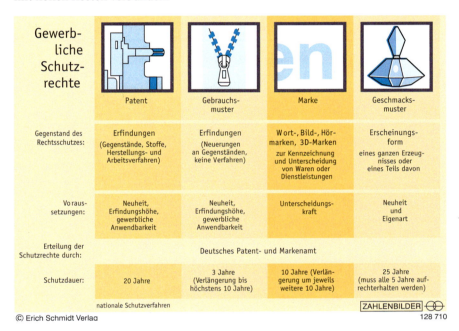

Übersicht: Produktentstehungs- und -entwicklungsprozess

Rahmenbedingung:

Forschung und Entwicklung
- Grundlagenforschung
- angewandte Forschung
- Neuentwicklung
- Weiterentwicklung

Produktplanung · Produktentwicklung

Ziel: Entwicklung konkurrenzfähiger Produkte

Qualitätssicherung und Änderungsmanagement

wirtschaftliche Machbarkeitsprüfung · technische Machbarkeitsprüfung

Rahmenbedingung:

Rechtsschutz von Erzeugnissen und Fertigungsverfahren
- Patente
- Gebrauchsmuster
- Geschmacksmuster
- Marke
- Gütezeichen

203 ANFORDERUNGSSITUATION 3.1

3 Produktionsprogramm- und Bedarfsplanung

3.1 Absatz- und Produktionsprogramm

LS 34 Produktionsprogrammplanung

Marketing, vgl. **HF4**, **1.1**, S. 246

Primärbedarfsplanung, vgl. **3.2.1**, S. 208

Das Marketing eines Unternehmens legt nach den Wünschen des Marktes das **Absatzprogramm** fest. Aus dem Absatzprogramm werden alle weiteren Pläne abgeleitet, u. a. das **Produktionsprogramm** im engeren Sinne und das **Dienstleistungsprogramm**. Im Rahmen seiner Produktionsprogrammplanung trifft ein Industriebetrieb Entscheidungen über die genaue Art und die Anzahl der von ihm selbst hergestellten Erzeugnisse.

Produktionsprogramm der Fly Bike Werke GmbH

Fahrräder

City-Räder	Trekkingräder	Mountainbikes	Rennräder	Kinderräder
Modelle	Modelle	Modelle	Modelle	Modelle
– Glide	– Light	– Dispo	– Fast	– Twist
– Surf	– Free	– Constitution	– Superfast	– Cool
	– Nature	– Unlimited		

Beispiel Die Fly Bike werke wollen ein Fitness-Bike in das Produktionsprogramm aufnehmen. Auf der Grundlage einer mittelfristigen Absatzplanung sollen 3750 Stück des Fitness-Bikes produziert werden. Für das Fitness-Bike liegen noch keine konkreten Kundenaufträge vor. Die geplante Produktionsmenge basiert auf einer Absatzprognose im Rahmen einer mittelfristigen Absatzplanung. Mit einem innerbetrieblichen Produktionsauftrag wird der Kernprozess Leistungserstellung in Gang gesetzt. Mit der Entscheidung, das Fitness-Bike zu produzieren, wird eine Erweiterung des Produktionsprogramms, also der Güter, die vom Unternehmen selbst produziert werden, vorgenommen.

Produktionsprogrammbreite

Die **Produktionsprogrammbreite** gibt die Anzahl der von einem Unternehmen produzierten Produktarten/Produktlinien an.

Beispiel Das Produktionsprogramm (s. o.) wird durch eine neue Produktart, das Fitness-Bike, verbreitert.

Vor- und Nachteile einer Erhöhung der Produktionsprogrammbreite

Vorteile:
- Risikostreuung
- bessere Absatzchancen (Einkaufsbequemlichkeit für den Kunden)
- Möglichkeiten der Mischkalkulation (unterschiedliche Verkaufszuschläge)
- Möglichkeiten der Verwertung von Abfällen (Kuppelproduktion)

Nachteile:
- erhöhte Kosten (Umrüstung)
- schwerer überschaubare Betriebsstruktur
- schwierigere Werbung und Forschung
- Zersplitterung der Kräfte im Einkaufs- und Absatzbereich (Multimarktkonzept)
- verhindert Spezialisierungsmöglichkeiten

Die **Produktionsprogrammtiefe** bezieht sich auf die Anzahl der Varianten und Typen, die innerhalb einer Produktart angeboten werden.
- Typen umfassen Artikel, die in bestimmten Eigenschaften übereinstimmen.
- Artikel sind kleinste, nicht mehr teilbare Einheiten eines Produktionsprogramms.

Produktionsprogrammtiefe

Die Bestimmung des Produktionsprogramms nach Art und Menge der herzustellenden Güter hat unter Beachtung des **erwerbswirtschaftlichen Prinzips** zu erfolgen. Optimal ist das Produktionsprogramm, wenn damit der maximale Gewinn erzielt wird. Die optimale Menge der zu produzierenden Güter unterliegt einer Vielzahl von Bedingungen:
- **Beschaffungsbedingungen:** Die zur Herstellung der Güter erforderlichen Einsatzstoffe stehen nur in begrenzten Mengen zur Verfügung.
- **Kapazitätsbedingungen:** Es können nicht mehr Güter produziert werden, als mit den vorhandenen maschinellen und personellen Ressourcen möglich ist.
- **Absatzbedingungen:** Es sollten nicht mehr Güter produziert werden, als das Unternehmen bei gegebener Nachfrage am Markt absetzen kann.

Das optimale Produktionsprogramm

Die **Fertigungstiefe** bezieht sich auf die Erzeugnisstruktur. Sie zeigt auf, wie viele Fertigungsstufen ein Erzeugnis im Betrieb durchläuft.
- **Hohe Fertigungstiefe:** mehrere Fertigungsstufen von der Rohstoffgewinnung bis zur Herstellung des Fertigungserzeugnisses
- **Geringe Fertigungstiefe:** Montagebetrieb (fertige Teile werden bezogen und weiterverarbeitet)

Fertigungstiefe

Beispiel Bei vielen Fahrradmodellen beziehen die Fly Bike Werke die zur Herstellung erforderlichen Komponenten von verschiedenen Lieferanten. Bei diesen Modellen wird nur die Montage der Komponenten zum fertigen Fahrrad durchgeführt.

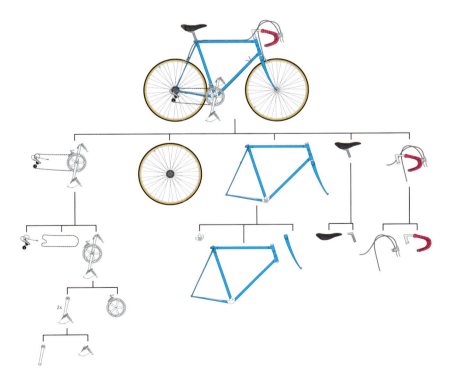

Ein Rad – viele Komponenten: Montagefertigung in der Fly Bike Werke GmbH

HF 3
Leistungserstellung

Zeitliche und mengenmäßige Abstimmung von Absatz und Produktion

Varianten	Erläuterung
Marktorientierte Fertigung (Emanzipation) x = Menge in Stück t = Zeitablauf -- = geplanter Absatz — = geplante Produktion ░ = Lagerzugang ▓ = Lagerabgang	Die marktorientierte Fertigung (auch Lagerfertigung genannt) findet sich vor allem im Konsumgüterbereich. Sie zeichnet sich dadurch aus, dass die Produktionsmengen trotz schwankender Absatzzahlen konstant gehalten werden. Man bezeichnet dies auch als zeit- und mengenmäßige Emanzipation. Auf diese Weise können möglichst alle Kundenaufträge kurzfristig aus dem Absatzwarenlager bedient werden. Dies setzt voraus, dass aufgrund von Absatzprognosen bekannt ist bzw. geschätzt werden kann, wie viele Bestellungen pro Periode anfallen. Der Absatzbereich gibt die entsprechenden Werte an den Fertigungsbereich weiter. Aus dem geschätzten Jahresabsatz wird dann das Produktionsprogramm abgeleitet. Wenn das Lager ausreichend gefüllt ist, kann der Kunde direkt beliefert werden. Nach der Auslieferung der Ware wird der Lagerbestand um die Liefermenge reduziert. Aufgaben des Prozessmanagements sind hier die kontinuierliche Überwachung der Lagerbestände und der Einsatz geeigneter Bestellverfahren. Diese Form der Fertigung ermöglicht eine konstante Auslastung der Produktionsmittel und eine nahezu optimale Dimensionierung der Produktionskapazitäten. Andererseits führt die Emanzipation bei schwankenden Absatzmengen zeitweilig zu hohen Beständen im Warenlager und damit verbundenen Lagerkosten.
Auftragsorientierte Fertigung (Synchronisation)	Bei der auftragsorientierten Fertigung (auch Auftragsfertigung genannt) werden die Produktionsmengen synchron, also zeitlich parallel zu den Absatzmengen, geplant. Diese Form der Mengenplanung findet man vor allem im Bereich von Investitionsgütern, die auf speziellen Kundenwunsch gefertigt werden (z. B. Luxusuhren, spezialisierte Werkzeugmaschinen oder medizinische Geräte). Die Lager- und Absatzrisiken sind bei der Auftragsfertigung minimal. Auch können spezielle Kundenwünsche bestmöglich realisiert werden. Andererseits hat dies jedoch stets den Nachteil, dass mit längeren Lieferzeiten entsprechend den verfügbaren Produktionskapazitäten zu rechnen ist. Hier bietet sich das Verfahren des Simultaneous Engineering an, bei dem Entwicklungs- und Konstruktionsarbeiten auf der einen und die eigentliche Herstellung auf der anderen Seite weitgehend parallel ablaufen. Eine sehr intensive Einbindung des Kunden in alle Planungsarbeiten ist dabei unverzichtbar.
Programmfertigung (partielle Synchronisation)	Die Programmfertigung ist eine Mischform aus markt- und auftragsorientierter Fertigung. So weit wie möglich werden ständig benötigte Standardteile auf Lager vorrätig gehalten und kundenauftragsabhängige Teile erst dann bestellt, wenn sie benötigt werden. Sie findet sich verbreitet bei hochwertigen und langlebigen Konsumgütern (z. B. Pkw, Segelyachten oder Wohnmöbeln und Einbauküchen von Markenherstellern), wo Produkte entsprechend den unterschiedlichen Kundenwünschen (z. B. Ausstattung, Farbe) auf Basis standardisierter Baugruppen gefertigt werden können.

Die zeitliche und mengenmäßige Planung des Produktionsprogramms stellt insbesondere dann eine schwierige Entscheidungssituation dar, wenn die Absatzmengen im Jahresverlauf mehr oder minder stark schwanken. Bei einer **auftragsorientierten** Fertigung würde der Industriebetrieb in diesem Fall darauf warten, dass konkrete Aufträge der Kunden vorliegen, um diese dann entsprechend den bestellten Mengen zu fertigen.

Als Alternative bietet sich eine **marktorientierte** Fertigung an, bei der sich die Produktionsmengen an Absatzprognosen, also den zu erwartenden Absatzmengen, orientieren. In diesem Fall müssen Absatz und Produktion mengenmäßig und zeitlich aufeinander abgestimmt werden, damit unnötig hohe Kosten vermieden werden.

Wandel von Verkäufer- zu Käufermärkten

Eine marktorientierte Abstimmung von Absatz- und Produktionsprogramm muss insbesondere berücksichtigen, dass heutzutage die meisten Märkte so genannte **Käufermärkte** sind. Zunehmende Konkurrenz auf den Weltmärkten, kürzer werdende Produktlebenszyklen und erhöhte Qualitätsanforderungen seitens der Kunden haben dazu geführt, dass das Angebot von Sachgütern und Dienstleistungen die entsprechende Nachfrage übertrifft. Dies hat zur Konsequenz, dass sich Unternehmen gegenüber einer Vielzahl von Konkurrenten durchsetzen müssen, um ihre Produkte auf den relevanten in- und ausländischen Absatzmärkten veräußern zu können.

Während in der Nachkriegszeit eine hohe Kapazitätsauslastung im Vordergrund der Überlegungen stand, haben seit Mitte der 60er-Jahre des 20. Jahrhundert vor allem die **Ziele** Minimierung der Durchlaufzeiten, hohe Lieferbereitschaft und Termintreue sowie niedrige (Material- und Fertigprodukt-) Bestände stark an Bedeutung gewonnen.

Käufermärkte, vgl. auch **HF4**, **1.1**, S. 246

Produktlebenszyklus, vgl. **2.2**, S. 201

Käufermarkt: Das Angebot ist größer als die Nachfrage. Käufer können zwischen vielen Angeboten wählen.

Angebot und Nachfrage, vgl. Band VWL

Wandel von Verkäufer- zu Käufermärkten

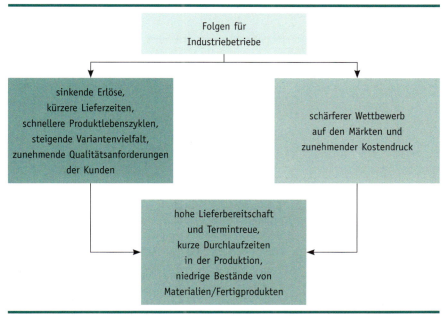

3.2 Bedarfs- und Mengenplanung

LS 35 Erzeugnis- und Bedarfsplanung

Jedes Unternehmen muss darauf achten, seine Materialien rechtzeitig und in ausreichender Menge zu beschaffen, um stets produktionsbereit zu sein. Gleichzeitig sollte aber so wenig Material wie möglich beschafft und gelagert werden, um die Kosten für Einkauf und Lagerung gering zu halten. Um den Bedarf für einen bestimmten Planungszeitraum möglichst genau planen zu können, sind der **Primär-** und der **Sekundärbedarf** zu berücksichtigen.

Zielkonflikte in der Beschaffung, vgl. HF2, 3.1, S. 154

3.2.1 Primärbedarfsplanung

*Der **Primärbedarf** ist der zu produzierende Bedarf an Endprodukten, verkaufsfähigen Baugruppen und Einzelteilen sowie Handelswaren und Ersatzteilen (Bruttoprimärbedarf).*

Die Ermittlung des **Primärbedarfs** erfolgt auf der Grundlage einer Absatzprognose bzw. der bereits von Kunden erteilten Aufträge für den jeweiligen Planungshorizont. Ziel der Primärbedarfsplanung ist es, den mengenmäßigen Bedarf für das Produktionsprogramm des Unternehmens für einen längeren Zeitraum (1–2 Jahre) grob festzulegen. Die Unsicherheit besteht darin, dass eine Vorhersage darüber erfolgen muss, wie hoch der Absatz von Produkten z. B. für das nächste Jahr voraussichtlich sein wird. Diese **Absatzprognose** ist mit erheblichen Unsicherheiten belastet, die mit der Länge des Planungszeitraumes anwachsen.

Produktionsprogramm, vgl. 3.1, S. 204

> **Beispiel** Herr Gerland, der Leiter des Vertriebs, ist dafür zuständig, die Absatzprognose zu erstellen. Auf den von ihm vorausgesagten Absatzzahlen bauen alle weiteren Planungen auf, z. B. die gesamte Materialbedarfsplanung. Liegen die prognostizierten Absatzzahlen zu hoch, so werden Materialmengen beschafft, die überhaupt nicht benötigt werden. Die Bindung finanzieller Mittel in dieser Höhe wäre dann nicht erforderlich gewesen, die Lagerhaltungskosten belasten die Kalkulation der Erzeugnisse. Liegen die prognostizierten Zahlen dagegen zu niedrig, können eventuell eingehende Kundenaufträge nicht zu den gewünschten Terminen erfüllt werden und die Kunden kaufen bei der Konkurrenz.

Vom Primär- zum Sekundärbedarf

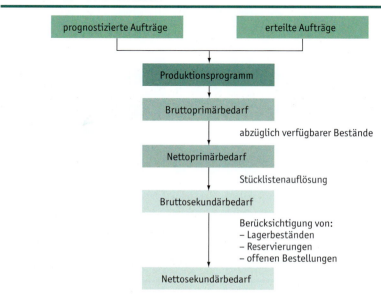

3.2.2 Sekundärbedarfsplanung

Der **Sekundärbedarf** ist die Menge an untergeordneten Baugruppen, Einzelteilen, Rohmaterialien sowie Hilfs- und Betriebsstoffen, die benötigt wird, um den Primärbedarf zu fertigen. Damit der Primärbedarf eines Unternehmens auch realisiert werden kann, wird mithilfe der **Sekundärbedarfsplanung** der hierfür anfallende Materialbedarf bestimmt.

Grundlage für die Berechnung des Sekundärbedarfs sind Stückliste und Erzeugnisstruktur eines Produktes. Die **Erzeugnisstruktur** stellt den logischen Aufbau eines Erzeugnisses aus Baugruppen und Einzelteilen dar und gibt die jeweiligen Mengen an. Die Stückliste ist ein vollständiges, formal aufgebautes Verzeichnis, in dem alle Gegenstände unter Angabe von Bezeichnung, Menge und Einheit aufgeführt sind, die für die Herstellung benötigt werden.

Erzeugnisstruktur eines Fahrrads

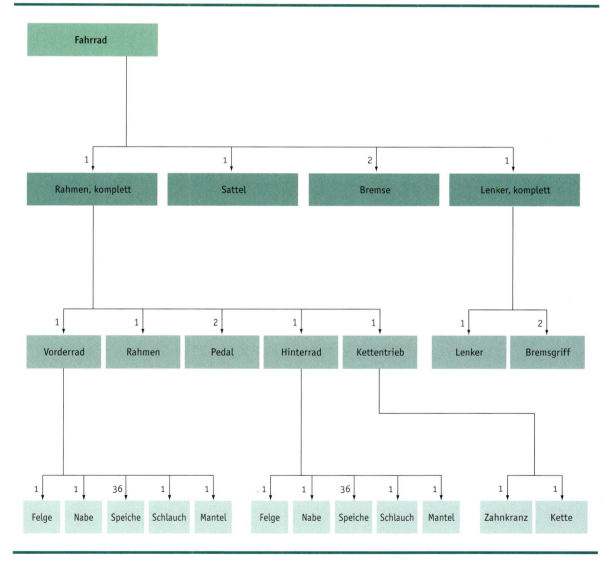

HF 3 Leistungserstellung

Auf der Grundlage der Erzeugnisstruktur können unterschiedliche Arten von **Stücklisten** erstellt werden. Ein Erzeugnis kann aus mehreren Baugruppen und Teilen bestehen, wobei sich die Baugruppen aus verschiedenen Unterbaugruppen und Teilen zusammensetzen.

Strukturstückliste
Erzeugnis: Fahrrad

Fertigungsstufen	Baugruppen/Teile	Menge
1	Rahmen komplett	1
2	Vorderrad	1
3	Felge	1
3	Nabe	1
3	Speiche	36
3	Schlauch	1
3	Mantel	1
2	Rahmen	1
2	Pedal	1
2	Hinterrad	1
3	Felge	1
3	Nabe	1
3	Speiche	36
3	Schlauch	1
3	Mantel	1
2	Kettentrieb	1
3	Zahnkranz	1
3	Kette	1
1	Sattel	1
1	Bremse	1
1	Lenker komplett	1
2	Lenker	1
2	Bremsgriff	2

Mengen(übersichts)stückliste
Erzeugnis: Fahrrad

Position	Baugruppen/Teile	Menge
1	Rahmen komplett	1
2	Lenker komplett	1
3	Vorderrad	1
4	Hinterrad	1
5	Kettentrieb	1
6	Sattel	1
7	Bremse	2
8	Rahmen	1
9	Pedal	2
10	Lenker	1
11	Bremsgriff	2
12	Felge	2
13	Nabe	2
14	Speiche	72
15	Schlauch	2
16	Mantel	2
17	Zahnkranz	1
18	Kette	2

Baukastenstückliste

Erzeugnis: Fahrrad

Position	Baugruppen/Teile	Menge
1	Rahmen komplett	1
2	Lenker komplett	1
3	Sattel	1
4	Bremse	1

Baugruppe: Lenker komplett

Position	Teile	Menge
1	Lenker	1
2	Bremsgriff	1

Baugruppe: Rahmen komplett

Position	Baugruppen/Teile	Menge
1	Vorderrad	1
2	Hinterrad	1
3	Kettentrieb	1
4	Rahmen	1
5	Pedale	2

Baugruppe: Vorderrad

Position	Teile	Menge
1	Felge	1
2	Nabe	1
3	Speiche	36
4	Schlauch	1
5	Mantel	1

Baugruppe: Hinterrad

Position	Teile	Menge
1	Felge	1
2	Nabe	1
3	Speiche	36
4	Schlauch	1
5	Mantel	1

Baugruppe: Kettentrieb

Position	Teile	Menge
1	Zahnkranz	1
2	Kette	1

ANFORDERUNGSSITUATION 3.1

Grundformen der Stückliste	
Mengenstückliste	– Aufzählung der nötigen Mengen aller Teile und Baugruppen für ein Produkt – Struktur nicht erkennbar – dient als Grundlage bei der Materialbeschaffung
Strukturstückliste	– vollständiger Ausweis aller Teile und Baugruppen sowie der Struktur – dient als Grundlage der Mengen- und Terminplanung
Baukastenstückliste	– zeigt nur den Aufbau einer Baugruppe – Gesamtaufbau des Produktes nicht erkennbar – beim Baukastenprinzip wichtig

Bei der Berechnung des Sekundärbedarfs kann sowohl der Bruttosekundärbedarf als auch der Nettosekundärbedarf ermittelt werden. Als **Bruttosekundärbedarf** wird der Bedarf an Rohstoffen, Zwischenteilen und Baugruppen zur Produktion des Primärbedarfs bezeichnet. Werden davon die Materialbestände des Lagers, Reservierungen und noch offene Bestellungen abgezogen, erhält man den **Nettosekundärbedarf**. Das folgende Beispiel soll die Brutto-Netto-Bedarfsrechnung verdeutlichen.

Bruttosekundärbedarf

Nettosekundärbedarf

> **Beispiel** Für die Komponente „Sattel" des neu in das Produktionsprogramm aufgenommenen Fitness-Bikes, Artikel 7020, soll eine terminierte Brutto-Netto-Bedarfsrechnung für das Jahr 20X1 (Planungszeitraum) durchgeführt werden. Folgende Vorgaben sind zu berücksichtigen.

- **Primärbedarf** Fitness-Bike in Stück auf der Grundlage der Absatzprognose für das Jahr 20X1

Vorgaben für die Erstellung einer Brutto-Netto-Bedarfsrechnung

	Jan	Feb	März	Apr	Mai	Jun	Jul	Aug	Sep	Okt	Nov	Dez	insg.
20X1	217	367	517	517	433	300	217	133	167	250	306	326	3.750

- Die **Erzeugnisstruktur** ist dem Schaubild auf S. 209 zu entnehmen. Sie zeigt den Strukturaufbau des Fahrrades. Alle Komponenten, außer dem Rahmen, werden fremdbezogen.

- Auszug aus der **Lagerbestandsdatei**:

Lagerbestandsdatei
Fly Bike Werke GmbH

Artikel 7020	Sattel Trek TR-Sattelset D Gel „soft" mit Elastometer-Federung, Sattelstütze
Lagerbestand lt. Inventur	800 Stück
Sicherheitsbestand	500 Stück
Offene Bestellungen	– Februar: 500 Stück – April: 600 Stück – Juni: 400 Stück – Oktober: 300 Stück
Reservierungen	– Februar: 400 Stück – März: 800 Stück – Juni: 600 Stück – August: 400 Stück
Vorlaufverschiebung	1 Monat

- Zur Absicherung gegen Terminverzögerungen des Lieferanten bzw. unvorhergesehene Abweichungen im Verbrauch: Sicherheitsbestand von 500 Sätteln
- **Offene Bestellungen** berücksichtigen bereits an Lieferanten erteilte Bestellungen.
- **Reservierungen** beziehen sich auf Bedarfsmengen für andere Modelle des Unternehmens, die dieselben Komponenten zur Herstellung verwenden.
- Die Materialbedarfsplanung soll auch Aussagen über Bedarfs- und Ablieferungszeitpunkte ermitteln. Hierzu ist neben Mengenbeziehungen auch die Beschreibung der Zeitbeziehungen zwischen den einzelnen Teilen und Baugruppen notwendig. Diese Zeitbeziehung wird auch als **Vorlaufverschiebung** bezeichnet; sie ergibt sich aus der Erzeugnisstruktur: So muss z. B. der Sattel einen entsprechenden Zeitraum früher beschafft und auch die Endmontagezeit einbezogen werden, damit die Trekkingräder zum gewünschten Zeitpunkt an die Kunden ausgeliefert werden können.
- Der **Nettosekundärbedarf** ergibt die Menge an Sätteln, die unter Berücksichtigung der Vorlaufzeit vom Einkauf beschafft werden muss, um die Produktion des Primärbedarfs in den einzelnen Monaten sicherzustellen. Ein negativer Nettobedarf bedeutet, dass keine Bestellung ausgelöst werden muss. Die erforderlichen Bestellmengen könnten unter wirtschaftlichen Gesichtspunkten zu so genannten optimalen Bestellmengen zusammengefasst werden.

Terminierte Brutto-Netto-Bedarfsrechnung

Sättel (in Stück)	Jan	Feb	März	Apr	Mai	Jun	Jul	Aug	Sep	Okt	Nov	Dez
Primärbedarf	217	367	517	517	433	300	217	133	167	250	306	326
Bruttosekundärbedarf	217	367	517	517	433	300	217	133	167	250	306	326
− Lagerbestand	800	583	500	500	583	500	500	500	500	500	550	500
− offene Bestellungen		500		600		400				300		
+ Reservierungen		400	800			600		400				
+ Sicherheitsbestand	500	500	500	500	500	500	500	500	500	500	500	500
Nettosekundärbedarf	−83	184	1.317	−83	350	500	217	533	167	−50	256	326
Vorlaufverschiebung	184	1.317	−83	350	500	217	533	167	−50	256	326	

3.3 Erstellung von Dienstleistungen

Dienstleistungen sind **immaterielle** (nicht stoffliche) **Güter**, deren wesentlicher Inhalt die unmittelbare, überwiegend auch personengebundene Arbeitsleistung des Produzenten ist. In Ergänzung zu den von ihnen produzierten Sachgütern bieten Industriebetriebe sehr häufig auch Dienstleistungen an.

Kategorisierung von Gütern, vgl. **HF1**, **1.3**, S. 21

Sach- und Dienstleistungen, vgl. **HF1**, **1.3**, S. 20 f.

> **Beispiel** Neben der Fertigung von Fahrrädern bieten die Fly Bike Werke ihren Kunden so genannte Kundendienstleistungen an (z. B. Produktschulungen für den Groß- und Einzelhandel). Des Weiteren haben sie auch die Vermittlung von Radtouren bzw. Radreisen in ihr Absatzprogramm mit aufgenommen.

Hier steht die Erbringung von Dienstleistungen durch den Industriebetrieb (Mitarbeiterschulung) in einem unmittelbaren Zusammenhang mit der Erstellung des Sachgutes (Produktion von Fahrrädern). Die Produktion der Dienstleistung und deren Verbrauch fallen zudem zeitlich zusammen. Der Einsatz technischer Hilfsmittel (EDV, Kommunikationstechnologien) erlaubt heute aber auch die Entkoppelung der Dienstleistungserstellung von deren Verbrauch, insbesondere bei produktions- oder unternehmensbezogenen Dienstleistungen. So können auch Dienstleistungen „auf Vorrat" produziert werden.

> **Beispiel** Ein Industriebetrieb lässt durch einen externen Dienstleister E-Learning-Module für seine Mitarbeiter erstellen. Die in einer Datenbank gespeicherten Lerneinheiten können durch die Mitarbeiter jederzeit und an jedem Ort, der über eine entsprechende netzfähige DV-Ausstattung verfügt, genutzt werden, um berufliche Qualifikationen zu erwerben.

In den letzten Jahren ist die Zahl der unmittelbaren Arbeitsplätze in der Industrie in Deutschland stark zurückgegangen, während die Zahl der Arbeitsplätze im Dienstleistungssektor entsprechend anstieg.

Wirtschaftssektoren, vgl. **HF1**, **1.2**, S. 15

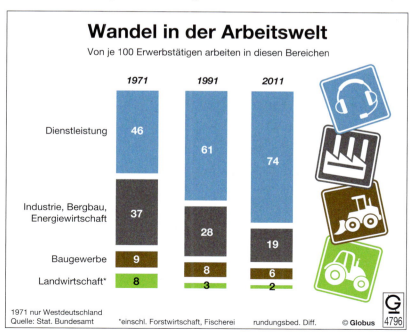

ANFORDERUNGSSITUATION 3.1

HF 3
Leistungserstellung

Rationalisierung, vgl. 6.2.1, S. 239

Die Veränderungen in der Beschäftigungsstatistik sind vornehmlich auf **Rationalisierungseffekte** durch die **Automatisierung** industrieller Produktion (höhere Produktionsmenge mit weniger Beschäftigten) und eine **Verlagerung industrienaher Dienstleistungen** auf eigenständige Unternehmen zurückzuführen.

> **Beispiel** Früher unterhielten große Industriebetriebe eigene Abteilungen für die Erforschung und Entwicklung neuer Produkte und Technologien, das Rechnungswesen, die Marktforschung, die Kundenbetreuung oder die Versandlogistik; diese Teilprozesse werden heute sehr häufig an selbstständige industrienahe Dienstleister vergeben (so genanntes „Outsourcing"), die statistisch nicht mehr der Industrie, sondern dem Dienstleistungssektor zugerechnet werden. Ohne die eigentliche industriespezifische Erstellung von Sachgütern fänden aber auch diese Dienstleistungen keinen Markt.

Kundenorientierte Serviceleistungen, vgl. HF 4, 4.4, S. 262

Der wachsenden Bedeutung **industrienaher Dienstleistungen** werden Industriebetriebe durch den Aufbau eines eigenen Dienstleistungsmarketings gerecht. Ziel ist es, Kundenbedürfnisse dauerhaft zu befriedigen, die Kundenzufriedenheit zu erhöhen und die eigene Marktposition zu sichern. Zum **Dienstleistungsmarketing** zählen alle unternehmensübergreifenden Maßnahmen der systematischen Planung, Durchführung und Kontrolle von Dienstleistungen. Im Zentrum der Bemühungen muss dabei die stetige Verbesserung der Dienstleistungsqualität – z. B. der Service- und Beratungsqualität – stehen.

Übersicht: Produktionsprogramm- und Bedarfsplanung

Absatzprogramm	Art und Anzahl der Produkte, die vom Unternehmen am Markt angeboten werden
Produktionsprogramm	Art und Anzahl der Produkte, die vom Unternehmen produziert werden
Produktionsprogrammbreite	Anzahl der vom Unternehmen produzierten Produktarten
Produktionsprogrammtiefe	Anzahl der Artikel, die innerhalb einer Produktart angeboten werden
Fertigungstiefe	zeigt auf, wie viele Fertigungsstufen ein Erzeugnis im Betrieb durchläuft (Erzeugnisstruktur).
Auftragsorientierte Fertigung (Auftragsfertigung)	Betrieb fertigt entsprechend vorliegender Aufträge. Produktionsmenge wird synchron zur Absatzmenge geplant.
Marktorientierte Fertigung (Lagerfertigung)	Betrieb fertigt nach Absatzprognosen. Produktions- und Absatzmenge müssen regelmäßig abgestimmt werden, um hohe Lagerkosten zu vermeiden.
Programmfertigung	Mischform aus auftrags- und marktorientierter Fertigung
Bedarfs- und Mengenplanung	- Primärbedarfsplanung (Planung des Produktionsprogrammes) - Sekundärbedarfsplanung - Kapazitätsplanung - Planung der Fertigungsverfahren - Prozessoptimierung und Produktionscontrolling - Produktionsbegleitende Qualitätssicherung
Erstellen von Dienstleistungen	- Dienstleistungen: Immaterielle Güter mit unmittelbarer, überwiegend personenbezogener Arbeitsleistung des Produzenten (Dienstleistungserbringer) - Strukturwandel = zunehmender Anteil von Dienstleistungen in Beschäftigungsstruktur und BIP

4 Fertigungstechnische Rahmenbedingungen

Die Realisierung kurzer Lieferzeiten und die Einhaltung zugesagter Termine sind – neben dem Preis und der Qualität der zu fertigenden Produkte – entscheidende Faktoren, die die Wettbewerbsfähigkeit eines Unternehmens sichern. Um diese Faktoren bestmöglich zu gewährleisten, müssen die fertigungstechnischen Rahmenbedingungen stimmen. D. h., die Fertigung muss **mengen-, termin- und kapazitätsmäßig koordiniert** werden. Hierfür wird häufig eine spezielle Software eingesetzt, die die so genannte **Produktionsplanung und -steuerung** (kurz: PPS) übernimmt. So wird die Produktion der Erzeugnisse unter Berücksichtigung der Wirtschaftlichkeit vorgedacht, definiert und zeitlich geplant und überwacht. Diese Phase bereitet die eigentliche Fertigung vor.

PPS (Produktionsplanung und -steuerung)

4.1 Kapazitäten planen

LS 36
Kapazitätsplanung

Im Rahmen der Kapazitätsplanung muss die Frage geklärt werden, ob ausreichend Kapazitäten (Maschinen und Mitarbeiter) vorhanden sind, um die Produktion zu realisieren.

Die Durchlaufzeit eines Fertigungsauftrages hängt eng mit der verfügbaren Kapazität zusammen. Die kürzeste Durchlaufzeit lässt sich bei freier Kapazität realisieren. Hier liegt die Durchlaufzeit nahe der reinen Bearbeitungszeit. Bei Überlastung der Fertigung entstehen Wartezeiten (Engpässe), die die Kapazität begrenzen. Zur Ermittlung des Kapazitätsbedarfs muss für **jeden Fertigungsauftrag** die erforderliche Kapazität an **jedem Arbeitsplatz** für die entsprechende Planperiode ermittelt werden. Die Ergebnisse sind zu addieren. Besteht eine Differenz zwischen der erforderlichen Kapazität (Kapazitätsnachfrage) und der verfügbaren Kapazität (Kapazitätsangebot), so müssen Anpassungsmaßnahmen ergriffen werden.

Kapazität
Leistungsvermögen einer technischen oder wirtschaftlichen Einheit pro Zeiteinheit.

Durchlaufzeit
Zeitspanne, die bei der Fertigung eines Produktes zwischen dem Beginn des ersten Arbeitsganges und dem Ende des letzten Arbeitsganges verstreicht. Durchlaufzeiten in Abhängigkeit von Kapazitätsnachfrage und -angebot

Aufgaben der Termin- und Kapazitätsplanung

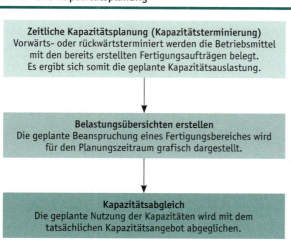

HF 3
Leistungserstellung

Beispiel Die Matro AG bestellt 100 Fitness-Bikes, die spätestens am 22.06. ausgeliefert werden müssen. Um diesen Termin zu halten, muss der Rohbau am 08.06. abgeschlossen sein. Zur Durchführung des Fertigungsauftrages werden laut Arbeitsplan die folgenden Werkstätten bzw. Arbeitsplätze beansprucht: Rohbau, Lackiererei, Vormontage, Laufradmontage, Endmontage und Qualitätskontrolle. Der Zeitpunkt der Beanspruchung ergibt sich aus dem Terminplan, die Dauer der Beanspruchung aus dem Arbeitsplan. Die verfügbare Kapazität (Kapazitätsangebot) muss mit der Kapazitätsnachfrage abgeglichen werden, die sich durch den Fertigungsauftrag ergibt.

24 Std. Rohbau:
– Arbeitsgang 1: 8 Std.
– Arbeitsgang 2: 16 Std.

Am 06.06. bspw. stehen noch max. 4 Std. zur Verfügung.

Belastungsübersicht (Fertigungsbereich Rohbau)

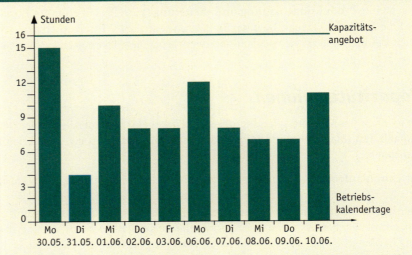

Die Terminplanung hat ergeben, dass spätestens am 06.06. mit der Fertigung der 100 Fitness-Bikes begonnen werden muss, um die Bikes am 22.06. ausliefern zu können. Die Belastungsübersicht für den Rohbau zeigt, dass dieser Fertigungsbereich teilweise bereits mit anderen Fertigungsaufträgen belastet ist. Das verbleibende Kapazitätsangebot reicht nicht aus, um die erforderlichen Arbeitsgänge (Zeitbedarf: 24 Std.) an drei Tagen auszuführen. Am Montag, dem 06.06., stehen im Rohbau z. B. nur noch vier Stunden, am Dienstag acht Stunden und am Mittwoch neun Stunden freie Kapazität zur Verfügung. Es könnte eine Kapazitätsanpassung in der Weise erfolgen, dass entweder eine Vorverlegung des Auftragstermins auf Donnerstag, den 02.06., erfolgt oder Überstunden bzw. Doppelschichten geplant werden. Eine Nachverlagerung des Auftragstermins würde dazu führen, dass die Fahrräder nicht am 22.06. zur Lieferung bereitstünden. Zusätzlich zu der bereits erfolgten Termingrobplanung ist damit eine Terminfeinplanung durchgeführt worden.

Maschinen belegen, vgl. **4.3**, S. 219

Im Rahmen der **Terminfeinplanung** wird bestimmt, wann und in welcher Reihenfolge die einzelnen Aufträge bearbeitet werden sollen. Auf der Basis einer stunden- bis minutengenauen Zeiteinteilung erfolgt als nächster Schritt die **Planung der Maschinenbelegung** durch die einzelnen Aufträge. Zu beachten sind dabei der Rüst- und Betriebszustand der Arbeitssysteme und die Verfügbarkeit von Werkzeugen, Transportmitteln usw. Die Feinplanung ist die Nahtstelle zwischen der Planung und der Durchführung der Produktion.

ANFORDERUNGSSITUATION 3.2

4 Fertigungstechnische Rahmenbedingungen

Beispiel Aufgrund des Kapazitätsengpasses im Fertigungsbereich Rohbau der Fly Bike Werke GmbH wird der Beginn der Arbeitsschritte 1 und 2 auf den 02.06. vorverlegt, damit der Rohbau am 08.06. fertig wird und die fertigen Erzeugnisse wie geplant am 22.06. zur Lieferung an den Kunden bereitstehen.

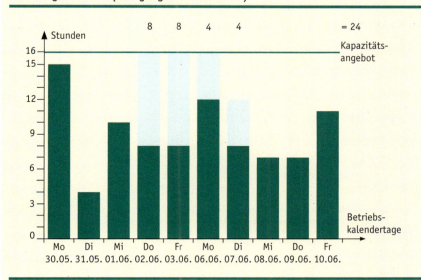

24 Std. Rohbau werden verteilt:
- 02.06 8 Std. vorgezogen
- 03.06. 8 Std. vorgezogen
- 06.06. 4 Std.
- 07.06. 4 Std.
- Σ 24 Std.

4.2 Aufträge freigeben

Durch die Auftragsfreigabe wird der Produktionsvorgang ausgelöst. Die erforderlichen Arbeitspapiere, z. B. der Fertigungsauftrag, werden erstellt.

Der Fertigungsauftrag enthält Informationen darüber, was zu welchem Zeitpunkt gefertigt wird.

Fly Bike Werke GmbH	– Microsoft Navision Attain 4.0		20.01.20XX	Seite 1

FA – Fertigungsauftrag

Fertigungsauftrag:	Freigegeben Nr. FAFR001

Herkunfts-Nr.	201 – Trekkingrad Light
Menge	170 Stück
Bedarfsverursacher	Kundenauftrag Nr. Auf001 – Nordrad GmbH

Datum:	Startdatum: 17.02.	–	Startzeit: 13:45
Zeit:	Enddatum: 09.03.	–	Endzeit: 16:00

Arbeits-gang-Nr.	Arbeits-platz	Bezeichnung	Startdatum Startzeit	Enddatum Endzeit	Rüstzeit (Min.)	Bearb.zeit (Min.)
10	Montage	Endmontage	17.02. 13:45	27.02. 10:15	60	3.570
20	Kontrolle	Qualitätskontrolle	27.02. 10:15	04.03. 13:30	24	2.091
30	Packerei	Verpackung	04.03. 13:30	09.03. 16:00	60	1.530

fertiggestellte Menge: _____

Ausschussmenge: _____

Fertigungsauftrag abgeschlossen: _____
(Datum, Unterschrift Mitarbeiter)

HF 3
Leistungserstellung

Der Materialentnahmeschein weist nach, welche Sekundärteile dem Lager entnommen wurden.

Fly Bike Werke GmbH — Microsoft Navision Attain 4.0   20.01.20XX   Seite 1

FA – Materialentnahmeschein

Fertigungsauftrag: Freigegeben Nr. FAFR001

Herkunfts-Nr.   201 – Trekkingrad Light
Menge   170 Stück
Bedarfsverursacher   Kundenauftrag Nr. Auf001 – Nordrad GmbH

Material-Nr.	Bezeichnung	Menge	Mengen-einheit	Rest-menge	Lager
2220	Antrieb	170	St.	170	Zentral
3020	Bereifung	340	St.	340	Zentral
1020	Rahmen	170	St.	170	Zentral
7020	Sattel	170	St.	170	Zentral
5020	Lenkung	170	St.	170	Zentral

Material dem Lager entnommen: _____
(Datum, Unterschrift Empfänger)

* Hinweis: Der Materialschein basiert auf einem Auftrag über 170 Trekkingräder. Wurde das Material entnommen, erscheint in der Spalte „Restmenge" eine 0.

Der Arbeitsschein gibt Auskunft darüber, wie lange bestimmte Mitarbeiter im Rahmen des Fertigungsauftrages gearbeitet haben.

Fly Bike Werke GmbH — Microsoft Navision Attain 4.0   20.01.20XX   Seite 1

FA – Arbeitsschein

Fertigungsauftrag: Freigegeben Nr. FAFR001

Herkunfts-Nr.   201 – Trekkingrad Light
Menge   170 Stück
Bedarfsverursacher   Kundenauftrag Nr. Auf001 – Nordrad GmbH

Arbeits-gang Nr.	Bezeichnung	Startdatum Startzeit	Enddatum Endzeit	Rüstzeit (Min.)	Bearb.zeit (Min.)
10	Endmontage	17.02. 13:45	27.02. 10:15	60	3.570

fertiggestellte Menge: _____

Ausschussmenge: _____

Arbeitsgang erledigt: _____
(Datum, Unterschrift Mitarbeiter)

* Hinweis: Für jeden Arbeitsgang wird ein separater Arbeitsschein erstellt. Im Beispiel wären noch Arbeitsscheine für die Arbeitsgänge „Qualitätskontrolle" und „Verpackung" zu erstellen.

ANFORDERUNGSSITUATION 3.2

4.3 Maschinen belegen

Stehen hinreichende Kapazitäten zur Verfügung, können die vorhandenen Betriebsmittel mit den geplanten Fertigungsaufträgen belegt werden. Der Erfolg der Maschinenbelegungsplanung ist abhängig von der **Losgröße** des zu fertigenden Produkts, der geplanten Produktionsreihenfolge und der Einhaltung der Auftragstermine.

Aufgabe der Maschinenbelegungsplanung ist es, die Maschinenauslastung zu optimieren, indem z. B. Rüstzeiten minimiert und Leerlauf- bzw. Wartezeiten an den Maschinen vermieden werden.

Losgröße
Anzahl eines einheitlichen Produktes, die ohne Unterbrechung auf einer Produktionsanlage hergestellt werden kann

Optimale Losgröße, vgl. **5.5**, S. 232

Beispiel Auf drei Maschinen A, B, C sind fünf Aufträge zur Herstellung einer bestimmten Zahl von Fahrrädern zu bearbeiten, die alle die Reihenfolge A, B, C einhalten müssen. Es handelt sich um die Maschinen Rohbau (A), Lackiererei (B) und Vormontage (C). Die Aufträge benötigen an den Maschinen die folgenden Zeiten (Angaben in Stunden):

Maschinen / Auftrag	A	B	C
1	8	4	6
2	3	7	2
3	5	2	6
4	1	8	3
5	6	0	5

Beispiel Ein mögliches Verfahren zur Optimierung der Maschinenauslastung ist die Regel der kürzesten Anfangs- und Endzeiten: Es wird der Auftrag zuerst bearbeitet, der die kürzeste Zeit auf der ersten Maschine hat, und der Auftrag zuletzt, der die kürzeste Zeit auf der letzten Maschine hat. Wenn die Regel immer wieder auf die verbleibenden Aufträge angewandt wird, dann sind die Aufträge in der folgenden Reihenfolge zu bearbeiten: 4, 3, 1, 5, 2.

Die Gesamtlaufzeit (Zykluszeit) beträgt bei dieser Reihenfolge 32 Stunden. Das nachstehende Schaubild zeigt die Maschinenbelegung nach der Regel der kürzesten Anfangs- und Endzeiten in der grafischen Form des Balkendiagramms. Die weißen Flächen stellen Leerzeiten (Lz.) dar bzw. Zeiten, in denen die Maschinen für andere Aufträge genutzt werden können. Zur planerischen Unterstützung und zur besseren Veranschaulichung benutzen Betriebe häufig Maschinenbelegungstafeln: Maschinenbelegungstafeln sind Balkendiagramme, die mit einer Zeitleiste ausgestattet und nach Wochentagen eingeteilt sind.

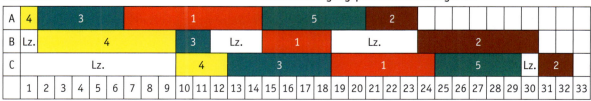

Maschinenbelegungsplan als Balkendiagramm

Stunden

4.4 Betriebsdaten erfassen

Im Laufe des Produktionsprozesses fallen permanent wichtige Daten an, z. B. produzierte Mengen, benötigte Fertigungszeiten, Lagerbewegungen, Stillstands- oder Transportzeiten u. v. m. Aufgabe der **Betriebsdatenerfassung** ist es, diese Daten am Ort ihrer Entstehung, z. B. an einer Fertigungsmaschine, zu erfassen und an den Ort ihrer weiteren Verarbeitung, z. B. das Lohnbüro, weiterzuleiten. Betriebsdatenerfassung (BDE) bedeutet, dass sämtliche Materialbewegungen sowie die Anfangs- und Endzeiten von Arbeitsgängen für spätere Analysen fortlaufend erfasst werden. Traditionell verwendet man dazu eine Vielzahl unterschiedlicher Belege, z. B. Materialentnahmescheine, um Materialbewegungen zu protokollieren.

BDE-Erfassungsstation

Heute werden die Betriebsdaten aber meist mithilfe von **Betriebsdatenerfassungsstationen** (BDE-Terminals) digital erfasst, über Datenleitungen oder Datenfunk an BDE-Leitrechner übertragen und schließlich zur weiteren maschinellen Verarbeitung in Datenbanken abgespeichert. An den BDE-Terminals ziehen die Produktionsmitarbeiter ihre Chipkarte durch eine Leseeinheit und geben dann die Betriebsdaten ein. Computergesteuerte (CNC-)Fertigungsautomaten sind sogar stets mit automatisierten Messeinrichtungen zur Erfassung und Weiterleitung der Betriebsdaten ausgestattet. In den nebenstehenden Abbildungen sind eine BDE-Erfassungsstation sowie die BDE-Buchung zum Abschluss des Arbeitsganges „Endmontage" zu sehen. Laut BDE-Buchung ist die Endmontage planmäßig verlaufen. Die Buchung führte der Mitarbeiter Frank Guse durch. Die erfassten Daten werden von der BDE-Software in die ERP-Software (hier: Microsoft Navision Attain) zurückgegeben. Dieser Vorgang heißt **Rückmeldung**. Die Rückmeldungen stellen die Ist-Situation der Produktion dar. Man unterscheidet folgende Rückmeldungsarten:

BDE-Buchung

- **Rückmeldungen „Material"**: Bei dieser Rückmeldung dokumentiert man die vom Lager entnommenen Sekundärteile (z. B. Sättel, Lenker) und die auf Lager genommenen Fertigteile (Trekkingräder).
- **Rückmeldungen „Arbeitszeiten"**: Diese Rückmeldungsart dokumentiert die tatsächlichen Start- und Endtermine der Arbeitsgänge.

BAB
Betriebsabrechnungsbogen, vgl. **HF7**, Band 2

> **Beispiel** Die Nordrad GmbH Rostock hat bei der Fly Bike Werke GmbH 170 Trekkingräder, Modell Light, bestellt. Zum Abschluss wurde der Produktionsauftrag als „fertig" gemeldet. Damit sind die vom Kunden gewünschten Erzeugnisse in ausreichender Menge am Lager.
>
> Herr Glaner, Mitarbeiter in der Produktion, kann sich jederzeit im ERP-System über den Stand der Produktionsaufträge und deren Fertigstellung informieren. Nach der Fertigmeldung des Produktionsauftrages führt Herr Glaner einen Soll-Ist-Vergleich durch, um die Einhaltung der Plandaten zu prüfen. Zur Analyse nutzt er die Fertigungsauftragsstatistik (FA-Statistik), die vom ERP-System fortlaufend mitgeführt wird.
>
> Die Kalkulation prüft den Fertigungsauftrag bis zu den Herstellkosten. Zugrunde liegen die absoluten Kosten und die Zuschlagssätze der Fly Bike Werke GmbH laut **BAB** (Materialeinzelkosten: 116,00 €/Stück, Materialgemeinkosten: 6,5 %, Fertigungseinzelkosten: 20,00 €/Stunde, Fertigungsgemeinkosten: 560 % gemittelt).
>
> Herr Glaner prüft den Soll-Ist-Vergleich und stellt fest, dass es während der Produktion keine Abweichungen gegeben hat. Die Werte der Ist-Spalte stellen das Resultat der ▼

BDE-Rückmeldungen dar. Nachdem der Auftrag fertig gemeldet wurde, kann die Ware nun termingerecht mit den entsprechenden Versandpapieren an den Kunden verschickt werden. Diesen Vorgang löst Frau Ganser aus. Die Versandpapiere und die anschließende Rechnungserstellung (Fakturierung) realisiert sie mithilfe des ERP-Systems.

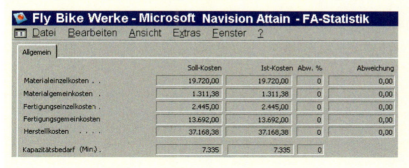

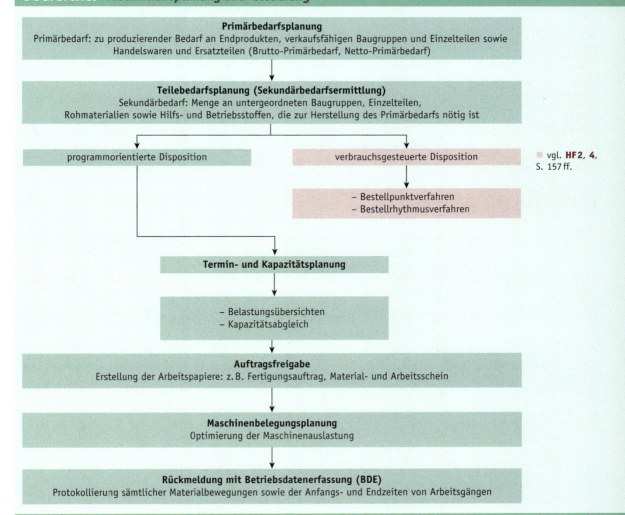

HF 3
Leistungserstellung

5 Fertigungsverfahren

Fertigung in den Fly Bike Werken, vgl. Fotostrecke, S. 224–225

Um Fertigungsprozesse sinnvoll planen, steuern und kontrollieren zu können, sind neben einer Vielzahl von Arbeitsplätzen die für die Fertigung benötigten Betriebsmittel in Form von Gebäuden, Maschinen und Werkzeugen so zu organisieren, dass eine „funktionierende Fabrik" entsteht.

LS 37
Industrielle Fertigungsverfahren

Beispiel Ein Fahrrad der Fly Bike Werke GmbH durchläuft in der Fertigung die folgenden Arbeitsschritte:

In der **Rohfertigung** werden Rohre aus Stahl oder Aluminium mithilfe vollautomatisierter Anlagen geschnitten. Rahmen und Gabeln werden robotergeschweißt, aber auch teilweise im Handschweißverfahren hergestellt. Daneben gibt es Rahmen und Gabeln, die im Lötofen gefertigt werden. Neben diesen eigengefertigten Komponenten werden auch komplette Rahmen und Gabeln als Kaufteile fremdbezogen.

In der **Richterei/Sandfunker** erfolgt das Richten der Rahmen und Gabeln manuell auf einer Werkbank oder einem Richtautomaten. Die Kaufrahmen und -gabeln werden hauptsächlich direkt in der Lackierabteilung eingesetzt.

In der **Lackierung** wird eine drei- oder vierfache Beschichtung der Rahmen vorgenommen (Grundlack, Decklack, ggf. Effekte, Klarlack).

Die **Vormontage** umfasst verschiedene Arbeitsstationen:
- Alle Rahmen/Gabeln werden mit Dekoren (nass) versehen.
- Die lackierten Rahmen/Gabeln werden in maschinell unterstützter Handarbeit zusammengebaut (inklusive Steuersätze/Innenantriebe/Beleuchtung).
- Die Komponenten (Lenker, Lenkergriffe, Schalt-, Bremshebel usw.) werden zu einer Baugruppe zusammengebaut (Handarbeit).
- In der Spannerei erfolgt der Zusammenbau der Laufräder in den Arbeitsschritten Einwerfen (Handarbeit), Nippeln (maschinell unterstützte Handarbeit), Zentrieren (Zentrierroboter), Bereifen (Bereifungsrutschen, Gruppenarbeit).

Die **Endmontage** findet an Montagebändern statt. Die Baugruppen/Anbauteile werden bandweise bereitgestellt und am Band in maschinell unterstützter Handarbeit (Elektro-, Luftschrauber) zusammengebaut. Zum Teil werden Montagebänder mit automatischer Rückführung der Montagewagen eingesetzt.

Verpackung: Die Fahrräder werden in Kartons gestülpt oder in Folie verpackt.

An Fertigungsverfahren finden sich in den Fly Bike Werken Fließ- bzw. Gruppenfertigung, Werkstattfertigung, Serien- und Einzelfertigung.

Die Anordnung der Betriebsmittel bestimmt den Organisationstyp der Fertigung, vgl. **5.1**, S. 223

Werkstatt-, Fließ- und Gruppenfertigung gehören zu den so genannten **Organisationstypen** der Fertigung. Die Unterscheidung nach dem Organisationstyp erfolgt unter dem Gesichtspunkt der Anordnung der Betriebsmittel im Fertigungsprozess. Diese kann sich am Verrichtungs- oder Objektprinzip orientieren.

Die Wiederholung gleicher oder ähnlicher Erzeugnisse bestimmt den Produktionstyp der Fertigung, vgl. **5.2**, S. 227

Einzel-, Massen-, Sorten-, Chargen- und Serienfertigung zählen zu den **Produktionstypen** der Fertigung. Die Unterscheidung nach dem Produktionstyp erfolgt unter dem Gesichtspunkt der Wiederholung gleicher oder ähnlicher Erzeugnisse.

5.1 Organisationstypen der Fertigung

Nach der Anordnung der Betriebsmittel unterscheidet man zwischen **verrichtungs- und objektorientierter Organisation** der Fertigung.

5.1.1 Werkstattfertigung

Die **Werkstattfertigung** ist nach dem **Verrichtungsprinzip** organisiert, d. h., Maschinen gleicher oder ähnlicher Verrichtung werden räumlich zusammengefasst (Werkstatt im industriellen Sinn). Bei der Werkstattfertigung ist die Fertigung nach Fertigungstechnologien organisiert. Arbeitssysteme, die gleichartige Arbeitsgänge durchführen können, werden vereint. Die Standorte der Maschinen bestimmen den Fertigungsablauf.

Die Schweißerei oder die Lackiererei sind Beispiele für die Werkstattfertigung. Da die Arbeitsgänge bei der Werkstattfertigung zeitlich nicht genau aufeinander abgestimmt werden können, sind **Lager** für Rohmaterial, Halbfertig- und Fertigerzeugnisse nötig. Die Fertigung erfolgt entsprechend der im Arbeitsplan aufgeführten Reihenfolge, wobei die Werkstücke auftragsweise von Werkstatt zu Werkstatt transportiert werden müssen. Wegen der fehlenden Abstimmung der Bearbeitungs- und Transportzeiten kann es zu **Wartezeiten** vor den Maschinen und zu hohen **Werkstattbeständen** kommen.

Trotz hoher Aufwendungen für Planung und Steuerung entstehen **lange Durchlaufzeiten** und eine unbefriedigende Termintreue. Aus Wettbewerbsgründen müssen Unternehmen zunehmend Lieferzeiten reduzieren und kurze Durchlaufzeiten realisieren. Der Kostendruck zwingt Unternehmen dazu, niedrige Umlaufbestände und damit möglichst wenig Kapital im Fertigungsprozess zu binden. Deshalb findet die Werkstattfertigung nur noch Anwendung bei der **Einzel-** oder **Kleinserienfertigung**, wo es auf hohe Flexibilität in der Fertigungstechnologie ankommt.

> **Verrichtungsprinzip**
> Die Standorte der Maschinen bestimmen den Fertigungsablauf. Maschinen ähnlicher Verrichtung werden räumlich zusammengefasst.

> Einzel-/Serienfertigung, vgl. **5.2**, S. 227

Materialfluss in Abhängigkeit von der Organisationsstruktur der Fertigung

Zur Fertigung der Produkte P1, P2 und P3 ist die Reihenfolge der Arbeitsgänge in folgender Weise festgelegt.
P1: Sägen – Drehen – Lackieren – Montieren, P2: Sägen – Fräsen – Schleifen – Galvanisieren,
P3: Drehen – Lackieren – Montieren

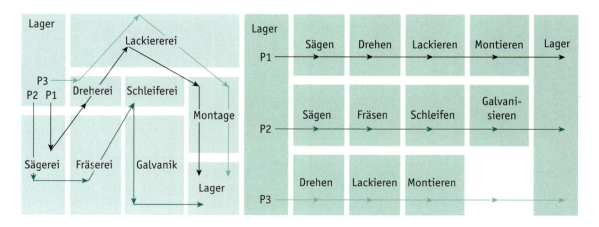

Leistungserstellung

Rohfertigung: vollautomatisierte Rohrschneideanlage

Rohfertigung: Rahmen schweißen (Schweißroboter)

Rahmenrohbau

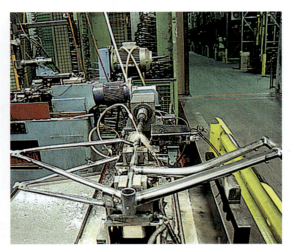
Richterei: Nachbearbeitung des Rahmenrohbaus (fräsen)

Klarlackiererei (vollautomatisierte Lackieranlage)

Rahmen und Schutzbleche in der Abdunstzone

5 Fertigungsverfahren

Rahmen dekorieren

Anordnung der Rahmen für die Montage

Vormontage: Steuerkopfschalen eindrücken

Vormontage: Sättel montieren

Endmontage: Kettengarnitur montieren

Kettentransportsystem mit verpackten Fahrrädern

ANFORDERUNGSSITUATION 3.2

5.1.2 Fließfertigung

Will man kurze Durchlaufzeiten realisieren, muss man die Werkstücke zum Fließen bringen. Die **Fließfertigung** ist nach dem **Objektprinzip** organisiert. Die Anordnung der Betriebsmittel/Maschinen erfolgt nach der Reihenfolge der sich aus dem Arbeitsplan ergebenden Arbeitsgänge für das zu bearbeitende Arbeitsobjekt. Aufgrund ihrer hohen Produktivität ist die Fließfertigung der häufigste Organisationstyp industrieller Fertigung. Das Gesetz der Massenproduktion, also die Verteilung auflagefixer Kosten auf eine große Anzahl von Produkten, und die Gewinnung von Rationalisierungsvorteilen durch Arbeitsteilung lassen sich hier optimal verwirklichen.

Können die Arbeitnehmer ihr Arbeitstempo selbst bestimmen, spricht man von **Reihenfertigung**. Die zeitlich nicht vollständig aufeinander abgestimmten Teilprozesse an den einzelnen Arbeitsplätzen werden dabei durch Pufferlager aufgefangen. Zahlreiche Produktionsprozesse in der chemischen oder pharmazeutischen Industrie, aber auch in der Lebensmittel- und Getränkeherstellung dürfen aus verfahrenstechnischen Gründen nicht unterbrochen werden. Ein Stillstand des Prozesses vor seiner Beendigung würde häufig das komplette Fertigungslos unbrauchbar machen. Man bezeichnet diese Form der Fließfertigung daher als **Zwangslauffertigung**.

Unter dem maßgeblichen Einfluss des US-amerikanischen Ingenieurs F. W. Taylor (1856–1915) entstand zu Beginn des 20. Jahrhunderts in den Schlachthöfen und Automobilwerken Chicagos die **Fließbandfertigung**. Bei der Fließbandfertigung werden die Werkstücke mittels Fließbändern von einer Arbeitsstation zur nächsten transportiert. Die Arbeit wird dabei so aufgeteilt, dass an jeder Station nur wenige, einfache Arbeitsschritte durchgeführt werden müssen, die auch von angelernten Arbeitern effektiv ausgeführt werden können. Ihre im Vergleich zur Werkstattfertigung geringe Anpassungsfähigkeit an Marktveränderungen ist eine zentrale Schwachstelle der Fließfertigung. Ein kompletter Modellwechsel ist für Pkw-Hersteller mit Umrüstkosten im mehrstelligen Millionenbereich und einem mehrmonatigen Stillstand der Produktion verbunden.

Hinzu kommen die wegen ihrer Monotonie als „**inhuman**" empfundenen Arbeitsbedingungen am Fließband. Neben einer hohen **Fluktuation** aufgrund von Verschleißerkrankungen und Frustration stellen Qualitätsmängel ein zentrales Problem der Fließbandfertigung dar. Wegen ihrer langen Durchlaufzeiten und hohen Stückkosten ist die Werkstattfertigung aber in der Regel keine echte Alternative.

Fließfertigung in der Automobilindustrie: Opel Werke 1924 und Volkswagen Audi Werk 2007

5.1.3 Gruppenfertigung

Die **Gruppenfertigung** kombiniert Elemente der Werkstatt- und der Fließfertigung. Das Ziel besteht darin, für ein zu bearbeitendes Werkstück eine Komplettbearbeitung zu erreichen. So ist z. B. in den Fly Bike Werken die Endmontage nach diesem Prinzip organisiert, d. h., jedes Mitglied der Gruppe ist dafür zuständig, eine bzw. mehrere Komponenten zu montieren. Die Reihenfolge der Arbeitsschritte wird durch den Montageplan vorgegeben. Beispiel dafür ist die im Foto auf S. 225 dargestellte Montage der Kettengarnitur.

*Autonome Arbeitsgruppen, Fertigungsinseln, vgl. **5.4**, S. 231*

In Betrieben der Bauwirtschaft und des Großanlagenbaus ist die **Baustellenfertigung** anzutreffen. Dabei müssen sämtliche Produktionsfaktoren (Betriebsmittel, Materialien und Arbeitskräfte) an den Ort gebracht werden, an dem das Produkt (Wohn- oder Geschäftsgebäude, Brücken, Fabrikhallen, Kraftwerke usw.) seine spätere Verwendung finden soll. Um sowohl die Baukosten als auch die Erstellungszeiten zu senken, wird häufig mit vorgefertigten Bauteilen gearbeitet, die nach einem Baukastensystem zusammengeführt werden.

5.2 Produktionstypen der Fertigung

Unter dem Gesichtspunkt der **Wiederholung** gleicher oder ähnlicher Erzeugnisse wird zwischen Einzel-, Massen-, Sorten-, Chargen- und Serienfertigung unterschieden:

Bei der **Einzelfertigung** wird ein einzelnes Erzeugnis gefertigt. Hierbei kann zwischen Kundenproduktion (*make to order*) und Marktproduktion (*make to stock*) unterschieden werden. Bei Marktproduktion muss die Nachfrage geschätzt werden. Um das Risiko, die falschen Erzeugnisse zu produzieren, zu minimieren, wird meist die Montage kundenorientiert (*assemble to order*) durchgeführt.

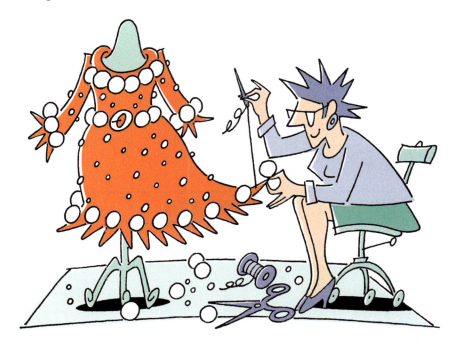

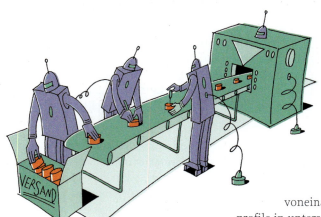

In **Massenfertigung** werden Erzeugnisse ein und derselben Art in hoher Stückzahl gefertigt (z. B. Güter der Energieversorgung), in der Regel für einen anonymen Markt.

Bei der **Sortenfertigung** werden Erzeugnisse gefertigt, die z. B. in der Art der verwendeten Stoffe, ihrer Verarbeitung oder ihren Abmessungen nicht erheblich voneinander abweichen (z. B. Stahlprofile in unterschiedlicher Stärke, Biersorten).

Bei der **Chargenfertigung** werden Erzeugnisse einer Art gemeinsam bearbeitet und weisen dadurch – produktionsbedingt und nicht vermeidbar – Unterschiede gegenüber einer anderen Charge auf (z. B. Holzerzeugnisse, Zigarren).

Die **Serienproduktion** ist der am weitesten verbreitete Produktionstyp. Hier werden mehrere Varianten eines Grundtyps in unterschiedlichen Mengen gefertigt, so dass Menschen und Maschinen flexibler arbeiten und der Fertigungsprozess bei der Umstellung von einer Variante auf eine andere unterbrochen werden muss. Dies führt dazu, dass die Losgrößen und die Termine einzeln geplant werden müssen. Zugleich ergibt sich eine deutlich höhere Komplexität bei der Realisierung von Automatisierungsvorhaben. Die Fertigung der verschiedenen Modellvarianten bei den Fly Bike Werken ist hierfür ein gutes Beispiel oder auch die Automobilfertigung.

Organisationstypen der Fertigung, vgl. 5.1, S. 223

Organisations- und Produktionstypen sind **miteinander gekoppelt**. Eine Massenfertigung nach dem Fließprinzip sollte z. B. so gestaltet werden, dass möglichst für ein Grunderzeugnis mit wenigen Varianten eine Fließfertigung eingerichtet wird. Kurze Durchlaufzeiten und wenig Stillstandzeiten für Umrüstung sind die Folge. Das Material kann maschinell transportiert werden und die Steuerung bezieht sich nur noch auf die Reihenfolge der Aufträge mir großer Stückzahl.

Zu beachten ist, dass die Fertigungsanlagen nach dem Fließprinzip nicht zu lang werden, weil sonst die Gefahr des Ausfalls der gesamten Fertigungsanlage wegen des Ausfalls eines Arbeitssystems zunimmt. Eine solche Kettenreaktion ist unerwünscht und kann durch gesteuerte Puffer vermieden werden.

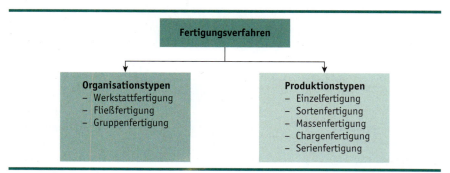

5.3 Umweltmanagement und Fertigungswirtschaft

> **Beispiel** Die von der Fly Bike Werke GmbH eingekauften Rahmen und Gabeln werden in der Lackiererei entweder zuerst grundiert und anschließend nass lackiert oder mit Pulverlack beschichtet. Mit Ausnahme der Pulverfarben werden hochexplosive Verdünnungsmittel verarbeitet, die sowohl als gesundheitsschädlich als auch umweltbelastend gelten. Die Geschäftsleitung der Fly Bike Werke GmbH ist sich der besonderen Verantwortung bewusst, die sie im Rahmen des Umweltmanagements hat. Der produktionsintegrierte Umweltschutz hat für die Fly Bike Werke GmbH eine besondere Bedeutung.

Produktionsintegrierter (dem Vorsorgeprinzip verpflichteter) Umweltschutz (**PIUS**) umfasst den gesamten Prozess der Leistungserstellung und -verwertung, vom Rohstoffeinsatz über die Produktion bis hin zur Entsorgung nicht mehr nutzbarer Produkte.

Ausgewählte Beispiele zu PIUS	
Weniger Abwasser	– Geschlossene Wasserkreisläufe – Aufbereitung des Abwassers am Produktionsort – Rückführung von Prozesswässern zur Mehrfachnutzung – Vermeidung und Verminderung von wasserbelastenden Chemikalien
Weniger Abfall	– Effizienzsteigerung durch Stoffmanagement – Verwertung von Reststoffen am Produktionsort – Einsatz von schadstoffarmen Ausgangsmaterialien – Herstellung von langlebigen und wiederverwertbaren Produkten – verstärkter Einsatz von Mehrwegsystemen – neue Logistikstrukturen
Weniger Luftbelastung	– Innovative immissionsarme Produktionsverfahren – Energieeinsparung durch Kraft-Wärme-Kopplung – Nutzung von Abwärme – Einsatz regenerativer Energien – Rückführung in den Produktionskreislauf – Verwendung schadstoffarmer Brennstoffe – Entwicklung abgasarmer Autos
Weniger Rohstoffverbrauch	– Entwicklung von ressourcenschonenden Technologien – Nutzung von Sekundärrohstoffen – Verwendung von erneuerbaren Rohstoffen – Verringerung des Energieeinsatzes bei Herstellung und Nutzung – Rückführung in den Produktionskreislauf – Kooperation zur Schließung von Stoffkreisläufen

Im Rahmen des Umweltschutzes hat das **Recycling** einen besonderen Stellenwert. Zielsetzung des Recyclings ist die Einführung der Kreislaufwirtschaft durch Aufbereitung von Ausschuss (z. B. Abfällen und gebrauchten Produkten) sowie dessen Rückführung in den Produktionsprozess. Neben der Reduktion von Umweltbelastungen sind durch Recycling auch Kosteneinsparungen realisierbar, da Entsorgungsaufwendungen entfallen. Leitgesetz der Entsorgungsproblematik ist das 2012 reformierte **Kreislaufwirtschaftsgesetz** (KrWG). Daneben existiert eine Reihe weiterer Rechtsvorschriften, die für das betriebliche Umweltmanagement von Bedeutung sind.

Kreislaufwirtschaftsgesetz (KrWG)
Gesetz zur Förderung der Kreislaufwirtschaft und zur Sicherung der umweltverträglichen Bewirtschaftung von Abfällen

5.4 Flexibilisierung von Fertigungsstrukturen

Die Wettbewerbssituation auf Käufermärkten fordert zunehmende Variantenvielfalt, d. h. individuelle Ausstattungsvielfalt von Produkten.

Käufermarkt, vgl. 3.1, S. 207

Folgen für den Leistungserstellungsprozess

Die Wettbewerbssituation hat sich in den letzten Jahren für viele Unternehmen drastisch verschärft. Die Kunden verlangen zunehmend, dass sie zwischen „individuellen" Ausstattungsvarianten eines Produktes wählen können. Das Produktsortiment muss in immer kürzeren Abständen aktualisiert und an die veränderten Kundenwünsche angepasst werden. Die zunehmende **Variantenvielfalt** hat zur Folge, dass

- sich auch die **Teilevielfalt** erhöht und damit sowohl Materialdisposition als auch Lagerhaltung komplexer werden.
- die auszuführenden **Arbeitsgänge** zahlreicher und die Steuerung der Fertigung komplexer werden.
- immer geringere **Losgrößen** produziert werden müssen.

Variantenvielfalt und Fertigungsstrukturen

Kundenwunsch nach individuellen Ausstattungsvarianten → Aktualisierung des Produktsortiments in immer kürzeren Abständen →
- sinkende Losgrößen
- erhöhte Teilevielfalt
- erhöhte Zahl von Arbeitsgängen
- komplexere Fertigungsstrukturen

Flexibilität in Abhängigkeit vom Organisationstyp der Fertigung

Organisationstyp, vgl. 5.1, S. 223

Verrichtungsprinzip und Objektprinzip, vgl. 5.1, S. 223, S. 226

Prozessoptimierung und Kosten der Leistungserstellung, vgl. 6.2.2, S. 238 ff.

Unter Flexibilität der Fertigungsstruktur wird die Fähigkeit eines Unternehmens verstanden, sich mit seiner Fertigungsstruktur an Veränderungen des Absatzmarktes anzupassen. Durch **Flexibilisierung** der Fertigungsstrukturen soll eine Umstellung der Produktionsanlagen zu möglichst geringen Kosten erreicht werden. Die Flexibilität ist abhängig von der Wahl des Organisationstyps. Bei einer **objektorientierten** Fertigungsorganisation ermöglicht die starre Produktionsstruktur nur einen Weg im Ablauf des Materialflusses. Die **verrichtungsorientierte** Fertigungsorganisation hingegen bietet unterschiedliche Wege für die einzelnen Produktvarianten.

Bei der Entwicklung und Vermarktung neuer Erzeugnisse ist es empfehlenswert, sich nicht nur an den bestehenden Fertigungseinrichtungen zu orientieren, sondern auch über **neue Strukturen und Technologien** in der Fertigung nachzudenken. Am besten tut man das, wenn man zusammen mit der Produktentwicklung die Weichen für neue Erzeugnisse stellt.

Flexible Fertigungssysteme (FFS)

NC Numerical Control

NC-Maschinen = Werkzeugmaschinen, Maschinen der automatisierten Fertigung

Am weitesten vorangeschritten erscheint der Wunsch nach maximaler Flexibilisierung bei der Einrichtung von **flexiblen Fertigungssystemen** (FFS). Dies sind hochkomplexe Maschinensysteme, die zunächst aus einer Reihe sich ergänzender oder ggf. auch ersetzender NC-Maschinen gebildet werden. Ergänzt werden diese um ein sämtliche Arbeitsstationen verbindendes, gleichfalls automatisiertes Transportsystem. Den Werkzeugwechsel übernehmen Roboter, die die notwendigen Werkzeuge den aufgabenspezifisch bestückten Werkzeugmagazinen an den Bearbeitungsstationen entnehmen. Datenbankbasierte Informationssysteme koordinieren sämtliche Operationen und überwachen den Fertigungsablauf.

Die besondere Stärke flexibler Fertigungssysteme liegt in der Vielfalt von Aufgaben, die sie in stetigem Wechsel parallel oder nacheinander wahrnehmen können. So lassen sich auch kleinste Serien zu minimalen Kosten realisieren.

Weitere Ansätze zur stärkeren Flexibilisierung und Kostenersparnis in der Fertigung:

Bei der **Gruppenfertigung** verzichtet man für die Fertigung von mittleren und kleinen Mengen auf die vollständige Automatisierung und setzt auf Bearbeitungszentren, in denen man Teilefamilien, also Grundteile und Varianten, herstellt. Bei der **Teilefamilienfertigung** werden Bearbeitungszentren für Teile gleicher Bauart zu so genannten **Fertigungsinseln** zusammengefasst, auf denen flexibel und personalsparend unterschiedliche Varianten einer Teilefamilie hergestellt werden. Dabei wird folgendermaßen verfahren: Werkstücke, die auf den gleichen Betriebsmitteln gefertigt werden können, werden zu Erzeugnisfamilien gebündelt. So entstehen Gruppen von Erzeugnissen mit gleichartigen Bearbeitungsabläufen (z. B. robotergeschweißte Standardrahmen aus Stahlrohr und handgeschweißte Spezialrahmen aus Aluminium). Sodann sind die entsprechenden Betriebsmittel zur möglichst vollständigen Bearbeitung einer Erzeugnisfamilie – nach dem Objektprinzip – räumlich und organisatorisch zusammenzufassen. Auf diese Weise erhält man jeweils eine Fertigungsinsel je Erzeugnisfamilie. Innerhalb der Fertigungsinsel erfolgt der Transport der Werkstücke nach dem Flussprinzip, so dass die Teile an einem Ort in einem Zuge komplett bearbeitet werden können.

Gruppenfertigung, vgl. **5.1.3**, S. 227

Teilefamilienfertigung

Fertigungsinseln

Die Mitarbeiter handeln als weitgehend **autonome** Arbeitsgruppen, die Planungs-, Entscheidungs- und Kontrollaufgaben innerhalb vorgegebener Rahmenbedingungen selbstständig wahrnehmen. Damit die Vorteile des übersichtlichen Zusammenwirkens erhalten bleiben können, umfassen die Gruppen etwa sechs bis acht Personen. Um die Fertigungsinsel bei Ausfällen, z. B. durch Krankheit oder Urlaub, funktionsfähig halten zu können, müssen die Mitglieder der Gruppe jeweils mehrere verschiedene Aufgaben innerhalb des gesamten Aufgabenspektrums beherrschen.

autonom
(gr.) unabhängig

Um der Komplexität der Produktion entgegenzuwirken, wird in vielen Unternehmen versucht, bereits in der Produktentwicklung die Verwendung von **Standard-/Gleichteilen** einzuplanen und die Konstruktion zu vereinfachen. Darüber hinaus setzt die Variantenbildung erst auf einer sehr späten Produktionsstufe ein und die Zahl der Varianten wird begrenzt. Einheitliche Produktionsprozesse (z. B. Fließ- und Fließbandfertigung) werden entkoppelt und unterschiedliche Organisationsformen der Fertigung neben- bzw. nacheinander eingesetzt.

Bei der **Fertigungstiefenoptimierung** wird der beste Zulieferer für Einzelteile oder Aggregate gesucht, der in Konkurrenz zur Eigenfertigung steht. Dies führt zur Konzentration der Fertigung auf die Kernteile, die die Funktionalität und die Akzeptanz des Produktes ausmachen.

Eigenfertigung oder Fremdbezug, vgl. **HF2**, **5**, S. 163

5.5 Optimale Losgröße

Losgröße
Anzahl eines einheitlichen Produktes, die ohne Unterbrechung auf einer Produktionsanlage hergestellt werden kann

Die mit der Vielfalt der Kundenwünsche zunehmende Variantenvielfalt führt unter fertigungstechnischen Aspekten zu sinkenden **Losgrößen**.

Die Produktionsanlage muss bei jedem Wechsel von einer Variante auf eine andere Variante des Produktionsprogramms umgestellt (umgerüstet) werden. Dadurch entstehen so genannte **Rüstkosten**, z. B. in Form von Lohnkosten für den Mitarbeiter, der diesen Umrüstvorgang vornimmt, und in Form von Stillstandskosten, da mit der Maschine während des Rüstvorgangs nicht produziert werden kann. Diese Kosten treten je Fertigungslos einmal auf, sie sind unabhängig davon, wie viele Stück pro Los gefertigt werden (Auflagenhöhe). Man bezeichnet sie deshalb auch als **auflagenfixe Kosten**. Damit diese Kosten möglichst gering gehalten werden, ist es sinnvoll, die Umstellung der Produktionsanlage nicht zu häufig vorzunehmen und die Zahl der Fertigungslose möglichst gering zu halten bzw. die Auflagenhöhe möglichst groß zu planen.

Auflagenfixe Kosten sind von der Losgröße unabhängige Kosten.

Fixe Kosten und variable Kosten, vgl. **6.2.2**, S. 241

Können die halb fertigen Erzeugnisse nicht direkt weiterbearbeitet oder die fertigen Produkte nicht sofort abgesetzt werden, müssen sie zunächst gelagert werden. Die auf diese Weise anfallenden **Kosten der Lagerhaltung** (z. B. Kosten für das Lagerpersonal oder Raumkosten) und die **Zinskosten** für das in den Vorräten gebundene Kapital müssen neben den Rüstkosten berücksichtigt werden. Die Lagerkosten sind auflagenvariabel, sie sind also von der Losgröße abhängig.

Auflagenvariable Kosten sind von der Losgröße abhängige Kosten.

Rüstkosten und Lagerkosten verlaufen in Abhängigkeit von der Zahl der Lose entgegengerichtet, d. h., eine große Anzahl von Losen führt zu hohen Rüstkosten, aber zu geringen Lagerkosten.

Beispiel In der Fly Bike Werke GmbH werden Stahlrahmen robotergeschweißt, aber auch teilweise im Handschweißverfahren hergestellt. Das Produktionsprogramm des Unternehmens umfasst zwölf verschiedene Fahrradmodelle. Für jedes Modell und für jede Modellvariante werden unterschiedliche Rahmen benötigt, die alle mithilfe derselben Roboter gefertigt werden. Wird die Fertigung von einem Modell auf ein anderes umgestellt, muss auch die Fertigungsanlage umgerüstet werden.

Für das Trekkingrad Modell Light soll die optimale Losgröße ermittelt werden. Aus der Primärbedarfsplanung ist bekannt, dass 3.600 Stück dieses Modells im Jahr X2 abgesetzt wurden. Wir gehen davon aus, dass diese Menge im Jahr X2 auch tatsächlich produziert worden ist. Die Herstellkosten für den Rahmen betragen 50,00 €.

Von der Controlling-Abteilung ist ermittelt worden, dass Rüstkosten in Höhe von 250,00 € zu berücksichtigen sind. Von dieser Abteilung wird außerdem ein Lagerkostensatz in Höhe von 20 % vorgegeben (Lagerhaltungskostensatz = 12 %, Zinskosten = 8 %). Damit stehen alle Daten zur Verfügung, um die optimale Losgröße zu ermitteln.

▼

1	2	3	4	5	6	7	8
Lose	Losgröße = Auflagenhöhe in Stück	Rüstkosten in €	Durch-schnittlicher Lagerbestand in Stück	Durch-schnittlicher Lagerbestandswert in €	Lagerkosten in €	Gesamt-kosten in €	Kosten/Stück in € (aufgerundet)
	3.600/ Spalte 1	250 · Spalte 1	Spalte 2/2	Spalte 4 · 50,00 €	20 % von Spalte 5	Spalte 3 + Spalte 6	Spalte 7/ 3.600
1	3.600	250,00	1.800	90.000,00	18.000,00	18.250,00	5,07
2	1.800	500,00	900	45.000,00	9.000,00	9.500,00	2,64
3	1.200	750,00	600	30.000,00	6.000,00	6.750,00	1,88
4	900	1.000,00	450	22.500,00	4.500,00	5.500,00	1,53
5	720	1.250,00	360	18.000,00	3.600,00	4.850,00	1,35
6	600	1.500,00	300	15.000,00	3.000,00	4.500,00	1,25
7	514	1.750,00	257	12.857,14	2.571,43	4.321,43	1,20
8	450	2.000,00	225	11.250,00	2.250,00	4.250,00	1,18
9	400	2.250,00	200	10.000,00	2.000,00	4.250,00	1,18
10	360	2.500,00	180	9.000,00	1.800,00	4.300,00	1,19
11	327	2.750,00	164	8.181,82	1.500,00	4.386,36	1,22

In *Spalte 1* wird die Zahl der alternativ zu wählenden Lose eingegeben. Dividiert man die Jahresproduktionsmenge von 3.600 Stück durch die Losanzahl, so ergibt sich in *Spalte 2* die jeweilige **Auflagenhöhe**.

- Die **Rüstkosten** in *Spalte 3* werden ermittelt, indem die auflagenfixen Kosten in Höhe von 250,00 € mit der jeweiligen Loszahl multipliziert werden.
- Der **durchschnittliche Lagerbestand** in *Spalte 4* wird als einfacher Durchschnittswert zwischen Lageranfangsbestand und Lagerendbestand berechnet. Es wird davon ausgegangen, dass der Lagerbestand auf null sinkt, bevor aus der Fertigung eine Auffüllung des Lagers stattfindet (in der Höhe abhängig von der jeweiligen Losgröße).
- Dividiert man die jeweilige Losgröße durch 2, so ergibt sich der durchschnittliche Lagerbestand. Multipliziert man den jeweiligen durchschnittlichen Lagerbestand mit den Herstellkosten für einen Rahmen in Höhe von 50,00 €, so ergeben sich die **durchschnittlichen Lagerbestandswerte** (*Spalte 5*).
- Für die **Lagerkosten** wird ein Lagerkostensatz von 20 %, bezogen auf die jeweiligen durchschnittlichen Lagerbestandswerte, in Ansatz gebracht (*Spalte 6*).
- Die **Gesamtkosten** in Spalte 7 errechnen sich aus der Summe der Werte aus den Spalten 3 und 6. Werden die jeweiligen Gesamtkosten durch die Jahresproduktionsmenge von 3.600 Stück geteilt, so erhält man die **Gesamtkosten je Stück** (*Spalte 8*).

Ergebnis: Das Minimum der Gesamtkosten je Stück liegt zwischen einer Losgröße von 450 und 400 Stück bzw. einer Losanzahl zwischen 8 und 9.

Beispiel Das tabellarische Ergebnis kann mithilfe der **Andler'schen Losgrößenformel** genauer bestimmt werden:

$$\text{Optimale Losgröße} = \sqrt{\frac{200 \cdot \text{auflagenfixe Kosten} \cdot \text{Jahresproduktionsmenge}}{\text{Herstellkosten/Stück} \cdot \text{Lagerkostensatz}}}$$

$$= \sqrt{\frac{200 \cdot 250 \cdot 3.600}{50,00 \cdot 20}} = 424,26$$

Wird die Jahresproduktionsmenge durch die optimale Losgröße dividiert, so erhält man die Anzahl der Lose, die zu fertigen ist, um die Gesamtkosten pro Stück zu minimieren:

$$\text{Losanzahl} = \frac{3.600}{424,26} = 8,49 \text{ Lose}$$

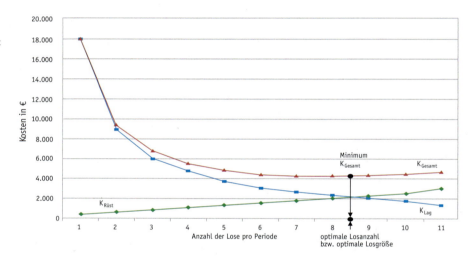

In der betrieblichen Praxis wird auf die Fertigung der optimalen Losgröße häufig verzichtet. Dies hat verschiedene Ursachen:

- Der Jahresbedarf an Fertigerzeugnissen beruht auf mit Unsicherheiten behafteten Prognosen.
- Der Marktzins unterliegt im zeitlichen Ablauf eines Jahres Schwankungen, so dass der Lagerkostensatz verändert werden müsste.
- Die Lagerkapazitäten sind durch die Festlegung eines Höchstbestandes häufig begrenzt, so dass es bei Fertigung der optimalen Losgröße zu Engpässen bei der Lagerhaltung kommen könnte.

Übersicht: Fertigungsverfahren

Organisationstypen der Fertigung

Anordnung der Produktionsfaktoren	Werkstattfertigung	Gruppenfertigung	Fließfertigung
	Verrichtungsorientierung	Objektorientierung	
Charakteristisches Merkmal	räumliche Zusammenfassung von Betriebsmitteln gleicher oder ähnlicher Verrichtung	räumliche Zusammenfassung verschiedener Betriebsmittel zu Funktionsgruppen (Möglichkeit der Anwendung neuer Formen der Arbeitsstrukturierung, z. B. teilautonome Gruppen)	Anordnung der Betriebsmittel und Arbeitsplätze nach der Arbeitsgangfolge (kontinuierlicher Fertigungsfluss wird durch die zeitliche Abstimmung der Arbeitstakte erreicht)
Typischer Anwendungsbereich	Werkzeugmaschinenbau	wie bei der Werkstatt- und Fließfertigung	Konsumgüter- und Kraftfahrzeugindustrie

Produktionstypen der Fertigung

	Einzelfertigung	Serienfertigung	Sortenfertigung	Chargenfertigung	Massenfertigung
Charakteristisches Merkmal	– Erstellung eines einzelnen Produkts – direkte Ausrichtung auf Kundenwünsche	– Produktion einer begrenzten Zahl identischer Erzeugnisse – Problem der Umrüstung	– Produktion mehrerer Varianten eines Grundprodukts – Spezialfall der Massenproduktion	– Produktion mehrerer Chargen (Charge = Füllmenge eines Produktionsvorganges)	– Produktion von Standardprodukten – Produktionsprozess nach festgelegtem Standardablauf
Typischer Anwendungsbereich	– Anlagenbau – Werkzeugmaschinenbau	– Elektrogeräte – Automobile	– Bekleidungsindustrie – Bier	– Getränkeindustrie – Stahlindustrie – chemische Industrie	– Lebensmittelindustrie – Schrauben

Flexibilisierung von Fertigungsstrukturen

Problem	Zunehmende Variantenvielfalt – sinkende Losgrößen – häufige Umstellung von Produktionsanlagen – Suche nach flexiblen (kostengünstigen) Lösungen
Ansätze	– Einsatz moderner Technologien, z.B. FFS (Flexible Fertigungssysteme), NC-Maschinen – Verwendung von Standardteilen – Fertigungstiefenoptimierung
Losgröße	Anzahl eines einheitlichen Produktes, die ohne Unterbrechung auf einer Produktionsanlage hergestellt werden kann
Optimale Losgröße	Ermittlung der Losgröße, bei der die Summe aus Rüst- und Lagerkosten minimal ist

6 Qualitätssicherung und Wirtschaftlichkeit

6.1 Total Quality Management (TQM)

Beispiel In den letzten Jahren drängen immer mehr asiatische Fahrradproduzenten mit Billigprodukten auf den deutschen Fahrradmarkt. Diese sind im Vergleich zu den Produkten der Fly Bike Werke GmbH erheblich preiswerter. Die Geschäftsführung des Unternehmens macht sich Gedanken darüber, wie der eigene Marktanteil gehalten und eventuell ausgebaut werden kann. Um zuverlässige Daten zu erhalten, wird ein Marktforschungsinstitut mit der Durchführung einer Kundenbefragung beauftragt. Wesentliches Ergebnis dieser Studie ist, dass die Produkte der Fly Bike Werke GmbH qualitativ bedeutend hochwertiger sind als die ausländischen Fahrräder. Die Kundenzufriedenheit sinkt sowohl bei einem „Zuwenig" an Qualität als auch indirekt (über den Preis) bei einem „Zuviel" an Qualität. Es wird beschlossen, den Qualitätsgesichtspunkt in zukünftigen Werbekampagnen verstärkt in den Vordergrund zu stellen. Leitmotto: „Qualität hat ihren angemessenen Preis!"

In Zeiten zunehmender Globalisierung müssen sich nationale Produkte in ihrer Qualität in immer stärkerem Maße mit internationalen Produkten messen lassen. Ursprünglich wurde der **Qualitätsbegriff** vor allem mit dem der Qualitätskontrolle gleichgestellt, d. h. der Qualitätsprüfung nach Abschluss der Produktfertigung. Nach modernem Verständnis durchzieht die Qualitätsforderung **alle Funktionen** eines Unternehmens und umfasst somit sämtliche Stationen im Lebenszyklus eines Produktes. Die Qualität eines Gutes hängt sowohl von der technischen Beschaffenheit als auch von den Anforderungen bzw. Ansprüchen an die Nutzung ab. Beide Kriterien führen dazu, dass Qualität zu einem **subjektiven Begriff** wird. Qualität orientiert sich an den Wünschen und Vorstellungen der **Kunden**, nicht etwa der Produzenten. Für diese umfassende kundenbezogene Sicht der Qualitätssicherung hat sich der Begriff **Total Quality Management** (TQM) herausgebildet.

Total Quality Management (TQM) ist ein umfassendes Qualitätsmanagement, das sich durch alle Bereiche eines Unternehmens zieht und ein Mitwirken aller Mitarbeiter verlangt. Beim TQM stehen die Qualität und Kundenzufriedenheit im Mittelpunkt.

Konsequenzen des TQM

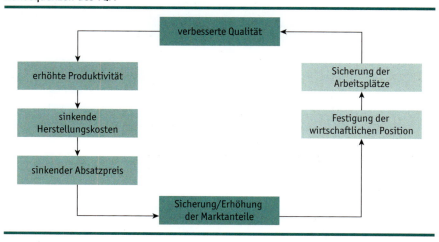

TQM beinhaltet drei Dimensionen, die sich in der folgenden Reihenfolge herausgebildet haben:

- **Ergebniskontrolle:** Mess- und Prüfvorgänge sollen herausfinden, ob das bezogene bzw. hergestellte Produkt den technischen und funktionalen Vorgaben und Wünschen des Kunden entspricht. Ist dies nicht der Fall, so muss nachgearbeitet bzw. über Garantieleistungen Ersatz beschafft werden. Beides führt zu einer Erhöhung der Kosten, d. h. zu einem verringerten Gewinn.
- **Total Quality Control (TQC):** Qualität muss nicht nur laufend nachträglich festgestellt, sondern „proaktiv" von vornherein und fertigungssynchron „hineinproduziert" werden. Dieses Konzept der Fehlervermeidung bezeichnet man als „Null-Fehler-Strategie". Sie soll prozessbegleitend erfolgen durch Wareneingangskontrollen in der Beschaffung, Kontrolle der einzelnen Arbeitsschritte (durch spezielle Qualitätsbeauftragte ebenso wie durch jeden Mitarbeiter) in der Produktion und im Absatz.
- **Total Quality Management (TQM):** Neben TQC soll ein umfassendes Qualitätsbewusstsein aller Mitarbeiter auf allen Unternehmensebenen erreicht werden, im Rechnungswesen beispielsweise gemessen an der Anzahl der Fehlbuchungen, im Vertrieb an der Anzahl der Kundenreklamationen. Im Idealfall ist jeder Mitarbeiter für die Ergebnisse seiner Arbeit verantwortlich.

Drei Dimensionen des TQM

TQM geht von der Überlegung aus, dass der (interne und externe) Kunde die Messlatte für die zu erbringende Leistung setzt. 1987 veröffentlichte die International Organization for Standardization (ISO) die **Normenreihe ISO 9000–9004**, die unverändert vom Deutschen Institut für Normung (DIN) übernommen wurde. Sie umfasst weitgehend branchenneutral und sehr allgemein Regeln für den Aufbau von Qualitätssicherungssystemen, die den Prinzipien von TQC und TQM entsprechen. Aufbau, Anwendung und Dokumentation eines Qualitätssicherungssystems werden durch ein entsprechendes Zertifikat nachgewiesen; dieses eignet sich sehr gut als Verkaufsargument für Werbezwecke und Öffentlichkeitsarbeit.

Normung nach DIN und ISO, vgl. 6.2.1, S. 239

DIN ISO 9000er-Serie

Kernnorm	Inhalt
DIN EN ISO 9000	allgemeine Zielsetzungen und Begriffe für Qualitätsmanagementsysteme sowie Anleitungen zu deren Darstellung
DIN EN ISO 9001	Der Umfang der Qualitätssicherung und deren Nachweis beziehen sich auf **alle Leistungsprozesse:** Entwicklung, Konstruktion, Teilefertigung, Montage, Instandhaltung und Service.
DIN EN ISO 9002	Diese Normen werden seit dem Jahr 2003 nicht mehr angewendet. (Ausnahme: DIN EN ISO 9003 wird in der Medizintechnik noch gelegentlich verwendet.)
DIN EN ISO 9003	
DIN EN ISO 9004	weitergehende unverbindliche Empfehlungen zur Einrichtung eines Qualitätssicherungssystems

HF 3 Leistungserstellung

LS 39 Wirtschaftlichkeit der Leistungserstellung

6.2 Wirtschaftlichkeit der Leistungserstellung

> **Beispiel** Da die Fly Bike Werke GmbH ihre Marktanteile ausbauen will, müssen beträchtliche Anstrengungen unternommen werden, um sich gegen die Konkurrenz behaupten zu können. Dies zwingt den Produktionsleiter, Herrn Rother, zur Ausschöpfung aller Rationalisierungsmöglichkeiten. Dadurch sollen insbesondere die hohen Lohnkosten in der Fertigung aufgefangen werden. Die Fertigungskosten stellen den zweithöchsten Kostenanteil an den Selbstkosten zur Herstellung eines Fahrrades dar.

Ökonomisches Prinzip

Rational handeln im ursprünglichen Sinne bedeutet vernünftig handeln. Im Wesentlichen ist damit das ökonomische Prinzip angesprochen. Es existiert in zwei Ausprägungen, dem **Minimal-** und dem **Maximalprinzip**.

Minimalprinzip = Der Mitteleinsatz soll zur Erreichung eines Ziels möglichst klein sein.

Maximalprinzip = Mit einem bestimmten Mitteleinsatz soll das maximale Ziel erreicht werden.

> **Beispiel** Die Fly Bike Werke GmbH möchte 1.000 Fahrräder des Modells Glide/City mit einem möglichst geringen Material-, Personal- und Finanzaufwand produzieren. Hier wird nach dem Minimalprinzip verfahren, d. h., ein gegebener Output (hier: 1.000 Fahrräder) ist mit einem möglichst geringen Input (hier: Material-, Personal- und Finanzaufwand) zu erreichen. Wenn mit einem gegebenen Input ein möglichst hoher Output erreicht werden soll, liegt das Maximalprinzip vor. Häufig hört man folgende Aussage: Erreiche einen möglichst hohen Output mit einem möglichst niedrigen Input. Schön wär's, aber wenn Sie diese Aussage durchdenken, müsste es möglich sein, die Weltbevölkerung mithilfe der Ernte aus einem Blumentopf zu versorgen. Fazit: Eine der Größen Input bzw. Output muss gegeben sein, die jeweils andere Größe wird gesucht.

Rationalisierung umfasst alle technischen und organisatorischen Maßnahmen in einem Betrieb, die dazu beitragen, die betriebliche Leistung mengenmäßig zu steigern, qualitativ zu verbessern, die Kosten zu senken und humanere Arbeitsbedingungen zu schaffen.

*Produktivität, vgl. **HF1**, **12.1**, S. 129*

Ziele der Rationalisierung	
Erhöhung der Produktivität und Wirtschaftlichkeit	Betriebsmittel, Werkstoffe und menschliche Arbeitskraft sollen möglichst ergiebig eingesetzt werden. Aufgrund der Käufermärkte (und der Steuerung des Unternehmens über die Absatzzahlen!) herrscht im Produktionsbereich vor allem das Minimalprinzip vor.
Verbesserung der Qualität der Erzeugnisse	Diese Zielsetzung lässt sich ebenfalls aus der Situation der Käufermärkte ableiten. Produkte (ebenso wie Dienstleistungen) werden nur dann vom Kunden (aus dem Konsumgüter- ebenso wie aus dem Investitionsgüterbereich) erworben, wenn sie fehlerfrei funktionieren, den gesetzlichen Vorschriften entsprechen und zugleich einen Nutzen stiften.
Humanisierung der Arbeitsbedingungen	Hierunter versteht man die bestmögliche, menschengerechte und menschenwürdige Gestaltung der Arbeitsbedingungen. Diese Zielsetzung gewinnt gerade in Zeiten des Facharbeitermangels an Bedeutung.

ANFORDERUNGSSITUATION 3.3

6.2.1 Rationalisierung

Alle Rationalisierungsmaßnahmen gehen von folgender Grundüberlegung aus: Ein einzelner Arbeitnehmer ist nicht mehr in der Lage, alle anfallenden Aufgaben zu erledigen. Zum einen nehmen die qualitativen Anforderungen zu, zum anderen sind die zu produzierenden Erzeugnisse innerhalb eines engen Zeitfensters herzustellen. Dadurch ist es erforderlich, die auszuführenden Arbeiten in Form von Arbeitsteilung zu erledigen. Allgemein umschreibt **Arbeitsteilung** eine bestimmte Form der Spezialisierung auf begrenzte Teilaufgaben oder auf die Herstellung nur eines oder nur weniger Produkte.

Bei der industriellen Produktion knüpfen Rationalisierungsmaßnahmen an die Erzeugnisse bzw. die Fertigungsverfahren an.

Unter **Normung** versteht man die Vereinheitlichung von Einzelteilen, Fertigungsmaterial, Werkzeugen oder einfachen Erzeugnissen. Die Festlegung von Normen erfolgt national durch das Deutsche Institut für Normung (**DIN**) in Zusammenarbeit mit den jeweiligen Fachnormenausschüssen (FNA) und international durch die International Organization for Standardization (**ISO**). Alle Normteile erhalten ein DIN-Zeichen und eine DIN-Nummer. Bezüglich ihres Inhalts unterscheidet man zwischen

Normen des DIN und der ISO
www.din.de
www.iso.org

- **Sicherheitsnormen** (zur Abwendung von Gefahren, z. B. das CE-Zeichen),
- **Qualitätsnormen** (Festlegung wesentlicher Produkteigenschaften, z. B. Härtegrad von Werkzeugen),
- **Maßnormen** (um den Austausch bzw. die Kombination von Teilen zu gewährleisten, z. B. Steckergrößen bei Elektroteilen) und
- **Verständigungsnormen** (sie ermöglichen die eindeutige und schnelle Verständigung).

Arten von Normen

Die Vereinheitlichung von Enderzeugnissen bezeichnet man als **Typung**. Erst durch die Typung lassen sich (Stück-)Kosten senkende Effekte der Serien- und Massenfertigung nutzen. Gründe dafür sind z. B., dass die Vereinheitlichung hinsichtlich Art, Größe und Ausführung den Einsatz von Spezialmaschinen ermöglicht und die Umstellzeiten beim Wechsel der Produktion von einem Gut zum anderen verringert.

Die Kombination von Normung und Typung bei mehrteiligen, komplexen Baugruppen (z. B. Industrieschränken, Motoren) bezeichnet man als **Baukastensystem**. Durch das Baukastensystem wird der Fertigungsbetrieb in die Lage versetzt, individuelle Kundenwünsche zu befriedigen, ohne die Produktionsverfahren aufwendig umstellen zu müssen.

> **Beispiel** Welche Rationalisierungsmaßnahmen finden wir bei der Fly Bike Werke GmbH? Im Bereich der Konstruktion und Entwicklung werden u. a. genormte Schrauben und Muttern verwendet. Dies bedeutet für den Konstrukteur, dass er auf die Ergebnisse anderer Konstrukteure zurückgreifen kann und sich seine Entwicklungsarbeit dadurch beschleunigt. In der Montage werden vereinheitlichte Werkzeuge verwendet, z. B. Vierkantschlüssel und Sechskantschrauben. Zugekaufte Artikel, wie Fahrradbekleidung, genügen hohen Qualitätsanforderungen, die durch Prüfsiegel dokumentiert sind. Da die Qualitätsmerkmale bei Schrauben, Muttern und Spezialwerkzeugen bekannt sind, kann auf eine aufwendige Beschaffungsmarktforschung verzichtet werden. Ein Wechsel von einem Lieferanten zu einem anderen wird erleichtert, wenn beide die gleichen Normteile verwenden.

6.2.2 Kosten und Kennzahlen

*Leistungsfaktoren, vgl. **HF1**, **1.3**, S. 22*

Bei der betrieblichen Leistungserstellung entstehen durch den Verbrauch von Leistungsfaktoren **Kosten**. Kosten sind sachzielbezogene und bewertete Güterverbräuche eines Unternehmens in einer Rechnungsperiode. Aufgabe der **Kosten- und Leistungsrechnung** ist es, diese präzise zu ermitteln. Die Ermittlung der entstandenen Kosten baut auf dem mengenmäßigen Faktoreinsatz auf. Aus dem Produkt von Menge und Preis der eingesetzten Produktionsfaktoren ergibt sich der kostenorientierte Wert eines Produktes. So können z. B. **Material- und Fertigungskosten** ermittelt werden.

Kosten = mengenmäßiger Faktoreinsatz · Faktorpreis

Leistung = Umsatzerlöse + Lagerleistungen

Den Kosten wird die **Leistung** gegenübergestellt. Leistungen sind sachzielbezogene und bewertete Gütererstellungen eines Unternehmens in einer Rechnungsperiode. Die Leistung umfasst die Menge der in einer Abrechnungsperiode hergestellten Produkte bzw. Dienstleistungen, die ebenfalls mit entsprechenden Preisen bewertet werden. Die in einer Abrechnungsperiode verkauften Leistungen sind die so genannten **Umsatzerlöse**. Der nicht verkaufte Teil geht ins Lager für Fertigerzeugnisse (**Lagerleistungen**). Auch diese Mengen müssen mit entsprechenden Preisen bewertet werden.

Durch Gegenüberstellung von Kosten und Leistungen einer Abrechnungsperiode kann das so genannte **Betriebsergebnis** ermittelt werden. Es ist das Ergebnis der betrieblichen Leistungserstellung.

x = Stück
p = Verkaufspreis
k = Stückkosten

> Betriebsergebnis = Leistungen – Kosten
> Betriebsergebnis = x · p – x · k

Beispiel Für das Trekkingrad Light setzt sich im Jahr 20XX das Betriebsergebnis aus folgenden Zahlen zusammen:

	Leistungen (Umsatzerlöse)	631.647,00 €
–	Kosten	741.590,00 €
=	Betriebsergebnis	–109.943,00 €

Lagerleistungen für das Modell Light wurden 20XX nicht erbracht. Per Saldo liegt eine Bestandsminderung an fertigen und unfertigen Erzeugnissen dieses Modells in Höhe von 46.656 € vor, die in den Kosten berücksichtigt wurde.

Für das Modell Light ist im Jahr 20XX ein negatives Betriebsergebnis erwirtschaftet worden. Im Rahmen einer Analyse von Kosten und Leistungen für dieses Modell müsste festgestellt werden, wo detailliert die Gründe für dieses Ergebnis zu suchen sind.

Erwerbswirtschaftlich ausgerichtete Betriebe wie die Fly Bike Werke GmbH orientieren sich am Prinzip der **Gewinnmaximierung**. Dazu müssen sie wirtschaftlich handeln, indem sie für die Herstellung einer bestimmten Produktmenge versuchen, die kostenminimale Kombination an Produktionsfaktoren (Faktorkombination) zu wählen (**Minimalprinzip**). Dies erfolgt nicht nur für ein Produkt des Unternehmens, sondern für die gesamte Produktpalette. Im Rahmen der Kostenträgerzeitrechnung wird dem Mengengerüst (Faktoreinsätze) ein Wertgerüst (Faktorpreise) angegliedert und damit die Voraussetzung geschaffen, sich am Prinzip der **Wirtschaftlichkeit** zu orientieren.

*Minimalprinzip, vgl. **6.2**, S. 238*

6 Qualitätssicherung und Wirtschaftlichkeit

$$\text{Wirtschaftlichkeit} = \frac{\text{Leistungen}}{\text{Kosten}}$$

ökonomische Kennzahlen, vgl. **HF1**, **12.1**, S. 129

 Beispiel Bezogen auf die vorliegenden Zahlen, ergibt sich für das Modell Light folgende Kosten-Wirtschaftlichkeit:

$$\text{Wirtschaftlichkeit} = \frac{631.647{,}00\ \text{€}}{741.590{,}00\ \text{€}} \approx 0{,}85$$

Bei einem positiven Betriebsergebnis liegt die Kosten-Wirtschaftlichkeit über 1 (> 1). Bei einem negativen Betriebsergebnis liegt die Kosten-Wirtschaftlichkeit unter 1 (< 1).

Die so genannten **Kosteneinflussgrößen** wirken sowohl auf die Faktormengen als auch auf die Faktorpreise. Auch die Menge der hergestellten Produkte zählt zu den Kosteneinflussgrößen.

Kosteneinflussgrößen

Die Geschäftsführung eines Industrieunternehmens interessiert sich für bestimmte **Kostenverläufe**, z. B. der Gesamtkosten, der Stückkosten, der variablen und der fixen Kosten. Von Bedeutung ist insbesondere die Abhängigkeit der Kosten vom so genannten Beschäftigungsgrad.

Kostenverläufe in Abhängigkeit der Kostenart

$$\frac{\text{Beschäftigungsgrad}}{(\text{Kapazitätsauslastung})} = \frac{\text{tatsächlich genutzte Kapazität} \cdot 100}{\text{vorhandene Kapazität (optimale Kapazität)}}$$

Kapazitätsauslastung und Kapazitätsarten

Es lassen sich nachfolgend verschiedene Kapazitätsarten unterscheiden:

- Die **Maximalkapazität** bezeichnet die technisch gesehen höchstmögliche Leistung; wird auch technische Kapazität genannt.
- Die **Optimalkapazität** liegt i. d. R. unter der Maximalkapazität und bezeichnet die Inanspruchnahme, bei der Wirkungsgrad der Leistung am wirtschaftlichsten ist; sie wird auch wirtschaftliche oder optimale Kapazität genannt.

In Abhängigkeit vom Beschäftigungsgrad unterscheidet man variable und fixe Kosten. **Variable Kosten** sind beschäftigungsgradabhängige Kosten. **Fixe Kosten** sind beschäftigungsgradunabhängige Kosten.

Variable und fixe Kosten

Gesamt- und Stückkosten

Gesamt- und Stückkostenverläufe

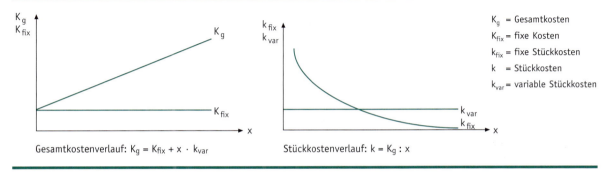

HF 3
Leistungserstellung

Deckungsbeitrag, vgl. **HF 7**, Band 2

Beispiel Der **Deckungsbeitrag**/Stück (db) ergibt sich aus folgender Rechnung:

Zielverkaufspreis	175,46 €
− variable Selbstkosten	160,11 €
Deckungsbeitrag/Stück (db)	15,35 €

Das Modell Light/Trekking trägt bei jedem verkauften Fahrrad mit 15,35 € zur Deckung der fixen Kosten bei. Das reicht offensichtlich aus, das Modell weiterhin im Produktions- und Absatzprogramm zu halten, obwohl es ein negatives Betriebsergebnis erwirtschaftet.

Der **Gesamtdeckungsbeitrag** (DB) des Modells ergibt sich aus dem Produkt des Deckungsbeitrags/Stück (db) und dem Absatz in der zu betrachtenden Periode. Im Jahr 20XX wurde das Modell Light/Trekking 3.600-mal verkauft.

Der Gesamtdeckungsbeitrag (DB) beträgt 3.600 · 15,35 € = 55.260,00 €.

Die Entwicklung der Fixkosten in Abhängigkeit vom Beschäftigungsgrad kann auch durch die Verwendung der Begriffe **Nutz- und Leerkosten** dargestellt werden. Nutzkosten stellen die Kosten der genutzten Kapazität dar. Leerkosten stellen die Kosten der nicht genutzten Kapazität dar.

Nutz- und Leerkosten

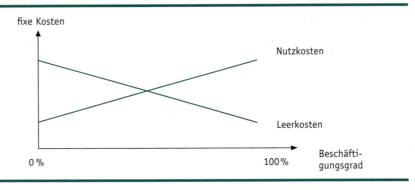

Degressionseffekt der fixen Kosten

Auflagenfixe Kosten, vgl. **5.5**, S. 232

Ein hoher Anteil variabler Kosten an den gesamten Selbstkosten macht es Betrieben aus Kostengesichtspunkten relativ einfach, sich an Beschäftigungsschwankungen anzupassen. Der so genannte **Degressionseffekt** der fixen Kosten wirkt sich dann nicht sehr stark auf die Veränderung der Kosten pro Stück aus. Von **Auflagendegression** spricht man, wenn im Rahmen der Serienfertigung eine Produktionsanlage von einem Produkt auf ein anderes umgestellt wird. Es entstehen auflagenfixe Kosten.

Stückkostenverlauf: $k = K/x$

Auflagendegression

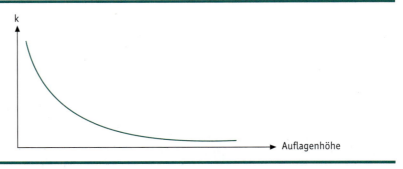

Der Betrieb hat eine Vielzahl von Möglichkeiten, sich Beschäftigungsschwankungen anzupassen:

- **zeitliche Anpassung:** Feierschichten oder Kurzarbeit
- **intensitätsmäßige Anpassung:** z. B. durch höhere oder geringere Leistungsabgabe (z. B. bei Elektrizitätswerken)
- **quantitative Anpassung:** z. B. durch Stilllegung von Betriebsanlagen, Entlassung von Arbeitskräften

Anpassung an Beschäftigungsschwankungen

Neben der Beschäftigung gibt es weitere Kosteneinflussgrößen, z. B. die Betriebsgröße, das Fertigungsprogramm oder die Organisation des Fertigungsablaufs. Alle Kosteneinflussgrößen lassen sich letztlich auf die drei wesentlichen **Hauptbestimmungsfaktoren** Faktorpreise, Faktorqualität und Faktorproportionen (Mengenverhältnis der Faktoren zueinander) zurückführen.

Produktionscontrolling

> **Beispiel** Der Controller eines Industriebetriebs gibt dem Produktionsleiter ein Budget in Höhe von 5 Mio. € für das laufende Quartal vor (Planung). Am Ende dieses Zeitraums stellt er fest, dass insgesamt 5,5 Mio. € angefallen sind (Kontrolle). Diese Soll-Ist-Abweichung ist u. a. auf den ungeplanten Anfall von Überstunden sowie die Verteuerung von Zulieferteilen zurückzuführen. Für das nächste Quartal wird das Budget auf 5,3 Mio. € erhöht, in diesem Betrag ist die Verteuerung der Zulieferteile in Höhe von 0,3 Mio. € bereits einkalkuliert. Das Produktionsmanagement hat zusätzliche fertigungssynchrone Qualitätssicherungsmaßnahmen beschlossen, um Überstunden weitestgehend zu vermeiden.

Während der Controller der „Lotse" eines Schiffes ist, hat das Management dieses als „Kapitän" zu lenken. **Produktionscontrolling** umfasst die Planung, Steuerung und Kontrolle von Produktionsprozessen.

Controllingmaßnahmen im Fertigungsbereich lassen sich z. B. mithilfe einer Reihe von **Kennzahlen** durchführen. Die Kennzahlen liefern eine Diagnose von Ist-Zuständen, helfen bei der Entscheidung über geeignete Maßnahmen zur Gegensteuerung und bei der Formulierung von Zielsetzungen (Soll-Zuständen). Sie können zur Information und Motivation der Mitarbeiter genutzt werden und mit Kennzahlen verwandter organisatorischer Bereiche innerhalb des Unternehmens oder – soweit verfügbar – unternehmensübergreifend innerhalb einer Branche verglichen werden. Eine Auswahl an zentralen Kennzahlen des Produktionscontrollings finden sich auf Seite 244.

Kennzahlen, Controlling, vgl. **HF 1**, **15**, S. 139 ff.

Im Rahmen von Management-Informationssystemen (MIS) werden einzelne Kennzahlen zu **Kennzahlenpyramiden** verknüpft. Dies hat den Vorteil, dass Veränderungen einer Kennzahl in ihrer Auswirkung auf andere Kennzahlen in einen sachlogischen Zusammenhang gebracht werden können.

HF 3
Leistungserstellung

Übersicht: Kosten und Kennzahlen der Leistungserstellung

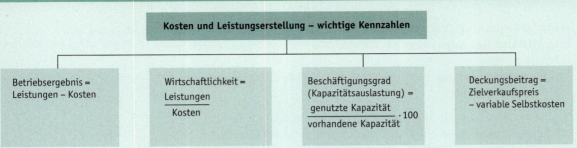

Fragestellung	Kennzahlen (Auswahl)
Welche produktionstechnischen Anforderungen müssen berücksichtigt werden?	– Durchlaufzeit (insgesamt) – Zusammensetzung der Durchlaufzeit (Arbeit, Transport, Lagerung usw.) – Anzahl der herzustellenden Varianten – Anzahl der Auftragseingänge pro Zeiteinheit – Kapazität der Betriebsmittel (insgesamt/pro Zeiteinheit)
Wurden die Arbeitskräfte und das Material produktiv eingesetzt?	– Arbeitsproduktivität – Materialproduktivität – Betriebsmittelproduktivität
Wie hoch ist die Rentabilität des gebundenen Kapitals?	– Lagerkapazitätsauslastung – Höhe der Nutz- bzw. Leerkosten – Verbrauchs- und Beschäftigungsabweichung
Welche Ausschusskosten sind entstanden?	– Höhe der Ausschusskosten (insgesamt) – Ausschusskosten für Material-, Arbeits-, Konstruktionsfehler usw. – Verhältnis der Ausschusskosten zu den gesamten Produktionskosten
Welche Kosten entstanden für Qualitätssicherungsmaßnahmen?	– Fehlerverhütungskosten – Prüfkosten – Fehlerkosten – Verhältnis der Kosten für Qualitätssicherungsmaßnahmen zu den gesamten Produktionskosten
Sind Kosten für Betriebsunterbrechungen und -störungen entstanden?	– Stillstandskosten (laufend, einmalig) – Wiederanlaufkosten – Stillsetzungskosten – Verhältnis der Summe der Kosten für Betriebsunterbrechungen und -störungen zu den gesamten Produktionskosten

Produktivität und Rentabilität,
vgl. **HF 1**, **12.1**, S. 129

HANDLUNGSFELD 4
Absatz

HF 4 Absatz

1 Bedeutung von Absatzprozessen für das Unternehmen

1.1 Absatzprozesse und Marketing

Absatzprozesse als Kernprozess

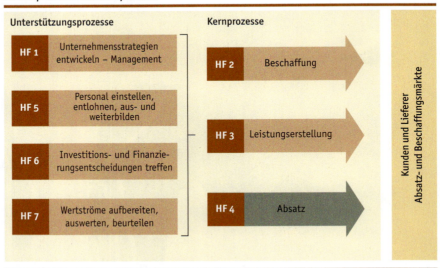

Jedes Unternehmen hat das Ziel, seine unternehmerischen Leistungsangebote zu vermarkten. Absatzprozesse sind zentrale Kernprozesse, denn sie orientieren sich an einer besonders wichtigen Interessengruppe des Unternehmens: seinen Kunden. Aufgabe von **Absatzprozessen** ist es, Unternehmensaktivitäten auf die Anforderungen des Marktes abzustimmen und die Wünsche, die Kunden an die Leistungen des Unternehmens haben, in den Mittelpunkt zu stellen.

Kernprozess, vgl. HF 1, 5.2, S. 59

Die Begriffe „Absatzwirtschaft" und „Marketing" werden häufig **synonym** verwendet. „Marketing" stammt aus dem Englischen und bedeutet so viel wie „vom Markt her handeln". **Marketing** umfasst alle Maßnahmen, die ein Unternehmen ergreift, um sich Märkte zu schaffen, zu vergrößern oder zu erhalten. Dazu bedienen sich die Unternehmen verschiedener Marketing-Instrumente, die auf einer „Forschungsebene" (Marktforschung) oder auf einer „ausführenden Ebene" (Absatzpolitik) angesiedelt sein können.

synonym (gr.) gleichnamig, mit gleicher Bedeutung

Interessengruppen und ihre Ziele, vgl. HF 1, 12.3, S. 131

Absatzpolitik hat für Unternehmen in der heutigen Zeit eine zentrale Bedeutung, da sich viele Unternehmen mit ihren Leistungen auf hart umkämpften Käufermärkten befinden. Der **Käufermarkt** ist durch eine knappe Nachfrage gekennzeichnet, der ein großes Angebot gegenübersteht. Art, Qualität und Anzahl der Waren sind von den Bedürfnissen der Nachfrager abhängig. Der **Verkäufermarkt** ist durch ein knappes Angebot gekennzeichnet, dem eine sehr große Nachfrage gegenübersteht. Der Verkäufer bestimmt, in welcher Art, Menge und Qualität die Waren auf den Markt kommen.

ANFORDERUNGSSITUATION 4.1

1 Bedeutung von Absatzprozessen für das Unternehmen

1.2 Marketing-Ziele

Beispiel Nachdem die Fly Bike Werke in den letzten Jahren mit ihrem bestehenden Sortiment am Markt gute Erfolge erzielen konnten, sind die Aussichten für die kommenden Jahre noch unsicher. Kennen die Fly Bike Werke die Wünsche der Kunden? Welche Modelle werden in Zukunft nachgefragt? Die Geschäftsleitung beauftragt die Verantwortlichen im Bereich Absatz, genauere Daten zu recherchieren und für die Unternehmensführung einen Bericht zu erstellen. Ziel soll es sein, die vorhandenen Umsätze und Marktanteile auszubauen. Nach einer längeren Besprechung hat der Abteilungsleiter, Herr Gerland, einen Plan für die weitere Vorgehensweise entwickelt. Auf einer Flipchart-Wand befinden sich folgende Aufgaben:

Absatzmarktforschung: Welche Fahrradtypen werden auf dem deutschen Markt nachgefragt? Wie viele dieser Fahrräder werden in Deutschland, wie viele im Ausland gefertigt? Wie viele der deutschen Haushalte verfügen bereits über ein Fahrrad und wie hat sich dieser Fahrradbestand in den letzten Jahren entwickelt?

Produkt- und Sortimentspolitik: An welcher Stelle des Produktlebenszyklus befinden sich unsere einzelnen Artikel?

Kontrahierungspolitik: Wurden in der Vergangenheit alle Möglichkeiten der Preiskalkulation sowie der Konditionenpolitik ausgeschöpft?

Distributionspolitik: Welche weiteren Möglichkeiten des Vertriebs unserer Fahrräder über Absatzmittler gibt es noch?

Kommunikationspolitik: Welche Werbemittel und Werbeaussagen wollen wir einsetzen? Werden alle Möglichkeiten der Verkaufsförderung und des Direktmarketings ausgeschöpft?

Ziele, vgl. **HF1**, **12**, S. 129

Absatzmarktforschung, vgl. **2**, S. 249

Produkt- und Sortimentspolitik, vgl. **3**, S. 255

Kontrahierungspolitik, vgl. **4**, S. 260

Distributionspolitik, vgl. **5**, S. 264

Kommunikationspolitik, vgl. **6**, S. 271

Wollen Unternehmen sich markt- und kundenorientiert verhalten, kommt den **Marketing-Zielen** eine wichtige Steuerungs- und Koordinationsfunktion für die gesamte Marketing-Konzeption zu. Man unterscheidet zwischen strategischen und operativen Marketing-Zielen.

1.2.1 Strategische Marketing-Ziele (qualitative Ziele)

Unter strategischen Marketing-Zielen werden langfristige Zielvorgaben verstanden, die im Wesentlichen auf eine höhere **Marktdurchdringung** (Penetration) verbunden mit **Umsatzsteigerungen** abzielen. In dem Zusammenhang können folgende Zielvorgaben eine Rolle spielen:

Beispiele für strategische Marketing-Ziele:
- Stärkere Markentreue bei bestehenden Kunden
- Gewinnung von Neukunden/Erschließung neuer Zielgruppen
- Gewinnung von Neukunden von Mitbewerbern
- Erschließung zusätzlicher, räumlicher Absatzgebiete

Zur Erreichung strategischer Marketing-Ziele ist insbesondere die **Kundenzufriedenheit** ein Schlüsselfaktor. Die Zufriedenheit von Kunden bezieht sich im Wesentlichen auf folgende Leistungsanforderungen, die Kunden an ein Unternehmen stellen.

Kundenzufriedenheit als strategisches Marketing-Ziel	
Liefertreue	Die Auftragserfüllung findet zu dem Termin statt, der vom Auftragnehmer zugesagt und bestätigt wurde.
Lieferzeit	Die Zeitspanne zwischen dem Datum der Auftragserteilung und der Auftragserfüllung ist im Wettbewerbsvergleich konkurrenzfähig und entspricht den Kundenerwartungen.
Lieferfähigkeit	Der vom Kunden gewünschte Termin für die Bereitstellung einer Leistung kann vom Auftragnehmer gehalten werden.
Lieferqualität	Die vom Kunden gewünschte Qualität einer Leistung wird vom Auftraggeber fehlerfrei ausgeführt.
Flexibilität	Änderungen von Kundenwünschen in Bezug auf Leistungsmengen, -ausstattungen, -termine usw. können vom Auftraggeber berücksichtigt werden.
Informationsbereitschaft	In allen Phasen der Auftragsabwicklung ist der Auftragnehmer in der Lage, dem Kunden Auskunft über seinen Auftrag zu geben.

1.2.2 Operative Marketing-Ziele (quantitative Ziele)

Operative Marketing-Ziele sind kurzfristige Zielvorgaben, die sich aus den strategischen Zielen ableiten, aber konkret formuliert und messbar sind.

> **Beispiel** Wir wollen unseren Marktanteil im Bereich Kinderräder im kommenden Jahr um 5 % steigern. Wir wollen die Produktqualität von Mountainbikes steigern, damit der Reklamationsstand verringert wird und die Kundenzufriedenheit steigt.

Operative Marketing-Ziele sollten so formuliert sein, dass Handlungsmöglichkeiten für die Unternehmensleitung daraus abgeleitet werden können.

Umsatzerlöse
– variable Kosten
= Deckungsbeitrag,
vgl. **HF 3**, **6.2.2**, S. 242

> **Beispiel** Wie können wir den Absatz im Bereich Kinderräder erhöhen? Wie gelingt es uns, die Marktanteile in diesem Segment auszuweiten? Wie können wir bei den Trekkingrädern den Umsatz des Vorjahres wieder erreichen? Wie erreichen wir einen Deckungsbeitrag bei Produktgruppe X? Wie bekannt sind wir auf dem Käufermarkt? Wie können wir eine Steigerung unseres Bekanntheitsgrades erreichen?

Übersicht: Marketing-Ziele

Strategische Ziele	Langfristige Ziele, z. B. – höhere Marktdurchdringung (Penetration) – Umsatzsteigerung – höhere Kundenzufriedenheit
Operative Ziele	Kurzfristige Ziele, abgeleitet aus strategischen Zielen: konkret formulierte und messbare Ziele, z. B. – Erhöhung des Marktanteils im Bereich X um 10 % im Jahr 1. – Reduktion der Kundenreklamationen um 20 %.

2 Marktforschung

LS 40
Marketing und Marktforschung

Beispiel Auf der Suche nach neuen erfolgversprechenden Produkten führt die Fly Bike Werke GmbH regelmäßig Händlerbefragungen durch. Auf der Fahrradmesse Bike & Style befragen Mitarbeiter der Marketing-Abteilung interessierte Kunden nach Wünschen und Vorstellungen hinsichtlich neuer Fahrräder. Diese Befragungen erfolgen sowohl auf Basis gezielt entwickelter Fragebögen als auch im Rahmen spontaner Gespräche. Im Internet recherchieren Verkaufsmitarbeiter regelmäßig und sammeln Informationen über neue Fahrradentwicklungen. Die Homepages der Konkurrenz werden gezielt ausgewertet. Zusätzlich ruft die Fly Bike Werke GmbH bei Bedarf Informationen zum Fahrradmarkt beim Marktforschungsinstitut Gesellschaft für Konsumforschung (GfK) in Nürnberg gegen Gebühr ab.

Wichtige Marktgrößen

Unternehmen müssen permanent über Veränderungen auf den Absatz- und Beschaffungsmärkten informiert sein, wenn sie den Markt und seine Entwicklungen richtig einschätzen wollen. So ist es kaum vorstellbar, dass ein Unternehmen seine Preise drastisch anhebt, wenn die verfügbaren Informationen über den Absatzmarkt klar erkennen lassen, dass die Käufer bereits bei einem geringen Preisanstieg diesen Artikel nicht mehr nachfragen. Ebenso benötigt man z. B. für die Frage, ob ein Artikel überhaupt entwickelt und hergestellt werden soll, Informationen über dessen voraussichtliches Marktpotenzial. In diesem Zusammenhang ist es sinnvoll, einige **Grundbegriffe der Marktforschung** zu kennen.

Begriff	Fragestellung	Beispiel
Marktpotenzial	Wie viele Einheiten einer Ware könnten auf dem Markt maximal abgesetzt werden, wenn alle denkbaren Kunden zum Kauf der Ware bereit wären?	Anzahl aller möglichen Fahrradkäufer einschließlich derjenigen, die ein Zweitfahrrad erwerben.
Marktvolumen	Wie viele Güter einer bestimmten Art werden innerhalb einer Periode in einem Markt tatsächlich verkauft?	Gesamtabsatz von Mountainbikes in der Bundesrepublik Deutschland 20XX: ca. 750.000 Stück
Absatzpotenzial	Welchen Anteil an einem Marktpotenzial glaubt ein Unternehmen insgesamt erreichen zu können?	Die Fly Bike Werke GmbH könnte nach Berechnungen des Abteilungsleiters Vertrieb im Jahr 20XX 150.000 Mountainbikes verkaufen.
Marktanteil	Wie groß ist der prozentuale Anteil am Marktvolumen, den ein Unternehmen in einer Periode hat?	Der Marktanteil der Fly Bike Werke GmbH bei Mountainbikes beträgt 20 %. Berechnung: (Absatzvolumen · 100)/Marktvolumen

Marktforschung ist also die planmäßige und gezielte Beschaffung, Aufbereitung und Analyse von Informationen über relevante Absatz- und Beschaffungsmärkte. Im Gegensatz dazu handelt es sich bei der **Markterkundung** um eine spontane, eher unsystematische und unregelmäßige Ermittlung von Informationen.

Relativer Marktanteil, vgl. **7.1**, S. 280 (Portfolio-Analyse)

Beispiele
Marktforschung: statistisch aufbereitete Umfrageergebnisse eines Marktforschungsinstituts, gezielte Internet- oder Literaturrecherche.
Markterkundung: spontane Gespräche zwischen Geschäftspartnern oder auf Messen, gelegentliche Kundenbefragungen durch Außendienstmitarbeiter.

2.1 Bereiche der Marktforschung

Beispiel Informationen über die Absatz- und Beschaffungsmärkte sind von existenzieller Bedeutung für Unternehmen. Die Wünsche der Kunden unterliegen oftmals Schwankungen, auf die die Produkt- und Sortimentsplanung reagieren muss. Auch Veränderungen auf den Beschaffungsmärkten, z. B. für hochwertiges Zubehör, müssen mit Blick auf die immer härter werdende Konkurrenz aufmerksam verfolgt werden. Welche Informationen sind aber genau erforderlich und wie kann man sie beschaffen?

Bei einer **ökoskopischen Marktforschung** geht es um sachbezogene Marktforschung. Im Mittelpunkt stehen objektive Informationen, wie z. B. Preise oder Umsatzzahlen. Bei der **demoskopischen Marktforschung** dagegen geht es um die Marktteilnehmer und deren subjektive Einstellungen und Verhaltensmuster. Es interessieren hier aber auch weitere personenbezogene Merkmale der Zielgruppe, wie z. B. Einkommen, Alter, Beruf usw.

Ziel der demoskopischen Marktforschung ist es, die Kunden genauer unter die Lupe zu nehmen.

Neben den genannten Kriterien lässt sich die Marktforschung auch anhand der folgenden Fragestellungen unterscheiden:

- Über welche Bereiche des Marktes sollen Informationen beschafft werden?
- Über welchen Zeitraum soll sich die Informationsbeschaffung erstrecken?
- Auf wen oder worauf soll sich die Untersuchung erstrecken?
- Durch wen erfolgt die Informationsbeschaffung?

2.1.1 Bedarfs-, Konkurrenz- und Absatzforschung

Untersucht man gezielt den Nachfrager mit seinen Wünschen, spricht man von **Bedarfsforschung**. Stehen die Konkurrenten mit ihren Vorgehensweisen im Vordergrund, handelt es sich um **Konkurrenzforschung**. Will man die Wirkung der eigenen absatzpolitischen Instrumente auf dem Markt untersuchen, so ist man im Bereich der **Absatzforschung** tätig.

Bereiche der Marktforschung

Bedarfsforschung	Konkurrenzforschung	Absatzforschung
Anzahl der möglichen Kunden	Anzahl und Größe der Konkurrenten	Bekanntheitsgrad der eigenen Artikel und Marken
Kaufkraft der bisherigen und der potenziellen Kunden	Marktanteil der Konkurrenten	Verbreitungsgrad des eigenen Sortiments
Konsumverhalten	Verhalten der Konkurrenten (Werbung, Absatzmethoden, Preis- und Produktpolitik)	Vollständigkeit des Sortiments hinsichtlich Sortimentsbreite und -tiefe
Intensität des Bedarfs		

Bekanntheitsgrad
Prozentualer Anteil potenzieller Kunden, die einen bestimmten Artikel oder eine Marke ohne (aktiv) oder mit (passiv) Hilfestellung kennen

Sortimentsbreite und -tiefe, vgl. **3.2.1**, S. 258

2.1.2 Marktbeobachtung und Marktanalyse

Bei der Informationsbeschaffung kann es sinnvoll sein, zwischen einer kurzfristigen und einer langfristigen Datenerhebung zu unterscheiden. Wird Marktforschung mit dem Ziel betrieben, über Entwicklungen und Veränderungen auf den Märkten ständig unterrichtet zu sein (Datenerhebung über einen längeren Zeitraum), spricht man von **Marktbeobachtung**.

> **Beispiel** Der Bund deutscher Radfahrer (BDR) beauftragt ein Marktforschungsinstitut, Entwicklungen in der Nachfrage nach Rennrädern zu ermitteln.

Sollen Marktdaten dagegen zu einem bestimmten Stichtag erhoben werden (einmalige Datenerhebung), handelt es sich um eine **Marktanalyse**. In der Praxis gehen Marktanalyse und Marktbeobachtung meist ineinander über, da ein Unternehmen für seine Entscheidungen sowohl an langfristigen Entwicklungen als auch an aktuellen Informationen interessiert ist. Zudem lassen sich meist nur durch eine Kombination der beiden Forschungsmethoden zuverlässige **Marktprognosen** erstellen, die in die Marketing-Planung eingehen.

Marktbeobachtung	Marktanalyse	Marktprognose
beobachtet die Entwicklung eines Marktes im Zeitablauf	ermittelt die Marktstruktur zu einem bestimmten Stichtag	versucht auf der Basis von Marktbeobachtungen und Marktanalysen die zukünftige Marktsituation zu ermitteln

2.1.3 Marktsegmentierung und Zielgruppe

> **Beispiel** Händlerumfragen ergaben, dass die meisten Endkunden der Fly Bike Werke zwischen 24 Jahre und 35 Jahre alt sind. Aufgrund von verstärkten Anfragen auf der letzten Messe und GfK-Marktforschungsergebnissen wird nun überlegt, ob nicht auch spezielle Fahrräder für Senioren mit verstärkter Sicherheits- und Komfortausstattung sowie Sattelpolsterung entwickelt werden sollten.

Gfk = Gesellschaft für Konsumforschung

Unternehmen können die vielen Wünsche aller Kunden niemals erfüllen. Deshalb teilen fast alle Unternehmen den **heterogenen** unübersichtlichen Gesamtmarkt in einzelne **homogene** Käufergruppen ein. Jede Käufergruppe hat dabei typische Eigenarten. Die Einteilung des Gesamtmarktes in Teilmärkte bezeichnet man als **Marktsegmentierung**. Die Marktsegmentierung dient der Abgrenzung und gezielten Beschreibung einzelner **Zielgruppen**, um Angebote entsprechend gestalten zu können.

Um den Gesamtmarkt in Teilmärkte aufspalten zu können, nutzt man verschiedene Zielgruppenmerkmale:

- **geografische**: z. B. Region, Nationalität, Ballungsraum, Dorf
- **demografische**: z. B. Alter, Geschlecht, Einkommen, Beruf, Bildung
- **psychografische**: z. B. Lebensgewohnheiten, Konsumverhalten, Mentalität, Einstellung zu politischen Themen und zum Umweltschutz
- **sozioökonomische**: z. B. Beruf, Ausbildung, Haushaltseinkommen
- **verhaltensbezogene**: z. B. Markentreue, Einkaufsstätten

Zielgruppen

heterogen
(gr.) ungleich, uneinheitlich

homogen
(gr.) gleich, einheitlich

Segment
(lat.) Teil, Bereich

Zielgruppenmerkmale

HF 4 Absatz

2.2 Methoden und Träger der Marktforschung

Bei allen Marktforschungsaktivitäten stellt sich die Frage, auf welche Weise die Marktdaten beschafft werden können. Man unterscheidet zwischen **Primärforschung** und **Sekundärforschung**.

	Sekundärforschung	Primärforschung
Daten	sind bereits vorhanden	werden neu erhoben
Quellen (Beispiele)	Vertreterberichte, (Umsatz-)Statistiken, Veröffentlichungen	Befragungen (auf der Straße, am Telefon)
Vorteile	schnell verfügbar, kostengünstig	genau, aktuell, passend
Nachteile	weniger aktuell und aussagekräftig	arbeits- und kostenintensiv

Marktforschungsinstitute:
www.gfk.de
www.forsa.de
www.emnid.de
www.tns-infratest.com

Die Primärforschung ist gezielt, aber auch sehr arbeits- und kostenintensiv. Daher führen Unternehmen sie häufig nicht selber durch, sondern beauftragen **Marktforschungsinstitute**. Verschiedene Erhebungsmethoden haben sich hier bewährt.

Erhebungsmethoden der Primärforschung

	Panel	Befragung	Testmarkt
Einordnung	Marktbeobachtung	Marktanalyse	Marktanalyse
Beschreibung	Ein gleich bleibender Personenkreis wird über einen längeren Zeitraum immer wieder befragt.	Personen werden mittels Fragebogen interviewt (per Internet, per Telefon, auf der Straße).	Artikel werden vor Markteinführung auf einem repräsentativen Teilmarkt getestet.
Gegenstand	Veränderungen von Einstellungen und Verhalten der Personen im Zeitverlauf	Einstellungen und Verhalten von befragten Personen zum aktuellen Zeitpunkt	Probleme vor der eigentlichen Markteinführung

Übersicht: Methoden der Marktforschung

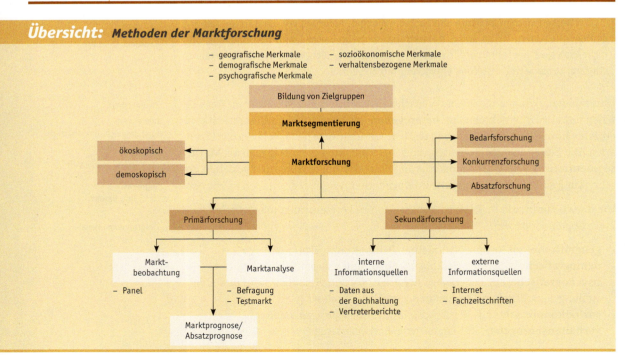

ANFORDERUNGSSITUATION 4.1   252

2.3 Grundzüge einer Befragung mittels Fragebogen

Unabhängig davon, ob eine Befragung mündlich, schriftlich, telefonisch oder per Internet erfolgt, wird immer ein einheitlicher Fragebogen verwendet. Die Art der Fragen ist entscheidend für den Erfolg. Fragebögen müssen verständlich, eindeutig und genau formuliert sein. Sie sollten auf **Suggestivfragen** verzichten. Damit möglichst viele Personen schnell bereit sind, an der Befragung teilzunehmen, sollte die Befragung nicht zu lang und motivierend gestaltet sein. Zusätzlich werden oft weitere Anreize zur Teilnahme, wie kleine Geschenke oder Verlosungen, gegeben.

Suggestivfrage
Frage, die so gestellt ist, dass eine bestimmte Antwort nahe liegt

Fragebögen sind in der Regel nach folgender Reihenfolge aufgebaut:

Frageart	Beschreibung	Beispiel
Kontakt oder Eisbrecherfrage	Fragen, um dem Befragten den Einstieg in die Befragung zu erleichtern	Haben Sie schon einmal an einer Befragung teilgenommen?
Sachfragen	Diese Fragen liefern die für das Ziel der Befragung wichtigen Daten. Dabei sollen Fragen zu einem Themengebiet nacheinander folgen, um Gedankensprünge der Teilnehmer zu vermeiden.	Was essen Sie in der großen Pause? ☐ Brot ☐ Süßigkeiten ☐ Obst ☐ gar nichts
Kontroll- und Plausibilitätsfragen	Diese Fragen dienen zur Überprüfung der gegebenen Antworten, um fehlerhafte Fragebögen auszusortieren. Die Fragen sollen Widersprüche aufdecken, indem abgefragte Themen mit anderer Fragestellung wieder auftauchen.	Ich finde die Pause zu kurz (ja/nein) Ich finde die Pause zu lang (ja/nein)
Fragen zur Person	Sie dienen der Erhebung von personenbezogenen Daten des Befragten. Die Fragen stehen am Ende, weil die Befragten dann bereits aufgewärmt und auskunftsfreudiger sind.	Wie lautet Ihr Geburtsdatum?

In Bezug auf die gegebenen Antwortmöglichkeiten auf die Fragen unterscheiden sich offene und geschlossene Fragen. Werden keine möglichen Antworten vorgegeben, handelt es sich um offene Fragen. Fragen mit vorgegebenen Antwortmöglichkeiten bezeichnet man als geschlossene Fragen.

Geschlossene Fragen

Auswahlfragen		Beispiele
Alternativfragen	Die vorgegebenen Antworten schließen sich gegenseitig aus; es besteht nur eine Auswahlmöglichkeit.	Wie viel Geld geben Sie am Tag im Kiosk aus? ☐ nichts ☐ 1–2 € ☐ 2–4 € ☐ mehr als 4 €
Selektivfragen	Aus den vorgegebenen Antworten können mehrere zutreffende gewählt werden.	Was essen Sie in der großen Pause? ☐ Brot ☐ Süßigkeiten ☐ Obst ☐ gar nichts
Skalenfragen		**Beispiel**
Erfragen die subjektive Rangfolge der Befragten; es besteht nur eine Auswahlmöglichkeit.		Wie schätzen Sie die Qualität unserer Snackangebote auf einer Skala von 1–6 ein?

2.4 Durchführung und Auswertung von Befragungen

Die **Durchführung** einer Befragung erscheint auf den ersten Blick sehr einfach, ist es aber nicht. Tatsächlich sind Befragungen besonders anfällig für Fehler:

- Der Interviewer formuliert Fragen unbewusst um.
- Der Befragte versucht sich gegenüber dem Interviewer positiv darzustellen und verfälscht das Ergebnis.
- Der Interviewer versucht unbewusst, die Antworten des Befragten zu beeinflussen.
- Der Befragte kreuzt immer die Antwortmöglichkeiten in der Mitte an.

Interviewer = derjenige, der das Gespräch führt

www.grafstat.de

> **Beispiel** Es ist nicht mehr unbedingt notwendig, bei Wind und Wetter in der Fußgängerzone wildfremde Menschen anzusprechen, um einen Fragebogen ausgefüllt zu bekommen. Viele Webseiten haben sich auf die Erstellung, Durchführung und Auswertung von Online-Fragebögen spezialisiert. Diese können z. B. über E-Mail-Verteiler oder soziale Netzwerke verbreitet werden.

Ziel einer Befragung ist die **Auswertung** von Daten. Aus den erhobenen Daten sollen Erkenntnisse gewonnen und Schlussfolgerungen gezogen werden. Ergebnisse einer Befragung lassen sich zum Beispiel übersichtlich in Form von grafischen Darstellungen aufbereiten und auswerten.

Für genaue Auswertungen von Fragebögen stehen umfangreiche mathematische und statistische Methoden zur Verfügung.

> **Beispiel** Die Fly Bike Werke haben über ein Marktforschungsinstitut 1.200 Menschen in Köln befragt, welche Fahrrad-Modelle sie in den nächsten zwei Jahren anschaffen würden. Das Marktforschungsinstitut hat für die Marketingleitung der Fly Bike Werke die Ergebnisse grafisch bereits aufbereitet.
>
>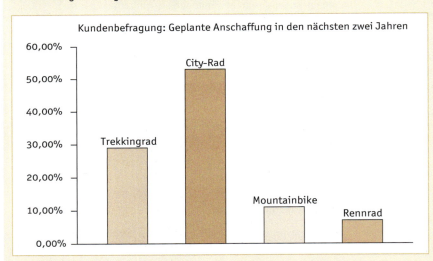
>
> Bei einer Befragung von 1.200 Menschen in Köln geben 53 % (oder 636 Personen) an, dass sie sich in den nächsten beiden Jahren ein „City-Rad" anschaffen möchten. Nur 7 % (oder 84 Personen) sind am Kauf eines Rennrads interessiert. Sofern die Befragung in anderen Städten oder Regionen Deutschlands vergleichbare Ergebnisse liefert, liegt die Schlussfolgerung nahe, dass ein „City-Rad" in der Produktentwicklung Vorrang gegenüber anderen Produkten hat.

3 Produkt- und Sortimentspolitik

Ein zentrales Instrument erfolgreicher Absatzpolitik ist die Produkt- und Sortimentspolitik. Mit diesem absatzpolitischen Instrument werden die am Markt angebotenen Leistungen geplant. Dabei geht es sowohl um jedes einzelne Produkt, als auch um das optimale Zusammenspiel aller angebotenen Einzelleistungen.

> LS 41
> Produkt- und Sortimentspolitik

3.1 Produktpolitik

Jede vom Unternehmen angebotene Leistung soll einen möglichst hohen Beitrag zum Unternehmenserfolg erzielen. Im Rahmen der Produktpolitik versucht man, neue Produkte zu entwickeln und vorhandene Leistungen hinsichtlich eines hohen Erfolgsbeitrages zu optimieren.

3.1.1 Produktnutzen

> **Beispiel** Händlerbefragungen und Kundeninterviews zeigen eindeutig, dass viele Kunden auf das Design der Fly-Bike-Fahrräder großen Wert legen. Ebenfalls sehr wichtig sind den Käufern Komfortausstattung wie Sattelpolsterung und Rahmenfederung. Auf gezielte Nachfrage zeigt sich, dass alle Kunden die Haltbarkeit und Verkehrssicherheit für völlig selbstverständlich und kaum nennenswert halten.

Grundnutzen Fahrrad	Zusatznutzen Fahrrad
Objektiv definierbar – Technisches Hilfsmittel zur Erleichterung und Beschleunigung der individuellen Fortbewegung von A nach B	Subjektiv unterschiedlich relevant – Prestige – Markenbewusstsein/Status – Komfortausstattung – Atmosphäre/Freiheitsgefühl

Kunden erwarten von einem Produkt einen bestimmten Nutzen. Sie wollen mit dem Produkt Bedürfnisse befriedigen. Der von einem Produkt erwartete Nutzen kann in Grund- und Zusatznutzen gegliedert werden:

- Der **Grundnutzen** bezieht sich auf Produkteigenschaften, die objektiv messbar sind (z. B. Geschwindigkeitsmessungen, Benzinverbrauch). Kunden beurteilen diesen Grundnutzen gleich und erwarten diese Grundnutzen wie selbstverständlich von einem Produkt. Der Grundnutzen eines Produktes liegt im Produkt selbst begründet.
- Der **Zusatznutzen** bezieht sich auf Produkteigenschaften, die nicht objektiv messbar und damit subjektiv von Kunden sehr unterschiedlich wahrgenommen werden (z. B. Design, Komfort, Produktimage). Zusatznutzen von Produkten liegen in den persönlichen Einstellungen des Kunden begründet. Sie entstehen damit im Kopf des Kunden.

Grundnutzen

Zusatznutzen

Die Grenzen zwischen Grund- und Zusatznutzen können fließend sein. Speziell durch das Schaffen von Zusatznutzen lassen sich tendenziell höhere Preise am Markt erzielen (z. B. Markenimage bei Turnschuhen). Unternehmen werden also versuchen, ihre Produkte mit von Kunden gewünschtem Zusatznutzen auszustatten.

Rolle des Zusatznutzens in der Werbung; *Consumer Benefit*, vgl. **8.2**, S. 290

3.1.2 Produktpolitische Maßnahmen

Beispiel Zwei Fahrradmodelle der Fly Bike Werke GmbH erfordern nach Prüfung des Produktlebenszyklus dringend produktpolitische Maßnahmen.

Jahr Modell	20X1	20X2	20X3	20X4
Mountainbike *Dispo*	20.500	17.300	10.200	5.600
Trekkingrad *Light*	14.100	20.800	21.000	20.900

Die Entwicklung eines neuen, sportlicheren Mountainbikes läuft bereits auf Hochtouren. Für das Trekkingrad sollen drei Modellvarianten mit kräftiger Farbgestaltung und Satteltaschen angeboten werden. Die Geschäftsleitung möchte damit den etwas stockenden Absatz ankurbeln.

Produktlebenszyklus, vgl. HF 3, 2.2, S. 201

Je nachdem, in welcher Lebenszyklusphase sich das Produkt befindet, setzen Unternehmen unterschiedliche produktpolitische Maßnahmen ein, um Produkte möglichst lange erfolgreich am Markt zu halten. Sind alle Möglichkeiten ausgeschöpft, wird ein Verlust bringendes Produkt eliminiert. Mögliche produktpolitische Maßnahmen sind:

Produktinnovation

Differenzierung und Diversifikation, vgl. 3.2.2, S. 259

Bei der Produktinnovation wird ein völlig neues Produkt eingeführt. Möglicherweise löst dieses neue Produkt ein altes, am Ende der Rückgangsphase befindliches Produkt ab. Produktinnovationen können als **Differenzierung** oder als **Diversifikation** des bestehenden Sortiments realisiert werden. Insbesondere die Diversifikation dient der Risikostreuung. Dabei ist auf eine sinnvolle Ergänzung zur bisherigen Unternehmensstrategie zu achten.

Differenzierung	Diversifikation		
	horizontal	vertikal	diagonal/lateral
Das neue Produkt stammt aus dem gleichen Bereich wie vorhandene Angebote. Damit bedeutet die Differenzierung eine Ergänzung (z. B. Fahrradhersteller bringt neues Mountainbike auf den Markt).	Das neue Produkt entstammt der gleichen Wirtschaftsstufe und Branche, hebt sich jedoch deutlich vom bisherigen Angebot ab (z. B. Fahrradhersteller bietet neuerdings auch Roller an).	Das neue Produkt repräsentiert eine vor- oder nachgelagerte Wirtschaftsstufe (z. B. Fahrradhersteller betreibt einen Fahrradgroßhandel).	Das neue Produkt hat keinen Zusammenhang zu den bisherigen Leistungen (z. B. Fahrradhersteller wird auf dem Lebensmittelmarkt aktiv und bietet Tiefkühlgerichte an).

Produktvariation

Produktvariation

Ein vorhandenes Produkt wird z. B. in Form, Farbe, Größe, Geschmack oder Verpackung leicht geändert. Nach Änderungen lässt sich das Produkt auch wiedererkennen (z. B. „jetzt noch besser im Geschmack", „neue Rezeptur").

Produktelimination

Ein wenig erfolgreiches Produkt wird nicht mehr angeboten. Diese Maßnahme verursacht eine Lücke im vorhandenen Angebot und kommt erst dann in Betracht, wenn neue Produkte entwickelt und marktreif sind. Insofern stehen Produktinnovation und -elimination in enger Beziehung zueinander.

Produktpolitische Maßnahmen werden immer in Abstimmung mit dem **Produktlebenszyklus** eines Produktes phasengerecht eingesetzt.

Produktlebenszyklus, vgl. **HF 3**, **2.2**, S. 201

Produktpolitische Maßnahmen im Produktlebenszyklus

Entwicklung	Einführung	Wachstum	Reife	Sättigung	Verfall
–	Innovation	Differenzierung	Variation, Diversifikation	Variation, Relaunch	Variation, Elimination

Diese Angaben sind allerdings nur grobe Anhaltspunkte.

Relaunch (engl.) Neustart Sonderfall der Produktvariation, bei dem ein Produkt nach umfassender Umgestaltung neu eingeführt wird.

Produktpolitische Maßnahmen bei einem Produkt müssen immer die Auswirkungen auf das **gesamte Sortiment** eines Unternehmens berücksichtigen. Es wäre z. B. nicht sinnvoll, einen Kaffee-Pad-Automaten, der keinen Gewinn mehr erwirtschaftet, zu eliminieren, wenn mit den passenden Kaffee-Pads ein großer Gewinn erzielt wird. Nimmt man ein Produkt vom Markt, bevor ein neues Produkt angeboten werden kann, läuft man Gefahr, Kunden an die Konkurrenten zu verlieren. Produktinnovation und -elimination stehen insofern in enger Beziehung zueinander.

Produktlebenszyklen in Mehrproduktunternehmen

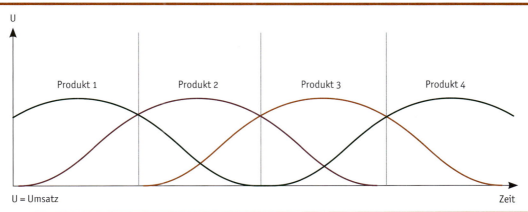

Beispiel Bei dieser Abfolge von Produktinnovation und -elimination decken die Gewinne des gut eingeführten Produktes die Kosten für die Entwicklung und Einführung des neuen Produktes ab. Ein Unternehmen muss also immer darauf achten, Produkte in jeweils verschiedenen Lebenszyklen zu haben.

Mehrproduktunternehmen sollten darauf achten, immer Produkte in verschiedenen Phasen ihres Produktlebenszyklus im Angebot zu haben. Die Portfolio-Analyse ist eine gute Methode, um für mehrere Produkte eines Unternehmens grafisch zu veranschaulichen, welche aktuelle Marktposition die einzelnen Produkte haben.

Portfolio-Analyse, vgl. **7.1**, S. 280

3.2 Sortimentspolitik

Alle Überlegungen der Produkt- und Sortimentspolitik zielen darauf ab, ein optimales Leistungsprogramm (was?, wieviel?, wann?) festzulegen. Die Begriffe „Produkte" und „Produktgruppen" verwendet man vorwiegend in Industrieunternehmen, während sich die Begriffe „Artikel", „Ware" und „Warengruppen" eher auf den Handel beziehen. Die Summe aller von einem Unternehmen angebotenen Leistungen heißt generell **Sortiment**. Bei Industrieunternehmen kann dies auch eine Mischung aus produzierten Erzeugnissen, Handelswaren und Dienstleistungen sein.

3.2.1 Sortimentsbreite und Sortimentstiefe

Das Sortiment kann gerade bei mittelständischen und großen Unternehmen leicht unüberschaubar werden. Deshalb ist es vorteilhaft, das Sortiment zu gliedern.

Sorte
kleinste Sortimentseinheit, unterscheidet sich z. B. hinsichtlich Farbe, Größe oder Verpackungseinheit

- Die **Produktions- oder Sortimentsbreite** gibt an, wie viele verschiedene Produktgruppen (bzw. Warengruppen im Handel) ein Unternehmen anbietet. Besteht das Sortiment aus vielen Produktgruppen, wird es als **breites Sortiment** bezeichnet.
- Die **Produktions- oder Sortimentstiefe** informiert über die unterschiedliche Anzahl an Varianten einer Produktgruppe (bzw. Artikel oder Sorten im Handel). Hierbei kann zwischen einem flachen und einem tiefen Sortiment unterschieden werden. Bei einer geringen Auswahl spricht man von einem **flachen Sortiment**.

Beispiel Die Fly Bike Werke GmbH bietet folgendes Sortiment (Ausschnitt):

Produktions- oder Sortimentsbreite: Anzahl der verschiedenen Produktgruppen

Produktions- oder Sortimentstiefe: Anzahl der Varianten in einer Produktgruppe

	Mountainbike	Trekkingrad	City-Rad
	– Herrenmodell	– Herrenmodell	– Damenmodell
	– Damenmodell	– Damenmodell	
		– Kindermodell	
		– Seniorenmodell	

Beim Trekkingrad ist die Sortimentstiefe am größten.

3.2.2 Sortimentspolitische Strategien

Durch die Verbreiterung oder Vertiefung des Sortiments können Unternehmen für Kunden attraktiver werden und sich Wettbewerbsvorteile gegenüber der Konkurrenz erarbeiten. Mögliche Strategien sind:

- **Universalstrategie:** Das Unternehmen hat ein breites Sortiment. Es spricht damit viele Kunden an. Individuelle Wünsche in Bezug auf spezielle Produktvarianten können jedoch nicht befriedigt werden. Die Universalstrategie verfolgt das Prinzip „Von allem etwas". Diese Strategie wird z. B. von großen Supermarktketten verfolgt, die ihren Kunden ein breites Sortiment täglich benötigter Lebensmittel anbieten.

- **Spezialisierungsstrategie**: Ein Unternehmen konzentriert sich auf einen bestimmten eingegrenzten Markt. Auf diesem Markt werden praktisch alle denkbaren Produktvarianten angeboten. Die Spezialisierungsstrategie verfolgt das Prinzip: „Weniger Angebot, dafür aber richtig intensiv". Diese Strategie wird von Fachgeschäften verfolgt, die den Kunden nur spezielle Angebote bieten, diese dann aber sehr differenziert (z. B. Süßwarengeschäft, Sportfachgeschäft).
- **Differenzierungsstrategie**: Das Sortiment wird verbreitert um Produkte, die der bisher schon bearbeiteten Branche entstammen. Bei dieser Strategie besteht die Gefahr einer Zersplitterung des Sortiments. Ebenfalls kann es zu „Sortimentskannibalismus" kommen, d. h., neue Produkte machen vorhandenen, bisher gut laufenden Angeboten unternehmensintern Konkurrenz.
- **Diversifikationsstrategie**: Ein Sortiment wird durch völlig neue Produkte aus ganz anderen Branchen deutlich verändert (Kaffeehersteller bietet auch Bekleidung an). Diese Strategie zielt auf eine Risikostreuung. Die Strategie ist nur sinnvoll, wenn die unterschiedlichen Branchen sich ergänzen. Insbesondere große Konzerne laufen Gefahr, sich stark zu zergliedern.

Differenzierungs- und Diversitfikationsstrategie, vgl. auch 3.1.2, S. 256

Bei zunehmendem Wettbewerb konzentrieren sich auch große Konzerne wieder mehr auf ihr **Kernsortiment** und rücken verstärkt von umfangreichen Differenzierungs- und Diversifikationsplänen ab. Hohe Kosten (Lager-, Produktions- und Vertriebskosten) und der eher bescheidene Erfolg dieser Zergliederung sind Gründe dafür. In der Regel ist es unmöglich, mit einem Produkt oder Sortiment alle Teilnehmer eines Marktes gleichzeitig anzusprechen. Daher ist es bei der Gestaltung des Sortiments sinnvoll, sich permanent Gedanken darüber zu machen, welche **Teilbereiche** eines Marktes bearbeitet werden sollen.

Alle Bedürfnisse aller Marktteilnehmer befriedigen? – Der Mythos „Eier legende Wollmilchsau"

Beispiel Ein Autohersteller kann unmöglich ein Auto entwickeln, das es allen Kunden recht macht, z. B. Jungen und Alten, Familien mit großem Platzbedarf und Singles mit dem Anspruch, einen „coolen" Wagen zu fahren, umweltbewussten Benzinsparern und sportlichen Hochgeschwindigkeitsfahrern. Ein Hersteller kann selbst mit mehreren unterschiedlichen Autotypen innerhalb einer Marke nicht alle Zielgruppen ansprechen.

Zielgruppen und Marktsegmentierung, vgl. 2.1.3, S. 251

Übersicht: Produkt- und Sortimentspolitik

Von der Produktidee zur Markteinführung	– Ideensammlung – Ideenauswahl – Entwicklung	– Pretest, Nullserie – Markteinführung
Produktstrategien	– Produktinnovation (Produktdifferenzierung/-diversifikation) – Produktvariation (Sonderform: Relaunch) – Produktelimination	
Sortiment	Breite	Anzahl der Produktgruppen
	Tiefe	Anzahl der Sorten je Produktgruppe
	Umfang	Breite · Tiefe
Sortimentsstrategien	– Universalstrategie – Spezialisierungsstrategie	– Differenzierungsstrategie – Diversifikationsstrategie

Absatz

LS ▶ **LS 42**
Preisstrategien

4 Kontrahierungspolitik

Viele Produkte des täglichen Lebens weisen heute häufig eine standardisierte Produktqualität auf. Gleiche Bezugsquellen und vereinheitlichte Produktionsverfahren führen zu gleichen Qualitätsstandards bei fast allen Herstellern einer Branche. Wenn sich Produkte immer weniger durch ihre Qualität unterscheiden, rücken der **Preis** und weitere **Konditionen** als Kriterien in den Mittelpunkt des Kundeninteresses. Dies ist Gegenstand der **Kontrahierung**spolitik.

kontrahieren
(lat.) einen Vertrag abschließen

4.1 Preisgestaltung

Käufermarkt,
vgl. **1.1**, S. 246

Insbesondere auf Käufermärkten kommt der Preisgestaltung eine zentrale Rolle zu. Der Preis entscheidet erheblich darüber, wie gut sich die betrieblichen Leistungen beim Kunden verkaufen lassen bzw. ob ein potenzieller Kunde überhaupt auf ein Angebot eines Unternehmens reagiert. Unternehmen können im Rahmen der Preisgestaltung verschiedene Wege zur Ermittlung der Verkaufspreise wählen. Je nach Situation ist eine der nachfolgend erläuterten Preisgestaltungsmethoden sinnvoll.

Kostenorientierte Preisgestaltung

Zuschlagskalkulation,
vgl. **HF7**, Band 2

Die kostenorientierte Preisbildung geht von Unternehmen aus und basiert auf den anfallenden Kosten. Die kostenorientierte Preisbildung ist mit erheblichen Problemen verbunden. Der auf Kostenbasis kalkulierte Preis lässt sich i. d. R. auf Käufermärkten mit starker Konkurrenz nicht durchsetzen. Die kostenorientierte Preisbildung ist jedoch nicht überflüssig. Sie ermittelt unabhängig vom Markt, welchen Preis das Unternehmen für eine Ware dauerhaft erzielen **müsste**.

Nachfrageorientierte Preisgestaltung

Preiselastizität der Nachfrage,
vgl. **7.2**, S. 282

Markt und Preis,
vgl. Band VWL

Auf Käufermärkten spielen sich die Preise am Markt ein. Das Unternehmen und die Kunden „handeln" ihre Preisvorstellungen im Zeitablauf mehr oder weniger bewusst aus. Durch Marktforschung wird ermittelt, welchen Preis die meisten Kunden bereit sind, für eine Ware zu zahlen.

Konkurrenzorientierte Preisgestaltung

Selbstkosten und
Dumpingpreise,
vgl. **HF7**, Band 2

Zum Markt eines Unternehmens gehören nicht nur die Kunden, sondern auch die Mitbewerber. Das Prinzip der konkurrenzorientierten Preisbildung entspricht der nachfrageorientierten Preisgestaltung. Einziger Unterschied ist die Bezugsgruppe: Statt der Kunden ist hier die Konkurrenz Orientierungspunkt für den vom Markt vorgegebenen Preis.

4.2 Preisdifferenzierung

Wird die gleiche Leistung zu unterschiedlichen Preisen angeboten, so handelt es sich um eine Preisdifferenzierung. Eine Preisdifferenzierung ist nur dann erfolgreich, wenn die **Teilmärkte** mit den unterschiedlichen Preisen voneinander isoliert werden können. Nur so wird verhindert, dass Hochpreiskäufer nicht auf Niedrigpreismärkte ausweichen. Diese Voraussetzung lässt sich in der Praxis nicht durchgehend realisieren. Dennoch ist die Preisdifferenzierung für viele Unternehmen ein wirksames Instrument der Preispolitik.

*Marktsegmentierung, vgl. **2.1.3**, S. 251*

Häufig sollen durch die Preisdifferenzierung neue, zusätzliche Kundengruppen zum Kauf der Waren bewegt werden, um den Unternehmenserfolg zu erhöhen. Die Preisdifferenzierung kann dabei auf sehr verschiedene Arten realisiert werden. Welche Form konkret gewählt wird, hängt vom Sortiment und der Branche ab.

Arten der Preisdifferenzierung	
zeitliche Differenzierung	Eine Leistung wird zu verschiedener Zeit unterschiedlich teuer angeboten (z. B. Saisonpreise bei Reisen).
räumliche Differenzierung	Eine Leistung wird an verschiedenen Orten zu unterschiedlichen Preisen verkauft (z. B. unterschiedliche Mietpreise in Großstädten und in ländlichen Gebieten).
personelle Differenzierung	Je nach Kundengruppe werden für die gleiche Leistung unterschiedliche Preise verlangt (z. B. Mitarbeiterpreise, Schülertickets bei Verkehrsbetrieben).
sachliche Differenzierung	Gleiche Leistungen werden in unterschiedlicher Aufmachung zu verschiedenen Preisen verkauft (z. B. No-Name-Ware bei Discountern, die von Markenwarenherstellern produziert wurde).

Bei allen Formen der Preisdifferenzierung ist zu beachten, dass Verbraucher die Preisdifferenzierung nachvollziehen können und sich einzelne Kunden nicht diskriminiert fühlen. Während reduzierte Fahrkartenpreise für Schüler allgemein akzeptiert werden, wäre z. B. ein nach der Attraktivität der Personen gestaffeltes Eintrittsgeld in Schwimmbädern nicht förderlich für das Image des Betriebes.

Preisdifferenzierung kann aber auch in Form eines Preiskampfes erfolgen. In diesem Fall unterbietet er die Preise der Konkurrenz, woraufhin die anderen Unternehmen mit noch niedrigeren Preisen reagieren. Solch ein Verhalten nennt man **Dumping**. Das führt häufig zum Ausscheiden von Konkurrenten.

Dumping
(engl. to dump) wegwerfen, verschleudern

4.3 Preisstrategien

Unter einer Preisstrategie versteht man die **langfristige Ausrichtung** der Preisgestaltung. Preisstrategien sind damit weitgehend unabhängig von kurzfristigen Entscheidungen des Tagesgeschäfts (z. B. Sonderangeboten).

to penetrate (engl.) durchdringen, eindringen

Penetration-Strategie: Es wird ein relativ niedriger Preis gewählt, mit dem am Markt möglichst schnell hohe Umsätze erzielt werden können. Der Konkurrenz soll der Marktzutritt erschwert werden. Wird die Penetration dauerhaft eingesetzt, so liegt eine **Niedrigpreisstrategie** vor. Häufig wird eine Kostenführerschaft angestrebt. Unternehmen, die Kostenführer sein möchten, sehen sich einem ständigen Preiskampf von Seiten der Konkurrenz ausgesetzt. Innovative Produktentwicklungen sind in dieser preisaggressiven Umgebung bei entsprechend niedrigen Gewinnspannen kaum möglich. Meist wählen Nachahmer die Niedrigpreisstrategie.

konkurrenzorientierte Preisgestaltung, vgl. **4.1**, S. 260

to skim (engl.) abschöpfen

Skimming-Strategie: In diesem Fall werden die Preise so hoch angesetzt, dass erhebliche Gewinnspannen „abgeschöpft" werden können. Dies könnte besonders bei der Einführung begehrter Neuprodukte möglich sein (z. B. neue Elektronikgeräte). Wird die Skimming-Strategie dauerhaft angewendet, dann liegt eine **Hochpreisstrategie** vor. Die Hochpreisstrategie wird häufig für bekannte Markenartikel genutzt. Das Ziel kann eine Preisführerschaft sein. Die Preisführerschaft, verbunden mit hohen Gewinnspannen, ermöglicht die Entwicklung neuer, innovativer Produkte.

4.4 Konditionenpolitik

Preisnachlässe, Beförderungskosten, vgl. **12.3**, S. 334

Konditionen sind kundenspezifische **Preisnachlässe, Liefer- und Zahlungsbedingungen**, zu denen ein Unternehmen seine Leistungen an den Kunden abgibt. Mithilfe der Konditionenpolitik kann sich ein Unternehmen von der Konkurrenz absetzen.

AGB, vgl. **12.4**, S. 337

Beispiel Die Fly Bike Werke GmbH hat in ihrem Warenwirtschaftssystem feste Konditionen gespeichert, zu denen die bestellten Leistungen geliefert und bezahlt werden. Durch die Allgemeinen Geschäftsbedingungen und die regelmäßig aktualisierten Preislisten sind die Konditionen den Kunden bekannt.

Kundenorientierte Serviceleistungen

Serviceleistungen können auf die Ware oder den Kunden bezogen sein. Serviceangebote haben natürlich immer Auswirkungen auf die Kosten des Verkäufers, die in seinem Preis für die Ware realisierbar sein müssen. Andererseits sichert ein hoher Zufriedenheitsgrad beim Kunden und damit einhergehend eine gute Kundenbindung den Erhalt und Ausbau von Marktanteilen. Beispiele:

Kundenbesuche mit Beratung
Die Beratung kann sich auf einzelne Waren, das Sortiment, die Lagerung, die Werbung, die Verkaufsraumgestaltung bis hin zur Finanzierung von Aufträgen beziehen.

Personalschulungen
Schulungen gehen über eine Beratung hinaus. Das Personal des Käufers wird hinsichtlich der Wareneigenschaften und ggf. ihrer Anwendung/ ihres Einsatzes und der sinnvollen Verkaufsaktivitäten umfassend geschult.

Kundendienst
Oft übernehmen Verkäufer für technische Geräte auch den Service, der üblicherweise von Herstellern geleistet wird (z. B. Reparaturen). Das ist häufig der Fall, wenn die Waren importiert wurden und der Hersteller im Inland diesen Kundendienst nicht leisten kann oder will.

Garantieverlängerungen oder -erweiterungen
Häufig findet man heutzutage dreijährige Garantien für den Endverbraucher, die damit über die gesetzliche Zwei-Jahres-Gewährleistungsfrist hinausgehen. Bei technischen Geräten wird z. B. während der Garantiezeit ein schneller Vor-Ort-Austausch des Artikels beim Kunden angeboten.

Übersicht: Kontrahierungspolitik

Preisgestaltung	Kostenorientierung	Decken die Erlöse die Kosten?	
	Nachfrageorientierung	Wie reagiert die Nachfrage bezogen auf Preisveränderungen?	
	Konkurrenzorientierung	– Hohe Konkurrenz bei austauschbaren Massenprodukten – Mäßige Konkurrenz auf stark segmentierten Märkten	
Preis-differenzierung	– zeitlich – persönlich – räumlich – sachlich		
Preisstrategien	Langfristig – Niedrigpreisstrategie – Hochpreisstrategie	Kurzfristig – Penetration-Strategie – Skimming-Strategie	

5 Distributionspolitik

Beispiel Die neuen Auszubildenden der Fly Bike Werke GmbH sitzen mit Frau Ganser in der Kantine zusammen. „Es ist schon ganz erstaunlich zu beobachten, wie Fahrräder hergestellt werden", sagt einer der Azubis. „Wenn die Räder dann noch mit einer sportlich-dynamischen Werbung den Kunden „schmackhaft" gemacht werden, bekommt man schon den Wunsch, eines der tollen Räder zu kaufen. Wie gelangen die Räder denn eigentlich genau zum Kunden?"

Distribution (lat.) Verteilung

Die **Distributionspolitik** befasst sich mit der Frage, wie, durch wen und womit der Kunde die Ware oder Dienstleistung erhält. Alle Maßnahmen, die ein Unternehmen zur Verteilung betrieblicher Leistungen ergreift, werden zur Distributionspolitik gerechnet. Im weiteren Sinne gehört dazu auch die Wahl des geeigneten Verkehrsträgers (z. B. die Bahn), die an dieser Stelle jedoch nicht weiter behandelt wird.

Entscheidungen der Distributionspolitik

Die **Qualität** der Distributionspolitik hat auch Einfluss auf das Käuferverhalten und die Marktentwicklung. Wird die Kundenzufriedenheit durch eine optimale Organisation der betrieblichen Güterverteilung bestätigt, entwickelt sich das Käuferverhalten positiv. Die Kundenbindung bleibt stark und das Unternehmen kann seine Position auf dem Markt erhalten oder sogar weiter ausbauen.

Einflussfaktoren auf die Distributionspolitik

Einflussfaktoren	Beispiele
warenbezogen	– Erklärungsbedürftigkeit der Ware – Bedarfshäufigkeit beim Kunden – Transportempfindlichkeit
kundenbezogen	– Zahl der potenziellen Kunden – geografische Verteilung der Kunden – Aufgeschlossenheit der Kunden gegenüber verschiedenen Verkaufsmethoden (Direktverkauf, Streckengeschäft)
konkurrenzbezogen	– Zahl der Mitbewerber – Art der Konkurrenzprodukte – Distributionsmethoden der Konkurrenz – Stärken und Schwächen des Angebots gegenüber der Konkurrenz
unternehmensbezogen	– Größe des Unternehmens – Finanzkraft des Unternehmens – Erfahrungen des Unternehmens

5 Distributionspolitik

5.1 Absatzorganisation

Die **innere Absatzorganisation** zeigt, nach welchen Kriterien der Absatzbereich innerhalb eines Unternehmens organisiert ist. Man unterscheidet hierbei grundsätzlich eine produkt-, funktions-, kunden- oder gebietsorientierte Absatzorganisation.

Die Absatzorganisation beantwortet die Frage, wie ein Unternehmen seinen Absatz organisiert.

> **Beispiel** Bei einer gebietsorientierten Absatzorganisation kann unterschieden werden nach Inland/Ausland oder bestimmten Ländern, Regionen, Kontinenten usw. Eine produktorientierte Absatzorganisation ist auf die zu vertreibenden Produkte oder Dienstleistungen abgestimmt. Dies ist vor allem dann sinnvoll, wenn unterschiedliche Zielgruppen angesprochen werden sollen.

Die **äußere Absatzorganisation** beantwortet die Frage, wie ein Unternehmen den Absatz seiner betrieblichen Leistungen zwischen dem Unternehmen und dem Kunden organisiert. Hier wird generell zwischen einem zentralen und einem dezentralen Vertrieb unterschieden. Während die Verteilung der wirtschaftlichen Güter bei einem zentralen Vertrieb von einer Stelle aus erfolgt, werden die Leistungen bei einem dezentralen Vertrieb mithilfe eines Filialnetzes über Auslieferungslager oder Reisende abgesetzt.

Eine optimale Absatzorganisation gibt es nicht! Je nach Situation, Branche und Betrieb kommt entweder die innere oder die äußere Absatzorganisation oder auch eine Mischform infrage!

5.2 Absatzwege

Beim **direkten Absatzweg** verteilt ein Unternehmen seine Güter mithilfe eigener Absatzorgane direkt an den Konsumenten. Dies kann z. B. durch eigene Filialen oder Reisende gewährleistet werden.

Der Absatzweg beschreibt, auf welche Weise eine betriebliche Leistung ihren Kunden erreicht.

Beim **indirekten Absatz** schaltet ein Unternehmen bei der Verteilung dagegen betriebsfremde Absatzorgane ein. So kann der Großhandel die Waren des Herstellers übernehmen und über den Einzelhandel an den Endverbraucher weitergeben.

Absatzwege

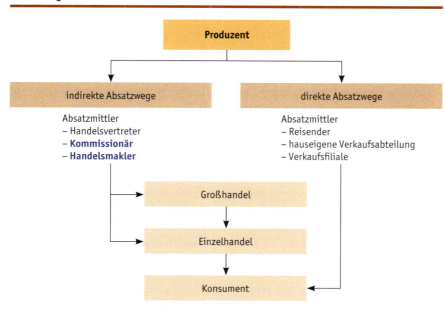

*Handelsvertreter, Reisender vgl. **5.3**, S. 267*

Kommissionär
selbstständiger Kaufmann, der Waren auf fremde Rechnung gegen Provision verkauft

Handelsmakler
handeln im eigenen Namen auf fremde Rechnung

265 **ANFORDERUNGSSITUATION 4.1**

Absatz

Vorteile des indirekten Absatzes	Vorteile des direkten Absatzes
Aufgabenteilung bei der Warendistribution; hierdurch Entlastung des Herstellers	direkter Kontakt zum Kunden; Möglichkeit, schnell auf Kundenwünsche und -anregungen zu reagieren
Ausnutzen der Vorteile des Handels (z. B. Präsenz in vielen Orten, intensive Kundenbetreuung)	Einsparung von Kosten für unternehmensfremde Absatzorgane
gezieltes Ausnutzen der Stärken des Handels (Zeitausgleichsfunktion, Raumüberbrückungsfunktion, Sortimentbildungsfunktion)	Absatzpolitik liegt alleine in der Hand des Unternehmens (Preise, Konditionen, Werbung).

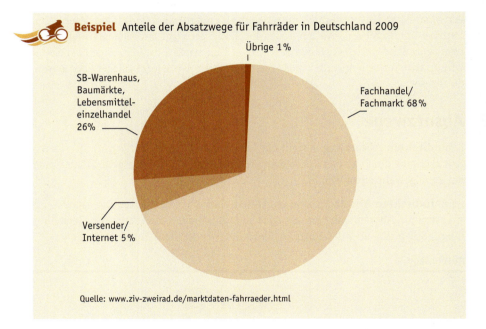

Beispiel Anteile der Absatzwege für Fahrräder in Deutschland 2009

- Fachhandel/Fachmarkt 68 %
- SB-Warenhaus, Baumärkte, Lebensmitteleinzelhandel 26 %
- Versender/Internet 5 %
- Übrige 1 %

Quelle: www.ziv-zweirad.de/marktdaten-fahrraeder.html

Situationsgerechte Absatzwege

In der Praxis werden Unternehmen die Vor- und Nachteile direkter und indirekter Absatzwege gegeneinander abwägen müssen, um für ihren speziellen Fall eine optimale Lösung zu finden. Häufig nutzen Unternehmen auch beide Absatzwege in Kombination, um möglichst kundengerecht die produzierten Leistungen zu verteilen. Wählt ein Unternehmen den indirekten Absatz unter Einschaltung des **Handels**, übernimmt dieser folgende Aufgaben:

Aufgaben des Handels

Zeitausgleich	Raumüberbrückung	Sortimentbildung
Der Handel kauft Waren. Nicht alle Produkte werden sofort wieder verkauft, der Handel übernimmt die Lagerung.	Der Handel hilft bei der räumlichen Verteilung der Güter.	Der Handel bietet zahlreiche Waren verschiedener Produktionsbetriebe an. Die Kunden können sich aus einem größeren Sortiment bedienen als beim Verkauf durch den Produktionsbetrieb selbst.

5.3 Absatzmittler

Absatzmittler sind Personen, die im Bereich der Warendistribution tätig sind. Sie können im direkten und indirekten Absatzweg eingesetzt werden.

Der **Reisende** ist nach § 55 HGB eine Person, die bevollmächtigt wird, für das Unternehmen, in dem sie tätig ist, vermittelnd oder abschließend tätig zu werden.

§ 55 HGB

Der Reisende ist damit ein Angestellter des Unternehmens und weisungsgebunden. Er ist im Namen und auf Rechnung seines Arbeitgebers tätig. Die Entlohnung erfolgt in der Regel durch ein festes Grundgehalt (Fixum), eine umsatzabhängige Provision und die Erstattung von Spesen.

Reisender (Angestellter mit Abschlussvollmacht)

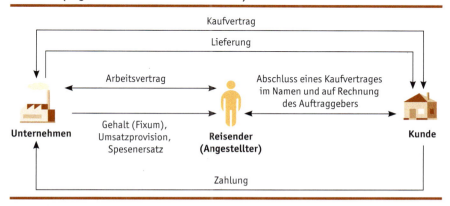

Ein **Handelsvertreter** ist nach § 84 HGB eine Person, die als selbstständiger Gewerbetreibender ständig damit betraut ist, für ein Unternehmen Geschäfte zu vermitteln oder in dessen Namen abzuschließen. Er ist in fremdem Namen auf fremde Rechnung tätig.

§ 84 HGB

Handelsvertreter (selbstständiger Kaufmann mit Abschlussvollmacht)

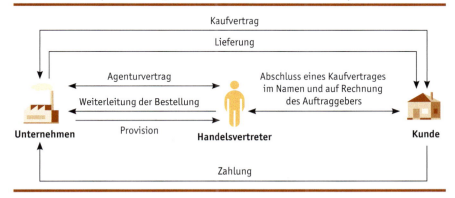

Die Aufgaben des Handelsvertreters überschneiden sich in vielen Fällen mit denen des Reisenden. Der Handelsvertreter ist aber selbstständiger Kaufmann und kann zudem für andere Unternehmen tätig werden. Finanziell hat der Handelsvertreter Anspruch auf eine umsatzabhängige Provision.

HF 4
Absatz

Absatzmittler

	Reisender	Handelsvertreter
allgemeine Einordnung	direkter Absatzweg	indirekter Absatzweg
Stellung zum Arbeitgeber	– unselbstständig – Angestellter im Rahmen eines Arbeits- oder Dienstvertrages – weisungsgebunden	– selbstständiger Kaufmann – Vertreter mit einem Agenturvertrag über einen längeren Zeitraum
Bedeutung	– flexibler Einsatz vor Ort – direkte Nähe zum Kunden	Einsatz vor allem für kleinere Firmen, die keinen eigenen Außendienst haben

Die Wahl des geeigneten Absatzmittlers

 Beispiel Die Fly Bike Werke GmbH möchte den Vertrieb des neuen City-Rades weiter ausbauen. Die Geschäftsleitung prüft deshalb zusammen mit dem Controller, Herrn Steffes, ob ein Reisender oder ein Handelsvertreter geeigneter wäre.

Kostenvergleich: Reisender oder Handelsvertreter

Die Wahl des richtigen Absatzmittlers stellt ein zentrales Problem der Distributionspolitik dar. Die Entscheidung wird zunächst auf Basis der jeweils entstehenden Kosten geprüft. Danach kommen weitere Entscheidungskriterien hinzu, die nicht kostenmäßig fassbar sind (z. B. Kenntnisse des Absatzmittlers, Kundennähe, Flexibilität). Die beiden Alternativen Reisender im Vergleich zum Handelsvertreter stellen sich kostenmäßig wie folgt dar:

	Kosten	Erläuterung
Reisender (R)	monatliches Grundgehalt (Fixum) + umsatzabhängige Provision $K_R = K_{fix} + K_{var}$	Zwar bedeuten die fixen Kosten eine dauernde Belastung für das Unternehmen, dafür ist der Reisende fest angestellt und weisungsgebunden. Der Reisende verkauft ausschließlich die Waren des Unternehmens.
Handelsvertreter (Hv)	umsatzabhängige Provision $K_{Hv} = K_{var}$	Der Handelsvertreter verursacht nur variable Kosten. Dies bedeutet für das Unternehmen mehr Kostenflexibilität. Die Provision ist in der Regel höher als beim Reisenden, da der Handelsvertreter kein Grundgehalt erhält. Als selbstständiger Kaufmann kann der Handelsvertreter auch andere Unternehmen vertreten. Er ist nicht weisungsgebunden.

Beispiel Bei der Auswahl zwischen Reisendem und Handelsvertreter hat der Controller, Sebastian Steffes, folgende Kostendaten ermittelt (Monatswerte):

Reisender	Handelsvertreter
Grundgehalt: 1.800,00 €/Monat	6 % vom Monatsumsatz
Provision: 3 % vom Monatsumsatz	

Die Marktforschung zum City-Rad sowie erste Verkäufe zeigen, dass mit einem Monatsumsatz von 65.000,00 € zu rechnen ist.

ANFORDERUNGSSITUATION 4.1

Zeichnet man die Kostendaten von Reisendem und Handelsvertreter in ein Koordinatensystem ein, ergibt sich die nachfolgende Grafik (bezogen auf das Beispiel):

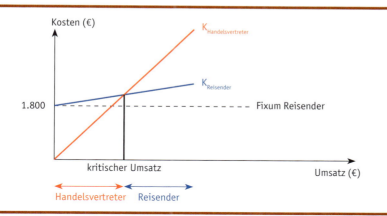

Auswertung:
- Bei einem bestimmten Umsatz **(kritischer Umsatz)** verursachen beide Absatzmittler die gleichen Kosten.
- Liegt der geschätzte Umsatz dauerhaft unterhalb des kritischen Umsatzes, sollte das Unternehmen einen **Handelsvertreter** einsetzen.
- Liegt der geschätzte Umsatz dauerhaft oberhalb des kritischen Umsatzes, sollte das Unternehmen einen **Reisenden** wählen.
- Je größer der erzielte Umsatz, desto weniger wirken sich die Fixkosten aus **(Fixkostendegression)**.

Der kritische Umsatz lässt sich auch berechnen. Dazu müssen die Kosten beider Alternativen gleichgesetzt werden.

Ermittlung des kritischen Umsatzes

Reisender (R)	Handelsvertreter (Hv)
Kosten: $K_R = K_{fix} + K_{var}$ mit $K_{var} = U \cdot p_R$	Kosten: $K_{Hv} = K_{var}$ mit $K_{var} = U \cdot p_{Hv}$
$K_R = K_{fix} + (U \cdot p_R)$	$K_{Hv} = (U \cdot p_{Hv})$
gleichsetzen: $K_R = K_{Hv}$ $K_{fix} + (U \cdot p_R) = (U \cdot p_{Hv})$	$\mid -(U \cdot p_R)$
$K_{fix} = (U \cdot p_{Hv}) - (U \cdot p_R)$	$\mid$ U ausklammern
$K_{fix} = U \cdot (p_{Hv} - p_R)$	$\mid : (p_{Hv} - p_R)$
$\dfrac{K_{fix}}{(p_{Hv} - p_R)} = U_{kritisch}$	

Für das obige Beispiel lässt sich der kritische Umsatz nun leicht ermitteln:

$$U_{kritisch} = \frac{K_{fix}}{(p_{Hv} - p_R)} \blacktriangleright \frac{1.800,00}{(6\,\% - 3\,\%)} = \frac{1.800,00}{0,03} = 60.000,00\ €$$

Der geschätzte Umsatz liegt mit 65.000,00 € über dem kritischen Umsatz von 60.000,00 €. Aus Kostensicht sollte daher ein Reisender gewählt werden.

HF 4
Absatz

5.4 Güterbeförderung

Der Transport von Gütern zum Kunden erfolgt mithilfe verschiedener Verkehrsmittel. Generell können Güter auf Straßen, Schienen, Wasserwegen oder dem Luftweg transportiert werden. Jedes Verkehrsmittel hat Vor- und Nachteile.

	Bahn	Lkw	Binnenschifffahrt
Vorteile	sichere Beförderung, gut für Massengüter	jeder Ort ist erreichbar, kein Umladen nötig, hohe Flexibilität, Haus-zu-Haus-Beförderung mit unmittelbarer Erreichbarkeit	ideal für Massengüter, relativ geringe Frachtkosten
Nachteile	hoher Verpackungsaufwand, Umladen notwendig, nicht alle Orte unmittelbar erreichbar	hohe Umweltbelastung, staugefährdet, witterungsabhängig (Nebel, Eis)	witterungs- und wasserstandsabhängig, Umladen erforderlich, geringe Transportgeschwindigkeit, nicht alle Orte unmittelbar erreichbar

5.5 E-Commerce

Das Internet hat den Unternehmen in den letzten Jahren nie gekannte Möglichkeiten in den Bereichen des Vertriebs betrieblicher Leistungen sowie der Serviceleistungen beschert. Viele Bereiche der betrieblichen Kommunikation mit dem Kunden wurden regelrecht revolutioniert. **E-Commerce** ist eine Form des Warenvertriebs, bei der Verkäufer und Käufer mithilfe des Internets Geschäftsbeziehungen eingehen. Ein potenzieller Käufer kann unter Anwahl einer bestimmten Internetadresse im „Webshop" eines Verkäufers Waren ansehen, zusätzliche Wareninformationen anfordern, Geschäftsbedingungen einsehen und Waren konkret bestellen.

E-Commerce
Electronic commerce (engl.) elektronischer Handel

Vorteile des E-Commerce

für den Verkäufer	für den Käufer
– Kundenakquisition kann weltweit und zeitgleich erfolgen. – Kosteneinsparungen, z. B. durch geringeren Personaleinsatz, geringere Mietausgaben – Such- und Informationskosten für die Markterkundung sinken durch Internetrecherche. – Größere Absatzmärkte durch globalen Marktzugriff	– Die heimischen Wände müssen für Einkäufe nicht mehr so häufig verlassen werden. – Konsumgüter werden preiswerter, weil die Verkäufer Preisvorteile weitergeben können. – Per Knopfdruck steht ein weltweites riesiges Warensortiment zur Verfügung. – Ladenschlusszeiten spielen beim E-Commerce keine Rolle.

Übersicht: Distributionspolitik

Absatzwege	– direkt (über eigene Absatzorgane) – indirekt (über betriebsfremde Absatzorgane)
Absatzmittler	– Handelsvertreter (indirekter Absatzweg) – Reisender (direkter Absatzweg)

6 Kommunikationspolitik

Ziel der Kommunikationspolitik ist es, das (Kauf-)Verhalten potenzieller Kunden zu beeinflussen. Jeder denkt dabei zuerst an die klassische Absatzwerbung. Unternehmen stehen jedoch verschiedene Instrumente zur Verfügung.

LS 44
Absatzwerbung

6.1 Absatzwerbung

Instrumente der Kommunikationspolitik

Unter **Absatzwerbung** (im allgemeinen Sprachgebrauch kurz „Werbung" genannt) versteht man jede Kommunikation, die produktspezifische Informationen und Verhaltensempfehlungen an eine bestimmte Zielgruppe transportiert. Alle Werbemaßnahmen, die sich mit dem Absatz bzw. der Positionierung des Warenangebotes am Markt beschäftigen, gehören zur Absatzwerbung.

6.1.1 Werbearten

Absatzwerbung lässt sich auf unterschiedliche Weise realisieren. Je nach Zielsetzung und den zur Verfügung stehenden Finanzmitteln nutzen Unternehmen die **Einzelwerbung** oder die **Kollektivwerbung**.

Werbearten

Einzelwerbung	Kollektivwerbung
Unternehmen wirbt allein	mehrere Unternehmen werben gemeinsam
gezielte Werbung mit dem Namen des Artikels bzw. des Unternehmens	Arten der Kollektivwerbung: Gemeinschaftswerbung Sammelwerbung Verbundwerbung
Kosten sind hoch	

Gemeinschaftswerbung: Eine ganze Branche wirbt gemeinsam, ohne einzelne Unternehmensnamen zu nennen (z. B. „die Milch macht's"). Die Werbung wird durch freiwillige Beiträge der Branchenmitglieder finanziert und soll ein positives Bild der Branche vermitteln. Problematisch ist der **Trittbrettfahrereffekt**, d. h., auch Branchenmitglieder, die keine Beiträge gezahlt haben, profitieren vom Werbeeffekt. Ob die Werbung für das einzelne Unternehmen Erfolg gebracht hat, lässt sich in der Regel nicht zweifelsfrei feststellen.

Sammelwerbung: Viele Unternehmen z. B. einer Region werben gemeinsam unter Namensnennung aller beteiligten Unternehmen (z. B. Sammelwerbung an Flughäfen, Bahnhöfen oder am Ortseingang).

Verbundwerbung: Wenige (meist zwei) Unternehmen mit einem sich ergänzenden Angebot werben gemeinsam bei Namensnennung. Die Werbenden möchten vom guten Image des jeweiligen Verbundpartners profitieren (z. B. Waschmaschinen und Waschmittelhersteller). Verbundwerbung lässt sich eher selten realisieren.

6.1.2 Werbebotschaft, Werbemittel, Werbeträger

Kommunikation, vgl. HF 1, 14.2, S. 137

Jede Kommunikation enthält eine Information, die der Sender (Verkäufer) dem Empfänger (möglicher Kunde) mitteilen möchte. Der Inhalt bei der absatzpolitischen Kommunikation heißt **Werbebotschaft**. Die Werbebotschaft soll beim möglichen Kunden ein gewünschtes Verhalten – meist den Kauf einer Unternehmensleistung – auslösen. Sie muss textlich, grafisch und/oder akustisch dargestellt werden. Da die Werbebotschaft das zentrale Element der Absatzwerbung ist, schalten viele Unternehmen professionelle Werbeagenturen ein, um die Inhalte möglichst wirkungsvoll und zielgerichtet zu formulieren und zu gestalten.

 Beispiel Die Fly Bike Werke GmbH wirbt für das neue Mountainbike. Die Fachzeitschrift „My Bike" spricht die Zielgruppe „Radsportler" an. Anzeigentext und Grafik wurden deshalb bewusst dynamisch-sportlich gestaltet.

Werbebotschaft: Text   Werbemittel: Anzeige   Werbeträger: Fachzeitschrift

Transportiert wird die Botschaft mithilfe eines **Werbemittels**. Werbemittel enthalten die eigentliche Werbebotschaft und sind gekennzeichnet durch Schrift, Bild oder Sprache. Damit die Werbebotschaft die möglichen Kunden auch erreicht, benötigt man ein Medium, das die mithilfe eines Werbemittels gestaltete Werbebotschaft an mögliche Kunden transportiert. Diese Medien heißen **Werbeträger**.

Werbeträger bestimmen, vgl. 7.3.1, S. 284

Werbemittel	Werbeträger
Inserat	Tageszeitung, Fachzeitschrift
Werbespot	Fernsehen, Radio
Plakat	Litfaßsäule
Homepage, E-Mail	Internet

6.1.3 Das Wirkungsprinzip von Werbung

Absatzpolitische Kommunikation möchte aufgrund der hohen Konkurrenz in erster Linie **Aufmerksamkeit** erregen, um letztlich nach Möglichkeit eine **Kaufhandlung** auszulösen. Deshalb nutzt man im Rahmen der Werbung ein Grundprinzip moderner Kommunikationspsychologie, das diese Zielsetzung weitgehend unterstützt. Erfolgreiche Werbung folgt daher fast immer den folgenden vier Kommunikationsstufen:

Die AIDA-Formel

A	Attention	Aufmerksamkeit erregen
I	Interest	Interesse an der Leistung wecken
D	Desire	Verlangen/Besitzwunsch wecken
A	Action	(Kauf-)Handlung auslösen

Je nach genutztem Werbeträger (Zeitung, Fernsehen, Radio) kommt der vierten Stufe (Action) unterschiedliche Bedeutung zu. Statt einer Kaufhandlung könnte z. B. auch eine Prospektbestellung als Aktion gewünscht sein. Das vierstufige Grundprinzip ist jedoch bei fast jeder Werbung sichtbar.

Die AIDA-Formel funktioniert nur optimal, wenn zunächst im Rahmen eines kommunikationspolitischen Konzeptes die Zielgruppe festgelegt wird und eine genaue Werbeplanung erfolgt. Dabei müssen technische, personelle und finanzielle Vorgaben beachtet werden. Alle Einzelschritte sind aufwendig und erfordern eine hohe Fachkompetenz. Gerade mittelständische Unternehmen beauftragen deshalb oft professionelle Agenturen, die über entsprechendes Fachwissen verfügen. Das kommunikationspolitische Konzept muss dabei zu den anderen Bestandteilen des Marketing-Mixes passen und die Ziele des Unternehmens unterstützen.

*Marketing-Konzeption, vgl. **8**, S. 286*

*Marketing-Instrumente und Marketing-Mix, vgl. **8**, S. 286*

6.1.4 Werbeplanung

Absatzpolitische Kommunikation entsteht nicht zufällig oder spontan. Vielmehr wird sie genau geplant und läuft in einer bestimmten Reihenfolge ab. Folgende Aspekte müssen im Vorfeld festgelegt werden.

Werbeziele: Zu Beginn der Werbeaktion müssen sich die Verantwortlichen die Frage stellen, warum sie werben wollen, d. h., sie müssen sich über die konkreten Ziele der Werbemaßnahme klar werden. Die Einführung eines neuen Artikels oder die Erinnerung an einen bereits vorhandenen Artikel können Ziele sein.

Werbegegenstand: Viele Unternehmen vertreiben ein umfangreiches Sortiment. Deshalb muss das Werbeobjekt genau bestimmt werden: Soll ein einzelner Artikel, eine Warengruppe oder das komplette Sortiment beworben werden? Die Entscheidung hängt auch von der Stellung der einzelnen Artikel im jeweiligen Produktlebenszyklus ab.

Werbeetat: Das Unternehmen muss festlegen, welche Finanzmittel für die Werbung zur Verfügung stehen sollen.

HF 4
Absatz

Streukreis: Ein Unternehmen muss sich vor der Realisierung einer Werbekampagne genau überlegen, welchen Personenkreis es umwerben will. So hätte z. B. eine Werbung für eine Haartönung bei Kindern wenig Aussicht auf Erfolg. Werbung, die eine falsche Zielgruppe erreicht, bedeutet eine Verschwendung finanzieller Mittel. Es kommt darauf an, die gewünschte Zielgruppe möglichst zielgruppengerecht anzusprechen.

Streugebiet: Nicht jede Werbung soll in einem größeren Umkreis erscheinen. Der lokale Supermarkt wird seine Waren nicht weit über die Stadtgrenzen hinaus anpreisen wollen, und der Autohändler in Düsseldorf ist kaum an einer Werbung in ganz Deutschland interessiert. Es kommt daher darauf an, den Werberadius an das Produkt und an die Werbeziele anzupassen. Streuverluste sind zu vermeiden.

Werbebotschaft: Bei der heutigen Flut verschiedenster Werbung entscheiden oftmals Kleinigkeiten darüber, ob eine Werbung bei der gewünschten Zielgruppe Beachtung findet. Da die Unternehmen dies genau wissen, oftmals aber nicht in der Lage sind, professionelle Werbung im eigenen Hause zu formulieren, werden für die Werbebotschaften häufig Werbeagenturen und professionelle Texter eingeschaltet.

Werbemittel und Werbeträger: Mit der Festlegung der Werbemittel und -träger bestimmt das Unternehmen, auf welche Weise die Informationen dem Kunden vorgestellt werden sollen.

Streuzeit: Die Streuzeit gibt an, zu welchem Zeitpunkt und wie lange die Werbung in dem entsprechenden Medium erscheinen soll. Die richtige Wahl des Werbezeitpunktes kann den Werbeerfolg maßgeblich beeinflussen. So hätte es z. B. wenig Sinn, bereits im Juni für weihnachtliche Geschenkpapiere zu werben. Im Rahmen der Mediaplanung wird gewährleistet, dass die Anzeigen und Spots zum gewünschten Zeitpunkt erscheinen (z. B. Kontakt zu den Zeitungen und Sendern herstellen, Erscheinungszeiträume buchen).

Werbeerfolgskontrolle, vgl. **7.3.2**, S. 285

Werbeerfolg messen: Werbung ist erst dann erfolgreich, wenn die festgelegten Werbeziele erreicht werden konnten. Jedes Unternehmen sollte dies nach dem Ende der Werbeaktion überprüfen.

Ablaufschema Werbeplanung

ANFORDERUNGSSITUATION 4.1   274

6.1.5 Grundsätze der Werbung

Werbung soll Aufmerksamkeit erregen, um dadurch Kaufwiderstände zu reduzieren bzw. Kaufwünsche auszulösen. Um zu verhindern, dass um der Aufmerksamkeit willen übertriebene oder bewusst falsche Aussagen gemacht werden, sollten sich Unternehmen an bestimmte Grundsätze halten.

Werbegrundsätze	
Wirksamkeit	Werbung muss zielgruppengerecht entwickelt werden, um einen möglichst großen Erfolg zu erzielen. Streuverluste sind zu vermeiden.
Wahrheit und Klarheit	Werbung darf keine falschen oder irreführenden Angaben zu den angepriesenen Leistungen machen. Zwar sollen die Waren im positiven Licht erscheinen, dies darf aber nur in sachlich einwandfreiem Rahmen geschehen.
Wirtschaftlichkeit	Werbung muss immer in einem wirtschaftlichen Verhältnis zu dem erzielten Erfolg stehen. Das heißt, der zusätzliche Erfolg (z. B. Umsatzwachstum) muss deutlich höher sein als die Werbekosten.
gesellschaftliche Akzeptanz	Werbung sollte gesellschaftliche Wertvorstellungen nicht missachten oder Minderheiten zwecks Effekthascherei missbrauchen (Moral). Auch das Beachten von Gesetzen gehört natürlich dazu.

Nicht alle Unternehmen halten sich an diese Werbegrundsätze. Deshalb hat die Werbebranche freiwillig ein Kontrollgremium installiert, den **deutschen Werberat**. Dieses Gremium prüft und ahndet besonders weit reichende Verstöße gegen die Werbegrundsätze. Juristische Konsequenzen haben die Ahndungen des Werberates jedoch nicht. Zum Schutz von Mitbewerbern und Verbrauchern hat der Gesetzgeber daher ein **Gesetz gegen unlauteren Wettbewerb (UWG)** erlassen.

www.werberat.de

UWG,
vgl. **9.1**, S. 297

Beispiel Diese „Schockwerbung" des italienischen Textilunternehmens Benetton löste weltweite Proteststürme aus. Der Bundesgerichtshof in Karlsruhe verbot diese Werbung, da sie die Menschenwürde AIDS-Kranker verletzt.

6.2 Verkaufsförderung (Salespromotion)

Mitarbeiter des „Biking-Teams" der Fly Bike Werke GmbH im Gespräch mit Kunden

Beispiel Die Fly Bike Werke starten im Frühjahr jedes Jahres eine „BikingTour". Auf dieser Promotiontour werden die aktuellen Modelle des Jahres in Sportfachgeschäften und großen Einkaufszentren vorgestellt. Es gibt ein Rahmenprogramm mit Getränken, Gewinntombola und prominenten Radsportlern. Speziell geschulte Teammitglieder verwickeln dabei Kunden und Passanten in Verkaufsgespräche und bieten Probefahrten auf den verschiedenen Rädern an. Letztlich versuchen sie, möglichst viele Räder im Rahmen der „BikingTour" zu verkaufen.

Im Gegensatz zur Absatzwerbung, die eher langfristig ausgerichtet ist, hat die Verkaufsförderung einen **kurzfristigen Charakter** und ist zeitlich eng begrenzt. Besonderes Kennzeichen der Verkaufsförderung ist die möglichst direkte Kommunikation mit dem Kunden, wobei der schnelle Absatzerfolg gesucht wird.

Häufig werden Maßnahmen der Verkaufsförderung auch durch die Produkthersteller, insbesondere von Markenartikeln, durchgeführt. Aber auch größere Handelsorganisationen und der Einzelhandel greifen auf die verschiedenen Möglichkeiten der Verkaufsförderung zurück. Je nachdem, wer durch die Aktion angesprochen wird, unterscheidet man drei Arten der Verkaufsförderung:

Arten der Verkaufsförderung

Kundenpromotion	Händlerpromotion	Mitarbeiterpromotion
Angesprochen werden Kunden bzw. Endverbraucher, um den Absatz kurzfristig zu steigern.	Am Verkauf beteiligte Personen (Einzelhändler, Verkäufer) erhalten Unterstützungsmaßnahmen, um die Waren bevorzugt zu empfehlen und zu verkaufen.	Zielgruppe ist der eigene Vertrieb, z. B. Außendienstmitarbeiter bzw. Reisende.
– Produktvorführungen, Verkostungen – Aktionen mit Prominenten – Gewinnspiele, Gutscheine, Preisausschreiben – Tag der offenen Tür, Jubiläumsveranstaltungen	– Schulungen – Prämiensysteme – Informations- und Werbematerial – Verkaufsdisplays	– Schulungen – Prämien – Prospekte

Vorteile der Verkaufsförderung:
- gezielte Kundenauswahl
- direkte Ansprache
- schnelle Wirkung
- **subtile** Form der Beeinflussung durch direkten Kontakt

subtil
(lat.) unterschwellig, versteckt

Nachteile der Verkaufsförderung:
- geringe Streubreite
- nicht bei allen Waren und Zielgruppen einsetzbar
- hoher Arbeitsaufwand, hohe Kosten

6.3 Sonderformen der Kommunikationspolitik

Neben den dargestellten absatzpolitischen Kommunikationsinstrumenten können Unternehmen weitere Varianten der Kommunikation einsetzen. Diese zusätzlichen Formen sind insofern besonders, da sie entweder sehr teuer oder nur begrenzt einsetzbar sind.

Productplacement

Beim Productplacement werden Produkte in Filmen oder in Fernsehsendungen gezielt wiederholt im Bild gezeigt. Für den Zuschauer soll das Erscheinen des Produktes wie ganz selbstverständlich aussehen. In Wirklichkeit haben Unternehmen jedoch häufig gegen Bezahlung ihr Produkt im Film platziert. So fährt James Bond nicht ohne Grund ein bestimmtes Autofabrikat. Große Städte bezahlen dafür, dass Filme auf ihrem Gemeindegebiet vor touristisch attraktiven Kulissen gedreht werden (z. B. Brandenburger Tor, Kölner Dom, Skyline Frankfurt/Main).

Sponsoring

Fördern Unternehmen Veranstaltungen, Organisationen, Gruppen oder einzelne (prominente) Personen, so spricht man von Sponsoring. Unterstützt werden in der Regel kulturelle, sportliche, soziale oder umweltbezogene Projekte. Neben der Förderung durch Geldmittel kann der Sponsor (Förderer) auch Sachmittel zur Verfügung stellen. Der Unterstützte muss dafür eine Gegenleistung erbringen, z. B. den Unternehmensnamen auf dem Hemd tragen.

Beim Sponsoring steht vor allem das langfristige Unternehmensimage im Vordergrund. Eine direkte Absatzsteigerung wird nicht angestrebt.

6.4 Öffentlichkeitsarbeit (Public Relations)

Beispiel Seit vielen Jahren unterstützt die Fly Bike Werke GmbH verschiedene Kindergärten in der Umgebung. Jeder dieser Kindergärten erhält jährlich ein Kinderfahrrad vom Unternehmen im Rahmen einer Kinderparty geschenkt. Zu dieser Kinderparty werden auch Reporter der Lokalpresse eingeladen, die am nächsten Tag über die Veranstaltung in der Tageszeitung berichten.
Am zweiten Mai-Wochenende jedes Jahres veranstaltet die Fly Bike Werke GmbH außerdem einen „Tag der offenen Tür" mit einem Sicherheitsparcours für Fahrräder. Alle Interessierten können das Werk besichtigen und Fragen zur Produktion stellen. Ein Verkauf findet am „Tag der offenen Tür" nicht statt.

Unter Öffentlichkeitsarbeit (Public Relations) versteht man Kommunikationsmaßnahmen, die Informationen zur Imagepflege des Unternehmens transportieren und nicht direkt auf eine Absatzerhöhung ausgerichtet sind. Diese Art der Kommunikation ist nicht auf bestimmte Warengruppen oder Artikel bezogen. Im Mittelpunkt steht **das Unternehmen als Ganzes**. Die Öffentlichkeitsarbeit hat damit eine eher indirekte Wirkung auf den Unternehmenserfolg.

Maßnahmen der Öffentlichkeitsarbeit können z. B. sein:
- Betriebsbesichtigungen
- Unterstützung gemeinnütziger Einrichtungen (z. B. Kindergärten, Seniorenwohnheime, Krankenhäuser, Umweltschutzorganisationen)
- Umweltschutzmaßnahmen
- Kundenzeitschriften
- Informationsmaterial für Schulen

Unabhängig von der konkreten Maßnahme soll die Öffentlichkeitsarbeit bei **allen Marktpartnern** ein positives Bild vom Unternehmen bewirken.

Übersicht: Kommunikationspolitik

Instrumente der Kommunikationspolitik	– Absatzwerbung – Verkaufsförderung (Sales Promotion) – Sonderformen (Productplacement, Sponsoring) – Öffentlichkeitsarbeit (Public Relations)	
Werbearten	– Zahl der Werbetreibenden: Einzelwerbung, Sammelwerbung, Gemeinschaftswerbung, Verbundwerbung – Zahl der Umworbenen: Einzelwerbung, Massenwerbung	
Werbeplanung	Grundsätze einer erfolgreichen Werbung	– Werbewirksamkeit, Werbewahrheit, Werbeklarheit, Werbewirtschaftlichkeit, Akzeptanz – bezogen auf die Werbewirkung: AIDA-Formel
	Schritte bei der Realisierung einer Werbemaßnahme	Werbeziele festlegen, Werbegegenstand bestimmen, Werbeetat festlegen, Streukreis festlegen, Streugebiet festlegen, Werbebotschaft formulieren, Werbemittel und Werbeträger bestimmen, Streuzeit festlegen, Werbeerfolg messen

7 Absatzcontrolling

> **Beispiel** Die Auswertung einer Marktforschungsstudie ist zu dem Schluss gekommen, dass die geplante Einführung eines neuen City-Fahrrads erfolgreich verlaufen könnte. Die Fly Bike Werke suchen nun nach dem optimalen Zusammenspiel zwischen Produktpolitik, Kontrahierungspolitik, Kommunikationspolitik und Distributionspolitik, um mit dem richtigen Marketing-Mix die geplanten Absatzzahlen zu erreichen. Dem Absatzcontrolling kommt dabei die Aufgabe zu, alle absatzpolitischen Schritte zu begleiten und ihren Erfolg zu bewerten.

Das Absatzcontrolling ist ein Teilbereich des betrieblichen Controllings. Zu seinen Aufgaben zählt es, absatzpolitische Entscheidungen vorzubereiten und die Entscheidungsträger bei der Umsetzung und Auswertung zu unterstützen. Hierbei wird mit Kennzahlen gearbeitet, die die vorgegebenen Ziele und Ergebnisse messbar machen.

- **Produkt- und Sortimentspolitik:** Wie ist die Wettbewerbsfähigkeit bzw. Marktposition einzelner Produkte oder des Sortiments (z. B. Portfolio-Analyse, Berechnung von Marktanteilen)?
- **Kontrahierungspolitik:** Welche Preise sind konkurrenz- und marktfähig (z. B. Berechnung von Preisuntergrenzen und Preiselastizitäten)?
- **Kommunikationspolitik:** Begleitung der Werbeplanung, Festlegung von Budgets (z. B. für eine Werbeanzeige), Werbeerfolgskontrolle
- **Distributionspolitik:** Entscheidungen über Absatzorganisation, -wege und -mittler nach quantitativen Kriterien (z. B. Absatz- und Umsatzerwartungen, Kosten) und qualitativen Kriterien (z. B. Kundenzufriedenheit, Kundenerreichbarkeit)

Controlling,
vgl. **HF 1**, **15**, S. 139

Portfolio-Analyse,
vgl. **7.1**, S. 280

Preiselastizität der Nachfrage,
vgl. **7.2**, S. 282

Kennzahlen der Kommunikationspolitik,
vgl. **7.3**, S. 284

Wahl des geeigneten Absatzmittlers,
vgl. **5.3**, S. 268

HF 4 Absatz

7.1 Portfolio-Analyse

> **Beispiel** Umfragen der Fly Bike Werke GmbH ebenso wie Marktforschungsstudien zeigen eine schrittweise Änderung der Kundenwünsche. Das Trekkingrad war bisher eines der am meisten gefragten Modelle. Das Modell läuft auch noch gut, aber Zuwachsraten sind nicht mehr vorhanden. Das City-Rad gehört zu den absoluten Rennern und verzeichnet auch zukünftig ganz erhebliche Zuwachsraten. Völlig unsicher ist die Geschäftsleitung noch beim neuen Fitnessbike. Kunden reagieren zwar interessiert, aber noch zurückhaltend. Man hofft, dass diese Neuentwicklung die Erwartungen erfüllen wird. Das Mountainbike ist das „Sorgenkind" der Geschäftsleitung. Vor Jahren gehörte es zu den attraktivsten Modellen des Unternehmens. Durch geändertes Freizeitverhalten und gesteigertes Unfallbewusstsein ist der Absatz bedauerlicherweise stark gesunken.

Portfolio
Mappe; hier: „Mappe" mit Produkten des Unternehmens.

Relativer Marktanteil
ist der Anteil des eigenen Unternehmens am Markt im Verhältnis zum größten Konkurrenten. Bei einem Marktanteil der Fly Bike Werke GmbH von 5,1 % und einem Marktanteil des stärksten Konkurrenten von 9,8 % ergibt sich 5,1/9,8 = 0,52. Der Konkurrent hat also einen fast doppelt so hohen Marktanteil wie die Fly Bike Werke GmbH.

Ein Unternehmen muss laufend die aktuelle Wettbewerbssituation prüfen und mögliche zukünftige Erfolgsprodukte identifizieren. Dazu nutzen viele Unternehmen die **Portfolio-Analyse**. Bei der Portfolio-Analyse wird das zukünftig zu erwartende Marktwachstum dem aktuellen, eigenen **relativen Marktanteil** gegenübergestellt, um Chancen und Risiken von Produkten sichtbar zu machen.

Der relative Marktanteil lässt sich wie folgt ermitteln:

$$\text{Relativer Marktanteil} = \frac{\text{eigener Marktanteil}}{\text{Marktanteil des größten Konkurrenten}}$$

Das erwartete Marktwachstum ist ein Prognosewert und deshalb mit Unsicherheit verbunden. Je größer das Marktwachstum, umso größer sind auch die Chancen eines Unternehmens, an diesem Wachstum teilzuhaben. Das Marktwachstum ist vom Unternehmen kaum beeinflussbar.

Die ermittelten Größen werden in einem Koordinatensystem kombiniert (**Portfoliomatrix**). Dann lässt sich jedes Produkt in einen der Quadranten einordnen.

Portfoliomatrix

Ein Portfolio gilt nach der Portfolio-Analyse dann als Erfolg versprechend, wenn genügend Stars und Cash Cows vorhanden sind, die Nachwuchsprodukte ebenso wie Auslauf- oder Ergänzungsprodukte finanzieren. Insofern muss ein **ausgewogener Produktgruppenmix** vorliegen.

Für jede Produktgruppe lassen sich gezielte Strategien festlegen.
- **Questionmarks:** Produkte beobachten und eventuell fördern.
- **Stars:** Marktanteil halten und Wachstum ausbauen durch Investitionen in Marketing-Instrumente.
- **Cash Cows:** Marktanteil halten, Produkterträge abschöpfen (melken).
- **Poor Dogs:** Produkte entweder vom Markt nehmen oder verkaufen.

Strategien der Portfoliomatrix

Zu beachten ist, dass nicht jedes Produkt zwingend jeden Quadranten durchlaufen muss. Flop-Produkte sind z. B. zu Beginn ein „Questionmark". Sie rutschen jedoch aufgrund mangelnder Nachfrage kurz nach ihrer Markteinführung in den Quadranten „Poor Dogs" und werden wieder aus dem Sortiment genommen.

Zwischen der Portfolio-Analyse und dem Produktlebenszyklus bestehen enge Beziehungen. Je nach Zyklusphase sind entsprechende Quadranten aus der Portfoliomatrix relevant. Vorausgesetzt, ein Produkt schafft den Sprung zu einem Star, ergibt sich der Zusammenhang zum Produktlebenszyklusverlauf, wie in der folgenden Grafik dargestellt:

Produktlebenszyklus, vgl. HF 3, 2.2, S. 201

Portfolio-Analyse und Produktlebenszyklus

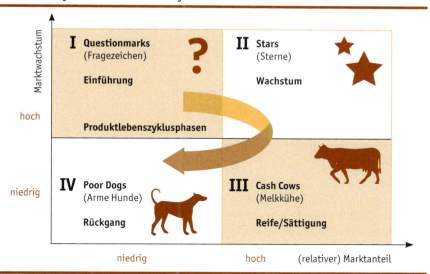

Die Portfolio-Analyse erfordert eine Vielzahl von Daten. Deshalb führen Unternehmen selten solch eine Analyse alleine durch. In der Regel ist eine **Unternehmensberatung** beteiligt, die über Daten zum Markt und zu Wachstumsprognosen verfügt. Die Portfolio-Analyse wurde daher auch von einer großen amerikanischen Unternehmensberatung, der Boston Consulting Group, entwickelt.

7.2 Preiselastizität der Nachfrage

> **Beispiel** Die Fly Bike Werke GmbH erhöht zum 1. April die Preise für Rennräder um 120 €. Im zweiten Quartal werden 450 Rennräder verkauft. Im selben Quartal des Vorjahres – also vor der Preiserhöhung – wurden noch 600 Rennräder abgesetzt.

Preisbildung auf den Märkten, vgl. Band VWL

Die Verkaufsmenge wird durch den Verkaufspreis entscheidend beeinflusst. Gerade in Zeiten knapper Finanzmittel bei potenziellen Nachfragern wird der Preis zu einem zentralen Kaufargument. Bei den meisten Gütern ergibt sich zwischen Menge und Preis folgender Zusammenhang:

Zusammenhang zwischen Preis und Verkaufsmenge (normale Güter)

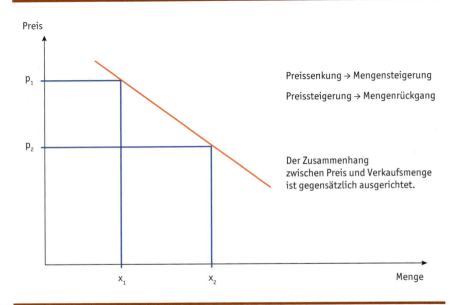

Je höher der Preis eines Gutes ist, desto geringer wird normalerweise die Nachfrage nach diesem Gut sein. Umgekehrt sind bei sinkenden Preisen in der Regel mehr Kunden bereit, das Gut zu kaufen. Dieser im Normalfall **gegensätzliche Zusammenhang** zwischen Preis und Absatzmenge ist allerdings bei jedem Gut unterschiedlich stark ausgeprägt. Die jeweilige Stärke, mit der die Nachfrage (mengenmäßig) auf Preisänderungen reagiert, nennt man Preiselastizität der Nachfrage.

Die **Preiselastizität** ist ein Hinweis dafür, wie empfindlich die Kunden auf Preisänderungen reagieren. Je stärker die Änderung der Nachfrage ausfällt, desto größer ist die Preiselastizität dieses Gutes. Im Extremfall verändert sich die nachgefragte Menge allerdings gar nicht (vollkommen unelastische Nachfrage).

Berechnung der Preiselastizität der Nachfrage

$$\text{Preiselastizität} = \frac{\text{relative Mengenänderung in \%}}{\text{relative Preisänderung in \%}} = \frac{\dfrac{\text{neue Menge} - \text{alte Menge}}{\text{alte Menge}}}{\dfrac{\text{neuer Preis} - \text{alter Preis}}{\text{alter Preis}}}$$

Das Ergebnis der Division wird stets mit –1 multipliziert, um ein positives Ergebnis zu erhalten.

Als Ergebnisvarianten können auftreten:

Isoelastische Nachfrage
Elastizität = 1 (Zähler = Nenner)
Preisänderung und Mengenreaktion sind gleich groß.

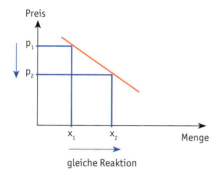

gleiche Reaktion

Theoretische Größe, in der Realität eher selten.

Elastische Nachfrage
Elastizität > 1 (Zähler > Nenner)
Die Mengenreaktion ist stärker als die Preisänderung.

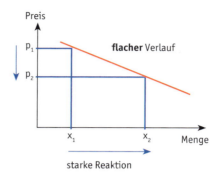

starke Reaktion

Güter des gehobenen Bedarfs, z. B. Autos, Unterhaltungselektronik

Unelastische Nachfrage (unempfindliche Reaktion)
Elastizität < 1 (Zähler < Nenner)
Die Mengenreaktion ist schwächer als die Preisänderung.

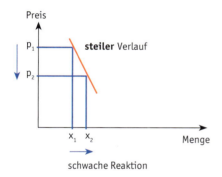

schwache Reaktion

Güter des Grundbedarfs, z. B. Nahrungsmittel, Benzin

Vollkommen unelastische Nachfrage (Grenzfall)
Elastizität = 0 (Zähler = 0)
Die Kunden reagieren nicht auf Preisänderungen.

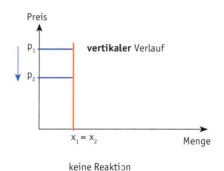

keine Reaktion

Lebensnotwendige Güter, z. B. Medikamente

Bevor ein Unternehmen seine Preise ändert, sollte ermittelt werden, wie stark die Kunden darauf voraussichtlich reagieren werden. Die Preiselastizität gibt wichtige Hinweise auf die Preisgestaltung einer Ware, um den Umsatz zu optimieren:

Preisgestaltung, vgl. **4.1**, S. 260

Preisgestaltung bei elastischer und unelastischer Nachfrage	
Elastische Nachfrage E > 1	moderate Preissenkung: relative Mengensteigerung > relative Preissenkung; der Umsatz steigt
Unelastische Nachfrage E < 1	moderate Preissenkung: relative Mengensteigerung < relative Preissenkung; der Umsatz sinkt

7.3 Kennzahlen der Kommunikationspolitik

Bei der Entscheidung über kommunikationspolitische Maßnahmen steht dem Unternehmer eine Vielzahl von Möglichkeiten offen. In erster Linie ist aber wichtig, dass kommunikationspolitische Maßnahmen erfolgreich sind. Dem Absatzcontrolling stehen daher Kennzahlen zur Verfügung, die den Erfolg der Werbung messen. Das hilft dem Unternehmer in seiner Entscheidungsfindung. War eine kommunikationspolitische Maßnahme erfolgreich, wird sie weiterverfolgt. War sie es nicht, wird sie eingestellt.

7.3.1 Werbeträger bestimmen

Um über die **Kosten eines Werbeträgers** eine bessere Aussage treffen zu können, wird häufig auf den Tausenderpreis zurückgegriffen. Diese Kennzahl gibt an, wie teuer eine Werbemaßnahme ist, um 1.000 Personen per Sicht- und/oder Hörkontakt anzusprechen.

Kennzahl Tausenderpreis

$$\text{Tausenderpreis:} \quad \frac{\text{Preis je Seite}}{\text{Leser pro Ausgabe}} \cdot 1.000$$

Beispiel Berechnung des Tausenderpreises für eine Printwerbung
Angenommen, die Preisliste des „Stern" weist einen Seitenpreis von 49.300,00 € aus. Laut Brancheninformationen hat die Zeitschrift durchschnittlich 7,2 Mio. Leser pro Ausgabe. Der Tausenderpreis lässt sich wie folgt ermitteln:

$$\frac{49.300}{7.200.000} \cdot 1.000 = 6{,}84 \, € \, / \, 1.000 \text{ Leser}$$

Bei der Werbung für ein Herrenrennrad der Fly Bike Werke GmbH könnte die Zielgruppe „Männer mit überdurchschnittlichem Einkommen" umfassen. Das Design wird dann passend zur Zielgruppe festgelegt, denn nur diese ist für unsere Werbemaßnahme interessant. Entsprechend ist es sinnvoll, beim Kostenvergleich nicht alle Leser, sondern **nur die Leser der Zielgruppe** zu betrachten:

$$\text{Qualitativer Tausenderpreis:} \quad \frac{\text{Preis je Seite}}{\text{Leser unserer Zielgruppe pro Ausgabe}} \cdot 1.000$$

Beispiel Wenn wir davon ausgehen, dass 61 % der Leser des „Stern" der Zielgruppe angehören, ergibt sich:

$$\frac{49.300}{0{,}61 \cdot 7.200.000} \cdot 1.000 = 11{,}22 \, € \, / \, 1.000 \text{ Leser der Zielgruppe}$$

Unter Aspekten des Vergleichs der Kosten müsste immer der Werbeträger mit dem günstigsten qualitativen Tausenderpreis gewählt werden. Zu beachten ist jedoch, dass der Tausenderpreis nur einen Kostenvergleich erlaubt. Mit Sicherheit erreicht man z. B. über den „Playboy" viele Männer, ob diese Zeitschrift aber unter qualitativen Gesichtspunkten (z. B. Imagetransfer) geeignet wäre, ist durch den Tausenderpreis nicht geklärt.

7.3.2 Werbeerfolgskontrolle

Da jede Werbung Kosten verursacht, sollte geprüft werden, ob die Werbung tatsächlich zur Erfolgsverbesserung beigetragen hat. Das Problem der Werbeerfolgskontrolle besteht darin, dass man nicht genau feststellen kann, ob die durchgeführte Werbung die (alleinige) Ursache für beobachtete Entwicklungen ist oder ob auch andere Faktoren (z. B. Preis, Konkurrenz, Zufall) einen Einfluss hatten. Es kann schließlich nicht ermittelt werden, wie groß z. B. der Umsatz ohne Werbemaßnahmen gewesen wäre. Dennoch wird der Werbeerfolg grundsätzlich auf zwei Arten kontrolliert:

Ökonomische Werbeerfolgskontrolle: Der Werbeerfolg wird in Bezug auf Messgrößen überprüft, die den ökonomischen Erfolg des Unternehmens direkt bestimmen.

Werbeerfolg	Umsatz (nach der Werbemaßnahme) − Umsatz (vor der Werbemaßnahme)
Werberendite	$\dfrac{\text{Werbeerfolg (Umsatzzuwachs)}}{\text{Werbekosten}}$
	Ist die Werberendite > 100 %, ist der Umsatzzuwachs also größer als die durch die Werbung entstandenen Kosten, kann die Werbung als erfolgreich bewertet werden.
Marktanteil	$\dfrac{\text{Umsatzwachstum}}{\text{Gesamtumsatz des Marktes}}$

Außerökonomische Werbeerfolgskontrolle: Überprüft wird die Erreichung von psychologischen Werbezielen einer Kampagne. Dabei können Wahrnehmung, Verarbeitung und Verhaltensänderung unterschieden werden.

Aufmerksamkeitsgrad	$\dfrac{\text{Zahl der von der Werbung Angesprochenen}}{\text{Zahl der Umworbenen (Zielgruppe)}}$
Erinnerungserfolg	$\dfrac{\text{Zahl der sich an die Werbung Erinnernden}}{\text{Zahl der Umworbenen}}$
Auftragseingangsquote	$\dfrac{\text{Zahl der tatsächlichen Käufer}}{\text{Zahl der Umworbenen (Zielgruppe)}}$

> **Beispiel** Nach dem Versand von 15.500 Coupons wurden im August 2.190 Prospekte zum neuen Mountainbike angefordert. Der Umsatz stieg in diesem Monat um 18.200 €, die Werbekosten betrugen 12.300 €.
>
> Werberendite: $\dfrac{18.200}{12.300} \cdot 100 = 147{,}97\ (147{,}97\,\%)$
>
> Aufmerksamkeitsgrad: $\dfrac{2.190}{15.500} \cdot 100 = 14{,}13\ (14{,}13\,\%)$
>
> Gemessen an diesen Kennzahlen war die Werbung erfolgreich, wenngleich auch keine eindeutigen Rückschlüsse auf die Auslöser der Entwicklung möglich sind.

8 Erstellung einer Marketing-Konzeption

LS 46
Erstellung einer Marketing-Konzeption

Marketing-Ziele, vgl. **1.2**, S. 247

Marketing-Instrumente, vgl. **3–6**, S. 255 ff.

Erfolgreiches Marketing beginnt immer mit der klaren Formulierung von **Marketing-Zielen**. Denn nur, wenn die Ziele klar gesetzt sind, kann auch ein Weg festgelegt werden, wie diese Ziele zu erreichen sind (**Marketing-Strategien**).

Steht auch der Weg fest, müssen die Werkzeuge ausgewählt werden, die eingesetzt werden sollen, um das Ziel zu erreichen. Die optimale Kombination einzelner Marketing-Maßnahmen zu einem aufeinander abgestimmten und sich gegenseitig unterstützenden Maßnahmenbündel wird als **Marketing-Mix** bezeichnet.

Marketing-Ziele	Wo möchten wir hin?	Ziele festlegen
Marketing-Strategie	Wie gelangen wir ans Ziel?	Weg festlegen
Marketing-Mix	Was müssen wir dafür tun?	Werkzeuge/Instrumente auswählen

Der Marketing-Mix wird von verschiedenen Faktoren beeinflusst:
- Unternehmensziele (z. B. Qualitätsführerschaft, Niedrigpreisimage, Ökologie)
- Marktverhältnisse (z. B. Konkurrenz, wirtschaftliche Stellung der Kunden)
- Unternehmenssituation (z. B. Liquidität, Gewinnsituation)
- allgemeine Rahmenbedingungen (z. B. technische Entwicklung, Konjunktur)

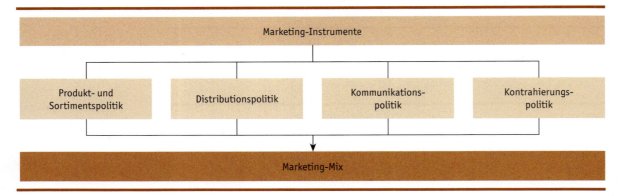

8.1 Positionierung

Beispiel Die Fly Bike Werke GmbH möchte sich als Fahrradhersteller positionieren, der fast alle Fahrradtypen (=vollständiges Sortiment) in sehr kurzer Zeit (=hohe Produktions- und Liefergeschwindigkeit) produzieren und liefern kann. Die Fly Bike Werke GmbH muss diesen Anspruch ihrer Zielgruppe kommunizieren, damit sie von den Kunden auch so wahrgenommen wird.

Ein Werbeobjekt kann ein Unternehmen, ein bestimmtes Produkt oder eine Marke sein.

Im Zusammenhang mit der Erarbeitung einer Marketing-Strategie für ein bestimmtes Werbeobjekt muss festgelegt werden, wie die Zielgruppe dieses Objekt im Vergleich zu Konkurrenzobjekten wahrnehmen und welche Vorstellungen sie damit verbinden soll. Diese Festlegung bezeichnet man als Positionierung. Vereinfacht gesagt ist die Positionierung eines Objektes die **unverwechselbare Kennzeichnung** dieses Objektes in den Augen der Zielpersonen.

Die Positionierung ist u.a. wichtig für die Planung von Kommunikationsmaßnahmen. Durch die Kommunikation, z.B. Werbung, muss den Zielpersonen die angestrebte Position vermittelt werden. In diesem Zusammenhang unterscheidet man zwischen der Soll-Position und der Ist-Position. Die **Soll-Position** beschreibt, welche Objektwahrnehmung der Zielpersonen von der Unternehmensleitung angestrebt wird. Die **Ist-Position** ist die Wahrnehmung, die Zielpersonen von dem Objekt tatsächlich haben. Im Idealfall sollten natürlich Soll- und Ist-Position übereinstimmen. Durch Fehler in der Kommunikation kann es allerdings zu Differenzen kommen.

Bei der Festlegung einer Positionierung sind folgende Punkte zu beachten:
- **Eigenschaften des Positionierungsobjektes:** Ist die angestrebte Position für das Objekt **glaubwürdig**?
- **Eigenschaften und Wünsche der Zielpersonen:** Ist die angestrebte Position für die Zielpersonen **attraktiv**?
- **Positionen der Konkurrenzobjekte:** Ermöglicht die angestrebte Position eine **Alleinstellung**?

> **Beispiel**
>
> **Glaubwürdigkeit:** Hätte die Fly Bike Werke GmbH in Wirklichkeit relativ lange Lieferzeiten und evtl. auch nur ein beschränktes Sortiment, wäre die Positionierung unglaubwürdig und könnte das Wahrnehmungsbild der Fly Bike Werke GmbH bei der Zielgruppe negativ beeinflussen, da Anspruch und Wirklichkeit nicht übereinstimmen.
>
> **Attraktivität:** Wenn die Zielgruppe keinen Wert auf eine breite Angebotspalette und kurze Lieferzeiten legt, erlangt die Fly Bike Werke GmbH durch die Positionierung in der Wahrnehmung der Zielgruppe keinen Vorteil.
>
> **Alleinstellung:** Wenn neben der Fly Bike Werke GmbH auch noch mehrere andere Fahrradhersteller den gleichen Anspruch für sich reklamieren, kann die Fly Bike Werke GmbH durch diese Positionierung keine Alleinstellung erreichen. Die Zielgruppe, der eine breite Angebotspalette und eine kurze Lieferzeit wichtig ist, hat keinen Grund, bei der Fly Bike Werke GmbH zu kaufen, da die anderen so positionierten Fahrradhersteller das Gleiche bieten wie die Fly Bike Werke GmbH.

Positionierungsmodell

Die jeweilige Positionierung wird häufig in einem zweidimensionalen **Positionierungsmodell** visualisiert. Die Achsen des Positionierungsmodells werden dabei mit den Eigenschaften **(Dimensionen)** bezeichnet, die bei der Positionierung berücksichtigt werden sollen. Um ein klares Vorstellungsbild in der Zielgruppe zu erreichen, sollten bei einer Positionierung nicht mehr als zwei Dimensionen berücksichtigt werden.

Bei der **Ermittlung von Ist-Positionen** muss man messen, wie die Zielpersonen das Positionierungsobjekt (Unternehmen, Marke, Produkt) bezüglich der Positionierungsdimensionen wahrnehmen. Das geht nur mithilfe einer Befragung. Hierbei verwendet man in der Regel so genannte **Rating**skalen. Je mehr Skalenpunkte verwendet werden, umso genauer kann bei der Befragung abgestuft werden. In der Praxis üblich sind vier- bis siebenstufige Ratingskalen.

Rating
(engl.) Bewertung, Einstufung

HF 4 Absatz

Die Befragten können ihre Einschätzung, inwieweit eine bestimmte Eigenschaft für das Untersuchungsobjekt zutrifft, nur durch einen ganzzahligen Wert (in diesem Beispiel durch die Zahlen 1, 2, 3 oder 4) ausdrücken. Da normalerweise eine große Anzahl von Personen befragt wird und die Einzelergebnisse zu einem Gesamtwert zusammengefasst werden, kann das Ergebnis bei einer vierstufigen Skala grundsätzlich jeder Wert von 1 bis 4 sein.

Vierstufige Ratingskala für eine Befragung

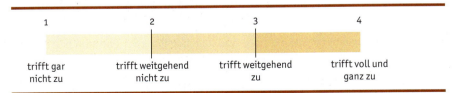

Die Mitte liegt in diesem Positionierungsmodell bei einem Skalenwert von 2,5. Objekten, die diesen Skalenwert erreichen, wird die betreffende Eigenschaft (Dimension) weder zuerkannt noch abgesprochen. Je weiter der Skalenwert von 2,5 nach oben hin überschritten wird, umso stärker wird das Objekt mit der betreffenden Eigenschaft in Verbindung gebracht. Entsprechendes gilt umgekehrt, wenn der Skalenwert unterhalb von 2,5 liegt. Hier wird der Bezug der betreffenden Eigenschaft zu dem Objekt mit zunehmender Abweichung in der Wahrnehmung der Befragten immer geringer.

> **Beispiel** Die Zielgruppenbefragung ergibt, dass die Fly Bike Werke GmbH in dem Positionierungsmodell bei beiden Dimensionen einen Skalenwert erreicht, der etwas oberhalb von 3 liegt. Die Zielpersonen empfinden also für die Fly Bike Werke GmbH beide Dimensionen als im Wesentlichen zutreffend.

Positionierungsmodell der Fly Bike Werke GmbH

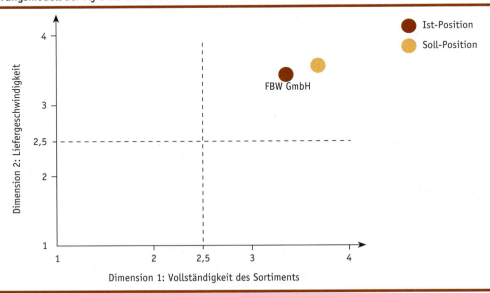

ANFORDERUNGSSITUATION 4.1

8 Erstellung einer Marketing-Konzeption

Wettbewerbspositionierung

Für ein Unternehmen ist es aber nicht nur interessant zu wissen, wie es selbst wahrgenommen wird, sondern auch, wie Mitbewerber bzw. deren Produkte oder Marken von den Zielpersonen bewertet werden. Trägt man auch deren Positionen in das Positionierungsmodell ein, lässt sich sofort erkennen, wie das eigene Unternehmen bzw. die eigene Marke im Vergleich zum Wettbewerb bewertet wird. Der Positionsvergleich mit der Konkurrenz dient häufig als Basis für eine Konkurrenzanalyse.

Wettbewerbsposition der Fly Bike Werke GmbH (Positionierungsvergleich)

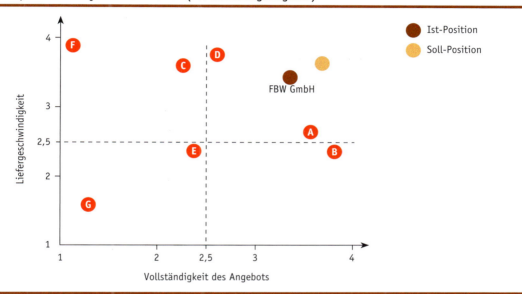

Beispiel Für die Fly Bike Werke GmbH und deren Hauptmitbewerber A – G ergibt sich auf Grundlage der Kundenbefragung das folgende Positionierungsmodell. Die Fly Bike Werke GmbH hat bezüglich der beiden Dimensionen eine Alleinstellung, was positiv zu bewerten ist. Den Konkurrenten A und B wird zwar die Dimension 1 (Vollständigkeit des Sortiments) zuerkannt, bezüglich der Dimension 2 (Liefergeschwindigkeit) ist die Bewertung aber nur mittelmäßig. C und D wird die Dimension 2 zuerkannt, hier ist die Dimension 1 aber nur mittelmäßig bewertet. E erreicht bei beiden Dimensionen nur eine mittlere Bewertung. F punktet nur bei der Dimension 2 und bei G werden beide Dimensionen als nicht zutreffend wahrgenommen.

8.2 Copy-Strategie

Das im Rahmen der Positionierung festgelegte Vorstellungsbild wird der Zielgruppe durch Kommunikationsmaßnahmen vermittelt. Eine Copy-Strategie legt **inhaltliche und gestalterische Aspekte** von Werbung fest. In den Anfängen der Werbung bezogen sich Vorgaben zum Inhalt und zur Gestaltung nur auf den reinen Text, der im Werbejargon als Copy bezeichnet wird. Daher stammt die Bezeichnung Copy-Strategie. Mittlerweile bezieht sich der Begriff nicht nur auf die Textteile, sondern auf das gesamte Werbemittel. Der Name ist aber geblieben.

Elemente der Copy-Strategie	
Consumer Benefit	Nutzenversprechen
Reason Why	Nutzenbegründung
Tonality/Flair	Form und Stil, Grundstimmung der Werbung

Consumer Benefit (Nutzenversprechen)

Zunächst wird festgelegt, welcher Nutzen den Zielpersonen im Rahmen der Werbung versprochen werden soll. Hierbei muss zwischen dem Grundnutzen und einem Zusatznutzen unterschieden werden. Der **Grundnutzen** ist durch die funktionalen Eigenschaften des Produktes objektiv bestimmbar. Da alle Produkte der betreffenden Produktgattung den gleichen Grundnutzen besitzen, ist er in aller Regel nicht für werbliche Zwecke geeignet. Nur bei echten technischen Innovationen kann der Grundnutzen evtl. eine werbliche Relevanz haben.

Für die Werbebotschaft muss ein entsprechender **Zusatznutzen** entwickelt werden, der zusätzlich zum Grundnutzen vermittelt wird. Beim Consumer Benefit handelt es sich fast immer um einen Zusatznutzen.

Beispiel Bei der Fly Bike Werke GmbH könnte sich der Zusatznutzen auf das Sortiment, das Preisniveau, besonders günstige Konditionen, einen besonderen Service, eine hohe Zuverlässigkeit oder ein hohes Qualitätsimage beziehen.

Consumer Benefit (Nutzenversprechen)

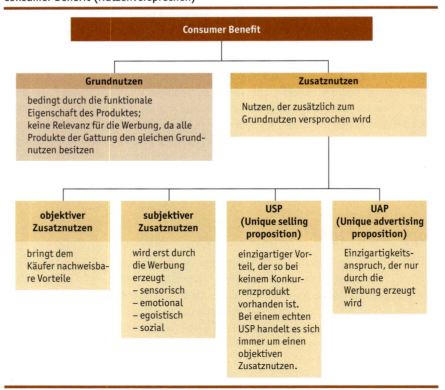

Bei dem für den Consumer Benefit versprochenen Zusatznutzen ist zwischen objektivem und subjektivem Zusatznutzen zu unterscheiden.

Ein **objektiver Zusatznutzen** bringt für den Käufer nachweisbare Vorteile. Der Hinweis auf den niedrigen Benzinverbrauch eines Autos ist z. B. ein objektiver Zusatznutzen. Da hierbei an die Ratio der Umworbenen appelliert wird, spricht man häufig auch von einem rationalen Zusatznutzen.

Ein **subjektiver Zusatznutzen** wird erst durch die Werbung erzeugt.

Subjektiver Zusatznutzen

	Erläuterung	Beispiel
emotionaler Zusatznutzen	spricht die Gefühle der potenziellen Kunden an (positive Emotionen im Zusammenhang mit dem Produkt oder der Produktverwendung)	idyllische Familiensituationen im Zusammenhang mit einem Auto
sensorischer Zusatznutzen	spricht die Sinne der potenziellen Kunden an (positive Sinneserlebnisse im Zusammenhang mit dem Produkt oder der Produktverwendung)	ästhetische, schöne Darstellung eines Autos
sozialer Zusatznutzen	verändert die Stellung des potenziellen Kunden in der Gesellschaft	jemand wird wegen seines Autos bewundert
egoistischer Zusatznutzen	stärkt die Ich-Bestätigung des potenziellen Kunden	ein Auto wird als Prestigeobjekt dargestellt

Beispiel Die Fly Bike Werke GmbH hat sich über die Dimensionen „Vollständigkeit des Sortiments" und „hohe Liefergeschwindigkeit" positioniert. Im Rahmen der Copy-Strategie muss jetzt für jede Positionierungsdimension ein Nutzen festgelegt werden.

Positionierungsdimension	Zusatznutzen	Nutzenaspekt
Vollständigkeit des Sortiments	„Sie brauchen nicht umständlich bei verschiedenen Fahrradanbietern zu suchen, die Fly Bike Werke GmbH erfüllt alle Ihre Wünsche, auch ausgefallene Modelle."	Bequemlichkeit
hohe Liefergeschwindigkeit	„Wenn es schnell gehen muss, weil Sie kurzfristig eine größere Menge von Fahrradtrikots für Ihren neu gegründeten Verein benötigen, können Sie auf die Fly Bike Werke GmbH bauen."	Sicherheit

Es ist durchaus möglich, dass bei einzelnen Werbeschaltungen jeweils nur ein Nutzenaspekt vermittelt wird. Dieser muss sich dann natürlich mit dem zweiten abwechseln, so dass auf Dauer beide Nutzenaspekte kommuniziert werden.

USP (unique selling proposition) = einzigartiges Verkaufsangebot; häufig auch als Alleinstellungsmerkmal bezeichnet

UAP (unique advertising proposition) = einzigartiges Werbeversprechen

Handelt es sich bei dem Consumer Benefit um einen Zusatznutzen, der in dieser Form **von keinem anderen Unternehmen** geboten wird, so spricht man von einem so genannten **USP**. Bei einem echten USP handelt es sich in der Regel immer um einen objektiven Zusatznutzen, der durch die Produkteigenschaften bedingt ist. Ein Automobilhersteller hätte z. B. einen echten USP, wenn er ein Auto anbieten würde, das auf 100 km nur 1 Liter Benzin verbraucht.

Da echte USPs eher selten sind, wird häufig versucht, einen Einzigartigkeitsanspruch durch die Art der werblichen Darstellung zu vermitteln. In solchen Fällen spricht man von einem **UAP**. Der UAP schafft so eine emotionale Alleinstellung, keine reale.

> **Beispiel**
> Smart – USP: Das Automodell als innovativer Zweisitzer für den Stadtverkehr.
> Coca Cola – UAP: Es gibt nur ein echtes „Coke"

Reason Why (Nutzenbegründung)

Nachdem der Consumer Benefit definiert wurde, muss nun für jeden Nutzenaspekt eine Begründung geliefert werden, die dem Kunden glaubhaft macht, dass es den Nutzen tatsächlich gibt.

Beispiel	Bestimmung des Reason Why
Nutzenaspekt	Nutzenbegründung
Bequemlichkeit	Die Fly Bike Werke GmbH hat ein sehr breites und gleichzeitig tiefes Sortiment, so dass sie nahezu alle Lieferwünsche erfüllen kann.
Sicherheit	Die Fly Bike Werke GmbH hat ein effektives Fertigungssystem und kann die gewünschten Fahrräder schnell produzieren und daher sofort liefern.

Der Reason Why ist eine Erläuterung und Begründung, dass der versprochene Zusatznutzen auch tatsächlich existiert. Dadurch wird der Effekt der Werbung verstärkt und die Werbebotschaft glaubwürdiger. Die Begründung für den Consumer Benefit kann mithilfe verschiedener Techniken erfolgen, wie z. B.:
- Garantieerklärung
- Testergebnisse, Forschungsergebnisse
- Wirkstoffe, Herstellungsverfahren
- Bürgschaften durch **Testimonials**
- Tradition
- Kompetenz des Unternehmens

Testimonial
Person, die in der Werbung ihre Zufriedenheit mit dem beworbenen Produkt betont. Besonders werbewirksam ist es, wenn es sich um eine prominente Person handelt.

Tonality/Flair (Grundstimmung der Werbung)

Semiotik
(griech.) Lehre von den Zeichen, Zeichensystemen und -prozessen. Ein Objekt kann nur dann eine semiotische Qualität haben, wenn es in einer Beziehung zu einem anderen Objekt steht.

Das Flair bestimmt die besondere Atmosphäre, welche die zentrale Werbebotschaft umgeben soll. Dabei kann der Darstellungsstil (Tonality) in zwei Dimensionen beschrieben werden, in der psychologischen und in der **semiotischen**.

Die **psychologische Dimension** vermittelt unthematische Informationen, die von dem angestrebten Image abgeleitet werden. Dabei wird vor allem an die Gefühle der Umworbenen appelliert.

Zu den unthematischen Informationen zählen alle Wahrnehmungsqualitäten, die unbewusst auf den Empfänger einwirken, in ihm Stimmungen und Gefühlslagen auslösen und/oder verfestigen, Erinnerungen wachrufen oder bestimmte Erwartungen wecken. Hierzu gehören z. B. Farben, Ausstattungsgegenstände, Hintergrund.

Die **semiotische Dimension** wird durch bestimmte verbale, visuelle, **typografische** und auditive Stilmittel realisiert. Mögliche Stilrichtungen sind z. B.: wissenschaftlich, sachlich, informativ, erzählend, Erlebnis, Story, Märchen, intim, künstlerisch, schockierend, ironisierend, paradox (verfremdend).

Typografie
Lehre vom Gestalten einer Drucksache. Typografische Gestaltungsmittel sind Schriften, grafische Zeichen, Schmuckelemente, Linien und Flächen, die harmonisch kombiniert und angeordnet werden.

Beispiel Bezüglich der Tonality müssen Angaben zum Darstellungsstil und zur psychologischen Dimension der Werbung gemacht werden. Es könnte z. B. ein erzählender Stil gewählt werden, indem eine Situation dargestellt wird (ein Kunde sucht ein bestimmtes Mountainbike), die durch die Fly Bike Werke GmbH gelöst wird. Im Zusammenhang mit der psychologischen Dimension könnten Anmutungen in Richtung Sicherheit, Vertrauen, Zuverlässigkeit, Sorglosigkeit usw. vermittelt werden.

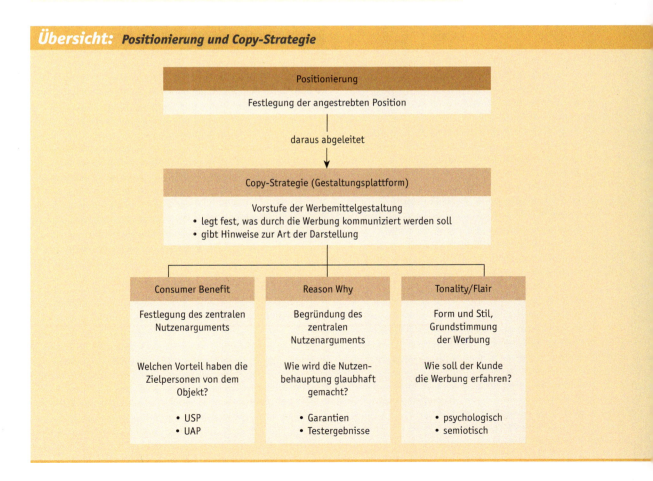

Übersicht: Positionierung und Copy-Strategie

HF 4

Absatz

8.3 Copy-Analyse

Eine Copy-Analyse ermöglicht Rückschlüsse auf eine Copy-Strategie.

Da die Copy-Strategie die Grundlage zur Erstellung von Werbemitteln ist, muss es folglich umgekehrt auch möglich sein, durch die Analyse eines vorliegenden Werbemittels die dahinter steckende Copy-Strategie zu erschließen. In diesem Fall spricht man von einer Copy-Analyse.

Zielsetzung: Konkurrenzanalyse

Die Analyse eines bestehenden Kommunikationskonzeptes ist häufig Bestandteil einer **Konkurrenzanalyse**. Mit ihrer Hilfe soll ermittelt werden, welche Positionierung das Konkurrenzunternehmen für seine Produkte bzw. Marken im Markt anstrebt und welche Copy-Strategien den Werbemitteln zugrunde liegen.

Zielsetzung: Gestaltung eines eigenen Kommunikationskonzeptes

Die Copy-Analyse kann aber auch als Muster für die **Gestaltung eigener Konzepte** verwendet werden. Kernbestandteile sind:
- Positionierung
- Zielgruppe
- Copy-Strategie (Consumer Benefit, Reason Why, Tonality/Flair).

Weitere Aspekte der Copy-Analyse	
Headline	(Haupt-)Überschrift
Subline	Zwischenüberschrift
Claim	getexteter Zusatznutzen, meist auf eine Kampagne beschränkt und daher zeitlich befristet
Slogan	prägnanter, einprägsamer Werbespruch oder Vers, der als eine Konstante über einen langen Zeitraum in allen Werbemitteln verwendet wird. Claim und Slogan sind nur bei Vorliegen mehrerer Werbemittel des gleichen Unternehmens identifizierbar.
Key Visual	visuelles Grundmotiv, das den langfristigen visuellen Auftritt einer Marke oder eines Unternehmens bestimmt
CD-Konstante	„CD" ist die Abkürzung für Corporate Design. Das Corporate Design soll ein einheitliches visuelles Erscheinungsbild des Unternehmens in der Öffentlichkeit gewährleisten. Das hat den Vorteil, dass z. B. bei einer Werbung sofort zugeordnet werden kann, wer der Absender ist. Die CD-Konstante enthält daher z. B. häufig Vorgaben für die Verwendung einer bestimmten Hausfarbe, einer bestimmten Schrifttype oder des Unternehmenslogos bei der Werbegestaltung.

*Corporate Design, vgl. **HF 1**, 11, S. 128*

Beispiel Copy-Analyse des kommunikationspolitischen Konzeptes der Euler Hermes Kreditversicherung

Das mögliche Vorgehen bei einer Copy-Analyse wird anhand eines Werbemittels des Kreditversicherungsunternehmens Euler Hermes erläutert. Auf der Folgeseite sehen Sie eine Werbeanzeige von Euler Hermes, die in einer Fachzeitschrift geschaltet wurde. Eine ausführliche Copy-Analyse mit allen hier aufgeführten Aspekten finden Sie auf der darauf folgenden Seite 296.

8 Erstellung einer Marketing-Konzeption

Quelle: Impulse – Magazin für erfolgreiche Selbstständigkeit, Sonderheft 2/2007, S. 2

ANFORDERUNGSSITUATION 4.1

Copy-Analyse am Beispiel Euler Hermes Kreditversicherung	
Positionierung	Euler Hermes positioniert sich im Wesentlichen eindimensional über den Aspekt Sicherheit vor finanziellen Einbußen durch Forderungsverluste. Eine mögliche Positionierungsformulierung bietet bereits der Slogan: „Wir geben Ihnen Sicherheit".
Zielgruppe	Die Anzeige wendet sich an Unternehmer, die entweder selbstständig oder als angestellte Manager ein Unternehmen führen. Die Tatsache, dass die Anzeige in einer Zeitschrift für erfolgreiche Selbstständigkeit erschienen ist, legt die Vermutung nahe, dass hauptsächlich Selbstständige erreicht werden sollen. Darauf deutet auch die Headline „Wir helfen, Ihr Unternehmen auf Kurs zu halten."
Benefit	Es wird hier sowohl ein rationaler als auch ein emotionaler Nutzen angesprochen. Der rationale Nutzen besteht in einem wirtschaftlichen Vorteil, der Vermeidung von Forderungsverlusten, dadurch wird die Ertragslage des Unternehmens verbessert. Der emotionale Nutzen wird implizit vermittelt. Durch die Betonung des Aspektes „Sicherheit" fühlen sich die Unternehmer geschützt, was ein gutes und positives Gefühl erzeugt.
Reason Why	Hier wird dargestellt, warum Euler Hermes vor Verlusten durch Forderungsausfälle schützt, als Gründe werden genannt: weltweite Bonitätsprüfung von Kunden Inkasso durch die Euler Hermes Forderungsmanagement GmbH schneller und zügiger Schadensersatz bei Forderungsausfällen
Tonality	Durch den Leuchtturm und die große einheitliche blaue Fläche werden Anmutungen in Richtung Ruhe und Sicherheit vermittelt. Das steht im Kontrast zu Brandung und Gischt im unteren Teil der Abbildung. Insgesamt werden dadurch Assoziationen in Richtung „Fels in der Brandung", „ruhender Pool" usw. geweckt. Der Darstellungsstil ist sachlich und informativ.
Headline/Claim	„Euler Hermes: Wir helfen, Ihr Unternehmen auf Kurs zu halten."
Subline	---
Slogan	"Wir geben Ihnen Sicherheit"
Key Visual	Der Leuchtturm könnte als visuelles Grundmotiv für die Werbung von Euler Hermes dienen. Ob das tatsächlich der Fall ist, kann anhand dieser einen Anzeige allerdings nicht festgestellt werden.
CD-Konstante	das Logo und die spezielle blaue Farbe des Logos, die Typo des Firmennamens rechts neben dem Logo und die Typo des Slogans, die Schriftfarbe von Firmennamen und Slogan

9 Rechtliche Rahmenbedingungen der Werbung

9.1 Gesetz gegen den unlauteren Wettbewerb (UWG)

Das **Gesetz gegen den unlauteren Wettbewerb (UWG)** setzt geschäftlichen Handlungen, besonders aber Werbemaßnahmen, rechtliche Grenzen. Wenn Werbung Grenzen verletzt, können Unterlassungs- und Schadensersatzansprüche entstehen. Diese Ansprüche können insbesondere auch dann geltend gemacht werden, wenn Mitbewerber sich durch **unlauteres** oder irreführendes Verhalten einen Wettbewerbsvorsprung verschaffen wollen.

unlauter
unfair, unseriös, unehrlich

Das zuletzt am 29. Juli 2009 verschärfte UWG beginnt mit der Definition des gesetzlichen Schutzzwecks. In § 3 UWG findet sich die so genannte Generalklausel, die jede **unlautere geschäftliche Handlung** verbietet.

> **§ 1 UWG Zweck des Gesetzes**
> Dieses Gesetz dient dem Schutz der Mitbewerber, der Verbraucherinnen und der Verbraucher sowie der sonstigen Marktteilnehmer vor unlauterem Wettbewerb. Es schützt zugleich das Interesse der Allgemeinheit an einem unverfälschten Wettbewerb.
>
> **§ 3 UWG Verbot unlauterer geschäftlicher Handlungen**
> Unlautere geschäftliche Handlungen sind unzulässig, wenn sie geeignet sind, die Interessen von Mitbewerbern, Verbrauchern oder sonstigen Marktteilnehmern spürbar zu beeinträchtigen.

In den folgenden Paragrafen des UWG werden beispielhaft geschäftliche Handlungen aufgezählt, die unlauter und somit zu unterlassen sind.

Unlautere Handlungen

Die in § 4 UWG aufgeführte „schwarze Liste" enthält 30 unzulässige Handlungen bzw. Bestimmungen zum Schutz der Verbraucher als auch zum Schutz der Mitbewerber. Verboten sind dabei zu allererst unwahre Angaben. Zudem ist die Werbung verboten, die auf den Kunden **psychologischen Druck** ausübt und ihn so in seiner Entscheidungsfreiheit beeinträchtigt. Wer also mit Werbung den Kunden belügt, ängstigt oder bedroht, handelt unlauter. Ebenso verboten sind Werbemaßnahmen, die geeignet sind, die **geschäftliche Unerfahrenheit** von Kindern und Jugendlichen oder bestehende **Zwangslagen** von Verbrauchern auszunutzen.

unlauterer Wettbewerb gegenüber Verbrauchern

> **Beispiel** „Lassen Sie nicht noch mehr unschuldige Kinder sterben! Mit jedem Einkauf bei der UWG GmbH helfen Sie den hungernden Kindern in Afrika."

Wer den Werbecharakter einer Wettbewerbshandlung verschleiert, handelt unlauter. Verboten ist in diesem Zusammenhang z. B. die so genannte **Schleichwerbung**. Darunter versteht man eine Form der getarnten Werbung, bei der die Beworbenen nicht auf Anhieb oder überhaupt nicht erkennen können, dass es sich um eine Werbung handelt.

Schleichwerbung

Unlauter handelt außerdem, wer

unlauterer Wettbewerb gegenüber Mitbewerbern

- die Waren, Dienstleistungen, Tätigkeiten oder die persönlichen oder geschäftlichen Verhältnisse eines Mitbewerbers **herabsetzt oder verunglimpft**,
- über das Leistungsangebot, die Person des Unternehmers oder über ein Mitglied der Unternehmensleitung Tatsachen verbreitet, die den Betrieb des Unternehmens oder den Ruf des Unternehmers schädigen können und die **nicht nachweislich der Wahrheit** entsprechen, oder
- Mitbewerber gezielt behindert.

Irreführende Handlungen

Eine Werbung ist irreführend, wenn sie bei der Mehrzahl der Verbraucher eine falsche Vorstellung über eine Ware oder eine Dienstleistung hervorruft und diese Vorstellung für die Kaufentscheidung ausschlaggebend ist.

Irreführung über den Preis

Die Werbung mit Begriffen wie Discountpreis, Gelegenheitspreis, Tiefpreis usw. ist nur dann zulässig, wenn das Preisniveau tatsächlich deutlich unter dem der Mitbewerber liegt.

Bei einem **Mondpreis** wird absichtlich ein überhöhter Ausgangspreis angegeben, der über dem üblichen Marktpreis liegt. Diese überhöhte Preisangabe wird genutzt, um dem Kunden einen besonders hohen Preisnachlass vorzutäuschen. Unzulässig ist hierbei das Vortäuschen eines Preises, den es tatsächlich nie gegeben hat. Ein Vergleich aktueller (niedriger) Preise mit früheren (höheren) Preisen ist nur dann erlaubt, wenn der alte Preis tatsächlich über einen angemessenen Zeitraum für den gleichen Artikel verlangt worden ist.

Lockvogelwerbung

Bei der Lockvogelwerbung werden Kunden mit besonders günstigen Angeboten angelockt. Dann stellt sich jedoch heraus, dass das Angebot „gerade ausverkauft" ist. Unzulässig ist also, wenn ein Angebot nicht in angemessener Menge zur Befriedigung der zu erwartenden Nachfrage zur Verfügung steht. Als angemessen gilt im Regelfall ein Vorrat für zwei Tage.

Zulässige Preisauszeichnung?

> **Beispiel** Ein Papierhersteller wirbt per E-Mail für einen besonders günstigen Posten Kopierpapiere. Als sich die Fly Bike Werke GmbH noch am selben Tage entschließt, auf dieses Angebot einzugehen, und eine größere Menge bestellt, muss sie erfahren, dass bereits der gesamte Posten verkauft ist. Alternativ wird ihr Kopierpapier zu regulären Preisen angeboten.

Werbung mit Testurteilen

Ein gutes oder sehr gutes Testergebnis z. B. der Stiftung Warentest ist sehr werbewirksam und wird deshalb gerne verwendet. Für die Werbung mit Testurteilen benötigt der Werbende keine Genehmigung. Der Test muss allerdings von einer neutralen Institution durchgeführt worden sein und die Testergebnisse müssen der Wahrheit entsprechen. Unzulässig ist die Werbung mit Ergebnissen, die es nicht gibt, die veraltet sind oder wenn sich der Artikel oder seine Zusammensetzung seit der Durchführung des Tests verändert hat. Unzulässig ist auch die Werbung mit dem Testergebnis „gut", wenn das nicht ein überdurchschnittlich gutes Ergebnis ist.

Werbung mit einem Testergebnis der Stiftung Warentest

Beispiel Ein DVD-Player wird mit dem Testurteil „gut" beworben. Im Test waren 15 DVD-Player. Davon wurden acht mit „sehr gut", sechs mit „gut" und einer mit „befriedigend" beurteilt.

Mogelpackungen

Eine Mogelpackung ist eine Verpackung, deren Gestaltung oder übertrieben große Abmessungen mehr Inhalt vortäuschen, als die Packung tatsächlich enthält. Der Verbraucher wird so über die tatsächlich enthaltene Füllmenge getäuscht.

Beispiel Ein Cremetiegel enthält einen großen Hohlraum zwischen Innen- und Außenbehälter. Die Füllmenge beträgt 80 ml, der Hohlraum 95 ml.

Umweltwerbung (Biowerbung)

Bei der Umweltwerbung werden emotionale Bereiche, wie z. B. die Sorge um die eigene Gesundheit, angesprochen. Bei der Biowerbung sind allgemeine Aussagen zu vermeiden, weil ein Produkt nie in jeder Hinsicht umweltfreundlich sein kann, sondern höchstens die Umwelt geringer belastet.

Biosiegel

Beispiel Eine Werbung für einen Haushaltsreiniger lautet: „Kaufen Sie unseren neuen Allzweckreiniger Cleany und die Natur wird es Ihnen danken. Es gibt keinen besseren Umweltschutz!"

Die unrechtmäßige Verwendung von Gütesiegeln ist unzulässig. Die Verwendung von Begriffen wie „natürlich", „naturrein" oder „Bio" ist nur dann zulässig, wenn der so beworbene Artikel bestimmten Ansprüchen genügt. Diese werden bei Biosiegeln von der EU bzw. von der verleihenden Organisation festgelegt.

Vergleichende Werbung

§ 6 UWG

Bei der vergleichenden Werbung werden Waren und Dienstleistungen eines Konkurrenten mit dem eigenen Angebot verglichen. Diese Art der Werbung ist grundsätzlich zulässig. Sie ist allerdings verboten, wenn der Vergleich irreführend, herabsetzend oder verunglimpfend ist. Es dürfen nur nachprüfbare und typische Wareneigenschaften verglichen werden. Durch die Werbung darf es nicht zu Verwechselungen mit Mitbewerbern oder mit deren Angebot kommen.

Unzumutbare Belästigung

§ 7 UWG

Von einer unzumutbaren Belästigung ist auszugehen, wenn erkennbar ist, dass der Empfänger die Werbung nicht wünscht. Dies gilt insbesondere bei einer Direktwerbung durch Telefonautomaten, per Fax oder E-Mail (Spam), ohne dass eine Einwilligung des Empfängers vorliegt. Für (persönliche) Anrufe bei Verbrauchern muss ebenfalls eine ausdrückliche Einwilligung vorliegen; bei Telefonaten mit anderen Marktteilnehmern ist deren mutmaßliche Einwilligung ausreichend.

> **Beispiel** Eine Briefkastenwerbung mit Handzetteln ist unzulässig, wenn auf dem Briefkasten der Hinweis „keine Werbung" angebracht ist.

Zulässig ist diese Form der Werbung nur, wenn der Kunde vorher sein Einverständnis erklärt hat und die Identität des Absenders klar zu erkennen ist. Eine Werbung per E-Mail ist außerdem zulässig, wenn der Kunde mit dem Werbenden bereits früher wegen einer ähnlichen Leistung in Kontakt getreten ist.

Hier ist Briefkastenwerbung unzulässig!

> **Beispiel** Die Auszubildende Cornelia Gruber hat per Internet verschiedene Fachbücher bestellt und dabei ihre E-Mail-Adresse angegeben. Der Buchversandhandel darf Cornelia nun Werbung für Bücher per E-Mail zusenden. Cornelia kann aber jederzeit widersprechen, wenn sie diese Art der Werbung nicht wünscht.

Strafvorschriften

§§ 16 ff. UWG

Werbung ist strafbar, wenn der Werbende absichtlich durch unwahre Angaben den Anschein eines besonders günstigen Angebots hervorruft. Diese Werbung kann mit einer Freiheitsstrafe bis zu zwei Jahren oder mit einer Geldstrafe bestraft werden.

> **Beispiel** Obwohl der Inhaber seine Boutique nicht schließen will, wirbt er mit: „Riesen Rabatte wegen Geschäftsaufgabe".

§ 17 UWG
§ 18 UWG

Auch der Verrat von Geschäfts- und Betriebsgeheimnissen und die Verwendung von Vorlagen können mit Freiheitsstrafe oder Geldstrafe bestraft werden. Vorlagen können z. B. Zeichnungen, Modelle oder Rezepte sein.

> **Beispiel** Ein Mitarbeiter des Großhandelsunternehmens Blum e. K. beschafft sich Unterlagen, aus denen hervorgeht, dass das Unternehmen schließen wird. Er verkauft diese Unterlagen an die Konkurrenz.

Rechtsfolgen bei Wettbewerbsverstößen

Bei Verstößen gegen das UWG kann durch eine so genannte **Abmahnung** der Wettbewerbsverletzer verpflichtet werden, seine wettbewerbswidrigen Handlungen zu unterlassen und einen eventuell entstandenen Schaden zu ersetzen. Zur Abmahnung berechtigt sind Mitbewerber, Wirtschafts- und Fachverbände, Wettbewerbszentralen, die IHK und die Handwerkskammern. Verbraucherzentralen dürfen ebenfalls gegen Wettbewerbsverstöße vorgehen, sofern Verbraucherinteressen betroffen sind.

Folgende Inhaltspunkte sollten in der Abmahnung berücksichtigt werden:
1. Darstellung der unzulässigen Wettbewerbshandlung
2. rechtliche Begründung des wettbewerbswidrigen Verhaltens
3. Aufforderung, eine Unterlassungserklärung zu unterschreiben und zurückzusenden
4. Zahlungsaufforderung für die entstandenen Kosten (z. Zt. ca. 150,00 €; bei Einschaltung eines Anwaltes ca. 800,00 €)

In der **Unterlassungserklärung** verpflichtet sich der Wettbewerbsverletzer zur Unterlassung der angemahnten Werbemaßnahme. Außerdem verpflichtet er sich, bei einem Wiederholungsfall eine Vertragsstrafe an den Abmahnenden zu zahlen. Die Vertragsstrafe beträgt zwischen 1.000 € und 5.000 €, sie ist von der Schwere des Verstoßes abhängig.

Zentrale zur Bekämpfung unlauteren Wettbewerbs e. V.
www.wettbewerbszentrale.de

Unterlassungserklärung

Hiermit verpflichte ich mich gegenüber ... ,
es ab sofort zu unterlassen, im Wettbewerb handelnd
(Wettbewerbsverstoß eintragen), z. B. wie folgt zu inserieren
(Anzeigentext eintragen).

Ich sichere zu, dem/der ... bei jeder Zuwiderhandlung sofort eine
Vertragsstrafe in Höhe von ... € an ... zu zahlen.

_____
Ort   Datum   Unterschrift

Muster einer Unterlassungserklärung

Sollte das Abmahnverfahren zu keinem Ergebnis führen, können die Wettbewerbsverstöße auf besonderen Antrag des Abmahnenden von der Staatsanwaltschaft verfolgt werden. Damit es bei Verstößen gegen das UWG und den daraus resultierenden Streitigkeiten nicht sofort zu Prozessen kommt, ist die **Einigungsstelle** bei der IHK um eine Schlichtung bemüht.

9.2 Markenschutz

Viele Produkte unseres täglichen Konsums sind Markenwaren. Der englische Begriff für Marke ist „brand", genau wie das Brandzeichen, durch das Cowboys ihre Rinder von denen anderer Viehzüchter unterscheiden. Einen ähnlichen Zweck verfolgt der Produzent mit der **Markierung** (engl. branding) seiner Produkte. Er möchte, dass der Verbraucher sein Produkt von den Produkten anderer Anbieter unterscheiden kann.

Als Konsument hat man heute die Auswahl aus einer fast unüberschaubaren Vielzahl von Produkten. So stehen alleine mehrere Dutzend verschiedene Toilettenpapiere, Waschmittel, Autos, Fahrräder und andere Produkte zum Kauf bereit. Hat ein Konsument mit einem Produkt positive Erfahrungen gemacht, spart er sich bei zukünftigen Kaufentscheidungen häufig die Mühe eines Produktvergleichs und bleibt dem Produkt treu. In der Regel ist er bereit, einen höheren Preis dafür zu bezahlen, dass ein **Markenprodukt** Sicherheit über eine gleich bleibende Qualität und ein konstantes Preis-/Leistungsverhältnis bietet. Gleichzeitig vermitteln Marken ein Image, das den Käufer in der Beurteilung durch andere positiv erscheinen lässt. Dies stellt einen wichtigen Zusatznutzen dar.

Kontrahierungspolitik, vgl. 4, S. 260

Zusatznutzen, vgl. 8.2, S. 289

Damit der Konsument ein Markenprodukt wiedererkennen kann, bedienen sich Produzenten verschiedener Markierungen. Sie begegnen uns als
- Namen (Persil, Starbucks, Nivea),
- Formen (Toblerone, WC-Ente, Odol),
- Zeichen (Nike, McDonald's),
- Farben (Milka, Telekom),
- Buchstabengruppen (C&A, H&M),
- Zahlen (4711, 1&1, 8x4),
- Bilder (Bildmarken),
- Melodien (Telekom-Tonfolge),
- Slogans („Wohnst Du noch oder lebst Du schon?") oder
- eine Kombination dieser Varianten.

Beispiele bekannter Markenzeichen-Typen (Axe, Nike, BMW)

Wortmarken	Bildmarken	Wort-Bild-Marken
AXE	Nike	BMW

Vorteile der Markierung für Unternehmen und Kunden

Kommunikationspolitik, vgl. 6, S. 271

In das unverwechselbare Vorstellungsbild eines Produktes investieren die **Unternehmen** viel Geld. Die Markierung unterstützt den Produzenten dann aber bei der Kommunikationspolitik, findet Anwendung in der Preispolitik und bietet rechtlichen Schutz (z. B. durch das Markenrecht). Für den Anbieter liegt der Vorteil der Markenpolitik vor allem in der Kundenbindung und der Möglichkeit zur Durchsetzung höherer Preise. Für den **Kunden** liegt der Vorteil der Markenpolitik in einer hohen Sicherheit bei der Kaufentscheidung sowie im Zusatznutzen.

In der Markenpolitik unterscheidet man zwischen **Herstellermarken** (= klassische Markenartikel), bei denen der Produzent über die Markenrechte verfügt, und den **Handelsmarken** (z. B. Ja, Rewe, A&P), deren Markenrechte ein Handelsunternehmen innehat.

Wird für ein einzelnes Produkt oder eine einzelne Dienstleistung eine eigene Marke geschaffen, spricht man von einer **Einzelmarke** (auch Monomarke). Zielsetzung der Einzelmarkenstrategie ist es, unterschiedliche Zielgruppen anzusprechen. Einzelmarken bieten den großen Vorteil, dass bei Imageverlust einer Marke die anderen Marken des Unternehmens nicht in Mitleidenschaft gezogen werden. Außerdem kann man so auch Marken mit völlig unterschiedlichen Stilen und Zielgruppen komplikationsfrei in einem Unternehmen führen. Der Konsumgüterkonzern Procter & Gamble bietet beispielsweise neben Waschmitteln auch Toilettenpapier, Rasierapparate, Batterien, pflegende Kosmetik und Snacks an. Ein Nachteil der Einzelmarke ist allerdings, dass jede einzelne mit erheblichem Aufwand aufgebaut und gepflegt werden muss.

Beispiel für Einzelmarken und Markenfamilien bei Procter & Gamble: Jede Einzelmarke verkörpert eine eigene Markenpersönlichkeit.

Werden komplette Produktgruppen unter einer einheitlichen Marke gebündelt, handelt es sich um eine **Markenfamilie**. So ist es dem Unternehmen Beiersdorf gelungen, verschiedenen Haut- und Haarpflegeprodukten unter der Markenfamilie „Nivea" ein zentrales Image zu geben (z. B. Nivea Visage, Nivea Sun, Nivea For Men).

Eine **Dachmarke** vereint als „Muttermarke" verschiedene Markenfamilien unter einem gemeinsamen Dach. Sie bündelt zum einen die einzelnen Botschaften zu einer Gesamtbotschaft und baut eine Brücke von den Einzelmarken zu einem größeren Ganzen. Häufig ist die Dachmarke identisch mit dem Firmennamen (z. B. VW, Henkel). Damit ist die Markenidentität eng verbunden mit der Unternehmensidentität. Führt man ein neues Produkt unter einer Dachmarke oder einer Markenfamilie ein, hat es den Vorteil, dass ein Imagetransfer des alten Markenimages auch auf das neue Produkt möglich ist. Dadurch sind die notwendigen Werbeaufwendungen geringer.

Markenschutz

Marken können für Unternehmen einen beträchtlichen Vermögenswert darstellen. Um Marken vor Missbrauch zu schützen, kann man sie auf nationaler, europäischer und internationaler Ebene schützen lassen. In Deutschland wird der Markenschutz im Markengesetz (MarkenG) geregelt. Beim Deutschen Patent- und Markenamt (DPMA) kann man eine Marke in das Markenregister eintragen lassen. Für dort registrierte Marken darf das ®-Zeichen (für „registered") verwendet werden. Eine Pflicht, eingetragene Marken mit diesem Zeichen zu versehen, besteht allerdings nicht.

Voraussetzungen für einen Markenartikel

- Markierung/Kennzeichnung (Produkt- und Verpackungsgestaltung, Warenzeichen, Namen)
- Schützbarkeit der Markenrechte (Unterscheidbarkeit von anderen Warenzeichen und Namen)
- Unverwechselbarkeit (Unterschied im Vergleich zu Wettbewerbsangeboten)
- Standardisierung (standardisierte, stets gleich bleibend hohe Qualität)
- Preisstabilität (keine „Verramschung" in Sonderaktionen)
- Erhältlichkeit (weitgehende Verbreitung im gewählten Absatzgebiet)
- Bekanntheit und Anerkennung im Markt (z. B. durch charakteristische Werbung)

9.3 Datenschutz

Personenbezogene Daten
Persönliche oder sachliche Informationen zu bestimmten oder bestimmbaren Personen

Datenschutz
Schutz personenbezogener Daten vor Missbrauch

Der Schutz **personenbezogener Daten** vor Missbrauch spielt in der öffentlichen Diskussion eine immer größere Rolle. Dies liegt nicht zuletzt an einigen öffentlich gewordenen Pannen und Skandalen beim **Datenschutz**.

Datenskandal: Postbank zahlt Bußgeld

(...)

Millionen Postbank-Kunden waren fassungslos, als Finanztest im Herbst 2009 aufdeckte, dass tausende freie Mitarbeiter der Postbank Finanzberatung auf ihre Girokontodaten zugreifen durften. Dazu mussten die Mitarbeiter nur den Namen und das Geburtsdatum eines Kunden in eine Unternehmensdatenbank eingeben. Anschließend hatten sie Einsicht in sämtliche Kontobewegungen. Ziel der rechtswidrigen Praxis war es, den Verkauf von Postbank-Produkten durch freie Mitarbeiter zu unterstützen. Sobald ein höherer Geldbetrag auf einem Konto einging, sollten die Berater den Kunden anrufen und ihm Geldanlagen der Postbank und der BHW Bausparkasse verkaufen. (...) Jetzt hat die nordrhein-westfälische Datenschutzbehörde die Auswertung der Kontodaten zu Werbezwecken geahndet. Die Postbank muss ein Bußgeld in Höhe von 120.000 € zahlen. Mit der Weitergabe von Daten an die Vertriebsorganisation sei die Postbank „eindeutig zu weit gegangen", begründet der nordrhein-westfälische Datenschutzbeauftragte Ulrich Lepper das Bußgeld gegen die Postbank. „Ich frage mich, was das Bankgeheimnis noch wert sein soll, wenn rund 4.000 freiberufliche Außendienstmitarbeiter weit über eine Million Kontodatensätze von Kundinnen und Kunden abrufen können." Die Postbank hat auf einen Widerspruch gegen das Bußgeld verzichtet.

Quelle: **finanztest** 07/2010

Menschen hinterlassen in einer digitalen Welt ständig Spuren. Über jeden Menschen ist eine unglaubliche Menge an Daten in Computern abgespeichert und im digitalen Zeitalter sind die Möglichkeiten, personenbezogene Daten zu ermitteln, zusammenzuführen und zu verarbeiten, technisch fast unbegrenzt.

Beispiel
– Kunden- oder Kreditkarten speichern Informationen darüber, was in welchen Geschäften gekauft wurde.
– Krankenversicherungen speichern unsere Arztbesuche einschließlich der erfolgten Behandlung für ihre Abrechnungen.
– Internet-Buchshops speichern unsere Suchen und Bestellungen und erlauben Rückschlüsse auf unsere Interessen und Hobbys.
– Arbeitgeber können die besuchten Internet-Seiten speichern.
– Die Telefongesellschaften können jedes eingeschaltete Handy lokalisieren und erlauben damit sogar ein Bewegungsprofil.
– Die Bank speichert, an wen wir Geld überwiesen haben und wie viel wir überwiesen bekommen.

Es gibt noch viele weitere Beispiele. Alle Daten über eine Person zusammengenommen böten ein aussagekräftiges Profil der Person und ihrer Gewohnheiten. Diese Informationen sind für Unternehmen interessant, da dadurch zum Beispiel gezielt und somit kostengünstig Werbung gemacht werden kann. **Personenprofile** aller Bürger wären aber auch für den Staat und seine Behörden von Nutzen, zum Beispiel um Steuerhinterziehung oder Schwarzarbeit aufzudecken.

Allerdings gibt es für den Umgang mit personenbezogenen Daten Regelungen zum **Schutz der Privatsphäre** der Menschen. Nach der Rechtsprechung des Bundesverfassungsgerichtes hat jeder Einzelne, hergeleitet aus dem Grundgesetz, das Recht auf **informationelle Selbstbestimmung**.

Informationelle Selbstbestimmung
Recht des Einzelnen, grundsätzlich selbst über die Preisgabe und Verwendung seiner eigenen Daten zu bestimmen

> **Artikel 1 Abs. 1 Grundgesetz**
> Die Würde des Menschen ist unantastbar. Sie zu achten und zu schützen ist die Verpflichtung aller staatlichen Gewalt.
>
> **Artikel 2 Abs. 1 Grundgesetz**
> Jeder hat das Recht auf freie Entfaltung seiner Persönlichkeit, soweit er nicht die Rechte anderer verletzt und nicht gegen die verfassungsmäßige Ordnung oder das Sittengesetz verstößt.

Auf Bundesebene regelt das **Bundesdatenschutzgesetz** (BDSG) den Datenschutz für Bundesbehörden, Wirtschaftsunternehmen sowie Privatpersonen. Daneben gibt es zusätzlich weitere Datenschutzregelungen der Bundesländer. Dabei wird versucht, die Privatsphäre des Einzelnen nur so weit einzuschränken, wie es für die Aufgabenerfüllung des Staates und der Unternehmen notwendig ist. Selbstverständlich gilt das Datenschutzgesetz somit auch an Schulen. Dabei werden sowohl die personenbezogenen Informationen der Schüler als auch die der Lehrpersonen geschützt.

Folgende **Grundprinzipien** gibt das Bundesdatenschutzgesetz für die Erhebung, Verarbeitung und Nutzung personenbezogener Daten vor. Von diesen scheint der **Zwang zur Einwilligung** der Betroffenen am besten geeignet, das Recht auf Privatsphäre zu gewährleisten.

Grundprinzipien des Bundesdatenschutzgesetzes

Grundprinzip	Erläuterung
Zulässigkeit	Die Erhebung, Verarbeitung und Nutzung personenbezogener Daten ist **nur zulässig**, **wenn** eine Rechtsvorschrift (z. B. das Sozialgesetzbuch) die Datensammlung erlaubt oder **der Betroffene schriftlich eingewilligt hat** oder die Daten zur Erfüllung eines Vertragsverhältnisses mit dem Betroffenen notwendig sind.
Zweckbindung	Personenbezogene Daten dürfen grundsätzlich nur für den Zweck verarbeitet oder genutzt werden, für den sie erhoben wurden.
Transparenz	Betroffenen muss ersichtlich sein, welche ihrer personenbezogenen Daten zu welchem Zweck, von welcher Stelle erhoben, verarbeitet oder genutzt werden. Zur Sicherstellung dieses Grundsatzes muss der Betroffene über erstmalige Datenspeicherungen informiert werden. Zusätzlich hat er jederzeit ein Auskunftsrecht über seine gespeicherten Daten.
Korrekturrechte und Kontrolle	Betroffene haben in Bezug auf die über sie gespeicherten Daten das Recht auf Berichtigung, Sperrung, Widerspruch oder Löschung. Das Recht auf Löschung kann nur gelten, wenn kein Gesetz die Speicherung vorschreibt – z. B. im polizeilichen Strafregister.
Schadensersatz und Sanktionen	Erleidet ein Betroffener durch Verstöße gegen den Datenschutz einen Schaden, so muss der Verursacher Schadensersatz leisten. Zusätzlich kann ein Verstoß auch mit einer Geldbuße bis 250.000 € oder mit einer Freiheitsstrafe bis zu 2 Jahren geahndet werden.
Datensicherung	Stellen, die personenbezogene Daten erheben, verarbeiten oder nutzen, müssen die technischen und organisatorischen Maßnahmen zur Datensicherheit treffen.
Datenvermeidung	Es sollen so wenig personenbezogene Daten wie möglich erhoben, verarbeitet oder genutzt werden. Für Forschungen zum Beispiel sollen Daten möglichst anonymisiert werden.

9.4 Urheberrechtsschutz

Das Urheberrecht ist schwerpunktmäßig im Urheberrechtsgesetz (UrhG) geregelt und schützt **geistige Werke** der Literatur, Wissenschaft und Kunst. Hierzu zählen insbesondere Sprachwerke (Texte aller Art), Musikwerke, Lichtbild-, Film- und Kunstwerke, aber auch Computer-Software. Als „Werk" wird eine **individuelle geistige Schöpfung** bezeichnet (§ 2 Abs. 1 UrhG). Darunter ist im Wesentlichen eine „kreative Eigenleistung" zu verstehen, wobei die Anforderungen an ein „Werk" relativ gering sind (so genannte Schöpfungshöhe).

> **§ 11 UrhG**
> Das Urheberrecht schützt den Urheber in seinen geistigen und persönlichen Beziehungen zum Werk und in der Nutzung des Werkes. Es dient zugleich der Sicherung einer angemessenen Vergütung für die Nutzung des Werkes.

Markenschutz, vgl. 9.2, S. 302

Urheberrechte entstehen automatisch und werden – zumindest in Deutschland – nicht in ein Register eingetragen, wie z. B. Marken. Allein der Urheber darf darüber entscheiden, was mit seinen kreativen Leistungen geschieht. Über das Urheberrecht verfügt einzig und allein der Urheber, es ist grundsätzlich **nicht übertragbar**. Urheberrechtlich geschützt sind geistige Werke sogar noch 70 Jahre nach dem Tod des Urhebers. Das Urheberrecht geht dann auf die Erben über. Übertragbar hingegen sind die **Nutzungsrechte** an einem Werk, genannt auch **Verwertungsrechte**. Der Urheber kann bestimmen, ob sein Werk vervielfältigt und verbreitet werden darf und zu welchen Bedingungen dies geschehen soll.

> **Beispiel** Moni hat den Talentwettbewerb „Rockstar" mit einem Song gewonnen, den sie selbst komponiert, getextet und gesungen hat. Moni ist alleinige Urheberin eines Musikwerkes im Sinne des Urheberrechtsgesetzes. Als ersten Preis erhält Moni einen Plattenvertrag mit der Plattenfirma Super Records. Die Plattenfirma erwirbt das Verwertungsrecht an dem Musikwerk. Moni hat laut Urheberrechtsgesetz den Anspruch, an dem Erlös aus der Verbreitung des Songs angemessen beteiligt zu werden.

Das Urheberrecht schützt also in erster Linie diejenigen, die ein Werk geschaffen oder Nutzungsrechte an einem Werk erworben haben. Geschützt werden **Urheber** und **Verwerter** davor, dass andere sich ihrer geistigen Schöpfungen bedienen oder sie ungefragt verbreiten, gegebenenfalls sogar zum eigenen finanziellen Vorteil. Das Urheberrecht als „Kulturrecht" unterscheidet sich damit in seinen Zielsetzungen vom gewerblichen Rechtsschutz, der als „Wirtschaftsrecht" das Marken-, Patent-, Geschmacks- und Gebrauchsmusterrecht umfasst.

Verstöße gegen das Urheberrecht

Gerade im Zusammenhang mit der Nutzung „neuer Medien" gehören mögliche Konflikte mit dem Urheberrecht inzwischen zum Alltag. Denn insbesondere digitalisierte Werke können technisch einfach, schnell und häufig auch ohne Qualitätsverluste kopiert, getauscht, online gestellt oder anderweitig verbreitet werden. Das betrifft sowohl Texte, Bilder, Audio- und Video-Dateien auf Internetseiten als auch auf CD oder DVD. „Geistige Werke" sind jedoch unabhängig von ihrer Darbietungsform urheberrechtlich geschützt. Grundsätzlich stellt jede **unautorisierte Nutzung und Verbreitung fremden geistigen Eigentums** – sei es in digitaler oder analoger Form – einen Verstoß gegen das Urheberrechtsgesetz dar.

Ausnahmen können jedoch zu Gunsten privater und allgemeiner Interessen bestehen, wobei generell nur erlaubt ist, was das Gesetz konkret gestattet. Ein solcher Fall kann vorliegen, wenn die Allgemeinheit ein Interesse daran hat, dass urheberrechtlich geschützte Inhalte ungefragt genutzt werden können. Zulässig können auch Vervielfältigungen zum privaten oder wissenschaftlichen Gebrauch sein.

> **Beispiele**
> – Gesetze und Gerichtsurteile sind vom Urheberrecht ausgenommen, damit sie der Allgemeinheit zugänglich sind.
> – Im Rahmen der Regelungen für Privatkopien ist die Kopie einer Audio-CD für einen Freund gestattet. Aber: Die Vorlage muss rechtmäßig erworben worden sein, denn die Verbreitung von Raubkopien, deren Original man nie besessen hat, ist nicht zulässig. Es ist auch nicht gestattet, einen Kopierschutz zu umgehen.
> – Auch das Anbieten oder Verbreiten von Musik, Filmen oder Software im Internet stellt einen klaren Verstoß gegen das Urheberrecht dar.

Geistige Eigentumsrechte

	Geschützt wird	Gesetz	Ziel	Übertragbar
Urheberrecht	Geistiges Eigentum (z. B. Musik, Filme, Bilder)	Urheberrechtsgesetz (UrhG)	Schutz und Anerkennung der Leistung des Urhebers	Nein 👎
Patentrecht	Erfindungen (z. B. App zur Musikerkennung)	Patentgesetz (PatG)	Ansporn und Belohnung des Erfinders	Ja 👍
Markenrecht	Marken (z. B. Apple, Burger King, IBM)	Markengesetz (MarkenG)	Schutz vor Irreführung und unlauterem Geschäftsverhalten	Ja 👍

Patente, vgl. **HF 3**, **2.3**, S. 202

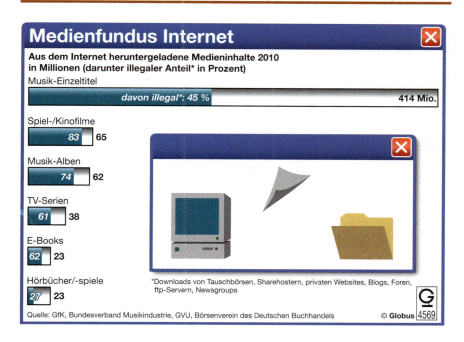

HF 4
Absatz

Übersicht: Rechtliche Rahmenbedingungen der Werbung

Schutz vor unlauterem Wettbewerb Gesetz gegen den unlauteren Wettbewerb (UWG)	Das UWG schützt Mitbewerber und Verbraucher vor unlauterem (unfairem, unseriösem) Wettbewerb.
	Die gesetzlichen Vorgaben beziehen sich auf – Unlautere Handlungen (§ 4 UWG) – Irreführende Handlungen (§ 5 UWG) – Vergleichende Werbung (§ 6 UWG) – Unzumutbare Belästigung (§ 7 UWG)
	Mögliche Rechtsfolgen bei unlauterem Wettbewerb: – Abmahnung (durch Mitbewerber, Verbände, IHK/HWK, Verbraucherzentrale) – Unterlassungserklärung des Wettbewerbsverletzers
Markenschutz Markengesetz (MarkenG)	Das MarkenG schützt eingetragene Marken (Markenzeichen) vor Verwechslung, Verunglimpfung, Nachahmung oder Fälschung. Marken sind Kennzeichen von Waren oder Dienstleistungen, die vergeben werden, damit sie sich von denen anderer Anbieter unterscheiden.
	– Markenrecht = gewerblicher Rechtsschutz – Markenregister geführt vom Deutschen Patent- und Markenamt – Eine Marke (engl. brand) muss bestimmte Voraussetzungen erfüllen. – Häufige Markenformen sind Bildmarke, Wortmarke, Wort-Bild-Marke – Hersteller-/Handelsmarke – Einzelmarke (auch Monomarke)/Markenfamilie/Dachmarke (auch Muttermarke)
Datenschutz Bundesdatenschutzgesetz (BDSG), Datenschutzgesetze der Bundesländer	Datenschutzgesetze beinhalten Regelungen zum Schutz der Privatsphäre und sollen insbesondere personenbezogene Daten vor Missbrauch schützen. Im Mittelpunkt steht das Recht auf informationelle Selbstbestimmung.
	– Personenbezogene Daten: persönliche oder sachliche Informationen, wie z. B. Alter, Kontaktdaten, Einkommen, Ausgaben, Konsumgewohnheiten – Personenprofil: alle verfügbaren Daten über eine Person zusammengenommen – Informationelle Selbstbestimmung: Recht des Einzelnen, grundsätzlich selbst über die Preisgabe und Verwendung seiner Daten zu bestimmen, abgeleitet aus dem Grundgesetz
Urheberrechtsschutz Urheberrechtsgesetz (UrhG)	Das Urheberrechtsgesetz schützt Urheber geistiger Werke vor ungefragter Verbreitung und sichert ihnen angemessene Anerkennung bzw. Vergütung zu. Geistige Werke sind Texte, Musik-, Lichtbild-, Film-, Kunstwerke und Computer-Software.
	– Urheberrechte entstehen automatisch mit der Schöpfung des geistigen Werkes und sind grundsätzlich nicht übertragbar. – Verwandte Schutzrechte sind insbesondere Nutzungs- und Verwertungsrechte, die allein der Urheber gewähren darf, um sein geistiges Werk zu verbreiten. – Das Urheberrechtsgesetz hat besondere Bedeutung im Umgang mit „neuen Medien" und der Handhabung geistiger Werke in digitaler Form. – Einzelne Ausnahmen bestehen zugunsten allgemeiner oder privater Interessen. Gestattet ist nur, was ausdrücklich per Gesetz erlaubt ist!

10 Von der Kundenanfrage bis zum Versand

> **Beispiel** Bettina Lotto, Auszubildende der Fly Bike Werke GmbH, hat in ihrer bisherigen Ausbildung zur Industriekauffrau die Abteilungen Einkauf, Rechnungswesen und Verkauf durchlaufen und hierbei die Funktionsbereiche Beschaffung, Leistungserstellung und Absatz kennen gelernt. Diese Erfahrung hilft Bettina, denn in ihrem neuen Ausbildungsabschnitt im Vertrieb lernt sie nun, wie ein Auftrag eines Kunden komplett abgewickelt wird und welche vielfältigen und wichtigen Schriftstücke hierbei entstehen.

Beschaffung, Leistungserstellung und Absatz stellen die Kernprozesse eines Industriebetriebs dar. Sie und eine Vielzahl von weiteren Unterstützungsprozessen sind notwendig, um Leistungen für die Kunden am Markt zu erbringen:

*Kernprozess und Unterstützungsprozess, vgl. **HF 1**, **5.2**, S. 59*

① Sehr häufig stellt die **Kundenanfrage** die erste Kontaktaufnahme zwischen Industriebetrieb und Käufer dar. Hier fragt der Kunde unverbindlich nach, ob und unter welchen Bedingungen ein Unternehmen bereit ist, Leistungen zu erbringen.

*Anfrage, vgl. **12.1**, S. 323*

❷ Der Industriebetrieb beantwortet die Anfrage mit einem **Angebot**. In diesem Angebot wird der Verkäufer die Bedingungen auflisten, zu denen er bereit ist, die gewünschten Erzeugnisse zu liefern. Zu den aufgeführten Bedingungen zählen unter anderem der Preis, die Zahlungs- und die Lieferbedingungen.

*Angebot, vgl. **12.2**, S. 326 ff.*

③ Ist der Kunde mit den Bedingungen einverstanden, gibt er eine **Bestellung** auf.

*Bestellung, vgl. **12.5**, S. 338*

❹❺❻ Der Industriebetrieb schickt dem Kunden eine **Auftragsbestätigung**. In der Auftragsbestätigung sind die in der Bestellung aufgeführten Erzeugnisse festgelegt. Der Industriebetrieb legt den versandten **Erzeugnissen** einen **Lieferschein** bei. Dieses Schriftstück begleitet die bestellten Erzeugnisse zum Kunden und listet unter anderem den Inhalt der Lieferung auf. Zeitgleich mit dem Lieferschein wird auch die **Rechnung** geschrieben. In der Rechnung wird der Käufer aufgefordert, den vereinbarten Kaufpreis für die Erzeugnisse zu zahlen.

*Auftragsbestätigung (Bestellungsannahme), vgl. **12.5**, S. 339*

⑦ Der Kunde **bezahlt** die Rechnung.

*Zahlungsverkehr, vgl. **13**, S. 343*

Der Absatzprozess von der Anfrage zum Versand

11 Grundlagen von Rechtsgeschäften

LS 47 Details eines Kaufvertrags beschreiben

 Beispiel Bereits die Gründung der Fly Bike Werke als GmbH wurde von zahlreichen rechtlichen Regelungen begleitet. Seitdem bestimmen rechtliche Rahmenbedingungen die alltäglichen Geschäftsprozesse der Fly Bike Werke GmbH: So bezieht sie beispielsweise Materialien auf Beschaffungsmärkten und verkauft ihre Leistungen auf Absatzmärkten. Grundlage der Beschaffungs- und Absatzprozesse sind Kaufverträge, bei denen die Fly Bike Werke GmbH sowohl als Käufer als auch als Verkäufer auftritt.

Funktionen und Aufgaben des Rechts

Rechtliche Regelungen bieten allgemeine Verhaltensregeln, z. B. in Form von Ge- und Verboten, die verhindern sollen, dass es zu Störungen im Zusammenleben kommt (**Ordnungsfunktion**). Dadurch, dass jedem, der rechtliche Regelungen verletzt, Sanktionen drohen, erfüllt das Recht eine **Schutzfunktion**, denn die Verhaltensregeln dienen dem Schutz der Gemeinschaft. **Rechtssicherheit** bedeutet für jeden Einzelnen, dass er im Voraus die Folgen seines Handelns abschätzen kann. Aus diesem Grund sind Rechtsnormen so formuliert, dass sie auf eine Vielzahl vergleichbarer Fälle anwendbar sind. Da rechtliche Regelungen darauf ausgerichtet sind, die Interessenlage aller beteiligten Personen zu berücksichtigen, kommt dem Recht ferner eine **Ausgleichsfunktion** zu, um Interessenkonflikte sachgerecht lösen zu können.

Rechtsordnung Gesamtheit aller in einem Rechtsstaat gültigen Rechtsnormen

Die **Rechtsordnung** stellt allgemeinverbindliche Regelungen und Bindungen auf und umfasst alle geltenden Rechtsnormen wie Gesetze, Verordnungen, Verwaltungsakte und Entscheidungen der obersten Gerichte. Die Rechtsordnung der Bundesrepublik Deutschland umfasst zwei große Bereiche: das öffentliche Recht und das Privatrecht (auch bürgerliches Recht oder Zivilrecht genannt).

Hoheitsträger z. B. Staat oder Gemeinde

Das **öffentliche Recht** regelt die Rechtsbeziehungen zwischen **Hoheitsträgern** oder einem Hoheitsträger und Privatrechtssubjekten, d. h. natürlichen oder juristischen Personen. Das **Privatrecht** dagegen regelt die Rechtsbeziehungen der Privatrechtssubjekte untereinander und wird vom Grundsatz der Gleichordnung der Beteiligten bestimmt.

11.1 Rechtsfähigkeit

Rechtssubjekt Träger von Rechten und Pflichten

Die in der bestehenden Rechtsordnung verankerten Rechte und Pflichten setzen immer ein **Rechtssubjekt** als Träger von Rechten und Pflichten voraus. Rechte und Pflichten bestehen dabei immer gegenüber anderen Rechtssubjekten. Rechtssubjekte können natürliche oder juristische Personen sein. **Natürliche Personen** sind alle Menschen, unabhängig von Alter und geistiger oder körperlicher Leistungsfähigkeit. **Juristische Personen** dagegen sind in besonderer Form organisierte Personenvereinigungen (z. B. Kapitalgesellschaften, Vereine, Anstalten, Körperschaften) oder Stiftungen, denen bei Erfüllung bestimmter Auflagen die Fähigkeit verliehen wird, Träger von Rechten und Pflichten zu sein.

Rechtsfähigkeit Fähigkeit, Träger von Rechten und Pflichten zu sein

Die **Rechtsfähigkeit** eines Menschen beginnt nach § 1 BGB mit der Vollendung der Geburt und endet mit dem Tod.

Juristische Personen des Privatrechts erlangen die Rechtsfähigkeit durch Gründung oder Eintragung in ein öffentliches Register (Vereins-, Handels- oder Genossenschaftsregister). Sie verlieren sie durch Auflösung oder durch Löschung aus diesem Register.

11.2 Geschäftsfähigkeit

Neben der Rechtsfähigkeit spielt auch die Geschäftsfähigkeit im Rahmen des Privatrechts eine wichtige Rolle. Geschäftsfähigkeit ist die Fähigkeit, **Rechtsgeschäfte** selbstständig abzuschließen durch die Abgabe oder den Empfang einer rechtsgültigen **Willenserklärung**.

Willenserklärung
Äußerung des Geschäftswillens; Rechtsgeschäfte, vgl. **11.4**, S. 315

Kinder, Jugendliche und auch bestimmte andere Personengruppen sollen vor den Rechtsfolgen unüberlegt abgeschlossener Geschäfte geschützt werden. Deshalb ist die Geschäftsfähigkeit u. a. von Altersstufen abhängig. Die verschiedenen Stufen der Geschäftsfähigkeit werden in den §§ 104 bis 113 BGB geregelt.

11.2.1 Geschäftsunfähigkeit

> **§ 104 BGB Geschäftsunfähigkeit**
> Geschäftsunfähig ist:
> 1. wer nicht das siebente Lebensjahr vollendet hat,
> 2. wer sich in einem die freie Willensbestimmung ausschließenden Zustand krankhafter Störung der Geistestätigkeit befindet, sofern nicht der Zustand seiner Natur nach ein vorübergehender ist.

Die Willenserklärungen Geschäftsunfähiger sind nach § 105 BGB nichtig, d. h. von vornherein ungültig. Ebenfalls nichtig sind Willenserklärungen, die im Zustand der Bewusstlosigkeit o. Ä. abgegeben werden. Für Geschäftsunfähige handelt ausschließlich der gesetzliche Vertreter.

> **Beispiel** Ein fünfjähriger Junge kauft sich ein Spielzeugauto. Auf Verlangen der Mutter muss der Spielwarenhändler das Auto zurücknehmen und das Geld zurückgeben.

Nichtigkeit von Rechtsgeschäften, vgl. **11.4.1**, S. 319

Ein Rechtsgeschäft mit einem Geschäftsunfähigen kommt jedoch zu Stande, wenn der Geschäftsunfähige als Bote auftritt und nicht seine eigene, sondern die Willenserklärung eines Geschäftsfähigen überbringt.

11.2.2 Beschränkte Geschäftsfähigkeit

> **§ 106 BGB Beschränkte Geschäftsfähigkeit Minderjähriger**
> Ein Minderjähriger, der das siebente Lebensjahr vollendet hat, ist nach Maßgabe der §§ 107 bis 113 in der Geschäftsfähigkeit beschränkt.

Minderjährige zwischen dem 7. und dem 18. Lebensjahr sind beschränkt geschäftsfähig. Von beschränkt Geschäftsfähigen abgeschlossene Rechtsgeschäfte erhalten nur dann Gültigkeit, wenn die gesetzlichen Vertreter (das sind in der Regel die Eltern) vorher ihre Einwilligung oder nachträglich ihre Genehmigung erteilen. Erfolgt dies nicht, kommt das Rechtsgeschäft nicht zu Stande.

§§ 107 bis 109, 111 BGB

Einwilligung = vor dem Rechtsgeschäft

Genehmigung = nach dem Rechtsgeschäft

Bis zur Genehmigung oder Ablehnung ist das Rechtsgeschäft „schwebend unwirksam". Schweigt der gesetzliche Vertreter, gilt die Genehmigung als nicht erteilt und das Rechtsgeschäft ist von Anfang an nichtig.

HF 4
Absatz

Ein 14-Jähriger kauft sich einen CD-Player. Wenn die Eltern damit einverstanden sind, kommt der Kaufvertrag damit zu Stande. Der gute Glaube an die Geschäftsfähigkeit wird jedoch nicht geschützt. Eine 16-jährige Schülerin, die älter aussieht, kauft ein teures Armband. Die Eltern sind damit nicht einverstanden, so dass der Juwelier das Armband zurücknehmen muss. In bestimmten **Ausnahmefällen**, die im Gesetz genau festgelegt sind, kann ein beschränkt Geschäftsfähiger wie ein voll Geschäftsfähiger handeln:

Erlangung eines lediglich rechtlichen Vorteils

> **§ 107 BGB Einwilligung des gesetzlichen Vertreters**
> Der Minderjährige bedarf zu einer Willenserklärung, durch die er nicht lediglich einen rechtlichen Vorteil erlangt, der Einwilligung seines gesetzlichen Vertreters.

Erhält z. B. ein achtjähriges Kind zu seinem Geburtstag 50 €, bringt ihm das lediglich einen rechtlichen Vorteil. Das Kind darf das Geld daher auch ohne Zustimmung der Eltern behalten. Dagegen beinhaltet das Geschenk eines Haustieres später Verpflichtungen, wie z. B. die Kosten für das Futter. Hier ist die Einwilligung des gesetzlichen Vertreters notwendig.

Taschengeldparagraf

> **§ 110 BGB Bewirken der Leistung mit eigenen Mitteln**
> Ein von dem Minderjährigen ohne Zustimmung des gesetzlichen Vertreters geschlossener Vertrag gilt als von Anfang an wirksam, wenn der Minderjährige die vertragsmäßige Leistung mit Mitteln bewirkt, die ihm zu diesem Zweck oder zu freier Verfügung von dem Vertreter oder mit dessen Zustimmung von einem Dritten überlassen worden sind.

Geschäfte, die ein beschränkt Geschäftsfähiger mit seinem Taschengeld begleicht, sind rechtsgültig. Das gilt aber nur für Geschäfte, die sofort beglichen werden, nicht für Ratenkäufe. Über zukünftiges Taschengeld kann nicht verfügt werden.

Selbstständiger Betrieb eines Erwerbsgeschäfts

> **§ 112 BGB Selbstständiger Betrieb eines Erwerbsgeschäfts**
> (1) Ermächtigt der gesetzliche Vertreter mit Genehmigung des Vormundschaftsgerichts den Minderjährigen zum selbstständigen Betrieb eines Erwerbsgeschäfts, so ist der Minderjährige für solche Rechtsgeschäfte unbeschränkt geschäftsfähig, welche der Geschäftsbetrieb mit sich bringt. Ausgenommen sind Rechtsgeschäfte, zu denen der Vertreter der Genehmigung des Vormundschaftsgerichts bedarf.
> (2) Die Ermächtigung kann von dem Vertreter nur mit Genehmigung des Vormundschaftsgerichts zurückgenommen werden.

Ein Minderjähriger betreibt mit Erlaubnis seiner Eltern und mit der Zustimmung des Vormundschaftsgerichts einen Online-Bestellshop für Computerzubehör. Er kann die im Rahmen dieses Betriebes anfallenden Geschäfte (z. B. Warenein- und -verkauf, Anmieten von Lagerräumen) selbst tätigen.

Dienst- oder Arbeitsverhältnis

§ 113 BGB Dienst- oder Arbeitsverhältnis
(1) Ermächtigt der gesetzliche Vertreter den Minderjährigen, in Dienst oder in Arbeit zu treten, so ist der Minderjährige für solche Rechtsgeschäfte unbeschränkt geschäftsfähig, welche die Eingehung oder Aufhebung eines Dienst- oder Arbeitsverhältnisses der gestatteten Art oder die Erfüllung der sich aus einem solchen Verhältnis ergebenden Verpflichtungen betreffen. [...]

§ 56 HGB Angestellte in Laden oder Warenlager
Wer in einem Laden oder in einem öffentlichen Warenlager angestellt ist, gilt als ermächtigt zu Verkäufen oder Empfangnahmen, die in einem derartigen Laden oder Warenlager gewöhnlich geschehen.

Ein Jugendlicher kann sich von seinem Gehalt ein Moped kaufen, um seinen Arbeitsplatz besser erreichen zu können. Dies bedeutet jedoch nicht, dass er über sein Gehalt frei verfügen darf. Ein 17-jähriger Auszubildender im Industriebetrieb kann eigenmächtig Waren an einen Kunden verkaufen.

1.2.3 Volle Geschäftsfähigkeit

Unbeschränkte (volle) Geschäftsfähigkeit besitzen alle juristischen Personen und alle natürlichen Personen über 18 Jahre, sofern sie nicht entmündigt sind. Mit der vollen Geschäftsfähigkeit erwerben Rechtssubjekte die Fähigkeit, sich rechtsgeschäftlich zu verpflichten oder Rechte zu erwerben.

Übersicht: Geschäftsfähigkeit

11.3 Besitz und Eigentum

Beispiel Martin, Auszubildender zum Industriekaufmann, absolviert eine Ausbildungsphase im Lager. Mit einigen der Hauptlieferanten wurden Verträge geschlossen, nach denen größere Lieferungen auch in Raten bezahlt werden können. Aus einer noch nicht vollständig bezahlten Lieferung heraus veranlasst Martin eine Lieferung an einen Kunden, der bereits seine Bestellung aufgegeben hatte. Der zuständige Verkäufer sagt, er hätte die Lieferung nicht veranlassen dürfen, da die Ware noch nicht vollständig bezahlt sei. Martin dagegen meint, dass die Ware, die im Lager eingegangen sei, auch weiterverkauft werden dürfe. Wer hat Recht?

Rechtsobjekte

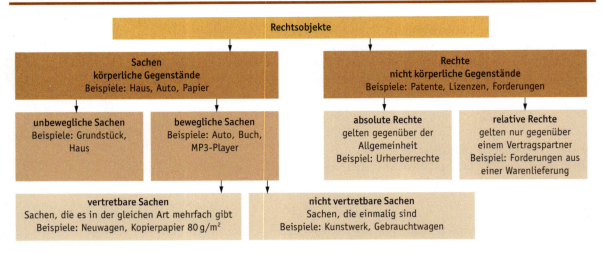

	Gegenstand von Rechtshandlungen sind **Rechtsobjekte**, die sich wie folgt unterscheiden lassen. Im Sachenrecht des BGB wird unterschieden, ob jemand die rechtliche Herrschaft (**Eigentum**) oder nur die tatsächliche Herrschaft (**Besitz**) über eine Sache ausübt.
Eigentümer ist, wem eine Sache rechtlich gehört, Besitzer ist, wer eine Sache hat.	
§§ 873, 925 BGB	Das **Eigentum an unbeweglichen Sachen** wird durch Einigung (Auflassung) und anschließende Eintragung in das Grundbuch übertragen. Ein solcher Vertrag bedarf der notariellen Beurkundung. Das **Eigentum an beweglichen Sachen** wird durch Übertragung verschafft, d. h. durch Einigung und Übergabe.
notarielle Beurkundung, vgl. Formvorschriften, S. 317	

> **§ 903 BGB Befugnisse des Eigentümers**
> Der Eigentümer einer Sache kann, soweit nicht das Gesetz oder Rechte Dritter entgegenstehen, mit der Sache nach Belieben verfahren und andere von jeder Einwirkung ausschließen. [...]

> **§ 929 Einigung und Übergabe**
> Zur Übertragung des Eigentums an einer beweglichen Sache ist erforderlich, dass der Eigentümer die Sache dem Erwerber übergibt und beide darüber einig sind, dass das Eigentum übergehen soll. Ist der Erwerber im Besitz der Sache, so genügt die Einigung über den Übergang des Eigentums.

> **Beispiel** Susanne erhält von ihren Eltern zum Geburtstag eine Digitalkamera geschenkt. Sie ist damit Eigentümerin und Besitzerin der Kamera.

> **§ 854 BGB Erwerb des Besitzes**
> (1) Der Besitz einer Sache wird durch die Erlangung der tatsächlichen Gewalt über die Sache erworben. [...]

> **Beispiel** Susanne leiht ihrer Freundin Andrea die Kamera für deren Skiurlaub. Jetzt ist Andrea Besitzerin, während Susanne Eigentümerin bleibt.

In bestimmten Fällen kann der Erwerber das Eigentum an einer Sache auch von einem Nichteigentümer erhalten, jedoch nur dann, wenn er **gutgläubig** war. Der gute Glaube schützt ihn jedoch nicht, wenn die Sache dem Eigentümer gestohlen wurde, verlorengegangen oder sonst abhandengekommen ist.

§ 932 BGB
§ 935 BGB

Gutgläubiger Erwerb vom Nichtberechtigten

Beispiel Andrea geht im Urlaub das Taschengeld aus. Deshalb verkauft sie Susannes Kamera an ihren ahnungslosen Skilehrer. Da der Skilehrer nicht weiß, dass die Kamera Andrea gar nicht gehört, ist er gutgläubig und erwirbt das Eigentum an der Kamera. Hätte er allerdings gewusst, dass die Kamera nur geliehen ist, wäre er nicht mehr gutgläubig gewesen und hätte das Eigentum an der Kamera nicht erwerben können.

Kein gutgläubiger Erwerb von abhandengekommenen Sachen

Beispiel Susannes nagelneue Digitalkamera ist gestohlen worden. Kurz darauf wird die Kamera auf dem Flohmarkt zum Verkauf angeboten. Andrea will sie kaufen, nachdem der Händler ihr versichert hat, dass sie aus einer Geschäftsauflösung stammt. Obwohl Andrea hier also gutgläubig ist, kann sie kein Eigentum an der Kamera erwerben, da es sich um eine gestohlene Sache handelt. Eigentümerin bleibt Susanne.

11.4 Rechtsgeschäfte

Die Rechtsbeziehungen zwischen Rechtssubjekten untereinander werden als Rechtsgeschäfte bezeichnet. Rechtsgeschäfte enthalten eine oder mehrere rechtsgültige **Willenserklärungen** und zielen auf die bewusste Herbeiführung von Rechtswirkungen ab.

LS 48
Nichtigkeit und Anfechtbarkeit von Rechtsgeschäften

Das Gesetz bezeichnet eine Willenserklärung als Äußerung des Geschäftswillens. Der **Geschäftswillen** stellt die innere, subjektive Seite dar, die eigentliche Erklärung die äußere, objektive Seite. Eine Willenserklärung kann mündlich, schriftlich, durch schlüssiges Handeln (z. B. Einsteigen in die U-Bahn) oder stillschweigend (z. B. Verzicht auf die termingerechte Kündigung eines Zeitschriftenabonnements) erfolgen.

Eine Willenserklärung ist die Äußerung des Geschäftswillens.

Neben ausdrücklichen und stillschweigenden Willenserklärungen kann man noch empfangsbedürftige und nicht empfangsbedürftige Willenserklärungen unterscheiden. **Nicht empfangsbedürftige Willenserklärungen** werden mit Abgabe der Erklärung wirksam (z. B. Testamente).

Empfangsbedürftige Willenserklärungen werden mit ihrem Zugang wirksam, unter Anwesenden sofort und unter Abwesenden nach § 130 BGB, sobald die Willenserklärung in den gewöhnlichen Empfangsbereich des Erklärungsgegners mit Möglichkeit der Kenntnisnahme gelangt, wenn nicht vorher oder gleichzeitig ein Widerruf zugeht. So ist z. B. eine per Brief abgeschickte Kündigung gültig, sobald der Postbote diese dem Arbeitgeber ausliefert, es sei denn, sie wurde per Fax widerrufen und das Fax ist vor oder spätestens gleichzeitig mit dem Kündigungsbrief beim Arbeitgeber eingetroffen.

Wirksamkeit empfangsbedürftiger Willenserklärungen

Der Zugang der Willenserklärung ist die Voraussetzung für ihre Wirksamkeit. Die **Beweislast für den Zugang** einer Willenserklärung liegt beim Absender, so dass eine Willenserklärung unter Zeugen, per Einschreiben usw. abgegeben werden sollte. Wie eine Willenserklärung zu interpretieren ist, wird in § 133 BGB geregelt:

> **§ 133 BGB Auslegung einer Willenserklärung**
> Bei der Auslegung einer Willenserklärung ist der wirkliche Wille zu erforschen und nicht an dem buchstäblichen Sinne des Ausdrucks zu haften.

Einseitige und mehrseitige Rechtsgeschäfte

Mehrseitige Rechtsgeschäfte sind in der Regel Verträge.

Vertragsarten Übersicht, vgl. S. 318

Nach der Anzahl der notwendigen Willenserklärungen unterscheidet man ein-, zwei- und mehrseitige Rechtsgeschäfte. **Einseitige Rechtsgeschäfte** liegen vor, wenn bereits die Willenserklärung eines Rechtssubjekts genügt, um eine bestimmte Rechtswirkung herbeizuführen. **Zwei- oder mehrseitige Rechtsgeschäfte** kommen durch zwei oder mehr miteinander übereinstimmende Willenserklärungen zu Stande.

Bürgerliche Rechtsgeschäfte und Handelsgeschäfte

Die Rechtsgrundlagen bei Handelsgeschäften unterscheiden sich von denen bei bürgerlichen Geschäften.

*HGB, vgl. **HF1**, **2.3.2**, S. 33*

Nach den anzuwendenden Rechtsvorschriften kann man bürgerliche Rechtsgeschäfte und Handelsgeschäfte unterscheiden. Für **bürgerliche Rechtsgeschäfte** zwischen Nichtkaufleuten gelten die Vorschriften des BGB. Für **Handelsgeschäfte** zwischen zwei Kaufleuten (**zweiseitiges Handelsgeschäft**) oder zwischen einem Kaufmann und einem Nichtkaufmann (**einseitiges Handelsgeschäft**) finden in erster Linie die Regelungen des HGB Anwendung, ergänzend aber auch die des BGB.

> **§ 343 HGB**
> (1) Handelsgeschäfte sind alle Geschäfte eines Kaufmanns, die zum Betriebe seines Handelsgewerbes gehören.

> **§ 344 HGB**
> (1) Die von einem Kaufmanne vorgenommenen Rechtsgeschäfte gelten im Zweifel als zum Betriebe seines Handelsgewerbes gehörig. [...]

Verpflichtungs- und Verfügungsgeschäfte

Bei Rechtsgeschäften lassen sich außerdem Verpflichtungs- und Verfügungsgeschäfte unterscheiden. **Verpflichtungsgeschäfte** sind Rechtsgeschäfte, durch die eine Person gegenüber einer anderen eine Leistungspflicht übernimmt. Durch das Verpflichtungsgeschäft (in der Regel ein Vertrag) entsteht ein Schuldverhältnis zwischen den Vertragspartnern. Eine unmittelbare Änderung bestehender Rechtsverhältnisse tritt durch das „bloße" Verpflichtungsgeschäft jedoch nicht ein.

Dagegen sind **Verfügungen** unmittelbar darauf gerichtet, auf ein bestehendes Recht einzuwirken, es zu verändern, zu übertragen oder aufzuheben. Zu den Verfügungen gehören z. B. die Veräußerung (Übereignung einer Sache) und die Belastung (Bestellung einer Hypothek).

Vertragsfreiheit

Da die Vorschriften des BGB und des HGB weitgehend **nachgiebiges Recht** sind, herrscht im Rechtsverkehr in hohem Maße Vertragsfreiheit, d. h., die Vertragspartner können grundsätzlich ihre Verträge nach ihrem Willen gestalten. Der Grundsatz der Vertragsfreiheit beinhaltet die Abschluss-, die Inhalts- und die Formfreiheit.

Die **Abschlussfreiheit** stellt es jedem frei, zu entscheiden, ob und mit wem er einen Vertrag abschließen will. Eine Ausnahme bildet der so genannte **Kontrahierungszwang**, durch den man z. B. verpflichtet wird, Leistungen der örtlichen Wasserversorgungsunternehmen zu beziehen.

Die **Inhaltsfreiheit** besagt, dass die Parteien den Inhalt der Verträge und die damit verbundenen Verpflichtungen frei aushandeln können, solange sie nicht die Rechtsordnung verletzen.

Nach dem Grundsatz der **Formfreiheit** sind Willenserklärungen zur Herbeiführung von Rechtsgeschäften im Allgemeinen an keine besondere Form gebunden.

Formvorschriften für Rechtsgeschäfte

Abweichend vom Grundsatz der Formfreiheit wird jedoch für einige Rechtsgeschäfte die Einhaltung einer bestimmten Form gesetzlich vorgeschrieben (Formzwang). Wird die Form – obwohl vom Gesetz verlangt – nicht eingehalten, so ist das Rechtsgeschäft nichtig.

Die Formvorschriften haben verschiedene Funktionen zu erfüllen. Sie dienen dem Schutz der Beteiligten vor übereilten Vertragsabschlüssen; die schriftliche Niederlegung erleichtert im Streitfall die Beweisführung.

Gesetzliche Formvorschriften sind:

Die **gesetzliche Schriftform**, wobei die Erklärung schriftlich abgefasst und vom Aussteller eigenhändig unterschrieben werden muss. So müssen z. B. Arbeits- und Ausbildungsverträge sowie Abzahlungsgeschäfte (Darlehensverträge) schriftlich festgehalten werden. Privattestamente müssen sogar handschriftlich abgefasst werden. Nach § 766 BGB muss die Bürgschaftserklärung eines Nichtkaufmannes schriftlich sein, die eines Vollkaufmannes kann dagegen auch mündlich abgegeben werden.

Die **öffentliche Beglaubigung**, bei der die Erklärung ebenfalls schriftlich abgefasst und die eigenhändige Unterschrift von einem Notar oder einer zuständigen Behörde beglaubigt wird. Öffentlich beglaubigt werden müssen z. B. Anmeldungen zum Handelsregister und zum **Grundbuch**.

Die **notarielle Beurkundung**, die eine vom Notar abgefasste öffentliche Urkunde darstellt. Die notarielle Beurkundung ist die strengste Form der Festlegung vertraglicher Abmachungen. Durch die Mitwirkung des Notars haben die Beteiligten vor dem Abschluss von besonders bedeutsamen Verträgen die Möglichkeit, juristischen Rat einzuholen. Notariell beurkundet werden müssen Grundstückskaufverträge (§ 873 BGB), Erbverträge, Schenkungsversprechen und Eheverträge sowie Beschlüsse der Hauptversammlung einer AG.

---

nachgiebiges Recht
von den Beteiligten abänderbares Recht

Vertragsfreiheit besteht hinsichtlich
· Abschluss
· Inhalt
· Form

Kontrahierungszwang
Zwang, einen Vertrag abzuschließen

Schriftform,
vgl. § 126 BGB

elektronische Form,
vgl. § 126 a BGB

Textform,
vgl. § 126 b BGB

öffentliche Beglaubigung,
vgl. § 128 BGB

notarielle Beurkundung,
vgl. § 129 BGB

Nichtigkeit von Rechtsgeschäften,
vgl. **11.4.1**, S. 319

Grundbuch
amtliches, öffentliches Verzeichnis von Grundstücken

Aktiengesellschaft,
vgl. **HF 1**, **3.3.2**, S. 46

HF 4
Absatz

Übersicht: Wichtige Vertragsarten

Art des Vertrages	Vertragsinhalt	Vertragspartner	gesetzliche Grundlagen
Kaufvertrag	Veräußerung von Sachen oder Rechten gegen Entgelt	Verkäufer – Käufer	§§ 433–480 BGB, §§ 373–382 HGB
Schenkungsvertrag	unentgeltliche Veräußerung von Sachen oder Rechten	Schenker – Beschenkter	§§ 516–534 BGB
Mietvertrag	entgeltliche Überlassung einer Sache oder eines Rechtes	Mieter – Vermieter	§§ 535–580 BGB
Leasingvertrag	Gebrauchsüberlassung eines Investitionsgutes auf Zeit gegen Entgelt	Leasinggeber – Leasingnehmer	§§ 535 BGB ff. u. a. (keine einheitliche gesetzliche Regelung)
Pachtvertrag	entgeltliche Überlassung von Sachen oder Rechten zum Gebrauch und Genuss der Früchte gegen einen vereinbarten Pachtzins	Verpächter – Pächter	§§ 581–597 BGB
Leihvertrag	unentgeltliche Überlassung von Sachen zum Gebrauch	Verleiher – Leiher	§§ 598–606 BGB
Berufsausbildungsvertrag	vergütete Ausbildung für eine Berufstätigkeit	Auszubildender – Ausbildender	Berufsbildungsgesetz; §§ 3 ff. BBiG
Dienstvertrag	Leistung von Diensten gegen Entgelt	Dienstberechtigter – Dienstverpflichteter	§§ 611–630 BGB, Arbeitsgesetze
Arbeitsvertrag	Leistung von Diensten als Arbeitnehmer	Arbeitgeber – Arbeitnehmer	§§ 611–630 BGB, §§ 59 ff. HGB, Arbeitsgesetze
Werkvertrag	Herstellen eines Werkes, Veränderung einer Sache, Herbeiführen eines bestätigten Erfolges gegen vereinbarte Vergütung	Unternehmer – Besteller	§§ 631–651 BGB
Gesellschaftsvertrag	Regelung der Zusammenarbeit von Personen zur gemeinsamen Erfüllung eines gemeinsamen Zwecks	Gesellschafter	§§ 705–740 BGB, § 16 AktG, § 2 GmbHG, § 109 HGB, § 6 GenG
Auftragsvertrag	unentgeltliche Besorgung eines Geschäftes für einen anderen	Auftraggeber – Beauftragter	§§ 662–674 BGB
Geschäftsbesorgungsvertrag	Dienst- oder Werkvertrag, der Geschäftsbesorgung zum Gegenstand hat	Auftraggeber – Beauftragter	§§ 675 ff. BGB
Versicherungsvertrag	Ersatz eines Vermögensschadens (Schadensversicherung) bzw. Zahlung eines vereinbarten Kapitals oder einer Rente nach Eintritt des Versicherungsfalls bei vorheriger Prämienzahlung	Versicherer – Versicherungsnehmer	§ 1 Gesetz über den Versicherungsvertrag
Verwahrungsvertrag	Aufbewahrung einer Sache gegen Vergütung	Verwahrer – Hinterleger	§§ 688 ff. BGB
Bürgschaftsvertrag	Verpflichtung des Bürgen gegenüber dem Gläubiger zur Erfüllung der Verbindlichkeiten des Dritten	Bürge – Gläubiger eines Dritten	§§ 765 ff. BGB
Erbvertrag	Regelung über die Aufteilung des Nachlasses	Erblasser – Erben	§§ 2274 ff. BGB

ANFORDERUNGSSITUATION 4.2

11.4.1 Nichtige Rechtsgeschäfte

Trotz weitestgehender Vertragsfreiheit kann nicht jedes beliebige Rechtsgeschäft abgeschlossen werden. Aufgrund gesetzlicher Vorschriften sind bestimmte Geschäfte von vornherein ungültig, d. h. **nichtig**.

Nichtige Geschäfte verstoßen gegen die Interessen der Allgemeinheit. Nach § 139 BGB macht im Zweifel die Nichtigkeit eines Teils eines Rechtsgeschäfts das ganze Rechtsgeschäft nichtig. Im Einzelnen können folgende **Nichtigkeitsgründe** unterschieden werden:

Vertragsfreiheit gilt nicht unbeschränkt!

Nichtige Geschäfte sind von vornherein ungültig.

Verstöße gegen Formvorschriften

> **§ 125 BGB Nichtigkeit wegen Formmangels**
> Ein Rechtsgeschäft, welches der durch Gesetz vorgeschriebenen Form ermangelt, ist nichtig. Der Mangel der durch Rechtsgeschäft bestimmten Form hat im Zweifel gleichfalls Nichtigkeit zur Folge.

> **Beispiel** Wird ein Kaufvertrag über ein Grundstück oder eine Eigentumswohnung ohne notarielle Beurkundung geschlossen, liegt ein Verstoß gegen die gesetzlichen Formvorschriften vor. Der Kaufvertrag ist nichtig.

Verstoß gegen Formvorschriften

Verstöße gegen die guten Sitten

> **§ 138 BGB Sittenwidriges Rechtsgeschäft; Wucher**
> (1) Ein Rechtsgeschäft, das gegen die guten Sitten verstößt, ist nichtig.
> (2) Nichtig ist insbesondere ein Rechtsgeschäft, durch das jemand unter Ausbeutung der Zwangslage, der Unerfahrenheit, des Mangels an Urteilsvermögen oder der erheblichen Willensschwäche eines anderen sich oder einem Dritten für eine Leistung Vermögensvorteile versprechen oder gewähren lässt, die in einem auffälligen Missverhältnis zu der Leistung stehen.

> **Beispiel** Ein Kreditinstitut verlangt Wucherzinsen, d. h., Leistung und Gegenleistung stehen in einem erheblichen Missverhältnis. Ob Sittenwidrigkeit vorliegt, muss im Einzelfall entschieden werden.

Verstoß gegen gute Sitten

Kenntnis des geheimen Vorbehalts

> **§ 116 BGB Geheimer Vorbehalt**
> Eine Willenserklärung ist nicht deshalb nichtig, weil sich der Erklärende insgeheim vorbehält, das Erklärte nicht zu wollen. Die Erklärung ist nichtig, wenn sie einem anderen gegenüber abzugeben ist und dieser den Vorbehalt kennt.

> **Beispiel** Anke möchte, dass ein Kollege ihren Pkw repariert. Deshalb verspricht sie ihm, seine alten Schallplatten zu kaufen, denkt aber insgeheim nicht daran. In dieser Situation gilt: Der Kaufvertrag über die Schallplatten ist gültig, wenn der Kollege den geheimen Vorbehalt nicht kennt, der Vertrag ist nichtig, wenn er ihn kennt.

Geheimer Vorbehalt

Gesetzesverstöße

§ 134 BGB Gesetzliches Verbot
Ein Rechtsgeschäft, das gegen ein gesetzliches Verbot verstößt, ist nichtig, wenn sich nicht aus dem Gesetz ein anderes ergibt.

Beispiel Ein gesetzliches Verbot besteht gegen Drogenhandel oder Schmuggel.

Gesetzesverstoß

Scheingeschäft

§ 117 BGB Scheingeschäft
(1) Wird eine Willenserklärung, die einem anderen gegenüber abzugeben ist, mit dessen Einverständnis nur zum Schein abgegeben, so ist sie nichtig.
(2) Wird durch ein Scheingeschäft ein anderes Rechtsgeschäft verdeckt, so finden die für das verdeckte Rechtsgeschäft geltenden Vorschriften Anwendung.

Beispiel A verkauft aufgrund eines schriftlichen Kaufvertrages an B sein Grundstück mit Haus zum Preis von 500.000,00 €. Um Steuern und Gebühren zu sparen, nennen sie beim Notar übereinstimmend die Kaufsumme von 200.000,00 €. B überweist A daraufhin nur 200.000,00 € und bedankt sich für das gute Geschäft.

Scheingeschäft

Fehlende Genehmigung

§ 108 BGB Vertragsschluss ohne Einwilligung
(1) Schließt der Minderjährige einen Vertrag ohne die erforderliche Einwilligung des gesetzlichen Vertreters, so hängt die Wirksamkeit des Vertrags von der Genehmigung des Vertreters ab.
(2) [...] Die Genehmigung kann nur bis zum Ablauf von zwei Wochen nach dem Empfang der Aufforderung erklärt werden; wird sie nicht erklärt, so gilt sie als verweigert.
(3) Ist der Minderjährige unbeschränkt geschäftsfähig geworden, so tritt seine Genehmigung an die Stelle der Genehmigung des Vertreters.

Beispiel Die 16-jährige Marion kauft ohne Wissen der Eltern ein gebrauchtes Mofa. Aufgrund der fehlenden Einwilligung ist der Vertrag zunächst schwebend unwirksam. Als die Eltern von dem Kauf erfahren, fordern sie den Händler auf, das Mofa zurückzunehmen. Indem sie die nachträgliche Genehmigung verweigern, wird das Rechtsgeschäft nichtig.

Beschränkte Geschäftsfähigkeit ohne Genehmigung

Geschäfte mit Geschäftsunfähigen

§ 105 BGB Nichtigkeit der Willenserklärung
(1) Die Willenserklärung eines Geschäftsunfähigen ist nichtig.
(2) Nichtig ist auch eine Willenserklärung, die im Zustand der Bewusstlosigkeit oder vorübergehenden Störung der Geistestätigkeit abgegeben wird.

Beispiel Ein Betrunkener verschenkt seine Uhr an einen vorbeikommenden Passanten.

Geschäftsunfähigkeit

Scherzerklärung

§ 118 BGB Mangel der Ernstlichkeit
Eine nicht ernstlich gemeinte Willenserklärung, die in der Erwartung abgegeben wird, der Mangel der Ernstlichkeit werde nicht verkannt werden, ist nichtig.

Auf einer Party sagt ein Gast über sein störungsanfälliges Auto: „Diesen alten Schrotthaufen kannst du von mir aus geschenkt haben!" Der Erklärende ist jedoch nach § 122 BGB schadenersatzpflichtig, wenn der andere auf die Gültigkeit der Erklärung vertraut.

11.4.2 Anfechtbare Rechtsgeschäfte

Rechtsgeschäfte können bei Vorliegen bestimmter Tatbestände angefochten werden, d. h. rückwirkend für ungültig erklärt werden. Anfechtbare Geschäfte verstoßen gegen die Interessen Einzelner. Sie haben so lange Gültigkeit, bis sie angefochten werden. Die Anfechtung ist gegenüber dem Anfechtungsgegner zu erklären und hat die Wirkung, dass das angefochtene Rechtsgeschäft als von Anfang an nichtig anzusehen ist. Der Anfechtung geht dabei die Auslegung der Willenserklärung voraus. **Anfechtungsgründe** sind Irrtum, arglistige Täuschung und widerrechtliche Drohung.

Scherzgeschäft

Anfechtbare Rechtsgeschäfte können rückwirkend für unwirksam erklärt werden.

§§ 142, 143 BGB

Anfechtungsgründe:
· Irrtum
· arglistige Täuschung
· widerrechtliche Drohung

Irrtum

Beispiel
- **Erklärungsirrtum:** Die Sekretärin schreibt im Angebot versehentlich statt 121,00 € einen Preis von 12,00 €.
- **Übermittlungsirrtum:** Ein Bote richtet etwas falsch aus.
- **Eigenschaftsirrtum:** Ein Kunsthändler verkauft ein Originalgemälde in der Annahme, es sei eine Kopie.

§ 119 BGB Anfechtbarkeit wegen Irrtums
(1) Wer bei der Abgabe einer Willenserklärung über deren Inhalt im Irrtum war oder eine Erklärung dieses Inhalts überhaupt nicht abgeben wollte, kann die Erklärung anfechten, wenn anzunehmen ist, dass er sie bei Kenntnis der Sachlage und bei verständiger Würdigung des Falles nicht abgegeben haben würde.
(2) Als Irrtum über den Inhalt der Erklärung gilt auch der Irrtum über solche Eigenschaften der Person oder der Sache, die im Verkehr als wesentlich angesehen werden.

§ 120 BGB Anfechtbarkeit wegen falscher Übermittlung
Eine Willenserklärung, welche durch die zur Übermittlung verwendete Person oder Einrichtung unrichtig übermittelt worden ist, kann unter der gleichen Voraussetzung angefochten werden wie nach § 119 eine irrtümlich abgegebene Willenserklärung.

Bei einem Irrtum fallen Wille und Erklärung auseinander. Das Gesetz kommt in diesem Falle dem Irrenden durch die Möglichkeit der Anfechtung entgegen. Gleichzeitig soll aber auch der Vertragspartner, der auf die Gültigkeit der abgegebenen Erklärung vertraut hat, geschützt werden.

Der Erklärende ist nach § 122 BGB zum **Ersatz des Vertrauensschadens** verpflichtet. Der andere ist so zu stellen, wie er gestanden hätte, wenn er sich erst gar nicht auf das Geschäft eingelassen hätte (negatives Interesse). Dieses gilt aber nicht, wenn der Anfechtungsgegner die Anfechtbarkeit kennt oder hätte kennen müssen.

Eine Erklärung wegen Irrtums kann nur dann angefochten werden, wenn die Erklärung bei Kenntnis der Sachlage und bei verständiger Würdigung des Falles nicht abgegeben worden wäre. Ein Irrtum über einen nebensächlichen Punkt berechtigt nicht zur Anfechtung. Rechtlich unerheblich ist der **Motivirrtum**. Stellt z. B. eine Käuferin nach dem Kauf eines teuren Ölgemäldes zu Hause fest, dass es doch nicht zur Wohnzimmereinrichtung passt, kann sie ihre Willenserklärung nicht deshalb anfechten, weil sie sich geirrt und nun für das Gemälde keine Verwendung hat.

Beim Erfüllungs- oder positiven Interesse ist der Vertragspartner so zu stellen, als wenn das Geschäft erfüllt worden wäre.

Motiv
hier: Beweggrund, eine Willenserklärung abzugeben

Arglistige Täuschung und widerrechtliche Drohung

Eine arglistige Täuschung kann in einem Tun oder Unterlassen bestehen, z. B. durch die Vorspiegelung falscher Tatsachen, die Entstellung wahrer Tatsachen oder die Verweigerung wahrer Tatsachen bei Auskunftspflicht. Bei einer widerrechtlichen Drohung gibt der Vertragspartner seine Willenserklärung unter Druck ab. Bei einer Anfechtung wegen Täuschung oder Drohung muss der widerrechtlich Handelnde nach § 823 BGB **Schadensersatz** leisten.

> **§ 123 BGB Anfechtbarkeit wegen Täuschung oder Drohung**
> (1) Wer zur Abgabe einer Willenserklärung durch arglistige Täuschung oder widerrechtlich durch Drohung bestimmt worden ist, kann die Erklärung anfechten. [...]

Täuschung: Der Verkäufer eines Unfallwagens verneint trotz zweimaligen Nachfragens den Unfallschaden.
Drohung: Beim Verkauf einer Eigentumswohnung droht der Käufer dem Verkäufer damit, die ihm bekannte Vorstrafe des Verkäufers zu veröffentlichen, wenn dieser nicht den Kaufpreis reduziert.

Anfechtungsfristen und Verjährung

unverzüglich
ohne schuldhaftes Zögern

*Verjährungsfristen, vgl. **14.6.1**, S. 362*

Die Anfechtung wegen Irrtums muss **unverzüglich** erfolgen, nachdem der Anfechtungsgrund bekannt wurde. Die Anfechtung wegen arglistiger Täuschung oder rechtswidriger Drohung muss binnen eines Jahres ab Kenntnis der Täuschung bzw. Wegfall der Zwangslage erfolgen. Die Verjährungsfrist beträgt zehn Jahre.

12 Zustandekommen von Kaufverträgen

LS 49
Rechtsverbindliche Angebote verfassen und Aufträge bearbeiten

12.1 Anfrage

Bei der Anbahnung eines Kaufvertrages hat die Anfrage das Ziel, festzustellen, ob und zu welchen Bedingungen mögliche Lieferer die Waren, die beschafft werden sollen, in ihrem Programm führen. Durch Anfragen bei verschiedenen möglichen Lieferern soll die günstigste Bezugsquelle ermittelt werden. Anfragen sind **rechtlich unverbindlich**.

Fahrradhandel Uwe Klein e. K. • Am Wasserturm 4 • 66113 Saarbrücken

Fly Bike Werke GmbH
Rostocker Str. 334
26121 Oldenburg

Ihr Zeichen, Ihre Nachricht	Unser Zeichen, unsere Nachricht	Telefon, Name	Datum
	gel	0681 68508-223 Frau Geldert	19.02.20XX

Anfrage nach Mountainbikes

Sehr geehrte Damen und Herren,

für eine Sonderaktion benötigen wir hochwertige Mountainbikes.

Wir gehen zunächst von einer Bedarfsmenge von 10 Stück aus. Bitte senden Sie uns schnellstmöglich ein Angebot unter Angabe ihrer Zahlungs- und Lieferbedingungen.

Mit freundlichen Grüßen

Fahrradhandel Uwe Klein e. K.

i. A. *Geldert*
Geldert

Fahrradhandel Uwe Klein e. K.
Am Wasserturm 4
66113 Saarbrücken

Bankverbindungen
Volksbank Saarbrücken
BLZ 591 901 00
Konto-Nr. 120004569

Telefon 0681 68508-0
Telefax 0681 68508-222
info@fahrradhandel-klein.de
www.fahrradhandel-klein.de

Finanzamt 1040
Saarbrücken
Steuer-Nr. 040/5683/2817
USt-ID-Nr. 158793817

Durch Anfragen werden neue Geschäftsverbindungen geknüpft sowie bereits in der Liefererstammdatei vorhandene Unternehmen zur Abgabe eines Angebotes aufgefordert. Anfragen sind **an keine Form gebunden**, d. h., sie können schriftlich, mündlich, telefonisch oder auch per E-Mail abgegeben werden.

Anfragen sind an keine Form gebunden.

Man unterscheidet unbestimmte Anfragen, mit denen man sich über allgemeine Liefermöglichkeiten informieren will, und bestimmte, spezielle Anfragen. Bei **unbestimmten Anfragen** fordert man ohne feste Kaufabsicht Kataloge, Muster, Prospekte, Preislisten oder einen Vertreterbesuch an. **Bestimmte Anfragen** dagegen sind konkreter gehalten und beziehen sich auf bestimmte Waren.

unbestimmte und bestimmte Anfragen

Ein Anfrageschreiben sollte den Grund der Anfrage sowie die Angabe der benötigten Ware mit der gewünschten Qualität und Menge enthalten. Weiterhin sollten die Preise sowie die Zahlungs- und Lieferungsbedingungen angefragt und auf den gewünschten Liefertermin hingewiesen werden.

*Bezugsquellen ermitteln, vgl. **HF 2**, **2**, S. 147*

Arten von Anfragen	
Anfrage	– dient der Ermittlung von Bezugsquellen – ist eine Aufforderung, ein Angebot abzugeben – hat keine rechtliche Bindung – bedarf keiner bestimmten Form
unbestimmte Anfrage	fordert allgemeine Informationen über das Angebot des Adressaten
bestimmte Anfrage	enthält konkrete Angaben für die Erstellung eines Angebots

Geschäftskorrespondenz

Die Schreib- und Gestaltungsregeln für Geschäftsbriefe sind in der Norm **DIN 5008** festgelegt. Die DIN 5008 regelt verbindlich, wie ein anerkannter Geschäftsbrief auszusehen hat, in welchen Zeilen also was zu stehen hat. Die DIN 5008 wird in bestimmten Abständen aktualisiert, so dass man sich über etwaige Änderungen auf dem Laufenden halten sollte.

DIN-Normen werden vom Deutschen Institut für Normung e.V. herausgegeben. www.din.de

Auf der folgenden Seite finden Sie einen Geschäftsbrief der Fly Bike Werke GmbH nach DIN 5008 (zum Teil vereinfacht dargestellt). Sie finden weiterhin entsprechende Anmerkungen zur Briefgestaltung. Dabei ist zu beachten, dass jede Leerzeile mit einem Punkt markiert ist.

Wenn Sie einen Geschäftsbrief schreiben,
- beachten Sie die Zeilenanzahl der DIN 5008 streng,
- schreiben Sie keinen zu langen Brieftext und
- gliedern Sie Ihren Brieftext übersichtlich durch Absätze.

Antworten Sie direkt auf einen eingegangenen Geschäftsbrief, ist es üblich, den zu verfassenden Brief mit einem Dank für das erhaltene Schreiben zu beginnen. Wird der Geschäftsbrief mithilfe eines Textverarbeitungsprogramms erstellt, so ist ein Zeilenabstand von 1 bis 1,5 üblich. Als Schriftart wird in der Regel Times New Roman oder Arial in der Schriftgröße 12 pt verwendet.

12 Zustandekommen von Kaufverträgen

FBW GmbH • Rostocker Str. 334 • 26121 Oldenburg

-
-

Wohnungsbaugesellschaft
Meyer & Meyer GmbH
Parkweg 22
12568 Berlin

-
-

Ihr Zeichen, Ihre Nachricht vom   Unser Zeichen, unsere Nachricht vom
mm   CS/ef   0441 885-36   15.11.20XX
                                                                         Herr Steffes

-

Kündigung des Mietvertrages

-
-

Sehr geehrter Herr Meyer,

-

hiermit möchte ich im Namen der FBW GmbH die Lagerhalle in der Marxstraße 18 fristgemäß zum 31.12.20XX kündigen.

Nachdem wir unsere Umbaumaßnahmen abgeschlossen haben, benötigen wir das Außenlager in der Marxstraße nicht mehr.

Ich danke Ihnen für die vertrauensvolle

-

Mit freundlichen Grüßen

-

Fly Bike Werke GmbH

i.A. **C. Steffes**

C. Steffes

-

Anlage
Kopie des Mietvertrages

Das Anschriftenfeld besteht aus 9 Zeilen:
1.–3. Zusatz- und Vermerkzone, z. B. Info für die Post, Einschreiben, Werbesendung, Drucksache
4. Empfängerbezeichnung/Anrede, z. B. Firmenbezeichnung oder Frau/Herr
5. Empfänger: Vor- und Nachname, ggf. mit akademischem Grad oder Titel
6. Postfach mit Nummer oder Straße mit Hausnummer
7. Postleitzahl und Bestimmungsort (Postleitzahl wird ohne Leerstelle geschrieben)
8. Bestimmungsland
9. Leerzeile

Die **Bezugszeile** dient der Orientierung des Briefempfängers und des Absenders:
1. Kurzzeichen für Namen werden kleingeschrieben
2. Für das Datum existieren zwei mögliche Schreibweisen
a) Jahr-Monat-Tag, z. B. 2009-07-18
b) Tag. Monat. Jahr, z. B. 18.07.2009

Betreff
Stichwortartige Inhaltsangabe des ganzen Briefes. Sie dient dazu, dem Leser auf den ersten Blick eine Orientierung zu geben. Der Betreff wird ohne Schlusspunkt geschrieben, er kann z. B.: durch Fettdruck hervorgehoben werden.

Anrede
Ist der Empfänger bekannt, so wird dieser mit seinem Namen angesprochen. Ansonsten formuliert man allgemein (z. B.: Sehr geehrte Damen und Herren). Nach der Anrede steht ein Komma.

Gruß
Der Geschäftsbrief wird mit einem Gruß abgeschlossen.
Üblich ist: „Mit freundlichen Grüßen" oder „Mit freundlichem Gruß".
Als distanzierte Grußformel, meist im Rahmen von Mahnungen eingesetzt, gilt die Formulierung „Hochachtungsvoll".

Wiederholung der Firma

Unterschrift
Für die Unterschrift werden in der Regel 3 Zeilen reserviert.
Ist der Unterzeichner (wie im Beispiel) nicht Inhaber des Unternehmens, so gibt ein Kürzel vor der Unterschrift die entsprechende Vollmacht des Unterzeichners an.
ppa. (per Prokura) = Prokura
i. V. (in Vertretung) = Handlungsvollmacht
i. A. (im Auftrag) = Einzelvollmacht

maschinenschriftliche Namenswiederholung des Briefverfassers

Anlagenvermerk
Wenn dem Brief eine Unterlage beigefügt ist, wird ein Anlagenvermerk gemacht und die beigefügte Unterlage aufgezählt. Aus Platzgründen kann der Anlagenvermerk auch rechts neben dem Gruß stehen.

Geschäftsführer   Bankverbindungen   Landessparkasse   Fax   Finanzamt 2364
Hans Peters   Deutsche Bank AG   Oldenburg   0441 885 92-11   Oldenburg
                             BLZ 280 700 57   BLZ 280 501 00   E-Mail   Steuer-Nr. 112/8870/0057
HR Oldenburg B 2134   Konto-Nr. 2114253666   Konto-Nr. 112326744   mail@flybike-werke.de   USt-ID-Nr. DE 236667691

12.2 Angebot

 Beispiel Als Reaktion auf seine Anfrage erhält der Kunde Uwe Klein e. K. folgendes Angebot der Fly Bike Werke GmbH.

Fly Bike Werke GmbH

FBW GmbH · Rostocker Str. 334 · 26121 Oldenburg

Fahrradhandel Uwe Klein e.K.
Am Wasserturm 4
66113 Saarbrücken

Ihr Zeichen, Ihre Nachricht	Unser Zeichen, unsere Nachricht	Telefon, Name	Datum
gel/19.02.20XX	bau	0441 88592-12 Herr Baumann	21.02.20XX

Angebot über Mountainbikes
Artikel-Nr. 303 Mountain Unlimited

Sehr geehrte Frau Geldert,

wir danken für Ihre Anfrage und unterbreiten Ihnen folgendes Angebot über unser Modell Mountain Unlimited. Nähere Details über dieses qualitativ hochwertige Mountainbike entnehmen Sie bitte dem beigefügten Produktblatt.

Unser Listenverkaufspreis für Mountain Unlimited beträgt 997,50 €/Stück. Als Händler erhalten Sie gemäß unserer Rabattstaffel 27,5 % Rabatt bis zu einer Bestellmenge von 10 Stück, ab einer Bestellmenge von 11 Stück gewähren wir 29 % Rabatt. Die Lieferzeit beträgt vier Tage, das Zahlungsziel 30 Tage. Bei Zahlung innerhalb von 8 Tagen gewähren wir 2 % Skonto. Bei langjährigen Kunden wie Ihnen liefern wir ab einem Warenwert von 5.000,00 € frei Lager.

Die Lieferung erfolgt unter Eigentumsvorbehalt; Erfüllungsort und Gerichtsstand ist für beide Vertragspartner Oldenburg. Im Übrigen gelten die Bestandteile unserer Allgemeinen Geschäftsbedingungen.

Mit freundlichen Grüßen

Fly Bike Werke GmbH

i.A. *Baumann*

Baumann

Geschäftsführer	Bankverbindungen	Landessparkasse	Fax	Finanzamt 2364
Hans Peters	Deutsche Bank AG BLZ 280 700 57	Oldenburg BLZ 28050100	0441 885 92-11 E-Mail	Oldenburg Steuer-Nr. 112/8870/0057
HR Oldenburg B 2134	Konto-Nr. 2114253666	Konto-Nr. 112326444	mail@flybike-werke.de	USt-ID-Nr. DE 236667691

Willenserklärung, vgl. **11.4**, S. 315

Ein Angebot ist eine **an eine bestimmte Person gerichtete** Willenserklärung des Verkäufers, unter bestimmten Bedingungen einen Kaufvertrag miteinander abzuschließen. Als Grundlage für einen Kaufvertrag sollte daher bereits das Angebot so vollständig und eindeutig wie möglich formuliert sein. Das Angebot ist an keine bestimmte Form gebunden, jedoch ist eine schriftliche Bestätigung bei mündlichen oder fernmündlichen Angeboten zu empfehlen.

Man unterscheidet verlangte und nicht verlangte Angebote, je nachdem, ob eine Anfrage vorausging oder ob der Lieferer von sich aus ein Angebot unterbreitet.

Unter rechtlichen Gesichtspunkten gilt ein Angebot als **Antrag**, an den der Antragende gebunden ist, es sei denn, dass er die Gebundenheit ausgeschlossen hat. Bietet jemand die Ware anders an, als er sie später tatsächlich herausgibt, kann er vom Käufer haftbar gemacht werden.

Bindung an den Antrag, vgl. § 145 BGB

Die Bindung an ein Angebot kann durch so genannte **Freizeichnungsklauseln** ganz oder teilweise ausgeschlossen werden. Gänzlich unverbindlich wird ein Angebot z. B. durch den Zusatz „Angebot freibleibend" oder „ohne Gewähr". Mit Zusatz der Klausel „nur solange der Vorrat reicht" ist nur der Preis, nicht aber die Menge verbindlich. Der Hinweis „Preis freibleibend" bindet den Anbieter umgekehrt an die Menge, nicht aber an den Preis seines Angebotes.

Ein unverbindliches Angebot ist kein Antrag.

Angebotsfristen

Der Anbieter kann für die Gültigkeit seines Angebotes eine Frist setzen. Nach Ablauf dieser Frist ist er an das Angebot nicht mehr gebunden. Wird einem Kaufinteressenten in dessen **Anwesenheit** ein Angebot unterbreitet, ist es nur für die Dauer des Gesprächs bindend. Anwesenheit bedeutet dabei, dass Kunde und Verkäufer persönlich oder telefonisch miteinander sprechen.

Bestimmung einer Annahmefrist, vgl. § 148 BGB

Wird einem Kunden dagegen in dessen **Abwesenheit** ein Angebot unterbreitet, gilt es nur so lange, wie der Empfänger unter gewöhnlichen Umständen braucht, um es auf gleichem Wege zu beantworten. Übliche Fristen sind z. B. für Briefe sieben Tage und für Faxe zwei Tage.

Annahmefrist, vgl. § 147 BGB

Es besteht somit **keine Bindung** mehr an ein Angebot, wenn
- das Angebot nach Ablauf der gesetzten Frist angenommen wurde, da die verspätete Annahme als neuer Antrag gilt,
- das Angebot abgeändert oder erweitert wurde, da dies ebenfalls als neuer Antrag gilt,
- das Angebot rechtzeitig widerrufen wurde.

verspätete und abändernde Annahme, vgl. § 150 BGB

§ 130 BGB

Zustandekommen eines Kaufvertrages

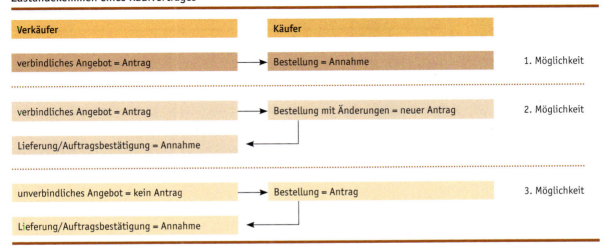

Eine Anpreisung ist kein Angebot.

Keine Angebote im rechtlichen Sinne sind unverlangte Preislisten, Werbeanzeigen, Proben und Schaufensterauslagen; sie richten sich an die Allgemeinheit und gelten nur als Aufforderung zum Kauf. Sie werden auch **Anpreisungen** genannt. Hierbei fordert der Anbietende den potenziellen Kunden auf, seinerseits einen Antrag zu unterbreiten.

Bei der **Zusendung unbestellter Waren**, die als Angebot anzusehen ist, muss man unterscheiden, ob der Empfänger der Ware ein Kaufmann oder ein Nichtkaufmann ist, da so entweder das BGB oder das HGB Anwendung findet. Für den Adressaten der unbestellten Leistung besteht weder eine Annahme- noch eine Rücksendungspflicht für die Ware.

Ist der Empfänger der Ware ein Nichtkaufmann, ist sein **Schweigen** als Ablehnung des Angebotes zu interpretieren.

Schweigen auf ein Angebot, vgl. § 241a BGB, vgl. § 362 HGB

Bei einem Kaufmann mit bereits vorhandenen geschäftlichen Kontakten zum Absender gilt **Schweigen als Annahme** des Angebotes. Der Kaufmann muss das Angebot unverzüglich ablehnen und die Ware auf Kosten des Absenders aufbewahren. Die Pflicht, die Ware zurückzusenden, entfällt. In jedem Fall ist bei der Zusendung unbestellter Ware zu prüfen, ob es sich um sittenwidrige Geschäfte handelt.

Arten von Angeboten	
Angebot	– an eine bestimmte Person gerichtete Willenserklärung (Antrag) – bedarf keiner bestimmten Form – rechtlich bindend (Ausnahmen: Freizeichnungsklausel, Fristsetzung, gesetzliche Annahmefristen)
unverbindliches Angebot	– kein Antrag, keine rechtliche Bindung – Aufforderung an den Empfänger, seinerseits einen Antrag abzugeben

12.3 Inhalte des Angebotes

Angebotsvergleich, vgl. **HF 2**, **2.2**, S. 150

allgemeine Vorschriften zum Kaufvertrag, vgl. §§ 433 ff. BGB

besondere Bestimmungen beim einseitigen Handelskauf, vgl. z. B. §§ 345 ff. HGB und §§ 373 ff. HGB

Ein Angebot muss sorgfältig abgefasst werden, da derjenige, der das Angebot abgefasst hat, auch daran gebunden ist. Wird das Angebot angenommen, so gelten für alle Kaufvertragstypen die allgemeinen Vorschriften zum Kaufvertrag.

Handeln beide Vertragspartner als Privatpersonen, so spricht man von einem **Privatkauf**. Hier finden ausschließlich die allgemeinen Vorschriften zum Kaufvertrag Anwendung. Ist ein Vertragspartner ein Kaufmann und der andere Nichtkaufmann, so liegt ein **einseitiger Handelskauf** vor. Bei einseitigen Handelskäufen gibt es zusätzlich zu den allgemeinen Vorschriften zum Kaufvertrag zahlreiche Sonderbestimmungen für Kaufleute.

Pflichten aus dem Kaufvertrag (§ 433 BGB)

Der Verkäufer verpflichtet sich	Der Käufer verpflichtet sich
– zur Übergabe einer Ware frei von Sach- und Rechtsmängeln, – zur Übertragung des Eigentums, – den vereinbarten Kaufpreis anzunehmen (also beizubehalten).	– zur Zahlung des Kaufpreises, – zur Abnahme der Ware.

Ist der Verkäufer ein Unternehmer und der Käufer eine Privatperson (Verbraucher), so spricht man von **Verbrauchsgüterkäufen**.

> **§ 474 BGB Begriff des Verbrauchsgüterkaufs**
> (1) Kauft ein Verbraucher von einem Unternehmer eine bewegliche Sache (Verbrauchsgüterkauf), gelten ergänzend die folgenden Vorschriften. Dies gilt nicht für gebrauchte Sachen, die in einer öffentlichen Versteigerung verkauft werden, an der der Verbraucher persönlich teilnehmen kann. [...]

Verbraucher und Verbraucherschutz, vgl. 15, S. 365

Besondere Bestimmungen beim Verbrauchsgüterkauf, vgl. §§ 474 ff. BGB und §§ 346 ff. BGB

Es hat also unterschiedliche rechtliche Folgen, wenn ein Einkaufssachbearbeiter entweder als Privatperson Papier für seinen Drucker zu Hause kauft (Verbrauchsgüterkauf) oder für das Unternehmen, in dem er arbeitet (zweiseitiges Handelsgeschäft). Bei **zweiseitigen Handelsgeschäften** sind beide Vertragspartner Kaufleute, so dass vor allem die Vorschriften des HGB zu beachten sind.

Um unnötige (Rechts-)Probleme zu vermeiden, empfiehlt es sich, zu folgenden **Vertragselementen** schriftliche Vereinbarungen zu treffen. Wird hierzu nichts vereinbart, gelten die entsprechenden gesetzlichen Bestimmungen.
- Spezifikation der Ware
- Erfüllungs- und Erfolgsort
- Lieferzeit und Zahlungsbedingungen
- Menge, Preis und sonstige Kosten
- ggf. Gerichtsstand

Allgemeine Geschäftsbedingungen, vgl. 12.4, S. 337

Spezifikation der Ware

Was genau will die Fly Bike Werke GmbH in ihrem Angebot verkaufen? Die Frage klingt einfach, ist rechtlich aber nicht ganz unproblematisch. Denn hier sind insbesondere Speziesschulden von Gattungsschulden zu unterscheiden. Wird der Leistungsgegenstand von vornherein individuell von den Vertragspartnern bestimmt (z. B. ein ganz bestimmtes Bild aus dem Büro des Chefs, das er nicht mehr haben will), so spricht man von **Stück- oder Speziesschulden**. Stückschulden sind nicht austauschbar (das Bild ist für immer verloren, wenn es abhandenkommt).

Beim Verkauf von Massenwaren wie Mountainbikes spricht man von **Gattungsschulden**, die in mittlerer Art und Güte zu liefern sind. Eine Gattung bilden alle Gegenstände, die durch gemeinschaftliche Merkmale (natürliche, wirtschaftliche oder technische Eigenschaften) gekennzeichnet sind (z. B. Mountainbikes Modell Unlimited). Hier will der Käufer nicht ein ganz bestimmtes Mountainbike kaufen, sondern eben Mountainbikes der „Gattung" Modell Unlimited.

Gattungsschuld, vgl. § 243 BGB, § 360 HGB

Geht eine Lieferung Mountainbikes verloren, kann der Verkäufer dies in den meisten Fällen durch eine neue Lieferung der gleichen Art ersetzen. Etwas anderes gilt nur, wenn man eine Massenware genau auswählt, denn dann wird sie zur Stückschuld.

Unter der **Art einer Sache** versteht man die genaue Bezeichnung bzw. den handelsüblichen Namen. Die **Güte** bezeichnet die Qualität der Ware. Die **Beschaffenheit** bezieht sich auf den Qualitätszustand der Ware.

Festlegung der Art und Güte der Ware durch	Beispiel
Abbildungen und genaue Beschreibungen	Kataloge, Prospekte
Muster	Textilien, Papier, Tapeten, Farben
Proben	Lebensmittel, Kosmetika, Parfüm
Normen	DIN, EN, ISO
Artikelnummern und Chargen	
Güteklassen (Handelsklassen)	Obst, Gemüse und Eier
Markenzeichen	Coca Cola
Waren- und Gütezeichen	Öko-Siegel auf Recyclingpapier
Herkunft der Ware	Alkohol, Kaffee, Tee
Jahrgang der Ware	Wein
Zusammensetzung der Ware	Wurstwaren und Käse

Erfüllungs- und Erfolgsort

Leistungsort, vgl. § 269 BGB

Der Schuldner muss dem Gläubiger die vertraglich vereinbarte Leistung am richtigen Ort und zur richtigen Zeit erbringen. Der **Erfüllungsort** (**Leistungsort**) ist der Ort, an dem der Schuldner die Leistungshandlung vorzunehmen hat (z. B. Übergabe der Kaufsache). Bei Gattungsschulden gehört zur gesetzlich vorgeschriebenen Leistungshandlung nach § 243 (2) BGB, dass der Warenschuldner die Ware auswählen und aussondern muss (Konkretisierung).

Die Leistungshandlung des Schuldners erfolgt am Erfüllungsort. Der Leistungserfolg tritt am Erfolgsort ein.

Wo die Leistungshandlung vorgenommen werden muss und der Leistungserfolg eintritt, entscheiden – bei fehlender vertraglicher Vereinbarung – stets die Gesamtumstände bzw. der Handelsbrauch.

 Beispiel Der Warenschuldner wählt im Lager die bestellte Menge und Art der Ware aus, verpackt sie und beschriftet sie mit der Anschrift des Kunden.

Vom Erfüllungsort zu unterscheiden ist der **Erfolgsort**, an dem der Leistungserfolg eintreten muss (z. B. Übereignung der Ware). Beide Orte können zusammenfallen, müssen es aber nicht. § 269 BGB legt damit fest, an welchem Ort der Schuldner zu leisten hat. Nur wenn er am richtigen gesetzlichen Ort leistet, kann er den Gläubiger in Annahmeverzug setzen und selbst den Schuldnerverzug vermeiden.

*Annahmeverzug, vgl. **14.7**, S. 364*

Bei Warenschulden gilt der Sitz des Verkäufers als gesetzlicher Erfüllungsort, wenn vertraglich nichts anderes vereinbart wurde. Hier muss der Verkäufer die Ware vertragsgemäß anbieten, der Käufer muss sie beim Verkäufer abholen. Warenschulden sind daher in der Regel **Holschulden**, Leistungshandlung und Leistungserfolg treten beim Schuldner (Verkäufer) ein.

Eine **Bringschuld** liegt vor, wenn die Leistungshandlung und der Leistungserfolg beim Gläubiger eintreten. Der Schuldner muss die Ware zum Gläubiger bringen, damit er den Kaufvertrag ordnungsgemäß erfüllt. Übernimmt der Verkäufer bei Geschäften des Alltagsverkehrs (z. B. beim Möbelkauf) die Anlieferung der Ware, ist in der Regel eine Bringschuld anzunehmen.

Warenschulden im Handelsverkehr sind im Zweifel Schickschulden. Von einer **Schickschuld** spricht man, wenn die Leistungshandlung am Wohnsitz des Schuldners vorzunehmen ist, der Leistungserfolg aber erst am Wohnsitz des Gläubigers eintritt. Erfüllungs- und Erfolgsort fallen hier also auseinander. Hauptanwendungsfälle sind Geldschulden und der **Versendungskauf**.

Versendungskauf
Käufer und Verkäufer haben an verschiedenen Orten ihren Sitz. Der Verkäufer verschickt die Ware an den Käufer.

Gesetzlicher Erfüllungsort bei Geldschulden ist nach § 270 BGB der Sitz des Käufers (Schuldners). Hier muss er das Geld zum vereinbarten Zeitpunkt abschicken (z. B. überweisen). Geldschulden sind daher im Prinzip Schickschulden. Der Käufer trägt jedoch die Kosten der Übermittlung und – anders als bei „normaler Schickschuld" – die Verlustgefahr während der Übermittlung. Daher nennt man Geldschulden auch qualifizierte Schickschulden. Wird jedoch der Erfüllungsort vertraglich beim Verkäufer festgelegt, so wird die Geldschuld zur Bringschuld. Das Geld muss dann zum vertraglich vereinbarten Zeitpunkt im Besitz des Verkäufers sein, d. h. dort auf seinem Konto eingehen.

Zahlungsort, vgl. § 270 BGB

Hol-, Bring- und Schickschuld regeln, an welchem Ort der Schuldner die Leistungshandlung vorzunehmen hat (Erfüllungsort) und an welchem Ort der Leistungserfolg eintritt (Erfolgsort).

Erfüllungs- und Erfolgsort		
Holschulden	Erfüllungsort: beim Schuldner	Erfolgsort: beim Schuldner
	Der Schuldner muss die Ware bereitstellen, der Gläubiger muss sie beim Schuldner abholen.	
Schickschulden	Erfüllungsort: beim Schuldner	Erfolgsort: beim Gläubiger
	Der Schuldner muss die Ware an den Gläubiger übersenden.	
Bringschulden	Erfüllungsort: beim Gläubiger	Erfolgsort: beim Gläubiger
	Der Schuldner muss die Ware beim Gläubiger abliefern.	

Gefahrenübergang

Wer hat dafür einzustehen, wenn die Ware ohne Verschulden des Gläubigers oder des Schuldners „untergeht", d. h. abhandenkommt oder aber beschädigt wird? Hier gilt: Mit der Übergabe der Ware (am Erfüllungsort) geht die Gefahr auf den Käufer über, bei der Holschuld also am Wohnsitz des Verkäufers, bei der Bringschuld am Wohnsitz des Käufers (§ 446 BGB). Beim Versendungskauf (Schickschuld, § 447 BGB) geht die Gefahr des zufälligen Untergangs der Ware auf den Käufer über, sobald der Verkäufer die Ware an die Transportperson übergeben hat. Bei einem zufälligen Transportschaden trägt also der Käufer das Risiko. Er kann aber natürlich bei Verschulden der Transportperson hier Schadensersatzansprüche geltend machen.

Wer muss für den Schaden aufkommen?

Lieferzeit und Zahlungsbedingungen

Leistungszeit, vgl. § 271 BGB

Sofern vertraglich nichts anderes vereinbart wurde, ist der **Zeitpunkt der Lieferung** nach § 271 BGB geregelt. Danach kann der Gläubiger die Leistung sofort verlangen („Fälligkeit der Leistung"), der Schuldner sie sofort bewirken („Erfüllbarkeit der Forderung"). Folgende vertraglichen Vereinbarungen zur Lieferzeit sind üblich:

Vertragliche Vereinbarungen zur Lieferzeit	
Termingeschäfte	Lieferung bis zu einem bestimmten Zeitpunkt, z. B. innerhalb von 4 Wochen
Fixhandelskäufe, Fixgeschäfte	Lieferung zu einem genau bestimmten Termin, z. B. Lieferung am 20. Dezember
Kauf auf Abruf	Lieferung kann vom Käufer innerhalb einer vereinbarten Frist in Teilmengen abgerufen werden, z. B. Anforderung der vereinbarten Gesamtliefermenge innerhalb von sechs Monaten in fünf Teilmengen

Bei Verbrauchsgüterkäufen hat der Käufer bei Zahlungsaufschub und sonstigen Finanzierungshilfen die Möglichkeit, den Vertrag nach §§ 499, 355 BGB binnen zwei Wochen zu widerrufen. Darüber muss er bei Vertragsabschluss ordnungsgemäß belehrt worden sein.

Auch die Zahlungsbedingungen sind in der Regel genau im Vertrag festgelegt, ansonsten gelten die gesetzlichen Vorschriften. Danach kann der Verkäufer sofortige Zahlung bei Lieferung der Ware verlangen (Ware gegen Geld, Zug um Zug, Zahlung gegen Nachnahme). Ist für beide Vertragspartner der Sitz des Verkäufers der Erfüllungsort, so muss das Geld am Fälligkeitstag beim Verkäufer eingetroffen sein. Haben der Käufer und der Verkäufer unterschiedliche Erfüllungsorte, so genügt es, wenn der Käufer das Geld am Fälligkeitstag überweist.

Vertraglich vereinbarte Zahlungsbedingungen	
Vorauszahlung	üblich bei neuen und zahlungsschwachen Kunden, Großaufträgen oder auch bei Auslandsgeschäften
Anzahlung	ein Teilbetrag wird bei Auftragserteilung, ein Teil nach Empfang der Rechnung und der Rest innerhalb einer bestimmten Frist nach der Lieferung fällig
Zielkauf, Kreditkauf	Zahlung innerhalb einer bestimmten Frist (Zahlungsziel) nach der Lieferung; häufig verbunden mit Gewährung eines Skontoabzugs bei vorzeitiger Zahlung

Eigentumsvorbehalt, vgl. S. 333

Eine Form des Zielkaufs ist der **Ratenkauf**. Hierbei handelt es sich um einen schriftlichen Kaufvertrag mit Barzahlungspreis, Teilzahlungspreis, effektivem Jahreszins sowie Anzahl, Höhe und Fälligkeit der Raten. Bei solchen Ratenzahlungsvereinbarungen behält sich der Lieferer in der Regel bis zur vollständigen Bezahlung der Rechnung das Eigentum am Kaufgegenstand vor.

Durch das Aufschieben des Zahlungstermins entsteht ein **Liefererkredit**, denn der Lieferer hat ja schon geleistet, der Käufer aber noch nicht gezahlt. Der Liefererkredit wird zur kurzfristigen Fremdfinanzierung gezählt. Bei vorzeitiger Zahlung des Kaufpreises innerhalb einer vereinbarten Skontofrist kann Skonto abgezogen werden. Nach Ablauf der Frist wird der Liefererkredit in der Regel zu einem sehr teuren Kredit. Der Käufer sollte daher in jedem Fall berechnen, ob es nicht günstiger ist, einen Kredit bei der Bank aufzunehmen, um unter Skontoabzug vorzeitig zahlen zu können.

Skonto ist ein vertraglich vereinbarter Preisnachlass für eine Vorauszahlung, Zahlung per Nachnahme oder die Zahlung innerhalb einer vereinbarten Skontofrist. Vom Verkäufer wird Skonto gewährt, damit der Käufer zügig zahlt und so das Geld in die Kasse des Verkäufers gelangt. Die dem Käufer eingeräumte Skontofrist (z. B. 10 Tage) endet vor dem Ablauf des vertraglich vereinbarten Zahlungszieles (Liefererkredit).

Eigentumsvorbehalt

Der Liefererkredit wird vom Kreditgeber meistens durch einen Eigentumsvorbehalt abgesichert. Ein Eigentumsvorbehalt liegt vor, wenn die Einigung über den Eigentumsübergang aufschiebend bedingt ist (§ 158 BGB). Das bedeutet, dass das Eigentum erst auf den Käufer übergeht, wenn er den vollständigen Kaufpreis gezahlt hat. Dies müssen die Parteien aber ausdrücklich vereinbart haben.

Ein so genannter **einfacher Eigentumsvorbehalt** erstreckt sich nur auf die eigentlich gekaufte Sache. Wenn aber ein gutgläubiger Dritter Eigentum an der Sache erlangt, geht das Eigentum des Vorbehaltsverkäufers unter (§ 932 BGB). Gleiches gilt, wenn die Sache verarbeitet (§ 959 BGB), mit einer anderen Sache verbunden oder vermischt wird (§§ 946 ff. BGB).

Für diese Fälle können die Parteien einen so genannten **verlängerten Eigentumsvorbehalt** vereinbaren. Zwei Varianten sind in der Praxis üblich:
- **Verarbeitungsklausel:** Durch eine so genannte Verarbeitungsklausel kann der Eigentumsvorbehalt bei Verarbeitung der gelieferten Sache auf die neue Sache erweitert werden.
- **Vorausabtretungsklausel:** Gestattet der Vorbehaltsverkäufer dem Käufer, die unter Eigentumsvorbehalt gelieferte Ware weiterzuverkaufen, so kann er sich die Kaufpreisforderung (aus dem Weiterverkauf) abtreten lassen (§ 398 BGB).

Eigentumsvorbehalt:
- einfach
- verlängert
- erweitert
- nachgeschaltet

Der verlängerte Eigentumsvorbehalt ist eine Form des **erweiterten Eigentumsvorbehalts**. Zum erweiterten Eigentumsvorbehalt zählen ferner:
- **Kontokorrentvorbehalt:** Dabei erlischt der Eigentumsvorbehalt nicht mit der Zahlung des Kaufpreises für eine bestimmte Vorbehaltsware, sondern erst dann, wenn der Käufer alle unter Vorbehalt gelieferten Waren aus der Geschäftsverbindung zwischen Verkäufer und Käufer beglichen hat.
- **Weitergeleiteter Eigentumsvorbehalt:** Hier verpflichtet sich der Käufer, die Ware nur unter Offenlegung des bestehenden Eigentumsvorbehalts weiterzuverkaufen. Der neue Käufer der Vorbehaltsware wird erst dann Eigentümer, wenn der erste Käufer den vollen Kaufpreis gezahlt hat (in der Praxis eher unüblich).

Verkauft der Käufer die Vorbehaltsware seinerseits unter Eigentumsvorbehalt weiter, spricht man vom **nachgeschalteten Eigentumsvorbehalt**.

Preis, Menge und sonstige Kosten

Der zu zahlende **Kaufpreis** wird als wesentlicher Vertragsbestandteil nahezu immer vertraglich geregelt sein. Sind keine anderen Zahlungsvereinbarungen getroffen worden, so muss der volle Rechnungsbetrag gezahlt werden. Die Zahlung erfolgt bei Inlandsgeschäften üblicherweise in Euro. Es kann aber auch eine andere Währung vereinbart werden. Bei Zahlung in Fremdwährung entscheidet der Umrechnungskurs, der zur Zeit der Zahlung für den Zahlungsort maßgebend ist. Der Rechnungsbetrag kann natürlich durch vereinbarte **Preisnachlässe** reduziert werden:

Fremdwährungsschuld, vgl. § 244 BGB

*Rabatt
Preisnachlass in Prozent vom Kaufpreis*

Preisnachlässe	
Mengenrabatt	bei größerer Abnahmemenge
Treuerabatt	für langjährige Kunden bei regelmäßigem Bezug
Wiederverkäuferrabatt	für Groß- und Einzelhändler bei Ausweis von Preisempfehlungen
Personalrabatt	für Angestellte und deren Angehörige
Sonderrabatt	bei Räumungsverkäufen oder Jubiläen
Bonus	nachträglich gewährter Preisnachlass, der in der Regel am Jahresende nach einem vereinbarten Mindestumsatz gewährt wird

Die Menge der Ware wird in **gesetzlichen oder handelsüblichen Maßeinheiten** (z. B. Stück, Meter, Kilogramm, Liter) angegeben. Oft wird eine Mindestbestellmenge oder eine Höchstmenge angegeben, über die hinaus nicht bestellt werden kann. Bei kleinen Bestellmengen wird oftmals ein **Mindermengenzuschlag** erhoben.

Beförderungskosten

Neben dem eigentlichen Kaufpreis muss zwischen den Vertragsparteien geregelt werden, wer die Kosten der Beförderung zu tragen hat. Als Beförderungskosten fallen Rollgeld, Lade- und Entladegebühren sowie Fracht an. **Fracht** ist das Entgelt für eine gewerbliche Beförderung von Gütern. **Rollgeld** sind die Beförderungskosten vom Lieferer bis zur Versandstation (z. B. Hafen) sowie von der Empfangsstation zum Käufer. Im internationalen Handelsverkehr ist unter Umständen noch **Zoll** zu zahlen.

Übernahme der Beförderungskosten – gesetzliche Regelung

Verkäufer trägt Kosten der Übergabe	Käufer trägt Kosten der Abnahme
Kosten der Lagerung Kosten des Messens, Wiegens, Abpackens Transportkosten bis zum Erfüllungsort	Transportkosten ab dem Erfüllungsort

Frachtparität und Frachtbasis

Weiß der Käufer zum Zeitpunkt des Vertragsabschlusses noch nicht, an welchen Ort die Ware geliefert werden soll, wird häufig eine **Frachtparität** vereinbart. Das ist ein vertraglich vereinbarter Ort, bis zu dem der Verkäufer die Frachtkosten höchstens übernimmt (egal ob die Ware tatsächlich an diesen Ort geliefert wird).

Ist umgekehrt zum Zeitpunkt des Vertragsabschlusses noch nicht bekannt, von welchem Ort aus der Verkäufer liefern wird, wird eine **Frachtbasis** vereinbart. Das ist ein fiktiver Ort, ab dem der Käufer die Frachtkosten für die Ware übernimmt, auch wenn tatsächlich von einem anderen Ort geliefert wird.

Übernahme der Beförderungskosten – vertragliche Vereinbarungen

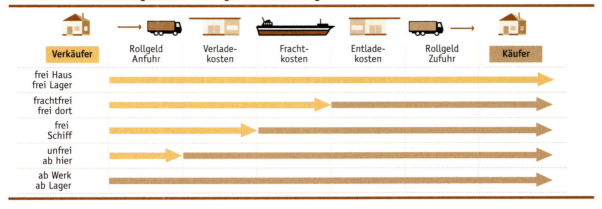

Verpackungskosten

Die Transportverpackungskosten trägt der Käufer ab dem Erfüllungsort. Ist der Preis für die Ware nach dem Gewicht bestimmt, ist nach § 380 HGB mangels abweichender vertraglicher Regeln oder Handelsbrauch das Gewicht der Verpackung nicht mitzurechnen („Preis netto" = Verkäufer übernimmt die Verpackungskosten).

Das **Verpackungsgewicht** (**Tara**) kann folgendermaßen ermittelt werden:
- **Effektivtara:** tatsächliches Verpackungsgewicht
- **Stück- oder Prozenttara:** handelsübliches Verpackungsgewicht
- **Zolltara:** nach Zollvorschriften festgelegtes Verpackungsgewicht

Nettogewicht = Bruttogewicht – Tara
Reingewicht = Rohgewicht – Verpackung

Übernahme der Verpackungskosten – vertragliche Vereinbarungen	
Vereinbarung	Erläuterung
Reingewicht einschließlich Verpackung, Preis netto einschließlich Verpackung	Verkäufer zahlt Verpackungskosten
Reingewicht ausschließlich Verpackung, Preis netto ausschließlich Verpackung	Käufer zahlt Verpackungskosten
Rohgewicht einschließlich Verpackung, Preis brutto einschließlich Verpackung, brutto für netto, bfn oder b/n.	Verpackungsgewicht wird wie Warengewicht behandelt, Käufer zahlt Verpackungskosten
Preis brutto ausschließlich Verpackung	Verpackungskosten sind im Preis enthalten, sie setzen sich aus dem Verpackungsgewicht und den Verpackungskosten zusammen und werden vom Käufer gezahlt.

Mehrwegverpackungen werden vom Verkäufer häufig gegen Gebühr geliehen. Sie bleiben Eigentum des Verkäufers. Bei unterlassener Rücksendung werden sie dem Käufer in Rechnung gestellt, bei Rücksendung voll oder zu bestimmten Anteilen gutgeschrieben.

Gerichtsstand

Der Gerichtsstand bestimmt, bei welchem Gericht der Schuldner verklagt werden kann. Dies ist wichtig zu wissen, denn eine Klage bei einem falschen Gericht wird wegen Unzulässigkeit zurückgewiesen. Grundsätzlich ist jede Person an ihrem **allgemeinen Gerichtsstand** zu verklagen. Das ist der Wohnort des Schuldners bzw. der Sitz eines Unternehmens.

Gerichtsstand, vgl. §§ 29, 38 ZPO

Verbraucherschutz, vgl. 15, S. 365

Darüber hinaus gibt es zahlreiche **besondere Gerichtsstände**, z. B. den Gerichtsstand des Erfüllungsortes. Nur Kaufleute können den Gerichtsstand am Erfüllungsort oder an einem beliebigen anderen Ort vereinbaren. Die Vereinbarung eines vertraglichen Gerichtsstandes zwischen einem Kaufmann und einem Verbraucher ist unzulässig. Dadurch wird der Verbraucher geschützt.

Übersicht: Bestimmungen in Kaufverträgen

Vertragsinhalte	Gesetzliche Regelungen	Vertragliche Regelungen
Art, Güte und Beschaffenheit des Kaufgegenstandes	§ 243 BGB und § 360 HGB: Es ist eine der Gattung nach bestimmte Ware mittlerer Art und Güte zu liefern.	Benennung durch Artikelnummer und handelsübliche Bezeichnung, Festlegung durch Muster, Proben, Normen, Typen, Waren- und Gütezeichen, Abbildungen usw.
Mengenangabe	Handelsbräuche oder das Reingewicht nach § 380 HGB	Angabe in gesetzlichen Maßeinheiten und handelsüblichen Bezeichnungen
Preisangabe	Preis bezogen auf das Nettogewicht	im Normalfall Angabe des Preises pro Einheit einschließlich der Verkaufsverpackung
Preisnachlässe	keine	z. B. Rabatte, Skonti, Boni, Gewichtsabzüge
Kosten der Versandverpackung	§ 448 BGB: Der Käufer trägt die Kosten der Versandverpackung, der Verkäufer die Verkaufsverpackung. § 380 HGB: Das Nettogewicht ist in Rechnung zu stellen.	Mögliche Vereinbarungen können sein: „Verpackung frei", „Verpackung leihweise", „brutto für netto" usw.
Kosten des Transports	§ 448 BGB: Der Verkäufer trägt die Kosten der Übergabe, der Käufer die Kosten der Versendung und der Abnahme.	Mögliche Vereinbarungen können sein: „ab Werk", „unfrei", „frachtfrei", „frei Haus", „Frachtbasis", „Frachtparität".
Lieferzeit	§ 271 BGB: Der Käufer kann sofortige Lieferung verlangen, der Verkäufer kann sofort liefern.	Es können Sofortlieferung, Lieferung innerhalb einer bestimmten Frist, Lieferung zu einem fixen Termin oder Lieferung auf Abruf ausgehandelt werden.
Zahlungszeit	§ 271 BGB: Der Verkäufer kann sofortige Zahlung verlangen.	Es können Vorauszahlungen, Anzahlungen, Zahlung Zug um Zug, Zahlung nach Kauf oder Ratenkauf vereinbart werden.
Eigentumsvorbehalt	§ 449 BGB: Der Verkäufer bleibt bei ausdrücklicher Vereinbarung bis zur vollständigen Begleichung des Kaufpreises Eigentümer der Ware.	einfacher Eigentumsvorbehalt verlängerter Eigentumsvorbehalt erweiterter Eigentumsvorbehalt nachgeschalteter Eigentumsvorbehalt
Erfüllungsort	§ 269 BGB: Der Erfüllungsort für Warenschulden ist der Wohn- oder Geschäftssitz des Verkäufers, für Geldschulden der des Käufers.	Für die Lieferung und Zahlung kann der Sitz des Verkäufers, des Käufers oder ein anderer Ort vereinbart werden.
Gerichtsstand	Der Gerichtsstand ist der Wohnsitz des jeweils Beklagten.	Abweichungen von den gesetzlichen Regelungen sind nur bei Kaufleuten möglich, die einen Gerichtsstand vereinbaren können.

12.4 Allgemeine Geschäftsbedingungen

Sehr wichtig für die Vertragsgestaltung im heutigen Geschäftsleben sind die allgemeinen Geschäftsbedingungen (AGB). Es handelt sich hierbei um vorformulierte Vertragsbedingungen, die für eine Vielzahl von Verträgen gelten sollen. Mit den AGB will der Verwender Vereinbarungen treffen, die von den gesetzlichen Vorschriften abweichen (z. B. zu den Lieferungs- und Zahlungsbedingungen, zur Gewährleistungspflicht, zu Garantien oder zum Eigentumsvorbehalt).

In den AGB darf der Verwender aber nicht nach Gutdünken vereinbaren, was er will. Es gibt rechtliche Grenzen, um die Käufer vor unlauteren AGB zu schützen. Insbesondere darf der „Kerngehalt einer gesetzlichen Regel" nicht zum Nachteil des Vertragspartners abgeändert werden. Beispielsweise wäre eine AGB-Klausel, die jegliche Haftung für Mängel ausschließt, unwirksam.

Durch die gesetzlichen Regelungen soll der wirtschaftlich schwächere Vertragspartner (Verbraucher) geschützt werden. Die AGB müssen wirksam in den Vertrag einbezogen werden, d. h., der jeweilige Kunde muss ihnen zustimmen. Theoretisch können sie zwar vom Kunden abgelehnt oder abgeändert werden, in der Praxis ist dies jedoch selten der Fall (in der Regel wird sich der Verwender nicht darauf einlassen). Durch die AGB kann eine Vielzahl von Verträgen schneller und rationeller abgewickelt werden. Auch werden einzelne Geschäftsrisiken besser kalkulierbar.

Einige Rechtsvorschriften zu den AGB gelten für zweiseitige, die Mehrzahl jedoch nur für einseitige Handelsgeschäfte, da durch die AGB vorrangig der Endverbraucher geschützt werden soll.

Hinsichtlich der Wirksamkeit von AGB gelten u. a. folgende Regelungen:

- **Individuelle Absprachen** haben stets Vorrang vor den AGB. Auch wenn eine Klausel aus den AGB ausgeschlossen wird, geschieht dies durch eine individuelle Vereinbarung.
  Verbraucherschutz, vgl. 15, S. 365
  § 305 b BGB

- **Überraschende und mehrdeutige Klauseln** werden nicht Vertragsbestandteil. Es muss sich um eine objektiv ungewöhnliche Klausel handeln (z. B. eine Gerichtsstandsvereinbarung im Ausland, obwohl deutsches Recht anzuwenden ist) und der Klausel muss ein Überrumpelungseffekt innewohnen (z. B. nicht der Fall, wenn eine solche Klausel fettgedruckt in großer Schrift verfasst ist).
  § 305 c BGB

- Wenn eine **Klausel unwirksam** ist, so bleibt der Vertrag im Übrigen gültig, an die Stelle der AGB treten die gesetzlichen Regelungen.
  § 306 BGB

- AGB sind **gegenüber einem Verbraucher unwirksam**, wenn ein Fall der in den §§ 308 und 309 BGB festgeschriebenen Klauselverbote vorliegt. Bei zweiseitigen Handelsgeschäften werden die Grundgedanken der Klauselverbote über die Generalklausel (§ 307 BGB) zur Prüfung der AGB herangezogen.
  §§ 305, 309 BGB
  Klauselverbote, vgl. § 307 BGB

AGB	
Allgemeine Geschäftsbedingungen §§ 305 bis 310 BGB	vorformulierte Vertragsbedingungen für eine Vielzahl von Verträgen, die eine Vertragspartei (Verwender) der anderen Vertragspartei bei Abschluss eines Vertrages stellt
Inhaltskontrolle § 307 BGB	Bestimmungen der AGB sind unwirksam, wenn sie den Käufer entgegen den Geboten von Treu und Glauben unangemessen benachteiligen.

12.5 Bestellung und Bestellungsannahme

Fahrradhandel Uwe Klein e. K.

Fahrradhandel Uwe Klein e. K. • Am Wasserturm 4 • 66113 Saarbrücken

Fly Bike Werke GmbH
Rostocker Str. 334
26121 Oldenburg

Ihr Zeichen, Ihre Nachricht	Unser Zeichen, unsere Nachricht	Telefon, Name	Datum
bau, 21.02.20XX	gel, 19.02.20XX	0681 68508-223 Frau Geldert	23.02.20XX

Bestellung Nr. 146 über Mountainbikes
Art.-Nr. 303 Mountain Unlimited

Sehr geehrter Herr Baumann,

wir beziehen uns auf Ihr Angebot vom 21.02.20XX und bestellen:

10 Mountainbikes Modell Unlimited zum Gesamtpreis von 7.231,87 € netto
(inkl. Rabatt von 27,5 %)

Ihre Zahlungs- und Lieferbedingungen sowie die weiteren Bestandteile Ihrer AGB haben wir zur Kenntnis genommen. Bitte legen Sie Ihrer Lieferung das entsprechende Qualitätszertifikat nach ISO 9001 bei.

Wir bitten Sie, die Lieferzeit von 4 Tagen einzuhalten, und hoffen auf weiterhin gute Geschäftsbeziehungen.

Mit freundlichen Grüßen

Fahrradhandel Uwe Klein e. K.

i.A. *Geldert*

Geldert

Fahrradhandel Uwe Klein e. K.	Bankverbindungen	Telefon 0681 68508-0	Finanzamt 1040
Am Wasserturm 4	Volksbank Saarbrücken	Telefax 0681 68508-222	Saarbrücken
66113 Saarbrücken	BLZ 591 901 00	info@fahrradhandel-klein.de	Steuer-Nr. 040/5683/2817
	Konto-Nr. 120004569	www.fahrradhandel-klein.de	USt-ID-Nr. 158793817

Bestellungen sind rechtlich bindend.

Mit Abgabe der **Bestellung** erklärt sich der Käufer bereit, die Waren zu den im Angebot vereinbarten Bedingungen abzunehmen. Die Bestellung ist rechtlich verbindlich.

Wirksamwerden der Willenserklärung, vgl. § 130 BGB

Die Bestellung ist an keine Formvorschrift gebunden, wird jedoch zur Vermeidung späterer Schwierigkeiten meistens in schriftlicher Form aufgegeben. Bei eventuell auftretenden Rechtsproblemen dient sie dann als Nachweis bzw. als Beleg für die eigene Ablage. Die Bestellung wird in dem Augenblick wirksam, in dem sie beim Lieferer eintrifft. Soll eine aufgegebene Bestellung noch widerrufen werden, so muss dieser Widerruf vor bzw. spätestens gleichzeitig mit der Bestellung beim Lieferer eintreffen.

Hinsichtlich der rechtlichen Wirkung unterscheidet man zwischen der

- **Bestellung als Annahme eines Antrages:** Die Bestellung folgt in allen Punkten einem vorausgegangenen verbindlichen Angebot. Sie sollte sich auf alle dort vereinbarten Einzelheiten beziehen. In diesem Fall kommt durch die Bestellung ein Kaufvertrag zu Stande.

Angebot, vgl. **12.2**, S. 326

- **Bestellung als Antrag:** Die Bestellung erfolgt mit abgeänderten Angebotsbedingungen, nach Ablauf der Angebotsfrist, ohne vorheriges Angebot oder auf ein unverbindliches Angebot hin. In diesen Fällen sollte die Bestellung alle üblichen Bestandteile eines Angebotes enthalten. Sie gilt als Antrag seitens des Käufers, der Verkäufer kann sie durch eine Auftragsbestätigung oder die Lieferung der bestellten Ware annehmen.

vgl. Grafik „Zustandekommen eines Kaufvertrages", S. 327

Auftragsbestätigung (Bestellungsannahme)

Eine Auftragsbestätigung braucht **nicht erteilt** zu werden, wenn durch die Bestellung ein Angebot unverändert angenommen wurde.

Eine Auftragsbestätigung **sollte erteilt werden**, wenn
- der Lieferzeitpunkt sich verzögert,
- eine mündliche oder telefonische Bestellung wiederholt werden soll, um Missverständnissen vorzubeugen,
- ein Kunde erstmals bestellt,
- die Bestellung sehr umfangreich ist,
- der Kunde ausdrücklich eine Bestätigung wünscht.

In diesen Fällen werden Irrtümer im Vorfeld vermieden.

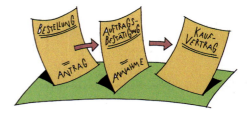

Auftragsbestätigung muss erteilt werden

Eine Auftragsbestätigung **muss erteilt werden**, wenn
- das Angebot abgeändert wurde (§ 150 (2) BGB),
- das Angebot verspätet angenommen wurde (§ 150 (1) BGB),
- das Angebot freibleibend war (§ 145 BGB),
- der Käufer nach einem Widerruf des Angebotes bestellte.

In diesen Fällen waren die Bestellungen nur Anträge.

Die Bestellungen werden in der Verkaufsabteilung mit laufenden Nummern versehen und in der Datei für offene Bestellungen gespeichert. Dies dient der späteren Terminüberwachung.

Auftragsbestätigung sollte erteilt werden

Bestellung, Auftragsbestätigung, Kaufvertrag	
Bestellung	– Willenserklärung des Käufers – rechtlich bindend (Antrag oder Annahme) – bedarf keiner bestimmten Form
Bestellungsannahme (Auftragsbestätigung)	– Willenserklärung des Verkäufers – bedarf keiner bestimmten Form – nur unter bestimmten Voraussetzungen zwingend
Kaufvertrag	– kommt durch zwei übereinstimmende Willenserklärungen (Antrag und Annahme) zu Stande

12.6 Verpflichtungs- und Erfüllungsgeschäft

Beispiel Durch die bei der Stahlwerke Tissen AG eingegangene Bestellung ist ein Kaufvertrag geschlossen worden, denn ihr Angebot (Antrag) und die Bestellung der Fly Bike Werke GmbH (Annahme) stellen zwei übereinstimmende Willenserklärungen dar. Hierdurch ergeben sich sowohl für die Stahlwerke Tissen AG als auch für ihren Kunden Verpflichtungen, die zur Erfüllung des Vertrages eingehalten werden müssen.

Der Kaufvertrag besteht aus zwei Teilen, dem Verpflichtungs- und dem Erfüllungsgeschäft. Das **Verpflichtungsgeschäft** wird durch die Übereinstimmung der Willenserklärungen von mindestens zwei Parteien begründet. Der Verkäufer muss den Kaufgegenstand entweder an den Käufer selbst oder beim Versendungskauf an einen Frachtführer frei von Mängeln übergeben, das Eigentum übertragen sowie die Zahlung annehmen. Der Käufer muss den Kaufgegenstand abnehmen und den Kaufpreis zahlen.

Platzkauf
Der Erfüllungsort für Käufer und Verkäufer ist identisch.

Zug um Zug
Käufer und Verkäufer erfüllen ihre Pflichten gleichzeitig.

Die Erfüllung der im Verpflichtungsgeschäft eingegangenen Pflichten erfolgt im **Erfüllungsgeschäft** (z.B. die konkrete Lieferung und anschließende Bezahlung des Kaufgegenstandes). Sehr häufig fallen Verpflichtungs- und Erfüllungsgeschäft zeitlich zusammen wie bei einem **Platzkauf** oder einer Zahlung **Zug um Zug**.

Verpflichtungs- und Erfüllungsgeschäft	
Verpflichtungen aus dem Kaufvertrag für den Verkäufer	– rechtzeitige Annahme des vereinbarten Kaufpreises – Verschaffung des Eigentums an der Ware und vertragsgemäße Lieferung
Verpflichtungen aus dem Kaufvertrag für den Käufer	– Annahme und Prüfung der gelieferten Ware innerhalb der geltenden Fristen – rechtzeitige Bezahlung des vereinbarten Kaufpreises
Erfüllungsgeschäft (Verfügungsgeschäft)	– tatsächliche Erfüllung der vertraglich eingegangenen Verpflichtungen

12.7 Lieferung der Ware

Der Verkäufer erfüllt seine Verpflichtung aus dem Kaufvertrag mit der Bereitstellung bzw. Lieferung der Ware. Um die Übersicht sowohl für den Kunden als auch für den Verkäufer zu erleichtern und dem Kunden die Wareneingangskontrolle zu ermöglichen, wird der Ware ein **Lieferschein** beigefügt, auf dem zumindest Art, Menge und Wert der Ware, Lieferscheinnummer, Datum sowie Kunde und Verkäufer vermerkt sind.

In vielen Unternehmen ist es außerdem üblich, die Ware direkt mitsamt der **Rechnung** zu liefern. Hierbei ist auf die gesetzlich vorgeschriebene Form zu achten, damit der Empfänger den Vorsteuerabzug geltend machen kann.

Gesetzlich vorgeschriebene **Bestandteile einer Rechnung** sind:
- Name und Anschrift von Verkäufer und Kunden
- Ausstellungsdatum
- Lieferdatum
- fortlaufende Rechnungsnummer
- Steuernummer oder Umsatzsteuer-Identifikationsnummer
- Menge und Bezeichnung der Ware
- nach Steuersätzen aufgeschlüsselter Nettowarenwert, Steuersatz und Steuerbetrag
- im Voraus vereinbarte Skonti und Rabatte

Bei Rechnungsbeträgen unter 100 € sind Steuernummer und fortlaufende Rechnungsnummer allerdings entbehrlich. Außerdem reichen hier Bruttorechnungsbetrag und Steuersatz aus. In verschiedenen Sonderfällen sind weitere Warenbegleitpapiere erforderlich, z. B. im Außenhandel oder wenn ein Frachtführer bzw. Spediteur mit dem Transport der Ware beauftragt wird.

Berechnung Nettorechnungsbetrag, vgl. **17**, S. 375

Um zu vermeiden, dass die Ware verspätet oder gar nicht beim Kunden ankommt, ist es notwendig, für die termingerechte Lieferung der Ware zu sorgen und diese sowohl im eigenen Lager und Fuhrpark als auch bei eventuell beauftragten externen Frachtführern zu überwachen.

12.8 Kaufvertragsarten

Kaufverträge kann man nach folgenden Kriterien unterscheiden:
- Stellung der Vertragspartner
- Warenart und -güte
- vereinbarte Zahlungsbedingungen
- Lieferzeit

Kaufvertragsarten nach Stellung der Vertragspartner

Kaufvertragsart	Erläuterung	Beispiel
Bürgerlicher Kauf	Beide Vertragsparteien sind Privatpersonen.	Herr Walter kauft von seinem Nachbarn einen gebrauchten DVD-Player.
Verbrauchsgüterkauf	Eine Vertragspartei ist Kaufmann (Gewerbetreibender).	Herr Walter kauft im Warenhaus eine neue DVD.
Zweiseitiger Handelskauf	Beide Vertragsparteien sind Kaufleute.	Die Fly Bike Werke GmbH kauft Stahlrohre bei der Stahlwerke Tissen AG.
Kommissionskauf	Der Verkäufer ist lediglich Besitzer der Ware, der Verkauf erfolgt in eigenem Namen gegen Provision.	Im Bahnhofskiosk verkauft der Händler Zeitschriften als Kommissionsware. Er erhält eine Provision für den Verkauf, nicht verkaufte Exemplare werden vom Verlag wieder abgeholt.

Kaufvertragsarten nach Warenart und -güte

Kaufvertragsart	Erläuterung	Beispiel
Kauf auf Probe	Kauf mit unbedingtem Rückgaberecht	Herr Walter kauft ein Dolby-Surround-System und vereinbart mit dem Verkäufer ein 14-tägiges Rückgaberecht.
Kauf zur Probe	Kauf einer kleinen Warenmenge als Test, um später die gewünschte Menge zu bestellen	Die Fly Bike Werke GmbH kauft eine kleine Menge Alurahmen, um die Reaktion der Kunden zu testen. Bei entsprechender Nachfrage wird eine größere Menge nachbestellt.
Kauf nach Probe	Kauf entsprechend einem kostenlosen Musterbeispiel	Die Tamino GmbH hat der Fly Bike Werke GmbH ihr neues Bremssystem geschickt. Nachdem es ausprobiert wurde, entschloss man sich, weitere Bremssysteme entsprechend den Mustern zu kaufen.
Bestimmungskauf/ Spezifikationskauf	Nur Menge und Art der Ware werden beim Kauf vereinbart, genaue Details soll der Käufer innerhalb einer bestimmten Frist erklären.	Bei einem Modeschmuckgroßhändler werden 100 Paar Ohrringe aus der neuen Kollektion bestellt. Genaues Design und Farbe werden erst kurz vor der Auslieferung festgelegt.
Gattungskauf	Beim Kauf wird nur die Art oder Klasse der Ware bestimmt – wenn weiterhin nichts Genaueres vereinbart ist, soll „mittlere Qualität" geliefert werden.	Das Beschaffungsamt Essen bestellt bei einem Papiergroßhändler 10 Paletten Kopierpapier in Standardqualität.
Stückkauf	Kauf einer klar spezifizierten Ware, die bei Verlust nicht zu ersetzen ist	speziell angefertigte Möbel, echte Kunstwerke, maßgeschneiderte Kleidung
Ramschkauf/Kauf en bloc/Kauf in Bausch und Bogen	Kauf eines Warenpostens ohne Sicherung der Qualität	Auflösungen von Lagern und Geschäften, Versteigerungen

Kaufvertragsarten nach vereinbarten Zahlungsbedingungen

Barkauf	Der Kaufpreis wird bei Übergabe der Ware entrichtet.	Herr Walter kauft Lebensmittel im Supermarkt und zahlt an der Kasse.
Zielkauf	Der Kaufpreis wird nach der Lieferung der Ware entrichtet.	Die Fly Bike Werke GmbH kauft die meisten Waren „auf Ziel" mit einem vereinbarten Zahlungsziel von 30 Tagen.
Ratenkauf/ Abzahlungskauf	Der Kaufpreis wird in vereinbarten Raten entrichtet.	Ein Elektronikmarkt bietet für Waren ab 200,00 € die Möglichkeit der Ratenzahlung an.

Kaufvertragsarten nach Lieferzeit

Kauf auf Abruf	Kauf einer größeren Menge Ware, die erst auf Wunsch des Kunden in Teilmengen geliefert wird	Das Beschaffungsamt Essen ruft von den 10 gekauften Paletten Kopierpapier jede Woche eine Palette ab, so dass nicht die gesamte Bestellmenge beim Käufer gelagert werden muss.
Fixkauf	Lieferung bestellter Ware zu einem kalendermäßig festgelegten Termin	Vereinbarung: „Lieferung am 11.11.20XX fix"
Terminkauf	Lieferung bestellter Ware innerhalb einer bestimmten Frist	Vereinbarung: „Lieferung bis Mitte November" „Lieferung vom 11. bis 18.11.20XX "

13 Zahlungsverkehr

13.1 Überblick über die verschiedenen Zahlungsarten

LS 50
Zahlungssysteme vergleichen und beurteilen

Je nachdem, welches Zahlungsmittel (Bargeld oder Buchgeld) gewählt wird, ändert sich auch die Zahlungsart.

- Benutzt man Bargeld zur Begleichung einer Schuld, spricht man von **Barzahlung**.
- Bei der **halbbaren Zahlung** wird Bargeld in Buchgeld umgewandelt oder umgekehrt. Dazu können verschiedene Zahlungsarten gewählt werden.
- Bei der **unbaren (bargeldlosen) Zahlung** erfolgt die Zahlung allein durch Buchgeld, d.h., der Zahlungsempfänger erhält eine Gutschrift auf sein Konto und beim Zahlenden erfolgt eine Abbuchung. Dabei können verschiedene Verfahren genutzt werden.

Die Wahl der geeigneten Zahlungsart ist abhängig von den Ansprüchen, die man an sie stellt. Hier stehen Schnelligkeit der Zahlung gegen Sicherheit und ein guter Überblick über den Kontostand gegen Flexibilität. Ein wichtiges Kriterium sind natürlich auch die **Kosten des Zahlungsverkehrs**. Sie entstehen z. B. durch Kontoführungsgebühren oder Beiträge für die Nutzung von Kreditkarten, aber auch bei Verlust oder Diebstahl von Geld und Geldersatzmitteln. Bei Bargeld ist das Risiko höher, weil ein Verlust nicht versichert ist, auf der anderen Seite entstehen durch die Versicherung (z. B. gegen den Verlust von Kreditkarten) wiederum Kosten, die sich in den Beiträgen niederschlagen.

Barzahlung, halbbare Zahlung, bargeldlose Zahlung

Nicht zuletzt muss darauf geachtet werden, dass der **Verwaltungsaufwand** für den Zahlungsverkehr möglichst gering gehalten wird, da hier Personalkosten anfallen. So kann die Nutzung des Datenaustausches für ein Unternehmen durchaus sinnvoll sein, obwohl dafür u. U. erst eine geeignete EDV-Anlage angeschafft werden muss (Investitionskosten).

Nutzung moderner Datenkommunikation im Zahlungsverkehr, vgl. **13.4.5**, S. 350

13.2 Barzahlung

Die Barzahlung kann persönlich durch den Zahlungspflichtigen oder durch einen von ihm beauftragten Boten erfolgen. Eine **Quittung** gilt in der Regel als Beleg dafür, dass die Rechnung bezahlt worden ist. Daneben ist auch ein Kassenbon der Registrierkasse oder der Quittungsvermerk auf einer Rechnung Beweis für die Bezahlung eines Betrages. Die Barzahlung verliert auch bei Verbrauchsgüterkäufen immer mehr an Bedeutung, denn sie ist unpraktisch und mit den meisten Risiken verbunden, da bei Diebstahl niemand haftet.

Eine Quittung sollte enthalten:

1. den Betrag in Ziffern und in Buchstaben
2. den Namen des Zahlenden
3. den Ort und das Datum der Ausstellung
4. den Zahlungsgrund
5. die Empfangsbestätigung
6. die Unterschrift des Zahlungsempfängers

13.3 Halbbare Zahlung

Halbbare Zahlung bedeutet, dass eine Partei bar bezahlt, während die andere Partei den Zahlungseingang bargeldlos abwickelt oder umgekehrt. Voraussetzung für die Teilnahme am halbbaren Zahlungsverkehr ist, dass der Zahlende bzw. der Zahlungsempfänger ein Konto bei einem Kreditinstitut besitzt.

Zur Überweisung von Barbeträgen auf ein Girokonto wird ein Zahlschein verwendet. Voraussetzung dafür ist, dass der Empfänger ein Konto besitzt. Am Kassenschalter eines Kreditinstitutes wird der Betrag bar eingezahlt. Zusammen mit der Einzahlung muss ein Zahlschein abgegeben werden, auf dem Name und Kontonummer des Zahlungsempfängers sowie das kontoführende Kreditinstitut und die Bankleitzahl eingetragen werden. Der Zahlschein besteht je nach Kreditinstitut aus zwei oder drei Teilen – in jedem Fall erhält der Einzahlende einen Durchschlag als Beleg für seine Einzahlung. Eine Bareinzahlung ist auch auf das eigene Konto möglich.

Bareinzahlung

Die **Zahlung per Nachnahme** erfolgt in Verbindung mit einer Warensendung. Der Versender (z. B. die Post) wird vom Zahlungsempfänger beauftragt, die Ware nur gegen Barzahlung des Kaufpreises auszuhändigen. Der eingezogene Betrag wird dann dem Konto des Zahlungsempfängers gutgeschrieben.

Bei der Verwendung eines **Barschecks** ist es notwendig, dass der Zahlungspflichtige ein Konto bei einem Kreditinstitut besitzt. Das Konto muss ein entsprechendes Guthaben aufweisen oder dem Kontoinhaber wurde ein Kreditrahmen eingeräumt.

Ein Scheck muss die folgenden gesetzlichen Bestandteile enthalten, die im Artikel 1 des Scheckgesetzes festgelegt sind. Fehlt auch nur einer dieser gesetzlichen Bestandteile, so ist der Scheck nicht gültig.

Barscheck

Gesetzliche Bestandteile des Schecks:
1. die Bezeichnung „Scheck" im Text der Urkunde in der Sprache, in der sie ausgestellt ist
2. die unbedingte Anweisung, eine bestimmte Geldsumme zu zahlen
3. der Zahlungsbetrag in Buchstaben
4. der Name des bezogenen Kreditinstitutes, das auszahlen soll
5. die Angabe des Zahlungsortes
6. der Ort und das Datum der Ausstellung
7. die Unterschrift des Ausstellers

Die Scheckformulare beinhalten neben den gesetzlich vorgeschriebenen auch kaufmännische Angaben, die die Abwicklung des Scheckverkehrs erleichtern. Fehlt eine dieser kaufmännischen Angaben, wird der Scheck dadurch jedoch nicht ungültig.

Kaufmännische Bestandteile des Schecks:
1. die Guthabenklausel („... aus meinem/unserem Guthaben ...")
2. der Zahlungsbetrag in Ziffern
3. der Name des Zahlungsempfängers mit Überbringerklausel („an ... oder Überbringer")
4. die Schecknummer
5. die Kontonummer
6. die Bankleitzahl

Sollte sich auf dem Scheckformular eine Abweichung zwischen dem Betrag in Ziffern und dem ausgeschriebenen Betrag ergeben, so gilt nach Artikel 9 des Scheckgesetzes der mit Buchstaben geschriebene Betrag.

Ein Scheck muss bei Sicht, d. h., wenn der Inhaber ihn am Schalter des Kreditinstitutes vorlegt, eingelöst werden. Es bleibt daher ohne Wirkung, wenn ein Scheck vordatiert, d. h. ein späteres Datum als der tatsächliche Ausstellungstag eingetragen wird. Die Einlösung verweigern darf das Kreditinstitut dagegen, wenn die **Einlösefristen** überschritten sind. In der Regel werden Schecks aber auch nach dieser Frist eingelöst, sofern der Aussteller den Scheck nicht widerrufen hat.

Wird der Scheck nicht eingelöst, weil z. B. das Konto des Ausstellers kein entsprechendes Guthaben aufweist, kann der Inhaber sich die Nichteinlösung von dem Kreditinstitut bescheinigen lassen und vom Aussteller (bzw. von demjenigen, der ihm den Scheck gegeben hat) die Erstattung des Scheckbetrages und der durch die Nichteinlösung entstandenen Kosten verlangen.

Geht ein Barscheck verloren oder wirder gestohlen, muss der Verlust unverzüglich dem ausstellenden Kreditinstitut gemeldet und der Scheck gesperrt werden. Anschließend muss beim zuständigen Amtsgericht die Kraftloserklärung des Schecks beantragt werden. Wird der Scheck zwischenzeitlich eingelöst, übernimmt die Bank, außer bei eigenem Verschulden, keine Haftung.

Einlösefrist
Frist ab Ausstellungsdatum

Einlösefristen:
- für Inlandschecks 8 Tage
- für Schecks, die innerhalb Europas ausgestellt sind, 20 Tage
- für Schecks, die in nicht europäischen Ländern ausgestellt sind, 70 Tage

13.4 Bargeldlose Zahlung

Die in den folgenden Abschnitten vorgestellten Formen des bargeldlosen Zahlungsverkehrs, insbesondere der Einsatz elektronischer Zahlungsverfahren, kommen sowohl bei zweiseitigen als auch zunehmend bei einseitigen Handelsgeschäften (Verbrauchsgüterkäufen) zur Anwendung. Voraussetzung für die Teilnahme am bargeldlosen Zahlungsverkehr ist, dass der Zahlende und der Zahlungsempfänger jeweils ein Konto bei einem Kreditinstitut haben.

13.4.1 Verrechnungsscheck

Einen Verrechnungsscheck darf ein Kreditinstitut nur bargeldlos, durch „Verrechnung", einlösen (Art. 39 Abs. 2 Scheckgesetz). Das bedeutet, dass der Scheckbetrag vom Konto des Scheckausstellers auf das Konto des Schecküberbringers überwiesen wird.

Für diese Zahlungsform verwendet man einen Barscheck, der durch den quer über die Vorderseite gesetzten Vermerk „Nur zur Verrechnung" oder durch einen gleichbedeutenden Vermerk zum Verrechnungsscheck wird. Der Verrechnungsscheck ist ein relativ sicheres Zahlungsmittel, da in Zweifelsfällen der Weg vom Zahlenden zum Zahlungsempfänger zurückverfolgt werden kann.

13.4.2 Überweisung

Die Überweisung (entweder beleghaft oder elektronisch) ist in Deutschland eines der häufigsten Zahlungsmittel. Eine Überweisung ist die Anweisung eines Kontoinhabers an sein Kreditinstitut, einen bestimmten Betrag von seinem Konto auf das Konto des Zahlungsempfängers zu übertragen.

Bei der Überweisung per Beleg übergibt der Zahlende seinem Kreditinstitut einen ausgefüllten Überweisungsvordruck mit seiner Unterschrift. Voraussetzung für die Abbuchung ist, dass das Konto des Zahlenden ein Guthaben aufweist oder dem Kontoinhaber ein entsprechender Kreditrahmen eingeräumt wurde.

Das Kreditinstitut, das mit der Überweisung beauftragt wurde, leitet den Betrag an die Bank des Zahlungsempfängers weiter, die dann die Gutschrift auf das Konto des Empfängers vornimmt.

Die Banküberweisung besteht in der Regel aus einem zweiteiligen Durchschreibeformular. Das Original des Überweisungsformulars erhält das Kreditinstitut, bei dem das Konto des Zahlenden geführt wird, der Zahlende erhält eine Durchschrift als Quittung.

In einigen Kreditinstituten besteht die Möglichkeit, einen Überweisungsautomaten zu nutzen. Ein Überweisungsformular ist dann nicht mehr vonnöten. Unternehmen nutzen bei der Abwicklung von Zahlungsvorgängen häufig Verfahren der modernen Datenkommunikation (elektronische Überweisung).

SEPA
(engl.) single Euro payment area

Seit 2008 gibt es mit der **SEPA-Überweisung** einheitliche Regeln für Überweisungen in Europa. Zu den teilnehmenden Ländern zählen die 28 EU-Staaten sowie Island, Liechtenstein, Monaco, Norwegen und Schweiz.

Die SEPA-Übrweisung garantiert, dass eine Überweisung innerhalb von drei Bankarbeitstagen auf dem Empfängerkonto gutgeschrieben wird. Erforderlich ist ein SEPA-Überweisungsformular sowie die Verwendung von **IBAN** und **BIC** des Empfängers.

IBAN
(engl.) international bank account number, internationale Kontonummer

BIC
(engl.) bank identifier code, entspricht der Bankleitzahl

13.4.3 Sonderformen der Überweisung

Dauerauftrag

Eine besondere Form der Überweisung ist der Dauerauftrag. Mit ihm weist der Zahlende sein Kreditinstitut an, Zahlungen, die regelmäßig und in gleicher Höhe anfallen, für ihn automatisch zu tätigen. Ein Dauerauftrag eignet sich z. B. zur Zahlung von Miete, Kredit- oder Versicherungsraten. Daueraufträge können vom Auftraggeber durch Widerruf beim beauftragten Kreditinstitut gelöscht werden.

Lastschriftverfahren

Das Lastschriftverfahren eignet sich für Zahlungen, die regelmäßig, aber in unterschiedlicher Höhe anfallen, wie z. B. für Gas- oder Stromkosten oder Fernsprechgebühren. Man unterscheidet zwischen dem Einzugsermächtigungsverfahren und dem Abbuchungsauftragsverfahren.

- Beim Einzugsermächtigungsverfahren ermächtigt der Zahlungspflichtige den Zahlungsempfänger, per Lastschrift einzuziehen. Innerhalb von sechs Wochen nach der Belastung des Kontos des Zahlungspflichtigen besteht ein Widerrufsrecht.
- Beim Abbuchungsauftragsverfahren hat der Zahlungspflichtige seinem Kreditinstitut schriftlich mitgeteilt, dass Lastschriften eines bestimmten Zahlungsempfängers bis zu einer bestimmten Höhe abgebucht werden dürfen. Der Zahlungsempfänger veranlasst dann die Abbuchung. Dieser Abbuchungsauftrag kann jederzeit widerrufen werden.

Sammelüberweisungen

Mit Sammelüberweisungen können Überweisungen an mehrere Zahlungsempfänger zusammengefasst werden. Auf dem Kontoauszug des Zahlenden erscheint nur ein Lastschriftbetrag. Sammelüberweisungen haben den Vorteil, dass Schreib- und Büroarbeiten verringert und Buchungskosten gespart werden können. Sie eignen sich z. B. für Lohnzahlungen an verschiedene Lohn- oder Gehaltsempfänger.

Eilüberweisungen

Eilüberweisungen werden im Überweisungsverkehr der Kreditinstitute wesentlich schneller durchgeführt als normale Überweisungen. Der Geldbetrag ist sofort nach dem Eintreffen der Gutschriftsanzeige für den Zahlungsempfänger verfügbar. Die Kreditinstitute berechnen dafür zusätzliche Gebühren.

13.4.4 Elektronische Zahlungsverfahren

Kreditkarten

Kreditkarten (z. B. American Express, Visa, Diners Club, Mastercard) werden bei der entsprechenden Kreditkartenorganisation beantragt, die die Kreditwürdigkeit prüft und dann über die Vergabe entscheidet. Der Kreditkarteninhaber muss der Kreditkartenorganisation eine Einzugsermächtigung für sein Konto erteilen, damit die Beträge, die er mit der Kreditkarte bezahlt, abgebucht werden können.

Kreditkarten

Mit der Kreditkarte kann man an den Geldautomaten der Bank jederzeit Bargeld abheben.

Inhaber einer Kreditkarte können überall dort, wo im In- und Ausland die entsprechende Kreditkarte akzeptiert wird, Waren oder Dienstleistungen bargeldlos bezahlen. Dafür berechnet die Kreditkartenorganisation eine Gebühr (Jahresbeitrag).

Der Betrag wird dem Zahlungsempfänger (z. B. Einzelhändler, Reiseunternehmen oder Autovermietung) von der Kreditkartenorganisation erstattet, die wiederum das Konto des Kreditkarteninhabers (Kunde) bei dessen Kreditinstitut belastet. Dies erfolgt in der Regel elektronisch oder mittels einer mechanischen Vorrichtung, die die Identifikationsmerkmale der Karte auf einen Beleg überträgt, auf dem zusätzlich der Rechnungsbetrag und das Rechnungsdatum eingetragen werden. Der Karteninhaber muss den Beleg unterschreiben und erhält einen Durchschlag als Quittung.

Der Zahlungsempfänger reicht den Beleg bei der Kreditkartenorganisation zur Gutschrift auf sein Konto ein. Dafür muss allerdings eine Gebühr (in Prozent des Umsatzes) entrichtet werden, weshalb die Zahlung mit Kreditkarte häufig erst ab einem bestimmten Mindestbetrag akzeptiert wird.

Zu beachten ist, dass unter dem Begriff „Kreditkarte" verschiedene Abrechnungsmodalitäten gegenüber dem Karteninhaber verstanden werden. Man unterscheidet:

- **Debit card:** Hierbei handelt es sich um eine Karte, bei der Zahlungen sofort vom Konto (Girokonto oder Guthabenkonto für die Karte) abgebucht werden, wenn die Karte eingesetzt wird.
- **Charge card:** Die getätigten Umsätze werden gesammelt und gemeinsam (z. B. einmal pro Monat) fällig. Die Summe aller getätigten Käufe wird dann auf einmal vom Konto abgebucht.
- **Credit card:** Die „klassische" Form der Kreditkarte ist besonders in den anglo-amerikanischen Ländern beheimatet. Da man dort so etwas wie einen Dispositionskredit auf dem Girokonto oft nicht kennt, wird die Karte als Kreditmittel benutzt. Getätigte Umsätze sind ab Entstehungszeitpunkt oder (meist) ab der monatlichen Rechnung zu verzinsen und ganz oder in Raten zu begleichen. Auf den nicht bezahlten Teil der Verbindlichkeiten werden Sollzinsen berechnet.

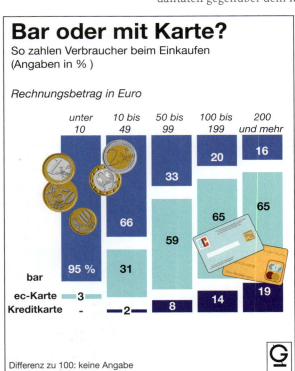

Eine Sonderform der Kreditkarte ist die **Kundenkreditkarte**. Diese Karte wird von Unternehmen, überwiegend aus dem Einzelhandel, in Zusammenarbeit mit Kreditkartenorganisationen herausgegeben. Damit sollen die Kunden verstärkt an das Unternehmen gebunden werden. Kundenkreditkarten werden kostenlos ausgegeben und sind häufig mit zusätzlichen Serviceleistungen verbunden. Beispielsweise erhalten die Kunden am Jahresende auf all ihre Einkäufe einen Rabatt. Die Abrechnung der bargeldlosen Einkäufe erfolgt wie bei der Kreditkarte.

Die **Bankkarte** (auch EC-Karte oder MaestroCard) ist eine in Deutschland sehr gebräuchliche Form der Debit card. Die unterschiedlichen Namen werden durch das ausgebende Geldinstitut geprägt. Die Karte ermöglicht den bargeldlosen Einkauf mittels unterschiedlicher Zahlungssysteme. Die Kosten für die elektronischen Zahlungsverfahren trägt der Zahlungsempfänger. Für den Kunden ist die Zahlung kostenfrei.

Bankkarte mit Geldkartenfunktion

Electronic Cash (POS-Zahlung)

Bei dieser Zahlungsform erfolgt die Zahlung direkt am Ort des Verkaufes, also noch im Geschäft. Nach Eingabe der **PIN** wird über das zuständige Rechenzentrum der kontoführenden Bank (online) geprüft, ob Karte und PIN übereinstimmen, die Karte nicht gesperrt ist und eine ausreichende Kontodeckung vorliegt. Ist alles korrekt, wird die Zahlung innerhalb weniger Sekunden freigegeben und ausgeführt.

POS
Point of Sale = Ort der Zahlung

Für diese Zahlungsweise benötigt der Zahlungsempfänger ein spezielles Kartenlesegerät. Üblicherweise werden diese Geräte über die Geldinstitute im Direktvertrieb angemietet. Zu dem monatlichen Mietpreis, der je nach Anbieter unterschiedlich hoch sein kann, und den Kosten für die Onlineverbindung kommen noch Gebühren in Prozent des getätigten Umsatzes hinzu. Diese Kosten werden zulasten des Zahlungsempfängers abgerechnet.

auslaufendes (links) und neues (rechts) Akzeptanzzeichen von Electronic Cash

ELV (elektronisches Lastschriftverfahren)

Dieses Verfahren ist dem klassischen Lastschriftverfahren sehr ähnlich. Anders als bei der POS-Zahlung muss der Kunde seine PIN nicht angeben. Die Bankkarte wird nur eingelesen und es wird ein Lastschriftbeleg ausgedruckt, den der Kunde unterschreiben muss. Der Kunde erteilt dem Zahlungsempfänger damit eine Einzugsermächtigung über den fälligen Betrag. Dieses Verfahren wird von den Banken nicht unterstützt, so dass nicht geprüft werden kann, ob der Kunde zahlungsfähig ist oder die Karte gesperrt wurde.

Im Laufe der Zeit wird es im Handel nur noch das Akzeptanzzeichen „girocard" geben. Dieses Piktogramm weist darauf hin, dass auch andere europäische Karten akzeptiert werden.

PIN
vierstellige **P**ersönliche **I**dentifikations-**N**ummer, Nachweis als rechtmäßiger Karten- und Kontoinhaber

Da bei diesem System die automatische Überprüfung der Zahlungsfähigkeit des Karteninhabers fehlt, trägt der Zahlungsempfänger das Risiko, dass der fällige Betrag nicht eingelöst wird. Dieses Risiko kann durch das Abfragen einer internen Sperrdatei vermindert, jedoch nicht ausgeräumt werden.

Geldkarte

Die Geldkarte, auch elektronisches Portemonnaie genannt, funktioniert wie Bargeld und kann zur Zahlung von Kleinbeträgen eingesetzt werden. Eine Debit card kann nur dann als Geldkarte genutzt werden, wenn sie mit einem Chip versehen ist. An speziellen Ladeterminals oder am Geldautomaten der Hausbank kann der Chip bis zu maximal 200,00 € aufgeladen werden. Mit dem Betrag wird das Girokonto des Kunden sofort belastet. Beim Verlust der Geldkarte kann der Finder über das Guthaben verfügen, da weder PIN noch Unterschrift zum Bezahlen erforderlich sind.

HF 4 — Absatz

13.4.5 Moderne Datenkommunikation im Zahlungsverkehr

In zunehmendem Maße rationalisieren die Geschäftsbanken die Durchführung des Zahlungsverkehrs. Sie nutzen moderne Kommunikationsmedien, um Bearbeitungsschritte auf den Kunden zu verlagern und die Verarbeitung von Transaktionen zu beschleunigen. Beim **Telefonbanking** können die meisten Bankgeschäfte (Überweisung, Abfrage von Kontoständen, Kartensperrung) – unabhängig von der Geschäftszeit – telefonisch erledigt werden. Ein Sprachcomputer wandelt die akustischen Signale der menschlichen Stimme in elektronische Signale um. Die Kontonummer muss nicht mehr eingegeben werden, sondern wird automatisch im EDV-System der Bank abgespeichert. Um die Sicherheit zu gewährleisten, erhält der Kunde eine persönliche Geheimzahl und/oder ein Code-Wort.

Telefonbanking

Beim **Onlinebanking** kann der Bankkunde sich per Internet jederzeit und unabhängig von der Geschäftszeit von einem beliebigen PC mit Internetanschluss über den Kontostand informieren und in der Regel Überweisungen, Daueraufträge, Lastschriften und andere Bankgeschäfte tätigen. Fast alle Geldinstitute bieten ihren Kunden heute Onlinekonten an – in der Regel kostenlos. Außerdem gibt es eine Reihe von Banken, die ganz ohne Filialen auskommen und ihre Dienste nur über das Internet oder das Telefon anbieten, so genannte **Direktbanken**.

Onlinebanking

Auf dem PC-Bildschirm erscheint ein virtuelles Formular, das genau wie ein reales Überweisungsformular – eben nur per Tastatur – ausgefüllt wird. Um die Sicherheit zu gewährleisten, wird der Zugang zum Konto bei der elektronischen Bank im Internet durch die Eingabe einer PIN geschützt. Darüber hinaus wird jede Transaktion durch die Eingabe einer nur einmal gültigen Transaktionsnummer (TAN) gesichert.

Sicherheitstipps z. B. unter www.bdb.de

Trotz aller Sicherheitsmaßnahmen besteht jedoch immer ein gewisses Risiko, dass Internetkriminelle an persönliche Daten gelangen und diese missbrauchen. Daher sollte sich jeder Nutzer über mögliche Gefahren informieren und grundlegende Sicherheitstipps beachten.

Überweisung	
Kontonummer Auftraggeber	**Ausführungsdatum**
12345678900 BB Bank N	05.10.20XX
Empfänger: Name, Vorname / Firma	kein Empfänger aus Empfängerliste
	☐ Neue Empfängerdaten speichern
Kontonummer (Empfänger)	**Bankleitzahl (BLZ)**
	BLZ-Suche
bei Kreditinstitut	
(Wird automatisch ausgefüllt)	
	Betrag
	, €
Verwendungszweck	**noch Verwendungszweck**
Musterfrau, Maria	
Kontoinhaber	**verbleibende Stellen**

Virtuelles Überweisungsformular

13.4.6 Zahlungsverkehr im Internet

Immer mehr Kaufverträge werden sowohl von Privatpersonen als auch von Unternehmen im Internet abgewickelt. Zahlungsmöglichkeiten im Internet sind jedoch immer mit einem Sicherheitsrisiko verbunden, da Konto- oder Kreditkartendaten hinterlegt werden müssen.

Die Zahlung mit **Kreditkarte** ist eine sehr gängige Form des Rechnungsausgleichs im Internet. Diese Zahlungsform ist aufgrund von neuen Verschlüsselungstechnologien immer sicherer geworden. Der Wechsel auf geschützte Seiten, so genannte https-Seiten, und eine begrenzte Sichtbarkeit der Kreditkartennummer vor Abschluss der Bestellung verdeutlichen dem Kunden, dass vom Verkäufer ein hoher Sicherheitsstandard eingehalten wird.

Selbst die Zahlung mit **Geldkarte** ist mittlerweile im Internet möglich. Hierzu benötigt der Kunde lediglich ein spezielles Kartenlesegerät und eine entsprechende Software. Die vom Verkäufer erstellte Rechnung erhält der Kunde über das Internet und der zu zahlende Betrag wird auf dem Kartenlesegerät angezeigt. Der Kunde kann nun wie im Laden um die Ecke seine Karte in das Lesegerät stecken, den Betrag bestätigen und damit den Kauf abschließen.

Eine weitere Alternative sind Anbieter von **Bezahldiensten**, wie z. B. PayPal. Zahlungen über diese Anbieter laufen wie folgt ab.

So funktionieren Bezahldienste im Internet

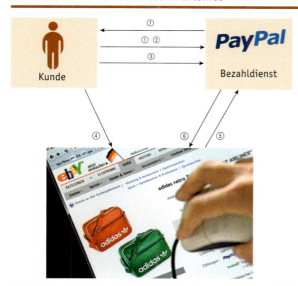

① Der Kunde eröffnet ein Konto.

② Der Kunde gibt persönliche Daten inklusive Konto- oder Kreditkartennummer ein.

③ Der Kunde legt einen persönlichen Benutzernamen und ein Passwort fest.

④ Der Kunde kauft bei einem Online-Shop ein.

⑤ Weiterleitung auf die Website des Bezahldienstes

⑥ Bezahldienst bestätigt Online-Shop die Überweisung.

⑦ Bezahldienst belastet das Konto oder die Kreditkarte des Kunden.

Neben PayPal gibt es zahlreiche **weitere Bezahldienste**. Hier ein Überblick über einige Anbieter:

Bezahlsystem	Beschreibung
PayPal www.paypal.com	– Tochterfirma von Ebay, aber auch in 20.000 Online-Shops akzeptiert – Anlage eines Kontos – Ausgleich durch Einzahlung, Lastschrift, Kreditkarte – Zahlungsempfänger trägt die Gebühren
ClickandBuy www.clickandbuy.com	– Ähnlich PayPal, in 16.000 Online-Shops akzeptiert – Kontendaten werden einmal bei ClickandBuy eingetragen – Mehrere Bezahlvorgänge werden gesammelt und zu einem späteren Zeitpunkt abgebucht.
Skrill (Moneybookers) www.moneybookers.com	– Ähnlich PayPal, in 2.200 Online-Shops akzeptiert – Der Empfang von Geld kostet private Nutzer nichts. – Der Versand von Geld kostet Gebühren.
giropay www.giropay.de	– Bei diesem Online-Bezahlverfahren von über 1.500 Banken und Sparkassen wird man auf das eigene Online-Konto geleitet und braucht nur noch die bereits vorausgefüllte Online-Überweisung freizugeben. – Registrierung und Neuanmeldung bei giropay selbst ist nicht notwendig – Überweisung über TAN der Hausbank
Wirecard www.mywirecard.de	– Kunde registriert sich online für eine virtuelle, kostenlose Prepaid-Karte – Aufladung des Prepaid-Kontos – In Höhe des verfügbaren Guthabens kann mit der Prepaid-Karte online eingekauft werden.
PaySafeCard www.paysafecard.com	– Kauf eines virtuellen Guthabens an Verkaufsstellen, z.B. Tankstellen – Das virtuelle Guthaben kann anonym mit einem Zahlencode eingelöst werden.

14 Kaufvertragsstörungen

14.1 Reklamationen

Die Reklamation eines Kunden bedeutet in der Regel, dass er von den Leistungen des Unternehmens enttäuscht ist. Jede Reklamation ist aber auch als Chance für das Unternehmen zu interpretieren:
- Zum einen lässt sich durch ein erfolgreiches Beschwerdemanagement aus einem enttäuschten Kunden ein überzeugter Kunde machen.
- Zum anderen gibt es vermutlich ein Verbesserungspotenzial innerhalb des Unternehmens, das genutzt werden sollte.

Aber nicht jeder enttäuschte Kunde beschwert sich. Im schlimmsten Fall zieht der Kunde die Konsequenzen, ohne darüber zu reden.

Er geht einem Unternehmen dann nicht nur als Kunde verloren, sondern gibt wahrscheinlich seine Unzufriedenheit an andere potenzielle Kunden weiter. Kunden, die unzufrieden sind, sich aber nicht darüber äußern, sind viel häufiger zu finden als solche, die sich beschweren. Gleichzeitig neigen viele Menschen eher dazu, negative Erfahrungen weiterzuerzählen als positive. Die Folgen negativer Mundpropaganda sollten deshalb niemals unterschätzt werden.

Konsequenzen von Kundenreaktionen für das Unternehmen

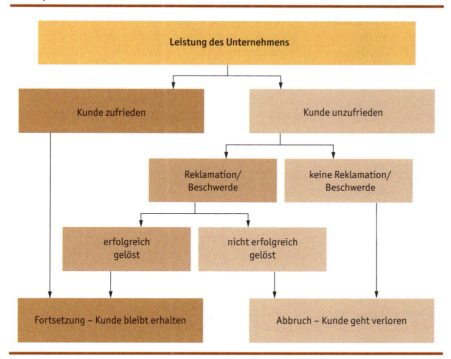

Die häufigste Ursache für Beanstandungen ist die Ware, weil sie Fehler aufweist oder den Kundenerwartungen nicht entspricht. Eine effiziente Abwicklung solcher Reklamationen erfordert nicht nur viel psychologisches Geschick, sondern auch fundierte Kenntnisse im Kaufvertragsrecht.

14.2 Mangelhafte Lieferung

14.2.1 Gewährleistungspflicht des Verkäufers

Der Kaufvertrag verpflichtet den Verkäufer, dem Kunden eine mangelfreie Ware zu übergeben (**Gewährleistungspflicht**). Tut er dies nicht, hat er nicht ordnungsgemäß geleistet, es liegt eine mangelhafte Leistung (Schlechtleistung) vor. Dem Kunden stehen dann verschiedene Ansprüche (**Gewährleistungsrechte**) zu.

Ein **Mangel an der Kaufsache** liegt vor, wenn ihr tatsächlicher Zustand zum Zeitpunkt der Übergabe von der Beschaffenheit abweicht, die Verkäufer und Käufer im Kaufvertrag vereinbart haben. Wurden keine Vereinbarungen getroffen, so muss die Ware für die nach dem Vertrag vorausgesetzte Verwendungsart geeignet sein bzw. die übliche Beschaffenheit aufweisen. Zu der maßgeblichen Beschaffenheit zählen auch Eigenschaften, die der Käufer nach öffentlichen Werbeaussagen erwarten durfte. Wird z. B. ein kosmetisches Präparat als extrem faltenreduzierend angepriesen, so muss es auch tatsächlich nach einer gewissen Zeit diese Wirkung zeigen, ansonsten ist das Präparat mangelhaft.

Fehlen einer maßgeblichen Eigenschaft?

Sachmangel, vgl. § 434 BGB

Der Käufer kann seine Gewährleistungsansprüche nur innerhalb einer bestimmten Frist nach der Übergabe der Kaufsache geltend machen. Dabei ist zu unterscheiden, ob es sich um einen Verbrauchsgüterkauf oder um einen zweiseitigen Handelskauf handelt.

Gewährleistungsfrist, vgl. § 438 BGB

Die **Gewährleistung beim Verbrauchsgüterkauf** gilt grundsätzlich für zwei Jahre. Bei Verbrauchsgüterkäufen kann die Gewährleistungsfrist weder durch allgemeine Geschäftsbedingungen noch durch individuelle Vereinbarungen verkürzt werden. Das bedeutet jedoch nicht, dass die Sache über diesen Zeitraum hinweg eine entsprechende Haltbarkeit aufweisen muss. Tritt der Mangel innerhalb von sechs Monaten nach Übergabe auf, wird zu Gunsten des Käufers gesetzlich vermutet, dass er bereits bei Gefahrenübergang vorlag. Der Verkäufer muss dann beweisen, dass diese Vermutung nicht stimmt. Danach liegt die Beweislast beim Käufer, d. h., dieser muss nachweisen, dass der Mangel bei der Übergabe des Kaufgegenstandes schon vorlag.

Beweislastumkehr bei Verbrauchsgüterkäufen

AGB, vgl. **12.4**, S. 337

Gefahrenübergang, vgl. **12.3**, S. 331

Bei **zweiseitigen Handelsgeschäften** muss die Ware nach Erhalt unverzüglich, d. h. ohne schuldhafte Verzögerung, geprüft werden, wobei jedoch die zur Prüfung benötigte Zeit zu berücksichtigen ist. Bei größeren Liefermengen genügen Stichproben. Anhand der Wareneingangsmeldungen und der Waren- bzw. Materialkontrolle sind aufgetretene Mängel festzustellen und zu reklamieren. Wird bereits bei der Übergabe der Sache ein Mangel festgestellt, so kann die Annahme der Ware verweigert werden. Wird die Ware trotzdem abgenommen, so muss sich der Käufer das Recht der Mängelrüge vorbehalten.

Rügepflicht bei zweiseitigen Handelskäufen, vgl. § 377 HGB

Wareneingangskontrolle, vgl. **HF2**, **6.2.4**, S. 169

Offene Mängel werden bei Prüfung der Ware sofort sichtbar.

Versteckte Mängel werden erst nach Verwendung der Ware entdeckt.

Offene Mängel sind unverzüglich nach der Prüfung zu rügen, **versteckte Mängel** unverzüglich nach der Entdeckung, wobei die Gewährleistungspflicht nicht überschritten werden darf. Diese beträgt zwei Jahre vom Zeitpunkt der Lieferung an.

> **§ 377 HGB**
> (1) Ist der Kauf für beide Teile ein Handelsgeschäft, so hat der Käufer die Ware unverzüglich nach der Ablieferung durch den Verkäufer, soweit dies nach ordnungsmäßigem Geschäftsgange tunlich ist, zu untersuchen und, wenn sich ein Mangel zeigt, dem Verkäufer unverzüglich Anzeige zu machen.
> (2) Unterlässt der Käufer die Anzeige, so gilt die Ware als genehmigt, es sei denn, dass es sich um einen Mangel handelt, der bei der Untersuchung nicht erkennbar war.
> (3) Zeigt sich später ein solcher Mangel, so muss die Anzeige unverzüglich nach der Entdeckung gemacht werden; anderenfalls gilt die Ware auch in Ansehung dieses Mangels als genehmigt.
> (4) Zur Erhaltung der Rechte des Käufers genügt die rechtzeitige Absendung der Anzeige.
> (5) Hat der Verkäufer den Mangel arglistig verschwiegen, so kann er sich auf diese Vorschriften nicht berufen.

Bei mangelhafter Lieferung bei einem **Platzkauf** gilt, dass die mangelhafte Ware sofort zurückgeschickt werden kann. Bei **Versendungskäufen** (Distanzkäufen) muss der Käufer nach § 379 HGB die Ware bis zu der Entscheidung des Verkäufers selbst oder bei einem Dritten ordnungsgemäß aufbewahren, um dem Verkäufer unnötige Kosten zu ersparen. Der Käufer darf aber z. B. verderbliche Waren als Notverkauf unter bestimmten Voraussetzungen versteigern oder zu einem Börsen- oder Marktpreis aus freier Hand verkaufen (lassen).

Zu beachten ist ferner, dass die Gewährleistungsfristen bei zweiseitigen Handelsgeschäften **reduziert** bzw. die Gewährleistung gänzlich ausgeschlossen werden kann. Dies muss jedoch einzelvertraglich ausdrücklich vereinbart werden; eine entsprechende Klausel in den AGB ist nicht wirksam. Der **Gewährleistungsausschluss** ist ferner nicht wirksam bei Übernahme einer Garantie oder arglistig verschwiegenen Mängeln.

Platzkauf
identischer Erfüllungsort für Käufer und Verkäufer

Versendungskauf
unterschiedlicher Erfüllungsort für Käufer und Verkäufer
§ 379 HGB

Allgemeine Gewährleistungsfristen	
2 Jahre	Regelmäßige kaufrechtliche Verjährungsfrist für Mängel, die mit der Ablieferung beginnt
3 Jahre	Frist bei arglistig verschwiegenen Mängeln, die am Ende des Jahres beginnt, in dem der Mangel entdeckt wurde
5 Jahre	Frist bei Bauwerksmängeln, die mit der Übergabe beginnt
30 Jahre	Frist bei Mängeln als dingliches Recht eines Dritten, aufgrund dessen Herausgabe der Kaufsache verlangt werden kann, sowie bei im Grundbuch eingetragenen Rechten

14.2.2 Gewährleistungsrechte des Käufers

Gewährleistungsrechte, vgl. § 437 BGB
Nacherfüllung, vgl. § 439 BGB

Steht die Fehlerhaftigkeit der Ware fest, so hat der Käufer gegen den Verkäufer verschiedene Rechte. Zunächst hat er Anspruch auf so genannte **Nacherfüllung** (vorrangiges Recht), für die dem Verkäufer eine angemessene Frist gesetzt werden muss. Der Käufer kann wahlweise **Nachbesserung** (z. B. Reparatur) der fehlerhaften Sache oder **Ersatz** verlangen. Erst wenn diese Nacherfüllung scheitert, weil sie unmöglich bzw. unverhältnismäßig ist oder wenn die gesetzte Frist erfolglos abläuft, kommen weitere (nachrangige) Ansprüche in Betracht:

Nachrangiges Recht:
· Rücktritt, vgl. § 323 BGB
· Minderung, vgl. § 441 BGB
· Schadensersatz, vgl. §§ 280, 281 BGB
· Ersatz vergeblicher Aufwendungen, vgl. § 284 BGB

- **Rücktritt** bedeutet die Rückgängigmachung des Kaufvertrages. Ware und Geld werden also jeweils an die andere Partei zurückgegeben. Ein Rücktritt ist nur möglich, wenn der Mangel **erheblich** ist.
- **Minderung**, d. h., anstelle eines Rücktritts wird der Kaufpreis herabgesetzt.
- Der Käufer kann **Schadensersatz statt der Leistung** verlangen. Voraussetzung ist, dass der Käufer durch Verschulden des Verkäufers einen Schaden erlitten hat und die Ware erhebliche Mängel hat. Das Rücktrittsrecht wird dadurch nicht ausgeschlossen.
- Der Käufer kann anstelle des Schadensersatzes auch den **Ersatz vergeblicher Aufwendungen** fordern. Dies sind Kosten, die dem Käufer dadurch entstanden sind, dass er auf die (mangelfreie) Warenlieferung vertraut hat.

*Ein **erheblicher Mangel** liegt vor, wenn die Ware nur noch eingeschränkt oder gar nicht mehr verwendet werden kann.*

Gewährleistungsrechte des Käufers

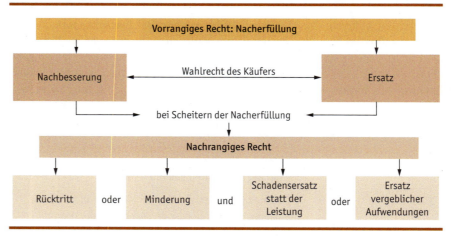

Die **Gewährleistung entfällt**, wenn der Käufer den Fehler bei Abschluss des Kaufvertrages kannte oder infolge grober Fahrlässigkeit nicht kannte. Eine Ausnahme von diesem Grundsatz besteht allerdings, wenn der Verkäufer den Mangel arglistig verschwiegen oder eine ausdrückliche Garantie für eine bestimmte Beschaffenheit der Sache übernommen hat.

Garantie

Mit der Garantie übernimmt der Hersteller oder der Händler **freiwillig** die Verantwortung dafür, dass innerhalb eines bestimmten Zeitraumes kein Mangel an einer Sache auftritt. Die Garantie ist in der Regel für den Kunden günstiger als die gesetzliche Gewährleistung, da sie auch Mängel umfasst, die erst nach der Übergabe entstehen, und da sie oft länger als die gesetzliche Gewährleistung bewilligt wird.

Diese Garantierechte sind eine freiwillige Leistung des Herstellers oder des Händlers, die er deshalb nach seinen eigenen Vorstellungen inhaltlich ausgestalten und ggf. auch beschränken kann. Die Garantieerklärung muss **ausdrücklich** erfolgen, nach ihr richten sich die Voraussetzungen und Rechtsfolgen für die Garantieleistungen.

Das gesetzliche Gewährleistungsrecht bleibt neben einer Garantie bestehen, so dass der Kunde innerhalb der gesetzlichen Gewährleistungsfrist wählen kann, ob er die Garantie oder die Gewährleistung in Anspruch nehmen will.

Die Garantiekarte des Herstellers wird zusammen mit der Ware übergeben.

Kulanzumtausch

Unter vielen Kunden ist die Vorstellung verbreitet, man könne ohne jeden Grund innerhalb eines gewissen Zeitraums (z. B. innerhalb von drei Tagen) von einem Vertrag zurücktreten. Dies ist jedoch ein Irrtum. Geschlossene Verträge – sei es schriftlich oder mündlich – sind grundsätzlich einzuhalten.

Da einmal geschlossene Verträge erfüllt werden müssen, besteht auch kein Rechtsanspruch auf Umtausch einer mangelfrei gelieferten Ware gegen eine andere. Ein Unternehmen ist also im Recht, wenn es sich weigert, eine fehlerfreie Ware zurückzunehmen. Nimmt es die Ware trotzdem zurück, so tut es das freiwillig aus **Kulanz**. Dabei bleibt es ihm überlassen, ob es die Ware direkt umtauscht, einen Gutschein ausstellt oder dem Kunden sogar das Geld zurückgibt.

Kulanz
Großzügigkeit, Entgegenkommen

Die Vorgehensweise beim **Kulanzumtausch** wird situationsbezogen entschieden und in jedem Unternehmen unterschiedlich gehandhabt. Deshalb gibt es dafür keine eindeutigen Regeln. Ein Unternehmen befindet sich bei einem freiwilligen Umtausch in einem Zielkonflikt zwischen einer kundenfreundlichen Regelung im Sinne der Kundenbindung und wirtschaftlichen Interessen. Durch von Kunden zurückgebrachte Waren, die nicht wieder verkäuflich sind, entstehen dem Unternehmen hohe Kosten, weil die Ware **abgeschrieben** werden muss.

Zielkonflikt, vgl. **HF 1**, **12.2**, S. 130

abschreiben
als Aufwand in der Finanzbuchhaltung berücksichtigen, vgl. **HF 1**, **8.5.1**, S. 93 f.

Abschreibungen, vgl. **HF 7**, Band 2

Dokumentation und Auswertung

Ein professioneller Umgang mit Reklamationen kann sich nicht nur auf die Bewältigung der jeweiligen Situation beschränken, sondern die Beanstandungen der Kunden sollten systematisch dokumentiert und analysiert werden. Zur Erfassung der Schwachstellen werden in manchen Betrieben **Beschwerdelisten** geführt. Das Personal wird aufgefordert, alle Beanstandungen zu notieren.

Auf Grundlage der gesammelten Informationen können dann geeignete Gegenmaßnahmen zur Behebung der Missstände und zur Vorbeugung weiterer Reklamationen ergriffen werden. Dadurch kann die Kundenzufriedenheit gesteigert und der Arbeitsaufwand für die Bearbeitung künftiger Beschwerden verringert werden.

Absatz

LS 52 Lieferungsverzug

14.3 Lieferungsverzug

Aufgrund des Kaufvertrages ist der Verkäufer zur **rechtzeitigen Lieferung** verpflichtet. Tut er das nicht, gerät er in Lieferungsverzug. Wird eine Bestellung nicht rechtzeitig geliefert, kann dies für den Käufer schwerwiegende Konsequenzen haben. Die Verkaufsbereitschaft ist nicht mehr gewährleistet, Umsatzeinbußen und möglicherweise der Verlust von enttäuschten Kunden sind die Folge. Auch dies kann ein Grund für Reklamationen sein.

14.3.1 Voraussetzungen des Lieferungsverzugs

kalendermäßig bestimmbare Liefertermine
· Lieferung am 11. Mai
· Lieferung im Mai
· Lieferung 5 Tage nach Bestellung

Zunächst muss geprüft werden, ob sich der Lieferer tatsächlich in Verzug befindet. Dies ist der Fall, wenn die Lieferung fällig ist, der Lieferer die Verspätung zu vertreten hat und der Käufer die Lieferung angemahnt hat bzw. eine Mahnung (dringende Aufforderung zur Lieferung) entbehrlich war.

Wurde im Kaufvertrag **kein Liefertermin** vereinbart, ist die Lieferung sofort nach Vertragsabschluss fällig. Wurde im Kaufvertrag ein Liefertermin angegeben, der **kalendermäßig bestimmt** werden kann, ist die Lieferung nach Ablauf dieses Datums fällig. Dann entfällt die Notwendigkeit der Mahnung. Gleiches gilt, wenn der Lieferer sich selber in Verzug setzt, also erklärt, nicht liefern zu können oder zu wollen.

Eine Mahnung ist außerdem entbehrlich, wenn es sich um einen **Zweckkauf** handelt. Bei einem Zweckkauf entfällt nach einem bestimmten Termin das Interesse des Käufers an der Ware, z. B. ein kaltes Buffet für eine Jubiläumsfeier. Teilt der Verkäufer von sich aus mit, dass er nicht liefern wird, setzt er sich selbst in Lieferungsverzug. Auch dann ist eine Mahnung des Käufers unnötig.

kalendermäßig nicht bestimmbare Liefertermine
· Lieferung sofort
· Lieferung so bald wie möglich
· Lieferung ab Mai

Wurde ein Liefertermin vereinbart, der **nicht kalendermäßig bestimmt** werden kann, muss der Käufer die fällige Lieferung anmahnen, damit der Verkäufer in Lieferungsverzug kommt. Eine Mahnung unterliegt keinen Formvorschriften. Es empfiehlt sich aber aus Beweisgründen, sie schriftlich abzufassen. Mit dem Zugang der Mahnung gerät der Verkäufer dann in Lieferungsverzug.

Voraussetzungen für den Lieferungsverzug

Mahnung, vgl. **14.5.1**, S. 360, vgl. § 286 BGB

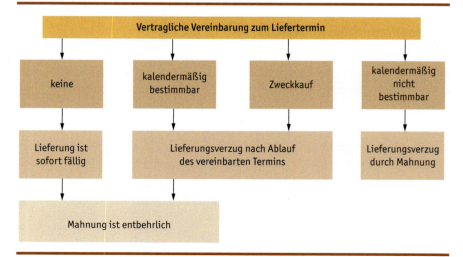

14.3.2 Rechte des Käufers bei Lieferungsverzug

Sind die Voraussetzungen für den Lieferungsverzug erfüllt, stehen dem Käufer verschiedene Rechte zu. Der Käufer hat **sofort** das Recht,
- die Lieferung weiterhin zu fordern. Das ist aus Sicht des Käufers sinnvoll, wenn er die Ware anderswo nicht oder nur zu einem höheren Preis beschaffen kann.
- Schadensersatz (Verzögerungsschaden) zu verlangen. Voraussetzung dafür ist, dass den Verkäufer ein **Verschulden** trifft und dem Käufer durch den Lieferungsverzug tatsächlich ein nachweisbarer Schaden entstanden ist.

Ein Verschulden des Verkäufers liegt vor, wenn er die Verzögerung durch fahrlässiges oder vorsätzliches Handeln zu verantworten hat. Kein Verschulden trifft den Verkäufer bei höherer Gewalt, z. B. durch Unwetter oder Streik.

Nach Ablauf einer angemessenen Nachfrist kann der Käufer
- vom Kaufvertrag zurücktreten. Dies ist sinnvoll, wenn der Käufer die Ware anderswo schneller oder günstiger bekommt.
- Schadensersatz statt der Leistung verlangen. Auch hier ist das Verschulden des Verkäufers und ein nachweisbarer Schaden Voraussetzung.
- Ersatz vergeblicher Aufwendungen geltend machen. Diese können dem Käufer bereits vor dem Eintreten des Lieferungsverzugs entstanden sein.

Eine **Nachfrist** muss dem Verkäufer Zeit geben, die Ware zu liefern, ohne dass er sie noch selbst herstellt oder anderswo beschafft. Hier wird also ein relativ enges Zeitfenster vorgegeben. Die Nachfrist kann entfallen, wenn ein Fixkauf oder ein Zweckkauf vorliegt oder der Verkäufer mitteilt, dass er nicht liefern kann.

14.4 Zahlungsverzug

LS 53
Zahlungsverzug

Der Käufer ist aus dem Kaufvertrag verpflichtet, die Ware zu bezahlen. Er kommt in Zahlungsverzug, wenn er den vereinbarten Kaufpreis
- nicht rechtzeitig, nicht vollständig oder gar nicht bezahlt,
- die Zahlung fällig ist und
- er den Zahlungsverzug zu vertreten hat.

Für die Fälligkeit der Zahlung gelten ähnliche Bestimmungen wie beim Lieferungsverzug. Wurde auf der Rechnung ein **kalendermäßig bestimmbarer Zahlungstermin** genannt, gerät der Käufer mit Ablauf dieses Datums in Verzug.

Ist der Termin **nicht kalendermäßig bestimmt**, tritt der Zahlungsverzug
- durch eine Mahnung
- oder automatisch 30 Tage nach Erhalt der Rechnung und bei Fälligkeit ein. Bei Verbrauchsgüterkäufen ist diese Bestimmung auf der Rechnung zu vermerken.

Die **Rechte des Verkäufers** aus dem Zahlungsverzug entsprechen grundsätzlich denen des Käufers aus dem Lieferungsverzug. Der Verkäufer hat **sofort** das Recht,
- auf der Zahlung zu bestehen und
- Schadensersatz (Verzögerungsschaden) zu verlangen.

Grundlage für die Berechnung des Verzögerungsschadens ist der Anspruch auf Zahlung von **Verzugszinsen**. Der Zinssatz pro Jahr beträgt bei Verbrauchsgüterkäufen 5 % und bei Handelskäufen 8 % über dem gültigen **Basiszinssatz**. Gegen Nachweis kann der Verkäufer auch einen höheren Schaden geltend machen.

Der **Basiszinssatz** wird jeweils zum 1. Januar und 1. Juli eines Jahres von der Europäischen Zentralbank (EZB) bekannt gegeben.
www.basiszinssatz.info

Nach Ablauf einer angemessenen Nachfrist kann der Verkäufer
- vom Kaufvertrag zurücktreten. Dies ist für den Verkäufer sinnvoll, wenn der Käufer zahlungsunfähig ist, um nicht ganz leer auszugehen.
- Schadensersatz statt der Leistung verlangen (Verschulden des Käufers und ein nachweisbarer Schaden sind Voraussetzung) oder alternativ
- Ersatz vergeblicher Aufwendungen geltend machen.

14.5 Mahnverfahren

Kommt der Käufer seiner Zahlungspflicht nicht nach, kann der Verkäufer mithilfe des kaufmännischen und des gerichtlichen Mahnverfahrens versuchen, seine Ansprüche durchzusetzen.

14.5.1 Kaufmännisches (außergerichtliches) Mahnverfahren

Unter dem kaufmännischen Mahnverfahren versteht man den Versuch des Verkäufers, den Käufer auf außergerichtlichem Wege zur Zahlung zu bewegen. Da es keine Vorschriften für das kaufmännische Mahnverfahren gibt, kann die konkrete Vorgehensweise im Einzelnen sehr unterschiedlich sein.

Schritt 1: Erinnerungsschreiben
Darin wird der Käufer freundlich an die Fälligkeit der Zahlung erinnert.

Schritt 2: Erste Mahnung
Reagiert der Käufer nicht, wird eine erste Mahnung verschickt. Darin wird der Käufer noch einmal zur Zahlung aufgefordert und ihm wird dafür ein bestimmter Termin (Nachfrist) gesetzt. Durch den Hinweis „Mahnung", z. B. in der Betreffzeile, wird das Schreiben eindeutig als Mahnung erkennbar.

Schritt 3: Zweite Mahnung
Mit Ablauf der Nachfrist gerät der Käufer in Zahlungsverzug. Der Verkäufer kann nun Verzugszinsen berechnen. Die zweite, schärfer formulierte Mahnung weist auf diesen Umstand hin und kündigt eventuelle Kosten für das Mahnverfahren an.

Schritt 4: Dritte Mahnung
Der Käufer ist offensichtlich nicht zur Zahlung bereit oder in der Lage. Es wird eine letzte Frist gesetzt mit dem Hinweis, dass nach deren Ablauf das gerichtliche Mahnverfahren oder die Klage eingereicht wird.

Das kaufmännische Mahnverfahren hat in der Praxis an Bedeutung verloren. In der Regel ist bereits auf der Rechnung ein fester Zahlungstermin genannt, so dass der Käufer nach 30 Tagen automatisch in Zahlungsverzug gerät. In den meisten Fällen werden daher verkürzte Mahnverfahren angewendet.

14.5.2 Gerichtliches Mahnverfahren

Bleibt das außergerichtliche Mahnverfahren erfolglos, kann der Verkäufer das gerichtliche Verfahren einleiten. Dazu muss er einen Mahnbescheid beim Mahngericht beantragen. Ein solcher Antrag ist im Schreibwarengeschäft oder auch im Internet erhältlich. Der Verkäufer muss darin nur angeben, wie hoch seine Ansprüche sind und worauf er seine Forderungen stützt. Seine Angaben werden vom Gericht nicht überprüft. Das spart einen zeit- und kostenaufwendigen Prozess vor Gericht, führt aber nur dann zum Erfolg, wenn der Schuldner keinen Widerspruch einlegt.

Der Verkäufer kann auf das gerichtliche Mahnverfahren verzichten und den Käufer direkt auf Zahlung verklagen. Zuständig ist das Amtsgericht bzw. bei einem Streitwert über 5.000 € das Landgericht am Wohn- bzw. Geschäftssitz des Beklagten. Gegen Gebühr kann das Unternehmen auch ein Inkassobüro einschalten. Damit lagert das Unternehmen sein Mahnwesen aus.

In einigen Bundesländern können Mahnbescheide auch durch das automatisierte gerichtliche Mahnverfahren (Augema) im Internet erwirkt werden.

www.mahnverfahren-aktuell.de

Das gerichtliche Mahnverfahren

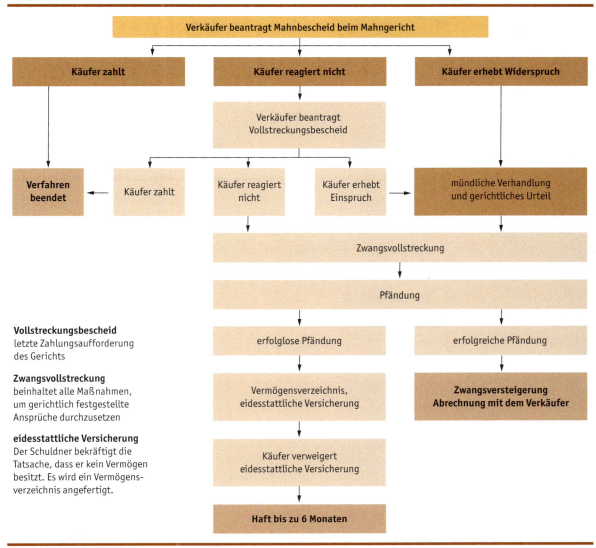

Vollstreckungsbescheid
letzte Zahlungsaufforderung des Gerichts

Zwangsvollstreckung
beinhaltet alle Maßnahmen, um gerichtlich festgestellte Ansprüche durchzusetzen

eidesstattliche Versicherung
Der Schuldner bekräftigt die Tatsache, dass er kein Vermögen besitzt. Es wird ein Vermögensverzeichnis angefertigt.

14.6 Verjährung

Verjährung, vgl. §§ 194 ff. BGB

Die Ansprüche aus einem Kaufvertrag, z. B. auf Zahlung des Kaufpreises, können verjähren, d. h., nach einem bestimmten Zeitraum werden die Ansprüche nicht mehr vom Gesetz geschützt. Ist ein Anspruch verjährt, braucht der Käufer (Schuldner) nicht mehr zu zahlen. Dies bedeutet aber nicht, dass der Anspruch nicht mehr besteht, denn wenn der Schuldner nach Ablauf der Verjährungsfrist trotzdem zahlt, kann er sich danach nicht mehr auf die Verjährung berufen und sein Geld zurückfordern.

14.6.1 Verjährungsfristen

Ansprüche wegen mangelhafter Leistung (Schlechtleistung) verjähren nach zwei Jahren. Die Frist beginnt mit der Entstehung des Anspruches, d. h. mit der Übergabe der Ware.

> **Beispiel** Die Nordrad GmbH kauft bei der Fly Bike Werke GmbH am 15. Juli 2010 Sportbekleidung aus Gore Tex. Als die Waren am 3. August 2012 erstmalig verkauft werden sollen, stellt sich heraus, dass sie fehlerhaft sind. Die Nordrad GmbH kann jedoch keine Ansprüche geltend machen, da diese verjährt sind.

Die regelmäßige Verjährungsfrist für Geldansprüche beträgt drei Jahre. Sie beginnt am Ende des Jahres, in dem der Anspruch entstanden ist.

> **Beispiel** Die Fly Bike Werke GmbH verkauft der Radplus GmbH 1.000 City Räder. Die Rechnung geht der Radplus GmbH am 21. Oktober 2009 zu und ist am 20. November 2009 fällig. Der Anspruch auf die Zahlung des Kaufpreises erlischt mit Ablauf des 31. Dezember 2012.

*Gerichtliches Mahnverfahren, vgl. **14.5.2**, S. 361*

Für bestimmte Fälle sind besondere Verjährungsfristen vorgesehen. So verjähren Ansprüche aus rechtskräftigen Urteilen oder Vollstreckungsbescheiden erst nach 30 Jahren. Das gerichtliche Mahnverfahren hat daher für den Gläubiger auch den Zweck, die Verjährung seiner Ansprüche zu verhindern. Gleiches gilt für Schadensersatzansprüche, die wegen einer Verletzung des Lebens, des Körpers, der Gesundheit oder der Freiheit entstanden sind. Bestimmte Verbrechen wie z. B. Mord verjähren nie.

14.6.2 Neubeginn der Verjährung

Wird die Verjährung unterbrochen, beginnt der Lauf der Verjährung ohne Anrechnung der schon abgelaufenen Frist wieder von vorn. Dies ist der Fall, wenn
- der Schuldner den Anspruch ausdrücklich (z. B. schriftlich), durch eine Teilzahlung oder durch die Zahlung von Verzugszinsen anerkennt,
- der Gläubiger seine Ansprüche gerichtlich geltend macht, also z. B. Klage erhebt oder einen gerichtlichen Mahnbescheid beantragt.

Beispiel Die fällige Rechnung über die City-Räder wird am 20. Dezember 2008 und am 20. Januar 2009 angemahnt. Daraufhin leistet die Radplus GmbH am 15. März 2009 eine Anzahlung von 300 €.

14.6.3 Hemmung der Verjährung

Der Ablauf der Verjährungsfrist wird unter bestimmten Umständen gehemmt. Der Zeitraum, in dem die Verjährung gehemmt ist, wird nicht mit in die Verjährungsfrist eingerechnet. Die Verjährung wird z. B. gehemmt, wenn
- zwischen Schuldner und Gläubiger Verhandlungen über den Anspruch stattfinden,
- Klage erhoben wird,
- der Schuldner um **Stundung** bittet und der Gläubiger sie bewilligt,
- der Gläubiger durch höhere Gewalt an der Rechtsverfolgung seiner Ansprüche gehindert ist,
- ein Mahnbescheid im gerichtlichen Mahnverfahren zugestellt wird.

Stundung
zeitlich begrenzter Zahlungsaufschub

Beispiel Die Fly Bike Werke GmbH hat aufgrund der Teilzahlung vom 15. März 2009 einer Stundung des Restbetrages zugestimmt. Sie bewilligt der Radplus GmbH, die sich vorübergehend in Zahlungsschwierigkeiten befindet, am 1. April 2009 einen Zahlungsaufschub bis zum 31. Juli 2009.

Entstehung des Anspruchs	Beginn der Verjährungsfrist	Unterbrechung			Ende der Verjährungsfrist
		3 Jahre		31.12.2011	
20.11.2008	31.12.2008	15.03.2009	01.04.2009 31.07.2009		
			3 Jahre und 4 Monate		
		Neubeginn der Verjährung	Beginn der Hemmung	Ende der Hemmung	15.07.2012

14.7 Annahmeverzug

Liefert der Verkäufer die richtige Ware rechtzeitig und mängelfrei an den richtigen Ort und der Käufer (Warengläubiger) nimmt sie nicht an, so gerät der Käufer in Annahmeverzug. Der Verkäufer hat, bevor er seine Rechte geltend macht, immer zu überprüfen, ob die folgenden drei Voraussetzungen für den Annahmeverzug im Einzelfall erfüllt sind:

- Die Lieferung muss **fällig** sein. Die Fälligkeit der Lieferung ergibt sich aus den Lieferbedingungen, die im Kaufvertrag vereinbart wurden. Wurde vertraglich nichts vereinbart, kann der Schuldner seine Leistung sofort bewirken, der Gläubiger sie sofort verlangen (§ 271 BGB).
- Der Warenschuldner muss dem Warengläubiger die Leistung **tatsächlich anbieten**, so dass dieser die Waren nur noch übernehmen muss. Ein Käufer kommt nicht in Annahmeverzug, wenn der Verkäufer nicht liefern kann.
- Der Warengläubiger hat die Lieferung **nicht angenommen** oder nicht vereinbarungsgemäß abgeholt. Ein Verschulden des Warengläubigers ist für den Annahmeverzug unerheblich.

tatsächliches Angebot, vgl. § 294 BGB

Sind die Voraussetzungen erfüllt, hat der Verkäufer alternativ verschiedene Rechte. Er hat **sofort** das Recht,

- auf Abnahme der Ware zu klagen. Dies bedeutet, dass der Verkäufer auf Abnahme der Ware besteht und diese nach § 374 BGB in einem öffentlichen oder eigenen Lagerhaus auf Kosten des Käufers bis zum Ergebnis der Klage einlagern kann.
- den Ersatz von Mehraufwendungen zu verlangen. Mögliche Mehraufwendungen ergeben sich durch den Transport, die Hinterlegung in einem Lager, die Bearbeitungsgebühren usw.

Hinterlegungsort, vgl. § 374 BGB

Ersatz von Mehraufwendungen, vgl. § 304 BGB

Nach Ablauf einer angemessenen Nachfrist kann der Verkäufer

- vom Kaufvertrag zurücktreten oder
- die Ware auf Kosten des Käufers verkaufen (lassen). In diesem Fall spricht man von einem **Selbsthilfeverkauf**. Der Verkäufer muss den Käufer über Ort und Termin informieren und eine Abrechnung über den erzielten Erlös vorlegen. Liegt dieser unter dem vereinbarten Kaufpreis, muss der Käufer die Differenz tragen, liegt er darüber, ist der Mehrerlös an den Käufer weiterzuleiten. Verderbliche Waren können im Rahmen eines **Notverkaufes** sofort öffentlich versteigert werden. Hat die Ware einen Börsen- oder Marktpreis, kann ein **freihändiger Verkauf** zum laufenden Preis erfolgen.

Versteigerung, vgl. §§ 383 ff. BGB

Wirkungen des Gläubigerverzugs, vgl. § 300 BGB

Liegt ein Annahmeverzug vor, so ändern sich die rechtlichen Bestimmungen über die Haftung. Die Haftung des Verkäufers beschränkt sich nur noch auf grobe Fahrlässigkeit und Vorsatz. Für leichte Fahrlässigkeit haftet nunmehr der in Annahmeverzug befindliche Käufer, denn: Hätte der Käufer die ordnungsgemäß gelieferte Ware abgenommen, wäre es gar nicht zu einem Schadensfall gekommen.

Rechte des Verkäufers bei Annahmeverzug

15 Exkurs: Verbraucherschutz

„Bei uns ist der Kunde König!" – Dieses Sprichwort hören wir oft, wenn Unternehmen ihre Produkte oder ihren Service anpreisen. Aber auch ein König kann nicht alles wissen und manchmal den Überblick verlieren. Der Verbraucher sieht sich deshalb oft mit einer Reihe von Problemen konfrontiert:
- Die wachsende Warenvielfalt erschwert die Auswahl sowie den Preis- und Qualitätsvergleich (z. B. bei Haushaltsgeräten).
- Häufig fehlt das Fachwissen, um die in der Werbung gemachten Behauptungen zu überprüfen (z. B. bei technischen Geräten wie Computern).
- Vertragsbedingungen sind unverständlich formuliert, so dass sich der Verbraucher über die Folgen seiner Unterschrift nicht im Klaren ist (z. B. AGB).
- Viele Produkte enthalten Zusatzstoffe, die u. U. gesundheitliche Probleme verursachen können (z. B. Lebensmittel oder Wandfarben).

LS 55
Verbraucherschutz
Zu Themen wie Ernährung, Finanzen oder Schulden bieten die Verbraucherzentralen Beratung und Unterstützung.
www.verbraucherzentrale.de

Die Stiftung Warentest führt Preis- und Qualitätsvergleiche für die verschiedensten Waren und Dienstleistungen durch. Die Ergebnisse werden u. a. in den Zeitschriften „test" und „Finanztest" veröffentlicht.

Um diesen Problemen entgegenzuwirken, wurde eine Reihe gesetzlicher Regelungen erlassen, die den Verbraucher informieren und vor Benachteiligungen schützen sollen. Inzwischen ist der Verbraucherschutz zu einem wesentlichen Schutzprinzip des BGB geworden.

Verbraucher im rechtlichen Sinne ist jede natürliche Person, die ein Rechtsgeschäft zu einem Zweck abschließt, der weder einer gewerblichen noch einer selbstständigen Tätigkeit zugerechnet werden kann. Rechtsgeschäfte von Verbrauchern dienen also ausschließlich privaten Zwecken.

Verbraucherschutzbestimmungen

Verbraucherschutzbestimmungen verhindern vertragliche Benachteiligungen des Verbrauchers.

15.1 Verbraucherkreditverträge

Für Kreditverträge zwischen einem Verbraucher und einem Unternehmen (z. B. einem Geldinstitut) mit einem Nettobetrag über 200 € schreibt das BGB u. a. folgende Regelungen vor:
- **Form:** Der Verbraucherkreditvertrag bedarf der Schriftform.
- **Inhalt:** Der Vertrag muss genaue Angaben zu Kreditbetrag, Nominalzins, effektivem Jahreszins, notwendigen Sicherheiten und zusätzlichen Kosten enthalten.

Verbraucherkredite, vgl. §§ 491 ff. BGB

Widerrufsrecht, vgl. § 355 BGB

Textform eine schwächere Form der Schriftform, z. B. E-Mail, Computerfax, SMS oder CD-ROM

- **Widerruf:** Der Verbraucher kann den Vertrag innerhalb von zwei Wochen ohne Angabe von Gründen widerrufen. Ausreichend ist die **Textform**, wobei die rechtzeitige Absendung genügt.
Die Zwei-Wochen-Frist beginnt erst zu laufen, wenn der Verbraucher über sein Widerrufsrecht belehrt worden ist. Die Möglichkeit zum Widerruf endet aber spätestens sechs Monate nach Vertragsabschluss.

Kündigung, vgl. § 498 BGB

- **Kündigung:** Der Kredit kann erst gekündigt werden, wenn der Verbraucher die Raten zweimal nicht beglichen hat, er mit mindestens 10 % der Kreditsumme in Verzug ist (bei Laufzeiten über drei Jahren mit 5 %) und eine zweiwöchige Fristsetzung erfolglos verstrichen ist. Bei einer Kündigung wird der gesamte Kreditbetrag auf einmal fällig.

Teilzahlungsgeschäfte, vgl. § 501 BGB

Auch für **Teilzahlungsgeschäfte** (Ratenkäufe) sind die Schutzbestimmungen des BGB anzuwenden. Bei Ratenkäufen vereinbaren Verkäufer und Käufer (Verbraucher), dass der Kunde die Ware erhält, bevor er den Kaufpreis plus entstandener Kosten in Raten abgezahlt hat. Dies gilt allerdings nur, wenn dem Verbraucher mehr als drei Raten gewährt werden.

15.2 Fernabsatzgeschäfte (Internetgeschäfte)

Der Fernabsatzvertrag ist keine neue Vertragsart. Es handelt sich um eine besondere Art des Kaufvertrages zwischen einem Unternehmer und einem Verbraucher, der „unter ausschließlicher Verwendung von **Fernkommunikationsmitteln** zu Stande kommt" (§ 312b BGB).

Fernkommunikationsmittel
- *Brief, E-Mail*
- *Telefongespräch, SMS*
- *Katalog*
- *Rundfunk-, Tele- oder Mediendienste*

Wichtiges Merkmal des Fernabsatzvertrages ist demnach, dass sich die Vertragsparteien bei Vertragsabschluss nicht körperlich gegenüberstehen.

Typische Formen des Fernabsatzhandels
- *Internetgeschäfte*
- *Versandhandel*
- *Teleshopping*

Der Verbraucher muss vor Abschluss des Vertrages klar und verständlich über die Einzelheiten (Vertragsbedingungen) und den geschäftlichen Zweck (kommerziellen Charakter) des Vertrages unterrichtet werden. Außerdem hat der Verbraucher ein Rückgaberecht. Dazu kann er die Ware innerhalb von zwei Wochen ohne Angabe von Gründen zurückschicken. Beträgt der Warenwert mehr als 40 €, so erfolgt die Rücksendung auf Kosten des Verkäufers. Möglich ist auch der Widerruf nach § 355 BGB.

15.3 Haustürgeschäfte

Bei Verträgen, die an der Haustür, im Bereich der Wohnung, im öffentlichen Verkehrsbereich (z. B. Fußgängerzone), am Arbeitsplatz oder auf Freizeitveranstaltungen (z. B. Kaffeefahrten) abgeschlossen werden, wird dem Verbraucher ebenfalls das Widerrufsrecht eingeräumt. Es gelten dieselben Regelungen wie beim Kreditvertrag. Das Haustürwiderrufsgesetz gilt nicht, wenn der Verbraucher den Vertreter ausdrücklich zu sich bestellt hat oder wenn der Kaufpreis unter 40 € liegt und sofort bezahlt wurde.

„Guten Tag. Ich hoffe, Sie sind nicht so unklug wie Ihr Nachbar, der eine Elefantenversicherung für vollkommen überflüssig hielt ..."

15.4 Preis- und Mengenauszeichnung

Die Preisangabenverordnung (PangV) verpflichtet den Verkäufer zur **Preisauszeichnung** seiner Verkaufsware. Jede Ware, die innerhalb oder außerhalb des Verkaufsraumes ausgestellt ist oder vom Verbraucher direkt entnommen werden kann, muss deutlich mit einem Preis gekennzeichnet sein. Bei Dienstleistungen sind Preislisten auszuhängen. Alle Preise sind als Endpreise (inklusive Mehrwertsteuer) anzugeben.

Preisangabenverordnung (PangV)

Bei loser Ware (z. B. Obst und Gemüse) ist eine Preisangabe in einer üblichen Mengeneinheit (pro 100 g oder 1 kg) zu machen. Bei verpackter Ware ist zusätzlich zum Endpreis auch der Preis pro Mengeneinheit auszuweisen. Diese Vorschriften sollen es dem Verbraucher ermöglichen, einfach und schnell Preisvergleiche anzustellen.

Eichgesetz

Auf der Grundlage des Eichgesetzes ist abgepackte Ware mit einer eindeutigen Mengenangabe zu versehen. Darüber hinaus muss bei unüblichen Mengen (z. B. bei abgepackter Wurst, Käse oder Fleisch) der Grundpreis (pro 100 g oder 1 kg) angegeben werden. Verpackungen, die mehr Inhalt vortäuschen, als sie tatsächlich haben („Mogelpackungen"), sind verboten.

Preis- und Mengenauszeichnung bei abgepackter und loser Ware

15.5 Produkthaftung

Erleidet jemand durch ein fehlerhaftes Produkt einen Schaden an seiner Gesundheit oder seinem Leben, so ist der Hersteller dafür haftbar. Auf ein Verschulden des Herstellers kommt es dabei nicht an. Gleiches gilt für Sachschäden, sofern die beschädigte Sache für private Zwecke verwendet wurde. Sachschäden bis zu einer Höhe von 500 € muss der Verbraucher jedoch selber tragen.

Produkthaftungsgesetz (ProdHaftG)

Die Produkthaftung kann nicht durch persönliche Vereinbarungen (wie z. B. durch AGB) eingeschränkt oder ausgeschlossen werden. Von der gesetzlichen Regelung ausgenommen sind Arzneimittel und landwirtschaftliche Produkte.

16 Lagerhaltung

Informations-, Material-, Geldfluss, vgl. HF1, 5.1, S. 55

Logistik ist die ganzheitliche Planung, Steuerung und Kontrolle des Informations-, Material- und Geldflusses innerhalb des Leistung erstellenden Unternehmens bzw. zwischen Kunden, Unternehmen und Lieferanten. Sie soll sicherstellen, dass benötigte Güter zur richtigen Zeit am richtigen Ort in der richtigen Menge und in der richtigen Qualität zur Verfügung stehen.

Die **Lagerhaltung** nimmt dabei einen besonderen Stellenwert ein. Unter Lagerhaltung versteht man alle Prozesse der **Bestandsplanung und -führung**, die nach Eingang der zu beschaffenden Materialien ablaufen. Zu berücksichtigen sind dabei Kriterien der Organisation und der Wirtschaftlichkeit.

16.1 Lagerfunktionen

Lagerhaltung umfasst verschiedene Aufgaben: die allgemeinen Lagerverwaltungsaufgaben einschließlich der Lagerbuchführung, die Sicherstellung, dass Materialien und Produkte rechtzeitig zur Verfügung stehen, die Durchführung der Materialannahme und Qualitätskontrolle, die Ein-, Aus- und Umlagerung, die Pflege der Lagergüter und die Optimierung der Lagerbestände unter betriebswirtschaftlichen Gesichtspunkten. Dabei erfüllt die Lagerhaltung für den Industriebetrieb verschiedene Funktionen.

Zeitüberbrückungsfunktion: Beschaffung, Produktion und Absatz lassen sich weder zeitlich noch mengenmäßig vollständig aufeinander abstimmen, d. h. synchronisieren. Dennoch muss in der Produktion sichergestellt sein, dass die benötigten Bedarfsmengen jederzeit zur Verfügung stehen. Abhilfe schaffen hier Materiallager, die als Puffer dienen. Werden Arbeitsplätze mit unterschiedlich hohen Kapazitäten miteinander verbunden, so erfolgt die kurzfristige Unterbringung der Erzeugnisse in so genannten Zwischenlagern. Im Absatzbereich „puffern" Lager die kontinuierliche Produktion mit der diskontinuierlichen Lieferung und gewährleisten eine ständige Lieferbereitschaft.

Sicherungsfunktion: Transportstörungen, Lieferzeitüberschreitungen, Streiks und ungeplante Mehrverkäufe sind Beispiele für unvorhergesehene Liefer- oder Bedarfsschwankungen. Als notwendige Konsequenz sind Sicherheitsbestände einzuplanen, die die Schwankungen ausgleichen.

Spekulationsfunktion: Preise unterliegen häufig Schwankungen. Wenn steigende Preise vorauszusehen sind, bietet es sich an, Materialien in größeren Mengen einzukaufen, als dies fertigungstechnisch notwendig wäre. Dabei lassen sich als positiver Nebeneffekt auch Mengenrabatte ausnutzen. Die Einsparung an Materialkosten ist allerdings mit einer Erhöhung der Lagerkosten zu verrechnen.

Veredelungsfunktion: Die Veredelung ist Teil des Produktionsprozesses. Insbesondere im Lebensmittelbereich erfahren Produkte (z. B. Wein, Käse) durch Reifungsprozesse eine nicht unerhebliche Wertsteigerung. Man spricht in diesem Zusammenhang auch von einer Umformungsfunktion. Zudem müssen halbfertige Erzeugnisse häufig erst auskühlen, aushärten usw., bevor sie weiterverarbeitet werden können.

Aussortierungsfunktion: Handelt ein Industrieunternehmen zusätzlich mit Handelswaren, so dient die Lagerhaltung der Sortierung von Sammellieferungen oder z. T. der Präsentation von Waren.

Käse lagert zum Reifen

> **Beispiel** Die Nachfrage nach Fahrrädern unterliegt zeitlichen Schwankungen. In der Fly Bike Werke GmbH sollen Lieferschwierigkeiten weitestgehend vermieden werden. Aus diesem Grund werden größere Mengen von Bauteilen auf Vorrat eingekauft (Zeitüberbrückungsfunktion). Um mögliche Lieferungsverzögerungen aufzufangen, wird ein festgelegter Mindestbestand im Lager gehalten (Sicherungsfunktion). Preissteigerungen für Metall führten im vergangenen Geschäftsjahr dazu, dass eine große Menge des entsprechenden Werkstoffes „auf Vorrat" beschafft wurde (Spekulationsfunktion).

Tabak lagert zum Trocknen

16.2 Lagergrundsätze und Lagerrisiken

Für eine erfolgreiche Lagerarbeit müssen folgende Grundsätze berücksichtigt werden.

Geräumigkeit im Lager ist wichtig
- für den Erhalt der Übersichtlichkeit im Lager,
- für den Erhalt der Sauberkeit im Lager,
- für die Möglichkeit zur Benutzung von Flurförderfahrzeugen.

Übersichtlichkeit im Lager ist wichtig
- für eine möglichst zeiteffiziente Arbeitsorganisation
- und somit für eine kostengünstige Lagerhaltung.

Lagergrundsätze

Sauberkeit im Lager ist wichtig
- für den Qualitätserhalt der Waren und den Erhalt der Einrichtungen,
- für die Sicherheit der Transportwege,
- für die Gesundheit der Mitarbeiter.

Die Einhaltung dieser Grundsätze ist Voraussetzung für eine erfolgreiche Lagerarbeit, sie können diese jedoch keineswegs garantieren. Von entscheidender Bedeutung sind u. a. folgende Fragen:

- Werden die Güter warengerecht gelagert?
- Wie sind die Arbeitsabläufe organisiert?
- Werden die Sicherheitsbestimmungen beachtet?
- Werden ökologische Aspekte berücksichtigt?

Lagerrisiken

Dadurch, dass Materialien und Erzeugnisse einen bestimmten Zeitraum eingelagert werden, entstehen für den Industriebetrieb verschiedene Risiken. Diese sind, abhängig von den eingelagerten Gütern, unterschiedlich stark ausgeprägt. Lebensmittel z. B. können **verderben**. Insbesondere technische Geräte können **veralten**, da immer neuere, innovativere Geräte auf den Markt kommen. Modische Waren wie z. B. Schmuck können unmodern werden. Allgemein besteht das Risiko, dass die **Nachfrage** nach den eingelagerten Gütern sinkt, so dass der Industriebetrieb sie nicht mehr oder nur zu niedrigeren Preisen am Markt absetzen kann. Generell kann sowohl Material als auch ein fertiges Erzeugnis im Lager **Schaden** nehmen, wenn es nicht sachgerecht gelagert wird. Besonders hoch ist das Risiko von Schäden während des Ein- und Auslagerns. Schließlich besteht das Risiko, dass fertige Erzeugnisse **gestohlen** werden.

Ziel der Lagerhaltung ist es, diese Risiken durch geeignete organisatorische Maßnahmen so gering wie möglich zu halten.

16.3 Lagerorganisation

> **Beispiel** Für den Lagerleiter Herrn Schneider steht die Frage nach den Gütern, die gelagert werden sollen, im Mittelpunkt. Denn je nach Art des einzulagernden Materials bzw. Erzeugnisses ist das Lager natürlich unterschiedlich einzurichten. Negative Einflüsse wie Staub, Feuchtigkeit, Gerüche, Schädlinge, usw. sind durch eine geeignete Wahl der Lagerart auszuschalten. Der Geschäftsführer Herr Peters trägt sich mit dem Gedanken, ein weiteres Verkaufslager einzurichten. Er gibt an Herrn Schneider die Frage weiter, welche besonderen Anforderungen für ein weiteres Lager erfüllt werden müssen. Die Fahrräder, für die im Falle der Fly Bike Werke GmbH das neue Lager geschaffen werden soll, sind trocken zu lagern, da sich durch Feuchtigkeit Rost an den empfindlichen Metallteilen bilden kann.

LS 56
Lagerorganisation

Offene oder geschlossene Lager

Durch die Notwendigkeit einer trockenen Lagerung ist schon die erste Entscheidung getroffen: Die Fahrräder werden in einem geschlossenen Raum untergebracht. Es gibt durchaus Materialien, die aufgrund ihrer witterungsunabhängigen Eigenschaften in offenen Lagern, d. h. im Freien, eingelagert werden können, z. B. unbehandelte Baumstämme. Gleichzeitig muss beachtet werden, dass der Wert der Lagergüter nicht erheblich sein sollte, um den Verlust durch Diebstahl gering zu halten.

offenes Lager

Mehrgeschossige oder eingeschossige Lager

Abhängig von Größe und Gewicht der Erzeugnisse lässt sich entscheiden, ob die Lagerfläche vervielfacht werden kann, indem mehrgeschossige Lager gebaut werden. Hierbei können Sonderkosten entstehen aufgrund der besonderen Anforderungen an Statik und Stabilität. Eingeschossige Lager sind in der Einrichtung günstiger und sind für fast alle Erzeugnisse geeignet, aber beanspruchen mehr Fläche.

Stapellager oder Hochregallager

In den eingeschossigen Lagern können die Erzeugnisse dann entweder gestapelt werden (Stapellager), wobei die Verpackung dann sehr stabil sein sollte, oder die Lager können mit Hochregalen (bis zu einer Höhe von ca. 50 Metern) eingerichtet werden, die eine große und sichere Aufnahmekapazität bieten. In einem Hochregallager werden durch Regalförderzeuge die Erzeugnisse ein- und ausgelagert. Dies kann manuell geschehen, indem eine mitfahrende Person die Steuerung übernimmt bzw. indem sie einen Gabelstapler mit entsprechender Reichweite steuert.

Stapellager

In der Regel jedoch erfolgt die Steuerung vollautomatisch über einen Rechner, der so programmiert ist, dass er selbst freie Lagerplätze erkennt, Erzeugnisse dort einlagert und später die Erzeugnisse zwecks Auslagerung jederzeit wiederfindet.

Hochregallager

HF 4
Absatz

Geordnetes oder chaotisches Lager
Im zuletzt beschriebenen vollautomatisierten Hochregallager werden die Materialien oder Erzeugnisse völlig ungeordnet einsortiert. Ein Ordnungsprinzip ist nicht notwendig, da jeder Lagerplatz rechnergesteuert gespeichert wird (chaotisches Lager). Im geordneten oder sortierten Lager dagegen wird in der Regel manuell ein- und ausgelagert. Um Lagergüter zu finden, ist der Mensch unbedingt auf ein Ordnungsprinzip angewiesen, auf das er sich jederzeit verlassen muss (Festplatzsystem).

Speziallager: Getreidesilo

Speziallager
Die Speziallager bieten Lagerungsmöglichkeiten für besondere Materialien oder Erzeugnisse, z. B. Getreide in Silos, Tiefkühlprodukte in Kühlhäusern und Gefahrstoffe, deren Lagerung bestimmte Sicherheitsvorschriften erfüllen muss. Für die Entscheidung, welche der oben dargestellten Lagerart für ein Unternehmen in Frage kommt, ist also vor allem die Art der zu lagernden Materialien und Erzeugnisse ausschlaggebend. Bei der Frage nach der fachgerechten Lagerung sind natürlich auch die Gesichtspunkte Umweltschutz und Sicherheitsbestimmungen zu beachten. So sind bei der Lagerung von Papier besonders strenge Brandschutzbestimmungen einzuhalten, da Papier sehr leicht entflammbar ist.

Speziallager: Kühlhaus

Zentrale und dezentrale Lager
Nach dem Lagerstandort unterscheidet man zentrale und dezentrale Lager. Zentrale Lager nehmen alle Materialien und Erzeugnisse eines Unternehmens an einem Ort auf. Sie eignen sich vor allem bei geringer Entnahmehäufigkeit und geringen Entnahmemengen. Von dezentralen Lagern spricht man, wenn ein Unternehmen die Materialien an verschiedenen Orten lagert. Sie eignen sich vor allem bei hoher Entnahmehäufigkeit und hohen Entnahmemengen. Bei einer gemischten Lagerung finden sich sowohl dezentrale Lager als auch ein Zentrallager.

Sicherheit und Umweltschutz im Lager, vgl. **HF 2**, **7.2**, S. 175

Eigen- oder Fremdlager, vgl. **16.4**, S. 373

Eigen- oder Fremdlager
Die Frage nach den Eigentumsverhältnissen führt zu Eigen- und Fremdlagern. Eigenlager sind in den eigenen Geschäftsräumen untergebracht und bieten dadurch den Vorteil, dass sie nach eigenen Vorstellungen gestaltet werden können; außerdem ist ein direkter Zugriff möglich. Ein Fremdlager befindet sich in den Räumen eines fremden Lagerhalters (z. B. Spedition, Lagerhausgesellschaft). Sie sind in der Regel kostengünstiger als ein Eigenlager und bergen ein geringes Investitionsrisiko. Außerdem übernimmt der Lagerhalter „Zusatzaufgaben", wie z. B. Lagerbuchführung, Versicherung und Bestandskontrolle.

Kritische Lagermenge, kritische Lagerfläche, vgl. **16.4**, S. 374

Eine besondere Form sind die **Konsignationslager**: Hierbei handelt es sich um Lager, die von Lieferern bei ihren Kunden eingerichtet und mit Gütern versorgt werden. Die Erzeugnisse stellen ein Kommissionsgut dar.

Lager finden sich in den verschiedenen **Funktionsbereichen** des Unternehmens.
- Im **Absatzbereich** findet man Fertigwarenlager (enthält die fertigen, verkaufsfähigen Produkte) und Versandlager (hier werden die fertigen Produkte einschließlich der dazu benötigten Versandpapiere und Verpackungen gelagert).
- Im **Beschaffungsbereich** unterscheidet man zwischen Eingangslager (zur Aufnahme der gelieferten Materialien), Werkstoff-/Vorproduktlager (zur Einlagerung von Roh-, Hilfs- und Betriebsstoffen sowie Vorprodukten), Handelswarenlager (für Waren, die unbearbeitet weiterveräußert werden), Ersatzteillager (für Instandhaltungswerkzeuge und -material) und Büromateriallager (für alle Materialien, die in der Verwaltung benötigt werden).
- Im **Produktionsbereich** finden wir Handlager (zur Aufnahme von Materialien, die an den einzelnen Arbeitsplätzen benötigt werden), Zwischenlager (zur Einlagerung von halbfertigen Erzeugnissen, die am nächsten Arbeitsplatz weiterverarbeitet werden) und Werkzeuglager (enthalten Werkzeuge, die am jeweiligen Arbeitsplatz gebraucht werden).

Lager in den verschiedenen Funktionsbereichen

16.4 Eigen- oder Fremdlager

> **Beispiel** Die Fly Bike Werke GmbH will ein neues Lager in Dresden errichten. Herr Peters überlegt, mit welchen Kosten zu rechnen wäre. Eine angebotene Lagerhalle von 420 qm kostet im Raum Dresden 4.000,00 € Miete pro Monat. Zwei Lagerfachkräfte kosten jeweils 1.950,00 € monatlich. Die Versicherung der Erzeugnisse würde nochmals 1.200,00 € pro Jahr, also 100,00 € monatlich, ausmachen. Hinzu kämen Kosten z. B. für Materialien, Telefon, PC etc., die 6,50 €/qm monatlich betragen. Mietnebenkosten schlagen mit 3,50 €/qm monatlich zu Buche. Das Angebot eines Lagerhalters in Dresden bezieht sich auf die Menge der einzulagernden Paletten. Er berechnet pauschal 30,00 €/qm benötigte Lagerfläche. Dies beinhaltet auch die Ein- und Auslagerung und Kommissionierung der Bestellungen sowie Versicherungen usw. Einzig der Transport wäre noch von der Fly Bike Werke GmbH zu besorgen.

Eigenlagerung		Fremdlagerung
fixe Kosten in € pro Monat	variable Kosten in € pro Monat	30,00 €/qm
4.000,00 Miete	6,50 Verbrauchskosten	
+ 3.900,00 Personal	+ 3,50 Mietnebenkosten	
+ 100,00 Versicherung	= 10,00 pro qm	
= 8.000,00	= 4.200,00	
Summe: 12.200,00 €		12.600,00 €

Für die Ausnutzung von 420 qm Lagerfläche in Dresden ist die Inanspruchnahme eines Eigenlagers für die Fly Bike Werke GmbH günstiger. Da sich die Kosten für das Eigenlager aus fixen und variablen Kostenanteilen zusammensetzen, ist zu folgern, dass sich das Kostenverhältnis von Eigen- und Fremdlagerung verändert, wenn sich die benötigte Quadratmeterzahl ändert. Um dies herauszufinden, stellt Herr Peters folgende Gleichung auf:

HF 4
Absatz

x = qm

Ermittlung der kritischen Lagerfläche			
Eigenlagerung	=	Fremdlagerung	
Fixe Kosten + variable Kosten	=	Kosten der Fremdlagerung	
8.000 + 10 x	=	30 x	– 10 x
8.000	=	20 x	: 20
400	=	x	

Hieraus ergibt sich, dass bei einer benötigten Fläche von 400 qm beide Alternativen gleich viel kosten (**kritische Lagerfläche**). Bis zu einer Ausnutzung von dieser Fläche ist die Fremdlagerung die kostengünstigere Alternative. Diese Problematik lässt sich auch grafisch lösen.

Für ein Fremdlager können außerdem folgende Gründe sprechen:
– Kostengünstigere Nutzung von Speziallagern
– Nähe zu Kunden oder Lieferanten
– Bessere Verkehrsanbindung des Fremdlagers
– Nutzung des Allround-Services des Lagerhalters
– Kostenersparnis durch Pauschalangebote des Lagerhalters

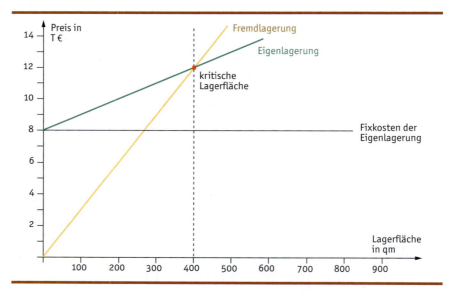

Übersicht: Lagerhaltung

ANFORDERUNGSSITUATION 4.2

17 Buchungen bei Absatzprozessen

Absatzprozesse enden nicht mit Wareneingang und Rechnungsausgleich. In der Finanzbuchhaltung lösen sie **unterstützende Prozesse der Dokumentation** aus, die nach den Grundsätzen ordnungsmäßiger Buchhaltung im Rahmen der Debitorenbuchhaltung ausgeführt werden.

LS 57
Buchungen bei Absatzprozessen

Debitorenbuchhaltung, vgl. **HF 1**, **9.3**, S. 115

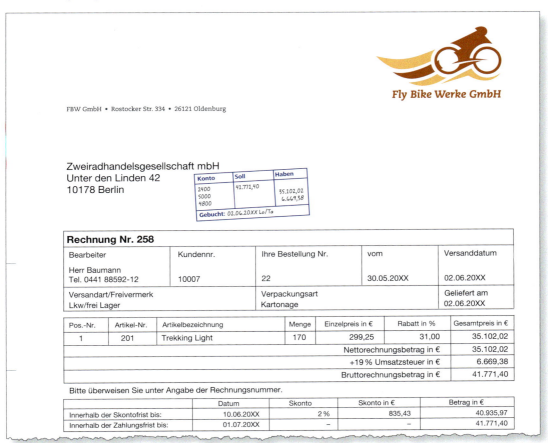

Die Verkaufspreise der Fly Bike Werke GmbH sind die unverbindlichen Endverbraucherpreise zuzüglich 19 % Umsatzsteuer (unverbindliche Preisempfehlung). Darauf erhalten die Kunden der Fly Bike Werke GmbH, die Fahrradhändler, einen mengenabhängigen **Wiederverkäuferrabatt**.

Rabattstaffel	
Stückzahl	Rabatt
1–10	27,5 %
11–50	29,0 %
51–100	30,0 %
101–250	31,0 %
251–500	32,0 %
>500	33,0 %

375 ANFORDERUNGSSITUATION 4.2

17.1 Sofortrabatte bei Ausgangsrechnungen

Beispiel Verkauf von Fahrrädern (eigene Erzeugnisse) an die Zweiradhandelsgesellschaft mbH, Berlin, auf Ziel

Ausgangsrechnung Nr. 312 (Auszug)

Artikel-Nr.	Artikelbezeichnung	Stück	Einzelpreis	Rabatt	Gesamtpreis
201	Trekking Light	170	299,25 €	31,00 %	35.102,03 €
Versandart	Freivermerk		Nettorechnungsbetrag in €		35.102,03 €
Lkw	frei Lager		+ 19 % USt		6.669,39 €
			Bruttorechnungsbetrag in €		41.771,42 €

Sofortrabatte aller Art sind in Ausgangsrechnungen bereits ausgewiesen und verringern den Listeneinkaufspreis für den Kunden. Auf den Umsatzerlöskonten werden nur die Nettorechnungsbeträge – nach Abzug der Rabatte – gebucht.

1) Buchung der Ausgangsrechnung an die Zweiradhandelsgesellschaft für eigene Erzeugnisse

Grundbuch:

Nr.	Soll	€	Haben	€
1)	2400 Forderungen a.L.L.	41.771,40	5000 Umsatzerlöse f. eigene Erzeugn.	35.102,02
			4800 Umsatzsteuer	6.669,38

Beispiel Verkauf von Fahrradanhängern (Handelswaren) an die Radbauer GmbH, München, auf Ziel

Ausgangsrechnung Nr. 412 (Auszug)

Artikel-Nr.	Artikelbezeichnung	Stück	Einzelpreis	Rabatt	Gesamtpreis
601	Fahrradanhänger Kelly	10	90,72 €	10,00 %	816,48 €
605	Fahrradanhänger Sven	10	196,57 €	10,00 %	1.769,13 €
			Nettorechnungsbetrag in €		2.585,61 €
Versandart	Freivermerk		+ 19 % USt		491,27 €
Lkw	frei Lager		Bruttorechnungsbetrag in €		3.076,88 €

1) Buchung der Ausgangsrechnung an die Radbauer GmbH für eigene Erzeugnisse

Grundbuch:

Nr.	Soll	€	Haben	€
1)	2400 Forderungen a.L.L.	3.076,88	5100 Umsatzerlöse f. Waren	2.585,61
			4800 Umsatzsteuer	491,27

17.2 Weiterbelastungen von Aufwendungen an den Kunden

Werden den Kunden z. B. Verpackungs- oder Transportkosten in Rechnung gestellt, so sind diese den Umsatzerlösen hinzuzurechnen. Derartige Rechnungspositionen werden bei Absatzprozessen nicht auf gesonderten Konten erfasst – im Gegensatz zu den Buchungen im Beschaffungsbereich.

Konto Bezugskosten, vgl. **HF2**, 8.3, S. 185

 Beispiel Verkauf von Handelswaren an die Radplus GmbH unter Berechnung von Transport- und Verpackungskosten auf Ziel

Ausgangsrechnung Nr. 304 (Auszug)

Artikel-Nr.	Artikelbezeichnung	Stück	Einzelpreis	Rabatt	Gesamtpreis
601	Fahrradanhänger Kelly	10	90,72 €	10 %	816,48 €
10	Verpackungskosten		25,00 €	0 %	25,00 €
20	Transportkostenanteil		50,00 €	0 %	50,00 €
			Nettorechnungsbetrag in €		891,48 €
Versandart	Freivermerk		+ 19 % USt		169,38 €
Bahnfracht	ab Werk		Bruttorechnungsbetrag in €		1.060,86 €

Grundbuch:

1) Buchung der Ausgangsrechnung an die Radplus GmbH

Nr.	Soll	€	Haben	€
1)	2400 Forderungen a.L.L.	1.060,86	5100 Umsatzerlöse f. Waren	891,48
			4800 Umsatzsteuer	169,38

Exkurs: Vertriebskosten

Im folgenden Beispiel handelt es sich um Einkäufe, die nicht in der Debitorenbuchhaltung, sondern als Aufwendungen zu erfassen sind. Werden Vertriebskosten an einen Kunden weiterbelastet, werden sie in der Ausgangsrechnung aufgeführt und direkt als Umsatzerlöse verbucht.

Weiterbelastungen von Aufwendungen an den Kunden, siehe oben

Grundbuch:

1) Barkauf von Verpackungsmaterial, 595,00 € brutto
2) Transport von Erzeugnissen an einen Kunden auf Ziel, 1.904,00 € brutto
3) Abschluss der Aufwandskonten über das GuV-Konto

Nr.	Soll	€	Haben	€
1)	6040 Aufw. f. Verpackungsmaterial	500,00		
	2600 Vorsteuer	95,00	2880 Kasse	595,00
2)	6140 Frachten und Fremdlager	1.600,00		
	2600 Vorsteuer	304,00	4400 Verbindlichkeiten a.L.L.	1.904,00
3.1)	8020 GuV-Konto	500,00	6040 Aufw. f. Verpackungsmaterial	500,00
3.2)	8020 GuV-Konto	1.600,00	6140 Frachten und Fremdlager	1.600,00

17.3 Rücksendungen durch Kunden

Beispiel Die Fly Bike Werke haben an die Radbauer GmbH in München eine Falschlieferung veranlasst, da eine falsche Artikelnummer eingegeben wurde. Die Radbauer GmbH sendet die Ware zurück und erhält eine Gutschrift.

Gutschrift Nr. 010 (Auszug)

Artikel-Nr.	Artikelbezeichnung	Stück	Einzelpreis	Rabatt	Gesamtpreis
601	Fahrradanhänger Kelly	10	90,72 €	10 %	816,48 €
			Nettogutschrift in €		816,48 €
			+ 19 % USt		155,13 €
			Bruttogutschrift in €		971,61 €

Grundbuch:
1) Buchung der Ausgangsrechnung an die Radbauer GmbH, München
2) Buchung der Gutschrift an die Radbauer GmbH, München (Stornobuchung)

Nr.	Soll	€	Haben	€
1)	2400 Forderungen a.L.L.	971,61	5100 Umsatzerlöse f. Waren	816,48
			4800 Umsatzsteuer	155,13
2)	5100 Umsatzerlöse f. Waren	816,48		
	4800 Umsatzsteuer	155,13	2400 Forderungen a.L.L.	971,61

Rücksendungen erhöhen die Menge und den Wert der wieder vorhandenen Artikel. Da auch das vereinbarte Entgelt (Nettorechnungsbetrag) für die Gesamtlieferung durch die Rücksendung mit anschließender Gutschrift sinkt, ist die Umsatzsteuer entsprechend zu vermindern. Die Umsatzsteuerminderung erfolgt durch eine Sollbuchung auf dem Konto 4800 Umsatzsteuer.

17.4 Nachträgliche Preisnachlässe

Nachträgliche Preisnachlässe für Kunden vermindern nur die Höhe der Umsatzerlöse, ohne dass Artikel zurückgenommen werden. Diese Preisnachlässe werden zur Erleichterung von Kontrollen auf Unterkonten der Umsatzerlöskonten, dem Konto 5001 Erlösberichtigungen, erfasst. Auch hier wird das vereinbarte Entgelt (ursprünglicher Nettorechnungsbetrag) für die Gesamtlieferung durch den Preisnachlass nachträglich gesenkt. Die Umsatzsteuer ist entsprechend durch eine Sollbuchung auf dem Konto 4800 Umsatzsteuer zu vermindern.

17.4.1 Preisnachlässe nach Mängelrügen von Kunden

Bei berechtigten Mängelrügen von Kunden ist es häufig sinnvoll, dem Kunden einen Preisnachlass zu gewähren, wenn er dann bereit ist, die gekauften Artikel trotz des Mangels zu behalten. Neben den eigenen Kosten, z. B. für eine Nachbesserung, entfallen für den Hersteller auch die zusätzlichen Transportkosten und eventuell weitere neue Vertriebskosten.

17 Buchungen bei Absatzprozessen

 Beispiel Gutschrift an den Kunden Zweiradhandelsgesellschaft mbH, Berlin, aufgrund von Lackschäden an verschiedenen Fahrrädern in Höhe von 10%.

Mängel an Fahrrädern	Nettorechnungsbetrag = 100%	Umsatzsteuer = 19%	Bruttorechnungsbetrag = 119%
Ausgangsrechnung	30.000,00 €	5.700,00 €	35.700,00 €
Gutschrift (10%)	3.000,00 €	570,00 €	3.570,00 €
Zahlung (90%)	27.000,00 €	5.130,00 €	32.130,00 €

Grundbuch:
1) Buchung der Ausgangsrechnung an die Zweiradhandelsgesellschaft mbH, Berlin
2) Buchung der Gutschrift an die Zweiradhandelsgesellschaft mbH, Berlin
3) Buchung der Banküberweisung der Zweiradhandelsgesellschaft mbH, Berlin
4) Umbuchung des Kontos Erlösberichtigungen am Ende der Abrechnungsperiode

Nr.	Soll	€	Haben	€
1)	2400 Forderungen a.L.L.	35.700,00	5000 Umsatzerlöse f. eigene Erzeugn. 4800 Umsatzsteuer	30.000,00 5.700,00
2)	5001 Erlösberichtigungen 4800 Umsatzsteuer	3.000,00 570,00	2400 Forderungen a.L.L.	3.570,00
3)	2800 Bankguthaben	32.130,00	2400 Forderungen a.L.L.	32.130,00
4)	5000 Umsatzerlöse f. eigene Erzeugn.	3.000,00	5001 Erlösberichtigungen	3.000,00

17.4.2 Preisnachlässe durch Kundenboni

 Beispiel Der Kunde Zweirad GmbH hat im letzten Geschäftsjahr 2.145 Fahrräder gekauft. Der Bonussatz beträgt 1%.

Gewährung eines Jahresbonus	Nettorechnungsbetrag = 100%	Umsatzsteuer = 19%	Bruttorechnungsbetrag = 119%
Jahresumsatz vor Bonusgutschrift	543.731,60 €	103.309,00 €	647.040,60 €
Bonusgutschrift (1%)	5.437,32 €	1.033,09 €	6.470,41 €
Jahresumsatz nach Bonusgutschrift (99%)	538.294,28 €	102.275,91 €	640.570,19 €

Grundbuch:
1) Buchung der Gutschrift für Jahresbonus an die Zweirad GmbH
2) Umbuchung der Erlösberichtigung am Ende der Abrechnungsperiode

Nr.	Soll	€	Haben	€
1)	5001 Erlösberichtigungen 4800 Umsatzsteuer	5.437,32 1.033,09	2400 Forderungen a.L.L.	6.470,41
2)	5000 Umsatzerlöse f. eigene Erzeugn.	5.437,32	5001 Erlösberichtigungen	5.437,32

HF 4
Absatz

17.4.3 Preisnachlässe durch Kundenskonti

 Beispiel Der Kunde Zweiradhandelsgesellschaft mbH begleicht eine Ausgangsrechnung innerhalb der Skontofrist unter Ausnutzung von 2% Skonto.

Bruttoskonto   720,20 €
− Vorsteuer   114,99 €
= Nettoskonto 605,21 €

$\dfrac{BS \cdot 100}{119}$ = Nettoskonto

$\dfrac{BS \cdot 19}{119}$ = Vorsteuerberichtigung

BS = Bruttoskonto

Zahlung unter Abzug von Skonto	Nettorechnungsbetrag = 100 %	Umsatzsteuer = 19 %	Bruttorechnungsbetrag = 119 %
Rechnungsbetrag vor Skonto	30.260,37 €	5.749,47 €	36.009,84 €
Skonto (2 %)	605,21 €	114,99 €	720,20 €
Zahlungsbetrag nach Skonto (98 %)	29.655,16 €	5.634,48 €	35.289,64 €

Grundbuch:
1) Buchung der Ausgangsrechnung an die Zweiradhandelsgesellschaft mbH
2) Buchung des Zahlungseingangs
3) Umbuchung des Kontos Erlösberichtigungen am Ende der Abrechnungsperiode

Nr.	Soll	€	Haben	€
1)	2400 Forderungen a.L.L.	36.009,84	5000 Umsatzerlöse f. eigene Erzeugn. 4800 Umsatzsteuer	30.260,37 5.749,47
2)	2800 Bankguthaben 5001 Erlösberichtigungen 4800 Umsatzsteuer	35.289,64 605,21 114,99	2400 Forderungen a.L.L.	36.009,84
3)	5000 Umsatzerlöse f. eigene Erzeugn.	605,21	5001 Erlösberichtigungen	605,21

 Beispiel Bei der Inanspruchnahme von Skonto stellt sich für den Kunden die Frage, ob sich die vorzeitige Zahlung überhaupt lohnt. Dies kann der Kunde in einer Überschlagrechnung schnell feststellen:

Überschlagrechnung:

$$\dfrac{\text{Skontosatz in \%} \cdot 360 \text{ Tage}}{\text{Zahlungsziel in Tagen} - \text{Skontofrist in Tagen}} = \dfrac{2 \cdot 360}{30 - 8} = 32{,}73\,\%$$

Genaue Berechnung:

$$\dfrac{\text{Nettoskonto in €} \cdot 100 \cdot 360 \text{ Tage}}{\text{Überweisungsbetrag} \cdot \text{Lieferantenkreditfrist}} = \dfrac{605{,}21 \cdot 100 \cdot 360}{35.289{,}64 \cdot 22} = 28{,}06\,\%$$

Selbst bei einer kurzfristigen Kreditaufnahme zur Überweisung des Rechnungsbetrages zu den aktuellen Zinssätzen lohnt sich damit für den Kunden die Inanspruchnahme des Skontos, da er wohl kaum einen so hohen Zinssatz für den Kredit bezahlen müsste. Die Ersparnis errechnet sich aus der Differenz von Skontoertrag abzüglich Kreditzinsen. Bei einem Zinssatz von 8 % für einen Kredit über 22 Tage wären dies 432,68 € (605,21 € − 172,53 €). Für die Fly Bike Werke bedeuten nicht in Anspruch genommene Skonti eine Erhöhung der Umsatzerlöse und Gewinne, da der Skontoabzug bereits als Preisaufschlag im Verkaufspreis berücksichtigt wurde.

ANFORDERUNGSSITUATION 4.2

Kaufmännisches Rechnen

1 Dreisatz (Schlussrechnung)

Die Dreisatzrechnung ist grundlegend für andere Rechenverfahren, z. B. Prozent-, Verteilungs-, Zinsrechnen, Preiskalkulationen. Beim Dreisatz wird von einem bekannten Verhältnis über den Schluss auf eine Einheit auf ein neues Verhältnis geschlossen.

Der Dreisatz wird daher auch Schlussrechung genannt.

1.1 Einfacher Dreisatz mit proportionalem Verhältnis

Dreisatz in Tabellenform:

Kg	€
5	45,00
14	?

 Beispiel 5 kg Ware kosten 45,00 €. Wie viel € kosten 14 kg dieser Ware?

Zunächst sollte man ein logisches Ergebnis schätzen, um eventuelle Eingabefehler am Taschenrechner oder Fehler bei der Multiplikation oder Division feststellen zu können: Ein Mehr an Ware (kg) bedeutet auch ein Mehr an Wert (€). Dies ist logisch, denn wer mehr einkauft, muss dafür auch mehr bezahlen: 14 kg sind ca. das Dreifache von 5 kg, daher muss als Ergebnis auch ca. der dreifache Preis herauskommen.

Hier liegt ein einfacher Dreisatz mit proportionalem (geradem) Verhältnis vor, d. h. eine Vermehrung der ersten Größe (z. B. Menge) bewirkt eine Vermehrung der zweiten Größe (z. B. Preis) und eine Verminderung der ersten Größe (z. B. Menge) eine Verminderung der zweiten Größe (z. B. Preis).

> **!** Proportionales Verhältnis:
> Je mehr, desto mehr und je weniger, desto weniger.

Das ? steht für die gesuchte vierte Größe („wie viel?").

Ausführliche Lösung in drei Schritten (Dreisatz)

Bedingungssatz (→ gegebenes Verhältnis)	5 kg kosten 45,00 €.
Fragesatz (→ gesuchte Größe)	14 kg kosten ? € ?
Dreisatz	1. Gegeben ist: 5 kg → 45,00 € 2. Schluss auf die Einheit (1 kg = 5. Teil von 5 kg) $\rightarrow \dfrac{45{,}00\ \text{€}}{5\ \text{kg}} = 9\ \text{€/kg}$ 3. Schluss auf das Mehrfache (14 kg) → 9,00 €/kg · 14 kg = 126,00 €
Ergebnis	14 kg der Ware kosten 126,00 €.

Lösung in verkürzter Darstellung

Bedingungssatz	5 kg → 45,00 €.
Fragesatz	14 kg →? €
Bruchsatz	$? \text{€} = \dfrac{45{,}00\ \text{€} \cdot 14\ \text{kg}}{5\ \text{kg}} = 126{,}00\ \text{€}$
Ergebnis	14 kg der Ware kosten 126,00 €.

> **!** Beim einfachen Dreisatz mit proportionalem Verhältnis wird zuerst dividiert (Schluss auf eine Einheit), dann multipliziert (Schluss auf das Mehrfache).

1 Dreisatz (Schlussrechnung)

Aufgaben

1 Wenn 7,5 kg einer Ware 247,50 € kosten, wie viel kosten dann 2,5 kg?

2 Die Versandabteilung benötigt für das erste Quartal in insgesamt 64 Arbeitstagen 4.000 m² Verpackungsfolie. Wie viel m² Verpackungsfolie werden in den drei nachfolgenden Quartalen mit 192 Arbeitstagen benötigt, wenn das Verpackungsvolumen je Quartal gleich bleibt?

3 Ermitteln Sie das Gewicht für folgende Ware: A4-Blätter (29,7 cm · 21 cm; 16 Blätter = 1 m²), 80 g/m² im Wellpappkarton mit 5.000 Blatt.

4 Bei einem Brand entsteht ein Schaden von 500.000,00 €. Das Lager war versichert mit 7.500.000,00 €. Zur Zeit des Brandes hatte der Lagerbestand einen Wert von 10.000.000,00 €; das Lager war also unterversichert. Welchen Betrag zahlt die Versicherung?

5 1.000 Blatt Kopierpapier kosten im Einkauf 7,20 €. Wie viel € kostet eine Palette mit 40 Kartons, wenn jeder Karton 5 Pakete zu je 1.000 Blatt enthält?

6 In einer Preisliste werden Overheadfolien zum Preis von 24,70 € je 100 Folien angeboten. Wie viel € muss ein Kunde bezahlen, wenn er 2.500 Folien bestellt?

7 Ein neuer Drucker für die Verkaufsabteilung kann 8 Rechnungen in der Minute erstellen. Wie viele Rechnungen können an einem späten Nachmittag eines Arbeitstages noch erstellt werden, wenn bis zum Arbeitsende noch 1,5 Stunden verbleiben?

8 Die Vorgabezeit für das manuelle Buchen von 12 Zahlungseingängen beträgt 30 Minuten.
   a Ermitteln Sie die Vorgabezeit für das manuelle Buchen von 280 Zahlungseingängen.
   b Nach dem Einsatz eines Computers mit einem Finanzbuchhaltungsprogramm wird die Vorgabezeit auf 8 Minuten für 12 Zahlungseingänge reduziert. Errechnen Sie die eingesparte Vorgabezeit bei 360 Zahlungseingängen.

1.2 Einfacher Dreisatz mit umgekehrt proportionalem Verhältnis

Beispiel 6 Lagerarbeiter benötigen für die Inventur im Fremdbauteilelager 12 Tage. Durch Krankheit fallen 2 Arbeiter aus. Wie viele Tage werden nun für die Inventurarbeiten benötigt?

Inventur, vgl. **HF 1**, **7.1**, S. 68

Zunächst wird wiederum auf ein logisches Ergebnis geschlossen: Ein Weniger an Lagerarbeitern bedeutet ein Mehr an Zeit (Tagen). Dies ist logisch, denn wenn weniger Arbeiter (4) das gleiche Arbeitsvolumen wie 6 Arbeiter schaffen sollen, dann benötigen sie mehr Zeit.

Hier liegt ein einfacher Dreisatz mit umgekehrt proportionalem (ungeradem) Verhältnis vor, d. h., eine Verminderung der ersten Größe (z. B. Arbeiter) bewirkt eine Vermehrung der zweiten Größe (z. B. Zeit) und eine Vermehrung der ersten Größe (z. B. Arbeiter) eine Verminderung der zweiten Größe (z. B. Zeit).

383

Kaufmännisches Rechnen

Dreisatz in Tabellenform:

Aushilfskräfte	Tage
6	12
4	?

> **!** Umgekehrt proportionales Verhältnis:
> Je mehr, desto weniger und je weniger, desto mehr.

Ausführliche Lösung in drei Schritten (Dreisatz)

Bedingungssatz (→ gegebenes Verhältnis)	6 Arbeiter benötigen 12 Tage.
Fragesatz (→ gesuchte Größe)	4 Arbeiter benötigen ? Tage?
Dreisatz	1. Gegeben ist: 6 Arbeiter → 12 Tage 2. Schluss auf die Einheit (1 Arbeiter; 6fache Zeit) → 6 · 12 Tage = 72 Tage 3. Schluss auf das Mehrfache (4 Arbeiter, 4. Teil der Zeit, die ein Arbeiter benötigen würde) → $\frac{72 \text{ Tage}}{4}$ = 18 Tage
Ergebnis	4 Arbeiter benötigen für die Inventur 18 Tage.

Lösung in verkürzter Darstellung

Bedingungssatz	6 Arbeiter → 12 Tage
Fragesatz	4 Arbeiter → ? Tage
Bruchsatz	? Tage = $\frac{6 \cdot 12 \text{ Tage}}{4}$ = 18 Tage
Ergebnis	4 Arbeiter benötigen für die Inventur 18 Tage.

> **!** Beim einfachen Dreisatz mit umgekehrt propotionalem Verhältnis wird zuerst multipliziert (Schluss auf eine Einheit), dann dividiert (Schluss auf das Mehrfache).

Aufgaben

1 125 Unternehmen betreiben Gemeinschaftswerbung, der Kostenbeitrag für jeden Partner beträgt 4.000,00 €. 5 Unternehmen scheiden aus dem Markt aus.
  a Wie hoch ist der Kostenbeitrag für die verbliebenen Unternehmen?
  b Um wie viel € erhöht sich der Kostenbeitrag je Unternehmen?

2 Für Verpackungsarbeiten sind 45 Arbeitskräfte eingesetzt, die täglich 6 Stunden arbeiten. 9 Arbeitskräfte kündigen. Wie lautet der Bruchsatz zur Ermittlung der Stunden, die die übrigen Arbeitskräfte jetzt länger arbeiten müssen?

3 Bei einem Heizölvorrat kommt ein Betrieb bei einem täglichen Verbrauch von 600 l 120 Tage aus. Durch sparsames Heizen wird der Verbrauch um 100 l täglich gesenkt. Wie viele Tage reicht der Vorrat jetzt?

4 18 Arbeitskräfte reinigen ein Verwaltungsgebäude in 6 Stunden. Die Arbeit soll jedoch in 4 Stunden erledigt sein. Wie viele Arbeitskräfte müssen dazu beschäftigt werden?

5 18 Angestellte benötigen für eine Abschlussarbeit 45 Stunden, für den nächsten Abschluss werden 3 Angestellte zusätzlich abgestellt. Wie viele Stunden werden jetzt benötigt?

1.3 Zusammengesetzter Dreisatz

Der zusammengesetzte Dreisatz setzt sich aus mehreren einfachen Dreisätzen mit proportionalem und/oder umgekehrt proportionalem Verhältnis zusammen, die in einem Arbeitsgang (mit einem Bruchsatz) gelöst werden sollen.

Beispiel Die Inventur im Fremdbauteilelager der Fly Bike Werke hat zum Geschäftsjahresende 20X1 mit 12 Arbeitskräften, die insgesamt 23.600 Komponentensets gezählt und bewertet haben, 6 Arbeitstage gedauert. Vor Beginn der Inventurarbeiten zum Geschäftsjahresende 20X2 erkranken 2 Arbeitskräfte. Wie lange werden die Inventurarbeiten im Fremdbauteilelager dauern, wenn 10 Mitarbeiter gemäß den Beständen der Artikelkartei insgesamt 32.800 Komponentensets zählen und bewerten müssen?

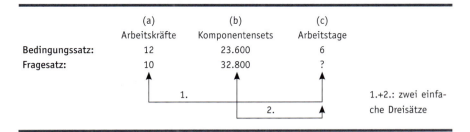

	(a) Arbeitskräfte	(b) Komponentensets	(c) Arbeitstage
Bedingungssatz:	12	23.600	6
Fragesatz:	10	32.800	?

1.+2.: zwei einfache Dreisätze

Alle Paare, die ein Verhältnis darstellen (a = Arbeitskräfte, b = Komponentensets), müssen zu der gesuchten Größe (c = Arbeitstage) in Beziehung gesetzt werden. Dabei muss jeweils geprüft werden, ob ein proportionales oder ein umgekehrt proportionales Verhältnis vorliegt.

1. Dreisatz: Verhältnis Arbeitskräfte (a) zu Arbeitstagen (c)

Bedingungssatz	12 Arbeitskräfte → 6 Arbeitstage
Fragesatz	10 Arbeitskräfte → ? Arbeitstage
1. Bruchsatz	? Arbeitstage = $\frac{6 \text{ Tage} \cdot 12 \text{ Arbeitskräfte}}{10 \text{ Arbeitskräfte}}$ = 7,2 Tage

Arbeitskräfte	Arbeitstage
12	6
10	?

Im 1. Dreisatz liegt ein umgekehrt proportionales Verhältnis vor: Weniger Arbeitskräfte benötigen mehr Arbeitstage.

2. Dreisatz: Verhältnis Komponentensets (b) zu Arbeitstagen (c)

Bedingungssatz	23.600 Komponentensets → 6 Arbeitstage
Fragesatz	32.800 Komponentensets → ? Arbeitstage
2. Bruchsatz	? Arbeitstage = $\frac{6 \text{ Tage} \cdot 32.800 \text{ Sets}}{23.600 \text{ Sets}}$ = 8,34 Tage

Sets	Arbeitstage
23.600	6
32.800	?

Im 2. Dreisatz liegt ein proportionales Verhältnis vor: Mehr Komponentensets sind in mehr Arbeitstagen zu erfassen.

Im zusammengesetzten Dreisatz werden die jeweiligen einfachen Dreisätze zu einem Bruchsatz zusammengefasst, wobei der erste Dreisatz nur um das Verhältnis der weiteren Paare ergänzt wird. Der Wert der gemeinsamen Größe aus dem Bedingungssatz (hier: 6 Tage) darf nur einmal im Bruchsatz erscheinen.

1. Bruchsatz	? Arbeitstage = $\dfrac{6 \cdot 12}{10}$
2. Bruchsatz	? Arbeitstage = $\dfrac{6 \cdot 32.800}{23.600}$
Zusammengesetzter Bruchsatz	? Arbeitstage = $\dfrac{6 \cdot 12 \cdot 32.800}{10 \cdot 23.600}$ = 10,00678
Ergebnis	10 Arbeitskräfte können die Inventurarbeiten für 32.800 Komponentensets in ca. 10 Tagen erledigen.

Aufgaben

1 In der Wareneingangsstelle einer Druckerei werden 240 t Zeitungspapier erwartet. Für das Abladen und Einlagern mit Gabelstaplern rechnet man, dass 3 Stapler 30 t in 20 Minuten bewältigen. Für die erwartete Zeitungspapierlieferung stehen 5 Stapler zur Verfügung. In wie vielen Minuten ist diese Sendung eingelagert?

2 Für den Druck von 600 Frühjahrspreislisten zu je 4 Seiten hat ein Drucker mit einer Leistung von 20 Seiten pro Minute insgesamt 2 Stunden benötigt. Wie viele Stunden dauert die Erstellung der neuen Herbstpreisliste in einer Auflage von 800 Stück mit je 6 Seiten, wenn ein neuer Drucker 40 Seiten pro Minute ausdruckt?

3 Eine Druckerei erhält den Auftrag, 300 Kataloge zu erstellen. Bei Einsatz von 3 Druckmaschinen und je 4 Stunden Druckzeit je Tag werden insgesamt 6 Arbeitstage benötigt. Um den Auftrag in 2 Arbeitstagen erfüllen zu können, setzt die Druckerei 4 Druckmaschinen ein. Wie viele Stunden je Tag müssen diese Maschinen im Einsatz sein?

4 Für die Herstellung von 100.000 Stücken des Bauteils „eu34" benötigen 4 Mitarbeiter bei 8 Stunden täglicher Arbeitszeit insgesamt 2 Arbeitstage. Die Zahl der Arbeitnehmer in dieser Produktionsstätte wird um einen Mitarbeiter erhöht. Durch die zusätzliche Übernahme der Produktion des Bauteils „eu38" verbleiben für die Produktion des Bauteils „eu34" nur noch 6 Stunden täglich, obwohl die Anzahl der benötigten Bauteile „eu34" auf 120.000 Stück gestiegen ist. In wie vielen Arbeitstagen ist die notwendige Produktionsmenge des Bauteils „eu34" herzustellen.

2 Durchschnittsrechnen

2.1 Einfacher Durchschnitt

Durchschnittswerte, z. B. durchschnittliche Umsätze, durchschnittliche Lagerbestände, Umsätze je Reisender, werden zur Beurteilung der Wirtschaftlichkeit herangezogen. Beim Durchschnittsrechnen wird aus der Summe mehrerer Werte ein **Mittelwert** errechnet. Die einzelnen Werte müssen immer die gleiche Benennung haben.

Der **Mittelwert** wird oft auch als arithmetisches Mittel bezeichnet.

> **Beispiel** Ein Industrieunternehmen hat am Jahresanfang einen Erzeugnisbestand im Wert von 48.000,00 €. Am Jahresende beträgt der Wert des Erzeugnisbestandes 52.000,00 €. Wie hoch ist der durchschnittliche Wert des Erzeugnisbestands (durchschnittlicher Lagerbestand) des Geschäftsjahres?

Werte/Anzahl	Werte	Anzahl der Werte
Anfangsbestand	48.000,00 €	1
Endbestand	+ 52.000,00 €	+ 1
Summe	= 100.000,00 €	= 2

! einfacher Durchschnitt = $\frac{\text{Summe der Werte}}{\text{Anzahl der Werte}} = \frac{100.000,00 \text{ €}}{2} = 50.000,00 \text{ €}$

Ergebnis: Der durchschnittliche Wert des Erzeugnisbestands des Geschäftsjahres beträgt 50.000,00 €.

Aufgaben

1 Eine Papierfabrik ermittelt für die Erzeugnisgruppe Kopierpapier jeden Monat den aktuellen Bestand. Ermitteln Sie den durchschnittlichen Bestand für Kopierpapier für die folgenden Geschäftsjahre.

	1. Jahr (in €)	2. Jahr (in €)	3. Jahr (in €)
Anfangsbestand am 01.01.	40.000,00	49.000,00	35.000,00
Endbestand Januar	45.000,00	34.000,00	25.000,00
Endbestand Februar	22.000,00	22.000,00	17.000,00
Endbestand März	18.000,00	15.000,00	13.000,00
Endbestand April	18.000,00	15.000,00	14.000,00
Endbestand Mai	25.000,00	18.000,00	16.000,00
Endbestand Juni	17.000,00	12.000,00	12.000,00
Endbestand Juli	25.000,00	20.000,00	18.000,00
Endbestand August	28.000,00	21.000,00	20.000,00
Endbestand September	35.000,00	29.000,00	23.000,00
Endbestand Oktober	32.000,00	25.000,00	22.000,00
Endbestand November	36.000,00	30.000,00	21.000,00
Endbestand Dezember	49.000,00	35.000,00	24.000,00

2 Zwei Industrieunternehmen ermitteln für 20XX folgende Warenbestände:

Werte in €	Industrieunternehmen A	Industrieunternehmen B
Anfangsbestand	85.000,00 €	124.000,00 €
Endbestand 1. Quartal	120.000,00 €	95.000,00 €
Endbestand 2. Quartal	125.000,00 €	90.000,00 €
Endbestand 3. Quartal	112.000,00 €	110.000,00 €
Endbestand 4. Quartal	82.000,00 €	105.000,00 €

Berechnen Sie den durchschnittlichen Warenbestand für beide Unternehmen im Geschäftsjahr 20XX.

2.2 Gewogener Durchschnitt

Der gewogene Durchschnitt ist immer dann zu berechnen, wenn ein Mittelwert aus den Ergebnissen mehrerer Multiplikationen von zwei verschiedenen Größen gesucht wird. Das ist z. B. immer der Fall, wenn unterschiedliche Mengen mit verschiedenen Preisen bewertet werden müssen. Der gewogene Durchschnitt ist hier die Summe aller Einzelwerte (Menge · Preis), geteilt durch die Gesamtmenge.

Beispiel Der Inventurbestand für Schrauben besteht aus mehreren Lieferungen zu unterschiedlichen Preisen.

Lieferungsdatum	Anzahl der Pakete	Preis je Paket in €
18.11.20XX	48	24,00
02.12.20XX	64	25,00
14.12.20XX	320	25,40

Wie hoch ist der durchschnittliche Einstandspreis für 1 Paket Schrauben?

Der gewogene Durchschnitt wird oft am besten mithilfe einer Tabelle berechnet:

[1] Multiplikation der Pakete mit dem jeweiligen Preis pro Paket
[2]+[3] Summenbildung
[4] Division: Gesamteinkaufswert : Summe der Pakete

(a) Anzahl der Pakete	(b) Preis je Paket in €	(c) Wert der Lieferung in €[1]
48	24,00	48 · 24,00 € = 1.152,00 €
64	25,00	64 · 25,00 € = 1.600,00 €
320	25,40	320 · 25,40 € = 8.128,00 €
Gesamtanzahl der Werte: 432 Pakete[2]		Summe der Werte: 10.880,00 €[3]

durchschnittlicher Einstandspreis pro Paket: $\dfrac{10.880,00\ €}{432\ \text{Pakete}} = 25{,}19\ €/\text{Paket}$[4]

Ergebnis: Der durchschnittliche Einstandspreis der am Inventurtag vorhandenen Pakete mit Schrauben beträgt 25,19 €.

! gewogener Durchschnitt = $\dfrac{\text{Summe der gewichteten Werte}}{\text{Anzahl der Werte}}$

Aufgaben

1 Der Inventurbestand für Kopierpapier in Standardqualität besteht aus Restbeständen mehrerer Lieferungen zu unterschiedlichen Preisen. Wie hoch ist der durchschnittliche Einstandspreis für ein Paket Kopierpapier?

Lieferungsdatum	Anzahl der Pakete	Preis je Paket in €	Wert der Lieferung in €
20.11.20XX	24	3,60	?
08.12.20XX	280	3,90	?
19.12.20XX	5.200	4,05	?

2 Folgende Warenbestände wurden zum Geschäftsjahresende im Rahmen der Stichtagsinventur aufgenommen:

Art der Ware	Kopierpapier		Overheadfolien		Faxrpapierrollen	
Mengen je Einheit / Preise je Einheit	Menge	Preis €	Menge	Preis €	Menge	Preis €
Bestände aus verschiedenen Lieferungen	500	4,30	300	24,00	260	12,10
	230	4,10	780	25,10	680	11,30
	920	4,50	640	25,50	890	12,50

    a Berechnen Sie den durchschnittlichen Einstandspreis je Einheit eingekaufter Waren für jeden Warenbestand.
    b Berechnen Sie den Gesamtwert aller Waren.

3 Die Reisekosten aller Außendienstmitarbeiter eines Industrieunternehmens betragen im Monat Januar 19.555,70 €, im Monat Februar 23.800,60 € und im Monat März 20.382,60 €. Um die Kosten für das restliche Geschäftsjahr schätzen zu können, möchte der zuständige Sachbearbeiter im Rechnungswesen (Controller) die durchschnittlichen Reisekosten je Monat ermitteln.
    a Berechnen Sie die durchschnittlichen Reisekosten je Monat im 1. Quartal.
    b Wie hoch wird die Reisekostenschätzung für das Jahr 20XX, wenn von einer gleich bleibenden Reisetätigkeit ausgegangen werden muss?

4 Der Umsatz (in €) in der Kantine eines Industrieunternehmens betrug in der 48. Kalenderwoche:

Montag	Dienstag	Mittwoch	Donnerstag	Freitag
3.200,00	4.600,00	2.200,00	4.900,00	1.200,00

Ermitteln Sie den durchschnittlichen Umsatz je Tag.

5 Ein Papierhersteller hat folgende Kopierpapierlieferungen an verschiedene Kunden zu unterschiedlichen Preisen in Rechnung gestellt:

Kunde	Anzahl der Pakete	Preis je Paket
Copy Shop	2.500	5,10 €
Klammer & Co.	8.200	4,80 €
Alldruck GmbH	1.000	6,00 €
Heinrich Kleist	1.000	4,10 €

Berechnen Sie den Durchschnittsverkaufspreis für diese Kopierpapierlieferungen.

Kaufmännisches Rechnen

3 Prozentrechnung

3.1 Grundbegriffe der Prozentrechnung

Die Prozentrechnung wird u. a. zur Berechnung von Preisnachlässen, Sozialabgaben, zur Kalkulation von Preisen und zur Bilanzauswertung angewendet. Mit ihrer Hilfe werden absolute Zahlen vergleichbar gemacht (bei der Auswertung der Bilanz sind diese absoluten Werte €-Beträge). Dies geschieht, indem man die absoluten Zahlen in Relation zur Basis 100 Prozent setzt. Üblicherweise benutzt man für **Prozent** abgekürzt „v. H." (von Hundert) oder das Zeichen „%".

Prozent
lat. pro centum (für das Hundert) = von Hundert (v. H.) = %

! In der Prozentrechnung unterscheidet man die folgenden Größen:
Prozentsatz = p   Prozentwert = w   Grundwert = G

Von diesen Größen sind jeweils zwei bekannt. Die dritte, gesuchte Größe wird mithilfe des Dreisatzes berechnet. Grundwert und Prozentwert haben immer die gleiche Benennung (hier: €).

3.2 Prozentsatz

Beispiel Die deutschen mittelständischen Industrie- und Handelsunternehmen verfügen über eine Eigenkapitalquote von durchschnittlich 15,1 % der Bilanzsumme. Ein mittelständisches Industrieunternehmen möchte wissen, ob seine Eigenkapitalquote (Grad der Eigenfinanzierung) über dem Durchschnitt liegt. Es ermittelt auf Basis der Bilanz folgende Werte:

Aktiva	Bilanzwerte in €	Passiva	
Anlagevermögen	300.000,00	Eigenkapital	630.000,00
Umlaufvermögen	600.000,00	Fremdkapital	270.000,00
Summe Aktiva	900.000,00	Summe Passiva	900.000,00

Gesamtvermögen { ... } Gesamtkapital

Die Eigenkapitalquote ist der Anteil des Eigenkapitals in % am Gesamtkapital des Unternehmens. Das Gesamtkapital entspricht also dem Grundwert und damit 100 %.

Lösungsweg (mit Dreisatz)

Gegeben sind	**G**rundwert (Gesamtkapital in €): 900.000,00 € Prozentwert (Eigenkapital in €): 630.000,00 €
Gesuchte Größe	Prozentsatz (Eigenkapital in % des Gesamtkapitals)
Dreisatz	1. Gegeben ist: 900.000,00 € = 100 % 2. Schluss auf die Einheit (1,00 €) → $\dfrac{100\,\%}{900.000{,}00\,€}$ 3. Schluss auf das Mehrfache → $\dfrac{100\,\% \cdot 630.000{,}00\,€}{900.000{,}00\,€} = 0{,}70 = 70\,\%$
Ergebnis	Die Eigenkapitalquote des Industrieunternehmens liegt bei 70 % und damit deutlich über dem ermittelten Durchschnittswert.

Lösungsweg in verkürzter Darstellung

Grundwert (G): 900.000,00 €	Prozentwert (w): 630.000,00 €	Prozentsatz (p): ? €
Bedingungssatz	900.000,00 € → 100 %	
Fragesatz	630.000,00 € → ? %	
Bruchsatz	$?\% = \dfrac{630.000,00\ €\cdot 100\%}{900.000,00\ €} = 0,70 = 70\%$	
Ergebnis	Die Eigenkapitalquote des Industrieunternehmens liegt bei 70 %.	

In den nachfolgenden Kapiteln wird der Lösungsweg in dieser verkürzten Darstellung gezeigt.

€	%
900.000,00	100
630.000,00	?

Formel zur Berechnung des Prozentsatzes:

$$\text{Prozentsatz} = \frac{\text{Prozentwert}\cdot 100\%}{\text{Grundwert}} = \frac{\text{Prozentwert}\cdot 1}{\text{Grundwert}} = \frac{\text{Prozentwert}}{\text{Grundwert}} \rightarrow p = \frac{w}{G} \qquad 100\% = \frac{100}{100} = 1$$

Aufgaben

1 Die Bilanzwerte dreier Industrieunternehmen sind zu vergleichen:

Werte in €	Industrieunternehmen 1	Industrieunternehmen 2	Industrieunternehmen 3
Anlagevermögen	48.000,00	370.000,00	890.000,00
Umlaufvermögen	52.000,00	630.000,00	1.910.000,00
Eigenkapital	60.000,00	800.000,00	800.000,00
Fremdkapital	40.000,00	200.000,00	2.000.000,00

Ermitteln Sie für jedes Industrieunternehmen
  a das Gesamtkapital,
  b die Eigenkapitalquote in Prozent des Gesamtkapitals,
  c die Fremdkapitalquote in Prozent des Gesamtkapitals,
  d das Gesamtvermögen,
  e den Anteil des Anlagevermögens am Gesamtvermögen in Prozent,
  f en Anteil des Umlaufvermögens am Gesamtvermögen in Prozent.

2 Das Umlaufvermögen eines Industrieunternehmens in Höhe von 1.000.000,00 € setzt sich wie folgt zusammen:
  I.   Vorräte   600.000,00 €
  II. Forderungen   250.000,00 €
  III. Flüssige Mittel   ? €

Berechnen Sie
  a den Wert der flüssigen Mittel in €,
  b den Anteil der Vorräte am Umlaufvermögen in Prozent,
  c den Anteil der flüssigen Mittel am Gesamtvermögen des Industrieunternehmens, wenn das Anlagevermögen des Unternehmens 200.000,00 € beträgt,
  d die Eigenkapitalquote in Prozent, wenn das Eigenkapital des Unternehmens 400.000,00 € beträgt.

3 Das Eigenkapital eines Unternehmens ist in einem Geschäftsjahr um 60.000,00 € gestiegen. Berechnen Sie die Eigenkapitalerhöhung in Prozent, wenn das Eigenkapital am Jahresanfang 250.000,00 € betrug.

Kaufmännisches Rechnen

4 Das Sachanlagevermögen eines Unternehmens hat sich wie folgt entwickelt:

	Wert 20X1	Wert 20X2
1. Maschinen	120.000,00 €	160.000,00 €
2. BGA	68.000,00 €	72.000,00 €
3. Fuhrpark	36.000,00 €	12.000,00 €

Berechnen Sie a die Werteveränderung in Prozent für jede Vermögensart,
 b die Werteveränderung in Prozent für das gesamte Sachanlagevermögen.

3.3 Prozentwert

Beispiel In einer Strukturbilanz werden alle Werte in Prozent angegeben:

Aktiva		Bilanzwerte	Passiva	
Anlagevermögen	30 %		Eigenkapital	40 %
Umlaufvermögen	70 %		Fremdkapital	60 %
Summe Aktiva	100 %		Summe Passiva	100 %

Wie viel € beträgt das Anlagevermögen dieses Unternehmens, wenn die Summe des Gesamtvermögens (Summe Aktiva) 450.000,00 € beträgt?

%	€
100	450.000,00
30	?

Grundwert (G): 450.000,00 €	Prozentsatz (p): 30 % = 0,30	Prozentwert (W): ? €
Bedingungssatz	100 % → 450.000,00 €	
Fragesatz	30 % → ? €	
Bruchsatz	? € = $\dfrac{450.000,00 \text{ €} \cdot 30\%}{100\%}$ = 135.000,00 €	
Ergebnis	Das Anlagevermögen beträgt 135.000,00 €.	

! Berechnung des Prozentwertes:
Prozentwert = Grundwert · Prozentsatz → G · p

Aufgaben

1 Die kurzfristigen Verbindlichkeiten eines Unternehmens betragen 85 % des gesamten Fremdkapitals. Berechnen Sie
 a die kurzfristigen Verbindlichkeiten in €, wenn das gesamte Fremdkapital 440.000,00 € beträgt,
 b das Eigenkapital des Unternehmens in € bei einer Fremdkapitalquote von 40 %.

2 Wie hoch ist das Umlaufvermögen in €, wenn das Gesamtvermögen 765.000,00 € beträgt? Der Anteil des Anlagevermögens am Gesamtvermögen wird mit 38 % angegeben.

3 Das Gesamtvermögen eines Industrieunternehmens beträgt 250.000,00 €. Der Anteil des Eigenkapitals am Gesamtkapital wird mit 40 % angegeben. Wie hoch sind das Eigenkapital und das Fremdkapital in €?

4 Folgende Angaben aus verschiedenen Unternehmensbilanzen liegen vor:

Bilanzwerte	Industrieunternehmen 1	Industrieunternehmen 2	Industrieunternehmen 3
Anlagevermögen	24,5 %	23,0 %	42,0 %
Umlaufvermögen	?	?	?
Gesamtvermögen	800.000,00 €	420.000,00 €	2.650.000,00 €

Ermitteln Sie für jedes Industrieunternehmen a das Anlagevermögen in €,
b das Umlaufvermögen in €.

3.4 Grundwert

Beispiel Von einem Industrieunternehmen ist bekannt, dass das Anlagevermögen nur 15 % Anteil am Gesamtvermögen des Unternehmens hat. Der Wert dieses Anlagevermögens beträgt 45.000,00 €. Wie hoch ist der Wert des Gesamtvermögens des Unternehmens?

Prozentwert (w): 45.000,00 €	Prozentsatz (p): 15 %	Grundwert (W): ? €
Bedingungssatz	15 % → 45.000,00 €	
Fragesatz	100 % → ? €	
Bruchsatz	? € = $\frac{45.000,00 \, € \cdot 100\,\%}{15\,\%}$ = 300.000,00 €	
Ergebnis	Das Gesamtvermögen beträgt 300.000,00 €.	

%	€
15	45.000,00
100	?

! Berechnung des Grundwertes: Grundwert = $\frac{\text{Prozentwert}}{\text{Prozentsatz}}$ → $G = \frac{w}{p}$

Aufgaben

1 Folgende Angaben aus verschiedenen Unternehmensbilanzen liegen vor:

Bilanzwerte	Industrieunternehmen 1	Industrieunternehmen 2	Industrieunternehmen 3
Umlaufvermögen	125.000,00 €	90.000,00 €	62.000,00 €
Umlaufvermögen	82,5 %	60,0 %	80,0 %

Berechnen Sie a das Gesamtvermögen in €,
b den Wert des Anlagevermögens in Prozent und in €.

2 Das Eigenkapital betrug 20X1 insgesamt 420.000,00 €. Im Jahr 20X2 ist es um 10 % gestiegen. Am Ende des Jahres 20X2 betrug die Eigenkapitalquote 38 %. Wie hoch ist 20X2 die Bilanzsumme?

3 Das Umlaufvermögen eines Unternehmens setzt sich wie folgt zusammen:
   I. Vorräte   400.000,00 €
   II. Forderungen   150.000,00 €
   III. Wertpapiere   50.000,00 €
   IV. Flüssige Mittel   ? €

   Berechnen Sie
   a den Wert der flüssigen Mittel, wenn die Vorräte 64 % des Umlaufvermögens ausmachen,
   b den Wert des Gesamtvermögens, wenn der Anteil der flüssigen Mittel 2,5 % beträgt.

4 Die Fremdkapitalquote eines Unternehmens sank in den letzten Jahren stetig:

Jahre	1	2	3	4	5
Fremdkapitalquote	82,0 %	80,0 %	76,5 %	75,0 %	72,5 %

Ermitteln Sie
   a für Jahr 1 die Eigenkapitalquote in Prozent,
   b für Jahr 2 das Gesamtkapital in €, wenn das Eigenkapital 16.400,00 € betrug,
   c für Jahr 3 das Gesamtkapital in €, wenn das Fremdkapital 64.000,00 € betrug,
   d für Jahr 4 die Steigerung des Gesamtkapitals in Prozent, wenn das Gesamtkapital Ende Jahr 4 92.000,00 € betrug,
   e für Jahr 5 das Fremdkapital in €, wenn das Gesamtkapital um 5 % seit Jahr 4 gestiegen ist.

5 Die Steigerungsraten für das Eigenkapital eines Unternehmens betrugen
   – in Jahr 4 5,0 %,
   – in Jahr 5 8,5 % und
   – in Jahr 6 6,0 %.
   Wie hoch ist das Eigenkapital am Ende des Jahres 6, wenn am Anfang des Jahres 4 62.000,00 € Eigenkapital zur Verfügung standen?

6 Das Gesamtvermögen beträgt 82.000,00 €, die Eigenkapitalquote 24 %. Ermitteln Sie den Wert des Anlagevermögens in €, wenn es zu 80 % mit Eigenkapital finanziert wird.

7 Neben einem Eigenkapital in Höhe von 86.000,00 € finanziert ein Industrieunternehmen sein Vermögen mit einem Darlehen in Höhe von 14.000,00 € und kurzfristigen Verbindlichkeiten in Höhe von 20.000,00 €. Der Anteil des Umlaufvermögens am Gesamtvermögen beträgt 65 %. Ermitteln Sie
   a das Gesamtkapital,
   b das Gesamtvermögen,
   c das Anlagevermögen,
   d das Umlaufvermögen.

8 Nach Abzug von 25 % Rabatt überweist ein Unternehmen an seinen Lieferanten 20.625,00 €. Errechnen Sie den Preis des Lieferanten ohne Rabattgewährung.

3.5 Vermehrter Grundwert

Beispiel Auf einer Quittung wird der Gesamtbetrag für den Einkauf von Büromaterial mit 59,50 € angegeben. Die in den 59,50 € enthaltene Umsatzsteuer in Höhe von 19 % soll gesondert auf der Quittung ausgewiesen werden.

Die 19 % Umsatzsteuer wurden vom Warenwert ermittelt. Im Preis von 59,50 € ist die Umsatzsteuer aber bereits enthalten. Für das Ausstellen der Quittung muss also
a) der Warenwert in € und
b) der Umsatzsteueranteil in € berechnet werden.

	Warenwert (? €)	≙	100 %	Grundwert (G)
+	Umsatzsteuer (? €)	≙	19 % (= 0,19)	Prozentsatz (p)
=	Gesamtpreis (59,50 €)	≙	119 % (= 1,19)	vermehrter Grundwert ($G_{vermehrt}$)

Lösungsweg

	a) Berechnung des Warenwertes		b) Berechnung des Umsatzsteueranteils	
Bedingungssatz	119 % → 59,50 €	Bedingungssatz	119 % → 59,50 €	
Fragesatz	100 % → ? €	Fragesatz	19 % → ? €	
Bruchsatz	? € = $\frac{59{,}50\ € \cdot 100\,\%}{119\,\%}$ = 50,00 €	Bruchsatz	? € = $\frac{59{,}50\ € \cdot 19\,\%}{119\,\%}$ = 9,50 €	$\frac{100\,\%}{119\,\%} = \frac{100}{119}$ $\frac{19\,\%}{119\,\%} = \frac{19}{119}$
Ergebnis	Der Warenwert beträgt 50,00 €.	Ergebnis	Der Umsatzsteueranteil beträgt 9,50 €.	

! Berechnung bei vermehrtem Grundwert:

$$\text{Grundwert} = \frac{\text{vermehrter Grundwert (€)}}{(100\,\% + \text{Prozentsatz})} \rightarrow G = \frac{G_{vermehrt}}{(100\,\% + \text{Prozentsatz})}$$

$$\text{Prozentwert} = \frac{\text{vermehrter Grundwert (€)} \cdot \text{Prozentsatz}}{(100\,\% + \text{Prozentsatz})} \rightarrow w = \frac{G_{vermehrt} \cdot p}{(100\,\% + \text{Prozentsatz})}$$

Aufgaben

1 In einer Verkaufspreisliste (ohne Umsatzsteuer) wird eine Papiersorte mit 10,50 € je 100 Blatt angeboten. Der Preis ist in dieser Liste um 5 % angehoben worden. Berechnen Sie
   a den Verkaufspreis vor der Preiserhöhung in € und
   b die Preiserhöhung in €.

2 In einer Ausgangsrechnung wird der Bruttorechnungsbetrag einschließlich 19 % Umsatzsteuer mit 3.570,00 € angegeben. Vor zwei Wochen ist diese Ware im Preis um 10 % erhöht worden. Berechnen Sie
   a den Nettorechnungsbetrag in €,
   b die Umsatzsteuer in €,
   c den Warenwert vor der Preiserhöhung.

3 Berechnen Sie jeweils den Warenwert und die Umsatzsteuer in €.

	Bruttorechnungsbeträge	Umsatzsteuersatz
A	7.140,00 €	19 %
B	15.232,00 €	19 %
C	3.852,00 €	7 %
D	462,24 €	7 %

3.6 Verminderter Grundwert

Beispiel Ein Lieferant gewährt der Fly Bike Werke GmbH aufgrund einer Mängelrüge einen Preisnachlass von 10 %. Nach Abzug der Gutschrift beträgt die Verbindlichkeit der Fly Bike Werke GmbH an den Lieferer noch 360,00 €. Wie hoch war der ursprüngliche Preis?

Die 10 % Preisnachlass wurden von dem alten Preis abgezogen. Der herabgesetzte neue Preis in Höhe von 360,00 € entspricht also nur 90 % des ursprünglichen Preises.

ursprünglicher Preis (? €)	≙	100 %	Grundwert (G)
− Preisnachlass (? €)	≙	10 % (= 0,10)	Prozentsatz (p)
= reduzierter Preis (360,00 €)	≙	90 % (= 0,90)	verminderter Grundwert ($G_{vermindert}$)

Lösungsweg

Bedingungssatz	90 % → 360,00 €
Fragesatz	100 % → ? €
Bruchsatz	? € = $\dfrac{360{,}00\ € \cdot 100\,\%}{90\,\%}$ = 400,00 €
Ergebnis	Der ursprüngliche Preis betrug 400,00 €.

! Berechnung bei vermindertem Grundwert:

$$\text{Grundwert} = \frac{\text{verminderter Grundwert (€)}}{(100\,\% - \text{Prozentsatz})} \rightarrow G = \frac{G_{vermindert}}{(100\,\% - \text{Prozentsatz})}$$

Aufgaben

1 Berechnen Sie die Listenverkaufspreise für folgende Waren:

Ware	Barverkaufspreis in €	Skonto in %	Rabatt in %
1	85,75	2,0	12,5
2	116,40	3,0	20,0
3	204,75	2,5	25,0
4	25,92	4,0	10,0

3 Prozentrechnung

2 Ein Industrieunternehmen hat seinen Barverkaufspreis in Höhe von 661,50 € um 5% erhöht. Das Kundenskonto (2%) und der Kundenrabatt (25%) bleiben unverändert.

Ermitteln Sie
a die Preiserhöhung in €,
b den neuen Barverkaufspreis,
c den Listenverkaufspreis vor der Preiserhöhung,
d den Listenverkaufspreis nach der Preiserhöhung.

3 Ein Kunde zahlt für eine Lieferung einschließlich 19% Umsatzsteuer innerhalb der Skontofrist 3.778,49 €. Der Kunde erhielt 2% Skonto und 10% Rabatt.

Ermitteln Sie
a den Rabatt und das Skonto in €,
b den Listenverkaufspreis in €,
c den gesamten Preisnachlass in Prozent des Listenverkaufspreises.

4 Ein Angestellter erhält nach einer Gehaltserhöhung um 3% ein Gehalt von 3.347,50 €.
a Wie hoch war sein Gehalt vor der Gehaltserhöhung?
b Wie viel € beträgt die Gehaltserhöhung?

5 Nach zwei Preiserhöhungen kostet eine Ware 133,56 €. Die erste Preiserhöhung betrug 5%, die zweite 6%.
a Wie hoch war der ursprüngliche Preis vor den Preiserhöhungen?
b Wie viel € beträgt die zweite Preiserhöhung?

6 Der Zieleinkaufspreis für 100 Blatt Kopierpapier beträgt 12,00 €. Der Lieferer gewährt 25% Rabatt. Wie hoch ist der Listeneinkaufspreis?

7 Der Einstandspreis einer Ware soll 206,00 € betragen; die Bezugskosten werden mit 10,00 € angegeben. Wie viel € darf der Listeneinkaufspreis betragen, wenn 2% Skonto und 20% Rabatt gewährt werden?

8 Der Gewinn eines Industrieunternehmens ist um 4,5% gesunken und beträgt nur noch 382.000,00 €. Wie hoch war der Gewinn im Vorjahr?

9 Der Umsatz eines Reisenden lag im letzten Geschäftsjahr um 3% unter dem Umsatz des Vorjahres.
a Wie hoch war sein Umsatz im Vorjahr, wenn er dieses Geschäftsjahr insgesamt 873.000,00 € Umsatz erzielte?
b Wie hoch ist seine Provision in beiden Geschäftsjahren, wenn diese 2% vom Umsatz beträgt?

10 Ein Einzelunternehmer hat im Vorjahr 12% seines Eigenkapitals vom Geschäftsjahresbeginn privat entnommen. Der Gewinn des Geschäftsjahres beträgt 48.000,00 €. Dies entspricht einer Eigenkapitalverzinsung von 8%, bezogen auf das Eigenkapital vom Geschäftsjahresbeginn.

Ermitteln Sie
a das Eigenkapital am Geschäftsjahresbeginn,
b die Höhe der Privatentnahmen in €.

11 Ein Kunde überweist nach Abzug von 3% Skonto 6.925,80 € auf das Bankkonto des Lieferers. Wie viel € betrug der Rechnungsbetrag?

Kaufmännisches Rechnen

4 Verteilungsrechnen

Die Anwendung der Verteilungsrechnung ist immer dann notwendig, wenn Gesamtmengen (Stück, Gewichte usw.) oder Gesamtwerte (Gewinne, Einnahmen, Provisionen usw.) nach bestimmbaren Verteilungskriterien (Anteilen) aufzuteilen sind. Dazu werden z. B. mithilfe der Prozentrechnung Verhältniszahlen gebildet. Das Ergebnis wird üblicherweise in einer Tabelle festgehalten.

4.1 Verteilung ohne Vorleistung

Beispiel An der Marwik GmbH, einem Lieferanten der FBW GmbH, sind drei Gesellschafter beteiligt. Der im Geschäftsjahr 20XX erwirtschaftete Gewinn in Höhe von 250.000,00 € soll gemäß Gesellschaftervertrag im Verhältnis der Kapitalanteile an die Gesellschafter verteilt werden.

Gewinnempfänger: Gesellschafter	Verteilungsschlüssel: Kapitalanteile in €	Verhältniszahlen: Gewinnanteile in %	Verteilungsergebnis: Gewinn in €
Klaus Vollmer	200.000,00	?	?
Werner Kreiner	120.000,00	?	?
Ute Kreiner	80.000,00	?	?
Summen	400.000,00	100 %	250.000,00

Wie kann der Gewinn nach Kapitalanteilen gerecht verteilt werden?

Lösungsweg: Die Lösung erfolgt mithilfe der Prozentrechnung:

1. Schritt: Ermittlung der Kapitalanteile in % des Gesamtkapitals

$p = \frac{w}{G}$

Gegeben sind	**G**rundwert (Gesamtkapital in €): 400.000,00 € Prozentwert (Kapitalanteile in €): Klaus Vollmer → w_1 = 200.000,00 € Werner Kreiner → w_2 = 120.000,00 € Ute Kreiner → w_3 = 80.000,00 €
Gesuchte Größe	**P**rozentsätze (p_1, p_2, p_3) → Kapitalanteile in % des Gesamtkapitals = Gewinnanteile in % des Gesamtgewinns
Ermittlung der Prozentsätze	Klaus Vollmer: $p_1 = \dfrac{200.000,00\ € \cdot 100\,\%}{400.000,00\ €} = 0,50 = 50\,\%$ Werner Kreiner: $p_2 = \dfrac{120.000,00\ € \cdot 100\,\%}{400.000,00\ €} = 0,30 = 30\,\%$ Werner Kreiner: $p_3 = \dfrac{80.000,00\ € \cdot 100\,\%}{400.000,00\ €} = 0,20 = 20\,\%$

398

2. Schritt: Ermittlung der Gewinnanteile in € entsprechend den Kapitalanteilen

Gegeben sind	**G**rundwert (Gewinn in €) → G = 250.000,00 €
	Prozentsätze (Kapitalanteile in % = Gewinnanteile in %):
	Klaus Vollmer: → p_1 = 50 %
	Werner Kreiner: → p_2 = 30 %
	Werner Kreiner: → p_3 = 20 %
Gesuchte Größe	**P**rozentwerte (w_1, w_2, w_3) → Gewinnanteile in € entsprechend den Kapitalanteilen
Ermittlung der Gewinnanteile in € entsprechend den Kapitalanteilen	Klaus Vollmer: w_1 = 250.000,00 € · 50 % = 125.000,00 €
	Klaus Vollmer: w_2 = 250.000,00 € · 30 % = 75.000,00 €
	Klaus Vollmer: w_3 = 250.000,00 € · 20 % = 50.000,00 €
Ergebnis	Klaus Vollmer erhält 125.000,00 € vom Gewinn.
	Werner Kreiner erhält 75.000,00 € vom Gewinn.
	Ute Kreiner erhält 50.000,00 € vom Gewinn.

w = G · p

Aufgaben

1 Berechnen Sie die Gewinnverteilung einer GmbH nach Kapitalanteilen gemäß nachfolgender Tabelle, wenn der Gesamtgewinn 120.000,00 € beträgt.

Gewinnempfänger: Gesellschafter	Verteilungsschlüssel: Kapitalanteile in €	Verhältniszahlen: Gewinnanteile in %	Verteilungsergebnis: Gewinn in €
Ralf Wolter	120.000,00	?	?
Günter Krauser	180.000,00	?	?
Ruth Kaiser	60.000,00	?	?
Summen der Werte	360.000,00	?	= 120.000,00

2 Die Vertriebsprovisionen für das 4. Quartal 20XX eines Industrieunternehmens in Höhe von 63.000,00 € sollen im Verhältnis der Umsätze je Vertreter(in) verteilt werden. Die Vertreter(innen) erzielten folgende Umsätze: Herr Kreiner 600.000,00 €, Herr Wolfert 450.000,00 €, Frau Reinartz 500.000,00 €, Frau Diesterweg 550.000,00 €.
a Stellen Sie eine Verteilungstabelle auf.
b Ermitteln Sie die Provisionsanteile je Vertreter(in).

3 Vier Industrieunternehmen mieten gemeinsam ein Lagerhaus. Die monatliche Miete, die nach m² verteilt wird, beträgt insgesamt 54.000,00 €, sie ist quartalsweise im Voraus zu bezahlen. Wie viel € Miete sind zu Beginn eines Quartals zu überweisen, wenn folgende Nutzungsvereinbarung eingehalten wird: Allgrund GmbH = 1.800 m², Bernd Bucher e. K. = 1.200 m², Carl Carlson OHG = 2.100 m² und Dieter Door & Co. KG = 2.400 m².

4 Die Gesamtkosten für Büromaterial in Höhe von 2.430,00 € sollen zwecks gerechter Aufwandsverteilung auf alle Abteilungen eines Industrieunternehmens im Verhältnis der Mitarbeiter je Abteilung aufgeteilt werden: Abteilung Verkauf 12 Mitarbeiter, Abteilung Einkauf 6 Mitarbeiter, Abteilung Lager 3 Mitarbeiter, Abteilung Rechnungswesen 3 Mitarbeiter, Abteilung Allgemeine Verwaltung 2 Mitarbeiter und Personalabteilung 1 Mitarbeiter. Berechnen Sie die Büromaterialausgaben je Mitarbeiter und je Abteilung.

4.2 Verteilung mit Vorleistung

Bei der Gewinnverteilung von Offenen Handelsgesellschaften (OHG) und Kommanditgesellschaften (KG) sind häufig Vorleistungen (Vorabgewinnanteile) nach gesetzlichen oder vertraglichen Vorschriften zu berücksichtigen, bevor die Verteilung des Restgewinnes nach Verteilungsschlüsseln vorgenommen werden kann.

Beispiel An einer Kommanditgesellschaft sind zwei Gesellschafter beteiligt:

- Gesellschafter Albertz erhält vom Gesamtgewinn in Höhe von 15.000,00 € vorab 4.000,00 € für seine Tätigkeiten im Unternehmen.
- Als weitere Vorleistungen erhalten Herr Albertz und Frau Bertram jeweils 4% ihrer Kapitalanteile als Kapitalverzinsung.
- Der restliche Gewinn wird im Verhältnis der Kapitalanteile verteilt.

Gewinnverteilungstabelle einer KG:

Gewinn-empfänger: Gesellschafter	Verteilungsschlüssel für den Restgewinn: Kapitalanteile	Vorleistungen: Arbeitsentgelte	4% Verzinsung	Restgewinn: Anteile am Restgewinn	Restgewinn	Gesamtgewinn	EK-Rentabilität (ER):
Albertz	60.000,00 €	4.000,00 €	2.400,00 €	75 %	5.850,00 €	12.250,00 €	20,42 %
Bertram	20.000,00 €	0,00 €	800,00 €	25 %	1.950,00 €	2.750,00 €	13,75 %
Summen	80.000,00 €	4.000,00 €	3.200,00 €	100 %	7.800,00 €	15.000,00 €	18,75 %

Lösungsweg:

1. Ermittlung der Vorleistungen

   a) Das Arbeitsentgelt in Höhe von **4.000,00 €** wird dem Gesellschafter Albertz in der Gewinnverteilungstabelle zugeordnet.

   b) Ermittlung der Kapitalverzinsung in Höhe von 4 % der Kapitalanteile mithilfe der Prozentrechnung (Prozentwertformel):

$w = G \cdot p$ Gesellschafter Albertz: $w_1 = 60.000,00 € \cdot 4\% = $ **2.400,00 €**
Gesellschafterin Bertram: $w_2 = 20.000,00 € \cdot 4\% = $ **800,00 €**

2. Ermittlung des Restgewinns

   Gesamtgewinn: 15.000,00 €

   − Vorleistungen Herr Albertz: −   6.400,00 € (4.000,00 € + 2.400,00 €)

   − Vorleistungen Frau Bertram: −   800,00 €

   = Restgewinn   =   7.800,00 €

3. Der Restgewinn wird im Verhältnis der Kapitalanteile verteilt.
   a) Ermittlung der Kapitalanteile in % des Gesamtkapitals (= Gewinnanteile in % des Gesamtgewinns):

Herr Albertz: $p_1 = \dfrac{60.000,00\ € \cdot 100\,\%}{80.000,00\ €} = 0{,}75 = 75\,\%$

Frau Bertram: $p_2 = \dfrac{20.000,00\ € \cdot 100\,\%}{80.000,00\ €} = 0{,}25 = 25\,\%$

$p = \dfrac{w}{G}$

   b) Ermittlung der Restgewinnanteile in € entsprechend den Kapitalanteilen:

Herr Albertz: $w_1 = 7.800,00\ € \cdot 75\,\% =$ **5.850,00 €**
Frau Bertram: $w_2 = 7.800,00\ € \cdot 25\,\% =$ **1.950,00 €**

$w = G \cdot p$

4. Der Gesamtgewinn pro Person ergibt sich aus der Summe der Vorleistungen und des Restgewinns:
   a) Herr Albertz: 4.000,00 € + 2.400,00 € + 5.850,00 € = **12.250,00 €**
   b) Frau Bertram: 800,00 € + 1.950,00 € = **2.750,00 €**

5. Jeder Unternehmer will wissen, ob sich der Einsatz des eigenen Kapitals und evtl. seiner Arbeitskraft auch gelohnt hat. Die Überprüfung erfolgt mithilfe der Kennzahl Eigenkapitalrentabilität (ER), auch Unternehmerrentabilität genannt.

Eigenkapitalrentabilität (ER) = $\dfrac{\text{Gewinn} \cdot 100\,\%}{\text{Eigenkapital am Anfang des Geschäftsjahres bzw. durchschnittliches Eigenkapital}}$

$p = \dfrac{w \cdot 100\,\%}{G} = \dfrac{w}{G}$

Herr Albertz: $\dfrac{12.250,00 \cdot 100\,\%}{60.000,00} = 0{,}2042 =$ **20,42 %**

Frau Bertram: $\dfrac{2.750,00 \cdot 100\,\%}{20.000,00} = 0{,}1375 =$ **13,75 %**

Bei der Beurteilung des Ergebnisses sollten folgende Kriterien berücksichtigt werden:
- Verzinsung des Eigenkapitals
- Unternehmerwagnis
- Substanzerhaltung
- Unternehmerlohn

Aufgaben

1 An einer OHG sind die Gesellschafter
  – Adam mit 450.000,00 €,
  – Bunse mit 375.000,00 € und
  – Colmar mit 675.000,00 € beteiligt.

Ein Gewinn in Höhe von 435.000,00 € ist zu verteilen:
  – Jeder Gesellschafter erhält vorab eine Kapitalverzinsung in Höhe von 4 %.
  – Der Restgewinn ist nach Köpfen zu verteilen.

Ermitteln Sie den Gesamtgewinn und die Eigenkapitalrentabilität der einzelnen Gesellschafter.

Kaufmännisches Rechnen

2 Gewinnverteilungstabelle einer KG:

Gesell-schafter	Kapitalan-teile in €	Arbeitsent-gelte in €	? % Verzinsung	Anteile am Restgewinn	Restgewinn in €	Gesamtge-winn in €	ER
Aser	400.000,00	?	?	40 %	?	?	?
Boller	320.000,00	?	?	20 %	?	?	?
Cürten	520.000,00	–	–	20 %	?	?	?
Doll	360.000,00	–	–	20 %	?	?	?
Summen	?	?	?	100 %	?	?	?

a Übernehmen Sie die Gewinnverteilungstabelle in Ihr Heft.
b Berechnen Sie die Gewinnverteilung unter Berücksichtigung der folgenden Angaben:
– Arbeitsentgelte: Vollhafter Aser: 100.000,00 €
  Vollhafter Boller: 80.000,00 €
– Verzinsung der Kapitalanteile 7,5 %
– Gesamtgewinn 640.000,00 €
– Anteile am Restgewinn gemäß Gesellschaftsvertrag (siehe Tabelle).

Ermitteln Sie die Eigenkapitalrentabilität der einzelnen Gesellschafter.

3 Drei Gesellschafter sind an einer KG wie folgt beteiligt:
– Greuner mit   250.000,00 €,
– Zöllner mit   500.000,00 € und
– Krummer mit 750.000,00 €.

Weitere Angaben:
– Greuner erhält eine Arbeitsvergütung in Höhe von 80.000,00 €.
– Die Kapitalverzinsung beträgt 10 %.
– Ein Drittel des Gesamtgewinns in Höhe von 450.000,00 € wird nach Köpfen verteilt.
– Der Restgewinn wird im Verhältnis 4 : 3 : 3 verteilt.

Ermitteln Sie den Gesamtgewinn und die Eigenkapitalrentabilität der einzelnen Gesellschafter.

4 Eine OHG erzielt einen Gewinn in Höhe von 160.000,00 €. Davon erhält jeder Gesellschafter eine Kapitalverzinsung in Höhe von 4 %, der Rest wird nach Köpfen verteilt.

Berechnen Sie die Gewinnanteile der Gesellschafter, wenn diese mit
– 100.000,00 € (Gesellschafter Asser),
– 250.000,00 € (Gesellschafterin Kussert) und
– 50.000,00 € (Gesellschafterin Wollermann) an der OHG beteiligt sind.

Ermitteln Sie die EK-Rentabilität der einzelnen Gesellschafter und der OHG und beurteilen Sie diese.

4.3 Verteilung von Wert- und Gewichtsspesen

Beispiel Die Fly Bike Werke bekommt gleichzeitig zwei verschiedene Warenposten geliefert. Die Bezugskosten (hier: Eilzustellung per Kurierdienst mit Versicherung) werden dabei nur in einer Summe angegeben. Um den genauen Preis jedes einzelnen Warenpostens einschließlich der darauf entfallenden Bezugskosten ermitteln zu können, müssen diese in drei Schritten aufgeteilt werden.

	Ware I	Ware II	Ware I + Ware II
Einkaufspreis	10.000,00 €	5.000,00 €	15.000,00 €
Nettogewicht der Ware	5,00 kg	10,00 kg	15,00 kg
Gewicht der Verpackung (Tara)	0,50 kg	1,00 kg	1,50 kg
Eilzustellung Kurierdienst			90,00 €
Versicherung			15,00 €

Wie können in diesem Fall die Bezugskosten nach Gewicht (Gewichtsspesen = Eilzustellung Kurierdienst) sowie nach Wert (Wertspesen = Versicherung) auf beide Warensorten aufgeteilt werden?

Lösungsweg

Die Lösung erfolgt mithilfe des Dreisatzes. Dabei geht man zunächst von der Gesamtmenge (Bruttogewicht) bzw. vom Gesamtwert (Summe der Einkaufspreise) aus und berechnet die Anteile der einzelnen Warenposten an der jeweiligen Gesamtheit (Menge bzw. Wert).

Schritt 1: Verteilung der Gewichtsspesen

Bruttogewicht = Nettogewicht + Verpackungsgewicht (Tara)
Bruttogewicht Ware I =   5,00 kg +   0,50 kg = **5,50 kg**
Bruttogewicht Ware II =   10,00 kg +   1,00 kg = **11,00 kg**
Bruttogewicht Ware I + Ware II = 5,50 kg + 11,00 kg = **16,50 kg**

Gewichtsspesen	Ware I	Ware II
Bedingungssatz	16,50 kg → 100 %	16,50 kg → 100 %
Fragesatz	5,50 kg → ? %	11,00 kg → ? %
Bruchsatz	$?\,\% = \dfrac{5{,}50\ \text{kg} \cdot 100\,\%}{16{,}50\ \text{kg}}$	$?\,\% = \dfrac{11{,}00\ \text{kg} \cdot 100\,\%}{16{,}50\ \text{kg}}$
Ergebnis	Auf Ware I entfallen 33,33 % der Gewichtsspesen. 33,33 % von 90,00 € = 90,00 € · 0,33 = 30,00 € Die Gewichtsspesen für Ware I betragen **30,00 €**.	Auf Ware II entfallen 66,66 % der Gewichtsspesen. 66,66 % von 90,00 € = 90,00 € · 0,66 = 60,00 € Die Gewichtsspesen für Ware II betragen **60,00 €**.

Kaufmännisches Rechnen

Schritt 2: Berechnung der Wertspesen

Gesamtwert = Einkaufspreis Ware I + Einkaufspreis Ware II = 15.000,00 €

Wertspesen	Ware I	Ware II
Bedingungssatz	15.000,00 € → 100 %	15.000,00 € → 100 %
Fragesatz	10.000,00 € → ? %	5.000,00 € → ? %
Bruchsatz	$? \% = \dfrac{10.000,00 \, € \cdot 100\%}{15.000,00 \, €}$	$? \% = \dfrac{5.000,00 \, € \cdot 100\%}{15.000,00 \, €}$
Ergebnis	Auf Ware I entfallen 66,66 % der Wertspesen. 66,66 % von 15,00 € = 15,00 € · 0,66 = 10,00 € Die Wertspesen für Ware I betragen **10,00 €**.	Auf Ware II entfallen 33,33 % der Wertspesen. 33,33 % von 15,00 € = 15,00 € · 0,33 = 5,00 € Die Wertspesen für Ware II betragen **5,00 €**.

Schritt 3: Berechnung der Gesamtspesen (Bezugskosten)

Gesamtspesen = Gewichtsspesen + Wertspesen
Gesamtspesen Ware I: 30,00 € + 10,00 € = **40,00 €**
Gesamtspesen Ware II: 60,00 € + 5,00 € = **65,00 €**

Aufgaben

1 Verteilen Sie die Wert- und Gewichtsspesen gemäß folgender Tabelle:

	Bruttogewicht (kg)	Verhältniszahlen	Gewichtsspesen (GS)	Einkaufspreis	Verhältniszahlen	Wertspesen (WS)	Bezugskosten (GS + WS)
Ware I	110 kg	?	?	500,00 €	?	?	?
Ware II	220 kg	?	?	2.000,00 €	?	?	?
Summen	?	?	390,00 €	?	?	150,00 €	?

Die Tara beträgt bei — Ware I 10 kg,
— bei Ware II 20 kg.

Berechnen Sie für Ware I und II **a** den Einkaufspreis je kg Ware in €,
b den Bezugspreis je kg Ware in €.

2 In einer Importlieferung sind verschiedene Sorten enthalten:

Sorten	Bruttogewicht	Tara	Preis je kg Nettogewicht
Sorte 1	2.500 kg	200 kg	12,00 €
Sorte 2	500 kg	20 kg	50,00 €
Sorte 3	1.200 kg	150 kg	6,00 €

Die Bezugskosten betragen: — Fracht und Ladekosten = 5.040,00 €
— Zoll und Versicherung = 2.895,00 €

Ermitteln Sie in einer Tabelle die Bezugskosten für alle drei Sorten und den Bezugspreis je kg für jede Sorte.

5 Währungsrechnen

5.1 Währungsrechnen außerhalb der EWU

EWU
Europäische Währungsunion

Beispiel Die Fly Bike Werke GmbH bezieht Farben und Lacke bei dem Schweizer Lieferanten Basel Farben AG zum Preis von 5.000,00 CHF (Schweizer Franken). Zahlungsziel: 30 Tage. Die Basel Farben AG will den Rechnungsbetrag natürlich in Schweizer Franken erhalten. Zur Lösung dieses Problems des internationalen Zahlungsverkehrs benötigt man den Kurs für diese Währung.

Das Währungsrechnen ist eine Anwendung des **Dreisatzes mit proportionalem Verhältnis** (vgl. 1.1, S. 382).

! Der **Wechselkurs** ist der Preis für ausländische Währungseinheiten.

Der Wechselkurs kann in zwei Varianten notiert werden:

! Bei der **Preisnotierung** ist der Wechselkurs der Preis für eine ausländische Währungseinheit. Bei der **Mengennotierung** ist der Wechselkurs der Preis für eine inländische Währungseinheit (in Deutschland Euro).

In der Regel wird in Europa und in den USA die Mengennotierung verwendet.

Mengennotierung	Preisnotierung
1,00 € = 1,2511 CHF	1,00 CHF = 0,7993 €
Für 1 € erhält man 1,4568 CHF.	1 Schweizer Franken kostet 0,7993 €.

Die Preisnotierung ist der Kehrwert der Mengennotierung:
$$\frac{1}{1,2511} = 0,7993$$

Je nachdem, ob bargeldlos oder mit Bargeld bezahlt wird, unterscheidet man:

Devisenkurs	für bargeldlose Zahlung mit Devisen:	**Devisen:** an ausländischen Plätzen fällige Zahlungsanweisungen (z. B. Schecks, Wechsel, Überweisungen, Kreditkartenzahlung), die in der dort geltenden Währung ausgezahlt werden
Sortenkurs	für Barzahlung in Sorten:	**Sorten:** ausländische Zahlungsmittel in Form von Münzen und Banknoten (Bargeld, z. B. für eine Geschäftsreise)

Devisen- und Sortenkurs werden jeweils **aus der Sicht der inländischen Bank** in Verkaufspreis **(Briefkurs)** und Ankaufspreis **(Geldkurs)** unterteilt. Bei der Mengennotierung ist der Euro die gehandelte Währung: Beim Ankauf einer ausländischen Währung **verkauft eine Bank in Deutschland Euro** (zum **Briefkurs**) und beim Verkauf einer ausländischen Währung **kauft die Bank Euro an** (**Geldkurs**).

Geld- und Briefkurs für Schweizer Devisen bei einer deutschen Bank:

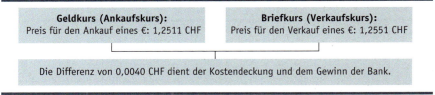

Kaufmännisches Rechnen

Wegen der großen Geldbeträge, die im internationalen Geschäftsverkehr gehandelt werden, sind die Preise für Devisen und Sorten üblicherweise mit bis zu sechs Stellen hinter dem Komma angegeben.

Mengennotierung: Devisenkurse für 1 €		Land	Währung	WKZ	Mengennotierung: Sortenkurse für 1 €	
Geld (Ankauf)	Brief (Verkauf)				Geld (Ankauf)	Brief (Verkauf)
7,4354	7,4754	Dänemark	Krone	DKK	7,0303	7,8814
0,8704	0,8744	Großbritannien	Pfund	GBP	0,8397	0,9254
113,7400	114,2200	Japan	Yen	JPY	109,6925	121,8119
1,3720	1,3840	Kanada	Dollar	CAD	1,3094	1,4534
7,8432	7,8912	Norwegen	Krone	NOK	7,4431	8,2585
8,9888	9,0368	Schweden	Krone	SEK	8,5039	9,4960
1,2511	1,2551	Schweiz	Franken	CHF	1,2117	1,3333
1,4079	1,4139	USA	Dollar ($)	USD	1,3664	1,5074
3,8826	3,9826	Polen	Zloty	PLN	3,6477	4,2679

Für den Umtausch von Fremdwährungen berechnen die Banken in der Regel eine zusätzliche Gebühr. Diese kann einen bestimmten Prozentsatz (z. B. 3 %) vom Gegenwert betragen. Bei geringen Beträgen verlangen die Banken eine pauschale Mindestgebühr, z. B. 2,00 €.

5.2 Währungsrechnen beim Einkauf

Beispiel Da der Rechnungsbetrag für Farben und Lacke in Schweizer Franken (CHF) an die Basel Farben AG überwiesen werden soll, **kauft die Bank** von der FBW GmbH in Deutschland **Euro an** und bezahlt mit CHF. Für 1 € erhält die FBW GmbH 1,2511 CHF (Mengennotierung Devisen-Geldkurs für Überweisungen). Wie viel € muss die FBW GmbH (ohne Gebühren) bezahlen, um den Rechnungsbetrag von 5.000,00 CHF zu begleichen?

Lösungsweg

CHF	€
1,2511	1
5.000,00	?

Bedingungssatz	1,2511 CHF → 1,00 €
Fragesatz	5.000,00 CHF → ? €
Bruchsatz	$? \text{ €} = \dfrac{5.000,00 \text{ CHF} \cdot 1,00 \text{ €}}{1,2511 \text{ CHF}} = 3.996,48 \text{ €}$
Ergebnis	Die BPK GmbH schuldet der Basel Farben AG bei Rechnungseingang 3.996,48 €.

Die meisten Währungen werden am Devisenmarkt frei gehandelt. Die Preise für Währungen schwanken daher ständig und sind kaum kalkulierbar. Die BPK muss sich deshalb fragen, wie sich der Wechselkurs für Schweizer Franken nach Ablauf des Zahlungsziels von 30 Tagen entwickelt hat.

5 Währungsrechnen

> **!** Die Rechnung wird erst nach Ablauf des Zahlungsziels überwiesen. Der Geldkurs (Devisen) des Schweizer Franken (CHF) lautet jetzt 1,2455 CHF für 1 €.

Lösungsweg

Bedingungssatz	1,2455 CHF → 1,00 €
Fragesatz	5.000,00 CHF → ? €
Bruchsatz	? € = $\frac{5.000,00 \text{ CHF} \cdot 1,00 \text{ €}}{1,2455 \text{ CHF}}$ = 4.014,45 €
Ergebnis	Die FBW GmbH schuldet der Basel Farben AG bei Ablauf des Zahlungsziels 4.014,45 €, also 17,97 € mehr als bei Rechnungseingang.

CHF	€
1,2455	1
5.000,00	?

5.3 Währungsrechnen beim Verkauf

Beispiel Die Bestbike Ltd. in Großbritannien muss für eine Fahrradlieferung 4.000,00 Pfund (GBP) an die Fly Bike Werke GmbH zahlen (laut Ausgangsrechnung der FGW GmbH). Wie viel € erhält die FBW GmbH für den Rechnungsbetrag von der Bank?

Hier erhält die deutsche Bank von der BPK GmbH Britische Pfund und **verkauft** ihr dafür **Euro**. Die Bank zahlt den schlechteren **Briefkurs**, d. h., die FBW GmbH muss für einen € mehr Britische Pfund an ihre Bank abgeben, als sie beim Geldkurs für ein Pfund erhalten würde.

Bedingungssatz	0,8744 GBP → 1,00 €
Fragesatz	4.000,00 GBP → ? €
Bruchsatz	? € = $\frac{4.000,00 \text{ CHF} \cdot 1,00 \text{ €}}{0,8744 \text{ GBP}}$ = 4.574,57 €
Ergebnis	Die FBW GmbH erhält für ihre Ausgangsrechnung 4.574,57 €.

GBP	€
0,8744	1
4.000,00	?

5.4 Kauf bzw. Verkauf von Sorten (Mengennotierung)

Benötigt man ausländisches Bargeld (z. B. für Geschäftsreise oder Urlaub), so handelt man nicht mehr mit Devisen, sondern mit Sorten; entsprechend gilt der jeweilige Sortenkurs. Die Differenz zwischen dem Geldkurs (Ankaufskurs) und dem Briefkurs (Verkaufskurs) ist bei den Sortenkursen größer als bei den Devisenkursen, weil die Bank das ausländische Bargeld lagern muss.

Beispiel Hans Peters, der Geschäftsführer der Fly Bike Werke GmbH, benötigt für ein Treffen mit einem amerikanischen Lieferanten in den USA 800,00 US-amerikanische Dollar (USD) als Handgeld. Seine Assistentin Evelyn Fee tauscht bei der Bank Euro gegen US-Dollar ein, d. h., die Bank **kauft Euro an** (zum **Geldkurs**) und bezahlt mit USD. Wie viel € muss Frau Fee für die 800,00 USD bezahlen?

Kaufmännisches Rechnen

USD	€
1,3664	1
800,00	?

Bedingungssatz	1,3664 USD → 1,00 €
Fragesatz	800,00 USD → ? €
Bruchsatz	? € = $\frac{800,00 \text{ USD} \cdot 1,00 \text{ €}}{1,3664 \text{ USD}}$ = 585,48 €
Ergebnis	Frau Fee muss für die 800 USD 585,48 € bezahlen.

Beispiel Der amerikanische Lieferant sagt das Treffen mit Herrn Peters kurzfristig ab. Frau Fee tauscht bei der Bank die 800,00 US-Dollar USD wieder in Euro um, d. h., die Bank **verkauft Euro** (zum **Briefkurs**) und erhält dafür die 800,00 USD.

USD	€
1,5074	1
800,00	?

Bedingungssatz	1,5074 USD → 1,00 €
Fragesatz	800,00 USD → ? €
Bruchsatz	? € = $\frac{800,00 \text{ USD} \cdot 1,00 \text{ €}}{1,5074 \text{ USD}}$ = 530,72 €
Ergebnis	Frau Fee erhält für 800 USD nur 530,72 € zurück (also 54,76 € weniger als beim Kauf der US-Dollar).

5.5 Umrechnen ausländischer Währungseinheiten im Ausland

Beispiel Zwei Monate später vereinbaren Herr Peters, der Geschäftsführer der Fly Bike Werke GmbH, und der US-amerikanische Lieferant kurzfristig einen neuen Termin. Da seine Assistentin Frau Fee in Urlaub ist und er selbst vor der Reise nicht zur Bank gehen kann, beschließt Herr Peters, sich die 800,00 € Handgeld für seine Reise in den USA am Geldautomaten zu besorgen.

Sortenkurse am Umtauschtag in Mengennotierung in den USA:

	Geldkurs (Ankaufskurs)	Briefkurs (Verkaufskurs)
Preis eines US-Dollars in €	1 USD = 0,6414 €	1 USD = 0,7099 €

Wiederum aus Sicht der inländischen Bank (hier US-Bank):
Verkaufskurs = Briefkurs
Ankaufskurs = Geldkurs

In diesem Fall nimmt die US-amerikanische Bank in den USA (also die inländische Bank) ausländische Währungseinheiten (Euro) an und **verkauft** dafür **inländische Währung** (US-Dollar) an Herrn Peters. Aus Sicht der US-Bank ist also der **Briefkurs** (Verkaufskurs) maßgeblich.

USD	€
1	0,7099
800	? €

Bedingungssatz	1 USD → 0,7099 €
Fragesatz	800,00 USD → ? €
Bruchsatz	? € = $\frac{800,00 \text{ USD} \cdot 0,7099 \text{ €}}{1,00 \text{ USD}}$ = 567,92 €
Ergebnis	Herr Peters muss am amerikanischen Geldautomaten für die 800,00 USD 567,92 € bezahlen.

Aufgaben

Hinweis: Benutzen Sie bei den folgenden Aufgaben die Kurstabelle auf Seite 406.

1 Für den Ausgleich verschiedener Liefererrechnungen in Auslandswährungen benötigen die Fly Bike Werke unterschiedliche Devisen, die sie in Deutschland erwerben und an die Lieferer überweisen.
   a Errechnen Sie den Preis in € für den Kauf der Devisen je Eingangsrechnung.
   b Ermitteln Sie den Gesamtbetrag in € für diese Materialeinkäufe.

	Rechnungsbeträge in Auslandswährungen
1	23.000,00 USD
2	12.450,00 CHF
3	2.720.000,00 JPY
4	7.900,00 GBP
5	12.580,00 CAD

2 Verschiedene Ausgangsrechnungen an Kunden im Ausland werden per Überweisung in ausländischen Währungseinheiten (Devisen) ausgeglichen. Die Devisen werden an die Sparkasse Oldenburg verkauft und in € dem Konto der Fly Bike Werke gutgeschrieben.
   a Berechnen Sie den Erlös in € nach dem Verkauf der Devisen an die Sparkasse Oldenburg.
   b Ermitteln Sie den Gesamtbetrag der Gutschrift in € für diese Verkäufe eigener Erzeugnisse.

	Rechnungsbeträge in Auslandswährungen
1	12.300,00 USD
2	25.500,00 CHF
3	113.400,00 NOK
4	5.900,00 GBP
5	62.520,00 SEK

3 Zum Ausgleich verschiedener Ausgangsrechnungen haben die Fly Bike Werke unterschiedliche Sorten erhalten. Auf dem Konto bei der Sparkasse Oldenburg wurden die folgenden Euro-Beträge gutgeschrieben. Berechnen Sie die Rechnungsbeträge in ausländischen Währungseinheiten (Sorten).

	Euro-Beträge für die Umrechnung in Sorten	Land
1	3.500,00 €	Schweden
2	1.250,00 €	Polen
3	2.400,00 €	Norwegen
4	4.250,00 €	Dänemark

4 Für eine Geschäftsreise nach London benötigt der Leiter der Einkaufsabteilung 1.500,00 Britische Pfund. Berechnen Sie den Wert in €.

Kaufmännisches Rechnen

5 Ein Unternehmen hat folgende USD-Beträge gekauft (als Devisen):

	Beträge in €	Briefkurs	Geldkurs
1	10.000,00 €	1,3679	1,3739
2	30.000,00 €	1,4036	1,4096
3	60.000,00 €	1,3756	1,3716

a Ermitteln Sie den Durchschnittskurs in USD.
b Berechnen Sie den Gesamtwert in €.

6 Einem deutschen Unternehmen liegen folgende Warenangebote frei Lager vor:

1	Angebot aus Bremen	1 000 kg	4.500,00 €
2	Angebot aus London	10 160 kg	30.560,00 GBP
3	Angebot aus Stockholm	1 t	39.900,00 SEK

Ermitteln Sie die Euro-Beträge für 50 kg und entscheiden Sie sich für das günstigste Angebot.

7 Ein deutsches Unternehmen hat in der Schweiz für 250.000,00 CHF Waren gekauft. Es kann die Zahlung entweder durch seine Bank in Köln oder in Zürich leisten (Kurse in Deutschland siehe Kurstabelle; Kurs in Zürich: 0,8001 € für 1 CHF). Wie viel € spart das Unternehmen gegenüber dem ungünstigeren Kurs, wenn es den günstigeren Kurs in Anspruch nimmt?

8 Einkauf von Verpackungsmaterial in Norwegen. Der Listenpreis beträgt 48.000,00 NOK. Der Lieferant gewährt 20 % Rabatt und 3 % Skonto. Er liefert frei Lager. Berechnen Sie den Bezugspreis in €, wenn der Rechnungsbetrag innerhalb der Skontofrist überwiesen wird.

9 Ein Unternehmen importiert zwei Maschinen. Zahlungsziel: 30 Tage.

	Wert der Maschinen	Land
1	250.000,00 CHF	Schweiz
2	200.000,00 SEK	Schweden

a Berechnen Sie den Maschinenwert in € beim Eintreffen der Eingangsrechnung und erklären Sie, warum der Zahlungszeitpunkt bedeutsam sein kann.
b Angenommen, die Kurse hätten sich gegenüber den Kursen laut Kurstabelle (Seite 406) bis zum Zahlungszeitpunkt wie folgt verändert: CHF = 1,2445; SEK = 9,0412. Welche Auswirkung hätte dies für die Bezahlung der Maschinen? Ermitteln Sie den Unterschiedsbetrag.

10 Ein Urlauber hat zum Kauf von 2.000,00 CHF 1.408,45 € benötigt. Nach seiner Rückkehr besitzt er noch 300,00 CHF, die er in € wechselt (Kurs für den Rückkauf siehe Kurstabelle auf Seite 406).
a Wie hoch war der Kurs vor Antritt der Urlaubsreise?
b Welchen Verlust in € erleidet der Urlauber durch die unterschiedlichen Kurse bei seiner Rückkehr?

6 Zinsrechnen

Fremdkapitalgeber lassen sich das von ihnen geliehene Kapital durch Zinsen „bezahlen". Die Zinsrechnung ist ein notwendiges Instrument, um Finanzierungsentscheidungen treffen und die entstehenden Kosten kalkulieren zu können.

Investition und Finanzierung, vgl. **HF 6**, Band 2

6.1 Vergleich von Prozent- und Zinsrechnung

Beispiel Die Sparkasse Oldenburg unterbreitet der Fly Bike Werke GmbH ein Kreditangebot zur Anschaffung eines neuen Fahrzeuges. Wie hoch sind die Zinsen und die Bearbeitungsgebühr für diesen Kredit?

Sparkasse Oldenburg

Kreditangebot vom 23.06.20XX

Kreditsumme	45.000,00 €
Kreditzinsen	7,5 % pro Jahr
Kreditlaufzeit	4 Jahre
Zinszahlungen	jährlich, rückwirkend
Kapitalrückzahlungen	nach 4 Jahren in einer Summe (Fälligkeitsdarlehen)
einmalige Bearbeitungsgebühr	1,0 % der Kreditsumme

Für die Überlassung von Kapital verlangt der Kapitalgeber eine Vergütung (**Zinsen**) in Abhängigkeit von der Höhe und der Überlassungsdauer des Kapitals. Der Preis (**Zinssatz**) wird immer pro Jahr (per annum = p.a.) angegeben. Er ist abhängig von den jeweils gültigen Kapitalmarktzinssätzen, die im Wesentlichen von der Europäischen Zentralbank beeinflusst werden. Neben den laufenden Zinszahlungen während der Kreditlaufzeit wird für die Auszahlung der Kreditsumme häufig eine einmalige **Bearbeitungsgebühr** verlangt. Diese soll die Aufwendungen des Kreditgebers für die Bearbeitung des Vorgangs (z. B. Kreditwürdigkeitsprüfung, Einrichtung eines Kreditkontos) decken.

Für die Berechnung der Bearbeitungsgebühr ist die **Prozentrechnung** anzuwenden. Erweitert man die Prozentrechnung um die Größe Zeit, spricht man von der **Zinsrechnung**.

Prozentrechnung, vgl. **3**, S. 390 ff.

Zinssatz:
z. B. 7,5 % = 0,075

Zinsfuß:
z. B. 7,5

$$\text{Zinssatz} = \frac{\text{Zinsfuß}}{100}$$

Allgemeiner Vergleich		Vergleich Beispiel	
Prozentrechnung	Zinsrechnung	Prozentrechnung	Zinsrechnung
Grundwert	Kapital	Kreditsumme 45.000,00 €	Kreditsumme 45.000,00 €
Prozentsatz	Zinssatz Zinsfuß	Bearbeitungsgebühr 1 %	Zinssatz 7,5 % Zinsfuß 7,5
Prozentwert	Zinsen	? = gesuchter Wert	? = gesuchter Wert
–	Zeit	Zeit ohne Bedeutung	Laufzeit 4 Jahre

Kaufmännisches Rechnen

Berechnung der Bearbeitungsgebühr mithilfe der Prozentrechnung, vgl. **3**, S. 390 ff.

! **Berechnung des Prozentwertes:** Prozentwert = Grundwert · Prozentsatz

Grundwert: 45.000,00 €	Prozentsatz: 1 %	Prozentwert: ? €
Kreditsumme in € · Bearbeitungsgebühr in % = Bearbeitungsgebühr in €		
$45.000{,}00 \cdot 1\% = 45.000{,}00 \cdot \dfrac{1}{100} = 450{,}00\ €$		
Ergebnis: Die Kreditbearbeitungsgebühr beträgt 450,00 €.		

6.2 Die allgemeine Zinsformel

In der Zinsrechnung werden üblicherweise folgende Abkürzungen verwendet:

Kapital	Zinsfuß	Zinssatz	Zinsen	Zeit
K	p	i $\quad i = \dfrac{p}{100}$	Z	j = Jahre m = Monate t = Tage

6.2.1 Jahreszinsen

 Beispiel Das Kreditangebot der Sparkasse Oldenburg sieht Kreditzinsen in Höhe von 7,5 % pro Jahr vor. Wie viel € betragen die Zinsen für die Laufzeit von 4 Jahren?

Die Berechnung der Jahreszinsen erfolgt mithilfe eines zusammengesetzten Dreisatzes (vgl. **1.3**, S. 385 f.).

Zunächst wird die Höhe der Zinsen für ein Jahr ermittelt und das Ergebnis mit 4 multipliziert.

K = 45.000,00	p = 7,5; i = 7,5 %	Z = ? €	j = 4
Bedingungssatz	100 % → 45.000,00 €		
Fragesatz	7,5 % → ? €		
Bruchsatz	$? € = \dfrac{45.000{,}00\ € \cdot 7{,}5\%}{100\%} = 3.375{,}00\ €$		
Ergebnis (1 Jahr)	Die Zinsen für 1 Jahr betragen 3.375,00 €.		
Ergebnis (4 Jahre)	Die Zinsen für 4 Jahre betragen 3.375,00 € · 4 = 13.500,00 €.		

! **Berechnung der Jahreszinsen:** Kapital · Zinssatz · Zeit in Jahren → $Z = K \cdot i \cdot j$

oder alternativ: $\dfrac{\text{Kapital} \cdot \text{Zinsfuß} \cdot \text{Zeit in Jahren}}{100} \rightarrow Z = \dfrac{K \cdot p \cdot j}{100}$

Die Gesamtkosten für das Kreditangebot der Sparkasse Oldenburg betragen 13.950,00 €. Diese Summe setzt sich zusammen aus den Kreditzinsen in Höhe von 13.500,00 € für 4 Jahre Laufzeit und der einmaligen Bearbeitungsgebühr in Höhe von 450,00 €. Da es sich um ein Fälligkeitsdarlehen handelt, ist am Ende der Kreditlaufzeit auch die Kreditsumme in Höhe von 45.000,00 € in einer Summe zurückzuzahlen.

Aufgaben

1 Berechnen Sie Bearbeitungsgebühren, Zinsen und Gesamtkosten für die folgenden Kreditangebote:

Kreditsumme in €	Bearbeitungsgebühr in %	Zinssatz in %	Kreditlaufzeit in Jahren
a 50.000,00	0,50	12,00	5,0
b 240.000,00	0,25	8,50	8,0
c 320.000,00	0,75	7,25	15,0
d 15.000,00	1,25	6,25	7,5

2. Berechnen Sie die Zinsen für folgende Kredite:

a	24.000,00 € zu	6,0 % für	3,0 Jahre
b	3.500,00 € zu	9,2 % für	8,0 Jahre
c	92.540,00 € zu	6,5 % für	12,5 Jahre
d	22.375,20 € zu	14,1 % für	3,25 Jahre

3 Der Industriekaufmann Werner Wolf kauft als Handlungsbevollmächtigter seines Unternehmens eine Maschine im Wert von 36.900,00 € ein. Zwei Drittel dieses Preises müssen als Fremdkapital für 3 Jahre aufgenommen werden. Der Zinssatz beträgt 9 %. Die Bearbeitungsgebühr beträgt 1,25 %. Berechnen Sie

  a die Bearbeitungsgebühr in €,
  b die Zinsen für ein und für drei Jahre,
  c die Gesamtkosten für den Kredit.

6.2.2 Monatszinsen

Beispiel Ein guter Kunde der Fly Bike Werke verlangt ein Zahlungsziel von 9 Monaten für einen Rechnungsbetrag von 24.000,00 €. Die Fly Bike Werke verlangen im Kaufvertrag einen Zinssatz von 6 %. Wie viel Zinsen muss der Käufer der Ware bezahlen?

Zunächst werden wieder die Zinsen für ein Jahr berechnet. Die Jahreszinsen werden dann in Monate umgerechnet, indem das Ergebnis mit $\frac{m}{12}$ multipliziert wird.

K = 24.000,00	p = 6,0; i = 6,0 %	Z = ? €	m = 9
Bedingungssatz	100 % → 24.000,00 €		
Fragesatz	6,0 % → ? €		
Bruchsatz	? € = $\frac{24.000,00\ € \cdot 6,0\ \%}{100\ \%}$		
Ergebnis (1 Jahr)	Die Zinsen für 1 Jahr betragen 1.440,00 €.		
Ergebnis (9 Monate)	Die Zinsen für 9 Monate betragen: $\frac{1.440,00\ € \cdot 9}{12} = 1.080,00\ €$		

! Berechnung der Monatszinsen: $\frac{\text{Kapital} \cdot \text{Zinssatz} \cdot \text{Zeit in Monaten}}{12} \rightarrow Z = \frac{K \cdot i \cdot m}{12}$

Oder alternativ: $\frac{\text{Kapital} \cdot \text{Zinsfuß} \cdot \text{Zeit in Monaten}}{100 \cdot 12} \rightarrow Z = \frac{K \cdot p \cdot m}{100 \cdot 12}$

Aufgaben

1 Berechnen Sie die Zinsen für die folgenden Kreditangebote:

	Kreditsumme in €	Zinssatz in %	Kreditlaufzeit in Monaten
a	60.000,00	10,00	6,0
b	200.000,00	8,50	2,0
c	380.000,00	7,50	14,0
d	5.000,00	6,75	7,5

2 Berechnen Sie die Zinsen für folgende Kredite:

a	12.000,00 € zu	6,0 % für	3,0 Monate
b	3.200,00 € zu	9,8 % für	7,0 Monate
c	92.000,00 € zu	6,5 % für	12,5 Monate

3 Saisonal bedingte Zahlungsschwierigkeiten zwingen ein Unternehmen zur Aufnahme eines kurzfristigen Darlehens in Höhe von 63.000,00 €. Wie viel Zinsen sind für das Darlehen in 5 Monaten bei einem Zinssatz von 10,8 % zu zahlen?

4 Ein Kaufmann muss nach Ablauf der Kreditlaufzeit von 9 Monaten die Kreditsumme einschließlich Zinsen zurückzahlen.
  a Welchen Betrag muss er überweisen, wenn die Kreditsumme 45.000,00 € und der Zinssatz 8 % betrug?
  b Wie viel € muss er überweisen, wenn er in Höhe der Kreditsumme zuzüglich Zinsen einen neuen Kredit für 3 Monate zu 12 % Zinsen aufnimmt?

6.2.3 Tageszinsen

> **Beispiel** Ein Kunde der Fly Bike Werke hat trotz mehrerer Mahnungen das im Kaufvertrag vereinbarte Zahlungsziel erheblich überschritten. Gemäß Kaufvertrag sind für diese Überschreitung von 48 Tagen 12 % Verzugszinsen zu zahlen. Der Kaufpreis beträgt 9.000,00 €. Wie viel € Verzugszinsen muss der säumige Käufer bezahlen?

Bei der kaufmännischen Zinsrechnung wird ein 360-Tage-Jahr zugrunde gelegt (vgl. Übersicht zur Ermittlung der Zinstage, S. 415). Die Tageszinsen werden ermittelt, indem die Zinsen pro Jahr mit $\frac{t}{360}$ multipliziert werden.

kaufmännische Zinsformel	K = 9.000,00 €	p = 12,0; i = 12,0 %	Z = ? €	t = 48
	Bedingungssatz	100 % → 9.000,00 €		
	Fragesatz	12,0 % → ? €		
	Bruchsatz	$? \,€ = \dfrac{9.000,00\,€ \cdot 12,0\,\%}{100\,\%} = 1.080,00\,€$		
	Ergebnis (1 Jahr)	Die Verzugszinsen für 1 Jahr betragen 1.080,00 €.		
	Ergebnis (48 Tage)	Die Verzugszinsen für 48 Tage betragen $\dfrac{1.080,00\,€ \cdot 48}{360} = 144,00\,€.$		

6 Zinsrechnen

! Berechnung der Tageszinsen: $\dfrac{\text{Kapital} \cdot \text{Zinssatz} \cdot \text{Zeit in Tagen}}{360} \rightarrow Z = \dfrac{K \cdot i \cdot t}{360}$ kaufmännische Zinsformel

oder alternativ: $\dfrac{\text{Kapital} \cdot \text{Zinsfuß}}{100} \cdot \dfrac{\text{Zeit in Tagen}}{360} \rightarrow Z = \dfrac{K \cdot p \cdot t}{100 \cdot 360}$

Übersicht zur Ermittlung der Zinstage

- ein Zinsjahr = 360 Zinstage
- ein Zinsmonat (auch der Monat Februar) = 30 Zinstage
- Bei Zinslaufzeiten bis Ende Februar (28. oder 29. Februar) müssen 28 oder 29 Tage berechnet werden.
- Der erste Tag eines Zinszeitraumes (z. B. Auszahlungstag) wird nicht mitgezählt.
- Der letzte Tag eines Zinszeitraumes (z. B. Rückzahlungstag) wird mitgezählt.

Regeln zur Ermittlung von Zinstagen/deutsche kaufmännische Zinsrechnung (angewendet z. B. bei Girokonten und Kreditgewährung)

Beispiel Ermittlung der Zinstage für den Zeitraum 25. April bis 16. August:

25. April – 30. April:	5 Tage
01. Mai – 30. Juli: 3 · 30 =	90 Tage
01. August – 16. August:	15 Tage
	110 Tage

Aufgaben

1 Ermitteln Sie die Zinstage für folgende Zinszeiträume:

a 20.06.–31.10.
b 31.05.–01.12.
c 20.09.–10.05. (Folgejahr)
d 26.02.–31.07.
e 30.08.–28.02. (Folgejahr)
f 25.07.–30.12.
g 06.04.–01.12.
h 01.10.–31.03. (Folgejahr)

2 Berechnen Sie die Zinsen für die folgenden Kreditangebote:

Kreditsumme in €	Zinssatz in %	Kreditlaufzeit in Tagen
a 65.000,00	10,00	122
b 280.000,00	8,50	233
c 380.000,00	9,75	14
d 5.000,00	6,5	462

3 Eine Papierfabrik stundet einem Großkunden eine Rechnung vom 10.04. mit 60 Tagen Ziel bis zum 20.11. Sie berechnet dafür 12,5 % Zinsen. Berechnen Sie bei einem Rechnungsbetrag von 33.120,00 €
a den Zinsertrag der Papierfabrik und
b den Überweisungsbetrag zum 20.11.

4 Berechnen Sie die Zinsen für die folgenden Kreditangebote:

Kreditsumme in €	Zinssatz in %	Kreditlaufzeit von – bis
a 25.000,00	12,00	24.08.–31.12.
b 80.000,00	7,50	31.01.–14.09.
c 12.000,00	3,75	16.03.–17.06.
d 9.000,00	8,50	28.03.–29.11.

415

Kaufmännisches Rechnen

5 Wie viel € muss ein Kunde am 10.09. bezahlen, wenn er eine Rechnung in Höhe von 5.800,00 €, fällig am 14.08., zuzüglich 8% Verzugszinsen ausgleichen will?

6 Ein Fremdwährungsdarlehen in Höhe von 30.000,00 Britischen Pfund mit einem Zinssatz von 9% muss nach 90 Tagen zurückgezahlt werden.
Wie viel € benötigt der Schuldner zur Zahlung von Zins und Tilgung, wenn zum Rückzahlungstermin (= Zinszahlungstermin) der Kurs für die englische Währung bei 1 € = 0,7084 Pfund angegeben wird?

7 Ein Kunde bittet um Ratenzahlung für eine Rechnung in Höhe von 120.000,00 €, fällig am 14.02.
Zahlungstermine: 20.04. = 40.000,00 €,
20.06. = 60.000,00 €,
10.08. = Restbetrag einschließlich aller Zinsen.
Wie viel € muss der Kunde am 10.08. bezahlen, wenn 6% Verzugszinsen auf den jeweils ausstehenden Betrag zu entrichten sind?

8 Auf einem Sparbuch befinden sich am 01.01. 4.800,00 €. Der Zinssatz beträgt bis zum 31.05. 2,50% und wird dann auf 2,75% erhöht. Wie viel € Zinsen sind am Jahresende gutzuschreiben, wenn am 24.08. 500,00 € abgehoben wurden?

6.2.4 Zinszahl und Zinsteiler

summarische Zinsrechnung, vgl. 6.2.5, S. 418

Tageszinsen können auch mithilfe von Zinszahl und Zinsteiler ermittelt werden. Zinszahl und Zinsteiler sind Hilfsmittel, die den Rechenaufwand z. B. bei der summarischen Zinsrechnung verringern. Sie lassen sich aus der kaufmännischen Zinsformel herleiten.

Herleitung von Zinszahl und Zinsteiler aus der kaufmännischen Zinsformel

Tageszinsen	$\dfrac{\text{Kapital} \cdot \text{Zinsfuß} \cdot \text{Zeit in Tagen}}{100 \cdot 360}$	allgemeine Tageszinsformel
Tageszinsen	$\dfrac{\text{Kapital} \cdot \text{Zeit in Tagen} \cdot \text{Zinsfuß}}{100 \cdot 360}$	Umstellung der Zähler
Tageszinsen	$\dfrac{\text{Kapital} \cdot \text{Zeit in Tagen}}{100} \cdot \dfrac{\text{Zinsfuß}}{360}$	Zerlegung des Bruches
Tageszinsen	$\dfrac{\text{Kapital} \cdot \text{Zeit in Tagen}}{100} : \dfrac{360}{\text{Zinsfuß}}$	Umstellung: Multiplikation = Division durch den Kehrwert
Zinszahl	$\dfrac{\text{Kapital} \cdot \text{Zeit in Tagen}}{100}$	Zerlegung in zwei Formeln
Zinsteiler	$\dfrac{360}{\text{Zinsfuß}}$	
Tageszinsen	$\dfrac{\text{Zinszahl}}{\text{Zinsteiler}}$	neue Formel für Tageszinsen

Bei der Berechnung der Zinszahlen bleiben Centbeträge bei den Kapitalbeträgen unberücksichtigt. Es erfolgt **keine Rundung**.

K = 3.450,99 € → 3.450,00 €.

Zinszahlen haben keine Nachkommastellen, d. h., es sind immer **ganze Zahlen**. Dabei werden die Zinszahlen kaufmännisch gerundet.

Zinszahl = 4.567,49 → 4.567 | 4.567,50 → 4.568

Im Folgenden werden die Verzugszinsen für das Beispiel aus dem Abschnitt 6.2.3 noch einmal mithilfe von Zinszahl und Zinsteiler ermittelt. Beide Rechenwege führen zu demselben Ergebnis.

K = 9.000,00	p = 12,0; i = 12,0%	Z = ? €	t = 48
Berechnung der Zinszahl	$\dfrac{\text{Kapital} \cdot \text{Zeit in Tagen}}{100} = \dfrac{9.000,00 \cdot 48}{100} = 4.320$			
Berechnung des Zinsteilers	$\dfrac{360}{\text{Zinsfuß}} = \dfrac{360}{12} = 30$			
Berechnung der Tageszinsen	$\dfrac{\text{Zinszahl}}{\text{Zinsteiler}} = \dfrac{4.320}{30} = 144,00$ €			
Ergebnis (1 Jahr)	Die Verzugszinsen für 48 Tage betragen **144,00 €**.			

Berechnung der Tageszinsen mit Zinszahl und Zinsteiler

Aufgaben

1 Berechnen Sie die Zinszahlen:
   a 4.200,00 € für 26 Tage
   b 4.566,20 € für 139 Tage
   c 984,49 € für 99 Tage
   d 2.311,50 € für 84 Tage

2 Berechnen Sie die Zinsteiler für folgende Zinssätze:
   a 12,0%   e 4,5%
   b 9,0%   f 2,5%
   c 6,0%   g 3⅓%
   d 8,0%   h 3⅘%

3 Berechnen Sie die Zinsen bei einer Zinszahl von 14.500 bei:
   a 6% Zinsen
   b 12% Zinsen
   c 16% Zinsen

4 Berechnen Sie mit der kaufmännischen Zinsformel die Zinsen für die folgenden Kapitalbeträge:

	Kapital in €	Zinssatz	Zinstage
a	8.050,00	9%	60
b	2.300,00	12%	45
c	6.900,00	6%	120
d	3.047,50	8%	412
e	2.660,80	9%	160
f	2.910,40	12%	215
g	6.940,20	6%	122

5 Berechnen Sie mit der kaufmännischen Zinsformel die Zinsen:
   a Kapital 14.200,00 €, 9% Zinssatz, Zinszeit vom 14.06. bis 23.09.
   b Kapital 6.900,00 €, 12% Zinssatz, Zinszeit vom 12.01. bis 31.07.

6.2.5 Summarische Zinsrechnung

Beispiel Ein Kunde der Fly Bike Werke ist mit der Zahlung mehrerer Rechnungen in Verzug. In allen Kaufverträgen sind 9 % Verzugszinsen vereinbart worden. Für den Kunden soll eine Aufstellung seiner Verbindlichkeiten gegenüber den Fly Bike Werke zum Jahresende (31.12.) einschließlich Verzugszinsen erstellt werden. Wie kann die für diese Aufstellung notwendige Rechenarbeit vereinfacht werden?

Werden mehrere Beträge zum gleichen Zinssatz, aber mit unterschiedlichen Laufzeiten verzinst, ist es sinnvoll, die Zinsen mithilfe von Zinszahl und Zinsteiler summarisch zu ermitteln.

Ausgangsrechnungen der Fly Bike Werke GmbH		Fälligkeit Datum	Zinstage bis 31.12.	Zinszahl = $\dfrac{\text{Kapital} \cdot \text{Zinstage}}{100}$
Nr.	Beträge in €			
433	2.320,00	16.08.	134	$\dfrac{2.320,00 \cdot 134}{100} = 3.108$
467	11.600,00	14.09.	106	$\dfrac{11.600,00 \cdot 106}{100} = 12.296$
472	6.960,00	20.10.	70	$\dfrac{6.960,00 \cdot 70}{100} = 4.872$
481	4.640,00	15.11.	45	$\dfrac{4.640,00 \cdot 45}{100} = 2.088$
Summe Kapital = 25.520,00			Summe Zinszahlen = 22.364	

Zur Bestimmung der Verzugszinsen für die offenen Rechnungen wird zunächst der Zinsteiler ermittelt. Die Verzugszinsen (Tageszinsen) ergeben sich durch Division der Summe der Zinszahlen durch den Zinsteiler. Die so ermittelten Zinsen werden der Kapitalsumme (Summe der Rechnungsbeträge) hinzuaddiert. Im Ergebnis steht die Gesamtforderung der Fly Bike Werke an den säumigen Kunden zum 31.12.20XX.

Zinsteiler	$\dfrac{360}{9} = 40$
Tageszinsen (summarisch)	$\dfrac{\text{Zinszahl}}{\text{Zinsteiler}} = \dfrac{22.364}{40} = 559,10 \text{ €}$
Gesamtforderung	Summe der Rechnungsbeträge + Tageszinsen 25.520,00 € + 559,10 € = 26.079,10 €
Ergebnis	Die Gesamtforderung zum 31.12.XX beträgt 26.079,10 € einschließlich Verzugszinsen.

Berechnung der Gesamtforderung mithilfe der summarischen Zinsrechnung

! Tageszinsen (summarisch): $\dfrac{\text{Summe der Zinszahlen}}{\text{Zinsteiler}}$

Aufgaben

1 Ein Unternehmen legt überschüssige Guthaben auf einem Tagesgeldkonto an. Die Bank gewährt einen Guthabenzins in Höhe von 2,5 %.

Kontoeröffnung: 5. Feb.
Einzahlung:
- 5. Feb.   2.000,00 €
- 12. Feb.   1.200,00 €
- 3. März   6.500,00 €
- 9. März   16.500,00 €
- 12. März   4.200,00 €

a Ermitteln Sie die Zinsgutschrift der Bank zum Quartalsende (31. März).
b Wie hoch wäre die Zinsgutschrift zum 31. März ausgefallen, wenn der Zinssatz zum 1. März auf 3 % angehoben worden wäre?
c Wie viel Zinsen hätte das Unternehmen erhalten, wenn es das Tagesgeldkonto bei einer anderen Bank mit dem Zinssatz von 3,6 % eröffnet hätte?

6.3 Berechnung von Zinsfuß und Zinssatz

Beispiel Die Fly Bike Werke haben einen kurzfristigen Liquiditätsüberschuss in Höhe von 80.000,00 €. Die Sparkasse Oldenburg bietet bei diesem Anlagebetrag für 60 Tage 800,00 € Zinsen. Wie hoch ist der Zinssatz für diese Kapitalanlage?

Die Formel zur Berechnung des Zinsfußes p wird durch Umstellung der kaufmännischen Zinsformel hergeleitet.

1	$Z = \dfrac{K \cdot p \cdot t}{100 \cdot 360}$		kaufmännische Zinsformel
2	$Z \cdot 100 \cdot 360 = p \cdot K \cdot t$	$\vert \cdot 100; \cdot 360$ 1. Umstellung $\vert : (K \cdot t)$ 2. Umstellung	
3	$\dfrac{Z \cdot 100 \cdot 360}{K \cdot t} = p$		Formel zur Berechnung des Zinsfußes

Berechnung des Zinsfußes durch Umstellen der Tageszinsformel

Für das Ausgangsbeispiel ergibt sich:

Zinsfuß	$\dfrac{800{,}00\ € \cdot 100 \cdot 360}{80.000{,}00\ € \cdot 60} = 6$
Zinssatz	$\dfrac{6}{100} = 0{,}06 = 6\,\%$
Ergebnis	Der Zinssatz für die Kapitalanlage beträgt 6 %.

! Berechnung des Zinsfußes: $\dfrac{\text{Zinsen} \cdot 100 \cdot 360}{\text{Kapital} \cdot \text{Zeit in Tagen}} \rightarrow p = \dfrac{Z \cdot 100 \cdot 360}{K \cdot t}$

Aufgaben

1 Berechnen Sie die Zinssätze für folgende Kapitalanlagen (jeweils auf zwei Nachkommastellen runden):

	Anlagebetrag	Anlagezeitraum	Zinsertrag
a	120.000,00 €	14.08.–22.03. (Folgejahr)	5.813,33 €
b	30.000,00 €	23.02.–17.04.	303,75 €
c	58.000,00 €	84 Tage	1.647,68 €
d	9.000,00 €	12,5 Monate	375,00 €
e	1.500,00 €	4 Jahre, 3 Monate	1.041,25 €
f	320.000,00 €	7 Monate, 12 Tage	21.706,67 €

2 Wie viel Prozent Zinsen verlangt ein Kreditinstitut für einen Kreditbetrag von 25.000,00 €, wenn der Kredit am 24.06. gewährt wurde und am 31.09. einschließlich Zinsen mit 25.800,00 € zurückgezahlt wurde?

3 Eine Unternehmensbeteiligung in Höhe von 300.000,00 € erbrachte in 5 Jahren insgesamt 90.000,00 € Gewinn. Mit welchem Jahreszinssatz hat sich das eingesetzte Kapital durchschnittlich verzinst?

4 Ein OHG-Gesellschafter hat am Ende eines Geschäftsjahres 2.000,00 € Privatentnahmen getätigt. Vom Jahresgewinn der Gesellschaft erhält er unter Berücksichtigung der Barentnahme am Jahresende noch 5.500,00 € auf sein Eigenkapitalkonto gutgeschrieben. Am Anfang des Geschäftsjahres betrug seine Einlage 50.000,00 €. Wie hoch ist die Verzinsung seiner Einlage in diesem Geschäftsjahr?

6.4 Berechnung der Zeit

Beispiel Ein Gläubiger der Fly Bike Werke verlangt für einen verspäteten Rechnungsausgleich 87,00 € Verzugszinsen. Der Rechnungsbetrag lautete über 6.960,00 €; der im Kaufvertrag vereinbarte Verzugszinssatz betrug 6 %. Wie viele Zinstage hat der Gläubiger für seine Berechnung berücksichtigt?

Berechnung der Zeit durch Umstellen der Tageszinsformel

1	$Z = \dfrac{K \cdot p \cdot t}{100 \cdot 360}$	kaufmännische Zinsformel
2	$Z \cdot 100 \cdot 360 = p \cdot K \cdot t$ ← | · 100; · 360 ← 1. Umstellung ← | : (K · p) ← 2. Umstellung	
3	$\dfrac{Z \cdot 100 \cdot 360}{K \cdot p} = t$	Formel zur Berechnung der Zeit in Tagen

$$t = \frac{87{,}00\ € \cdot 100 \cdot 360}{6.960{,}00\ € \cdot 6} = 75$$

Ergebnis: Der Gläubiger hat bei seiner Berechnung 75 Zinstage zugrunde gelegt.

! Berechnung der Zeit in Tagen: $\dfrac{\text{Zinsen} \cdot 100 \cdot 360}{\text{Kapital} \cdot \text{Zinsfuß}} \rightarrow t = \dfrac{Z \cdot 100 \cdot 360}{K \cdot p}$

Aufgaben

1 Wie viele Tage wurden die folgenden Beträge zinswirksam angelegt?

	angelegtes Kapital in €	Zinssatz in %	Zinsen in €
a	45.000,00	6,00	1.125,00
b	500,00	2,50	18,75
c	412.000,00	12,75	2.188,75
d	22.560,00	3,25	152,75

2 Ein Kapital in Höhe von 6.480,00 € erbrachte 72,09 € Zinsen. Wie viele Zinstage war das Kapital angelegt, wenn die Verzinsung 4,5 Prozent betrug?

3 Ein Kapital in Höhe von 50.000,00 € erbrachte bei einer Verzinsung von 6 % Zinsen in Höhe von 750,00 €. Berechnen Sie   **a** die Anzahl der Zinstage und
                b das Datum der Kapitalanlage, wenn die Zinszahlung am 14.09. erfolgte.

4 Ein Industrieunternehmen gewährt seinen Kunden 30 Tage Ziel ab Rechnungsdatum. Für eine zu spät bezahlte Ausgangsrechnung in Höhe von 5.000,00 € vom 12.03. berechnet es 50,00 € Verzugszinsen bei einem vertragsgemäßen Zinssatz von 6 %. Zu welchem Datum erfolgte der Rechnungsausgleich?

5 Ein Anlageberater verspricht bei einer Kapitalanlage in Höhe von 50.000,00 € die Rückzahlung von 60.000,00 €. Nach wie vielen Zinstagen muss die Rückzahlung erfolgen, wenn ein Zinssatz von 15 % erreicht werden soll?

6 Bei der Erstanlage einer Sparsumme von 25.000,00 € werden in 180 Zinstagen 750,00 € Zinsen erwirtschaftet. Bei einer erneuten Anlage dieser 25.000,00 € werden nur noch 4 % Zinsen gezahlt.
Berechnen Sie   **a** den Zinssatz der Erstanlage und
                b die notwendigen Zinstage, wenn bei der erneuten Anlage ebenfalls 750,00 € Zinsen erzielt werden sollen.

6.5 Berechnung des Kapitals

Beispiel Ein säumiger Schuldner der Fly Bike Werke überwies für die Zeit vom 25.06.20XX bis zum 23.11.20XX (= 148 Zinstage) 24,67 € Verzugszinsen. Im Kaufvertrag war ein sehr günstiger Verzugszinssatz von 4 % vereinbart worden. Wie hoch war der geschuldete Rechnungsbetrag?

1	$Z = \dfrac{K \cdot p \cdot t}{100 \cdot 360}$		kaufmännische Zinsformel
2	$Z \cdot 100 \cdot 360 = K \cdot p \cdot t$	$\mid \cdot 100; \cdot 360$ 1. Umstellung $\mid : (K \cdot p)$ 2. Umstellung	
3	$\dfrac{Z \cdot 100 \cdot 360}{p \cdot t} = K$		Formel zur Berechnung des Kapitals

Berechnung des Kapitals durch Umstellen der Tageszinsformel

$$K = \frac{24{,}67\ €\cdot 100 \cdot 360}{4 \cdot 148} = 1.500{,}20\ €$$

Ergebnis: Der geschuldete Rechnungsbetrag lautete auf 1.500,20 €.

> **!** Berechnung des Kapitals: $\dfrac{\text{Zinsen} \cdot 100 \cdot 360}{\text{Zinsfuß} \cdot \text{Zeit in Tagen}} \rightarrow K = \dfrac{Z \cdot 100 \cdot 360}{p \cdot t}$

Aufgaben

1 Berechnen Sie jeweils das eingesetzte Kapital.

	Zinsen in €	Zinssatz in %	Zinszeitraum von – bis
a	880,00	8,00	24.06. – 22.09.
b	314,17	7,25	31.01. – 12.12.
c	65,00	4,00	14.02. – 19.04.
d	170,14	3,50	50 Tage

2 Ein Sparer erzielt für ein am 31. Juli eingezahltes Kapital, das mit 4,5 % verzinst wurde, am 31. August desselben Jahres 7,50 € Zinsen. Wie hoch war sein eingezahltes Kapital?

3 Ein Kapital wurde für die Zeit vom 10.02. bis zum 22.04. desselben Jahres ausgeliehen. Bei einer Verzinsung von 10 % wurden in diesem Zeitraum 52,00 € Zinsen erwirtschaftet. Berechnen Sie das eingesetzte Kapital.

4 Ein Unternehmer will eine nicht mehr benötigte Lagerhalle verkaufen und den Erlös in festverzinslichen Wertpapieren anlegen. Wie hoch muss der Verkaufserlös sein, wenn er vierteljährlich 5.000,00 € Zinsen bei einem Zinssatz von 10 % erzielen möchte?

5 Ein Industrieunternehmen bezahlt monatlich 980,00 € Zinsen für zwei Kredite:
– Der erste Kredit in Höhe von 48.000,00 € wird mit 12 % verzinst.
– Der zweite Kredit hat einen Zinssatz von 15 %.

Berechnen Sie
a die Zinsen für den ersten Kredit und
b die Kreditsumme für den zweiten Kredit.

6 Für einen Großkredit sind jährlich 1 % Tilgung und 8 % Zinsen zu bezahlen. Am Ende des ersten Jahres werden insgesamt 18.000,00 € überwiesen. Wie hoch ist die Kreditsumme?

7 Am 31.12. schreibt eine Sparkasse 50,00 € Zinsen gut. Der Sparer hat sein Konto am 30.05. mit einer Einmalzahlung eröffnet und erhält 2,5 % Zinsen. Wie hoch war die Einmalzahlung?

8 Ein Anlageberater verspricht vierteljährliche Gewinnausschüttungen in Höhe von 10.000,00 € bei einem Zinssatz von 10 %. Wie hoch muss bei dieser Anlageform das angelegte Kapital sein?

6.6 Die effektive Verzinsung

6.6.1 Die effektive Verzinsung von Krediten

Beispiel Die Fly Bike Werke benötigen für die Modernisierung ihres Lagers ein Bankdarlehen in Höhe von 300.000,00 €. Die Sparkasse Oldenburg bietet nach einer Kreditwürdigkeitsprüfung mit positivem Ergebnis ein Darlehen zu den unten stehenden Bedingungen an. Darüber hinaus liegt der BPK GmbH ein Konkurrenzangebot einer ortsansässigen Bank vor. Welches Angebot ist für die BPK GmbH kostengünstiger?

p. a.
lat. per annum = pro Jahr

	Kreditangebot 1 Stadtsparkasse Oldenburg	Kreditangebot 2 Konkurrenzbank
Kreditsumme	300.000,00 €	300.000,00 €
Kreditzinsen	9,0 % p. a.	9,4 % p. a.
Kreditlaufzeit	4 Jahre	4 Jahre
Einmalige Bearbeitungsgebühr	1,0 % der Kreditsumme	keine
Kapitalrückzahlung	nach 4 Jahren in einer Summe	nach 4 Jahren in einer Summe

Das kostengünstigste Angebot ist bei Krediten mit gleicher Laufzeit das mit der **niedrigsten effektiven Verzinsung**. Will man für Kredite die effektive Verzinsung ermitteln, müssen alle Kreditkosten, also auch die Bearbeitungsgebühren und alle sonstigen bei der Kreditvergabe anfallenden Gebühren (z. B. Spesen), in den Jahreszinssatz eingerechnet werden. Nur durch einen Vergleich der effektiven Verzinsung kann der günstigste Kredit ermittelt werden.

Zinsen für 4 Jahre	$Z = \dfrac{K \cdot p \cdot j}{100} \rightarrow Z = \dfrac{300.000,00 \,€ \cdot 9 \cdot 4}{100} = 108.000,00\,€$
Bearbeitungsgebühr	Kreditsumme in € · Bearbeitungsgebühr in % 300.000,00 € · 1 % = 3.000,00 €
Kreditkosten	Zinsen + Bearbeitungsgebühr 108.000,00 € + 3.000,00 € = 111.000,00 €

p = Zinsfuß

Ermittlung der Kreditkosten für ein Darlehen (Angebot 1)

Auszahlungsbetrag: Kreditsumme abzüglich Bearbeitungsgebühren

Die effektive Verzinsung berechnet sich nach der folgenden Formel (hier abgeleitet aus der Jahreszinsformel):

$$\text{effektive Verzinsung } (p) = \frac{\text{Kreditkosten} \cdot 100}{\text{Auszahlungsbetrag} \cdot \text{Jahre}} = \frac{111.000,00 \cdot 100}{297.000,00 \cdot 4} = 9{,}34$$

Der effektive Zinssatz für das Angebot der Sparkasse Oldenburg beträgt (gerundet) etwa 9,34 %. Da beim Konkurrenzangebot keine Gebühren erhoben werden, entspricht dort der angegebene Zinssatz dem effektiven Zinssatz in Höhe von 9,4 %. Das Angebot der Sparkasse Oldenburg ist also günstiger.

Grundsätzlich gilt: Je höher die Gebühren und Spesen und je kürzer die Kreditlaufzeit, desto stärker steigt die effektive Verzinsung im Vergleich zur Nominalverzinsung.

6.6.2 Die effektive Verzinsung von Kapitalanlagen

> **Beispiel** Ein Industrieunternehmen will die effektive Verzinsung des Eigenkapitals ermitteln. Bei einem Eigenkapital von 588.000,00 € wurden in einem Geschäftsjahr 8.500.000,00 € Erträge und 8.350.000,00 € Aufwendungen in der GuV-Rechnung festgestellt. Wie hoch ist die effektive Verzinsung des eingesetzten Kapitals?

Will man den Einsatz von Kapital in einem Unternehmen mit alternativen Investitionen, z. B. Kauf von Aktien, Wertpapieren, Kauf von Immobilien usw., vergleichen, ist auch hier der effektive Jahreszinssatz die entscheidende Vergleichsgröße für die Beurteilung der Vorteilhaftigkeit der Kapitalanlage. Hierbei ist jedoch zusätzlich das unterschiedliche Risiko der Kapitalanlage, wie z. B. die Wahrscheinlichkeit und die Höhe des Gewinns (oder Verlustes) und die Wertentwicklung der Kapitalanlage in der Zukunft, zu berücksichtigen.

Im Nachhinein kann die effektive Verzinsung durch die Höhe des Reingewinns im Verhältnis zum eingesetzten Kapital als Jahreszinssatz ermittelt werden.

Die effektive Verzinsung des Eigenkapitals des im obigen Beispiel genannten Industrieunternehmens für das vergangene Geschäftsjahr berechnet sich wie folgt:

Ermittlung des Reingewinns

Erträge – Aufwendungen	8.500.000,00 € – 8.350.0000,00 €
(gemäß GuV-Rechnung)	= 150.000,00 €

p = Zinsfuß

$$\text{effektive Verzinsung } (p): \frac{\text{Reingewinn} \cdot 100}{\text{Eigenkapital} \cdot \text{Jahre}} = \frac{150.000,00 \cdot 100}{588.000,00 \cdot 1} = 25,51$$

Der effektive Zinssatz des Eigenkapitals betrug damit im vergangenen Geschäftsjahr (gerundet) etwa 25,51 %. Zum Vergleich: Hätte der Unternehmer sein Kapital bei einer Bank angelegt, statt in sein Unternehmen zu investieren, hätte er eine Verzinsung in Höhe von 25,51 % aushandeln müssen, um dieselbe Rendite zu erwirtschaften, wie er sie durch die Investition in sein Unternehmen erreicht hat. Hätte er sein Eigenkapital z. B. zu einer Verzinsung von 5 % bei der Bank angelegt, hätte er nach einem Jahr nur 29.400,00 € Zinsen erhalten.

Natürlich ist bei der Entscheidungsfindung auch das Risiko zu berücksichtigen, das bei der Investition ins eigene Unternehmen höher ausgeprägt ist als z. B. bei einer Festanlage bei der Bank. Hierzu berücksichtigt man die so genannte **Risikoprämie**, die von der effektiven Verzinsung abgezogen wird. Unter der Annahme, dass die Risikoprämie im Beispiel oben 3 % beträgt, ist es also auch unter Berücksichtigung des Risikos noch günstiger, das Geld in das eigene Unternehmen zu investieren.

Beim Vergleich der effektiven Verzinsung unterschiedlicher Kapitalanlagen muss auch die möglicherweise bestehende **unterschiedliche Steuerbelastung** des Reingewinns berücksichtigt werden. Erst die effektive Verzinsung nach Abzug sämtlicher Steuern ist dann das Entscheidungskriterium.

Aufgaben

1 Folgende Kreditangebote sind zu vergleichen:

Kreditsumme in €	Kreditlaufzeit	Nominalzins	Gebühren
1) 200.000,00	12 Jahre	10,0 %	0,75 % der Kreditsumme
2) 220.000,00	10 Jahre	9,5 %	2.750,00 €

a Berechnen Sie die effektive Verzinsung beider Kreditangebote.
b Welche weiteren Überlegungen muss der Kreditnehmer vor der Angebotsannahme machen?

2 Vergleichen Sie die effektive Verzinsung zweier konkurrierender Unternehmen:

Vergleichswerte	Unternehmen A	Unternehmen B
Eigenkapital	500.000,00 €	750.000,00 €
Erträge	2.550.000,00 €	4.250.000,00 €
Aufwendungen	2.450.000,00 €	4.190.000,00 €

Übersicht: Wichtige Formeln in der Zinsrechnung

Abkürzungen:

Kapital	Zinsfuß	Zinssatz	Zinsen	Zeit
K	p	i = p : 100	Z	j = Jahre, m = Monate, t = Tage

Ausgangsformel zur Zinsberechnung: Zinsen in € (Z)

$$Z = \frac{K \cdot p \cdot j}{100} \qquad Z = \frac{K \cdot p \cdot m}{100 \cdot 12} \qquad Z = \frac{K \cdot p \cdot t}{100 \cdot 360}$$

Jahreszinsen — Monatszinsen — Tageszinsen

Abgeleitete Formeln auf Basis der Tageszinsformel:

$$p = \frac{Z \cdot 100 \cdot 360}{K \cdot t} \qquad t = \frac{Z \cdot 100 \cdot 360}{K \cdot p} \qquad K = \frac{Z \cdot 100 \cdot 360}{p \cdot t}$$

Zinsfuß (p) — Zeit in Tagen (t) — Kapital in € (K)

Summarische Zinsrechnung (Zinszahl und Zinsteiler):

$$Z = \frac{\text{Zinszahl (\#)}}{\text{Zinsteiler (Zt)}} \qquad \# = \frac{K \cdot t}{100} \qquad Zt = \frac{360}{p}$$

Tageszinsen (Z) — Zinszahl — Zinsteiler

Effektive Verzinsung (Beispiele): Zinsfuß (p)

$$p = \frac{\text{Kreditkosten} \cdot 100}{\text{Auszahlungsbetrag} \cdot \text{Jahre}} \qquad p = \frac{\text{Reingewinn} \cdot 100}{\text{Eigenkapital} \cdot \text{Jahre}} \qquad p = \frac{\text{Nettoskontobetrag} \cdot 100 \cdot 360}{\text{Überweisungsbetrag} \cdot \text{Lieferkreditfrist in Tagen}}$$

bei Krediten — bei Kapitaleinsätzen — beim Skontoabzug

Sachwortverzeichnis

A
ABC-Analyse 178
Abfallgesetze 177
Abgabenordnung 65
Absatzcontrolling 279
Absatzforschung 250
Absatzmittler 265, 267
Absatzorganisation 265
Absatzpotenzial 249
Absatzprognose 208
Absatzprozesse 246
Absatzwege 265
Absatzwerbung 271
Abschlussfreiheit 317
Abschreibung 94
Abteilung 48
Abzahlungskauf 342
AGB 337
AIDA-Formel 273
Aktien 46
Aktiengesellschaft 46
Aktiva 76
Aktiv-Passiv-Mehrung 80
Aktiv-Passiv-Minderung 80
Aktivtausch 79
Anfechtungsfrist 322
Anfrage 323
Angebot 328
Angebotsfrist 327
Anlageintensität 25
Anlagevermögen 72, 75
Anfrage, bestimmte 324
Anmeldepflichten 33
Annahmefrist 327
Annahmeverzug 364
Anpreisung 328
Anschaffungskosten 72, 182
Antrag 327
Arbeitsteilung 24
Arbeitsvertrag 318
Arbeitszerlegung 24
Arglistige Täuschung 322
Aufbauorganisation 47
Aufbewahrungsfrist 67
Aufforderung zum Kauf 328
Aufgabenanalyse 48
Aufgabengliederung 25
Auflagendegression 242
Aufsichtsrat 46
Auftragsbestätigung 339
Auftragsvertrag 318
Aufwandskonto 99
Aufwendung 93
Automatisierung 214

B
Bareinkaufspreis 151
Barkauf 342
Barscheck 344
Barzahlung 343, 344
Basiszinssatz 359
Baukastenstückliste 211
Baustellenfertigung 225
Bedarfsforschung 250
Bedarfsplanung 208
Beförderungskosten 334
Befragung 252, 253
Beleg 87
Belegkontierung 87
Berufsausbildungsvertrag 318
Beschaffungsdurchführung 167
Beschaffungsprozesse 146, 147
Beschwerdelisten 357
Besitz 314
Bestandserhöhung 107
Bestandskonten 82, 83
Bestandsminderung 107
Bestellkosten 165
Bestellmenge 180
Bestellpunktverfahren 158
Bestellrhythmusverfahren 159
Bestellsystem, automatisches 168
Bestellung 338
Bestellungsannahme 338
Bestellvorschlagssystem 168
Bestimmungskauf 342
Betrieb 14
Betriebsdatenerfassung 220
Betriebsmittel 22
Betriebsstoffe 22
Betriebswirtschaftslehre 14
Beziehungskapital 139
Bezugsgruppen 131
Bezugskalkulation 151
Bezugskosten 150, 184
Bezugspreis 151
Bezugsquellen 148
Bezugsquellenermittlung 147
Bilanz 76
Bilanzposten 79
Bilanzsumme 79
Bonus 187, 334, 379
Brandschutz 176
Break-Even-Punkt 201
Briefkastenwerbung 300
Bringschuld 331
Brutto-Netto-Bedarfsrechnung 211
Bruttoprimärbedarf 208
Bruttosekundärbedarf 211
Buchführung, doppelte 82
Buchführung, Organisation der 109
Buchführungspflicht 65
Buchhalternase 76
Buchinventur 69
Buchungsregeln 82
Buchungssatz, einfacher 85
Buchungstechnik 104, 105
Bundesdatenschutzgesetz 305
Bürgschaftsvertrag 318
Businessplan 27, 28

C
CAD 197
Charge card 348
Chargenfertigung 226
Chemikaliengesetz 177
Consumer Benefit 290
Controlling 63
Copy-Analyse 294
Copy-Strategie 289
Corporate Governance 128
Corporate Identity 128
Credit card 348

D
Dachmarke 303
Datenschutz 304
Dauerauftrag 347
Debit card 348
Debitorenbuchhaltung 375
Debitorenkonto 115
Degressionseffekt 242
Diebstahlschutz 177
Dienstleistungsbetriebe 21
Dienstleistungsgesellschaft 15
Dienstleistungsunternehmen 15
Dienstvertrag 318
Differenzierung 256
DIN 5008 324
DIN-Normen 324
Direktbanken 350
Dispositiver Faktor 22
Distributionspolitik 264
Diversifikation 256
Dividende 46
Dreisatz 390
Dumping 261
Durchlaufzeit 215

E
E-Commerce 270
Eichgesetz 367
Eigenfertigung 163
Eigenkapital 32, 75
Eigenkapital, Ermittlung des 77
Eigenlagerung 374
Eigen- oder Fremdlager 372
Eigenschaftsirrtum 321
Eigentum 314
Eigentumsvorbehalt 333
Eilüberweisungen 347
Eingangskontrolle 173
Eingangslager 373
Eingangsrechnung 171
Einliniensystem 50
Einstandspreis 151
Einwilligung 311
Einzelfertigung 225
Einzelhandel 265
Einzelmarke 303

Einzelunternehmen 40
Einzelwerbung 271
Eisbergmodell 136
Elastische Nachfrage 283
Elementarfaktoren 22
Empfänger 137
Endbestand 90
Erbvertrag 318
Erfolgskonto 94
Erfolgsort 330
Erfolgsvorgänge 93
Erfüllungsgeschäft 340
Erfüllungsort 330
Erklärungsirrtum 321
Eröffnungsbilanz 81
Eröffnungsbilanzkonto 90
ERP-System 167
Ertrag 93
Erzeugnisstruktur 209
Existenzgründungskredite 32

F

Fachkundenachweis 33
Fairer Handel 156
Falsche Übermittlung 321
Fantasiefirma 35
Fernabsatzgeschäft 366
Fertigungsinsel 231
Fertigungstiefe 205
Fertigungstiefenoptimierung 231
Fertigwarenlager 372
Festplatzsystem 372
FFS 230
Fifo 173
Finanzbuchhaltung 62
Finanzbuchhaltungsprogramm 113
Finanzierung 28
Finanzierungsplan 32
Firma 14, 34, 35
Firmenarten 35
Firmenausschließlichkeit 35
Firmenbeständigkeit 35
Firmenklarheit 35
Firmenöffentlichkeit 35
Firmenwahrheit 35
Fixe Kosten 26, 189, 241
Fixgeschäfte 162, 332
Fixhandelskauf 332

Fixkauf 342
Fixkostendegression 269
Fließbandarbeit 24
Fließbandfertigung 224
Förderprogramme 32
Formalziel 129, 154
Formfreiheit 317
Formkaufleute 34
Formvorschrift 317, 319
Formzwang 317
Fracht 334
Frachtbasis 335
Frachtparität 334
Franchising 37
Freizeichnungsklausel 327
Fremdbezug 163
Fremdlagerung 374
Führungsaufgaben 133
Führungsstil 134
Führungstechniken 135
Führungsverhalten 133
Funktionsprinzip 48

G

Garantie 356
Gattungskauf 342
Gattungsschulden 329
GbR 41
Gebrauchsmuster 202
Gefahrenübergang 331, 354
Gefahrstoffverordnung 177
Gegenbuchung 90
Geheimer Vorbehalt 319
Geldfluss 57
Gemeinschaftswerbung 271
Gemischte Firma 35
Genehmigung 311
Gerichtliches Mahnverfahren 361
Gerichtsstand 336
Geschäftsbesorgungsvertrag 318
Geschäftsfähigkeit 311
Geschäftsgang, Erfassung eines 83
Geschäftsidee 27
Geschäftskonzept 27
Geschäftskorrespondenz 324
Geschäftsprozess 55, 59

Geschäftsunfähigkeit 311
Geschäftsvorfall 61, 79
Geschmacksmuster 202
Gesellschaftsvertrag 318
Gewährleistung 354
Gewährleistungsfrist 354
Gewährleistungsausschluss 355
Gewerbe 33
Gewinnmaximierung 240
Gewinn- und Verlustkonto (GuV) 96
Gewogener Durchschnitt 388
Girokonto 344
Globalisierung 26
GmbH 45
GmbH & Co. KG 43
Großhandel 265
Grundbuch 89
Gruppenfertigung 225
Güte 330
Gütesiegel 299
Gütezeichen 203
Gutgläubiger Erwerb 315
Guthabenklausel 345
Gutschrift 183
GuV-Konto 111

H

Haben 81
Halbbare Zahlung 343, 344
Handelsgeschäft 316
Handelsgesetzbuch (HGB) 33
Handelsgewerbe 34
Handelsmarken 302
Handelsregister 34, 36
Handelsvertreter 267
Handelswaren 23, 104
Handelswarenlager 373
Händlerpromotion 276
Handwerksbetriebe 20
Handwerkskammer 33
Hauptbuch 89
Hauptversammlung 46
Haustürgeschäft 367
Herstellermarken 302
Hifo 173
Hilfsstoffe 22
Höchstbestand 157, 180
Holschulden 330

Humankapital 139

I

Ig-Erwerb 118, 122
Ig-Lieferung 122
Industriekontenrahmen 109
Industrietypen 24
Industrie- und Handelskammer 33
Informationsfluss 55
Inhaltsfreiheit 317
Inlandschecks 345
Input-Output-Prozess 59
Inventar 73
Inventur 68, 99
Inventur, körperliche 69
Inventur, permanente 71
Inventur, verlegte 70
Inventurliste 69
Inventurmethode 99
Irreführende Handlung 298
Irrtum 321
Isoelastische Nachfrage 283
Istbestand 68
Istkaufmann 34

J

Jahresabschluss 63, 65
JIT-Strategie 192
JIT-Voraussetzungen 161
Juristische Personen 310
Just-In-Time 161
Just-in-Time-Lieferung 161
Just-in-Time-Verfahren 102

K

Kannkaufmann 34
Kapazitätsauslastung 25
Kapitalbedarf 32
Kapitalbindungsdauer 192
Kapitalgesellschaft 41, 44
Kauf auf Abruf 332, 342
Kauf auf Probe 342
Kauf en bloc 342
Käufermarkt 246
Kauf in Bausch und Bogen 342
Kaufmännische Bestandteile 345

Sachwortverzeichnis

Kaufmännisches Mahn-
 verfahren 360
Kaufmanns-
 eigenschaften 34
Kaufmannsstatus 33
Kauf nach Probe 342
Kaufvertrag 318
Kaufvertragsarten 341
Kaufvertragsstörung 353
Kauf zur Probe 342
Kernprozesse 59
Kleingewerbe 34
Kollektivwerbung 271
Kommanditgesellschaft 43
Kommanditist 43
Kommissionierung 174
Kommissionskauf 341
Kommunikationspolitik 271
Kommunikations-
 probleme 137
Komplementär 43
Konditionenpolitik 262
Konflikt 136
Konfliktmanagement 136
Konkurrenzanalyse 294
Konkurrenzforschung 250
Konsignationslager 372
Kontenart 109
Kontengruppe 109
Kontenklasse 109
Kontenplan 109, 112
Kontenrahmen 109
Kontenunterart 109
Kontierung 88
Kontierungsstempel 88
Kontokorrent-
 buchhaltung 115
Kontokorrentvorbehalt 333
Kontrahierungspolitik 260
Kontrahierungszwang 317
Konzentrationsprozesse 26
Kreditkarten 347
Kreditkauf 332
Kreditoren-
 buchhaltung 182
Kreditorenkonto 115
Kreditwürdigkeit 32
Kreislaufwirtschafts-
 gesetz 227
Kritische Lagerfläche 374
Kritischer Umsatz 269
Kulanzumtausch 357

Kundenpromotion 276
Kundenzufriedenheit 247

L

Lagerabgang 101
Lagerfunktion 368
Lagergrundsätze 369
Lagerhaltung 368
Lagerkennzahlen 180, 181, 190
Lagerkosten 154, 165, 189, 192
Lagerkostensatz 166
Lagerleistung 106
Lagerorganisation 371
Lagerreichweite 191
Lagerrisiken 192, 369
Lagerzinsen 191
Lagerzinssatz 191
Lastschriftverfahren 347
Leasingvertrag 318
Leerkosten 242
Leihvertrag 318
Leistungsort 330
Lieferantenboni 187
Lieferantenskonti 188
Lieferbedingungen 152
Lieferbereitschaft 154
Liefererkredit 332
Lieferschein 340
Lieferungsverzug 358
Lieferzeit 332
Lifo 173
Listeneinkaufspreis 151
Lizenzen 23
Lockvogelwerbung 298
Logistik 56
Losgröße 219
Lower Management 133

M

Machbarkeitsprüfung 200
Mahnung 358
Mahnverfahren 360
Make or Buy 163
Managementtechniken 135
Mangel 354
Mangelhafte Lieferung 354
Mängelrüge 186, 378
Marke 202
Markenartikel 303
Markenfamilie 303

Markenpolitik 302
Markenprodukt 302
Markenrecht 307
Markenschutz 303
Markenstrategie 302
Marketing 246
Marketingkonzept 28, 30, 286
Marketingziele 247
Markierung 302
Marktanalyse 251
Marktanteil 249
Marktbeobachtung 251
Markterkundung 249
Marktforschung 249
Marktgröße 249
Marktpotenzial 249
Marktprognose 251
Marktsegmentierung 251
Marktvolumen 249
Marktwachstum 280
Massenfertigung 226
Materialfluss 56
Materialverbrauch 98
Materialwirtschaft 146
Matrixsystem 52
Maximalkapazität 241
Mehrliniensystem 50
Mehrseitiges Rechts-
 geschäft 316
Mehrwegverpackungen 335
Mehrwertsteuer 118
Meldebestand 157, 180
Mengennotierung 405
Mengenrabatt 334
Mengenstückliste 211
Menschliche Arbeit 22
Middle Management 133
Mietvertrag 318
Mindermengenzu-
 schlag 334
Minderung 356
Mindestbestand 157, 180
Mini-GmbH 45
Minimalprinzip 240
Mitarbeiterpromotion 276
Mogelpackung 299
Mondpreis 298
Motivirrtum 322
Multinationales
 Unternehmen 26

N

Nachbesserung 356
Nacherfüllung 356
Nachfrist 359
Nachgiebiges Recht 317
Nachhaltigkeit 156
Nachnahme 344
Natürliche Personen 310
Nebenbücher 89, 115
Nettosekundärbedarf 211
Nichtige Rechts-
 geschäfte 319
Nichtigkeitsgründe 319
Niederstwertprinzip 72
Niedrige Material-
 bestände 154
Non-Profit-Organisation 17
Normung 239
Notarielle
 Beurkundung 317
Notverkauf 364
Nutzenversprechen 290
Nutzungsdauer 75
Nutzwertanalyse 153

O

Objektiver Zusatz-
 nutzen 291
Objektprinzip 48
Offene Handels-
 gesellschaft 42
Offene Mängel 354
Offene-Posten-Liste 116
Öffentliche
 Beglaubigung 317
Öffentliches Recht 310
Öffentliches
 Unternehmen 17
Öffentlichkeitsarbeit 277
Ökologische Ziele 130
Onlinebanking 350
Operative Führungs-
 ebene 133
Operative Marketing-
 ziele 248
Optimale Bestellmenge 165
Optimale Losgröße 232
Optimalkapazität 241
Organe 46
Organigramm 47
Organisationsmodelle 50

428

P

Pachtvertrag 318
Panel 252
Passiva 76
Passivtausch 79
Patent 202
Patentrecht 307
Penetration 262
Personalbedarf 28
Personaleinsatzplanung 32
Personalrabatt 334
Personenfirma 35
Personengesellschaften 41
Platzkauf 340, 355
Polizeiliches Führungszeugnis 33
Portfolio-Analyse 280
Portfoliomatrix 280
Positionierung 286
Positionierungsmodell 287
Preisangabenverordnung 367
Preisdifferenzierung 261
Preiselastizität 282
Preisgestaltung 260
Preis-/Leistungsverhältnis 302
Preisnachlass 334
Preisnotierung 405
Preisstrategien 262
Primärbedarf 208, 211
Primärbedarfsplanung 208
Primärer Wirtschaftssektor 15
Primärforschung 252
Privatkauf 328
Privatrecht 310
Privatunternehmen 17
Productplacement 278
Produktelimination 257
Produktentwicklung 196
Produkthaftung 367
Produkthaftungsgesetz 367
Produktinnovation 256
Produktionscontrolling 243
Produktionsprogramm 208
Produktionsstufen 24
Produktivität 129
Produktkonstruktion 197
Produktkonzipierung 196
Produktlebenszyklus 201, 257

Produktnutzen 255
Produktplanung 196
Produktpolitik 255
Produktvariation 256
Produzierendes Gewerbe 15
Prozentrechnung 390
Prozentwert 392
Public Relations 277

Q

Qualitativer Angebotsvergleich 152
Qualitativer Personalbedarf 32
Qualitätssicherung 200
Quantitativer Angebotsvergleich 150
Quantitativer Personalbedarf 32
Quittung 344

R

Rabatt 151
Ratenkauf 342
Reason Why 292
Rechnung 340
Rechnungswesen, Aufgabe des 62
Rechnungswesen, Bereiche des 63
Rechte 314
Rechtliche Grundlagen 65
Rechtsfähigkeit 310
Rechtsgeschäfte 310, 311, 315
Rechtsobjekte 313
Rechtsordnung 310
Rechtssubjekt 310
Reingewinn 104
Reinverlust 104
Reisender 267
Reklamation 353
Relaunch 257
RFID 174
Rohgewinn 104
Rohstoffe 22
Rohverlust 104
Rollgeld 334
Rücksendung 183, 378
Rücktritt 356
Rückwärtskalkulation 155

S

Sachfirma 35
Sachleistungsbetriebe 20
Sachmangel 354
Sachziel 129, 154
Saldo 90
Salespromotion 276
Sammelüberweisung 347
Sammelwerbung 271
Schadensersatz 356
Scheck 345
Scheckgesetz 345
Scheingeschäft 320
Schenkungsvertrag 318
Scherzerklärung 321
Schickschuld 331
Schleichwerbung 298
Schlussbilanz 83
Schlussbilanzkonto 90
Schnittstellen 53
Schriftform 317
Schulden 75
Schutzrechte 23
Schwebend unwirksam 311
Schweigen als Annahme 328
Sekundärbedarf 209
Sekundärbedarfsplanung 209
Sekundärer Wirtschaftssektor 15
Sekundärforschung 252
Selbsthilfeverkauf 364
Selbstständiger 29
Serienproduktion 226
Serviceleistungen 263
Sicherheitsanforderungen 175
Sicherungsfunktion 368
Skalenfragen 253
Skimming 262
Skonto 151, 188, 333, 380
Skontrationsmethode 101
Sofortrabatt 183, 376
Soll 81
Sollbestand 68
Soll-/Ist-Vergleich 142
Sonderrabatt 334
Sorte 258
Sortenfertigung 226
Sortimentsbreite 258
Sortimentspolitik 258

Sortimentstiefe 258
Spartensystem 51
Spekulationsfunktion 369
Speziallager 372
Sponsoring 278
Staatlicher Gründungszuschuss 28
Stabliniensystem 51
Stakeholder 131
Standort 28, 31
Standortfaktor 31
Standortwahl 31
Stellen 47
Stellenbeschreibung 48
Stellen- und Abteilungsbildung 47
Steuergesetze 66
Steuerlast 118
Stichprobeninventur 72
Stichtagsinventur 70
Stiftung Warentest 365
Strategische Führungsebene 133
Strategisches Marketingziel 247
Streugebiet 274
Streukreis 274
Streuzeit 274
Strukturkapital 139
Strukturstückliste 210, 211
Strukturwandel 15
Stückkauf 342
Stückliste 210
Stück- oder Prozenttara 335
Stück- oder Speziesschulden 329
Subjektiver Zusatznutzen 291
Supportprozesse 60

T

Tara 335
Taschengeldparagraf 312
Teilefamilienfertigung 231
Teilzahlungsgeschäft 366
Termingeschäft 332
Terminkauf 342
Terminüberwachung 169
Tertiärer Wirtschaftssektor 15
Testimonial 292

Sachwortverzeichnis

Testmarkt 252
Testurteil 299
Tonality/Flair 292
Total Quality Control 237
Total Quality
 Management 236, 237
Transportkosten 151
Treuerabatt 334

U

UAP 292
Überbringerklausel 345
Übermittlungsirrtum 321
Überweisung 346
Überweisungsvordruck 346
Umlaufvermögen 72, 75
Umsatzsteuer 118
Umschlagshäufigkeit 190
Umweltschutzauflagen 177
Umweltwerbung 299
Unbare (bargeldlose)
 Zahlung 343
Unbestimmte Anfrage 324
Unelastische
 Nachfrage 283
Universalstrategie 258
Unlautere Handlung 297
Unterlassungs-
 erklärung 301
Unternehmen 14
Unternehmensführung 133
Unternehmens-
 gründung 27
Unternehmensleitbild 126
Unternehmens-
 philosophie 126
Unternehmensziele 129
Unternehmergesellschaft
 (UG) 45
Unternehmertyp 29
Unterstützungsprozesse 60
Unverbindliches
 Angebot 328

Unzumutbare
 Belästigung 300
Urheberrechtsgesetz 306
USt-Identifikationsnummer
 122
USP 292
UWG 275, 297

V

Variable Kosten 189, 241
Verarbeitungsklausel 333
Verbraucherkredit-
 vertrag 365
Verbraucherschutz 365
Verbraucherzentralen 365
Verbrauchsbuchung 101
Verbrauchsgüterkauf 341,
 354
Verbundwerbung 272
Veredelungsfunktion 369
Verfügungen 316
Verfügungsgeschäft 316
Vergleichende
 Werbung 300
Verjährung 322
Verjährungsfristen 362
Verkäufermarkt 246
Verkaufsförderung 276
Verkehrsmittel 270
Vermögen 73
Vermögenswerte 68
Verpackungskosten 151,
 335. 377
Verpflichtungs-
 geschäft 316, 340
Verrechnungsscheck 346
Verrichtungsprinzip 48
Versandlager 372
Versendungskauf 331, 355
Versteckter Mangel 354
Verstöße 319
Verteilungsrechnen 398
Vertragsarten 318

Vertragsfreiheit 317
Vertragsstrafe 301
Vertretbare Sachen 314
Vertriebskosten 377
Verwahrungsvertrag 318
Verzugszinsen 359
Vier-Ohren-Modell 137
Volle Geschäftsfähig-
 keit 313
Vorausabtretungs-
 klausel 333
Vorauszahlung 121, 332
Vorlaufverschiebung 212
Vorprodukte 22
Vorstand 46
Vorsteuer 120
Vorsteuerüberhang 121

W

Währungsrechnen 405
Wareneinsatz 104
Warenlieferung 171
Werbearten 271
Werbebotschaft 272, 274
Werbeerfolg 274
Werbeerfolgskontrolle 285
Werbeetat 273
Werbegegenstand 273
Werbegrundsätze 275
Werbemittel 272
Werbeplanung 274
Werbeträger 272
Werbeziele 273
Werbung 271
Werkstoffe 22
Werkstoff-/Vorprodukt-
 lager 373
Werkvertrag 318
Werkzeuglager 373
Werte- und Geldfluss 57
Werteverzehr 93
Wertezufluss 93
Wertschöpfung 57

Wertschöpfungskette 15
Wettbewerbs-
 positionierung 289
Wettbewerbsverstöße 301
Widerrechtliche
 Drohung 322
Wiederverkäufer-
 rabatt 334, 375
Willenserklärung 311, 316
Wirtschaftlichkeit 129
Wirtschaftssektor 15
Wortmarken 302

Z

Zahllast 121
Zahlschein 344
Zahlungsarten 343
Zahlungsbedingungen 152
Zahlungskonditionen 150
Zahlungsverkehr 343
Zahlungsverzug 359
Zahlungsvorschlags-
 liste 171
Zeitüberbrückungs-
 funktion 368
Zielbeziehungen 130
Zieleinkaufspreis 151
Zielgruppe 251
Zielkauf 332, 342
Zielkonflikte 130
Zinsfuß 419
Zinsrechnen 411
Zinssatz 419
Zoll 334
Zolltara 335
Zug um Zug 340
Zwangsvollstreckung 361
Zweckkauf 358
Zweiseitiger Handels-
 kauf 341

Bildquellenverzeichnis

Adpic   S. 258/M. Baumann, S. 270/A.Armyagov
Agentur Focus   S. 46/Hamburg/Kruska
Andia/Rozé   S. 372/2
Avenue Images, Hamburg/Network Productions   S. 366/1
Beuth Verlag GmbH, Berlin   S. 324
BMW Group   S. 302/3
Bundesministerium für Wirtschaft und Technologie   S. 29/2
CARO   S. 366/3/Teschner
Click&Buy   S. 352/2
Corbis   S. 193/Ocean, S. 245/Eric Audras/Onoky, S. 371/2, S. 381/Michael Haegele
Cornelsen Verlagsarchiv   S. 299/1/Peter Hartmann, S. 371/3
Das Fotoarchiv   S. 174/2/Matzel
Derby Cycle Werke GmbH (Foto: Anima Berten)   S. 23/1/2/3, S. 190, S. 224 – S. 225
Fotolia   S. 360/Falko Matte
Getty Images   S. 13/David Lees, S. 145/Holger Hill
giropay   S. 352/4
Henkel Wasch-und Reinigungsmittel GmbH/Bildarchiv   S. 256
Reinhold Löffler, Dinkelsbühl   S. 337
Marek Lange, Berlin   S. 35, S. 298/2, S. 300, S. 343/1/2, S. 357, S. 367/2/3
Moneybookers Ltd.   S. 352/3
Nike UK   S. 302/2

PayPal, Europarc Dreilinden   S. 351/3, S. 352/1
PaySafeCard   S. 352/6
picture alliance   S. 25/Sven Simon, S. 27/Sueddeutsche Zeitung Photo, S. 148/dpa/Knoth, S. 173/dpa, S. 174/1/dpa/Nehouse News/Landov, S. 226/1/dpa, S. 226/2/Sven Simon, S. 250/dpa, S. 275/dpa. S. 277/dpa, S. 331/ANP/Studio DEKO, S. 343/3/ZB/Förster, S. 347/dpa/Lenz, S. 348/1/dpa/Weihrauch, S. 351/2/dpa, S. 369/1, S. 369/2/ZB, S. 371/1/dpa/Seeger, S. 372/1/KPA/Schwind
Procter & Gamble Germany GmbH & Co. Operations OHG   S. 303
Jens Rufenach, Lüneburg   S. 366/2
Anette Schamuhn, Berlin   S. 260, S. 272/1/2   Foto: Corbis/Anthony West, S. 354/1
Shutterstock   S. 132/Sergej Khakimullin, S. 135/wavebreakmedia, S. 159/Marcin Balcerzak, S. 354/2/STILLFX
Stiftung Warentest, Berlin; www.test.de   S. 299/2, S. 365/1/2
Unilever Deutschland Holding GmbH, Hamburg   S. 302/1
velo: konzept saade GmbH   S. 276, S. 278
Visum, Hamburg   S. 169/Zeitenspiegel/Kwiotek
Wirecard AG   S. 352/5
Peter Wirtz, Dormagen   S. 311
Zwei plus zwei Marketing GmbH, Köln; www.zweipluszwei.com   S. 23/4

Falls nicht alle Copyrightinhaber korrekt ermittelt wurden, werden wir berechtigte Ansprüche selbstverständlich im üblichen Rahmen vergüten.

Heimtrainer

Diesem Titel liegt eine CD-ROM bei – der Heimtrainer. Sie finden ihn eingeklebt auf der hinteren Umschlaginnenseite.

Der Heimtrainer enthält zahlreiche Zusatzmaterialien zur Wiederholung, Vertiefung und Prüfungsvorbereitung.

- Die **Aufgaben** sind den vier Handlungsfeldern der Jahrgangsstufe 11 zugeordnet, die auch im Schülerbuch abgebildet werden. Eine weitere thematische Zuordnung erfolgt über Zwischenüberschriften, die den einzelnen Kapiteln im Schülerbuch entsprechen.
- Die **Lösungen** bieten eine direkte Kontrolle und werden separat angeboten. Auch die Lösungen für das **Kaufmännische Rechnen** (S. 381–425) sind hier hinterlegt.
- Im **Methodentrainer** finden Sie viele nützliche Informationen über Arbeits- und Lerntechniken.

Alle Materialien haben das Dateiformat **pdf** und können mit dem Adobe® Acrobat Reader geöffnet werden.

Wir wünschen Ihnen viel Erfolg bei der Bearbeitung der Aufgaben!